MATLAB®
Programming for Engineers

International Edition

Fifth Edition

Stephen J. Chapman

BAE Systems Australia

Cengage

MATLAB Programming for Engineers, 5th Edition

Stephen J. Chapman

Original edition © 2016 Cengage Engineering, a part of Cengage Learning.
AISE MATLAB Programming for Engineers, 5th Edition
by Stephen J. Chapman
ISBN: 9781111576721

This edition is translated by license from Cengage Engineering, a part of Cengage Learning, for sale in Korea only.

ISBN-13: 978-89-6421-265-3

Cengage Learning Korea Ltd.
14F YTN Newsquare 76 Sangamsan-ro
Mapo-gu Seoul 03926 Korea
Tel: (82) 2 330 7000
Fax: (82) 2 330 7001

Printed in Korea
Print Number: 02 Print Year: 2022

MATLAB® Programming for Engineers

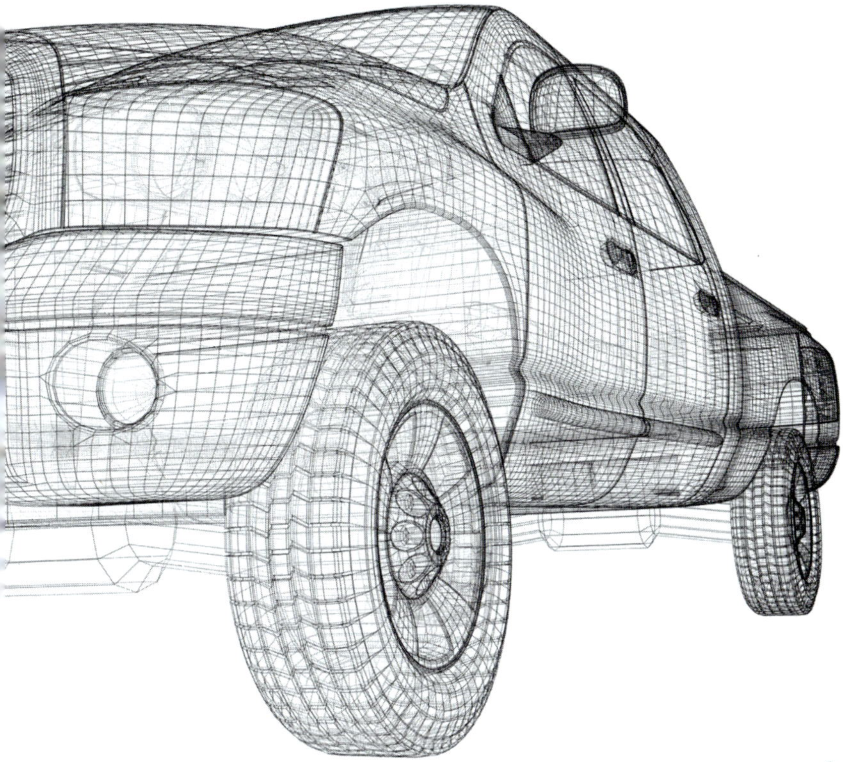

공학도를 위한

MATLAB 제5판 프로그래밍

Stephen J. Chapman 지음

정창복 · 손정우 · 이상범 · 이종창 · 정원석 옮김

한티미디어

Cengage

Australia • Brazil • Canada • Mexico • Singapore • United Kingdom • United States

옮긴이

정창복 (chungcb@jnu.ac.kr) 1장, 2장 전체감수 및 서문 외
전남대학교 화학공학부

손정우 (jwsohn@kumoh.ac.kr) 3장, 9장, 11장
금오공과대학교 기계설계공학과

이상범 (sblee@kookmin.ac.kr) 13장, 14장, Appendix A, B
국민대학교 자동차공학과

이종창 (wave@hongik.ac.kr) 6장, 7장, 8장
홍익대학교 전자전기공학부

정원석 (wschung@khu.ac.kr) 4장, 5장, 10장
경희대학교 사회시스템기반공학과

공학도를 위한
MATLAB 제5판
프로그래밍

발행일 2016년 8월 31일 1쇄
2022년 7월 10일 2쇄
지은이 Stephen J. Chapman
옮긴이 정창복・손정우・이상범・이종창・정원석
펴낸이 김준호
펴낸곳 한티미디어 | **주 소** 서울시 마포구 동교로 23길 67 Y빌딩 3층
등 록 제15-571호 2006년 5월 15일
전 화 02)332-7993~4 | **팩 스** 02)332-7995
ISBN 978-89-6421-265-3 (93000)
정 가 34,000원

마케팅 노호근 박재인 최상욱 김원국 김택성 | **관 리** 김지영 문지희
편 집 김은수 유채원 | **표 지** 박새롬 | **본 문** 이경은

이 책에 대한 의견이나 잘못된 내용에 대한 수정정보는 한티미디어 홈페이지나 이메일로 알려주십시오.
독자님의 의견을 충분히 반영하도록 늘 노력하겠습니다.
홈페이지 www.hanteemedia.co.kr | **이메일** hantee@hanteemedia.co.kr

---

This book is dedicated with love to my youngest daughter Devorah.

PREFACE

저자 서문

MATLAB(MATrix LABoratory의 약자)은 공학이나 과학 계산을 위해 최적화된 특수 목적의 컴퓨터 프로그램이다. 초기에 이 프로그램은 행렬 연산을 수행하도록 고안되었으나, 차츰 거의 모든 기술 문제를 풀 수 있는 유연한 컴퓨팅 시스템으로 발전하였다.

MATLAB 프로그램은 MATLAB 프로그래밍 언어를 구현하며, 미리 정의된 함수의 광범위한 라이브러리를 가지고 있어 기술적인 프로그래밍 작업을 쉽고 능률적으로 할 수 있도록 해준다. 이렇게 극히 다양한 함수 덕분에 Fortran이나 C언어보다 MATLAB으로 기술 문제를 훨씬 더 쉽게 풀 수 있다. 이 책에서는 MATLAB 버전 R2014b에서 구현되는 MATLAB 언어를 소개하고, 이 언어를 이용하여 전형적인 기술적 문제를 해결하는 방법을 설명했다.

이 책은 기술적 프로그래밍 언어로서의 MATLAB을 가르치는 교재로서, 학생들에게 명료하고, 효율적이며, 설명이 잘 된 프로그램을 작성하는 방법을 보여준다. 이 책에서 MATLAB의 수많은 함수를 모두 설명하려고 하지는 않는다. 그 대신 하나의 언어로서 MATLAB을 사용하고, 광범위한 온라인 도움말 기능을 사용하여 원하는 함수를 찾아내는 방법을 학생들에게 가르친다.

이 책의 처음 여덟 개 장은 공과대학 1학년 학생들을 위한 '프로그래밍 및 문제 해결 입문' 과목의 교재로서 고안되었다. 그 내용은 매주 3시간씩 9주 과정에 적합한 분량이다. 나머지 장들은 입출력이나 그래픽 사용자 인터페이스 같은 고급 주제를 다루고 있어, 더 긴 과정의 교과목에서 다루거나, 학습 과정 또는 업무의 일환으로서 각각 MATLAB을 사용하는 학생이나 엔지니어를 위한 참고 서적으로 활용할 수 있다.

이 책의 5판에서 바뀐 내용

이 책의 5판은 특별히 MATLAB R2014b 버전을 위한 것이다. R2014b 버전은 고품질 출력을 생성하는 새로운 H2 그래픽 시스템을 채택한 첫 번째 판이다. 이제 그래픽 구성요소는 속성을 반환하는 핸들을 갖는 MATLAB 객체이다. 또한 MATLAB에서 객체와 객체지향 프로그래밍의 구현은 이 책의 전판이 나온 이후 꾸준히 발전하여 상세하게 다룰 만한 수준이 되었다. 이 책도 새로운 핸들 그래픽 시스템과 밀접하게 연동되는 MATLAB 클래스와 객체를 다루기 위해 확장되었다.

이번 판의 주요 변경 사항은 다음과 같다.

- 처음 몇 장들의 분량이 축소되었다. 분기와 루프는 각각 별도의 장에서 다루고, 함수에 대한 논의는 두 개의 장으로 나눴다. 이렇게 하여 학생들은 더 잘 소화할 수 있는 분량만큼씩 내용을 받아들일 수 있을 것이다.
- 제3장은 2차원 도표만을 전적으로 다루고 있어서 도표 작성에 관한 모든 정보를 접할 수 있다.
- 제8장은 3차원 도표를 더 광범위하게 다루고, 제12장은 애니메이션에 관한 내용을 담고 있다.
- 제12장은 이제 수 대신 MATLAB 객체로 나타내는 새로운 H2 핸들 그래픽을 다루기 위해 개정하였다.

기술적 프로그래밍을 위한 MATLAB의 장점

MATLAB은 다른 상용 프로그래밍 언어에 비해 많은 장점을 가지고 있다. 그 장점은 아래와 같다.

1. **사용의 편리함**

   MATLAB은 다양한 버전으로 나와 있는 Basic 언어와 같은 해석형 언어이다. Basic과 같이 MATLAB도 매우 사용하기 쉽다. MATLAB은 명령행에 입력한 식의 값을 구하는 스크래치 패드처럼 사용할 수도 있고, 미리 작성한 큰 프로그램을 실행시키는 도구로도 사용할 수 있다. MATLAB 프로그램은 내장된 통합 개발 환경에서 쉽게 작성하고 수정할 수 있으며, MATLAB 디버거를 이용해 디버깅할 수 있다. 이 언어는 사용하기가 매우 쉽기 때문에 새로운 프로그램의 신속 조형(rapid prototyping)에 이상적이다.

MATLAB은 프로그램을 쉽게 사용할 수 있도록 많은 프로그램 개발 도구들을 제공한다. 이런 도구들로는 통합 편집기/디버거, 도움말과 안내서, 작업 공간 브라우저, 다양한 데모 예제가 있다.

2. **운영체제에 대한 독립성**

   MATLAB은 다양한 컴퓨터 운영체제를 지원하므로 그 체제에 상관없이 작동시킬 수 있다. 이 글을 쓰고 있는 시점에서 보면 MATLAB은 윈도우 7/8, 리눅스, 매킨토시 운영체제에서 지원된다. 하나의 운영체제에서 만들어진 MATLAB 프로그램은 다른 운영체제에서도 돌아가며, 하나의 운영체제에서 만들어진 데이터 파일을 다른 운영체제에서 손실 없이 읽을 수 있다. 결과적으로, 사용자의 필요에 의해서 운영체제가 바뀌더라도 MATLAB 프로그램은 그대로 사용할 수 있다.

3. **미리 정의된 함수**

   MATLAB은 많은 기술적인 문제들에 대해 검증되고 완결된 해법을 제공하는 방대한 양의 미리 정의된 함수 라이브러리를 가지고 있다. 예를 들어, 주어진 데이터 집합에 대해 통계적인 연산을 수행하는 프로그램을 작성하고 있다고 가정하자. 대부분의 프로그래밍 언어에서는 산술 평균, 표준 편차, 중앙값 등을 계산하는 서브루틴이나 함수를 프로그래머가 스스로 작성하여야만 한다. MATLAB에는 이러한 통계 연산을 위한 함수 이외에도 수많은 함수들이 이미 포함되어 있으므로 작업이 훨씬 수월하다.

   기본 MATLAB 프로그램은 이러한 방대한 함수 라이브러리 외에도, 특정 분야의 복잡한 문제를 해결하는 데 도움을 주는 다양한 툴박스(toolbox)를 제공한다. 예를 들어, 사용자는 신호 처리, 제어 시스템, 통신, 화상 처리, 신경망 등 많은 종류의 표준 툴박스를 구입할 수 있다.

4. **장치 독립적인 그래픽**

   다른 컴퓨터 언어와 다르게 MATLAB은 그래프와 그림을 위한 많은 명령어를 제공한다. 이런 그래프나 그림은 MATLAB이 작동되고 있는 컴퓨터의 어떠한 그래픽 출력 장치를 통해서도 구현할 수 있다. 이런 능력 때문에 MATLAB은 계산 결과를 시각화하는 아주 뛰어난 도구라고 할 수 있다.

5. **그래픽 사용자 인터페이스**

   MATLAB은 프로그래머가 대화식으로 자신의 프로그램을 그래픽 사용자 인터페이스(GUI)로 구축할 수 있도록 하는 도구를 포함하고 있다. 이런 능력 때문에 프로그래머는 복잡한 데이터 분석 프로그램을 비교적 경험이 없는 사람들도 사용할 수 있는 프로그램으로 만들 수 있다.

이 책의 특징

이 책은 믿을 수 있는 MATLAB 프로그램을 작성하는 올바른 방법을 강조하기 위한 여러 가지 특징을 지니고 있다. 이 특징들은 MATLAB을 처음 배우는 학생뿐만 아니라 능숙한 현장 실무자에게도 도움이 될 것이다. 이 특징들에는 다음 사항들이 포함된다.

1. **하향식 설계 방법에 대한 강조**

   이 책은 제4장에서 하향식 설계 방법을 소개한 후, 나머지 부분에서 이 방법을 일관되게 적용하고 있다. 이 방법에서는 학생들에게 코드를 작성하기 전에 프로그램의 올바른 설계에 대해 숙고하도록 장려하고 있다. 먼저, 작업을 시작하기에 앞서 풀어야 할 문제와 필요한 입출력에 대해 명확하게 정의하는 일이 중요함을 강조한다. 일단 문제를 제대로 정의한 다음에는 작업을 더 작은 부분작업으로 점차 쪼개 별도의 서브루틴이나 함수로 구현해 나가는 단계별 개선 과정을 채택토록 한다. 마지막으로, 각 구성 루틴에서 최종 프로그램에 이르기까지 단계별 시험의 중요성을 가르친다.

   이 책에서 가르치는 정식 설계 과정은 다음과 같이 요약할 수 있다.

   1. 해결하려는 문제를 명확히 기술한다.
   2. 프로그램에 필요한 입력과 도출할 출력을 정의한다.
   3. 프로그램으로 구현하려는 알고리즘을 설계한다. 이 단계에서 유사 코드 또는 플로 차트를 사용하여 하향식 설계와 단계별 분해를 수행한다.
   4. 알고리즘을 MATLAB문으로 바꾼다.
   5. 작성한 MATLAB 프로그램을 시험한다. 이 단계에서 다양한 데이터 집합을 사용하여 특정 함수에 대한 단위 시험과 아울러 최종 프로그램에 대한 철저한 시험을 수행한다.

2. **함수에 대한 강조**

   이 책에서는 함수를 사용하여 작업을 논리적으로 구분되는 부분작업으로 분해하는 것을 중요시한다. 이 책은 데이터 숨김을 위한 함수의 장점을 가르치고, 함수들을 최종 프로그램으로 합치기 전에 따로따로 시험하는 것이 중요함을 강조하고 있다. 또한 함수에서 흔히 저지르는 실수와 이를 피하는 방법을 가르친다.

3. **MATLAB 도구에 대한 강조**
   이 책은 MATLAB에 내장된 도구를 사용하여 프로그래밍과 디버깅을 손쉽게 하는 방법을 가르친다. 여기서 다루는 도구로는 편집기/디버거, 작업 공간 브라우저, 도움말 브라우저, GUI 설계 도구 등이 있다.

4. **[좋은 프로그래밍 습관] 코너**
   이 코너는 좋은 프로그래밍 습관을 소개할 때 학생들이 쉽게 알아보도록 강조하기 위한 것이다. 또한 각 장에서 소개한 [좋은 프로그래밍 습관]들을 모아서 그 장의 말미에 따로 수록하였다. [좋은 프로그래밍 습관] 코너의 예는 다음과 같다.

좋은 프로그래밍 습관

if 구조의 내용을 세 칸 또는 그 이상 들여쓰기를 하여 코드를 읽기 쉽도록 만들어라.

5. **[이 점에 주의하세요] 팁**
   이 팁은 학생들이 흔히 저지르는 실수를 지적하여 그러한 실수를 방지하기 위한 것이다. 이러한 팁의 예는 다음과 같다.

이점에 주의하세요

항상 변수 이름은 63개까지의 문자로 다른 변수와 다르게 하자. 그렇지 않으면 MATLAB은 다른 변수와 구별하지 못한다.

6. **데이터 구조에 대한 강조**
   제10장에서 희박 배열, 셀 배열, 구조체 배열을 포함하는 MATLAB 데이터 구조에 대해 상세히 설명한다. 핸들 그래픽과 그래픽 사용자 인터페이스에 관한 장에서 이 데이터 구조들을 적절히 사용하는 예를 보였다.

교육학적 특징

이 책의 처음 여덟 개 장은 1학년생들을 위한 '프로그래밍 및 문제 해결 입문' 과목의 교재로 고안되었다. 그 내용은 매주 3시간씩 9주 과정에서 다루기 알맞은 분량이다. 특정 공학 프로그램에서 이 내용을 다루기에 시간이 모자라면 제8장을 생략해도 된다. 처음 일곱 개 장만으로도 프로그래밍과 MATLAB을 이용한 문제 해결의 기본을 익힐 수 있기 때문에 한정된 교과과정에 많은 분량을 다루느라 애먹는 공대 교수들에게 희소식이 될 것이다.

나머지 장들은 현장 엔지니어와 공대 학생들이 경력을 쌓아나갈 때 활용할 수 있는 고급 주제를 다루고 있다. 여기에는 고급 입출력과 프로그램을 위한 그래픽 사용자 인터페이스의 설계가 포함된다.

이 책은 학생의 이해를 돕기 위한 몇 가지 특징을 지니고 있다. 모든 장에 걸쳐서 총 18개의 퀴즈가 있으며, [부록 B]에 퀴즈에 대한 해답을 실었다. 이 퀴즈를 풀어봄으로써 책의 내용을 잘 이해하고 있는지를 스스로 점검할 수 있다. 또한 각 장의 말미에 총 180여 개의 [연습문제]를 수록하였다. 연습문제의 해답은 강사매뉴얼에 나와 있다. 모든 장에서 [좋은 프로그래밍 습관]을 별도의 코너에 강조하여 실었고, 학생들이 저지르기 쉬운 실수는 [이 점에 주의하세요] 팁에 수록했다. 각 장의 말미에 [좋은 프로그래밍 습관]과 MATLAB 명령어 및 함수를 요약하였다.

각 장 끝에 있는 연습문제에 대한 해답을 전부 담은 강사 매뉴얼이 이 책과 함께 출간되고 있다. 책의 모든 예제를 위한 원시 코드는 이 책의 웹사이트(http://www.cengageasia.com)에서 구할 수 있고, 강사 매뉴얼에 있는 모든 해답의 원시 코드는 강사들에게 별도로 제공된다.

MindTap 온라인 과정

이 교재는 별도로 구매할 수 있는 개인용 학습 프로그램(Cengage Learning's MindTap)을 통해 온라인으로도 볼 수 있다. MindTap을 구입한 학생은 데스크톱, 노트북, iPad를 이용하여 이 전자책에 접근하면 과제 및 평가 자료를 수행할 수 있다. Blackboard나 Moodle과 같은 학습관리시스템을 사용하는 강사는 MindTap을 통해 교과과정 내용, 과제물, 성적처리 등을 매끄럽게 처리할 수 있다.

강사가 MindTap을 사용하여 할 수 있는 일은 다음과 같다.

- 교과과정의 내용을 재배치하거나 온라인 자료에 독창적인 내용을 추가함으로써 강의계획에 맞는 학습 경로를 맞춤형으로 구성할 수 있다.
- 학습관리시스템 포털을 통해 전자책과 온라인 과정에 바로 접속할 수 있다.
- 온라인 과제 부과 및 평가를 맞춤형으로 구성할 수 있다.
- 학생의 진도 및 이해도를 추적할 수 있다.
- 대화형 진행과 연습을 통해 학생들의 참여를 촉진시킬 수 있다.

또한 학생은 ReadSpeaker를 통해 교재 내용을 청취하고, 필기를 할 수 있으며, 자신만의 Flashcard를 만들어 학습하고, 쉽게 참조할 수 있도록 내용을 강조하여 표시할 수도 있다. 그리고 연습문제나 과제물의 채점을 통해 자신의 이해 수준을 점검할 수 있다.

사용자에 대한 당부

이 책처럼 방대하고 전문적인 교재는 아무리 열심히 교정을 해도 철자 오류는 늘 나타나기 마련이다. 독자 여러분이 이런 오류를 발견하여 출판사를 통해 알려준다면 개정판에서 오류를 없애도록 최선을 다할 것이다. 이런 점에서 독자 여러분의 많은 질정과 지도편달을 바란다.

이 책의 웹사이트에 오류와 수정에 대한 완전한 목록을 유지해 나갈 것이므로, 개정이나 수정에 관해서는 이 사이트를 확인하여 주기를 부탁드린다.

감사의 말씀

이 책을 출간할 수 있도록 지원을 아끼지 않은 Cengage Learning 출판사의 모든 친구들에게 고마움을 표한다.

또 이 개정판을 위해 유익한 제안을 해준 아래 관계자들에게도 감사의 말씀을 전하고 싶다.

David Eromon	Georgia Southern University
Arlene Guest	Naval Postgraduate School
Mary M. Hofle	Idaho State University
Mark Hutchenreuther	California Polytechnic State University

Mani Mina Iowa State University

나의 작업을 격려해준 아내 Rosa와 우리 아이들(Avi, David, Rachel, Aaron, Sarah, Naomi, Shira, Devorah)에게 고마운 마음을 전하고 싶다.

Stephen J. Chapman
Melbourne, Australia

역자 서문

MATLAB은 수많은 프로그래밍 언어 중 과학 및 공학 분야에서 나타나는 여러 기술적인 계산(technical computing)을 위해 가장 적합한 언어이다. MATLAB 이전에 많이 쓰였던 Fortran이나 C언어 등과 비교할 때 기술적 계산을 위해 MATLAB이 갖는 장점은 대략 다음 세 가지로 정리할 수 있다.

1. **사용의 편리함**

   MATLAB은 기본적으로 해석형 언어(interpreter–type language)이기 때문에 각 명령문의 실행 결과를 즉석에서 확인할 수 있고, 오류가 발생할 경우 바로 코드를 수정할 수 있어 매우 편리하다. 다만 Fortran이나 C언어와 같은 컴파일러형 언어에 비해 실행 속도가 느리다는 단점을 갖지만, 최종 완성된 프로그램을 컴파일하여 실행파일을 만들 수 있는 기능도 따로 마련되어 있으므로 크게 문제되지 않는다.

2. **우수한 그래픽 기능**

   MATLAB은 다양한 2차원 및 3차원 도표를 제공하고 있어 계산 결과를 바로 그래픽으로 확인할 수 있다. 따라서 수많은 수치를 화면이나 용지에 출력하여 검토하거나, 다른 그래픽 어플리케이션으로 옮겨야 했던 이전 시절에 비해 훨씬 효율적으로 작업할 수 있다.

3. **행렬 계산에 특화**

   MATLAB은 MATrix LABoratory의 줄임말이다. 우리말로 직역하면 '행렬 실험실'을 뜻하는데, 그 이름에서 풍기듯이 행렬 계산을 위해 특화된 컴퓨터 언어이다. 따라서 과학 및 공학 분야에서 자주 나타나는 벡터, 행렬, 또는 다차원 배열이 포함된 수식을 매우 간편하게 코딩할 수 있다. 즉, 수학이나 전공과목에서 등장하는 수식은 거의 같은 형태를 갖는 간결한 코드로 작성할 수 있다.

이러한 장점 때문에 최근 다양한 공학 분야의 수많은 전공 서적에서 MATLAB을 이용한 계산 예제가 많이 포함되는 추세이다. 이 서적들에서는 대개 하나의 장이나 부록에서 지면을 할애하여 MATLAB의 기본 연산이나 프로그램을 간략히 설명하고 있다. 그러나 MATLAB의 방대한 기능을 좁은 지면에서 다 소개하기에는 턱없이 부족하고 체계적이지 못하다.
이 책은 호주의 Stephen J. Chapman 교수가 지은 "MATLAB Programming for Engineers" 5판의 번역서이다. 공학 계산을 위해 필요한 MATLAB의 핵심 기능을 아주 상세하게 설명하고 있어 프로그래밍에 별다른 지식이 없는 사람도 쉽게 이해할 수 있지만, 많은 분량을 영어로 읽어내기 힘든 학생들을 위해 우리말로 옮겼다. 본문의 상세한 설명 외에도 기계, 전기, 화공 등의 공학 분야에서 나타나는 다양한 계산 문제를 예제나 연습문제로 제시하고 있어 공학도들이 자신의 문제를 풀기 위한 프로그램을 작성할 때 많은 도움을 받을 수 있을 것이다.
이 책은 총 13개 장으로 이루어져 있다. MATLAB의 비교적 최신 버전인 R2014b를 기반으로 설명하고 있지만, 버전 차이보다는 이전 판에서 10개 장에 다소 산만하게 분산되어 있던 내용들을 재배치하여 주제별로 깔끔하게 재편성한 것이 눈에 띈다. 다년간 MATLAB 프로그래밍 강의를 담당했던 역자의 경험으로는 3학점 교과목 진행을 위해서 1~8장과 10장을 진도 범위로 삼는 것을 권하고 싶다. 나머지 장들은 공학 계산을 위한 프로그래밍과는 다소 거리가 있는 주제이거나 시간 관계상 모두 다루기 힘들 것이라 여겨지기 때문이다.

끝으로 이 책의 출판을 위해 도와주신 한티미디어 출판사 관계자들에게 고마운 마음을 전하고 싶다.

2016년 8월
역자 일동

CONTENTS

CHAPTER 02 MATLAB 기본 29

CHAPTER 01

MATLAB 입문

MATLAB(MATrix LABoratory의 약자)은 공학이나 과학 계산을 위해 최적화된 특수 목적의 컴퓨터 프로그램이다. 초기에 이 프로그램은 행렬 연산을 수행하도록 고안되었으나, 차츰 거의 모든 기술 문제를 풀 수 있는 유연한 컴퓨팅 시스템으로 발전하였다.

MATLAB 프로그램은 MATLAB 프로그래밍 언어를 구현하며, 미리 정의된 함수의 광범위한 라이브러리를 가지고 있어 기술적인 프로그래밍 작업을 쉽고 능률적으로 할 수 있도록 해준다. 이 책에서는 MATLAB 버전 R2014b에서 구현되는 MATLAB 언어를 소개하고, 이 언어를 이용하여 전형적인 기술적 문제를 해결하는 방법을 설명한다.

MATLAB은 엄청나게 풍부한 함수를 지닌 거대 프로그램이다. 툴킷을 제외한 MATLAB의 기본 버전만 해도 다른 어떠한 프로그래밍 언어보다 큰 프로그램이다. 기본 MATLAB 버전에는 1,000개 이상의 함수가 내장되어 있으며, 툴킷은 다양한 전문 분야에 활용할 수 있는 많은 함수를 추가로 제공한다. 이 함수들을 사용하여 매우 복잡한 문제(예를 들어, 미분방정식을 풀거나 행렬의 역행렬을 구하는 문제 등)를 한 단계만에 풀어 시간을 절약할 수 있다. 같은 문제를 다른 컴퓨터 언어로 풀려면 대개 여러분 스스로 복잡한 프로그램을 작성하거나 필요한 함수를 담고 있는 IMSL이나 NAG와 같은 소프트웨어 패키지를 구입하여야 한다.

MATLAB 내장 함수는 많은 사람들이 작업하여 만들고 수많은 데이터 집합에 대해 검증을 마쳤기 때문에 공학도가 개인적으로 작성할 수 있는 그 어떤 프로그램보다 거의 항상 우수하다고 할 수 있다. 이 함수들은 강건성을 지니고 있어 광범위한 입력 데이터에 대해 의미있는 결과를 도출하고 오류 조건도 매끄럽게 처리할 수 있다.

이 책에서 MATLAB의 모든 함수를 다 소개하지는 않는다. 그 대신 MATLAB 프로그램을 작성하고 디버그하며 최적화하는 기본적인 방법과 아울러 흔히 접하는 과학 및 공학 문제를 풀기 위한 일부 중요한 함수들을 다룬다. 방대한 함수 목록으로부터 MATLAB의 고유 도구를 사용하여 주어진 목적에 부합하는 올바른 함수를 찾아내는 방법을 다룬다. 또한 MATLAB을 사용하여 벡터와 행렬 대수, 곡선 적합, 미분방정식, 데이터 도표 그리기와 같은 많은 실질적인 공학 문제를 푸는 방법을 가르친다.

MATLAB 프로그램은 순차 프로그래밍 언어, 편집기와 디버거를 포함하는 통합개발환경(IDE) 및 많은 유형의 기술적 계산을 수행하는 풍부한 함수 집합을 결합시켜 놓은 것이다.

MATLAB 언어는 순차 프로그래밍 언어이므로 결과적으로 공학도는 문제를 풀기 위한 수학적인 처방으로서의 절차를 작성하여야 함을 뜻한다. 이 점에서 MATLAB은 또 다른 순차 언어인 C, Basic, Fortran, Pascal과 비슷하지만, 미리 정의된 함수와 도표 그리기 도구가 워낙 방대하여 많은 공학적 해석 분야에서 훨씬 우수한 컴퓨터 프로그래밍 언어로 자리잡고 있다.

1.1 MATLAB의 장점

MATLAB은 다른 상용 프로그래밍 언어에 비해 다음과 같은 많은 장점을 가지고 있다.

1. **사용의 편리함**

   MATLAB은 다양한 버전으로 나와 있는 Basic 언어와 같은 해석형 언어이다. Basic과 같이 MATLAB도 매우 사용하기 쉽다. MATLAB은 명령행에 입력한 식(expression)의 값을 구하는 스크래치 패드처럼 사용할 수도 있고, 미리 작성한 큰 프로그램을 실행시키는 도구로도 사용할 수 있다. MATLAB 프로그램은 내장된 통합개발환경에서 쉽게 작성하고 수정할 수 있으며, MATLAB 디버거를 이용해 디버깅할 수 있다. 이 언어는 사용하기가 매우 쉽기 때문에 새로운 프로그램의 신속 조형(rapid prototyping)에 이상적이다.

   MATLAB은 프로그램을 쉽게 사용할 수 있도록 많은 프로그램 개발 도구들을 제공한다. 이런 도구들로는 통합 편집기/디버거, 도움말과 안내서, 작업 공간 브라우저, 다양한 데모 예제가 있다.

2. **운영체제에 대한 독립성**

   MATLAB은 다양한 컴퓨터 운영체제를 지원하므로 그 체제에 상관없이 작동시킬 수 있다. 이 글을 쓰고 있는 시점에서 보면, MATLAB은 윈도우 XP/Vista/7, 리눅스, 유닉스 및 매킨토시 운영체제에서 지원된다. 하나의 운영체제에서 만들어진 MATLAB 프로그램은 다른 운영체제에서도 돌아가며, 하나의 운영체제에서 만들어진 데이터 파일을 다른 운영체제에서 손실 없이 읽을 수 있다. 결과적으로, 사용자의 필요에 의해서 운영체제가 바뀌더라도 MATLAB 프로그램을 그대로 사용할 수 있다.

3. **미리 정의된 함수**

MATLAB은 많은 기술적인 문제들에 대해 검증되고 완결된 해법을 제공하는 방대한 양의 미리 정의된 함수 라이브러리를 가지고 있다. 예를 들어, 주어진 데이터 집합에 대해 통계적인 연산을 수행하는 프로그램을 작성하고 있다고 가정하자. 대부분의 프로그래밍 언어에서는 산술 평균, 표준 편차, 중앙값 등을 계산하는 서브루틴이나 함수를 프로그래머가 스스로 작성하여야만 한다. MATLAB에는 이러한 통계 연산을 위한 함수 이외에도 수많은 함수들이 이미 포함되어 있으므로 작업이 훨씬 수월하다.

기본 MATLAB 프로그램은 이러한 방대한 함수 라이브러리 외에도, 특정 분야의 복잡한 문제를 해결하는 데 도움을 주는 다양한 툴박스(toolbox)를 제공한다. 예를 들어, 사용자는 신호 처리, 제어 시스템, 통신, 화상 처리, 신경망 등 많은 종류의 표준 툴박스를 구입할 수 있다. MATLAB 웹사이트에는 이외에도 사용자들이 제공하는 방대한 양의 프로그램이 모여 있어, 무료로 이러한 프로그램을 공유할 수 있다.

4. **장치 독립적인 그래픽**

다른 컴퓨터 언어와 다르게 MATLAB은 그래프와 그림을 위한 많은 명령어를 제공한다. 이런 그래프나 그림은 MATLAB이 작동되고 있는 컴퓨터의 어떠한 그래픽 출력 장치를 통해서도 구현할 수 있다. 이런 능력 때문에 MATLAB은 계산 결과를 시각화하는 아주 뛰어난 도구라고 할 수 있다.

5. **그래픽 사용자 인터페이스**

MATLAB은 프로그래머가 대화식으로 자신의 프로그램을 그래픽 사용자 인터페이스(GUI)로 구축할 수 있도록 하는 도구를 포함하고 있다. 이런 능력 때문에 프로그래머는 복잡한 데이터 분석 프로그램을 비교적 경험이 없는 사람들도 사용할 수 있는 프로그램으로 만들 수 있다.

6. **MATLAB 컴파일러**

MATLAB은 프로그램을 장치 독립적인 유사 코드로 컴파일한 후 실행 시에 이 유사 코드를 기계 언어로 해석하는 방식을 통해 유연성과 운영체제에 대한 독립성을 확보하고 있다. 이런 접근 방법은 마이크로소프트의 Visual Basic과 비슷하다. 이런 해석형 언어의 특성으로 인해 작성된 프로그램의 실행 시간이 길어지는 경우도 종종 있다. 프로그램의 실행이 느려지는 경향에 대한 설명은 본문에서 그 현상을 접하는 대로 설명할 것이다.

프로그램의 실행 속도를 높이기 위해 별도의 MATLAB 컴파일러를 사용할 수 있다. 이런 컴파일러는 MATLAB 프로그램을 독립적으로 실행 가능한 파일로 만들어주어 해석된 코드보다 실행 시간을 줄일 수 있다. 이는 MATLAB 프로그램 파일을 실제 다른 사용자들에게 배포하고 판매할 수 있는 실행 가능 파일로 변환하는 훌륭한 방법이다.

1.2 MATLAB의 단점

MATLAB에는 두 가지의 중대한 단점이 있다. 첫 번째 단점으로, MATLAB은 해석형 언어이기 때문에 다른 컴파일형 언어보다 느리게 실행된다. 이 문제는 MATLAB 프로그램을 적절히 구조화함으로써 어느 정도 경감할 수 있고, 일반적인 용도로 배포하기 전에 MATLAB 컴파일러를 이용해 컴파일함으로써 해결할 수 있다.

두 번째 단점은 가격이다. MATLAB 완전본은 다른 상용 C 프로그램이나 Fortran 프로그램에 비해서 약 5배에서 10배 정도 비싸다. 그러나 이런 비싼 가격은 엔지니어나 과학자가 프로그램을 개발하는 데 소요되는 시간을 단축할 수 있다는 장점으로 상쇄되므로 사업성 면에서 비용 대비 효율이 높다고 할 수 있다. 그럼에도 불구하고, 개인이 구매하기에는 여전히 너무 비싸다. 다행스럽게도 MATLAB을 배우려는 학생들을 위한 학생판 MATLAB은 저렴하다. MATLAB 학생판은 본질적으로 MATLAB 완전본과 같다.[1]

1.3 MATLAB 환경

MATLAB 프로그램에서 사용되는 기본적인 데이터의 단위는 **배열**이다. 배열은 데이터값의 행과 열로 이루어지며 하나의 이름으로 정의된다. 하나의 배열에 있는 각각의 데이터값은 그 배열의 이름 뒤에 특정 값이 위치하는 행과 열을 나타내는 첨자를 괄호 안에 넣어 붙임으로써 접근할 수 있다. MATLAB에서는 스칼라 양도 하나의 행과 열을 가진 배열로 취급한다. MATLAB 배열을 작성하고 다루는 방법은 2.2절에서 설명한다.

MATLAB이 실행되는 동안 명령어를 작성하거나 정보를 보여주기 위한 여러 개의 창이 화면에 나타난다. 세 개의 가장 중요한 창은 명령어를 입력하는 명령창(Command window), 그래프와 그림을 보여주는 그림창, 그리고 MATLAB 프로그

1 GNU Octave나 FreeMat과 같이 MATLAB과 대체로 호환되는 무료 소프트웨어도 있다.

램을 작성하고 수정하는 편집창이다. 이 절에서 이 세 개의 창에 대해 설명한다.

이외에도 MATLAB에는 도움말을 보여주거나 메모리에 정의되어 있는 변수의 값을 조사하기 위한 다른 창들이 있다. 이 절에서 이런 부가적인 창들에 대해서도 간단히 설명한다. MATLAB 프로그램의 디버깅 작업을 설명할 때 또 다른 창들에 대해 설명한다.

1.3.1 MATLAB 데스크톱

MATLAB 버전 R2014b를 실행하면 MATLAB 데스크톱이라 불리는 특별한 창이 화면에 나타난다. MATLAB 데스크톱은 MATLAB 데이터를 보여주기 위한 다른 창들과 마이크로소프트 오피스에서 쓰이는 것과 비슷한 '툴바' 또는 '리본바'로 이루어

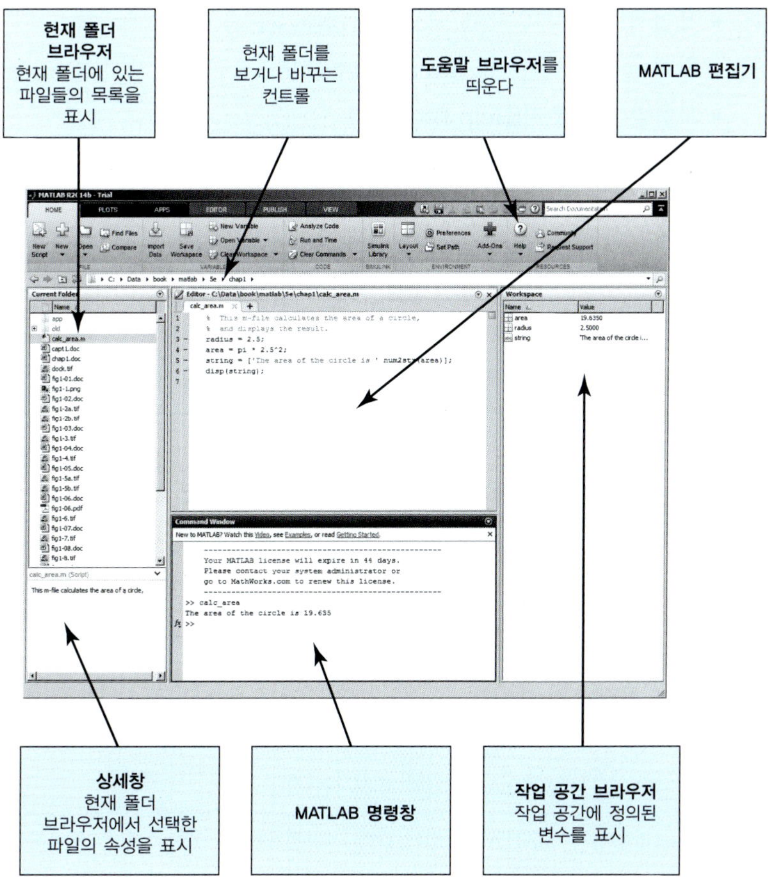

그림 1.1 기본 MATLAB 데스크톱. 데스크톱의 정확한 모습은 컴퓨터 유형에 따라 조금씩 다를 수 있다.

져 있다. 기본적으로 대부분의 MATLAB 도구들은 MATLAB 데스크톱에 결합되어(docked) 있어서 데스크톱 창 내부에 나타난다. 그러나 사용자는 분리(undock)라는 명령어를 이용해 이런 도구 창들을 데스크톱에서 분리시켜 다른 독립된 창으로 나타나게 할 수 있다.

MATLAB 데스크톱의 기본 구성이 그림 1.1에 나타나 있다. MATLAB 환경에서 파일, 변수, 응용 프로그램을 관리하는 도구들이 이 데스크톱에 결합되어 있다.

MATLAB 데스크톱에서 쓸 수 있는 주요 도구들은 다음과 같다.

- 명령창(Command Window)
- 도구띠(Toolstrip)
- 편집기/디버거(Editor/Debugger)와 배열 편집기(Array Editor)를 포함하는 문서창(Documents Window)
- 그림창(Figure Window)
- 작업 공간 브라우저(Workspace Browser)
- 현재 폴더 브라우저(Current Folder Browser)와 상세 창(Details Window)
- 도움말 브라우저(Help Browser)
- 경로 브라우저(Path Browser)
- 팝업 명령 기록창(Popup Command History Window)

이러한 도구들의 기능은 표 1.1에 요약하였으며 다음과 같다.

표 1.1: MATLAB 데스크톱에 포함된 도구와 창

도구	설명
명령창	사용자가 명령어를 입력하여 바로 결과를 볼 수 있는 창
도구띠	데스크톱을 가로지르는 리본 모양의 띠로서 탭과 섹션으로 나뉜 기능이나 도구를 선택하는 데 쓰임.
명령 기록창	최근에 실행된 명령어를 표시하는 창으로서 명령창에 입력할 때 위쪽 화살표를 눌러 선택할 때 쓰임.
문서창	사용자가 MATLAB 파일을 편집하거나 디버그할 때 사용하는 창
그림창	MATLAB 도표를 표시하는 창
작업 공간 브라우저	MATLAB 작업 공간에 저장된 변수의 이름과 값을 표시하는 창
현재 폴더 브라우저	현재 폴더에 있는 파일의 이름을 표시하는 창. 파일을 선택하면 그 파일의 상세 내용이 상세창에 나타남.

도구	설명
도움말 브라우저	MATLAB 함수에 대한 도움말을 제공하는 도구로서 Help 버튼을 눌러 접근할 수 있음.
경로 브라우저	MATLAB 검색 경로를 표시하는 창으로서 Path 버튼을 눌러 접근할 수 있음.

1.3.2 명령창

기본 MATLAB 데스크톱의 아래쪽 가운데에 **명령창**이 있다. 사용자가 명령창의 명령 프롬프트(>>)에 대화식으로 명령어를 입력하면 즉시 실행된다.

대화형 계산의 간단한 예로 반지름이 2.5 m인 원의 면적을 구해보자. 이 면적은 MATLAB 명령창에 아래와 같이 입력함으로써 구할 수 있다.

```
>> area = pi * 2.5^2
area =
 19.6350
```

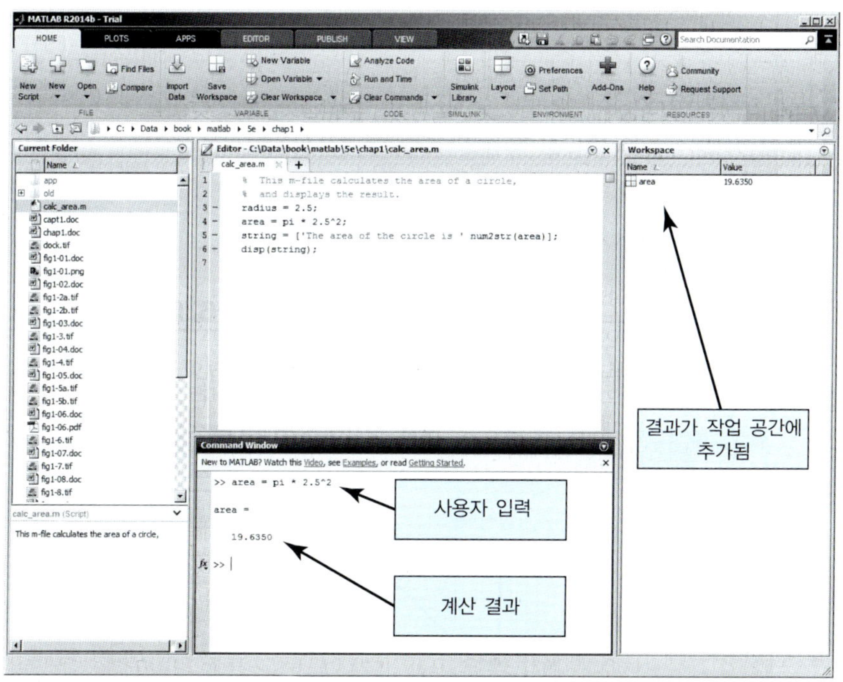

그림 1.2 명령창은 데스크톱의 중앙에 나타난다. 사용자는 이 창에서 명령어를 입력하고, 결과를 볼 수 있다.

엔터키를 누르면 MATLAB은 곧바로 그 답을 계산한 후, area로 명명된 변수(실제로는 1×1 배열)에 그 답을 저장한다. 변수의 내용은 그림 1.2처럼 명령창에 표시되고, 이 값은 다음 계산에 사용할 수 있다(여기서 원주율 π값은 MATLAB 프로그램 내에서 미리 정의되어 있으므로 그 값을 3.141592... 로 먼저 선언할 필요 없이 간단히 pi라고 쓰면 된다는 점에 주목하자).

만약 코드 문(statement)이 너무 길어 한 줄에 다 입력할 수 없다면 줄 마지막에 **생략 기호**(...)를 덧붙이고 그 다음 줄에 계속해서 내용을 입력하면 된다. 예를 들어, 다음의 두 문은 서로 완전히 같다.

```
x1 = 1 + 1/2 + 1/3 + 1/4 + 1/5 + 1/6;

x1 = 1 + 1/2 + 1/3 + 1/4 ...
   + 1/5 + 1/6;
```

명령창에 명령어를 입력하는 대신에 일련의 명령어를 하나의 파일에 담은 후, 명령창에서 그 파일의 이름을 입력함으로써 그 명령어들을 실행시킬 수 있다. 이런 파일을 **스크립트 파일**(script file)이라고 한다. 스크립트 파일은(나중에 설명할 함수 파일도) 확장자가 '.m'이기 때문에 **M 파일**이라고도 부른다.

1.3.3 도구띠

도구띠(그림 1.3)는 데스크톱을 가로지르는 리본 모양의 띠이다. 도구띠에 있는 컨

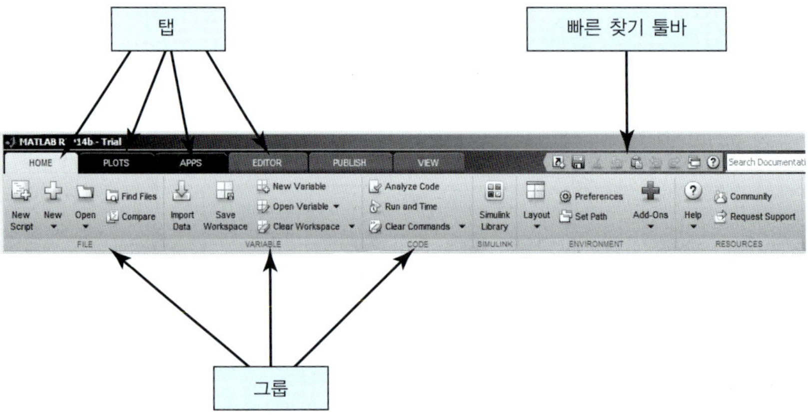

그림 1.3 다양한 MATLAB 도구와 명령을 선택할 수 있는 도구띠

트롤들은 연관된 기능 범주에 따라 먼저 탭으로 나뉜 후 그룹으로 편성되어 있다. 예를 들어, 그림 1.3에는 Home, Plots, Apps, Editor 등의 탭이 보인다. 하나의 탭을 선택하면 일련의 컨트롤들이 섹션으로 나뉘어 표시된다. Home 탭에는 File, Variable, Code 등의 섹션이 있다. 이처럼 명령들을 논리적으로 그룹으로 나눔으로써 원하는 기능을 빨리 찾아낼 수 있다.

또한 도구띠의 오른쪽 위 코너에는 빨리 찾기 툴바(Quick Access Toolbar)가 있어 사용자는 자신이 자주 사용하는 명령이나 기능을 늘 표시하도록 인터페이스를 구성할 수 있다. 이곳에 원하는 기능을 표시하려면 툴바를 오른쪽 버튼으로 클릭할 때 나타나는 팝업 메뉴에서 Customize 옵션을 선택하면 된다.

1.3.4 명령 기록창

명령 기록창은 사용자가 명령창에서 입력했던 명령어들의 목록을 보여준다. 이런 명령어 목록에는 이전 MATLAB 실행 때 수행했던 명령어들도 포함된다. 명령어들은 삭제하기 전까지 목록에 남아 있다. 이전 명령어들을 다시 실행하기 위해서는 간단히 목록에서 그 명령어를 마우스의 왼쪽 버튼으로 더블 클릭하면 된다. 명령 기록창에서 하나 또는 그 이상의 명령어를 삭제하기 위해서는 먼저 대상 명령어를 마우스로 지정한 후 오른쪽 버튼으로 클릭한다. 팝업 메뉴가 화면에 나타나 원하는 항목을 삭제할 수 있다(그림 1.4 참조).

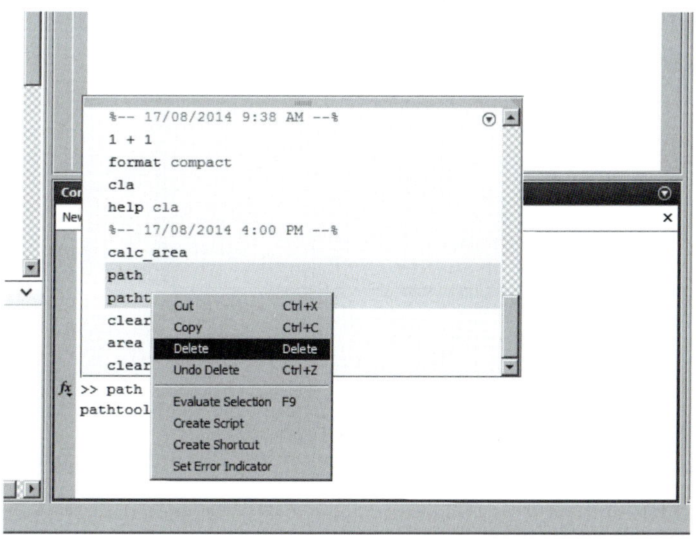

그림 1.4 두 명령어를 삭제하는 모습을 보이고 있는 명령 기록창

1.3.5 문서창

문서창(또는 **편집/디버그창**)은 새로운 M 파일을 작성하거나 기존의 M 파일을 수정할 때 사용한다. 편집창은 새로운 M 파일을 작성하거나 기존의 M 파일을 열기만 하면 자동으로 생성된다. 새로운 M 파일을 생성하기 위해서는 도구띠의 File 그룹에서 New Script 명령을 클릭하거나(그림 1.5a), New 아이콘을 클릭할 때 나타나는 팝업 메뉴에서 Script를 선택하면 된다(그림 1.5b). 기존의 M 파일을 열기 위해서는 도구띠의 File 섹션에서 Open 명령을 선택한다.

(a)

(b)

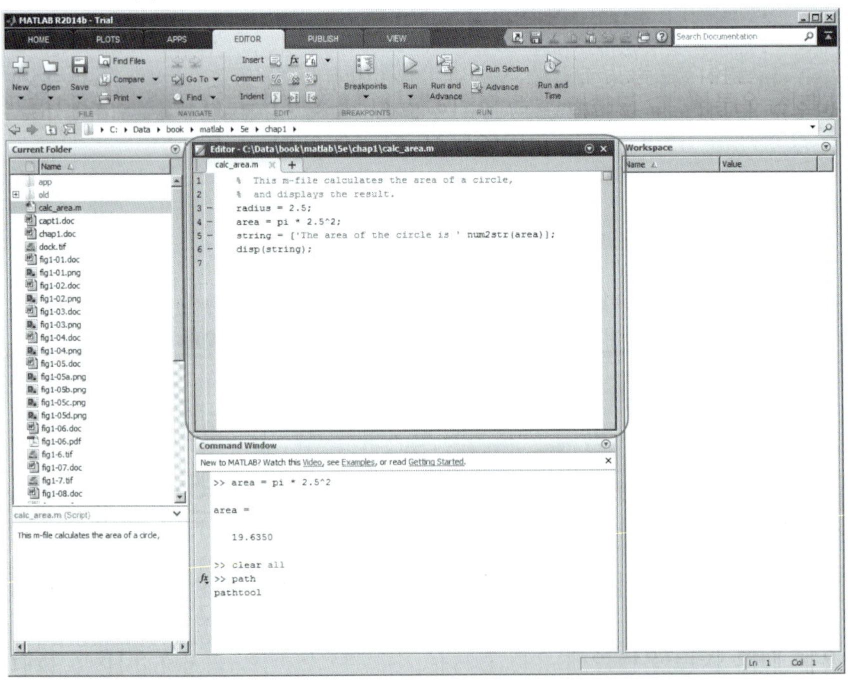

(c)

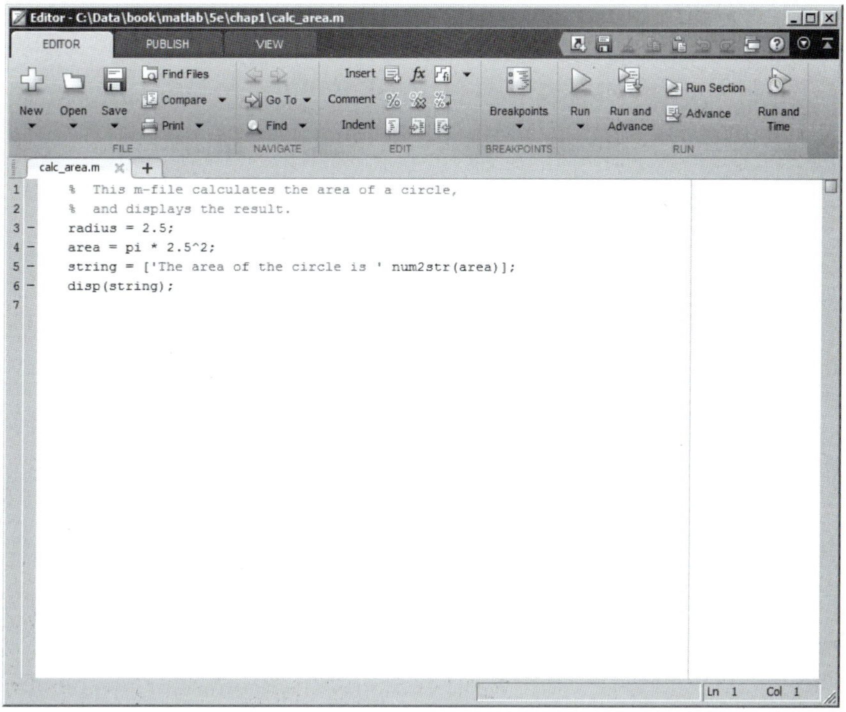

(d)

그림 1.5 (a) New Script 명령을 이용한 새로운 M 파일 생성
(b) New 〉〉 Script 팝업 메뉴를 이용한 새로운 M 파일 생성 (c) MATLAB 데스크톱에 결합된 MATLAB 편집기 (d) 독립된 창으로 표시된 MATLAB 편집기(책 중간의 컬러페이지 참조)

그림 1.5의 편집창은 `calc_area.m`이라는 간단한 M 파일을 보여주고 있다. 이 파일은 반지름이 주어진 원의 면적을 계산하여 그 결과를 화면에 표시한다. 기본적으로 편집창은 그림 1.5c와 같이 데스크톱에 결합되어 있다. 편집창 역시 MATLAB 데스크톱으로부터 분리할 수도 있다. 이런 경우에 그림 1.5d와 같이 문서창이라 불리는 컨테이너 안에 나타난다. 창을 MATLAB 데스크톱에 결합시키거나 분리시키는 방법은 나중에 설명한다.

편집창은 본질적으로 MATLAB 언어의 여러 특징을 각각 다른 색으로 강조하여 표시하는 텍스트 편집기이다. M 파일에서 주석은 녹색, 변수와 숫자는 검정, 완성된 문자열은 자홍색, 불완전한 문자열은 빨강, MATLAB의 주 핵심어는 파랑으로 나타난다(책 중간의 컬러페이지 참조).

M 파일을 저장한 후 명령창에서 파일의 이름을 입력하면 그 내용을 실행할 수 있다. 그림1.5의 M 파일의 경우 결과는 다음과 같다.

```
>> calc_area
The area of the circle is 19.635
```

편집창은 디버거의 역할도 하는데, 이에 대해서는 제2장에서 설명한다.

1.3.6 그림창

그림창은 MATLAB의 도표를 나타낼 때 사용한다. 여기서 말하는 그림은 2차원 또는 3차원의 도표이거나, 이미지 또는 그래픽 사용자 인터페이스를 말한다. 사인 함수를 계산하여 도표로 나타내는 간단한 스크립트 파일은 아래와 같다.

```
% sin_x.m: This M-file calculates and plots the
% function sin(x) for 0 <= x <= 6.
x = 0:0.1:6
y = sin(x)
plot(x,y)
```

만약 파일이 sin_x.m이라는 이름으로 저장되어 있다면, 명령창에 'sin_x'를 입력하여 그 파일을 실행시킬 수 있다. 이 스크립트 파일이 실행되면 MATLAB은 그림

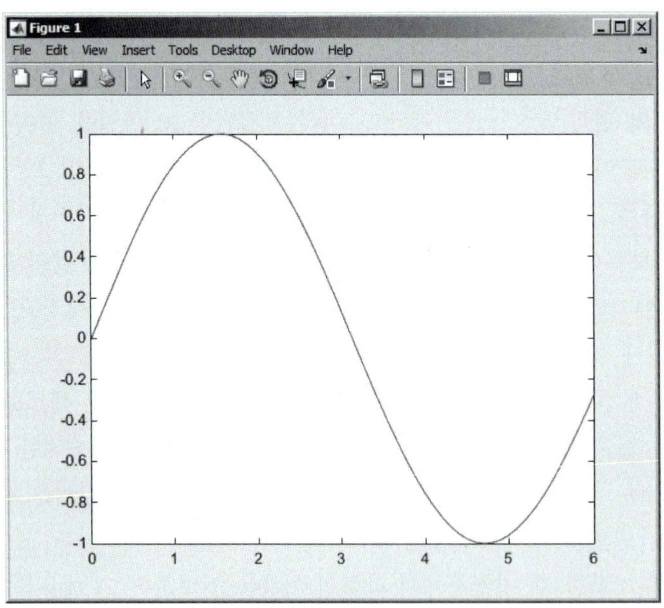

그림 1.6 sin x 대 x의 그래프를 나타내는 MATLAB 도표

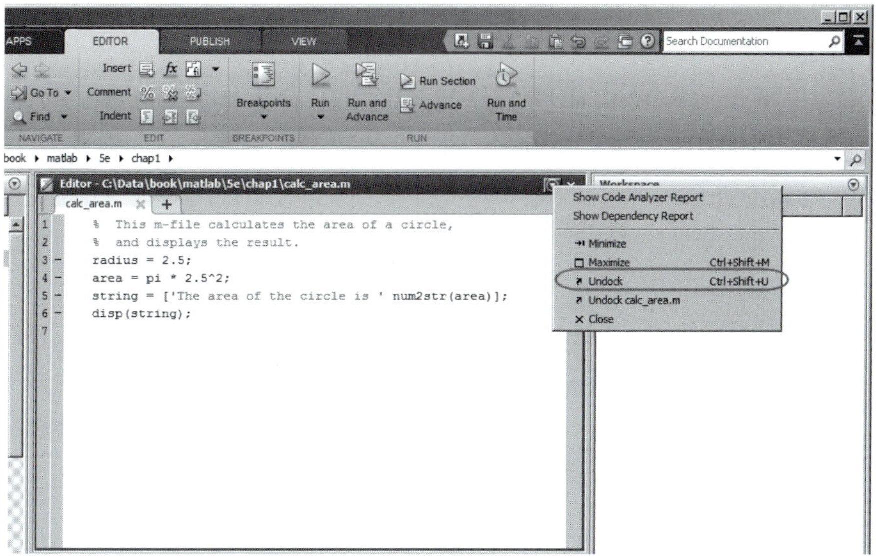

그림 1.7 조각창의 오른쪽 위 코너에 있는 작은 아랫방향 화살표를 클릭할 때 펼쳐지는 메뉴에서 Undock 옵션을 선택한다.

창을 열어 sin x 함수를 그림창 안에 그려준다. 그 결과는 그림 1.6과 같다.

1.3.7 창의 결합과 분리

명령창, 편집창, 그림창과 같은 MATLAB의 여러 창들은 MATLAB 데스크톱에 결합(docked)하거나 분리(undocked)할 수 있다. 창이 MATLAB 데스크톱에 결합되어 있을 때는 각각의 창은 마치 데스크톱의 한 구획처럼 보인다. 분리되어 있을 때는 각각의 창은 MATLAB 데스크톱과 떨어져서 화면에서 서로 다른 별개의 창으로 보인다. 창이 MATLAB 데스크톱과 결합하여 있을 때는 창의 오른쪽 위 구석에 있는 작은 아래쪽 화살표를 누른 후 Undock 옵션을 선택하여 분리할 수 있다(그림 1.7 참조). 창이 독립된 창일 때는 오른쪽 위의 구석에 우하 방향을 가리키는 화살표를 가진 조그만 버튼(↘)이 나타난다. 이 버튼을 클릭하면, 그 창은 다시 데스크톱과 결합하게 된다. Dock 버튼은 그림 1.6의 오른쪽 위 구석에서 볼 수 있다.

1.3.8 MATLAB 작업 공간

다음과 같은 대입문은

```
z = 10
```

변수 z를 생성하여 값 10을 대입한 다음, **작업 공간(workspace)**이라 불리는 컴퓨터 메모리 영역에 저장한다. 작업 공간은 특정 명령어, M 파일, 함수 등이 실행될 때 MATLAB에서 사용되는 모든 변수와 배열의 집합이다. 명령창에서 실행되는 모든 명령어(명령창에서 실행되는 모든 스크립트 파일도 포함된다)는 같은 작업 공간을 공유하므로 변수들도 따라서 공유한다. 나중에 다시 설명하겠지만, MATLAB 함수는 스크립트 파일과는 다르게 함수별로 고유의 작업 공간을 가진다.

현재 작업 공간의 모든 변수와 배열의 목록은 whos 명령어로 화면에 나타낼 수 있다. 예를 들어, calc_area와 sin_x라는 스크립트 파일이 실행된 후 작업 공간은 다음과 같은 변수들을 포함한다.

```
>>    whos
      Name        Size      Bytes     Class       Attributes

      area        1x1           8     double
      radius      1x1           8     double
      string      1x32         64     char
      x           1x61        488     double
      y           1x61        488     double
```

스크립트 파일 calc_area는 변수 area, radius, string을 만들고, 스크립트 파일 sin_x는 변수 x, y를 만든다. 모든 변수들이 같은 작업 공간에 속해 있기 때문에, 두 개의 스크립트 파일을 연속으로 실행하면, 두 번째 스크립트 파일은 첫 번째 스크립트 파일이 실행될 때 생성된 변수를 사용할 수 있다는 점에 주목하자.

어떤 변수나 어떤 배열도 명령창에 그에 해당하는 적절한 이름을 입력함으로써 그 내용이나 값을 명령창에 나타낼 수 있다. 예를 들어, string의 내용은 다음과 같이 알아낼 수 있다.

```
>> string
string =
The area of the circle is 19.635
```

작업 공간에 있는 변수는 clear 명령어로 제거할 수 있다. clear 명령어는 다음의 형식을 따른다.

```
clear var1 var2 ...
```

여기서 var1과 var2는 제거하려는 변수의 이름이다. clear variables 또는 단순히 clear라는 명령어만 입력하면 현재 작업 공간의 모든 변수를 전부 제거할 수 있다.

1.3.9 작업 공간 브라우저

현재 사용 중인 작업 공간의 모든 내용은 그래픽 사용자 인터페이스 형식의 **작업 공간 브라우저**를 이용해 점검할 수 있다. 작업 공간 브라우저는 기본적으로 MATLAB 데스크톱의 오른쪽에 나타난다. 작업 공간 브라우저는 whos 명령어의 결과와 동일한 내용을 화면에 표시하고, 만약 배열의 정보가 그다지 많지 않은 경우에는 실제 내용을 화면에 표시한다. 작업 공간의 내용이 바뀔 때마다 작업 공간 브라우저의 내용도 따라서 갱신된다.

그림 1.8은 전형적인 작업 공간 브라우저를 보여준다. whos 명령어의 실행 결과와 작업 공간 브라우저의 내용이 같음을 확인할 수 있다. 작업 공간 브라우저 내의

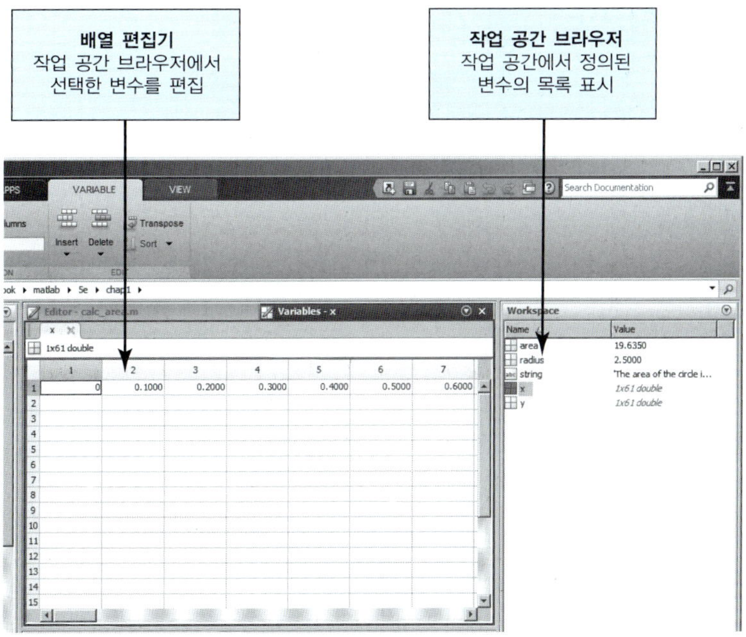

그림 1.8 작업 공간 브라우저와 배열 편집기. 작업 공간 브라우저 내의 변수를 더블 클릭하면 배열 편집기가 떠서 변수 또는 배열에 저장된 값을 바꿀 수 있다.

변수를 마우스로 더블 클릭하면 배열 편집기가 화면에 표시되며, 사용자는 그 변수에 저장되어 있는 내용을 수정할 수 있다.

작업 공간 브라우저에서 하나 또는 그 이상의 변수를 마우스를 이용해 선택한 다음 삭제키를 누르거나 마우스 오른쪽 버튼을 이용하여 삭제 옵션을 선택하면 작업 공간에서 제거할 수 있다.

1.3.10 현재 폴더 브라우저

데스크톱의 왼쪽 위에 나타나 있는 **현재 폴더 브라우저**는 현재 선택된 폴더에 있는 모든 파일을 표시하여 사용자로 하여금 원하는 파일을 편집하거나 실행할 수 있도록 해준다. 파일을 더블 클릭하면 MATLAB 편집기에서 파일을 열 수 있고, 오른쪽 버튼으로 클릭하여 Run을 선택하면 실행할 수 있다. 그림 1.9는 현재 폴더 브라우저를 보여준다. 브라우저 위의 툴바를 이용하여 표시할 현재 폴더를 선택할 수 있다.

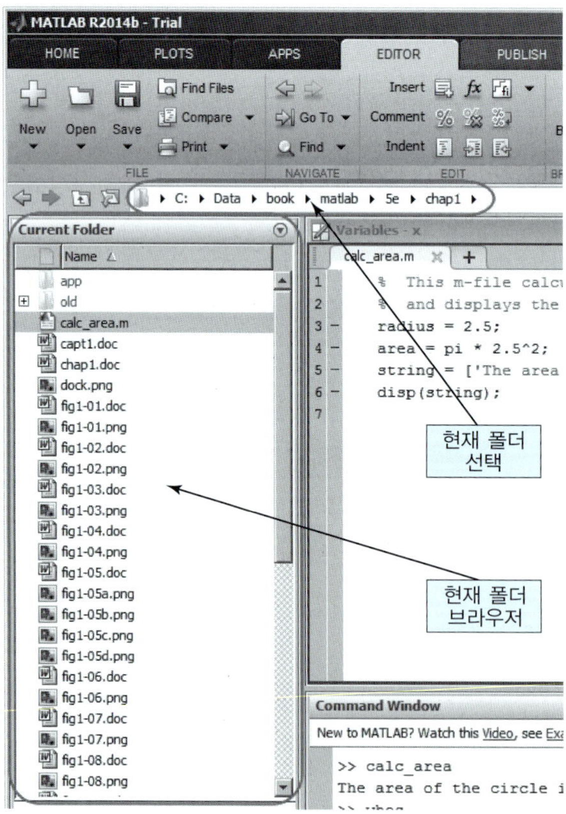

그림 1.9 현재 폴더 브라우저

1.3.11 도움말 얻기

MATLAB에서 도움말을 얻는 방법으로는 세 가지가 있다. 가장 선호되는 방법은 도움말 브라우저를 이용하는 것이다. 도움말 브라우저를 실행하려면 도구띠에서 ? 아이콘을 선택하거나 명령창에서 helpdesk 또는 helpwin을 입력한다. MATLAB 프로그램에 포함된 MATLAB 문서를 검색하여 도움말을 얻거나 특정 명령의 세부 사항을 검색할 수도 있다. 도움말 브라우저는 그림 1.10에 나타나 있다.

명령행에서 도움말을 얻는 방법도 두 가지 있다. 첫 번째 방법은 명령창에서 help를 입력하거나 help 뒤에 함수 이름을 붙여 입력하는 것이다. help만을 입력하면 명령창에 관련된 도움말 주제의 목록이 뜬다. 특정 함수나 툴박스의 이름을 함께 입력하면 그 항목에 대한 도움말이 제공된다.

도움말을 얻는 마지막 방법은 lookfor 명령어를 사용하는 것이다. help 명령어

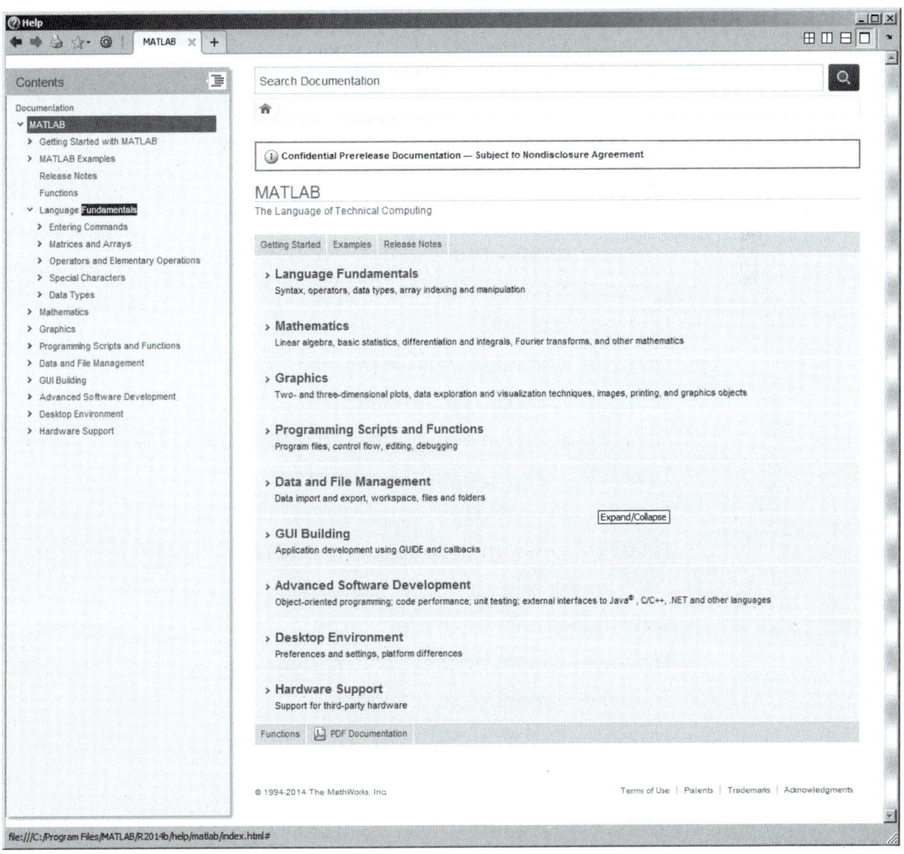

그림 1.10 도움말 브라우저

는 지정한 이름과 정확히 일치하는 함수에 대한 내용만 보여주는 반면에, lookfor 명령어는 각 함수의 간단한 요약문(도움말 주제문)을 모두 검색하여 입력한 키워드를 갖는 함수의 목록을 보여준다. 이 때문에 lookfor는 help보다 느리나 유용한 정보를 얻을 확률은 더 높다. 예를 들어 역행렬을 구하는 함수를 찾아보자. MATLAB에 inverse라는 함수가 없기 때문에 'help inverse'를 입력해서는 아무런 결과가 나오지 않는다. 반면에 'lookfor inverse'를 입력하면 아래와 같은 결과가 화면에 나타난다.

```
>> lookfor inverse

ifft            - Inverse discrete Fourier transform.
ifft2           - Two-dimensional inverse discrete Fourier transform.
ifftn           - N-dimensional inverse discrete Fourier transform.
ifftshift       - Inverse FFT shift.
acos            - Inverse cosine, result in radians.
acosd           - Inverse cosine, result in degrees.
acosh           - Inverse hyperbolic cosine.
acot            - Inverse cotangent, result in radian.
acotd           - Inverse cotangent, result in degrees.
acoth           - Inverse hyperbolic cotangent.
acsc            - Inverse cosecant, result in radian.
acscd           - Inverse cosecant, result in degrees.
acsch           - Inverse hyperbolic cosecant.
asec            - Inverse secant, result in radians.
asecd           - Inverse secant, result in degrees.
asech           - Inverse hyperbolic secant.
asin            - Inverse sine, result in radians.
asind           - Inverse sine, result in degrees.
asinh           - Inverse hyperbolic sine.
atan            - Inverse tangent, result in radians.
atan2           - Four quadrant inverse tangent.
atan2d          - Four quadrant inverse tangent, result in degrees.
atand           - Inverse tangent, result in degrees.
atanh           - Inverse hyperbolic tangent.
invhilb         - Inverse Hilbert matrix.
ipermute        - Inverse permute array dimensions.
inv             - Matrix inverse.
pinv            - Pseudoinverse.
betaincinv      - Inverse incomplete beta function.
```

```
erfcinv        - Inverse complementary error function.
erfinv         - Inverse error function.
gammaincinv    - Inverse incomplete gamma function.
acde           - Inverse of cd elliptic function.
asne           - Inverse of sn elliptic function.
icceps         - Inverse complex cepstrum.
idct           - Inverse discrete cosine transform.
ifwht          - Fast Inverse Discrete Walsh-Hadamard Transform.
unshiftdata    - The inverse of SHIFTDATA.
```

이 목록에서 우리가 찾는 함수의 이름은 inv라는 것을 알 수 있다.

1.3.12 몇 가지 중요한 명령어

MATLAB을 처음 접하는 사용자라면 몇 가지 데모 예제를 통해 MATLAB의 성능을 쉽게 파악할 수 있다. MATLAB에 내장된 데모 예제를 돌리려면 명령창에서 demo를 입력한다.

명령창의 내용은 clc 명령어를 이용해서 언제든지 전부 삭제할 수 있으며, 현재

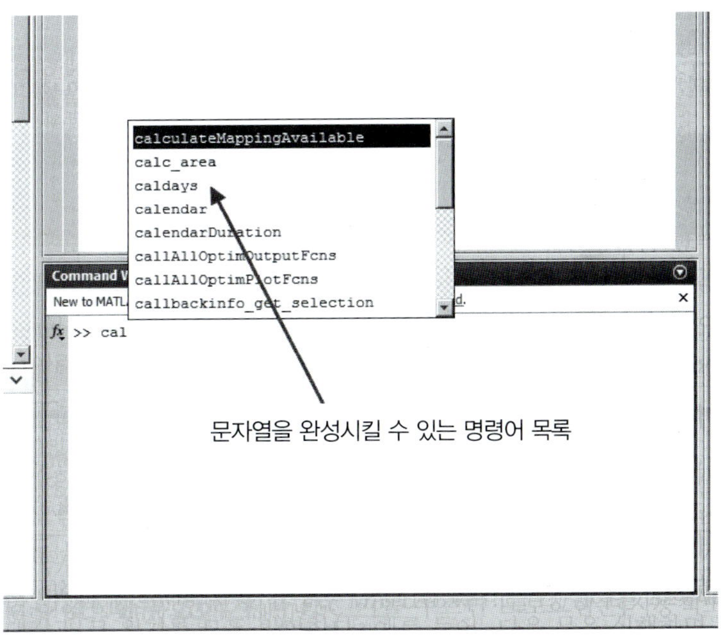

그림 1.11 사용자가 명령어를 부분적으로 입력한 후 Tab키를 누르면 입력 문자열로 시작하는 명령어나 함수들의 목록이 뜬다.

그림창의 그림은 clf 명령어를 사용하여 지운다. 작업 공간의 변수는 clear 명령어를 이용해 삭제할 수 있다. 앞에서 설명한 바와 같이, 별개의 명령어나 M 파일을 실행하는 사이에 작업 공간의 변수들은 그대로 남아 있기 때문에 앞 실행에서 발생한 문제들이 다음 실행에서도 영향을 미칠 수 있다. 이런 문제들을 방지하기 위해서는 새로운 작업을 수행하기 전에 항상 clear 명령어를 사용하는 것이 좋다.

또 다른 중요한 명령어는 **중단(abort)** 명령어이다. M 파일을 실행시킬 때 너무 오래 걸리는 경우 M 파일에 무한 루프가 들어있기 때문일 수 있는데, 이 경우 그 프로그램은 결코 멈추지 않을 것이다. 이런 경우에 명령창에 컨트롤-c(줄여서 ^c)를 입력하면 사용자는 실행 제어 권한을 되찾을 수 있다. 이 명령은 컨트롤키와 c를 함께 눌러 실행할 수 있다. MATLAB이 ^c를 감지하면, 현재 프로그램 실행을 멈추고 명령 프롬프트를 띄운다.

MATLAB에는 자동 완성 기능도 있다. 사용자가 명령어 입력 도중에 Tab키를 누르면 명령어와 함수 중에서 입력 문자열로 시작하는 것들의 목록이 팝업창에 표시된다(그림 1.11 참조). 이 목록 중에서 하나를 선택하면 그 명령을 실행할 수 있다.

느낌표(!)도 중요한 특수 입력 문자 중 하나이다. 이 문자는 컴퓨터의 운영체제로 명령어를 보내는 기능을 맡는다. 느낌표 뒤의 문자열은 운영체제로 보내져 마치 운영체제의 명령 프롬프트에서 입력한 명령어와 같은 역할을 한다(도스 시절을 상기할 것). 이 기능은 MATLAB 프로그램에 운영체제 명령어를 삽입할 수 있도록 해준다.

마지막으로, **diary** 명령어를 이용하여 MATLAB 세션 중에 행해진 모든 작업을 추적할 수 있다. 이 명령어는 다음 형식을 따른다.

```
diary filename
```

이 명령어가 입력된 후에는 명령창에서 이루어지는 모든 입/출력 내용이 다이어리 파일에 복사되어 저장된다. MATLAB 세션 중 오류가 발생할 때 이전 작업 내용을 전부 재생하여 볼 수 있다는 점에서 매우 쓸모가 있다. 'diary off'는 다이어리 파일로의 저장을 잠시 멈추고, 'diary on'은 저장을 재개한다.

1.3.13 MATLAB 검색 경로(Search Path)

MATLAB에서는 M 파일을 찾는 데 사용하는 검색 경로를 가지고 있다. MATLAB의 M 파일은 컴퓨터 파일 시스템의 디렉토리(폴더)에서 구성된다. 많은 M 파일 폴더가

MATLAB과 함께 제공되며, 사용자는 여기에 다른 폴더를 추가할 수 있다. 사용자가 MATLAB 프롬프트에 어떤 이름을 입력하면, MATLAB은 다음과 같은 순서로 이름을 검색한다.

1. 작업 공간 내에서 같은 이름의 변수를 찾는다. 만약 있으면 MATLAB은 변수의 현재 내용을 화면에 표시한다.
2. 현재 폴더에서 같은 이름의 M 파일이 있는지 검색한다. 만약 있으면 MATLAB은 그 파일에 해당하는 함수나 명령어를 실행한다.
3. MATLAB의 검색 경로에 있는 모든 M 파일을 다 검색한다. 만약 있으면 MATLAB은 그 파일에 해당하는 함수나 명령어를 수행한다.

MATLAB은 먼저 변수 이름을 확인한다는 점에 주의하여야 한다. 만약 변수 이름을 MATLAB의 함수나 명령어와 같은 이름으로 정의하면 그 함수나 명령어는 실행 불가능하게 된다. 이는 초보자가 흔히 저지르는 실수이다.

이점에 주의하세요

MATLAB의 함수나 명령어와 같은 이름으로 변수를 절대 만들지 말 것. 그러면 그 함수나 명령어는 실행할 수 없게 된다.

또한 같은 이름을 가진 서로 다른 함수나 명령어가 존재한다면, MATLAB은 처음으로 찾은 함수나 명령어를 실행하고 나머지 함수나 명령어는 실행 불가능하게 된다. 이것 역시 초보자가 많이 저지르는 실수이다. 초보자들은 MATLAB의 함수와 같은 이름의 M 파일을 작성하여 MATLAB의 함수를 사용하지 못하도록 해버린다.

이점에 주의하세요

MATLAB의 함수나 명령어와 같은 이름의 M 파일은 절대 만들지 마라.

MATLAB은 현재 실행되고 있는 파일의 버전 및 폴더 위치를 보여주는 `which`라는 특수 명령어를 가지고 있다. 이 명령어는 충돌을 일으키는 중복된 이름의 파일을

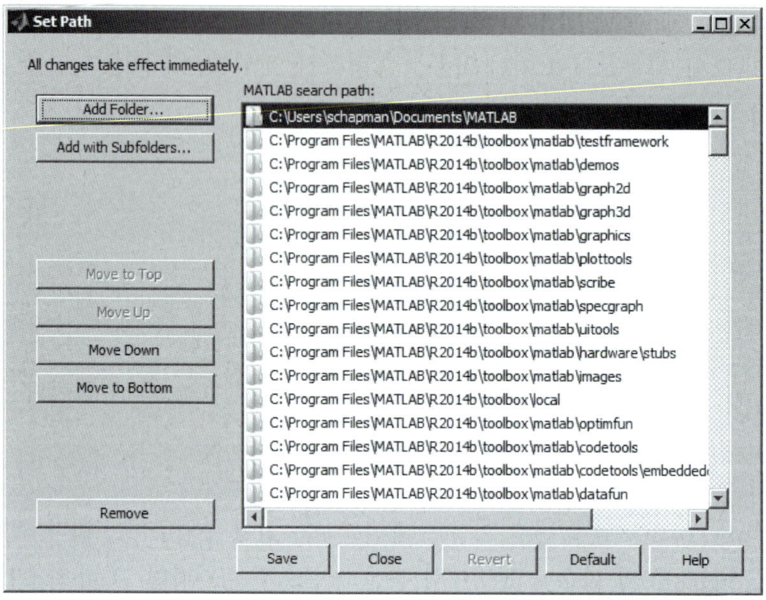

그림 1.12 경로 도구

찾아내는 데 유용하다. 이 명령어의 형식은 'which *functionname*'이며, 여기서 *functionname*은 현재 사용자가 찾고자 하는 함수 이름이다. 예를 들어 벡터곱(외적)을 구하는 함수인 cross.m의 위치는 다음과 같이 알아낼 수 있다.

```
>> which cross
C:\Program
Files\MATLAB\R2014b\toolbox\matlab\specfun\cross.m
```

MATLAB이 현재 사용하고 있는 경로는 언제든지 도구띠 Home 탭 Environment 섹션의 Set Path 도구를 선택하거나 명령창에서 editpath를 입력하여 확인하거나 변경할 수 있다. 검색 경로 도구의 모양은 그림 1.12에 나와 있다. 사용자는 검색 경로에 폴더들을 추가 또는 삭제하거나, 순서를 바꿀 수 있다.

검색 경로와 관련된 다른 함수로는 다음과 같은 것들이 있다.

- addpath　MATLAB의 경로에 폴더를 추가한다.
- path　현재 사용되고 있는 MATLAB 검색 경로를 보여준다.
- path2rc　현재 폴더를 MATLAB 검색 경로에 추가한다.
- rmpath　MATLAB의 검색 경로에서 폴더를 삭제한다.

1.4 MATLAB을 계산기로 사용하기

간단한 수학 연산을 위한 계산기로 MATLAB을 사용할 수 있다. 이런 계산은 MATLAB의 명령창에서 가능하며, 덧셈(+), 뺄셈(−), 곱셈(*), 나눗셈(/), 거듭제곱셈(^)의 기호를 이용해 계산할 수식을 작성하여 명령창에 입력한다. 계산 수식이 입력되면 MATLAB은 그 계산을 수행하고 결과를 화면에 표시한다. 예를 들어, 반지름이 r이고 길이가 l인 원통의 부피를 계산해보자. 원통 바닥의 원의 면적은 아래와 같다.

$$A = \pi r^2 \tag{1.1}$$

그리고 원통의 부피는 아래의 식으로 계산된다.

$$V = Al \tag{1.2}$$

만약 원통의 반지름이 0.1 m이고, 길이가 0.5 m라면, 그 원통의 부피는 다음과 같은 MATLAB문을 이용해 계산할 수 있다(사용자의 입력 내용은 진한 글씨로 나타냄).

```
>> A = pi*0.1^2
A =
 0.0314
>> V = A*0.5
V =
 0.0157
```

`pi`는 MATLAB에서 이미 3.141592...로 정의되어 있으며, 첫 계산에서 구한 `A`의 값이 저장되어 `V`를 계산할 때 다시 쓰였다는 점에 주목하자.

명령창에서 식을 등호 없이 입력하면 MATLAB은 그 식의 값을 구해 `ans`라는 특수 변수에 저장한 후 그 결과를 표시한다.

```
>> 200/7
ans =
   28.5714
```

`ans`에 담긴 값은 나중 계산에서 쓸 수 있지만, 새로운 식이 등호 없이 입력될 때마다 `ans`에 저장된 값을 겹쳐 쓰게 된다는 점을 주의하여야 한다.

```
>> ans * 6
ans =
  171.4286
```

ans에 저장된 값은 이제 28.5714가 아니라 171.4286이 되었다.

계산한 값을 저장하여 나중에 다시 사용하려면 ans 대신 특정 이름의 변수에 대입하여야 한다.

이점에 주의하세요

MATLAB에서 계산 결과를 다시 사용하려면 그 결과를 저장할 변수 이름을 지정하여야 한다. 그렇지 않으면 다음에 계산을 수행할 때 그 결과를 겹쳐 쓰게 될 것이다.

퀴즈 1.1

이 퀴즈는 1장에서 소개한 개념을 여러분이 잘 이해하고 있는지를 확인하기 위한 것이다. 만일 퀴즈를 푸는 데 어려움이 있다면 해당 절을 다시 읽고 강사에게 질문하거나 다른 학우와 토의하라. 이 퀴즈의 답은 책의 말미에 수록되어 있다.

1. MATLAB 명령창, 편집창, 그림창의 주 용도는 무엇인가?
2. MATLAB에서 도움말을 얻는 여러 가지 방법을 나열하라.
3. 작업 공간이란 무엇인가? MATLAB의 작업 공간에 있는 내용은 어떻게 검색할 수 있는가?
4. 작업 공간에 있는 내용을 삭제하는 방법은 무엇인가?
5. 공중에서 자유 낙하하는 공이 이동하는 거리는 다음 식으로 구할 수 있다.

$$x = x_0 + v_0 t + \frac{1}{2}at^2$$

MATLAB을 이용해 $t = 5$일 때 공의 위치를 구하라. $x_0 = 10$ m, $v_0 = 15$ m/s, $a = -9.81$ m/s^2 이다.

6. $x = 3$, $y = 4$일 때, MATLAB을 이용해 아래의 식의 값을 구하라.

$$\frac{x^2y^3}{(x-y)^2}$$

아래의 문제는 여러분이 MATLAB의 도구에 친숙해지도록 도와주는 문제들이다.

7. 명령창에서 `calc_area.m`과 `sin_x.m`을 실행하라(이 M 파일은 이 책의 웹사이트에서 구할 수 있다). 작업 공간 브라우저를 이용해 현재 작업 공간에 어떤 변수들이 정의되어 있는지 확인하시오.
8. 배열 편집기를 이용해 작업 공간에 있는 변수 `x`의 내용을 변경하라. 명령창에서 `plot(x,y)`를 입력하라. 그림창에 표시되는 데이터가 어떻게 바뀌는가?

1.5 요약

이 장에서는 MATLAB의 여러 기본적인 창들과 작업 공간에 대해 설명하였고, 도움말을 얻는 방법을 설명하였다. MATLAB 프로그램을 구동하면 MATLAB 데스크톱이 화면에 나타난다. MATLAB 데스크톱은 MATLAB의 여러 도구들을 한 화면에 통합하여 나타내고 있다. 화면에 나타나는 MATLAB의 여러 도구들로는 명령창, 명령 기록창, 도구띠, 문서창, 작업 공간 브라우저, 배열 편집기, 현재 폴더 뷰어가 있다. 명령창은 창들 중에서 가장 중요한 역할을 하는 창이다. 명령창은 명령어를 입력 받아 그 결과를 화면에 표시한다.

문서창(또는 편집/디버그 창)은 M 파일을 생성하거나 수정할 때 사용한다. 이 창은 M 파일의 내용을 명령어, 핵심어, 문자열 등의 기능별로 각기 다른 색으로 표시하여 보여준다.

그림창은 도표를 표시할 때 사용한다.

사용자는 도움말 브라우저를 사용하거나, 명령창에 `help` 또는 `lookfor`를 입력함으로써 도움말을 얻을 수 있다. 도움말 브라우저는 MATLAB의 도움말 문서 파일을 전부 사용할 수 있도록 해준다. `help` 명령어는 명령창에 특정한 함수에 대한 도움말을 표시한다. 불행하게도, `help` 명령어를 이용하여 도움말을 얻기 위해서는 함수의 이름을 정확히 알고 있어야 한다. `lookfor` 명령어는 주어진 문자열을 각 함수의 첫 번째 주석문 내에서 검색하여 그 문자열을 갖는 함수를 전부 화면에 표시한다.

사용자가 명령창에 명령어를 입력하면 MATLAB은 현재 MATLAB 검색 경로에 지정된 폴더에서 그 명령어를 검색한다. 경로 순서를 따라 첫 번째로 이름이 일치하는 M 파일을 실행하므로 같은 이름의 다른 M 파일은 결코 찾아내지 않을 것이다. 경로 도구는 MATLAB 경로에 폴더를 추가하거나, 삭제 또는 변경할 때 사용한다.

1.5.1 MATLAB 요약

다음과 같은 특수 기호가 이 장에서 설명되었으며 각각의 기능은 다음과 같다.

특수 기호

+	덧셈
−	뺄셈
*	곱셈
/	나눗셈
^	거듭제곱셈

1.6 연습문제

1.1 exp함수의 도움말을 (a) 명령창에서 'help exp'를 입력하여 구하거나, (b) 도움말 브라우저를 사용하여 구하라.

1.2 MATLAB의 도움말 브라우저를 이용하여 MATLAB의 현재 폴더를 찾는 명령어를 알아내라. MATLAB을 시작할 때 어떤 폴더가 현재 폴더가 되는가?

1.3 MATLAB의 도움말 브라우저를 이용하여 MATLAB에서 새로운 폴더를 만드는 방법을 알아내라. 그 다음에 현재 폴더 밑에 mynewdir라는 폴더를 만들어라. 이 새 폴더를 MATLAB 검색 경로의 맨 위에 추가하라.

1.4 그림창을 닫고 MATLAB을 구동했을 때의 폴더로 돌아가라. 그 다음에 명령창에 'test2'를 입력하라. 무슨 일이 일어나는가? 그 이유는?

1.5 아래의 MATLAB문은 $0 \le x \le 10$의 범위에서 함수 $y(x) = 2e^{-0.2x}$의 그래프를 그린다.

```
x = 0:0.1:10;
y = 2 * exp(0.2 * x);
plot(x,y)
```

MATLAB의 편집창을 이용하여 새로운 M 파일을 만들고 위의 명령문을 파일에 입력한 후, `test1.m`이라는 이름으로 저장하라. 명령창에서 `test1`을 입력하여 생성된 M 파일을 실행하라. 결과는 어떻게 되는가?

1.6 $x = 2$, $y = -1$ 일 때 MATLAB을 이용하여 다음 식의 값을 구하라.

(a) $\sqrt[4]{2x^3}$

(b) $\sqrt[4]{2y^3}$

MATLAB은 복소수 또는 순허수 값을 갖는 식을 확실하게 구한다는 점을 주목하라.

1.7 $u = 1$, $v = 3$일 때 아래 식의 값을 MATLAB에서 구하시오.

(a) $\dfrac{4u}{3v}$

(b) $\dfrac{2v^{-2}}{(u+v)^2}$

(c) $\dfrac{v^3}{v^3 - u^3}$

(d) $\dfrac{4}{3}\pi v^2$

1.8 MATLAB의 현재 폴더를 `mynewdir`로 변경한 다음, 편집창을 열어 다음의 내용을 입력하라.

```
% Create an input array from -2*pi to 2*pi
t = -2*pi:pi/10:2*pi;
% Calculate |sin(t)|
x = abs(sin(t));

% Plot result
plot(t,x);
```

이 파일을 `test2.m`이라는 이름으로 저장한 후 명령창에 `test2`라고 입력하라. 무슨 일이 일어나는가?

1.9 다음 MATLAB문을 명령창에 입력하라.

```
4 * 5
a = ans * pi
b = ans / pi
ans
```

a, b와 ans의 값은 얼마인가? ans에 저장된 최종값은 얼마인가? 왜 그 값이 이어진 계산에서 간직되었는가?

1.10 lookfor 명령어를 사용하여 MATLAB에서 상용로그(밑이 10인 로그)값을 구하는 방법을 찾아보라.

CHAPTER 02

MATLAB 기본

이 장에서는 MATLAB 언어의 기본 요소에 대해서 소개한다. 이 장을 마치고 나면 간단하지만 작동되는 MATLAB 프로그램을 작성할 수 있다.

2.1 변수와 배열

MATLAB 프로그램의 가장 기본적인 데이터 단위는 **배열**(array)이다. 배열은 데이터 값을 행과 열로 구성한 것으로 하나의 이름으로 나타낸다(그림 2.1 참조). 배열 안의 각 데이터값은 그 배열의 이름 뒤에 특정 값이 놓인 행과 열을 나타내는 첨자를 괄호로 묶어 붙임으로써 접근할 수 있다. 심지어는 스칼라도 MATLAB에서는 행과 열이 각각 하나인 배열로 취급한다.

배열은 벡터와 행렬로 나눌 수 있다. '**벡터**(vector)'라는 용어는 통상 1차원의 크기를 가지는 배열을 지칭하며, '**행렬**(matrix)'은 2차원 또는 다차원 배열을 다룰 때 사용한다. 이 책에서도 일차원의 배열을 논의할 때는 '벡터', 2차원 이상의 배열의 경우 '행렬'이라는 용어를 사용하기로 한다. 두 가지 유형의 배열을 전부 지칭할 때는 총칭하여 '배열'이라고 한다.

배열의 크기는 배열에서 행과 열의 수로 정해지는데, 항상 행의 수를 먼저 언급한다. 배열 내 성분의 수는 행의 수와 열의 수의 곱과 같다. 예를 들어 아래의 배열의 크기는 보기와 같다.

배열	크기
$a = \begin{bmatrix} 1 & 2 \\ 3 & 4 \\ 5 & 6 \end{bmatrix}$	6개의 원소를 담은 3 × 2 행렬이다.
b = [1 2 3 4]	4개의 원소를 담은 1 × 4 배열로서 **행벡터**라고 부른다.
$c = \begin{bmatrix} 1 \\ 2 \\ 3 \end{bmatrix}$	3개의 원소를 담은 3 × 1 배열로서 **열벡터**라고 부른다.

배열의 개별 원소는 배열 이름 뒤에 그 원소의 행과 열을 첨자로 명시하여 언급한다. 만약 배열이 행벡터(row vector)이거나 열벡터(column vector)인 경우에는 하나의 첨자만 필요하다. 예를 들어 위의 배열에서 `a(2,1) = 3`이고, `c(2) = 2`이다.

MATLAB의 **변수(variable)**는 사용자가 지정한 이름을 갖는 배열을 담은 메모리 영역이다. 적절한 MATLAB 명령문에 배열 이름을 포함시키면 언제든지 배열의 내용을 사용하거나 바꿀 수 있다.

MATLAB의 변수 이름은 반드시 문자로 시작하여야 하며 그 다음에는 문자, 숫자 또는 밑줄(_) 문자를 임의 조합하여 쓸 수 있다. MATLAB은 처음 63개 문자까지만 변수 이름으로 인식하므로, 64번째 이후의 문자는 무시된다. 만약 64번째 문자만 다르고 그 이전의 문자열이 같은 두 개의 변수가 선언된다면 MATLAB은 그 두 변수를 같은 변수로 취급한다. 만약 64개 이상의 문자열로 변수를 선언한다면 MATLAB은 긴 변수 이름을 63개의 문자열로 축소할 것이라는 경고 메시지를 표시할 것이다.

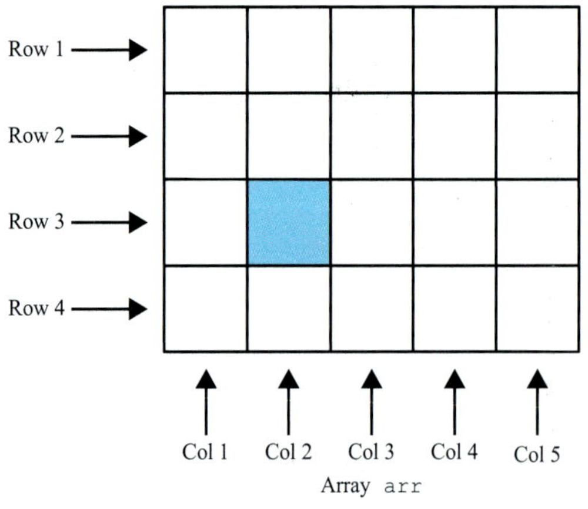

그림 2.1 배열은 행과 열로 구성된 데이터값의 집합이다.

이점에 주의하세요

항상 변수 이름은 63개까지의 문자로 다른 변수와 다르게 하자. 그렇지 않으면 MATLAB은 다른 변수와 구별하지 못한다.

프로그램을 작성할 때 변수에 의미가 있는 이름을 붙이는 것이 중요하다. 의미 있는 변수 이름은 매우 읽기 쉽고 관리하기 편하다. day, month, year 같은 이름은 프로그램을 처음 보는 사람들에게도 의미가 확실히 전달된다. MATLAB 변수 이름에는 공백을 쓸 수 없으므로 공백 대신에 밑줄을 사용하면 의미있는 변수 이름을 지을 수 있다. 예를 들어, 환율(exchange rate) 의미를 가지는 변수는 exchange_rate로 이름 붙일 수 있다.

좋은 프로그래밍 습관

항상 변수를 서술적이고 외우기 편한 이름으로 지어라. 예를 들어, 통화 환율을 나타내는 변수의 경우 'exchange_rate'라는 이름을 붙일 수 있다. 이렇게 하면 명확하고 이해하기 쉬운 프로그램이 될 것이다.

데이터 사전(data dictionary)을 프로그램의 머리부(header)에 포함시켜 작성하는 것도 중요하다. 데이터 사전은 프로그램에서 사용되는 각 변수의 정의를 열거한 것을 말한다. 이 정의에는 각 항목에 대한 설명과 측정 단위를 포함시킨다. 처음 프로그램을 작성할 때 이 데이터 사전은 불필요해 보이지만 작성된 프로그램을 나중에 작성자나 다른 사람들이 검토하거나 수정할 때 매우 중요한 의의를 갖는다.

좋은 프로그래밍 습관

프로그램을 작성할 때는 차후의 유지 관리의 편의를 위해서 항상 데이터 사전을 첨부하라.

MATLAB은 대문자와 소문자를 구별한다. 따라서 name, NAME, Name 변수는 전부 서로 다른 변수이다. 처음 변수 이름을 대문자로 작성하였으면 그 변수는 항상 대문자로 입력하여야 한다.

좋은 프로그래밍 습관

변수 이름 중 일부를 대문자로 작성하였으면 그 부분은 항상 대문자로 입력하여야 한다. 일반적으로 변수 이름은 항상 소문자로 짓는 것이 좋다.

많은 MATLAB 프로그래머들은 소문자만을 사용하여 변수 이름을 짓되, 단어를 밑줄로 연결하는 관습을 지키고 있다. 앞서 언급한 exchange_rate는 이런 관습의 한 예이다. 이런 작명 방식을 이 책에서 채택하고 있다.

어떤 MATLAB 프로그래머들은 Java나 C++ 에서처럼 밑줄을 사용하지 않고 첫 번째 단어는 모두 소문자로 나타내되 잇따르는 단어는 대문자로 시작하는 관습을 따른다. 이 방식대로라면 환율은 exchangeRate가 될 것이다. 어떤 방식이든 다 좋으나 프로그램 전체에서 일관성을 유지하여야 한다.

좋은 프로그래밍 습관

프로그램을 작성할 때 표준적인 작명법 및 대소문자 구별법을 일관되게 사용하라.

가장 흔히 쓰는 MATLAB 변수 유형은 double형과 char형이다. double형 변수는 64비트 배정도(double-precision)를 지니는 부동 소수점 수의 스칼라나 배열이다. 이 수는 실수, 허수, 복소수가 될 수 있다. 각 변수의 실수부와 허수부는 10^{-308}에서 10^{308}까지의 음수 또는 양수가 될 수 있으며, 유효 숫자 15 내지 16자리까지의 정밀도를 가진다. 이것이 MATLAB에서 사용되는 기본적인 데이터형이다.

변수 이름에 수치를 대입할 때마다 double형 변수가 자동적으로 생성된다. double형 변수에 대입되는 수치는 실수, 허수, 복소수가 될 수 있다. 실수는 단순한 수이다. 예를 들어, 다음 문은 실수값 10.5를 double형 변수 var에 대입한다.

```
var = 10.5;
```

허수값을 정의하기 위해서는 문자 i또는 j를 숫자 뒤에 붙여야 한다.[1] 예를 들면,

1 허수는 $\sqrt{-1}$을 곱한 수이다. 문자 i는 $\sqrt{-1}$을 나타내는 기호로서 대부분의 수학자와 과학자들이 사용한다. 문자 j는 전기 공학자들이 전류를 뜻하는 i와 구별하기 위하여 사용하고 있다.

10i와 -4j는 둘 다 허수이다. 다음 문은 허수값 $4i$를 double형 변수 var에 대입한다.

```
var = 4i;
```

복소수는 실수와 허수 성분을 둘 다 갖는다. 복소수는 실수와 허수를 더함으로써 만들어진다. 예를 들어, 다음 문은 복소수값 $10+10i$를 변수 var에 대입한다.

```
var = 10 + 10i;
```

char형 변수는 한 문자 당 16비트 값을 갖는 스칼라 또는 배열로 이루어진다. 이런 유형의 배열을 사용하여 문자열을 담는다. 변수 이름에 문자나 문자열을 대입할 때마다 char형 배열이 자동적으로 만들어진다. 예를 들어, 다음 문은 char형 변수 comment를 만든 후 지정한 문자열을 대입한다. 이 대입문을 실행하면 comment는 1×26 크기의 문자 배열이 된다.

```
comment = 'This is a character string';
```

C 언어에서는 프로그램 내의 모든 변수를 사용하기 전에 그 데이터형을 명시적으로 선언하여야만 한다. 이런 언어를 **강한 형분류**(strongly typed) 언어라고 한다. 반면에 MATLAB은 **약한 형분류**(weakly typed) 언어이다. 어느 시점에서도 단순히 값을 대입함으로써 변수를 만들 수 있으며, 그 변수 유형은 대입된 데이터형에 따라 결정된다.

2.2 MATLAB 변수의 초기화

MATLAB의 변수는 초기화될 때 자동으로 생성된다. MATLAB에서 변수를 초기화하는 방법으로는 다음 세 가지가 있다.

1. 대입문을 사용한다.
2. 키보드로부터 변수로 데이터를 입력한다.
3. 파일로부터 데이터를 읽어들인다.

처음 두 가지 방법은 여기서 설명하고, 마지막 방법은 2.6절에서 설명한다.

2.2.1 대입문을 이용해 변수를 초기화하는 방법

변수를 초기화하는 가장 간단한 방법은 **대입문**(assignment statement)을 이용하여 변수에 하나 또는 그 이상의 값을 대입하는 것이다. 대입문의 기본적인 형식은 다음과 같다.

```
var = expression ;
```

여기서 var는 변수 이름이고, *expression*은 스칼라 상수, 배열, 또는 상수와 다른 변수 및 수학 연산자(+, − 등)를 조합하여 나타낸 식(expression)이다. 식은 일반적인 수학 연산의 우선순위에 따라 계산되며, 결과값이 명명된 변수에 저장된다. 다음은 변수를 초기화하는 간단한 대입문의 예이다.

```
var = 40i;
var2 = var/5;
x = 1; y = 2;
array = [1 2 3 4];
```

첫 번째 예는 double형의 스칼라 변수를 만들고 허수 40*i*를 변수에 저장한다. 두 번째 예는 스칼라 변수를 만들고 식 var/5의 결과값을 대입한다. 세 번째 예는 세미콜론이나 콤마를 분리자로 사용하여 여러 개의 대입문을 한 줄에 작성하는 방법을 보여주고 있다. 마지막 예는 변수를 만든 후 4원소 행벡터를 저장한다. 대입문이 실행될 때 같은 이름의 변수가 이미 존재한다면 그 변수가 기존에 갖고 있던 데이터는 사라진다는 사실을 명심하여야 한다.

마지막 예에서 보인 바와 같이, 변수를 데이터 배열로 초기화할 수 있다. 이런 배열은 대괄호([ ])와 세미콜론(;)을 사용하여 구성한다. 배열의 모든 원소는 **행의 순서대로** 나열한다. 즉, 최상위 행부터 한 행씩 나열하되 같은 행에서는 왼쪽에서 오른쪽으로 값을 늘어놓는다. 한 행에 있는 개별 원소값은 공백이나 콤마로 구별하고, 각 행들은 세미콜론으로 구별하거나 줄을 바꾸어 입력한다. 아래에 보인 식은 모두 변수를 초기화할 때 사용할 수 있는 적법한 배열들이다.

`[3.4]`	이 식은 값 3.4를 담은 1×1배열(스칼라)을 만든다. 이 경우 대괄호는 필요하지 않다.
`[1.0 2.0 3.0]`	이 식은 행벡터 [1 2 3]을 담은 1×3 배열을 만든다.

`[1.0; 2.0; 3.0]`	이 식은 열벡터 $\begin{bmatrix}1\\2\\3\end{bmatrix}$을 담은 3×1 배열을 만든다.
`[1, 2, 3; 4, 5, 6]`	이 식은 행렬 $\begin{bmatrix}1 & 2 & 3\\4 & 5 & 6\end{bmatrix}$을 담은 2×3 배열을 만든다.
`[1, 2, 3` ` 4, 5, 6]`	이 식은 행렬 $\begin{bmatrix}1 & 2 & 3\\4 & 5 & 6\end{bmatrix}$을 담은 2×3 배열을 만든다. 첫 번째 줄이 끝나면 첫 번째 행이 완성된다.
`[]`	이 식은 행과 열이 없는 **빈 배열**(empty array)을 생성한다(0값을 원소로 하는 배열과는 다르다는 점에 유의할 것).

배열에서 각 행의 원소의 수는 서로 같아야 하고, 각 열의 원소의 수도 서로 같아야 한다. 다음과 같은 식에서 첫 번째 행의 원소는 3개인데 반해 두 번째 행은 2개이므로 적법하지 않다.

```
[1 2 3; 4 5];
```

이점에 주의하세요

각 행의 원소의 수는 서로 같아야 하고, 각 열의 원소의 수도 서로 같아야 한다. 원소의 수가 서로 다른 행이나 열로 이루어진 배열을 만들려고 하면 오류가 발생하며, 그 명령문은 실행되지 않는다.

배열을 초기화하는 식에는 대수적 연산이나 이전에 선언된 배열 전체 또는 일부를 포함시킬 수 있다. 예를 들어, 다음 대입문을 실행하면

```
a = [0 1+7];
b = [a(2) 7 a];
```

결과는 `a = [0 8]`, `b = [8 7 0 8]`이 될 것이다.

또한, 배열을 처음 만들 때 원소를 모두 정의할 필요는 없다. 배열의 특정 원소를 정의하면, 아직 정의되지 않은 이전 행이나 열의 원소들이 자동적으로 만들어지면서 0으로 초기화된다. 예를 들어, 변수 c가 아직 정의되지 않았을 때 다음 대입문

```
c(2,3) = 5;
```

은 행렬 $c = \begin{bmatrix} 0 & 0 & 0 \\ 0 & 0 & 5 \end{bmatrix}$를 만들 것이다. 마찬가지로, 기존 배열의 크기를 넘어 원소의 값을 정의하면 그 배열을 자동적으로 확장시킬 수 있다. 예를 들어, 다음 문은 기존 배열 `d = [1 2]`를 `d = [ 1 2 0 4]`로 늘린다.

```
d(4) = 4;
```

각 대입문의 마지막에 입력된 세미콜론은 특별한 목적을 가진다. 문의 말미에 추가된 세미콜론은 대입문의 식이 계산된 후 화면에 자동으로 그 결과가 반향(echo)되어 나타나는 것을 방지해 준다. 세미콜론 없이 쓰인 대입문이 실행되면 그 결과가 아래와 같이 자동으로 명령창에 나타난다.

```
>> e = [1, 2, 3; 4, 5, 6]
e =
  1    2    3
  4    5    6
```

만약 명령문의 마지막에 세미콜론이 추가되면 결과를 반향하는 현상이 없어진다. 반향 기능은 작업 결과를 곧바로 확인할 수 있는 훌륭한 방법이지만, MATLAB 프로그램의 실행을 매우 더디게 만든다. 이 때문에 반향 기능을 끈 채 프로그램을 작성하는 것이 보통이다.

그러나 계산 결과의 반향 기능은 화면을 어지럽히기는 하지만 빨리 작업 결과를 확인할 수 있도록 해주는 디버깅 도구이다. 만일 특정 대입문의 결과가 어떨지 확신하지 못하고 있다면 단지 문 말미의 세미콜론을 없앰으로써 실행 결과를 표시할 수 있다.

좋은 프로그래밍 습관

MATLAB 프로그램의 명령문 마지막에는 항상 세미콜론을 추가하여 그 결과가 화면에 반향되지 않도록 하는 것이 좋다. 이렇게 하면 프로그램의 실행 속도를 크게 높일 수 있다.

좋은 프로그래밍 습관

프로그램 디버깅 중 명령문의 실행 결과를 확인하려면 문 말미에 있는 세미콜론을 제거하면 된다. 이렇게 하면 명령문의 실행 결과가 화면에 반향된다.

2.2.2 단축식(Shortcut Expression)을 이용한 배열 초기화

크기가 작은 배열인 경우에는 각 항을 차례로 열거하여 입력하는 것이 가장 쉬운 방법이지만, 그 배열의 원소의 수가 수백 또는 수천 개인 경우에는 어떻게 해야 할까? 이런 경우에는 행렬의 원소를 하나씩 나열하여 입력하는 방법은 실용적이지 못하다.

MATLAB은 이런 경우에 사용하는 특별한 단축 기호로 **콜론 연산자**(colon operator)를 제공한다. 콜론 연산자는 시작값, 증분 및 최종값을 지정하여 일련의 값들(수열)을 한 번에 정의하는 연산자이다. 콜론 연산자의 일반적인 형식은 다음과 같다.

```
first:incr:last
```

여기서 `first`는 그 수열의 첫 번째 값, `incr`는 증분, `last`는 마지막 값을 각각 나타낸다. 증분이 1인 경우에는 생략할 수 있다. 이 식은 `last`를 넘지 않는 범위에서 `first`, `first+incr`, `first+2*incr`, `first+3*incr` 등으로 계속 늘어나는 값을 담은 배열을 만든다. 이 목록은 수열의 다음 값이 `last`보다 커질 때 멈춘다.

예를 들어, 단축식 1:2:10은 1, 3, 5, 7, 9를 원소로 갖는 1×5 행벡터를 만든다. 수열에서 다음 값은 10보다 큰 11이 되므로 9에서 멈춘다.

```
>> x = 1:2:10
x =
 1    3    5    7    9
```

아래와 같이 콜론 연산자를 이용해서 100개의 값 $\frac{\pi}{100}, \frac{2\pi}{100}, \frac{3\pi}{100}, \ldots, \pi$를 갖도록 배열을 초기화할 수 있다.

```
angles = (0.01:0.01:1.00) * pi;
```

단축식과 **전치 연산자**(transpose operator, ')를 결합하면 열벡터와 더 복잡한 행렬을 만들 수 있다. 전치 연산자는 행렬의 행과 열을 서로 바꾸는 기능을 한다. 따라서 다음 문

```
f = [1:4]';
```

은 4개의 원소를 가지는 행벡터 [1 2 3 4]를 만든 후 열벡터 f $= \begin{bmatrix} 1 \\ 2 \\ 3 \\ 4 \end{bmatrix}$로 전치시킨다. 마찬가지로, 다음 문을 실행하면

```
g = 1:4;
h = [g' g'];
```

행렬 $h = \begin{bmatrix} 1 & 1 \\ 2 & 2 \\ 3 & 3 \\ 4 & 4 \end{bmatrix}$이 만들어진다.

2.2.3 MATLAB의 내장 함수를 이용한 초기화

MATLAB의 내장 함수를 사용하여 배열을 초기화할 수도 있다. 예를 들어, zeros 함수를 사용하여 영행렬(원소가 모두 0인 행렬)을 원하는 크기로 만들 수 있다. zeros 함수는 몇 가지 형식을 취한다. 이 함수에 하나의 스칼라 인수를 지정하면 행과 열의 수가 모두 그 인수와 같은 정사각 행렬을 만든다. 두 개의 스칼라 인수를 지정하면 첫 번째 인수만큼의 행과 두 번째 인수만큼의 열을 갖는 영행렬을 만든다. size 함수는 배열 인수의 행과 열의 수에 해당하는 두 값을 반환하므로, 이 함수를 zeros 함수와 결합하여 사용하면 다른 배열과 같은 크기를 갖는 영행렬을 만들 수 있다. 다음은 zeros 함수의 몇 가지 사용 예를 보여준다.

```
a = zeros(2);
b = zeros(2,3);
c = [1 2; 3 4];
d = zeros(size(c));
```

이 대입문들은 다음과 같은 배열을 만든다.

$$\texttt{a} = \begin{bmatrix} 0 & 0 \\ 0 & 0 \end{bmatrix} \qquad \texttt{b} = \begin{bmatrix} 0 & 0 & 0 \\ 0 & 0 & 0 \end{bmatrix}$$

$$\texttt{c} = \begin{bmatrix} 1 & 2 \\ 3 & 4 \end{bmatrix} \qquad \texttt{d} = \begin{bmatrix} 0 & 0 \\ 0 & 0 \end{bmatrix}$$

비슷한 방법으로 ones 함수를 사용하여 모든 원소가 1인 배열을 만들고, eye 함수를 사용하여 대각 원소는 모두 1이고 나머지는 모두 0인 **단위행렬**(identity matrix)을 만들 수 있다. 표 2.1에 변수를 초기화하는 데 유용한 MATLAB 내장 함수들을 열거하였다.

표 2.1: 변수를 초기화시키는 데 유용한 MATLAB 함수

함수	목적
zeros(n)	n × n 영행렬을 만든다.
zeros(n,m)	n × m 영행렬을 만든다.
zeros(size(arr))	arr과 같은 크기의 영행렬을 만든다.
ones(n)	모든 원소가 1인 n × n 행렬을 만든다.
ones(n,m)	모든 원소가 0인 n × m 행렬을 만든다.
ones(size(arr))	모든 원소가 1인 행렬을 arr과 같은 크기로 만든다.
eye(n)	n × n 단위행렬을 만든다.
eye(n,m)	n × m 단위행렬을 만든다.
length(arr)	벡터의 길이 또는 2차원 배열에서 가장 긴 차원의 길이를 반환한다.
size(arr)	arr의 행과 열의 수에 해당하는 두 값을 반환한다.

2.2.4 키보드 입력을 통한 변수의 초기화

사용자가 키보드에서 직접 입력한 값으로 변수를 초기화할 수도 있다. 이 방식에서는 스크립트 파일을 실행하는 중간에 사용자에게 데이터값을 입력하도록 요구할 수 있다. input 함수는 명령창에 촉구 문자열(prompt string)을 표시한 다음 사용자의 응답을 기다린다. 예를 들어, 다음과 같은 문을 고려해 보자.

```
my_val = input('Enter an input value: ');
```

이 문을 실행하면, MATLAB은 화면에 'Enter an input value:'라는 문자열을 인쇄한 다음, 사용자의 응답을 기다린다. 사용자가 하나의 수를 입력하고자 한다면 단지 그 수를 키보드로 쳐 넣으면 된다. 만약 배열을 입력하려면 값들을 반드시 대괄호([])로 둘러싸야 한다. 두 경우 모두 입력값은 리턴키를 누르는 순간 my_val 변수에 저장된다. 아무런 숫자도 치지 않고 리턴키만 누르면 빈 행렬이 생성되어 그 변수의 값으로 저장된다.

만약 input 함수의 두 번째 인수로 's'를 포함시키면, 이 함수는 입력한 데이터를 문자열로 인식한다. 그러므로 다음 문은

```
>> in1 = input('Enter data: ');
Enter data: 1.23
```

in1변수에 수치 1.23을 저장하는 반면에 다음 문은

```
>> in2 = input('Enter data: ','s');
Enter data: 1.23
```

변수 in2에 문자열 '1.23'을 저장한다.

퀴즈 2.1

이 퀴즈는 2.1절과 2.2절에서 소개한 개념을 여러분이 잘 이해하고 있는지를 확인하기 위한 것이다. 만일 퀴즈를 푸는 데 어려움이 있다면 해당 절을 다시 읽고 강사에게 질문하거나 다른 학우와 토의하라. 이 퀴즈의 답은 책의 말미에 수록되어 있다.

1. 배열, 행렬, 벡터의 차이점은 무엇인가?
2. 아래에 보이는 배열에 관해 다음 물음에 답하라.

$$c = \begin{bmatrix} 1.1 & -3.2 & 3.4 & 0.6 \\ 0.6 & 1.1 & -0.6 & 3.1 \\ 1.3 & 0.6 & 5.5 & 0.0 \end{bmatrix}$$

(a) 배열 c 의 크기는?
(b) c(2,3) 의 값은?

(c) 0.6의 값을 가지는 원소의 첨자를 모두 나열하라.

3. 아래 배열의 크기를 구하라. 이 배열들을 MATLAB에 입력한 후, `whos` 명령어나 작업 공간 브라우저를 사용하여 그 답을 확인하라. 문제에서 나중에 제시되는 배열은 이전에 제시된 배열의 정의에 따라 달라질 수 있다는 점에 주의하라.

   (a) `u = [10 20*i 10+20];`
   (b) `v = [-1; 20; 3];`
   (c) `w = [1 0 -9; 2 -2 0; 1 2 3];`
   (d) `x = [u' v];`
   (e) `y(3,3) = -7;`
   (f) `z = [zeros(4,1) ones(4,1) zeros(1,4)'];`
   (g) `v(4) = x(2,1);`

4. 위에 보인 배열에서 `w(2,1)`의 값은?
5. 위에서 `x(2,1)`의 값은?
6. 위에서 `y(2,1)`의 값은?
7. (g)문이 실행된 다음에 `v(3)`의 값은?

2.3 다차원 배열 (Multidimensional Arrays)

앞서 설명한 바와 같이 MATLAB의 배열은 1차원 또는 그 이상의 차원을 가질 수 있다. 1차원 배열은 일련의 값들을 행 또는 열로 나열한 모습으로 나타낼 수 있으며, 단일 첨자를 사용하여 개별 원소를 선택할 수 있다(그림 2.2a). 이런 배열은 일정한 시간 간격으로 잰 일련의 온도 측정값과 같이 하나의 독립 변수를 갖는 함수 데이터를 표현할 때 쓸모가 있다.

어떤 데이터형은 두 개 이상의 독립 변수를 갖는 함수이다. 예를 들어, 서로 다른 다섯 곳에서 서로 다른 네 시점의 온도를 측정한다고 하자. 이 경우 20개의 측정값은 논리적으로 각각 4개의 측정값을 가지는 5개의 열로 나눌 수 있으며, 이때 각 열은 각각의 측정 위치를 가리킨다(그림 2.2b). 이 배열의 특정 원소에 접근하려면 행과 열을 차례차례 나타내는 두 개의 첨자를 사용한다. 이런 배열을 **2차원 배열**이라고 부른다. 2차원 배열의 원소 개수는 행의 개수와 열의 개수의 곱과 같다.

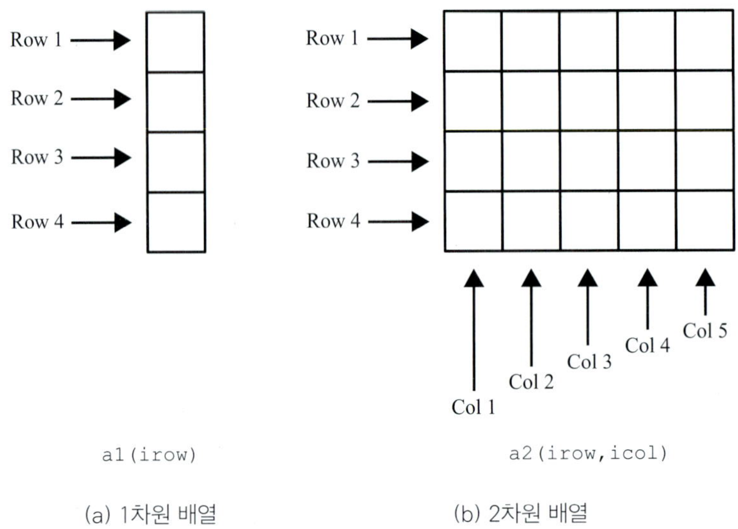

그림 2.2 1차원 및 2차원 배열의 표현

MATLAB에서는 주어진 문제에 필요한 만큼의 차원을 가진 배열을 만들 수 있다. 이 배열은 차원 당 하나의 첨자를 가지며, 이 첨자에 값을 지정함으로써 개별 원소에 접근할 수 있다. 배열의 전체 원소 수는 각 첨자의 최대값의 곱이 될 것이다. 예를 들어, 다음 두 문은 2×3×2 크기의 배열 c를 만든다.

```
>> c(:,:,1) = [1 2 3; 4 5 6];
>> c(:,:,2) = [7 8 9; 10 11 12];
>> whos c
Name      Size       Bytes  Class   Attributes
c         2x3x2         96  double
```

이 배열은 12개(2×3×2)의 원소를 갖는다. 배열의 내용은 낮은 차원의 배열과 마찬가지 방법으로 표시할 수 있다.

```
>> c
c(:,:,1) =
      1      2      3
      4      5      6
c(:,:,2) =
      7      8      9
     10     11     12
```

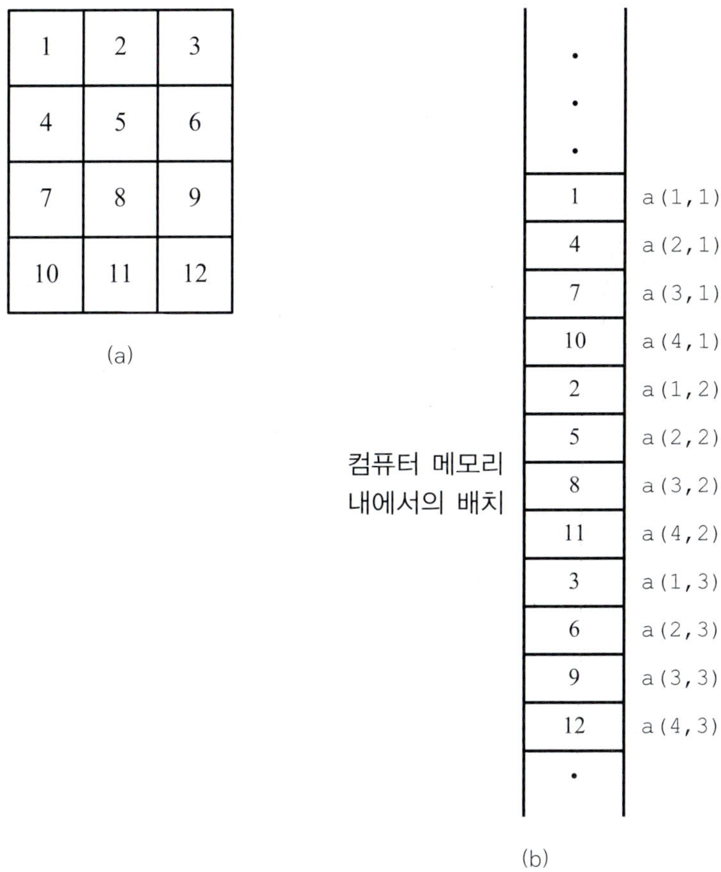

그림 2.3 (a) 배열 a의 각 원소 값 (b) 배열 a의 원소별 메모리 배정 상태

2.3.1 다차원 배열의 저장

m개 행과 n개 열로 이루어진 2차원 배열은 m×n개의 원소를 가지며, 이 원소들은 컴퓨터 메모리에서 m×n개의 연속적인 기억 장소를 점유한다. 배열의 원소들은 어떤 순서로 컴퓨터에 저장될까? MATLAB은 항상 원소들을 **열 우선 순서(column major order)**로 메모리에 배정한다. 즉, MATLAB에서는 첫 번째 열을 저장한 다음 두 번째 열, 세 번째 열 등을 차례차례 메모리에 넣는다. 그림 2.3은 4×3 배열 a에 대한 메모리 배정 방식을 도시하고 있다. 그림에서 보는 바와 같이, a(1,2)는 실제로는 다섯 번째 기억 장소에 배정되어 있다. 원소들에 대한 메모리 배정 순서는 바로 아래에서 다룰 단일 첨자 지표법(indexing)이나 제11장에서 다룰 저급 입출력 함수에서 매우 중요한 역할을 한다.

다차원 배열에도 동일한 메모리 배정 방식이 적용된다. 첫 번째 첨자가 가장 먼저 늘어나고, 그 다음이 두 번째 첨자, 그리고 마지막 첨자가 가장 늦게 증가한다. 예를 들어, 2×2×2의 배열에서 원소들은 (1,1,1), (2,1,1), (1,2,1), (2,2,1), (1,1,2), (2,1,2), (1,2,2), (2,2,2) 순서로 저장된다.

2.3.2 다차원 배열의 1차원적인 접근 방법

MATLAB의 특징 중 하나는 다차원 배열을 총 원소 수가 같은 1차원 배열로 취급할 수 있다는 점이다. 다차원 배열을 단일 차원으로 취급할 때 각 원소는 메모리에 배정된 순서에 따라 접근할 수 있다.

예를 들어, 다음과 같은 4×3 배열 a를 선언하여 보자.

```
>> a = [1 2 3; 4 5 6; 7 8 9; 10 11 12]
a =
        1      2      3
        4      5      6
        7      8      9
       10     11     12
```

원소 a(1,2)는 다섯 번째 위치에 배정되어 있으므로 a(5)의 값은 2가 될 것이다.

정상적인 상황에서는 MATLAB의 이런 특성을 사용하지 않는 것이 좋다. 다차원 배열을 하나의 첨자로 접근하는 방법은 혼동을 일으키기 쉽다.

좋은 프로그래밍 습관

다차원 배열의 원소에 접근할 때 항상 차원과 같은 수의 첨자를 사용하라.

2.4 부분 배열 (Subarray)

MATLAB 배열의 부분 집합을 별개의 배열인 것처럼 선택하고 사용할 수 있다. 배열의 일부분을 선택하기 위해서는 배열 이름 다음의 괄호 안에 선택하려는 원소의 목록을 포함시킨다. 다음과 같이 정의된 배열 arr1을 예로 들어보자.

```
arr1 = [1.1 -2.2 3.3 -4.4 5.5];
```

여기서 arr1(3)은 3.3을, arr1([1 4])는 배열 [1.1 -4.4]를, arr1(1:2:5)는 배열 [1.1 3.3 5.5]를 각각 가리킨다.

2차원 배열의 경우 어떤 첨자 위치에 콜론을 사용하면 그 첨자의 모든 값에 해당하는 원소들을 선택할 수 있다. 예를 들어, 다음 배열을 고려하자.

```
arr2 = [1 2 3; -2 -3 -4; 3 4 5];
```

이 대입문은 값 $\begin{bmatrix} 1 & 2 & 3 \\ -2 & -3 & -4 \\ 3 & 4 & 5 \end{bmatrix}$을 갖는 배열 arr2를 만든다. 이 배열에서 부분 배열 arr2(1,:)은 [1 2 3], 부분 배열 arr2(:,1:2:3)은 $\begin{bmatrix} 1 & 3 \\ -2 & -4 \\ 3 & 5 \end{bmatrix}$이 될 것이다.

2.4.1 end 함수

MATLAB은 부분 배열을 선택할 때 매우 유용한 end라는 특수 함수를 제공한다. 배열의 첨자로 사용할 때 end는 그 첨자가 취할 수 있는 최대값을 반환한다. 다음과 같이 정의된 배열 arr3을 예로 들어보자.

```
arr3 = [1 2 3 4 5 6 7 8];
```

이때 arr3(5:end)는 배열 [5 6 7 8]이고, arr3(end)는 값 8이 될 것이다.

end가 반환하는 값은 항상 그 첨자의 최대값이다. 서로 다른 첨자 위치에서 end를 사용하면, 같은 식에서 사용되었다 하더라도 각 end는 서로 다른 값을 반환할 수 있다. 예를 들어 3×4 배열 arr4는 다음과 같이 정의되어 있을 때,

```
arr4 = [1 2 3 4; 5 6 7 8; 9 10 11 12];
```

arr4(2:end, 2:end)는 부분 배열 $\begin{bmatrix} 6 & 7 & 8 \\ 10 & 11 & 12 \end{bmatrix}$을 가리킨다. 여기서 첫 번째 end는 값 3을 반환하는 반면, 두 번째 end는 값 4를 반환한다는 점에 유의해야 한다.

2.4.2 대입문의 좌변에서 부분 배열 사용하기

대입문의 좌변에서 부분 배열을 사용하여 배열 값의 일부분만을 바꿀 수 있다. 이때 대입되는 값의 배열 **형태(shape)**(행과 열의 수)와 부분 배열의 형태가 서로 일치하여야 하며, 다를 경우 오류가 발생한다. 예를 들어, 3×4 크기의 배열 arr4가 다음과 같이 정의되어 있다고 하자.

```
>> arr4 = [1 2 3 4; 5 6 7 8; 9 10 11 12]
arr4 =
     1     2     3     4
     5     6     7     8
     9    10    11    12
```

다음과 같은 대입문은 양변에 나타나는 배열의 형태(2×2)가 일치하므로 적법하다.

```
>> arr4(1:2, [1 4]) = [20 21; 22 23]
arr4 =
    20     2     3    21
    22     6     7    23
     9    10    11    12
```

arr4 배열 중 (1,1) (1,4) (2,1) (2,4) 원소만 내용이 바뀐 점에 주목하자. 반면에 다음 대입문은 양변에 나타나는 배열의 형태가 서로 다르므로 오류를 일으킨다.

```
>> arr5(1:2,1:2) = [3 4]
??? In an assignment A(matrix,matrix) = B, the number of rows in
B and the number of elements in the A row index matrix must be
the same.
```

이점에 주의하세요

부분 배열을 포함하는 대입문에서 등호의 양변에서 나타나는 배열의 형태가 일치하도록 하여야 한다. 일치하지 않으면 오류가 발생할 것이다.

MATLAB에서 부분 배열에 값을 대입하는 것과 배열에 값을 대입하는 것 사이에는 큰 차이가 있다. 부분 배열에 값을 대입하면 그 부분 배열의 값만 바뀌고 다른 부분의 값은 변동이 없다. 반면에 배열에 값을 대입하면, 기존 배열의 내용은 전부 삭제되고 새로운 값으로 대체된다. 예를 들어, 3×4 크기의 배열 arr4가 다음과 같이 정의되었다고 하자.

```
>> arr4 = [1 2 3 4; 5 6 7 8; 9 10 11 12]
arr4 =
     1          2          3          4
     5          6          7          8
     9         10         11         12
```

아래와 같은 대입문은 배열 arr4에서 지정한 원소만 내용을 바꾼다.

```
>> arr4(1:2,[1 4]) = [20 21; 22 23]
arr4 =
    20          2          3         21
    22          6          7         23
     9         10         11         12
```

반면에, 아래의 대입문은 배열 arr4를 2×2 크기의 새로운 배열로 대체한다.

```
>> arr4 = [20 21; 22 23]
arr4 =
    20         21
    22         23
```

좋은 프로그래밍 습관

부분 배열에 값을 대입하는 것과 배열에 값을 대입하는 것의 의미를 확실히 구분하여야 한다. MATLAB은 두 경우를 다르게 인식하고 반응한다.

2.4.3 부분 배열에 스칼라값을 대입하기

대입문에서 등호의 오른쪽에 스칼라값을 입력하면 이 값이 왼쪽에 지정한 배열의 형태로 자동 확장되어 양변의 배열 형태가 항상 일치하게 된다. 따라서 대입문의 좌변에 지정한 부분 배열의 모든 원소는 우변의 스칼라값으로 바뀐다. 예를 들어, 3×4 크기의 배열 arr4가 다음과 같이 정의되어 있다고 하자.

```
arr4 = [1 2 3 4; 5 6 7 8; 9 10 11 12];
```

아래의 대입문은 arr4 배열의 4개의 원소에 모두 1을 대입한다.

```
>> arr4(1:2,1:2) = 1
arr4 =
     1     1     3     4
     1     1     7     8
     9    10    11    12
```

2.5 특수값

MATLAB에는 미리 정의된 특수값(special values)이 많이 있다. 이 특수값들은 따로 초기화시키지 않고도 언제든지 쓸 수 있다. 가장 흔히 사용되는 특수값들을 표 2.2에 나타내었다.

이 값들은 보통 변수로 저장되어 있으므로 사용자가 그 내용을 덮어쓰거나 바꿀 수 있다. 만약 새로운 값을 이들 기정의 변수에 대입하면, 새로운 값이 기정의 변수의 값이 되고 이후의 계산에서도 새로 정의된 값이 사용된다. 예를 들어, 반지름이 10cm인 원의 원주를 계산하는 아래의 명령문을 살펴보자.

```
circ1 = 2 * pi * 10
pi = 3;
circ2 = 2 * pi * 10
```

첫 번째 문에서 pi의 기본값은 3.14159...이므로 circ1의 값은 62.8319가 되고, 이 값은 실제 원주 값이 된다. 두 번째 문에서 pi를 3으로 다시 정의하였으므로, 세 번째 문에 있는 변수 circ2의 값은 60이 된다. 프로그램에서 미리 정의된 값을 바꾸면 잘못된 답이 나올 뿐 아니라 미묘하고 찾기 어려운 버그를 도입하는 셈이 된다. 10,000줄짜리 프로그램에서 이런 숨겨진 오류의 원인을 찾는다고 상상하면 매우 끔찍할 것이다.

표 2.2: 미리 정의된 특수값

함수	목적
`pi`	유효 숫자 15자리의 원주율(π)
`i, j`	순허수 $i(\sqrt{-1})$
`Inf`	MATLAB에서 표현 가능한 최대수보다 큰 값을 나타내는 '무한대'. 대개 어떤 수를 0으로 나눌 때 나타난다.
`NaN`	'수가 아님(Not-a-Number)'을 나타내는 기호. '0 나누기 0'과 같이 정의되지 않은 수학 연산의 결과로 나타난다.
`clock`	현재 시점의 년/월/일/시/분/초 값을 담은 6원소 행벡터
`date`	'`24-Nov-1998`'과 같이 문자열 서식으로 나타낸 현재 날짜
`eps`	그리스 문자 'epsilon(ε)'의 준말로, 컴퓨터에서 표현할 수 있는 두 수의 상대적 최소 차로 정의되는 기계 정밀도(machine precision)
`ans`	어떤 식을 변수에 명시적으로 대입하지 않았을 때 그 식의 결과를 담는 특수 변수

이점에 주의하세요

MATLAB에서 미리 정의되어 있는 변수의 내용을 바꾸려고 하지 마라. 그런 시도는 프로그램에 미묘하고 찾기 어려운 버그를 도입하여 재앙을 일으킬 것이다.

퀴즈 2.2

이 퀴즈는 2.3절에서 2.5절에 걸쳐 소개한 개념을 여러분이 잘 이해하고 있는지를 확인하기 위한 것이다. 만일 퀴즈를 푸는 데 어려움이 있다면 해당 절을 다시 읽고 강사에게 질문하거나 다른 학우와 토의하라. 이 퀴즈의 답은 책의 말미에 수록되어 있다.

1. 배열 c가 다음과 같이 정의되어 있을 때, 아래에 제시한 부분 배열의 값을 구하라.

$$c = \begin{bmatrix} 1.1 & -3.2 & 3.4 & 0.6 \\ 0.6 & 1.1 & -0.6 & 3.1 \\ 1.3 & 0.6 & 5.5 & 0.0 \end{bmatrix}$$

(a) `c(2,:)`
(b) `c(:,end)`
(c) `c(1:2,2:end)`
(d) `c(6)`
(e) `c(4:end)`
(f) `c(1:2,2:4)`
(g) `c([1 3],2)`
(h) `c([2 2],[3 3])`

2. 다음 문이 실행될 때 나타날 배열의 값을 구하라.

(a)
```
a = [1 2 3; 4 5 6; 7 8 9];
a([3 1],:) = a([1 3],:);
```
(b)
```
a = [1 2 3; 4 5 6; 7 8 9];
a([1 3],:) = a([2 2],:);
```
(c)
```
a = [1 2 3; 4 5 6; 7 8 9];
a = a([2 2],:);
```

3. 다음의 문이 실행될 때 나타날 배열의 값을 구하라.

(a)
```
a = eye(3,3);
b = [1 2 3];
a(2,:) = b;
```
(b)
```
a = eye(3,3);
b = [4 5 6];
a(:,3) = b';
```
(c)
```
a = eye(3,3);
b = [7 8 9];
a(3,:) = b([3 1 2]);
```

2.6 출력 데이터 표시(Displaying Output Data)

MATLAB에서 출력 데이터를 표시하는 몇 가지 방법이 있다. 앞서 보았듯이 가장 쉬운 방법은 명령문의 끝에 있는 세미콜론을 없애 결과를 명령창에 반향시키는 것이다. 여기서는 데이터를 표시하는 몇 가지 다른 방법에 대해 설명한다.

2.6.1 기본 서식 바꾸기

MATLAB이 데이터를 명령창에 반향시킬 때 항상 정수값은 정수로, 문자값은 문자열로 각각 표시하지만, 다른 값들은 **기본 서식**(default format)을 사용하여 나타낸다. MATLAB은 수를 나타내는 기본 서식에 따라 소수점 뒤 네 자리까지 보여주는데, 값이 너무 크거나 작은 경우에는 지수를 사용하는 과학적 표기법(scientific notation)으로 출력한다. 예를 들어, 다음 명령문은

```
x = 100.11
y = 1001.1
z = 0.00010011
```

아래와 같은 결과를 낳는다.

```
x =
  100.1100
y =
  1.0011e+003
z =
  1.0011e-004
```

이런 기본 서식을 바꾸는 방법은 두 가지가 있다. 첫 번째는 MATLAB 데스크톱의 도구띠에 있는 Preferences 아이콘을 누를 때 팝업되는 대화 상자(그림 2.4)에서 Command Window 항목에 해당하는 선호 사항 목록 중 원하는 서식을 선택하는 것이다.

두 번째는 `format` 명령어를 이용하는 것이다. 기본 서식을 바꿀 때 쓸 수 있는 여러 가지 구문(syntax)을 표 2.3에 정리하였다. 기본 서식을 변경함으로써 더 많은 유효 숫자를 표시하고, 과학적 표기법을 사용하며, 소수점 아래 두 자리까지만 나타내거나, 명령창에서 한 번에 더 많은 데이터를 볼 수 있도록 여분의 줄바꿈을 억제하는

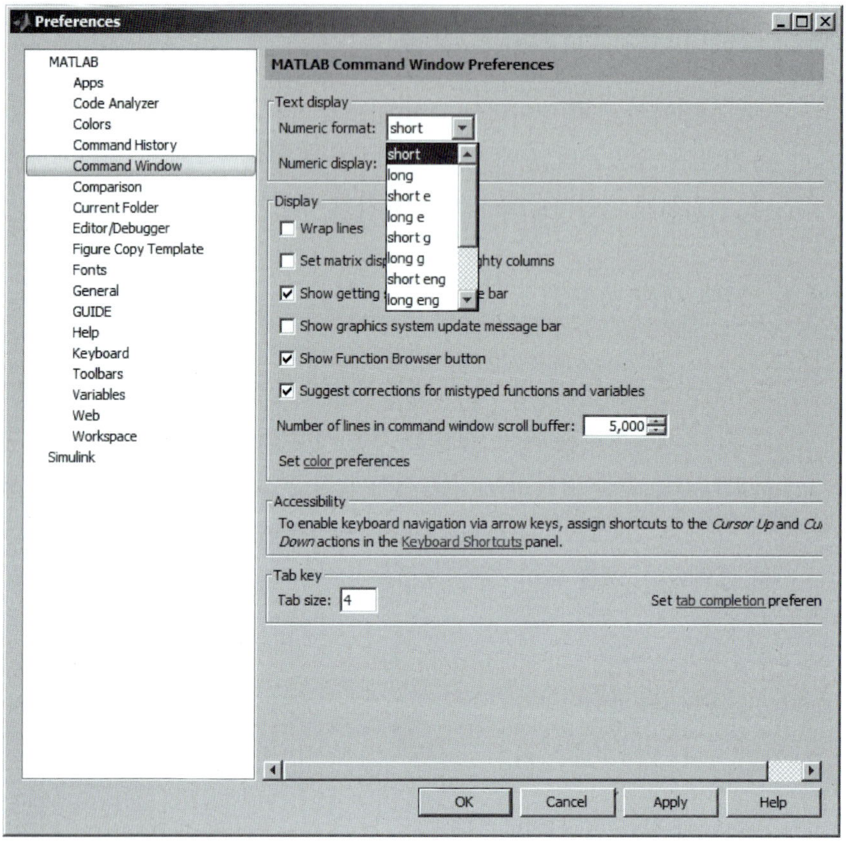

그림 2.4 명령창에 관한 선호 사항 목록에서 원하는 서식 선택하기

등 다양한 표시 방법을 구현할 수 있다. 표 2.3에 나와 있는 여러 가지 구문을 여러분 스스로 실험해 볼 필요가 있다.

표 2.3: 출력 표시 서식

서식 명령어	결과	예[1]
`format short`	소수점 아래 4자리(기본 서식)	12.3457
`format long`	소수점 아래 14자리	12.345678901234567
`format short e`	5자리 수에 지수 표기	1.2346e+001
`format short g`	5자리 수(경우에 따라 지수 표기)	12.346
`format long e`	15자리 수에 지수 표기	1.234567890123457e+001

서식 명령어	결과	예[1]
format long g	15자리 수(경우에 따라 지수 표기)	12.3456789012346
format bank	'달러와 센트' 서식	12.35
format hex	메모리 비트의 16진법 표기	4028b0fcd32f707a
format rat	작은 정수의 근사비	1000/81
format compact	여분의 줄바꿈 억제	
format loose	여분의 줄바꿈 표시(기본값)	
format +	+/- 부호만 표시	+

[1] 예에 보인 데이터값은 모두 12.345678901234567이다.

2.6.2 disp 함수

데이터를 출력하는 다른 방법으로 disp 함수를 사용할 수 있다. disp 함수는 배열 인수를 받아들여 그 값을 명령창에 표시한다. 만약 배열이 char형이면, 배열에 있는 문자열이 출력된다.

disp 함수는 명령창에 표시할 메시지를 만들기 위해 흔히 (수치를 문자열로 바꾸는) num2str 함수나 (정수를 문자열로 바꾸는) int2str 함수와 결합한 형태로 쓰인다. 예를 들어, 다음 MATLAB문은 명령창에 'The value of pi = 3.1416'을 표시한다. 첫 번째 문은 메시지를 담은 문자열 배열을 만들고, 두 번째 문은 그 메시지를 화면에 표시한다.

```
str = ['The value of pi = ' num2str(pi)];
disp (str);
```

2.6.3 fprintf 함수를 이용한 서식화된 출력

데이터를 표시하는 더 유연한 방법은 fprintf 함수를 사용하는 것이다. fprintf 함수는 하나 또는 그 이상의 값을 관련된 텍스트와 함께 화면에 나타내고, 데이터값을 표시하는 방식을 프로그래머가 제어할 수 있도록 해준다. 명령창에 데이터를 인쇄하기 위해 fprintf 함수를 사용하는 일반적인 형식은 다음과 같다.

```
fprintf (format,data)
```

여기서 format은 데이터 표시 방법을 나타내는 문자열이고, data는 인쇄할 하나 또는 그 이상의 스칼라나 배열이다. format은 인쇄할 텍스트 외에 데이터의 서식을 묘사하는 특수 문자를 담은 문자열이다. 예를 들어, 다음의 함수는

```
fprintf ('The value of pi is %f \n',pi)
```

'The value of pi is 3.141593'을 출력하고 줄을 바꾼다. **변환 문자(conversion character)**의 하나인 %f는 서식 문자열 내 바로 그 위치에서 데이터 목록 중의 한 값을 고정소수점 서식으로 인쇄하도록 만든다. **확장 문자(escape character)**의 하나인 \n은 줄바꿈 문자를 출력함으로써 다음 텍스트가 새 줄에서 시작할 수 있도록 만든다. fprintf에서 쓰이는 변환 문자와 확장 문자의 종류는 다양하다. 이들 중 몇 가지를 표 2.4에 실었으며, 전체 목록은 11장에서 제시한다.

표 2.4: fprintf 서식 문자열에서 흔히 사용되는 특수 문자

서식 문자열	결과
%d	값을 정수로 표시
%e	값을 지수 서식으로 표시
%f	값을 고정소수점 서식으로 표시
%g	값을 고정소수점 또는 지수 서식 중 짧은 서식으로 표시
\n	새 줄로 넘어감

수를 표시할 필드 폭과 소수점 이하의 자리수를 지정하려면 % 기호와 f 문자 사이에 그 내용을 표기한다. 예를 들어 다음 함수

```
fprintf ('The value of pi is %6.2f \n',pi)
```

는 'The value of pi is 3.14'를 출력하고 줄을 바꾼다. 변환 문자 %6.2f는 함수 내의 첫 번째 데이터 항목을 소수점 이하 두 자리의 고정소수점 서식으로 폭 6칸의 필드 내에 인쇄하도록 만든다.

fprintf 함수가 지니는 심각한 제약점 하나는 복소수 값의 실수부만을 표시한다는 것이다. 이런 제약점으로 인해 복소수가 나오는 계산에서 오도하는 결과가 나타날 수 있다. 이런 경우에는 disp 함수를 사용하는 것이 낫다.

예를 들어, 다음 코드는 복소수 값 x를 계산한 후, fprintf 함수와 disp 함수를 둘 다 이용해 결과를 출력한다.

```
x = 2 * (1 - 2*i)^3;
str = ['disp: x = ' num2str(x)];
disp(str);
fprintf('fprintf: x = %8.4f\n',x);
```

이 코드로 화면에 표시되는 값은 아래와 같다.

```
disp: x = -22+4i
fprintf: x = -22.0000
```

결과에서 보듯이 fprintf 함수는 출력 데이터의 허수부를 무시한다.

이점에 주의하세요

fprintf 함수는 복소수의 실수부만 표시하므로 복소수를 다룰 때 오도하는 결과가 나타날 수 있다.

2.7 데이터 파일 (Data File)

MATLAB에서 데이터 파일을 로드하거나 저장하는 방법이 많이 있는데, 그 대부분은 제11장에서 다룰 것이다. 여기서는 가장 사용하기 쉬운 load와 save 명령어만 다룬다.

save 명령어는 현재 MATLAB 작업 공간에 있는 데이터를 디스크 파일로 저장한다. 이 명령어는 주로 다음 형식으로 사용한다.

```
save filename var1 var2 var3
```

여기서 filename은 변수를 담을 파일의 이름이고, var1, var2 등은 저장할 변수를 말한다. 기본적으로 파일의 확장자는 '.mat'인데, 이런 파일을 MAT 파일이라고 부른다. 만약 변수를 지정하지 않으면 작업 공간의 전체 내용을 저장한다.

MATLAB은 각 변수의 이름과 데이터형, 크기 및 데이터값 등의 세부 사항을 모두 보존할 수 있도록 특수하고 간결한 형식으로 MAT 파일을 저장한다. MAT 파일은 어떠한 운영체제(PC, MAC, Unix, 또는 Linux)에서도 만들고 읽을 수 있으므로, MATLAB이 실행되는 서로 다른 컴퓨터나 운영체제 간에 데이터를 교환하기 위한 매우 유용한 수단으로 사용할 수 있다. 불행하게도 MAT 파일은 다른 응용 프로그램에서는 읽을 수 없는 서식으로 이루어져 있다. 데이터를 다른 프로그램과 공유하고 싶으면 파일을 저장할 때 -ascii 옵션을 사용하여야 하는데, 이때 데이터는 공백으로 분리된 ASCII 문자열로 저장된다. 그러나 파일을 ASCII 서식으로 저장하면, (변수 명이나 형식 등의) 특수 정보를 잃어버릴 뿐 아니라 데이터 파일이 훨씬 커진다.

예를 들어, 배열 x가 다음과 같이 정의되어 있을 때,

```
x = [1.23 3.14 6.28; -5.1 7.00 0];
```

'save x.dat x -ascii'라는 명령은 다음과 같은 데이터를 담은 x.dat라는 이름의 파일을 만든다.

```
 1.2300000e+000  3.1400000e+000 6.2800000e+000
-5.1000000e+000  7.0000000e+000 0.0000000e+000
```

이런 데이터들은 스프레드시트나 다른 컴퓨터 언어로 쓰인 프로그램에서도 읽을 수 있으므로 MATLAB 프로그램과 다른 응용 프로그램 간에 쉽게 데이터를 공유할 수 있다.

좋은 프로그래밍 습관

만약 MATLAB과 다른 프로그램 간에 데이터를 교환하여야 한다면, MATLAB 데이터를 ASCII 서식으로 저장하라. 만약 MATLAB에서만 데이터를 사용한다면, MAT 파일 형식으로 저장하라.

MATLAB에서는 ASCII 파일의 확장자로 무엇을 사용하여도 상관없다. 그러나 파일 이름의 일관성을 유지하는 것이 좋으므로 ASCII 파일의 확장자로 흔히 쓰이는 '.dat'을 사용하면 된다.

좋은 프로그래밍 습관

파일을 ASCII 형식으로 저장할 때는 확장자로 "`.dat`"을 사용하여, '`.mat`' 확장자를 사용하는 MAT 파일과 구분하는 것이 좋다.

load 명령어는 save 명령어와는 반대로 디스크 파일에 있는 데이터를 현재 MATLAB의 작업 공간으로 불러들인다. 가장 흔히 쓰는 load 명령어의 형식은 다음과 같다.

```
load filename
```

여기서 filename은 읽어들이려는 파일의 이름이다. 그 파일이 MAT 파일이면 파일에 있는 모든 변수들의 이름, 유형, 값 등이 저장할 때의 상태로 복원된다. 명령문에 변수의 목록을 포함시키면 해당 이름의 변수들만 복원된다. 파일 이름에 확장자를 붙이지 않거나 확장자가 '`.mat`'이면 load 명령어는 그 파일을 MAT 파일로 취급한다.

MATLAB은 다른 프로그램에서 만든, 공백으로 분리한 ASCII 서식의 파일을 읽어들일 수 있다. 만약 주어진 파일이 `.mat` 이외의 확장자를 지니면 `load` 명령어는 그 파일을 ASCII 서식의 파일로 간주하고, 그 내용을 파일과 같은 이름(확장자는 제외하고)을 갖는 MATLAB 배열로 변환한다. 예를 들어, `x.dat`란 이름의 ASCII 데이터 파일의 내용이 다음과 같다면,

```
 1.23   3.14   6.28
-5.1    7.00   0
```

'`load x.dat`' 명령은 이 데이터값을 담은 x라는 이름의 2×3 배열을 현재 작업 공간 내에 만든다.

`load` 명령에 `-mat` 옵션을 지정하면 파일을 MAT 파일처럼 다루도록 할 수 있다. 예를 들어, 다음 명령은

```
load -mat x.dat
```

파일의 확장자가 `.mat`이 아님에도 불구하고, `x.dat` 파일을 MAT 파일처럼 취급한다. 이와 마찬가지로, `-ascii` 옵션을 지정하면 파일을 ASCII 파일처럼 취급할 수

도 있다. 이런 옵션들은 파일의 확장자가 MATLAB 규약에 맞지 않더라도 파일을 제대로 불러올 수 있도록 해준다.

퀴즈 2.3

이 퀴즈는 2.6절과 2.7절에서 소개한 개념을 여러분이 잘 이해하고 있는지를 확인하기 위한 것이다. 만일 퀴즈를 푸는 데 어려움이 있다면 해당 절을 다시 읽고 강사에게 질문하거나 다른 학우와 토의하라. 이 퀴즈의 답은 책의 말미에 수록되어 있다.

1. MATLAB에서 모든 실수값을 15자리의 유효 숫자를 갖는 지수 서식으로 표현하기 위한 방법은 무엇인가?
2. 다음 코드는 어떤 일을 수행하는가? 이 코드는 무엇을 출력하는가?

   (a)
   ```
   radius = input('Enter circle radius:\n');
   area = pi * radius^2;
   str = ['The area is ' num2str(area)];
   disp(str);
   ```
   (b)
   ```
   value = int2str(pi);
   disp(['The value is ' value '!']);
   ```

3. 다음 코드는 어떤 일을 수행하는가? 이 코드는 무엇을 출력하는가?
   ```
   value = 123.4567e2;
   fprintf('value = %e\n',value);
   fprintf('value = %f\n',value);
   fprintf('value = %g\n',value);
   fprintf('value = %12.4f\n',value);
   ```

2.8 스칼라와 배열의 연산

MATLAB에서는 다음과 같은 일반적인 형식을 갖는 대입문을 사용하여 수행할 계산을 지정한다.

```
variable_name = expression;
```

이 대입문은 등호 오른쪽의 식 값을 계산한 다음 그 값을 등호 왼쪽의 변수에 대입한다. 대입문에서의 등호는 '양쪽이 같다'라는 의미로 으레 쓰이는 기호가 아니다. 여기서는 'expression의 값을 variable_name이라는 이름의 메모리 영역에 저장하라'는 의미로 쓰인다. 이런 이유로 등호를 **대입 연산자**(assignment operator)라고 부른다. 다음과 같은 대입문은

```
ii = ii + 1;
```

통상의 대수학에서는 전혀 의미가 없지만, MATLAB에서는 완벽한 의미를 지닌다. 이 문은 변수 ii에 저장되어 있는 현재 값을 가져와, 1을 더한 후, 그 결과를 다시 변수 ii에 저장하라는 의미를 갖는다.

2.8.1 스칼라 연산

대입 연산자 오른쪽의 식은 스칼라, 배열, 괄호, 산술 연산자 등을 적절히 조합하여 나타낼 수 있다. 두 스칼라 사이의 기본적인 산술 연산을 표 2.5에 정리하였다.

괄호는 항(term)들을 그룹으로 묶으려 할 때 언제든지 사용할 수 있다. 일반적으로 괄호를 사용하면, 괄호 안의 연산이 괄호 밖의 연산보다 먼저 수행된다. 예를 들어, 다음의 식 2 ^ ((8+2)/5)는 아래의 순서로 연산이 이루어진다.

```
2^((8+2)/5) =2 ^ (10/5)
            =2 ^ 2
            =4
```

표 2.5: 두 스칼라 사이의 산술 연산

연산	대수식	MATLAB식
덧셈	$a + b$	`a + b`
뺄셈	$a - b$	`a - b`
곱셈	$a \times b$	`a * b`
나눗셈	$\frac{a}{b}$	`a / b`
거듭제곱셈	a^b	`a ^ b`

2.8.2 배열 연산과 행렬 연산

MATLAB에서는 배열 연산과 행렬 연산으로 알려진 두 종류의 배열 간 연산을 모두 지원한다. **배열 연산**(array operation)은 **원소별로 차례차례**(element-by-element basis) 수행하는 연산이다. 즉, 두 배열에서 같은 위치에 있는 원소끼리 짝을 지어 나아가며 수행하는 연산을 일컫는다. 예를 들어, 배열 a $=\begin{bmatrix}1 & 2\\3 & 4\end{bmatrix}$와 배열 b $=\begin{bmatrix}-1 & 3\\-2 & 1\end{bmatrix}$ 간의 연산 a+b의 결과는 $\begin{bmatrix}0 & 5\\1 & 5\end{bmatrix}$이다. 이런 연산이 성립하려면 두 배열의 행의 수와 열의 수가 각각 일치하여야만 한다는 점에 유의하여야 한다. 그렇지 않으면 MATLAB은 오류 메시지를 띄울 것이다.

배열 연산은 배열과 스칼라 간에도 이루어질 수 있다. 배열과 스칼라 간에 연산을 수행할 때, 스칼라값이 배열의 모든 원소에 적용되어 연산이 진행된다. 예를 들어, a $=\begin{bmatrix}1 & 2\\3 & 4\end{bmatrix}$일 때, a + 4 $=\begin{bmatrix}5 & 6\\7 & 8\end{bmatrix}$이다.

반면에 **행렬 연산**(matrix operation)은 행렬 곱셈과 같은 선형 대수의 일반 규칙을 따른다. 선형 대수에서 행렬곱 c = a × b는 다음 식으로 정의된다.

$$c(i,j) = \sum_{k=1}^{n} a(i,k)\, b(k,j)$$

예를 들어, a $=\begin{bmatrix}1 & 2\\3 & 4\end{bmatrix}$, b $=\begin{bmatrix}-1 & 3\\-2 & 1\end{bmatrix}$일 때 a × b $=\begin{bmatrix}-5 & 5\\-11 & 13\end{bmatrix}$이다. 이런 행렬 곱셈이 성립하려면 행렬 a의 열의 수와, 행렬 b의 행의 수가 같아야만 된다.

MATLAB은 행렬 연산과 배열 연산을 구분하기 위해서 특수 기호를 사용한다. 행렬 연산과 배열 연산이 다르게 정의되는 경우, MATLAB은 연산자 앞에 마침표를 사용하여(예를 들어, .*) 그 연산이 배열 연산임을 나타낸다. 일반적인 배열 연산과 행렬 연산의 목록을 표 2.6에 나타내었다.

표 2.6: 자주 사용되는 행렬과 배열 연산

연산	MATLAB 형식	주석
배열 덧셈	a + b	배열 덧셈과 행렬 덧셈은 같다.
배열 뺄셈	a - b	배열 뺄셈과 행렬 뺄셈은 같다.

연산	MATLAB 형식	주석
배열 곱셈	a .* b	a와 b의 원소별 곱셈(a(i,j)*b(i,j))이다. 두 배열이 같은 형태이거나, 둘 중 하나가 스칼라이어야 한다.
행렬 곱셈	a * b	a와 b의 행렬 곱셈이다. a의 열 개수와 b의 행 개수가 반드시 같아야 한다.
배열 오른쪽 나눗셈	a ./ b	a와 b의 원소별 나눗셈(a(i,j)/b(i,j))이다. 두 배열이 같은 형태이거나, 둘 중 하나가 스칼라이어야 한다.
배열 왼쪽 나눗셈	a .\ b	a를 분모, b를 분자로 삼는 원소별 나눗셈(b(i,j)/a(i,j))이다. 두 배열이 같은 형이거나, 둘 중 하나가 스칼라이어야 한다.
행렬 오른쪽 나눗셈	a / b	a*inv(b)로 정의되는 행렬 나눗셈이다(여기서 inv(b)는 행렬 b의 역행렬).
행렬 왼쪽 나눗셈	a \ b	inv(a)*b로 정의되는 행렬 나눗셈이다(여기서 inv(a)는 행렬 a의 역행렬).
배열 거듭제곱셈	a .^ b	a와 b의 원소별 거듭제곱셈(a(i,j)^b(i,j))이다. 두 배열이 같은 형태이거나, 둘 중 하나가 스칼라이어야 한다.

초보자는 배열 연산과 행렬 연산을 자주 혼동한다. 두 연산을 서로 바꿔 적법한 연산이 성립하지 않는 경우에는 MATLAB이 오류를 보고할 것이다. 또는, 두 연산이 모두 적법하여 연산을 수행할 수는 있지만 원하는 결과가 나오지 않는 경우도 있다. 이런 오류는 정사각 행렬을 다룰 때 가장 자주 나타난다. 크기가 같은 두 정사각 행렬 간의 배열 곱셈이나 행렬 곱셈은 모두 적법하지만 완전히 다른 결과를 낳는다. 따라서 여러분이 원하는 연산을 정확하게 수행할 수 있도록 주의하여야 한다.

이점에 주의하세요

MATLAB 코드에서 행렬 연산과 배열 연산을 정확히 구분하도록 주의하여야 한다. 특히 행렬 곱셈과 배열 곱셈을 혼동하지 않도록 유의해야 한다.

▶ 예제 2.1 — 변수 a, b, c, d가 다음과 같이 정의되어 있다고 가정하자.

$$a = \begin{bmatrix} 1 & 0 \\ 2 & 1 \end{bmatrix} \qquad b = \begin{bmatrix} -1 & 2 \\ 0 & 1 \end{bmatrix}$$

$$c = \begin{bmatrix} 3 \\ 2 \end{bmatrix} \qquad d = 5$$

아래의 각 연산의 결과는 무엇인가?

(a) `a + b`
(b) `a .* b`
(c) `a * b`
(d) `a * c`
(e) `a + c`
(f) `a + d`
(g) `a .* d`
(h) `a * d`

풀이

(a) 배열(또는 행렬) 덧셈으로서 `a + b` $= \begin{bmatrix} 0 & 2 \\ 2 & 2 \end{bmatrix}$

(b) 원소별 배열 곱셈으로서 `a .* b` $= \begin{bmatrix} -1 & 0 \\ 0 & 1 \end{bmatrix}$

(c) 행렬 곱셈으로서 `a * b` $= \begin{bmatrix} -1 & 2 \\ -2 & 5 \end{bmatrix}$

(d) 행렬 곱셈으로서 `a * c` $= \begin{bmatrix} 3 \\ 8 \end{bmatrix}$

(e) a와 b의 열의 수가 서로 달라 적법하지 않은 연산이다.

(f) 배열(또는 행렬) 덧셈으로서 `a + d` $= \begin{bmatrix} 6 & 5 \\ 7 & 6 \end{bmatrix}$

(g) 배열 곱셈으로서 `a .* d` $= \begin{bmatrix} 5 & 0 \\ 10 & 5 \end{bmatrix}$

(h) 행렬 곱셈으로서 `a * d` $= \begin{bmatrix} 5 & 0 \\ 10 & 5 \end{bmatrix}$

MATLAB에서 행렬 왼쪽 나눗셈(분모가 백슬래시 기호의 왼쪽에 나타남)은 특별한 의미를 가진다. 3×3 선형 연립 방정식계는 다음 형태를 취한다.

$$\begin{aligned} a_{11}x_1 + a_{12}x_2 + a_{13}x_3 &= b_1 \\ a_{21}x_1 + a_{22}x_2 + a_{23}x_3 &= b_2 \\ a_{31}x_1 + a_{32}x_2 + a_{33}x_3 &= b_3 \end{aligned} \tag{2.1}$$

이 식은 행렬을 사용하여 다음과 같이 간단히 표현할 수도 있다.

$$Ax = B \tag{2.2}$$

여기서 $A = \begin{bmatrix} a_{11} & a_{12} & a_{13} \\ a_{21} & a_{22} & a_{23} \\ a_{31} & a_{32} & a_{33} \end{bmatrix}$, $B = \begin{bmatrix} b_1 \\ b_2 \\ b_3 \end{bmatrix}$, $x = \begin{bmatrix} x_1 \\ x_2 \\ x_3 \end{bmatrix}$이다.

선형대수학을 사용해 식(2.2)를 풀어 근 x를 구할 수 있다. 그 결과는 아래와 같다.

$$x = A^{-1}B \tag{2.3}$$

왼쪽 나눗셈 연산 `A\B`는 `inv(A) * B`로 정의되므로 `x = A\B`라는 대입문 하나로 연립 방정식의 해를 구할 수 있다!

좋은 프로그래밍 습관

선형 연립 방정식계의 해를 구하려면 왼쪽 나눗셈 연산자를 사용한다.

2.9 연산의 우선 순위

산술 연산들을 결합하여 하나의 식을 구성하는 경우가 자주 있다. 예를 들어, 어떤 물체가 정지 상태에서 출발하여 일정한 가속도로 움직일 때 이동한 거리는 다음 방정식으로 구할 수 있다.

```
distance = 0.5 * accel * time ^ 2
```

우변의 식은 두 개의 곱셈과 하나의 거듭제곱셈을 포함하고 있다. 이런 식에서는 연산이 수행되는 순서를 아는 것이 중요하다. 만약 거듭제곱셈이 곱셈 전에 수행된다면, 위 식은 다음 식과 동등하다.

```
distance = 0.5 * accel * (time ^ 2)
```

그러나 만약 곱셈이 거듭제곱셈 전에 수행된다면, 처음 식은 아래 식과 동등해진다.

```
distance = (0.5 * accel * time) ^ 2
```

두 방정식은 결과가 서로 다르므로 이들을 명확하게 구별할 필요가 있다.

식의 값을 명확히 구하기 위해 MATLAB은 연산이 수행되는 계층적 순서를 규정하는 일련의 규칙을 확립해 놓고 있다. 이 규칙들은 일반적으로 대수학의 표준 규칙을 따르고 있다. MATLAB에서 산술 연산이 수행되는 순서는 표 2.7과 같다.

표 2.7: 산술 연산의 우선 순위

순위	연산
1	가장 안쪽의 괄호부터 시작해서 바깥쪽으로 나아가면서 괄호 안의 식의 값을 구한다.
2	왼쪽에서 오른쪽의 순서로 모든 거듭제곱셈의 값을 구한다.
3	왼쪽에서 오른쪽의 순서로 모든 곱셈과 나눗셈의 값을 구한다.
4	왼쪽에서 오른쪽의 순서로 모든 덧셈과 뺄셈의 값을 구한다.

▶ 예제 2.2 — 변수 a, b, c, d가 다음 값으로 초기화되어 있을 때,

```
a = 3;  b = 2;  c = 5;  d = 3;
```

아래에 보인 각 MATLAB 대입문의 값을 구하라.

(a) `output = a*b+c*d;`

(b) `output = a*(b+c)*d;`

(c) `output = (a*b)+(c*d);`

(d) `output = a^b^d;`

(e) `output = a^(b^d);`

풀이

(a) 값을 구해야 할 식:	`output = a*b+c*d;`
숫자로 채우기:	`output = 3*2+5*3;`
먼저 왼쪽에서 오른쪽의 순서로 곱셈과 나눗셈의 값을 구한다:	`output = 6+5*3;`
	`output = 6+15;`
이제 덧셈의 값을 구한다:	`output = 21`
(b) 값을 구해야 할 식:	`output = a*(b+c)*d;`
숫자로 채우기:	`output = 3*(2+5)*3;`
먼저 괄호 안의 값을 구한다:	`output = 3*7*3;`
이제 왼쪽에서 오른쪽의 순서로 곱셈과 나눗셈의 값을 구한다:	`output = 21*3;`
	`output = 63`
(c) 값을 구해야 할 식:	`output = (a*b)+(c*d);`
숫자로 채우기:	`output = (3*2)+(5*3);`
먼저 괄호 안의 값을 구한다:	`output = 6+15;`
이제 왼쪽에서 오른쪽의 순서로 곱셈과 나눗셈의 값을 구한다:	`output = 21`
(d) 값을 구해야 할 식:	`output = a^b^d;`
숫자로 채우기:	`output = 3^2^3;`
왼쪽에서 오른쪽의 순서로 거듭제곱셈의 값을 구한다:	`output = 9^3;`
	`output = 729`
(e) 값을 구해야 할 식:	`output = a^(b^d);`
숫자로 채우기:	`output = 3^(2^3);`
먼저 괄호 안의 값을 구한다:	`output = 3^8;`
이제 거듭제곱셈의 값을 구한다:	`output = 6561;`

위 예제에서 알 수 있듯이, 연산 순서는 대수식의 최종 결과에 중요한 영향을 미친다.

프로그램 내의 모든 식은 가능한 한 명확하게 표현하는 것이 중요하다. 가치있는 프로그램은 한 번 작성으로 끝나는 것이 아니라 계속 정비하고 필요한 경우 수정을 통해 얻어지는 것이다. 이런 맥락에서 프로그래머는 항상 다음과 같이 자문해봐야 한다. '내가 6개월 후에 이 프로그램을 다시 봐도 이 식을 쉽게 이해할 수 있을까? 다른 사람이 내 코드를 보고 내가 의도한 바를 쉽게 이해할 수 있을까?' 만약 이 질문에 의문의 여지가 있다면, 여분의 괄호를 사용하여 식을 가능한 한 명확하게 나타내야 한다.

좋은 프로그래밍 습관

명확하고 이해하기 쉬운 식이 되도록 필요한 만큼의 괄호를 사용하라.

식에 괄호를 사용할 때는 열고 닫는 괄호가 서로 짝이 맞아야 한다. 즉, 왼쪽 괄호와 오른쪽 괄호가 항상 같은 수로 있어야 한다. 어느 한 괄호가 다른 괄호보다 많으면 오류가 발생한다. 이런 종류의 오류는 대개 철자 오류(typographical error)로서, MATLAB 번역기는 명령문을 실행할 때 이런 오류를 잡아낸다. 예를 들어, 다음과 같은 식을 실행하면 오류가 발생한다.

```
(2 + 4) / 2)
```

퀴즈 2.4

이 퀴즈는 2.8절과 2.9절에서 소개한 개념을 여러분이 잘 이해하고 있는지를 확인하기 위한 것이다. 만일 퀴즈를 푸는 데 어려움이 있다면 해당 절을 다시 읽고 강사에게 질문하거나 다른 학우와 토의하라. 이 퀴즈의 답은 책의 말미에 수록되어 있다.

1. a, b, c, d가 아래와 같이 정의되어 있을 때, 아래의 연산이 적법하면 그 결과를 구하라. 적법하지 않으면 그 이유를 설명하라.

$$a = \begin{bmatrix} 2 & 1 \\ -1 & 2 \end{bmatrix} \qquad b = \begin{bmatrix} 0 & -1 \\ 3 & 1 \end{bmatrix}$$

$$c = \begin{bmatrix} 1 \\ 2 \end{bmatrix} \qquad d = -3$$

(a) `result = a .* c;`

(b) `result = a * [c c];`

(c) `result = a .* [c c];`

(d) `result = a+b*c;`

(e) `result = a+b.*c;`

2. $A = \begin{bmatrix} 1 & 2 & 1 \\ 2 & 3 & 2 \\ -1 & 0 & 1 \end{bmatrix}$이고, $B = \begin{bmatrix} 1 \\ 1 \\ 0 \end{bmatrix}$일 때, x에 관한 방정식 $Ax = B$를 풀어라.

2.10 MATLAB의 내장 함수

수학에서 함수는 하나 또는 그 이상의 입력값을 받아들여 하나의 결과를 계산하는 식이다. 과학과 공학 계산에서 일반적으로 사용하는 함수는 지금까지 다뤄온 덧셈, 뺄셈, 곱셈, 나눗셈, 거듭제곱셈 등의 단순한 연산보다 훨씬 복잡한 연산을 요구한다. 이들 중 일부 함수는 많은 기술 분야에서 흔히 사용되지만 다른 함수들은 일부 특정 분야에서만 드물게 사용된다. 일반적으로 사용되는 함수로는 삼각 함수, 로그 함수, 제곱근 등이 있으며, 드물게 사용되는 함수로는 쌍곡선 함수, Bessel 함수 등이 있다. MATLAB의 강점 중 하나는 사용자가 쓸 수 있는 내장 함수의 종류가 믿을 수 없을 만큼 다양하다는 것이다.

2.10.1 선택적 결과 출력

수학 함수와는 달리 MATLAB 함수는 하나 이상의 결과값을 호출 프로그램(calling program)에 반환할 수 있다. `max` 함수가 이런 함수의 예이다. 이 함수는 보통 입력 벡터의 원소 중 최대값을 반환하지만, 그 최대값이 나타나는 위치를 두 번째 출력 인수로 반환할 수도 있다. 예를 들어, 다음의 명령문을 실행한 결과는

```
maxval = max ([1 -5 6 -3])
```

`maxval = 6`이 된다. 그러나 결과를 저장할 변수를 두 개 제공하면, 이 함수는 최대값과 그 위치를 모두 반환한다. 예를 들어, 다음 문을 실행하면

```
[maxval, index] = max ([1 -5 6 -3])
```

maxval = 6과 index = 3의 결과가 나타난다.

2.10.2 배열을 인수로 하는 MATLAB 함수의 사용

많은 MATLAB 함수들은 하나 또는 그 이상의 스칼라 입력에 대해 하나의 스칼라 출력을 반환한다. 예를 들어, 대입문 y = sin(x)는 x의 사인값을 계산하여 그 결과를 변수 y에 저장한다. 만약 이런 함수의 입력값이 배열로 이루어져 있다면, 위 함수는 배열의 원소별로 계산을 수행하여 그 결과를 역시 배열 형태로 반환한다. 예를 들어, x = [0 pi/2 pi 3*pi/2 2*pi]이면 다음 대입문

```
y = sin(x)
```

의 결과는 y = [0 1 0 -1 0]이 된다.

2.10.3 자주 쓰는 MATLAB 함수

자주 쓰는 유용한 MATLAB 함수들의 일부를 표 2.8에 수록하였다. 이 함수들은 예제나 과제 문제에서 많이 쓰일 것이다. 만약 표에 수록되지 않은 특정 함수를 찾으려면, MATLAB 도움말 브라우저를 이용하여 알파벳순이나 주제별로 함수를 검색할 수 있다.

다른 프로그래밍 언어와는 달리, 많은 MATLAB 함수는 실수와 복소수 입력 모두에 대해 올바르게 작동한다. MATLAB 함수는 결과값이 허수이거나 복소수이더라도 자동적으로 그 답을 올바로 계산한다. 예를 들어, −2의 제곱근을 구하기 위해 sqrt(-2)를 사용할 경우, C 언어나 Fortran에서는 런타임 오류가 발생하지만 MATLAB에서는 다음과 같이 허수값을 정확히 계산할 수 있다.

```
» sqrt(-2)
ans =
    0 + 1.4142i
```

표 2.8: 자주 쓰는 MATLAB 함수

함수	설명
수학 함수(Mathematical Functions)	
`abs(x)`	$\|x\|$를 계산한다.
`acos(x)`	$\cos^{-1} x$를 계산하여 라디안 단위로 반환한다.
`acosd(x)`	$\cos^{-1} x$를 계산하여 도 단위로 반환한다.
`angle(x)`	복소수 x의 편각을 라디안 단위로 반환한다.
`asin(x)`	$\sin^{-1} x$를 계산하여 라디안 단위로 반환한다.
`asind(x)`	$\sin^{-1} x$를 계산하여 도 단위로 반환한다.
`atan(x)`	$\tan^{-1} x$를 계산하여 라디안 단위로 반환한다.
`atand(x)`	$\tan^{-1} x$를 계산하여 도 단위로 반환한다.
`atan2(y,x)`	원의 사분면에서 $\theta = \tan^{-1}\frac{y}{x}$의 값을 계산한다(결과는 $-\pi \le \theta \le \pi$ 범위의 라디안 값이다).
`atan2d(y,x)`	원의 사분면에서 $\theta = \tan^{-1}\frac{y}{x}$의 값을 계산한다(결과는 $-180° \le \theta \le 180°$ 범위의 도 값이다).
`cos(x)`	$\cos x$를 계산한다(x는 라디안 단위).
cosd(x)	$\cos x$를 계산한다(x는 도 단위).
`exp(x)`	e^x를 계산한다.
`log(x)`	자연 로그 $\log_e x$를 계산한다.
`[value,index] = max(x)`	벡터 x에서 최대값과 (선택적으로) 그 값의 위치를 반환한다.
`[value,index] = min(x)`	벡터 x에서 최소값과 (선택적으로) 그 값의 위치를 반환한다.
`mod(x,y)`	x를 y로 나눌 때의 나머지를 구한다.
`sin(x)`	$\sin x$를 계산한다(x는 라디안 단위).
`sind(x)`	$\sin x$를 계산한다(x는 도 단위).
`tan(x)`	$\tan x$를 계산한다(x는 라디안 단위).
`tand(x)`	$\tan x$를 계산한다(x는 도 단위).
반올림 함수(Rounding Functions)	
`ceil(x)`	x를 양의 무한대 방향으로 가장 가까운 정수로 올린다. 〈예〉 `ceil(3.1)=4 and ceil(-3.1)=-3.`

fix(x)	x를 0의 방향으로 가장 가까운 정수로 바꾼다. 〈예〉 fix(3.1)=3 and fix(-3.1)=-3.
floor(x)	x를 음의 무한대 방향으로 가장 가까운 정수로 내린다. 〈예〉 floor(3.1)=3 and floor(-3.1)=-4.
round(x)	x를 가장 가까운 정수로 반올림한다.
문자열 변환 함수(String Conversion Functions)	
char(x)	수치 배열을 문자열로 변환한다. ASCII 문자를 얻으려면 각 배열 원소는 127 이하의 수이어야 한다.
double(x)	문자열을 수치 배열로 변환한다.
int2str(x)	x를 정수 문자열로 변환한다.
num2str(x)	x를 문자열로 변환한다.
str2num(s)	문자열 s를 수치 배열로 변환한다.

2.11 도표 그리기 입문

운영체제에 독립적인 다양한 도표 그리기 기능은 MATLAB의 강력한 성능 중 하나이다. 이 기능을 사용하여 어떤 데이터라도 아무 때나 도표로 그릴 수 있다. 데이터에 대한 도표를 그리기 위해서는 x축과 y축의 좌표값을 각각 담은 두 벡터를 만든 후 plot 함수를 사용하면 된다.

예를 들어, 0과 10 사이의 x값에 대해 함수 $y = x^2 - 10x + 15$의 그래프를 그려보자. 이 그래프를 그리는 데 필요한 코드는 단지 세 줄이면 된다. 첫 번째 문은 콜론 연산자를 사용하여 0에서 10까지의 x값 벡터를 만든다. 두 번째 문은 위의 식을 이용해서 y값을 계산한다(여기서 배열 x의 각 원소별로 함수값을 구하기 위해 배열 연산자를 사용하고 있음에 유의할 것). 마지막 문은 plot 함수를 이용하여 그래프를 그린다.

```
x = 0:1:10;
y = x.^2 - 10.*x + 15;
plot(x,y);
```

plot 함수가 실행되면 MATLAB은 그림창을 열어 그 안에 도표를 나타낸다. 이 코드로 만든 도표가 그림 2.5에 있다.

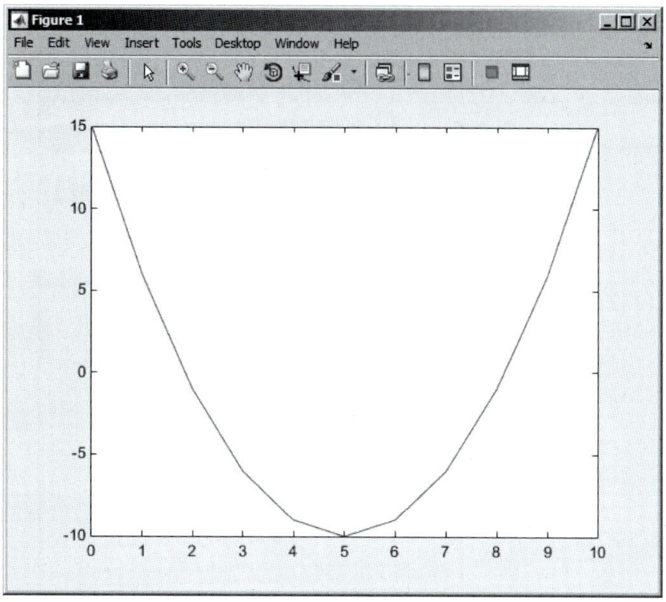

그림 2.5 $y = x^2 - 10x + 15$의 그래프 (0에서 10까지)

2.11.1 간단한 *xy* 도표 그리기

위에서 설명한 바와 같이 MATLAB으로 매우 쉽게 도표를 만들 수 있다. 크기만 같다면 어떠한 벡터쌍도 도표로 나타낼 수 있다. 그러나 이렇게 만든 도표에는 제목, 축 제목, 격자선 등이 없어 완성된 모습이라고 할 수 없다.

`title`, `xlabel`, `ylabel` 함수를 사용하여 도표에 제목과 축 제목들을 붙일 수 있다. 도표 제목이나 축 제목을 담은 문자열을 인수로 삼아 해당 함수를 호출할 수 있다. 도표에 격자선을 표시하려면 `grid on` 명령을, 없애려면 `grid off` 명령을 사용한다. 예를 들어, 아래의 코드는 함수 $y = x^2 - 10x + 15$의 그래프를 그린 후, 제목, x축 제목, y축 제목을 차례로 붙이고 격자선을 표시한다. 이렇게 만든 도표가 그림 2.6에 나타나 있다.

```
x = 0:1:10;
y = x.^2 - 10.*x + 15;
plot(x,y);
title ('Plot of y = x.^2 - 10.*x + 15');
xlabel ('x');
ylabel ('y');
grid on;
```

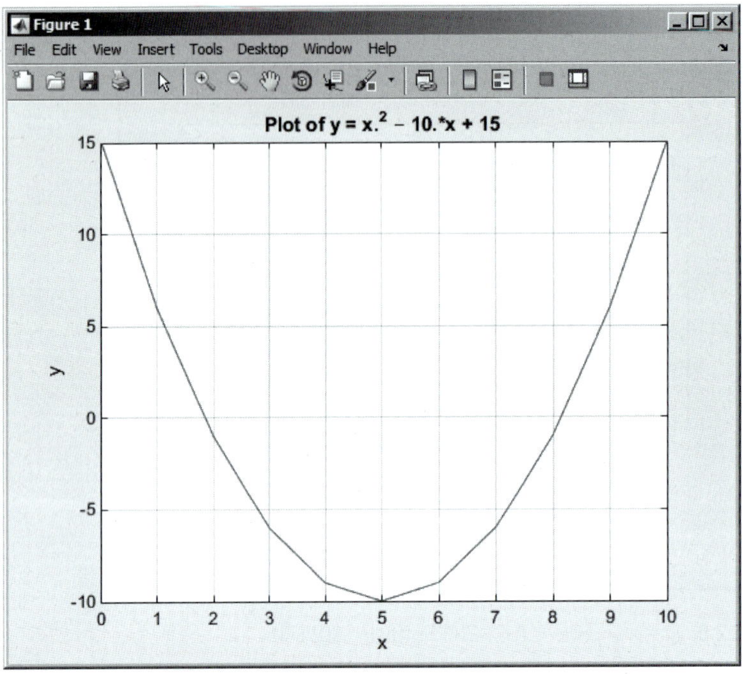

그림 2.6 도표 제목, 축 제목, 격자선이 있는 $y = x^2 - 10x + 15$ 그래프

2.11.2 도표 인쇄

일단 도표를 만든 후에는 `print` 명령어를 실행하거나, 그림창에서 'print' 아이콘을 클릭하거나, 또는 'File/Print' 메뉴 항목을 선택하여 프린터에서 인쇄할 수 있다.

`print` 명령어를 MATLAB 프로그램에 포함시키면 그래픽 이미지를 자동적으로 인쇄할 수 있으므로 이 방법이 특히 쓸모가 있다. `print` 명령어의 구문은 다음과 같다.

```
print <options> <filename>
```

파일 이름을 지정하지 않으면 이 명령어는 연결된 프린터를 이용하여 현재 그림을 인쇄한다. 파일 이름을 지정하면 그 파일에 현재 그림의 복사본을 저장한다.

2.11.3 도표를 그래픽 이미지로 내보내기

`print` 명령에서 적절한 옵션과 파일 이름을 지정하면 도표를 그래픽 이미지 형태로 저장할 수 있다.

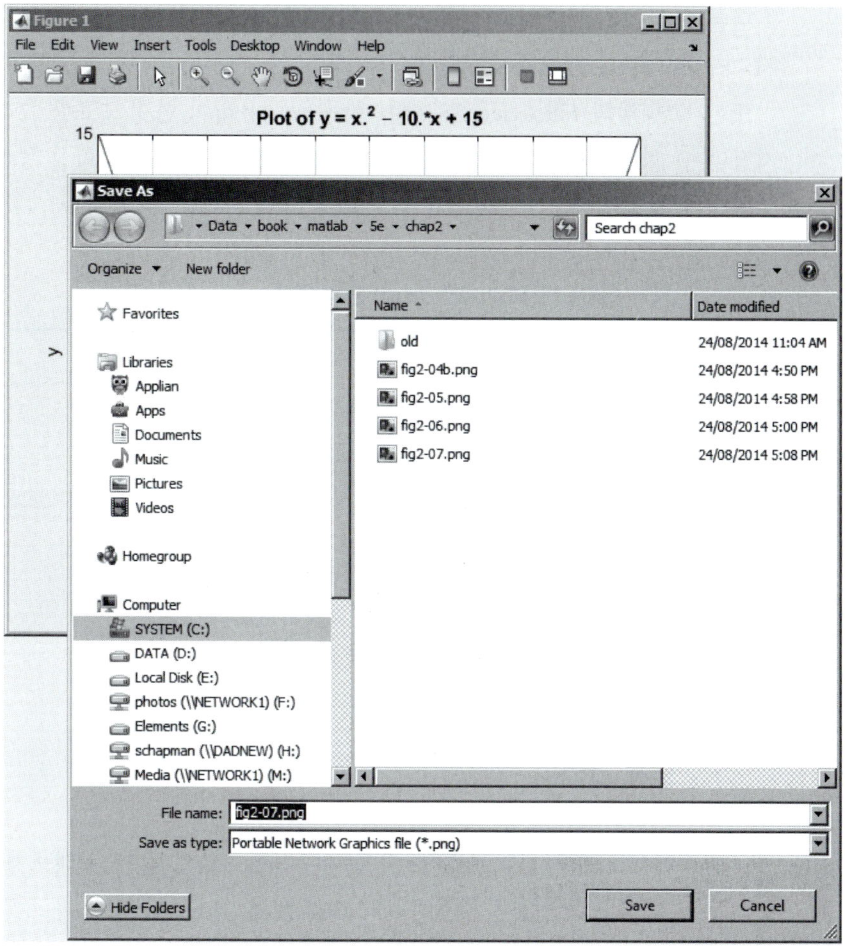

그림 2.7 File/Save As 메뉴 항목을 이용하여 도표 이미지를 파일에 저장하기

```
print <options> <filename>
```

파일로 보내는 출력 형식을 지정하는 다양한 옵션이 많이 있다. 매우 중요한 옵션의 하나인 -dpng는 도표의 출력 서식을 포터블 네트워크 그래픽(Portable Network Graphics(PNG)) 형식으로 설정한다. 이 형식의 그림은 PC, MAC, Unix, Linux 등의 운영체제의 주요 워드프로세서에서 변환 없이 불러올 수 있기 때문에 MATLAB 도표를 문서에 포함시키는 방법으로 매우 유용하다. 다음 명령문은 현재 그림을 인치당 300 픽셀의 PNG 이미지로 만들어 파일 my_image.png에 저장한다.

```
print -dpng -r300 my_image.png
```

다른 옵션들은 이미지 파일을 각기 다른 형식으로 저장한다. 몇 가지 중요한 이미지 파일 형식을 표 2.9에 수록하였다.

또한, 그림창의 'File/Save AS' 메뉴 항목을 이용하여 현재 도표를 그래픽 이미지로 저장할 수 있다. 이 경우 사용자는 대화 상자에서 파일 이름과 화상 형식을 선택한다(그림 2.7 참조).

표 2.9: 그래픽 파일을 생성하기 위한 `print` 명령 옵션

옵션	설명
`-deps`	흑백 화면의 포스트스크립트 이미지 생성
`-depsc`	컬러 화면의 포스트스크립트 이미지 생성
`-djpeg`	JPEG 이미지 생성
`-dpng`	포터블 네트워크 그래픽(PNG) 이미지 생성
`-dtiff`	압축된 TIFF 이미지 생성

2.11.4 다중 도표 그리기

plot 함수에서 단순히 (x, y) 값의 집합을 추가함으로써 같은 그래프에 여러 함수를 도시할 수 있다. 예를 들어, 함수 $f(x) = \sin 2x$와 그 도함수의 그래프를 같은 도표에 나타내보자. $f(x) = \sin 2x$의 도함수는 다음과 같다.

$$\frac{d}{dt} \sin 2x = 2 \cos 2x \tag{2.4}$$

두 함수를 같은 좌표축에 나타내려면 x값의 집합과 그에 해당하는 각 함수의 y값을 계산한 다음, plot 함수에서 두 벌의 (x, y)값들을 나열하기만 하면 된다.

```
x = 0:pi/100:2*pi;
y1 = sin(2*x);
y2 = 2*cos(2*x);
plot(x,y1,x,y2);
```

이때 얻는 도표는 그림 2.8과 같다.

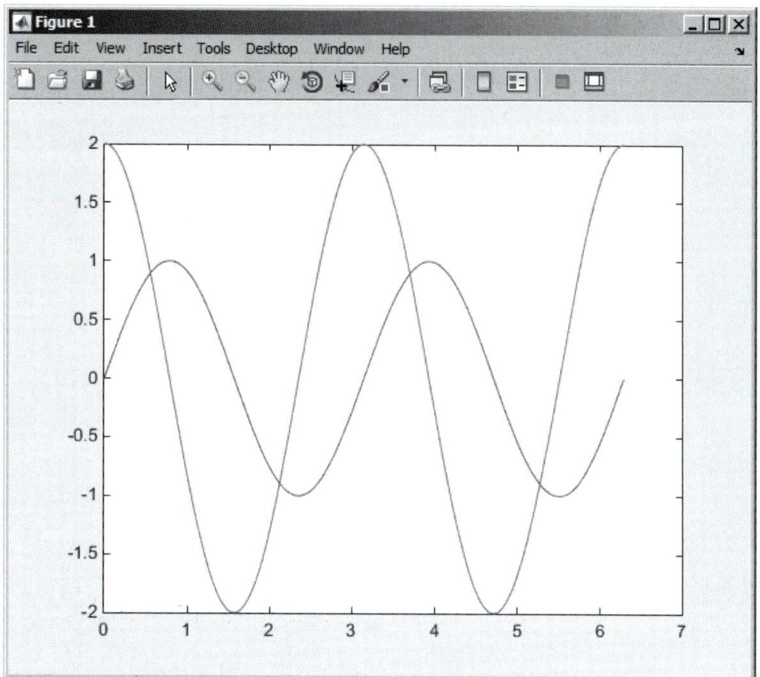

그림 2.8 같은 축에 그린 sin2*x*와 2cos2*x*의 그래프

2.11.5 선 색상, 선 스타일, 마커 스타일, 범례

프로그래머는 MATLAB 도표에 나타나는 선의 색상(color), 스타일(style) 및 데이터 점을 표시하는 마커 스타일(marker style)을 선택할 수 있다. 이런 속성들은 plot 함수에서 x, y 벡터 뒤에 속성 문자열을 지정하여 선택한다.

속성 문자열은 세 개까지의 문자를 담을 수 있는데, 이 중 첫 번째 문자는 선의 색상을, 두 번째는 마커 스타일, 세 번째는 선 스타일을 각각 지정한다. 다양한 색상, 마커 스타일 및 선 스타일에 해당하는 속성 문자들을 표 2.10에 수록하였다.

속성 문자열은 어떤 조합으로도 사용할 수 있으며, 만약 `plot` 함수에서 사용되는 (x, y) 벡터 쌍이 둘 이상일 때는 같은 수의 속성 문자열을 이용하여 각각의 선과 마커를 정의할 수 있다. 예를 들어, 다음의 명령문은 함수 $y = x^2 - 10x + 15$의 도표를 빨간 단선으로 나타내고 실제 데이터값은 파란 원으로 표시한다(그림 2.9 참조).

```
x = 0:1:10;
y = x.^2 - 10.*x + 15;
plot(x,y,'r--',x,y,'bo');
```

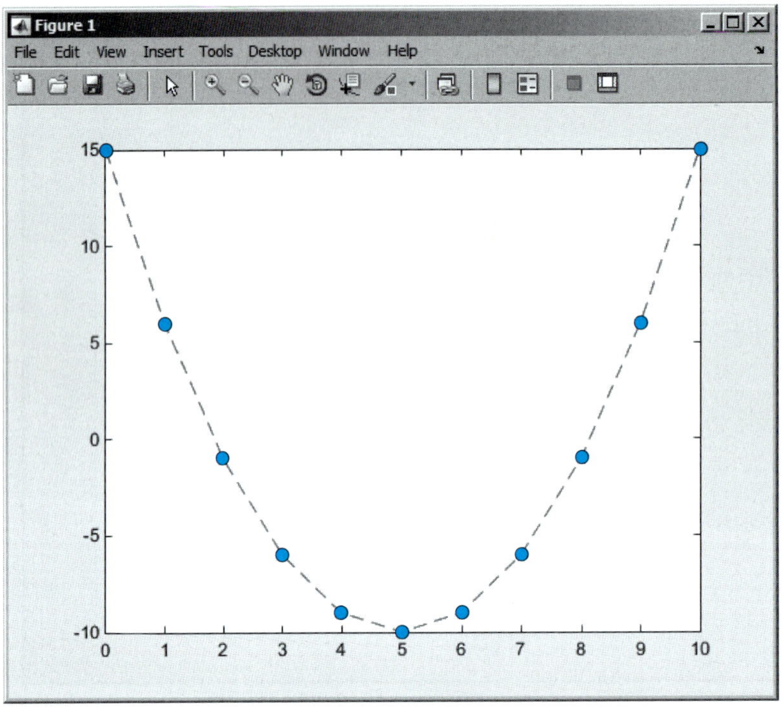

그림 2.9 단선으로 그린 $y = x^2 - 10x + 15$ 그래프(실제 데이터는 원 마커로 표시)

표 2.10: 도표의 색상, 마커 스타일, 선 스타일 목록

도표의 색		마커 스타일		선의 종류	
y	노랑	.	점	-	실선
m	자홍	o	원	:	점선
c	청록	x	x 표시	-.	점단선
r	빨강	+	덧셈 기호	--	단선
g	녹색	*	별표	<none>	선 없음
b	파랑	s	사각형		
w	하양	d	다이아몬드		
k	검정	v	삼각형(아래 방향)		
		^	삼각형(위 방향)		
		<	삼각형(왼쪽 방향)		
		>	삼각형(오른쪽 방향)		
		p	오각형		
		h	육각형		
		<none>	마커 없음		

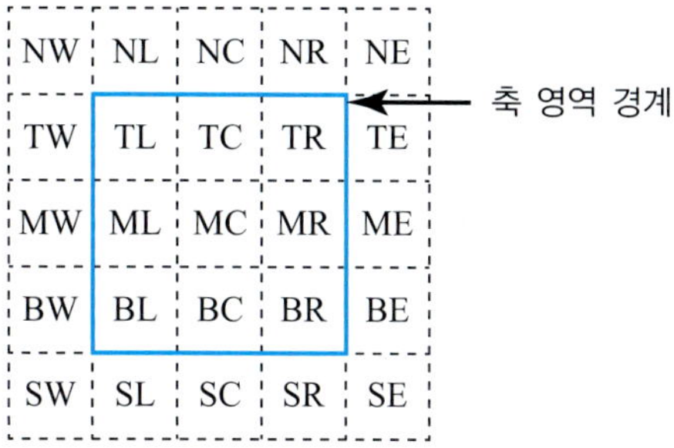

그림 2.10 도표 범례의 가능한 위치

범례는 legend 함수를 이용하여 만들 수 있다. 이 함수의 기본 형식은 다음과 같다.

```
legend('string1', 'string2',..., pos)
```

여기서 string1, string2 등은 그리는 각 선에 붙인 라벨이고, pos는 도표에서 범례의 위치를 지정하는 문자열이다. pos에 사용할 수 있는 값은 표 2.11에 수록하였으며, 그림 2.10에 각 구역의 위치를 도시하였다.

legend off 명령어는 기존의 범례를 제거한다.

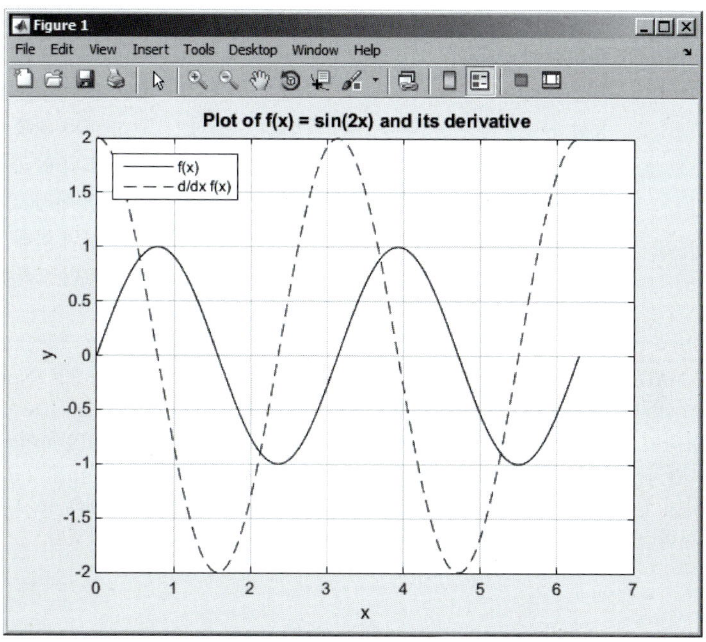

그림 2.11 도표 제목, 축 제목, 범례, 격자선, 다중 선 스타일 등을 포함한 완성된 도표

완성된 도표의 예가 그림 2.11에 나타나 있으며, 이 도표를 만들 때 사용한 코드는 아래와 같다. 이 코드는 함수 $f(x) = \sin 2x$를 검은 실선, 그 도함수를 파란 단선으로 그린다. 이 도표는 제목과 축 제목, 좌상 코너의 범례 및 격자선을 포함하고 있다.

```
x = 0:pi/100:2*pi;
y1 = sin(2*x);
y2 = 2*cos(2*x);
plot(x,y1,'k-',x,y2,'b--');
title ('Plot of f(x) = sin(2x) and its derivative');
xlabel ('x');
ylabel ('y');
legend ('f(x)','d/dx f(x)','Location','NW')
grid on;
```

표 2.11: legend 명령어에서 pos의 값

값	범례의 위치	값	범례의 위치
'NW'	좌상 코너 왼쪽 위	'MR'	우중 변
'NL'	좌상 코너 위	'ME'	우중 변 오른쪽
'NC'	중상 변 위	'BW'	좌하 코너 왼쪽
'NR'	우상 코너 위	'BL'	좌하 코너
'NE'	우상 코너 오른쪽 위	'BC'	중하 변
'TW'	좌상 코너 왼쪽	'BR'	우하 코너
'TL'	좌상 코너	'BE'	우하 코너 오른쪽
'TC'	중상 변	'SW'	좌하 코너 왼쪽 아래
'TR'	우상 코너	'SL'	좌하 코너 아래
'TE'	우상 코너 오른쪽	'SC'	중하 변 아래
'MW'	좌중 변 왼쪽	'SR'	우하 코너 아래
'ML'	좌중 변	'SE'	우하 코너 오른쪽 아래
'MC'	정 중앙		

역자 주: MATLAB은 축 영역과 테두리를 포함하는 전체 영역을 상하 방향으로 'North/Top/Middle/Bottom/South'라는 이름의 5개 구간, 좌우 방향으로 'West/Left/Center/Right/East'라는 5개 구간을 각각 사용하여 총 25개의 구역으로 나눈 후, 각 구간 이름의 첫 글자를 조합하여 구역을 표기하고 있다. 이 번역서에서는 먼저 축 영역을 좌우 방향으로 '좌/중/우' 구간, 상하 방향으로 '상/중/하' 구간으로 나눠 얻은 9개 구역의 이름에 '코너/변'을 명기하고, 바깥 테두리 내의 16개 구역에 대해서는 '왼쪽/오른쪽' 또는 '위/아래'라는 수식어를 추가하여 범례의 위치를 표현하였다.

2.11.6 로그 눈금

도표에 값을 그릴 때 선형 눈금뿐 아니라 로그 눈금(logarithmic scale)을 사용할 수도 있다. 두 개의 축(x축/y축)에 두 종류의 눈금(선형/로그)을 사용하는 방법은 총 네 가지로 조합할 수 있는데, 다음과 같이 각 경우에 따라 다른 함수를 사용하여 도표를 만든다.

1. `plot` 함수는 x축과 y축 모두 선형 눈금을 사용한다.
2. `semilogx` 함수는 x축은 로그 눈금, y축은 선형 눈금을 각각 사용한다.
3. `semilogy` 함수는 y축은 로그 눈금, x축은 선형 눈금을 각각 사용한다.
4. `loglog` 함수는 x축과 y축 모두 로그 눈금을 사용한다.

이 함수들은 데이터를 표시하는 축의 눈금 유형만 다를 뿐, 모두 같은 호출 인수를 갖는다. 각 도표의 예는 그림 2.12에 나와 있다.

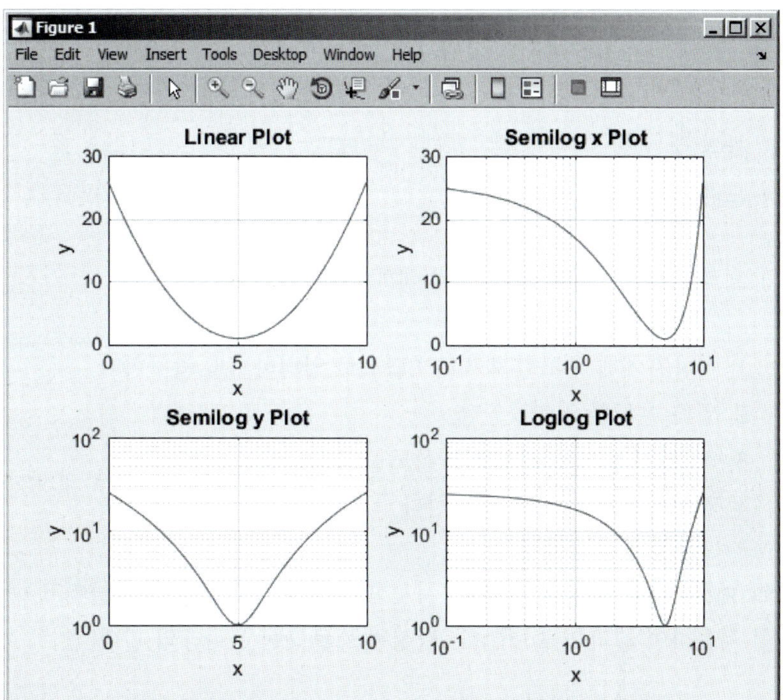

그림 2.12 선형, x축 로그, y축 로그, 로그-로그 도표의 비교

2.12 예제들

아래의 예제들은 MATLAB을 이용한 문제 해결 방법을 예시하고 있다.

▶ 예제 2.3 — 온도 변환

화씨 온도를 읽어들여 켈빈 단위의 절대 온도로 변환한 후 그 결과를 출력하는 MATLAB 프로그램을 설계하라.

풀이

화씨 온도(°F)와 켈빈 온도(K)의 관계는 아무 물리 교과서에서나 찾을 수 있다. 그 관계는 다음과 같다.

$$T\,(\text{in K}) = \left[\frac{5}{9}T\,(\text{in °F}) - 32.0\right] + 273.15 \tag{2.5}$$

교과서에 나오는 다음 두 가지 온도 변환 예제를 이용하여 여기서 작성한 프로그램을 검사할 수 있다.

물의 끓는 점	212 °F	373.15 K
드라이아이스의 승화점	-110 °F	194.26 K

프로그램은 다음 각 단계를 수행하여야 한다.

1. 사용자에게 온도를 화씨(°F) 단위로 입력하도록 촉구한다.
2. 입력 온도를 읽어들인다.
3. 식 (2.5)를 이용하여 켈빈 온도를 계산한다.
4. 결과를 출력한 다음 종료한다.

이 예제에서는 `input` 함수를 사용하여 화씨 온도값을 읽어들이고, `fprintf` 함수를 사용하여 결과를 출력한다. 작성된 프로그램은 아래와 같다.

```
% Script file: temp_conversion
%
% Purpose:
```

```
%   To convert an input temperature from degrees
%   Fahrenheit to an output temperature in kelvins.
%
% Record of revisions:
%     Date       Programmer         Description of change
%     ====       ==========         =====================
%   01/03/14    S. J. Chapman       Original code
%
% Define variables:
%   temp_f    -- Temperature in degrees Fahrenheit
%   temp_k    -- Temperature in kelvins

% Prompt the user for the input temperature.
temp_f = input('Enter the temperature in degrees Fahrenheit:');

% Convert to kelvin.
temp_k = (5/9) * (temp_f - 32) + 273.15;

% Write out the result.
fprintf('%6.2f degrees Fahrenheit = %6.2f kelvins.\n', ...
        temp_f,temp_k);
```

완성된 프로그램을 검사하기 위해 위에 제시한 값을 가지고 프로그램을 실행한다.

```
» temp_conversion
Enter the temperature in degrees Fahrenheit: 212
212.00 degrees Fahrenheit = 373.15 kelvins.
» temp_conversion
Enter the temperature in degrees Fahrenheit: -110
-110.00 degrees Fahrenheit = 194.26 kelvins.
```

프로그램의 결과는 물리 교과서에 나타난 값과 일치한다.

이 프로그램에서는 입력값을 촉구하거나 결과값을 출력할 때 각 단위를 병기하였다. 프로그램의 결과는 항상 그 단위(화씨/켈빈)를 같이 나타낼 때 의미를 지닌다. 일반적으로 입력값을 요구할 때는 프롬프트에 그 값의 단위를 표시하고, 결과값을 인쇄할 때도 결과값과 그 단위를 함께 출력하여야 한다.

좋은 프로그래밍 습관

프로그램에서 값을 읽거나 출력할 때 항상 값과 단위를 함께 나타내라.

위 예제의 프로그램에는 이 장에서 설명한 많은 [좋은 프로그래밍 습관]이 적용되었다. 즉, 프로그램에 쓰이는 모든 변수를 정의하는 데이터 사전을 포함하고, 의미있는 변수 이름을 사용했으며, 데이터값을 단위와 함께 출력하고 있다.

▶ 예제 2.4 — 전기 공학: 부하에 공급되는 최대 전력

그림 2.13은 50 Ω의 내부 저항(R_S)을 갖는 전압(V) 120 V의 전원으로 저항 R_L인 부하를 구동하는 전기 회로를 나타낸다. 부하에 공급되는 전력이 최대가 되는 부하 저항을 구하라. 이때 공급되는 전력은 얼마인가? 또, 부하 저항에 따른 공급 전력을 그래프로 나타내라.

풀이

이 프로그램에서는 부하 저항 R_L을 바꿔가면서 부하에 공급되는 전력을 계산할 필요가 있다. 부하 저항에 공급되는 전력은 아래의 식으로 계산할 수 있다.

$$P_L = I^2 R_L \tag{2.6}$$

여기서 I는 부하에 공급되는 전류로서 옴의 법칙으로 계산할 수 있다.

$$I = \frac{V}{R_{\text{TOT}}} = \frac{V}{R_S + R_L} \tag{2.7}$$

프로그램은 다음 각 단계를 수행하여야 한다.

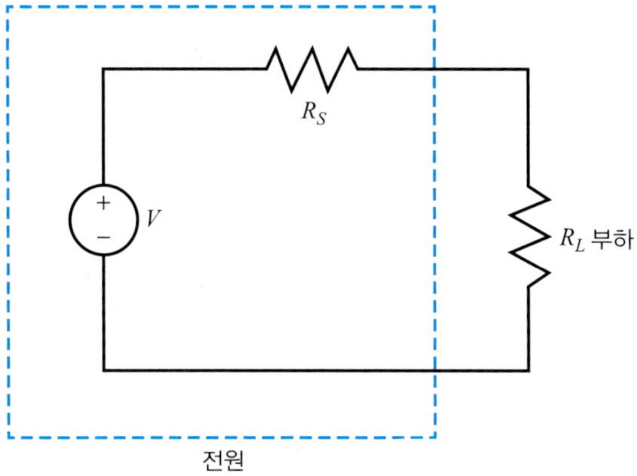

그림 2.13 저항 R_L의 부하에 전력을 공급하는 전압 V, 내부 저항 R_S의 전원

1. 부하 저항 R_L의 가능한 값들을 배열로 만든다. R_L 값을 1 Ω에서 100 Ω까지 1 Ω씩 변화시킨다.
2. 각 R_L 값에 따른 전류를 계산한다.
3. 각 R_L 값에 따라 부하에 공급되는 전력을 계산한다.
4. R_L 값에 따른 전력을 그래프로 나타낸 다음, 최대 전력이 나오는 부하 저항값을 결정한다.

완성된 MATLAB 프로그램은 다음과 같다.

```
% Script file: calc_power.m
%
% Purpose:
%   To calculate and plot the power supplied to a load as
%   a function of the load resistance.
%
% Record of revisions:
%     Date      Programmer      Description of change
%     ====      ==========      =====================
%   01/03/14   S. J. Chapman   Original code
%
% Define variables:
%   amps      -- Current flow to load (amps)
%   pl        -- Power supplied to load (watts)
%   rl        -- Resistance of the load (ohms)
```

```
%   rs       -- Internal resistance of the power source (ohms)

%   volts    -- Voltage of the power source (volts)

% Set the values of source voltage and internal resistance
volts = 120;
rs = 50;

% Create an array of load resistances
rl = 1:1:100;

% Calculate the current flow for each resistance
amps = volts ./ ( rs + rl );

% Calculate the power supplied to the load
pl = (amps .^ 2) .* rl;

% Plot the power versus load resistance
plot(rl,pl);
title('Plot of power versus load resistance');
```

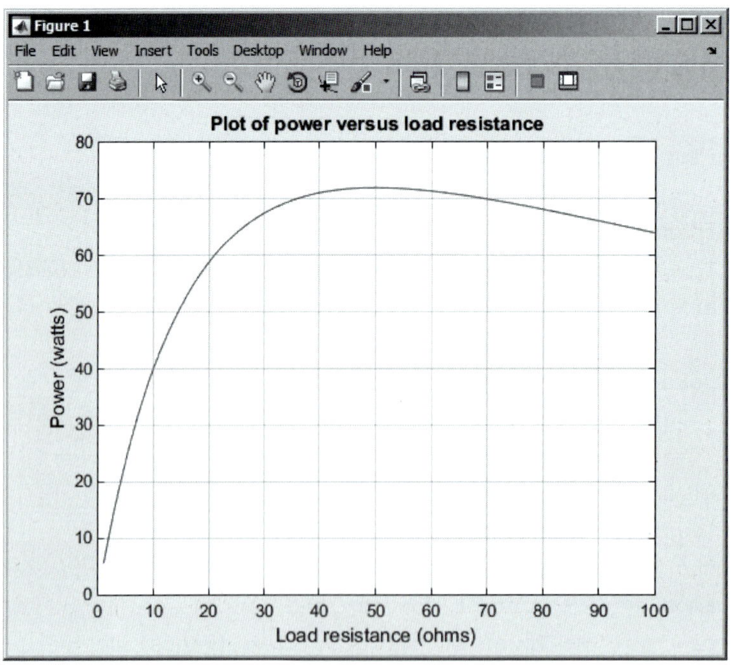

그림 2.14 부하의 저항에 따라 부하에 공급되는 전력 그래프

```
xlabel('Load resistance (ohms)');
ylabel('Power (watts)');
grid on;
```

이 프로그램을 실행하면 그림 2.14의 그래프를 얻는다. 이 그래프에서 부하의 저항이 50 Ω 일 때, 72 W의 최대 전력이 공급되는 것을 알 수 있다.

◀

위 프로그램에서 배열 연산자(.*, .^, ./)가 사용되었음에 유의하라. 이들 연산자는 배열 amps와 pl의 해당 원소별로 연산을 수행한다.

▶ 예제 2.5 — 방사성 탄소(C14)의 연대 측정법

방사성 동위원소는 불안정한 원소이다. 이 원소는 시간이 지남에 따라 다른 원소로 자연 붕괴된다. 방사성 동위원소는 지수적으로 감소한다. 시간 $t = 0$에서 방사성 동위원소의 초기량이 Q_0라면, 임의 시간 t에서의 그 원소의 양은 다음의 식으로 구할 수 있다.

$$Q(t) = Q_0 e^{-\lambda t} \tag{2.8}$$

여기서 λ는 방사성 붕괴 상수이다.

방사성 동위원소의 붕괴 속도는 알려져 있으므로, 이를 이용하여 그 원소가 붕괴되기 시작한 때부터 경과한 시간을 측정할 수 있다. 방사성 물질의 초기량 Q_0를 알고, 일정 시간 후에 남아있는 양 Q를 알고 있다면, 식 (2.8)을 t에 대해 풀어 붕괴가 진행된 시간을 구할 수 있다. 그 풀이는 다음과 같다.

$$t_{\text{decay}} = -\frac{1}{\lambda} \log_e \frac{Q}{Q_0} \tag{2.9}$$

식 (2.9)는 많은 과학 분야에서 실제로 사용된다. 예를 들어, 고고학자들은 탄소 14에 근거한 방사성 시계를 이용하여 고대 생물이 죽은 후 경과한 시간을 측정한다. 탄소 14는 식물이나 동물이 살아있는 동안 지속적으로 체내에 흡수되기 때문에, 죽을 때 그 체내에 남아있는 양을 안다고 가정할 수 있다. 탄소 14의 붕괴 상수는 0.00012097/년으로 이미 많이 알려져 있으므로, 현재 남아있는 탄소 14의 양을 정확

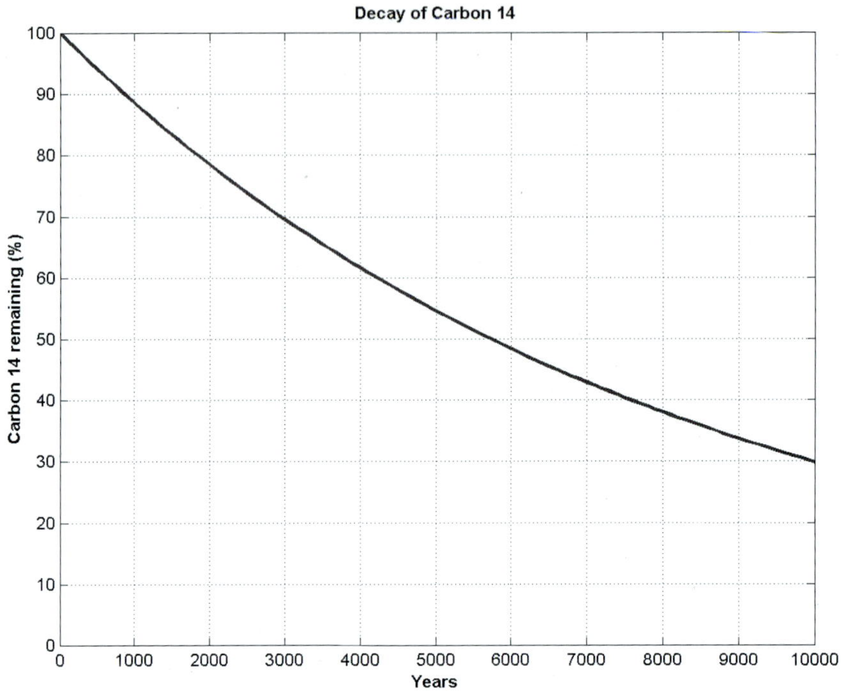

그림 2.15 시간에 따른 탄소 14의 방사성 붕괴. 5730년의 시간이 지난 후에야 원래 탄소량의 50%가 붕괴되었다는 점에 주목하라.

히 측정할 수 있으면 식 (2.9)를 이용하여 그 생물이 죽은 후 경과한 시간을 계산할 수 있다. 시간에 따라 남아있는 탄소 14의 양을 그리면 그림 2.15와 같다.
시료에 남아있는 탄소 14의 양을 읽어들이고, 그 시료의 연령을 계산한 후, 그 결과를 적절한 단위로 출력하는 프로그램을 작성하라.

풀이

프로그램은 다음 각 단계를 수행한다.

1. 사용자에게 시료에 남아있는 탄소 14의 백분율을 입력하도록 촉구한다.
2. 백분율을 읽는다.
3. 백분율을 $\frac{Q}{Q_0}$의 분수값으로 변환한다.
4. 식 (2.9)를 이용하여 시료의 연령을 계산한다.
5. 결과를 출력한 후 종료한다.

작성된 프로그램은 아래와 같다.

```
% Script file: c14_date.m
%
% Purpose:
%   To calculate the age of an organic sample from the
%   percentage of the original carbon-14 remaining in
%   the sample.
%
% Record of revisions:
%     Date       Programmer        Description of change
%     ====       ==========        =====================
%   01/05/14    S. J. Chapman     Original code
%
% Define variables:
%  age      -- The age of the sample in years
%  lambda   -- The radioactive decay constant for
%              carbon-14, in units of 1/years.
%  percent  -- The percentage of carbon-14 remaining
%              at the time of the measurement
%  ratio    -- The ratio of the carbon-14 remaining at
%              the time of the measurement to the
%              original amount of carbon-14.

% Set decay constant for carbon-14
lambda = 0.00012097;

% Prompt the user for the percentage of C-14 remaining.
percent = input('Enter the percentage of carbon-14 remaining:\n');

% Perform calculations
ratio = percent / 100; % Convert to fractional ratio
age = (-1.0 / lambda) * log(ratio); % Get age in years

% Tell the user about the age of the sample.
string = ['The age of the sample is' num2str(age) ' years.'];
disp(string);
```

완성된 프로그램을 검사하기 위하여 탄소 14의 절반이 사라지는 시간을 계산해보자. 이 시간을 탄소 14의 반감기(half-life)라고 부른다.

```
» c14_date
Enter the percentage of carbon-14 remaining:
50
The age of the sample is 5729.9097 years.
```

*CRC Handbook of Chemistry and Physics*에 제시된 탄소 14의 반감기는 5730년으로, 프로그램의 출력 결과와 일치한다.

2.13 MATLAB 프로그램의 디버깅

옛말에 인생에서 확실한 일은 죽음과 세금뿐이라고 했다. 이 목록에 하나를 더한다면, 여러분이 작성한 프로그램은 그 크기에 상관없이 처음 돌릴 때 제대로 작동하지 않을 것이라는 사실이다. 프로그램 내의 오류를 **버그**(bug)라고 하고, 그 오류의 위치를 파악하고 제거하는 일련의 과정을 **디버깅**(debugging)이라고 한다. 작성한 프로그램이 제대로 작동하지 않을 때, 어떻게 디버깅을 해야 할까?

MATLAB 프로그램에서 발견되는 오류에는 세 가지 유형이 있다. 첫 번째는 **구문 오류**(syntax error)로서, 철자나 구두점 오류와 같은 MATLAB문 자체의 오류이다. M 파일을 처음 실행할 때 MATLAB 컴파일러는 이런 구문 오류를 잡아낸다. 예를 들어, 다음 문은

```
x=(y+3)/2);
```

열고 닫는 괄호가 서로 짝이 맞지 않는 구문 오류를 담고 있다. 이 문을 담은 test.m이라는 M 파일을 실행시키면 아래와 같은 메시지가 뜬다.

```
» test
??? x = (y + 3) / 2)
                    |
Missing operator, comma, or semi-colon.

Error in ==> d:\book\matlab\chap1\test.m
On line 2 ==>
```

두 번째 유형의 오류는 **런타임 오류**(runtime error)로서, 프로그램 실행중 적법하지 않은 수학 연산(예를 들어, 0으로 나누기)을 시도할 때 발생한다. 이런 오류가 있으면 `Inf`나 `NaN`을 반환하는데, 이 값들은 이어지는 계산에서 쓰인다. `Inf`나 `NaN`을 사용하는 계산이 포함된 프로그램의 결과는 대개 유효하지 않다.

세 번째 유형의 오류는 **논리 오류**(logical error)로서, 프로그램이 성공적으로 컴파일되고 실행되었으나 틀린 답이 나온 경우에 해당한다.

프로그램을 작성할 때 가장 흔히 저지르는 실수는 철자 오류(typographical error)이다. 어떤 철자 오류는 적법하지 않은 MATLAB문을 초래하여 컴파일할 때 구문 오류를 발생시킨다. 다른 철자 오류는 변수 이름에서 나타난다. 예를 들어, 어떤 변수 이름에서 글자 순서가 바뀌거나 잘못된 글자가 입력되면 MATLAB은 이를 새로운 이름으로 인식하여 그 위치에서 변수를 새로 만든다. MATLAB은 이런 종류의 오류는 감지하지 못한다. 철자 오류는 논리 오류로 이어질 수도 있다. 예를 들어, 프로그램에서 속도를 나타내는 두 변수 `vel1`과 `vel2`를 무심코 혼동하여 사용할 경우 잘못된 결과가 나올 것이다. 프로그래머는 코드를 일일이 검토하여 이런 오류를 찾아내야 한다.

프로그램이 일단 시작되었으나, 이후 과정에서 런타임 오류나 논리 오류가 발생하는 경우도 가끔 있다. 이런 오류는 입력 데이터가 잘못되거나 프로그램의 논리 구조에 결함이 있을 때 발생한다. 이런 유형의 버그를 찾기 위한 첫 단계로 먼저 프로그램의 입력 데이터를 검토한다. 입력문 말미의 세미콜론을 없애거나 여분의 출력문을 삽입하여 입력값이 맞는지 확인한다.

변수 이름이 올바르고 입력 데이터가 정확하다면 논리 오류일 가능성이 높으므로 각 대입문을 다음과 같이 확인한다.

1. 만약 대입문이 매우 길면 짧은 문 여러 개로 쪼갠다. 길이가 짧을수록 검토하기 쉽다.
2. 대입문의 괄호를 확인한다. 대입문에서 가장 흔한 오류는 잘못된 순서로 연산하는 것이다. 만약 변수의 값을 구하는 순서에 의심의 여지가 있다면 여분의 괄호를 사용하여 순서를 명확히 나타낸다.
3. 변수가 제대로 초기화되었는지 확인한다.
4. 함수를 사용할 때 단위가 올바른지 확인한다. 예를 들어, 삼각 함수의 입력 인수는 도가 아니라 라디안 단위로 나타내야 한다.

여전히 틀린 답이 나온다면 프로그램 내 적절한 곳에 출력문을 삽입하여 중간 결과가 맞는지 확인한다. 만약 계산이 잘못된 곳을 발견하였다면 문제를 어디서 찾아야 할지를 아는 것이며, 이는 버그와의 전쟁을 95%쯤 완수한 것에 해당한다.

만약 이런 단계를 모두 밟았는데도 오류를 발견하지 못하였다면 다른 학생이나 교사에게 문제를 이야기하여 프로그램을 점검 받아본다. 사람은 흔히 자신의 프로그램을 살펴볼 때 스스로 '보길 기대하는 것만 보는' 경향이 있다. 다른 사람이라면 자신이 계속해서 간과해 왔던 오류를 쉽게 집어내는 경우가 자주 있다.

좋은 프로그래밍 습관

디버깅에 드는 노력을 줄이려면 프로그램을 작성할 때 다음 사항을 준수하라.

1. 모든 변수를 초기화시킨다.
2. 괄호를 사용하여 대입문의 계산 순서를 명확하게 나타낸다.

MATLAB은 기호 결함 수정자(symbolic debugger)라는 특별한 디버깅 도구를 제공한다. 기호 결함 수정자는 한 번에 한 줄씩 프로그램을 수행하여 각 단계에서 임의의 변수값을 검토할 수 있도록 해주는 도구이다. 기호 결함 수정자를 사용하면 코드에 출력문을 여기저기 삽입하지 않고도 중간 결과를 모두 볼 수 있다. 기호 결함 수정자를 사용하는 방법은 제4장에서 다룬다.

2.14 요약

이 장에서는 MATLAB 프로그램을 작성하는 데 필요한 기본적인 개념을 제시하였다. 먼저 `double`형과 `char`형이라는 두 가지 데이터형을 소개하였다. 또, 대입문, 산술 연산, 내장 함수, 입/출력문, 데이터 파일을 소개하였다.

표 2.12: 산술 연산의 우선 순위

순위	연산
1	가장 안쪽의 괄호부터 시작해서 바깥쪽으로 나가면서 괄호 안의 식의 값을 구한다.
2	왼쪽에서 오른쪽의 순서로 모든 거듭제곱셈의 값을 구한다.
3	왼쪽에서 오른쪽의 순서로 모든 곱셈과 나눗셈의 값을 구한다.
4	왼쪽에서 오른쪽의 순서로 모든 덧셈과 뺄셈의 값을 구한다.

MATLAB은 미리 정한 계층적 순서에 따라 식의 값을 구한다. 즉, 높은 수준의 연산을 먼저 수행한 다음 낮은 수준의 연산을 수행한다. 연산의 우선 순위는 표 2.12에 요약되어 있다.

MATLAB 언어는 방대한 수의 내장 함수를 포함하고 있어 문제 해결에 도움을 준다. 이 내장 함수들은 C나 Fortran에서 제공하는 함수에 비해서 엄청나게 많다. MATLAB은 어떤 운영체제에서도 도표를 그릴 수 있는 기능을 갖추고 있다. 자주 쓰는 MATLAB 내장 함수들을 표 2.8에 정리하였으며, 다른 많은 함수들은 앞으로 소개해 나갈 것이다. MATLAB 내장 함수의 완벽한 목록은 온라인 도움말 브라우저에 나와 있다.

2.14.1 [좋은 프로그래밍 습관] 요약

모든 MATLAB 프로그램은 MATLAB에 친숙한 다른 사람이 쉽게 이해할 수 있도록 작성하여야 한다. 좋은 프로그램은 오랜 기간 동안 쓰일 수 있기 때문에 이 점은 매우 중요하다. 시간이 지나 상황이 바뀜에 따라 이 변화를 반영하기 위해 프로그램을 수정할 필요가 있을 수도 있기 때문이다. 이때 프로그램의 원래 작성자가 아닌 사람이 수정하게 될 수도 있는데, 변경하기 전에 원본 프로그램을 충분히 이해하여야만 한다.

단순히 프로그램을 작성하는 것보다 프로그램을 명확하고 이해하기 쉬우며 유지보수가 용이하도록 설계하는 것이 훨씬 더 어렵다. 이 작업을 위해서 프로그래머는 반드시 자신의 프로그램에 적절한 설명을 붙이는 습관을 지녀야 한다. 또한 프로그램을 작성하는 동안 빠지기 쉬운 함정을 항상 주의하여야 한다. 다음 지침은 좋은 프로그램을 개발하는 데 도움이 될 것이다.

1. 가능한 한 의미있는 변수 이름을 사용하라. `day`, `month`, `year`와 같이 한눈에 알아볼 수 있는 이름을 붙여라.
2. 프로그램을 작성할 때는 차후의 유지 관리의 편의를 위해서 항상 데이터 사전을 첨부하라.
3. 같은 변수가 여러 곳에 쓰일 때 대/소문자 구별로 인해 오류가 발생하지 않도록 항상 소문자만으로 변수 이름을 지어라.
4. MATLAB 대입문의 마지막에는 항상 세미콜론을 추가하여 그 결과가 화면에 반향되지 않도록 하라. 프로그램 디버깅중 명령문의 실행 결과를 검토하려면 말미에 있는 세미콜론을 제거할 수 있다.

5. 만약 MATLAB과 다른 프로그램 간에 데이터를 교환하여야 한다면, MATLAB 데이터를 ASCII 서식으로 저장하라. 만약 MATLAB에서만 데이터를 사용한다면, MAT 파일 형식으로 저장하라.
6. 파일을 ASCII 형식으로 저장할 때는 확장자로 '.dat'을 사용하여, '.mat' 확장자를 사용하는 MAT 파일과 구분하는 것이 좋다.
7. 명확하고 이해하기 쉬운 식이 되도록 필요한 만큼의 괄호를 사용하라.
8. 프로그램에서 값을 읽거나 출력할 때 항상 값과 단위를 함께 나타내라.

2.14.2 MATLAB 요약

다음 목록은 이 장에서 설명한 MATLAB의 특수 기호, 명령어, 함수를 간략히 요약하여 수록한 것이다.

특수 기호

[ ]	배열 구성자
( )	배열 첨자를 구성한다.
' '	문자열의 경계 표시
,	첨자 또는 행렬 원소를 구분한다.
;	1. 명령창에 결과가 반향되는 것을 억제한다. 2. 행렬의 행을 구분한다. 3. 한 줄에서 대입문을 구분한다.
%	주석의 시작을 표시한다.
:	단축 목록을 만드는 콜론 연산자
+	배열과 행렬의 덧셈
-	배열과 행렬의 뺄셈
.*	배열 곱셈
*	행렬 곱셈
./	배열 오른쪽 나눗셈
.\	배열 왼쪽 나눗셈
/	행렬 오른쪽 나눗셈
\	행렬 왼쪽 나눗셈
.^	배열 거듭제곱셈
'	전치 연산자

명령어와 함수들

...	MATLAB문을 다음 줄까지 연장한다.
abs(x)	x의 절대값을 구한다.
ans	다른 변수에 대입하지 않은 식의 결과를 담는 데 사용하는 기본 변수
acos(x)	x의 코사인 역함수(아크코사인) 값을 구한다. 결과는 0에서 π까지의 라디안으로 나타낸 각도이다.
acosd(x)	x의 코사인 역함수(아크코사인) 값을 구한다. 결과는 0°에서 180°까지의 각도이다.
asin(x)	x의 사인 역함수(아크사인) 값을 구한다. 결과는 $-\pi/2$에서 $\pi/2$까지의 라디안으로 나타낸 각도이다.
asind(x)	x의 사인 역함수(아크사인) 값을 구한다. 결과는 −90°에서 90°까지의 각도이다.
atan(x)	x의 탄젠트 역함수(아크탄젠트) 값을 구한다. 결과는 $-\pi/2$에서 $\pi/2$까지의 라디안으로 나타낸 각도이다.
atand(x)	x의 탄젠트 역함수(아크탄젠트) 값을 구한다. 결과는 −90°에서 90°까지의 각도이다.
atan2(y,x)	전체 원에서 y/x의 탄젠트 역함수 값을 구한다. 결과는 $-\pi$에서 π까지의 라디안으로 나타낸 각도이다.
atan2d(y,x)	전체 원에서 y/x의 탄젠트 역함수 값을 구한다. 결과는 −180°에서 180°까지의 각도이다.
ceil(x)	x를 양의 무한대 방향으로 가장 가까운 정수로 올린다. <예> `ceil(3.1)=4` and `ceil(-3.1)=-3`
char	수치 배열을 문자열로 변환한다. ASCII 문자를 얻으려면 각 배열 원소는 127 이하의 수이어야 한다.
clock	현재 시각
cos(x)	라디안 값 x에 대해 $\cos x$를 계산한다.
cosd(x)	각도 x에 대해 $\cos x$를 계산한다.
date	현재 날짜
disp	명령창에 데이터를 나타낸다.
doc	특정 함수를 지정할 때 HTML 도움말 브라우저를 직접 연다.
double	문자열을 수치 배열로 변환한다.
eps	기계 정밀도
exp(x)	e^x 값을 계산한다.

명령어와 함수들

명령어	설명
eye(n,m)	단위 행렬을 만든다.
fix(x)	x를 0의 방향으로 가장 가까운 정수로 비꾼다. <예> fix(3.1)=3 and fix(-3.1)=-3
floor(x)	x를 음의 무한대 방향으로 가장 가까운 정수로 내린다. <예> floor(3.1)=3 and floor(-3.1)=-4
format +	+/− 부호만 표시한다.
format bank	'달러와 센트' 서식으로 출력한다.
format compact	출력시 여분의 줄바꿈을 억제한다.
format hex	메모리 비트를 16진법으로 표기한다.
format long	소수점 아래 14자리로 출력한다.
format long e	15자리 수의 지수 표기로 출력한다.
format long g	15자리 수(경우에 따라 지수 표기)로 출력한다.
format loose	출력시 여분의 줄바꿈을 표시한다.
format rat	작은 정수의 근사비로 출력한다.
format short	소수점 아래 4자리로 출력한다.
format short e	5자리의 수의 지수 표기로 출력한다.
format short g	5자리 수(경우에 따라 지수 표기)로 출력한다.
fprintf	서식화된 정보를 인쇄한다.
grid	도표에 격자선을 표시하거나 없앤다.
i	순허수 $\sqrt{-1}$
Inf	기계 무한대(∞)를 나타낸다.
input	사용자 입력을 촉구하는 문자열을 나타내고 키보드로 입력한 값을 읽는다.
int2str	정수를 문자열로 변환한다.
j	순허수 $\sqrt{-1}$
legend	도표에 범례를 추가한다.
length(arr)	벡터의 길이 또는 2차원 배열에서 가장 긴 차원의 길이를 반환한다.
load	파일로부터 데이터를 읽어들인다.
log(x)	x의 자연 로그를 계산한다.
loglog	로그-로그 도표를 만든다.

명령어와 함수들

lookfor	지정한 키워드를 MATLAB 함수의 도움말 주제문에서 검색한다.
max(x)	벡터 x에서 최대값과 (선택적으로) 그 값의 위치를 반환한다.
min(x)	벡터 x에서 최소값과 (선택적으로) 그 값의 위치를 반환한다.
mod(n,m)	n을 m으로 나눌 때의 나머지를 구한다.
NaN	수가 아님을 나타낸다.
num2str(x)	x를 문자열로 변환한다.
ones(m,n)	모든 원소가 1인 m × n 배열을 생성한다.
pi	π 값을 나타낸다.
plot	선형 xy 도표를 만든다.
print	그림창을 인쇄한다.
round(x)	x를 가장 가까운 정수로 반올림한다.
save	작업 공간의 데이터를 파일로 저장한다.
semilogx	x축 로그-선형 그래프를 생성한다.
semilogy	선형-y 축 로그 그래프를 생성한다.
sin(x)	라디안 값 x에 대해 sin x를 계산한다.
sind(x)	각도 x에 대해 sin x를 계산한다.
size	배열에 있는 행과 열의 수를 가져온다.
sqrt	수의 제곱근을 계산한다.
str2num	문자열을 수치로 변환한다.
tan(x)	라디안 값 x에 대해 tan x를 계산한다.
tand(x)	각도 x에 대해 tan x를 계산한다.
title	도표에 제목을 붙인다.
zeros(m,n)	모든 원소가 0인 m × n 배열을 만든다.

2.15 연습문제

2.1 데시벨(Decibel). 공학자들은 종종 두 일률의 비를 측정할 때 데시벨 또는 dB를 사용한다. 두 일률의 비를 데시벨 단위로 나타내는 식은 다음과 같다.

$$\mathrm{dB} = 10 \log_{10} \frac{P_2}{P_1} \tag{2.10}$$

여기서 P_2는 측정된 일률이고, P_1은 기준 일률이다.

(a) 기준 일률 P_1이 1 mW라고 할 때, 입력 일률 P_2를 읽어 기준 수준에 대한 dB로 변환하는 프로그램을 작성하라(공학자들은 1 mW를 기준 수준으로 하는 dB의 특별한 단위로서 dBm을 사용한다). [좋은 프로그래밍 습관]을 활용하여 프로그램을 작성하라.

(b) W 단위의 일률과 1 mW를 기준으로 한 dBm 단위의 일률 간의 관계를 표현하는 그래프를 그리는 프로그램을 작성하라. 이때 선형 xy 그래프와 x축 로그-선형 y 그래프를 둘 다 그려라.

2.2 MATLAB을 이용하여 다음 각 식의 값을 계산하라.

(a) $(3 - 4i)(-4 + 3i)$

(b) $\cos^{-1}(1.2)$

2.3 아래에 제시된 x에 관한 연립 방정식계를 풀어라.

$$\begin{aligned}
-2.0\,x_1 + 5.0\,x_2 + 1.0\,x_3 + 3.0\,x_4 + 4.0\,x_5 - 1.0\,x_6 &= 0.0 \\
2.0\,x_1 - 1.0\,x_2 - 5.0\,x_3 - 2.0\,x_4 + 6.0\,x_5 + 4.0\,x_6 &= 1.0 \\
-1.0\,x_1 + 6.0\,x_2 - 4.0\,x_3 - 5.0\,x_4 + 3.0\,x_5 - 1.0\,x_6 &= -6.0 \\
4.0\,x_1 + 3.0\,x_2 - 6.0\,x_3 - 5.0\,x_4 - 2.0\,x_5 - 2.0\,x_6 &= 10.0 \\
-3.0\,x_1 + 6.0\,x_2 + 4.0\,x_3 + 2.0\,x_4 - 6.0\,x_5 + 4.0\,x_6 &= -6.0 \\
2.0\,x_1 + 4.0\,x_2 + 4.0\,x_3 + 4.0\,x_4 + 5.0\,x_5 - 4.0\,x_6 &= -2.0
\end{aligned}$$

2.4 변수 value 가 10π로 초기화되어 있을 때 다음 문들의 출력 결과를 구하라.

```
disp (['value = ' num2str(value)]);
disp (['value = ' int2str(value)]);
fprintf('value = %e\n',value);
fprintf('value = %f\n',value);
fprintf('value = %g\n',value);
fprintf('value = %12.4f\n',value);
```

2.5 아래에 제시한 배열의 크기와 내용을 구하라. 뒷부분의 배열은 앞서 정의된 배열에 따라 그 내용이 변할 수 있음에 유의하라.

(a) `a = 2;3;8`

(b) `b = [a' a' a'];`

(c) `c = b(1:2:3,1:2:3);`

(d) `d = a + b(2, :);`

(e) `w = [zeros(1,3) ones(3,1)' 3:5'];`

(f) `b([1 3],2) = b([3 1],2);`

(g) `e = 1:-1:5;`

2.6 배열 array1이 아래와 같이 정의되어 있을 때, 다음 각 부분 배열의 값을 구하라.

$$\texttt{array1} = \begin{bmatrix} 1.1 & 0.0 & -2.1 & -3.5 & 6.0 \\ 0.0 & -3.0 & -5.6 & 2.8 & 4.3 \\ 2.1 & 0.3 & 0.1 & -0.4 & 1.3 \\ -1.4 & 5.1 & 0.0 & 1.1 & -3.0 \end{bmatrix}$$

(a) `array1(3,:)`

(b) `array1(:,3)`

(c) `array1(1:2:3,[3 3 4])`

(d) `array1([1 1],:)`

2.7 변수 a, b, c, d가 다음과 같이 정의되어 있다. 아래에 있는 각 연산이 적법하면 그 결과를 계산하고, 그렇지 않으면 그 이유를 설명하라.

$$\texttt{a} = \begin{bmatrix} 2 & 1 \\ -1 & 4 \end{bmatrix} \qquad \texttt{b} = \begin{bmatrix} -1 & 3 \\ 0 & 2 \end{bmatrix}$$

$$\texttt{c} = \begin{bmatrix} 2 \\ 1 \end{bmatrix} \qquad \texttt{d} = \texttt{eye}(2)$$

(a) `result = a+b;`

(b) `result = a*d;`

(c) `result = a .* d;`

(d) `result = a*c;`

(e) `result = a .* c;`

(f) `result = a\b;`

(g) `result = a .\ b;`

(h) `result = a .^ b;`

2.8 아래에 있는 배열에 관하여 다음 질문에 답하라.

$$\texttt{array1} = \begin{bmatrix} 0.0 & 0.5 & 2.1 & -3.5 & 6.0 \\ 0.0 & -1.1 & -6.6 & 2.8 & 3.4 \\ 2.1 & 0.1 & 0.3 & -0.4 & 1.3 \\ 1.1 & 5.1 & 0.0 & 1.1 & -2.0 \end{bmatrix}$$

(a) `array1`의 크기는?

(b) `array1(1,4)`의 값은?

(c) `array1(:,1:2:5)`의 크기와 값은?

(d) `array1([1 3],end)`의 크기와 값은?

2.9 다음 각 식의 값을 구하라.

(a) `11 / 5 + 6`

(b) `(11 / 5) + 6`

(c) `11 / (5 + 6)`

(d) `3 ^ 2 ^ 3`

(e) `v3 ^ (2 ^ 3)`

(f) `(3 ^ 2) ^ 3`

(g) `round(-11/5) + 6`

(h) `ceil(-11/5) + 6`

(i) `floor(-11/5) + 6`

2.10 아래에 있는 MATLAB 변수 이름이 적법한지를 가리고, 아닐 경우 그 이유를 밝혀라.

(a) `dog1`

(b) `1dog`

(c) `Do_you_know_the_way_to_san_jose`

(d) `_help`

(e) `What's_up?`

2.11 3차원 공간에서 두 점 (x_1, y_1, z_1)과 (x_2, y_2, z_2) 사이의 거리는 다음 식으로 주어진다.

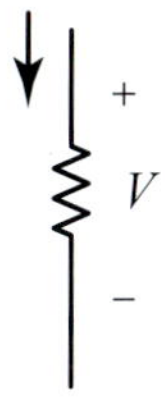

그림 2.16 저항기의 전압과 전류

$$d = \sqrt{(x_1 - x_2)^2 + (y_1 - y_2)^2 + (z_1 - z_2)^2} \qquad (2.11)$$

사용자가 지정한 두 점 (x_1, y_1, z_1)과 (x_2, y_2, z_2) 사이의 거리를 구하는 프로그램을 작성하라. [좋은 프로그래밍 습관]을 사용하라. 이 프로그램을 이용하여 (−3, 2, 5)와 (3, −6, −5) 사이의 거리를 구하라.

2.12 저항기의 일률. 그림 2.16에 보인 저항기에 걸리는 전압 V와 전류 I는 다음과 같은 옴의 법칙에 따라 서로 연관되고,

$$V = IR \qquad (2.12)$$

일률은 다음과 같다.

$$P = IV \qquad (2.13)$$

1000 Ω의 저항을 갖는 저항기에서 일률이 1 V에서 200 V까지 변할 때 소모되는 일률을 도표로 나타내는 프로그램을 작성하라. 일률을 W와 dBW(1 W를 기준으로 하는 데시벨 수준)로 각각 나타내는 두 개의 도표를 그려라.

2.13 무선 수신기. 그림 2.17의 저항 부하에 걸리는 전압은 다음과 같은 주파수의 함수로 표현된다.

$$V_R = \frac{R}{\sqrt{R^2 + \left(\omega L - \frac{1}{\omega C}\right)^2}} V_0 \qquad (2.14)$$

여기서 $\omega = 2\pi f$이고, f는 헤르츠(Hz) 단위의 주파수이다. L = 0.25 mH, C = 0.10 nF, R = 50 Ω, V_0 = 10 mV라 하자.

(a) 저항 부하에 걸리는 전압을 주파수의 함수로 도시하라. 저항 부하에 걸리는 전압이 최대가 될 때의 주파수는? 이 주파수에서 부하에 걸리는 전압

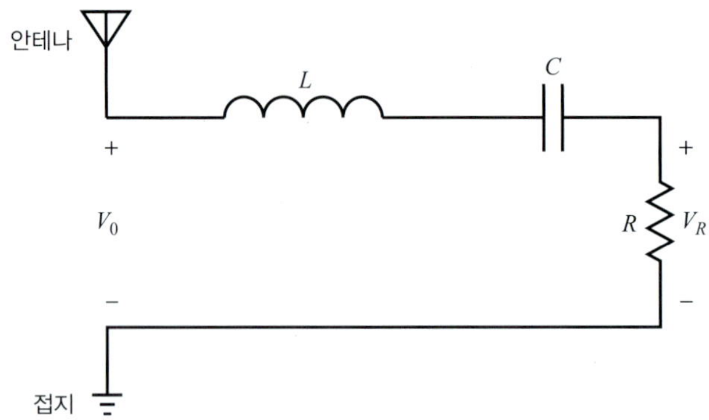

그림 2.17 AM 무선 수신기의 전단의 개략도

은? 이 주파수를 이 회로의 공진 주파수 f_0라고 한다.

(b) 주파수가 공진 주파수에서 10% 증가하였을 때 부하에 걸리는 전압은? 이 무선 수신기의 감도는 얼마인가?

(c) 어떤 주파수에서 부하에 걸리는 전압이 공진 주파수 때의 절반으로 떨어지는가?

2.14 이전 문제에서 제시한 무선 수신기의 안테나에 두 개의 신호가 수신되고 있다고 하자. 한 신호는 주파수 1000 kHz에서 1 V, 다른 신호는 950 kHz에서 1 V의 세기를 각각 갖는다. 각 신호에 대해 수신 전압 V_R을 계산하라. 첫 번째 신호가 저항 부하 R에 공급하는 일률은 얼마인가? 두 번째 신호가 저항 부하 R에 공급하는 일률은 얼마인가? 신호 1과 신호 2에 의한 일률의 비를 데시벨로 나타내라(데시벨의 정의는 문제 2.1을 참조할 것). 두 번째 신호는 첫 번째 신호에 비해 얼마나 더 강화 또는 억제되는가? (수신 부하에 공급되는 일률은 $P = V_R^2/R$로 계산할 수 있음)

2.15 항공기의 회전 반경. 그림 2.18은 원형 경로를 따라 일정한 접선 속도 v로 움직이는 물체를 보여주고 있다. 원형 경로를 따라 회전하기 위해 필요한 반경 방향 가속도는 다음 식으로 구한다.

$$a = \frac{v^2}{r} \tag{2.15}$$

여기서 a는 물체의 구심 가속도(m/s^2), v는 물체의 접선 속도(m/s), r은 회전

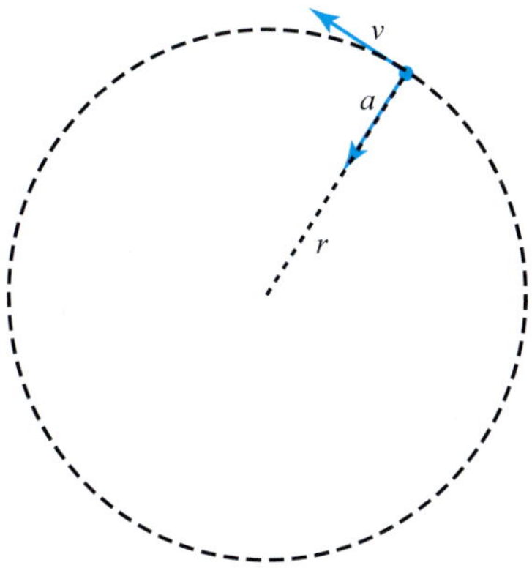

그림 2.18 구심 가속도에 의해서 등속 원운동을 하는 물체

반경(m)이다. 이 물체가 항공기라고 가정하여 다음 각 물음에 답하라.

(a) 항공기가 마하 0.85(음속의 85%)로 이동한다고 하자. 구심 가속도가 2g일 때 이 항공기의 회전 반경은? (이 문제에서 마하 1은 340 m/s, 1g = 9.81 m/s^2이라고 가정할 것)

(b) 이 항공기의 속도가 마하 1.5로 증가하였다. 이때의 회전 반경은 얼마인가?

(c) 구심 가속도가 2g로 유지될 때, 항공기의 속도가 마하 0.5와 마하 2.0 사이에서 변함에 따라 바뀌는 회전 반경을 그래프로 나타내라.

(d) 조종사가 버틸 수 있는 최대 구심 가속도가 7g라고 하자. 항공기의 속도가 마하 1.5일 때 가능한 최소 회전 반경은 얼마인가?

(e) 항공기의 속도가 마하 0.85로 일정할 때, 구심 가속도가 2g에서 8g로 변함에 따라 바뀌는 회전 반경을 그래프로 나타내라.

2.16 무선 수신기. 그림 2.17은 AM 무선 수신기(radio receiver)의 전단(front end)의 구조를 간략하게 보여주고 있다. 이 수신기는 저항기, 커패시터, 인덕터가 직렬로 연결된 RLC 동조 회로로 이루어진다. 그림에서 보듯이 RLC 회로는 외부 안테나와 접지에 연결되어 있다.

동조 회로는 AM 주파수대에서 전송되는 모든 채널에서 특정한 채널을 선택할 수 있도록 해준다. 회로의 공진 주파수에서는 안테나에 걸리는 신호 V_0가 거의 전부 저항기에서 재현되는데, 이 저항기는 수신기에서 전단을 제외한 나머지 부분을 나타낸다. 다시 말해, 수신기는 공진 주파수에서 가장 강한 신호를 수신한다. LC 회로의 공진 주파수는 다음의 식으로 구한다.

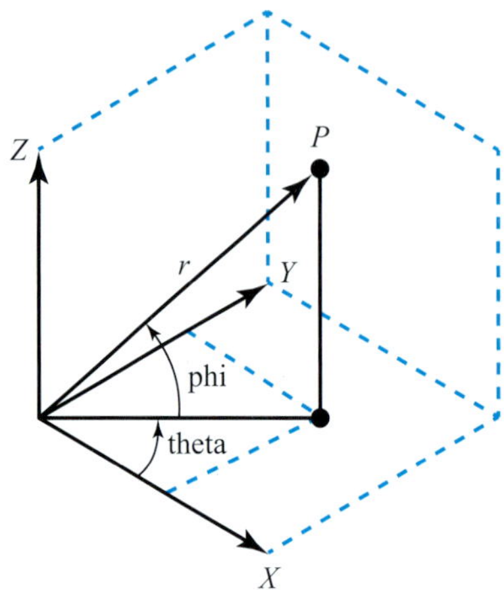

그림 2.19 3차원 벡터는 직각 좌표계 (x, y, z) 또는 구면 좌표계 $(\mathbf{r}, \theta, \phi)$로 나타낼 수 있다.

$$f_0 = \frac{1}{2\pi\sqrt{LC}} \tag{2.16}$$

여기서 L은 헨리(H) 단위의 인덕턴스이고, C는 패러드(F) 단위의 커패시턴스이다. 특정 L과 C의 특정 값에서 이 무선 수신기의 공진 주파수를 계산하는 프로그램을 작성하라. $L = 0.25$ mH, $C = 0.10$ nF일 때의 주파수를 계산하여 프로그램을 시험하라.

2.17 3차원 벡터는 그림 2.19[2]에 보이는 것처럼 직각 좌표계 (x, y, z) 또는 구면 좌표계 (r, θ, ϕ)로 나타낼 수 있다. 이 두 좌표계 사이의 관계는 다음 식으로 주어진다.

$$x = r\cos\phi\cos\theta \tag{2.17}$$

$$y = r\cos\phi\sin\theta \tag{2.18}$$

$$z = r\sin\phi \tag{2.19}$$

$$r = \sqrt{x^2 + y^2 + z^2} \tag{2.20}$$

2 여기서 사용한 구면 좌표계의 각의 정의는 국제 표준 용법에는 맞지 않지만 MATLAB 프로그램에서 사용하는 정의에는 부합한다.

$$\theta = \tan^{-1}\frac{y}{x} \tag{2.21}$$

$$\phi = \tan^{-1}\frac{z}{\sqrt{x^2 + y^2}} \tag{2.22}$$

MATLAB의 도움말을 이용하여 `atan2` 함수의 용법을 알아낸 후 다음 물음에 답하라.

(a) 직각 좌표계의 좌표를 입력 받아 구면 좌표계로 변환하는 프로그램을 작성하라(각 θ와 ϕ는 도 단위로 나타낼 것).

(b) 구면 좌표계의 좌표(각 θ와 ϕ는 도 단위)를 입력 받아 직각 좌표계로 변환하는 프로그램을 작성하라.

2.18 직교 좌표 평면에서 두 점 (x_1, y_1), (x_2, y_2) 간의 거리는 다음 식으로 주어진다(그림 2.20 참조).

$$d = \sqrt{(x_1 - x_2)^2 + (y_1 - y_2)^2} \tag{2.23}$$

사용자가 지정한 임의의 두 점 (x_1, y_1)과 (x_2, y_2) 사이의 거리를 계산하는 프로그램을 작성하라. 프로그램 작성시 [좋은 프로그래밍 습관]을 활용하라. 작성한 프로그램을 사용하여 점 (−3,2)와 (3,−6) 사이의 거리를 구하라.

2.19 공의 위치와 속도. 정지상태의 공을 지상 높이 h_0에서 수직 속도 v_0로 던질 때, 시간에 따른 공의 위치와 속도는 다음 식으로 주어진다.

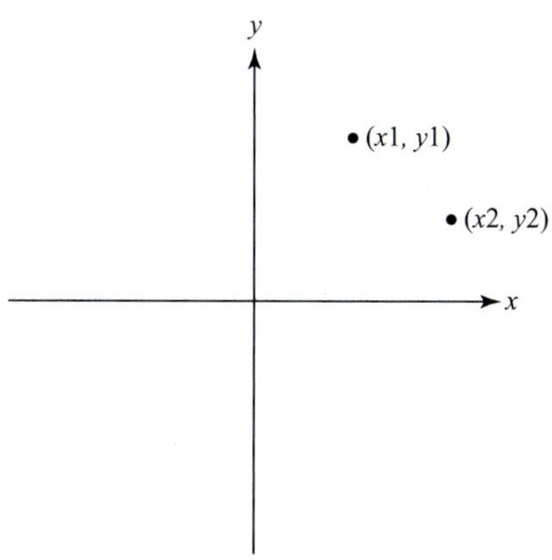

그림 2.20 직각 좌표 평면 상에서 두 점 사이의 거리

$$h(t) = \frac{1}{2}gt^2 + v_0 t + h_0 \tag{2.24}$$

$$v(t) = gt + v_0 \tag{2.25}$$

여기서 g는 중력 가속도(−9.81 m/s²), h는 지표면으로부터의 높이(공기 마찰은 없다고 가정), v는 속도의 수직 방향 성분을 각각 나타낸다. 공의 초기 높이와 속도를 m 단위와 m/s 단위로 각각 입력 받은 후, 시간에 따른 공의 위치와 높이를 그래프로 나타내는 MATLAB 프로그램을 작성하라. 도표에 적절한 제목 및 축 제목을 붙여라.

2.20 쌍곡 코사인(Hyperbolic cosine). 쌍곡 코사인 함수는 다음과 같이 정의된다.

$$\cosh x = \frac{e^x + e^{-x}}{2} \tag{2.26}$$

입력된 x값에 대해서 쌍곡 코사인 값을 계산하는 프로그램을 작성하라. 이 프로그램을 사용하여 3.0에 대한 쌍곡 코사인 값을 계산하라. 프로그램으로 구한 값과 MATLAB 내장 함수인 `cosh(x)`을 사용하여 얻은 값을 서로 비교하라. 또, MATLAB을 사용하여 `cosh(x)`의 그래프를 작성하라. 이 함수의 최소값과 그 때의 x값은 각각 얼마인가?

2.21 MATLAB은 직각 좌표와 구면 좌표를 상호 변환하는 `cart2sph`와 `sph2cart` 함수를 제공하고 있다. 이 함수들을 MATLAB 도움말에서 찾아본 후, 이들을 사용하여 연습문제 2.17의 프로그램을 새로 작성하라. 연습문제 2.17에서 얻은 답과 이 내장 함수들을 사용하여 얻은 답을 비교하라.

2.22 용수철에 저장된 에너지. 선형 용수철을 압축하는 데 필요한 힘은 다음 식으로 주어진다.

$$F = kx \tag{2.27}$$

여기서 F는 힘이고(N), k는 용수철 상수(N/m)이다. 압축된 용수철에 저장된 탄성 에너지는 아래의 식으로 구해진다.

$$E = \frac{1}{2}kx^2 \tag{2.28}$$

여기서 E는 탄성 에너지(J)이다. 다음 표는 네 가지 용수철에 대한 정보를 담고 있다.

	용수철 1	용수철 2	용수철 3	용수철 4
힘 (N)	20	30	25	20
용수철 상수 k (N/m)	200	250	300	400

각 용수철의 압축 상태와 저장된 탄성 에너지를 계산하라. 어떤 용수철이 최대 탄성 에너지를 갖고 있는가?

CHAPTER 03

2차원 도표

MATLAB의 가장 뛰어난 특징 중의 하나는 엔지니어가 작업하고 있는 정보를 시각화할 수 있는 도표를 쉽게 만들 수 있다는 것이다. 엔지니어들이 사용하는 C++, Java, Fortran 등과 같은 다른 프로그래밍 언어에서는 도표를 만드는 것이 매우 많은 노력이 필요하거나 기본 사양에는 포함되지 않는 추가적인 패키지가 있어야 하는 주요 작업이다. MATLAB은 고품질의 도표를 아주 작은 노력으로도 만들 수 있는 프로그래밍 언어이다.

2장에서 간단한 도표 작성 명령어들을 소개하였고, 예제와 연습문제를 통해 선형 또는 로그 눈금으로 데이터를 나타내기 위하여 명령어들을 사용하였다.

도표를 작성하는 기능은 매우 중요하므로, 이 장 전체에서 좋은 2차원 도표를 만드는 방법을 배우게 될 것이다. 3차원 도표에 관한 내용은 8장에서 소개할 것이다.

3.1 2차원 도표의 추가적인 기능

이 절에서는 2장에서 소개했던 단순한 2차원 도표를 향상시킬 수 있는 추가적인 기능들에 대해 학습한다. 이러한 기능들을 이용하여 도표상의 x축과 y축의 범위를 제어하거나, 다수의 그림을 위아래로 정렬하거나, 다수의 그림을 만들거나, 하나의 그림창에 다수의 부도표를 만들거나, 그려진 선과 문자열을 훌륭히 제어할 수 있다. 또한 극도표를 그리는 방법도 이 절에서 학습할 것이다.

3.1.1 로그 눈금

도표에 값을 그릴 때 선형 눈금뿐 아니라 로그 눈금을 사용할 수도 있다. 두 개의 축(x축/ y축)에 두 종류의 눈금(선형/로그)을 사용하는 방법은 총 네 가지로 조합할 수 있는데, 다음과 같이 각 경우에 따라 다른 함수를 사용하여 도표를 만든다.

1. plot 함수는 x축과 y축 모두 선형 눈금을 사용한다.
2. semilogx 함수는 x축은 로그 눈금, y축은 선형 눈금을 각각 사용한다.
3. semilogy 함수는 y축은 로그 눈금, x축은 선형 눈금을 각각 사용한다.
4. loglog 함수는 x축과 y축 모두 로그 눈금을 사용한다.

이 함수들은 데이터를 표시하는 축의 눈금 유형만 다를 뿐, 모두 같은 호출 인수를 갖는다.

네 가지 함수를 비교하기 위하여, 0에서 100까지 범위에 대하여 $y(x)=2x^2$의 함수를 각각의 도표 함수를 사용하여 작성해보자. MATLAB 코드는 다음과 같다.

```
x = 0:0.2:100;
y = 2 * x.^2;

% For the linear / linear case
plot(x,y);
title('Linear / linear Plot');
xlabel('x');
ylabel('y');
grid on;

% For the log / linear case
semilogx(x,y);
title('Log / linear Plot');
xlabel('x');
ylabel('y');
grid on;

% For the linear / log case
semilogy(x,y);
title('Linear / log Plot');
xlabel('x');
```

```
ylabel('y');
grid on;

% For the log / log case
loglog(x,y);
title('Log / log Plot');
xlabel('x');
ylabel('y');
grid on;
```

각 도표의 예는 그림 3.1에 제시되어 있다.

선형 또는 로그 눈금을 선택할 때는 표시할 데이터의 범위를 고려해야 한다. 일반적으로, 표시할 데이터의 범위가 여러 자릿수에 걸칠 정도로 매우 클 경우 선형 눈금에서는 매우 작은 데이터 부분이 보이지 않을 수 있으니, 로그 눈금을 이용하는 것이 더 적합하다. 표시될 데이터의 범위가 상대적으로 작은 경우에는 선형 눈금으로 잘 표현할 수 있다.

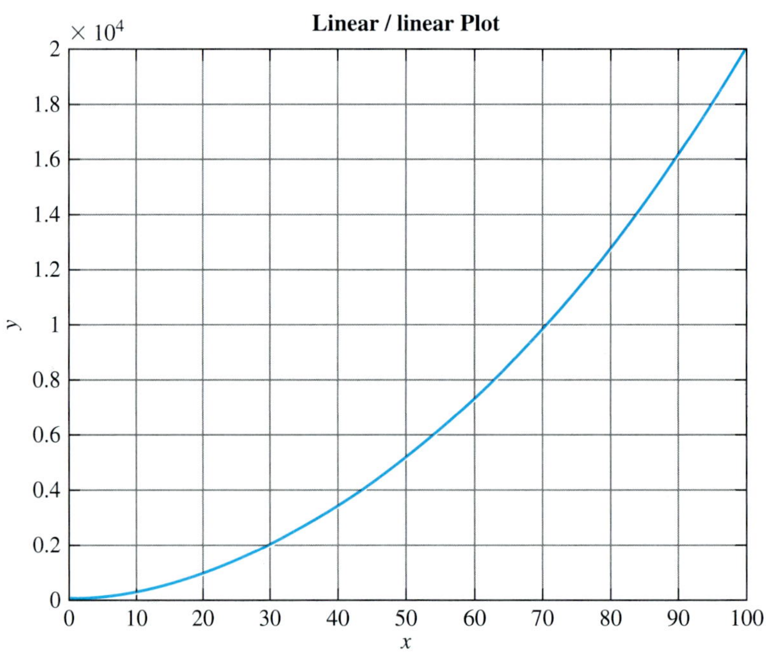

(a)

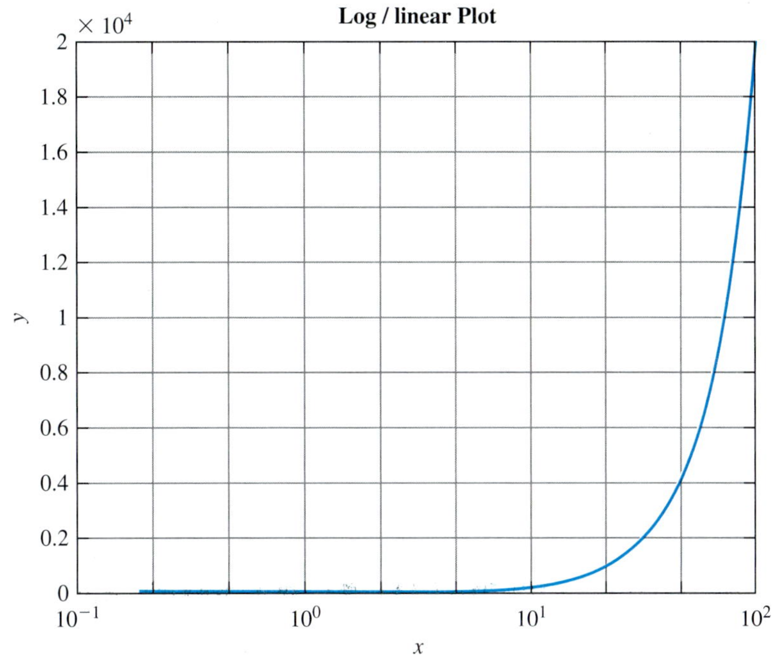
Log / linear Plot
× 10^4
2
1.8
1.6
1.4
1.2
1
0.8
0.6
0.4
0.2
0
y
10^−1
10^0
10^1
10^2
x

(b)

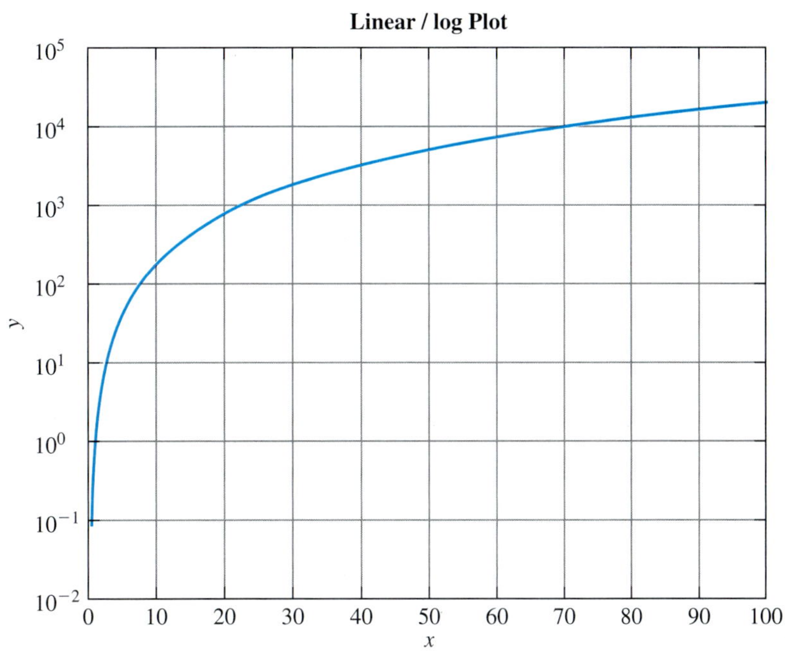
Linear / log Plot
10^5
10^4
10^3
10^2
10^1
10^0
10^−1
10^−2
y
0
10
20
30
40
50
60
70
80
90
100
x

(c)

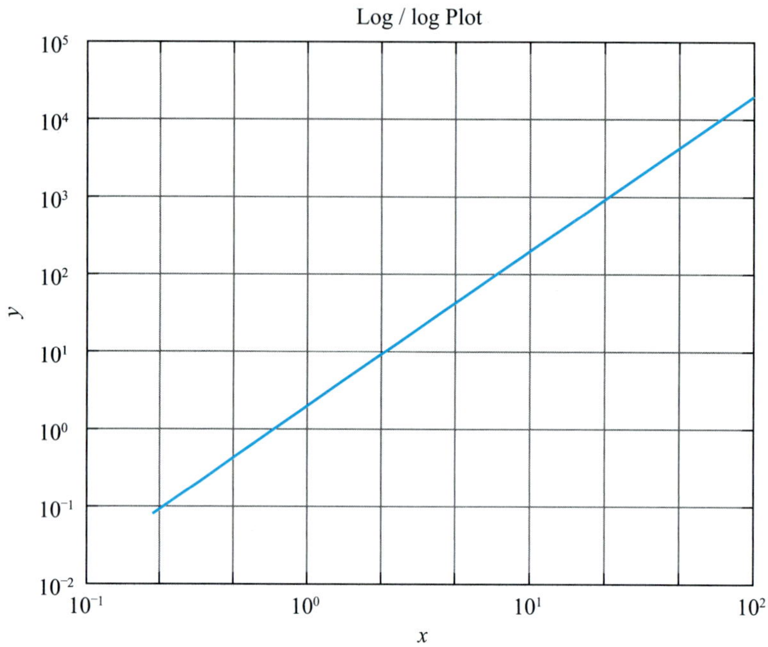

(d)

그림 3.1 선형, x축 로그, y축 로그, 로그-로그 도표의 비교

좋은 프로그래밍 습관

표시할 데이터의 범위가 여러 자릿수에 걸칠 경우에는 로그 눈금을 사용하는 것이 적합하다. 데이터의 범위가 크지 않을 경우에는 선형 눈금을 사용한다.

0 또는 음수 값의 데이터를 로그 눈금에서 나타낼 경우에는 주의하여야 한다. 0 또는 음수 값에 대한 로그값은 실수에서 정의되지 않으므로 이러한 점들은 표시되지 않는다. 이럴 때 MATLAB은 경고를 내리고 그 값들을 무시한다.

이점에 주의하세요

음수 값의 데이터를 로그 눈금으로 표시하려고 하지 마라. 그러한 데이터는 무시된다.

3.1.2 x축과 y축의 범위 제어

기본적으로 도표의 x축과 y축은 모든 입력 데이터를 표시하기 충분한 범위로 설정된다. 그러나 특별히 관심있는 일부 범위에 대하여 나타내는 것이 필요할 경우에는 **axis** 명령어/함수를 이용할 수 있다(MATLAB 명령어와 함수의 관계는 아래를 참고하라).

명령어와 함수의 이중성

MATLAB의 일부 항목들은 (명령행에 입력하는) 명령어인지 (소괄호 속에 인자를 넣어 함께 쓰는) 함수인지 구분하기 어려운 경우가 있다. 예를 들어, axis는 axis on처럼 명령어로 사용되기도 하고, axis([0 20 0 35])처럼 함수로 사용되기도 한다. 이것이 어떻게 가능한가?

```
axis on;
axis ('on');
```

MATLAB 명령어들은 함수에 의해 실행되고, MATLAB 번역기는 명령어가 입력될 경우 함수 호출로 대체할 수 있다. 다음과 같이 명령어를 함수처럼 직접 호출할 수 있다.

```
garbage 1 2 3
garbage('1','2','3')
```

문자 인자를 갖는 함수들만 명령문으로 취급될 수 있음에 주의하자. 수치 인자를 갖는 함수들은 함수 형태로만 사용되어야 한다. 이러한 사실로부터 axis가 때로는 명령문으로 때로는 함수로 사용될 수 있음을 설명할 수 있다.

axis 명령어/함수의 몇 가지 형식을 표 3.1에 정리하였다. 도표의 현재 범위와 그것을 수정할 수 있는 가장 중요한 두 가지 형식은 굵은 활자로 나타냈다. 모든 옵션에 대한 정보는 MATLAB 온라인 문서에서 확인할 수 있다.

axis 명령어를 설명하기 위하여 -2π에서 2π까지 함수 $f(x)=\sin x$의 도표를 그리고 축의 범위를 $0 \le x \le \pi$, $0 \le y \le 1$로 제한한다. 도표를 그리는 명령문은 다음과 같고, 결과 도표는 그림 3.2a에 나타나 있다.

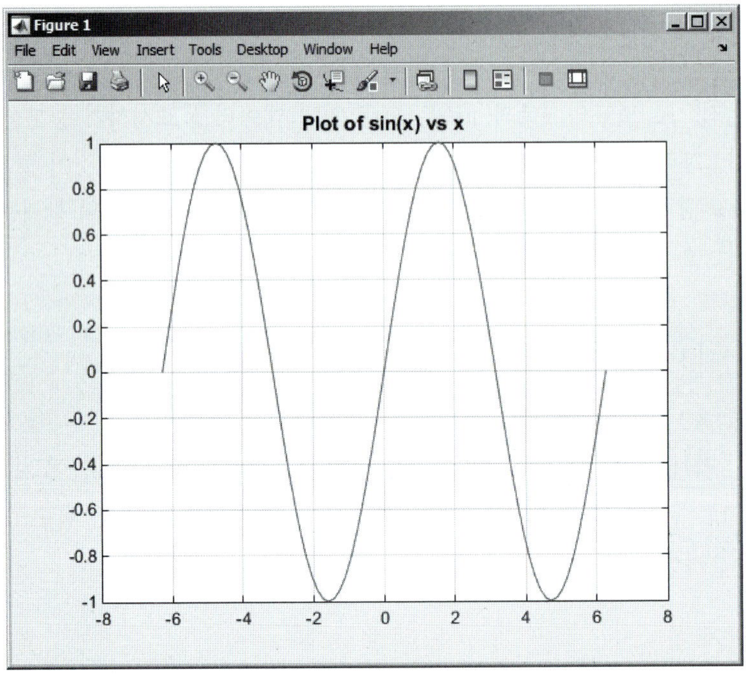

(a)

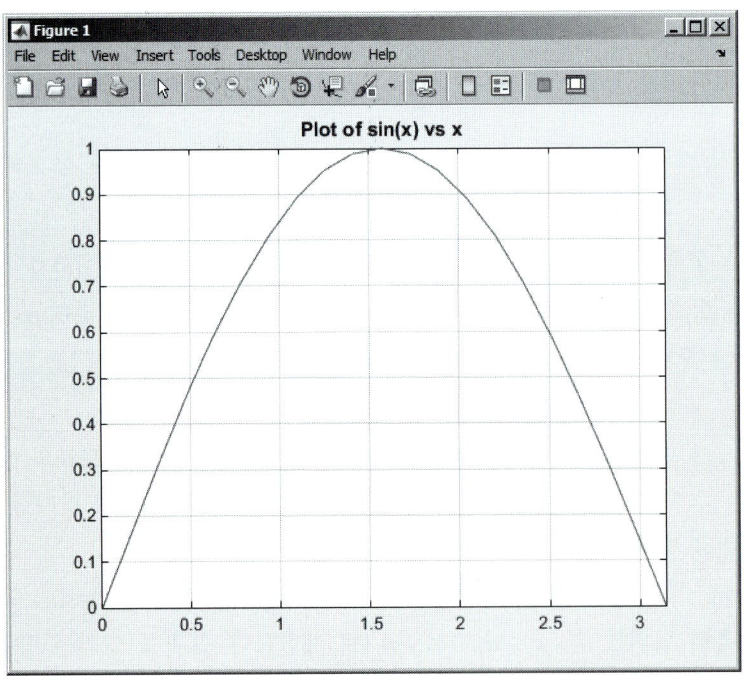

(b)

그림 3.2 (a) sin x 도표 (b) `[0 π 0 1]` 범위의 확대

```
x = -2*pi:pi/20:2*pi;
y = sin(x);
plot(x,y);
title ('Plot of sin(x) vs x');
grid on;
```

이 도표의 현재 범위는 기본적인 axis 함수를 통하여 확인할 수 있다.

```
>> limits = axis
limits =
    -8      8   -1      1
```

이러한 범위는 axis([0 pi 0 1]) 함수를 이용하여 수정할 수 있다. 이 함수가 실행된 결과는 그림 3.2b에 나타나 있다.

표 3.1: axis 함수/명령어의 형식

명령	설명
v = axis;	현재 도표의 범위[xmin xmax ymin ymax]를 요소로 갖는 행벡터를 반환한다.
axis ([xmin xmax ymin ymax]);	x축과 y축의 범위를 지정된 값으로 나타낸다.
axis equal	x축과 y축의 증가분을 동일하게 나타낸다.
axis square	현재 축을 정사각형으로 나타낸다.
axis normal	axis equal, axis square 명령을 취소한다.
axis off	축 제목, 틱 마크, 배경을 모두 끈다.
axis on	축 제목, 틱 마크, 배경을 모두 켠다. (기본)

3.1.3 같은 축에 여러 개의 도표 그리기

기본적으로 plot 명령어가 실행되면 기존 그림에 나타내었던 데이터는 지워지고 새로운 도표가 만들어진다. 이러한 현상을 개선하기 위하여 **hold** 명령어를 이용할 수 있다. hold on 명령어를 실행하면 모든 추가적인 도표는 기존 도표와 함께 나타나게 된다. hold off 명령어를 이용하면 기존 도표가 지워지고 새로운 도표가 나타나는 기본 상태로 되돌릴 수 있다.

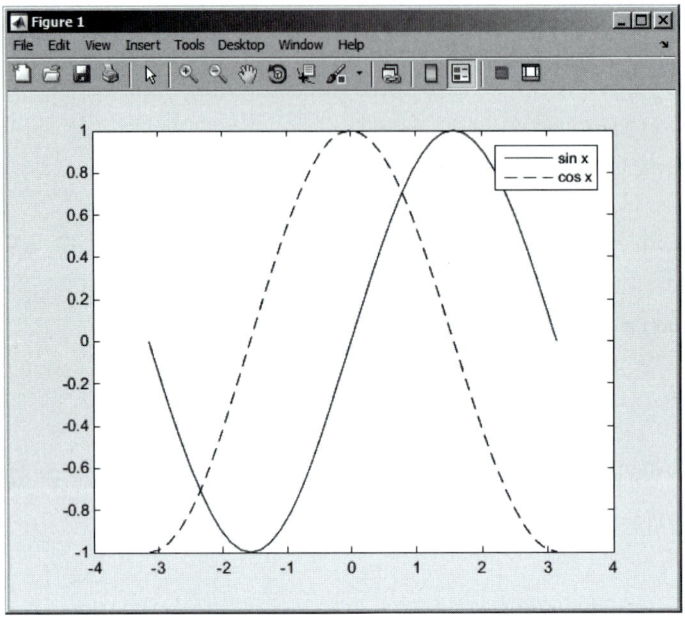

그림 3.3 hold 명령어를 이용한 단일 축상에 다중 도표의 작성

예를 들어, sin x와 cos x 그래프를 동일 축에 나타내는 명령어는 다음과 같다. 결과는 그림 3.3에 나타나 있다.

```
x = -p:pi/20:pi;
y1 = sin(x);
y2 = cos(x);
plot(x, y1, 'b-');
hold on;
plot(x,y2,'k--');
hold off;
legend ('sin x', 'cos x');
```

3.1.4 여러 개의 그림 그리기

MATLAB에서는 각기 다른 데이터를 나타내는 여러 개의 그림창을 생성할 수 있다. 첫 번째 그림창은 Figure 1, 두 번째 그림창은 Figure 2와 같은 방식으로 각 그림창은 양의 정수 값을 갖는 그림 번호로 구분된다. 그림창 중 하나가 **현재 창**으로 지정되면, 새로운 도표는 그 창에 표시된다.

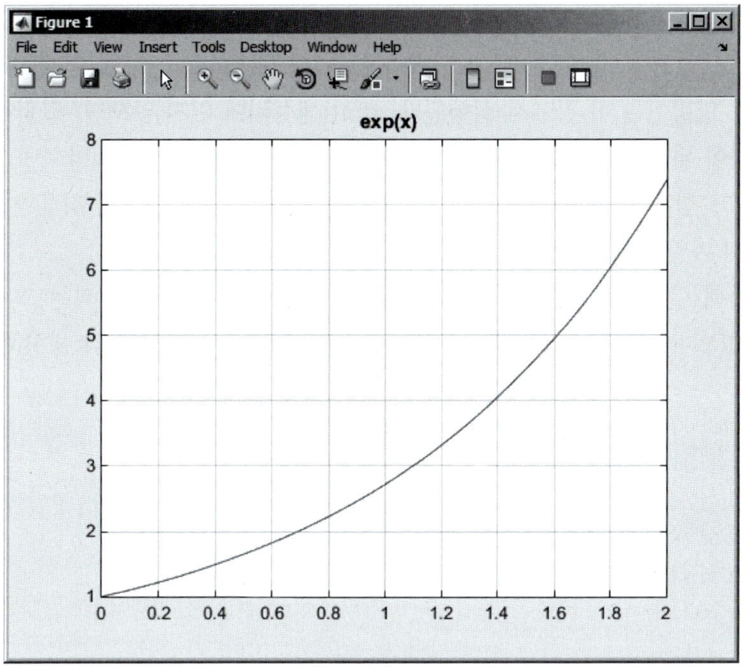

(a)

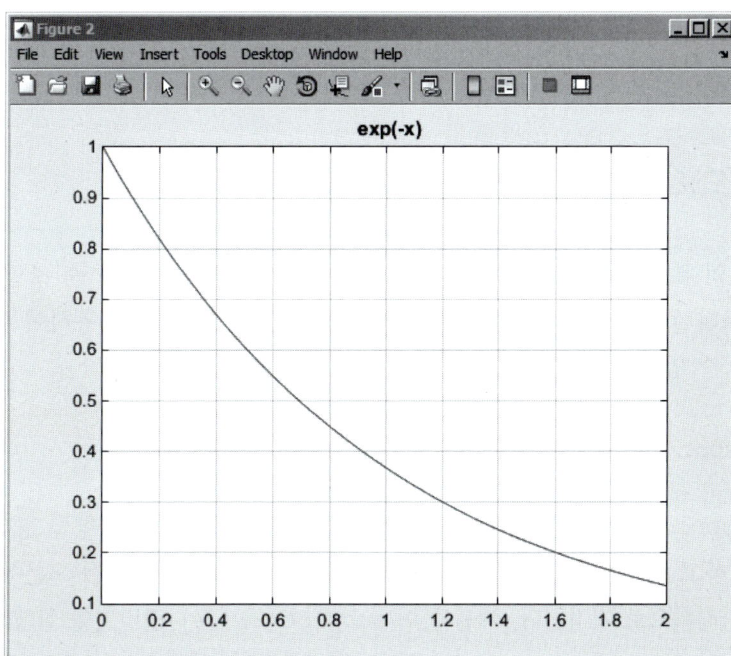

(b)

그림 3.4 figure 명령어를 이용한 다수의 그림창에 도표 작성

현재 창은 **figure 함수**로 지정할 수 있다. 이 함수는 'figure(n)' 형식을 가지며, n은 그림 번호이다.[1] figure 명령어가 실행되면, Figure n 이 현재 창이 되고 모든 도표 명령어는 이 창에서 실행된다. 미리 생성되어 있지 않으면, 그림창은 자동으로 생성이 된다. 현재 창은 마우스로 그림창을 직접 클릭하여 선택할 수도 있다.

gcf 함수는 현재 창에 대한 핸들(참조)을 반환하므로, 현재 창을 알아야 할 경우에 M 파일에서 사용할 수 있다.

아래 실행문은 figure 함수의 사용에 대한 예이다. 실행 결과는 그림 3.4에 나타나 있으며, 첫 번째 그림에는 e^x를, 두 번째 그림에는 e^{-x}를 각각 생성하였다.

```
figure(1)
x = 0:0.05:2;
y1 = exp(x);
plot(x,y1);
title('exp(x)');
grid on;

figure(2)
y2 = exp(-x);
plot(x,y2);
title('exp(-x)');
grid on;
```

3.1.5 부도표

다수의 **부도표**를 이용하여 하나의 그림창에 하나 이상의 x-y 축 조합을 갖는 도표를 나타낼 수 있다. 다음과 같은 형식의 subplot 명령어를 이용하여 부도표들을 생성할 수 있다.

```
subplot(m,n,p)
```

subplot 명령어는 현재 창을 동일한 크기를 갖는 m × n 행렬 형태의 영역으로 분할하고 p 위치에 도표를 생성한다. 부도표의 번호는 왼쪽에서 오른쪽으로, 위쪽에서 아래쪽으로 지정된다. 예를 들어 subplot(2,3,4) 명령어를 실행하면 현재창을

1 figure 함수는 12장에서 학습하게 될 그림 핸들을 받아들일 수도 있다.

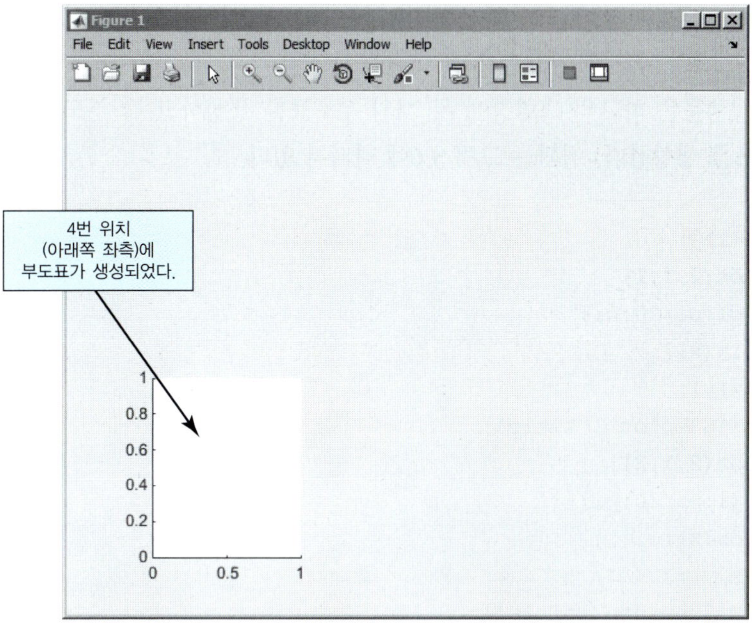

그림 3.5 subplot(2,3,4) 명령어를 이용한 도표 축 생성

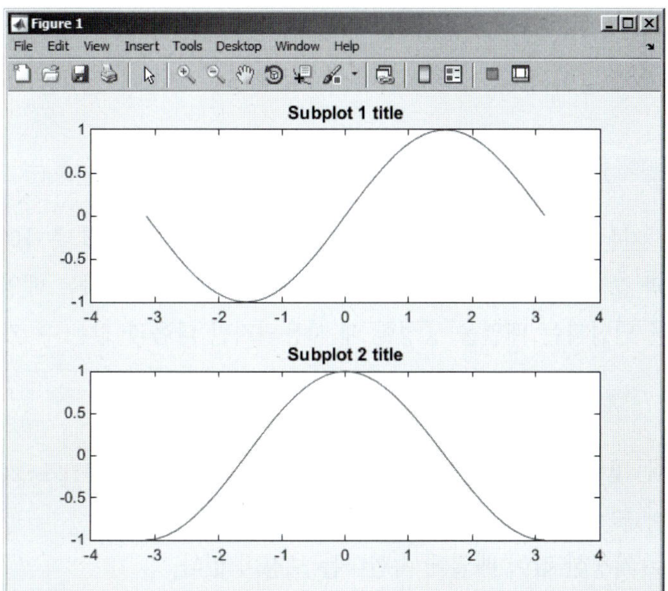

그림 3.6 하나의 그림창에 두 개의 부도표를 이용하여 sin *x*와 cos *x* 그래프를 생성

가로 방향으로 2개, 세로 방향으로 3개, 전체 6개의 창으로 분할하고, 두 번째 줄 왼쪽 첫 번째 4번 위치에 도표를 생성한다. 결과는 그림 3.5에 나타나 있다.

subplot 명령어가 만드는 축 모양이 기존 도표와 일치하지 않으면 기존 데이터는 자동적으로 지워지고 새로운 도표가 생성된다.

다음 실행문은 하나의 그림창에 두 개의 부도표를 생성하고 각 부도표에 각기 다른 그래프를 생성한다. 결과는 그림 3.6에 나타나 있다.

```
figure(1)
subplot(2,1,1)
x = -pi:pi/20:pi;
y = sin(x);
plot(x,y);
title('Subplot 1 title');
subplot(2,1,2)
x = -pi:pi/20:pi;
y = cos(x);
plot(x,y);
title('Subplot 2 title');
```

3.1.6 도표상에 있는 점 사이의 간격 설정

2장에서 다음과 같이 콜론 연산자를 이용하여 배열을 생성하는 것을 학습하였다.

```
start:incr:end
```

콜론 연산자는 start 값을 시작 값으로 하고 incr 값만큼씩 증가하여 마지막 값이 end 값과 같거나 증분 값을 더해 end 값을 초과할 경우 끝나는 배열을 생성한다. 이러한 콜론 연산자는 배열을 생성할 때 사용되지만 다음과 같은 두 가지 단점이 있다.

1. 배열에 몇 개의 원소가 있는지 알기 어렵다. 예를 들어 '0:pi:20'으로 정의된 배열에 몇 개의 원소가 있는지는 확인하기 어렵다.
2. end로 지정한 값이 배열에 속한다는 보장이 없다.

이러한 문제를 피하기 위하여 MATLAB은 배열의 정확한 범위와 요소의 수를 사용자가 직접 제어할 수 있는 두 개의 함수를 제공한다. 요소 사이에 동일한 선형 간격을 갖는 linspace 함수와 로그 간격을 갖는 logspace 함수가 있다.

linspace 함수의 형식은 다음과 같다.

```
y = linspace(start,end);
y = linspace(start,end,n);
```

start는 시작 값, end는 종료 값, n은 요소의 개수이다. start 값과 end 값만 정의되는 경우에는 linspace 함수는 start 값으로 시작하고 end 값으로 종료되는 동일한 간격을 갖는 100개의 요소를 생성한다. 다음과 같은 실행문으로 동일한 간격의 10개의 요소를 갖는 배열을 생성할 수 있다.

```
>> linspace(1,10,10)
ans =
     1   2   3   4   5   6   7   8   9   10
```

logspace 함수의 형식은 다음과 같다.

```
y = logspace(start,end);
y = logspace(start,end,n);
```

start는 시작 값의 10의 거듭제곱의 지수, end는 종료 값의 10의 거듭제곱의 지수, n은 배열의 요소 수이다. start 값과 end 값만 정의되는 경우 logspace 함수는 start 값으로 시작하고 end 값으로 종료되는 로그 단위로 동일한 간격을 갖는 50개의 요소를 생성한다. 예를 들어 다음과 같은 실행문으로 $1(=10^0)$부터 $10(=10^1)$까지 로그 단위로 10개의 요소를 갖는 배열을 생성할 수 있다.

```
>> logspace(0,1,10)
 ans =
     1.0000      1.2915      1.6681      2.1544      2.7826
 3.5938    4.6416    5.9948    7.7426    10.0000
```

logspace 함수는 도표상의 점들을 균등한 간격으로 나타낼 수 있으므로, 로그 눈금 도표를 작성할 때 특히 유용하게 사용될 수 있다.

▶ 예제 3.1 — 선형과 로그 눈금 도표 만들기

다음 함수에 대하여, 0에서 10까지 범위에서 선형으로 균일한 간격의 21개의 점을 갖는 도표를 첫 번째 부도표에 나타내고, 10^{-1}에서 10^{1}까지 균일한 간격의 21개의 점을 갖고 x축을 로그 눈금으로 나타낸 x축 로그 도표를 두 번째 부도표에 나타내라. 각 점은 마커를 이용하여 나타내고, 각 도표에 제목과 축 제목도 달아라.

$$y(x) = x^2 - 10x + 25 \tag{3.1}$$

풀이

도표를 작성하기 위하여 균등한 선형 간격을 갖는 21개의 점은 `linspace` 함수를, 균등한 로그 단위 간격을 갖는 21개의 점은 `logspace` 함수를 각각 사용하여 생성한다. 각 점들에 대하여 식 (3.1)을 계산하고 결과 곡선을 도표로 나타낸다. MATLAB 실행문은 다음과 같다.

```
% Script file: linear_and_log_plots.m
%
% Purpose:
%   This program plots y(x) = x^2 - 10*x + 25
%   on linear and semilogx axes.
%
% Record of revisions:
%   Date       Programmer       Description of change
%   ====       ==========       =====================
%   11/15/14   S. J. Chapman    Original code
%
% Create a figure with two subplots
subplot(2,1,1);

% Now create the linear plot
x = linspace(0, 10, 21);
y = x.^2 - 10*x + 25;
plot(x,y,'b-');
hold on;
plot(x,y,'ro');
title('Linear Plot');
xlabel('x');
ylabel('y');
```

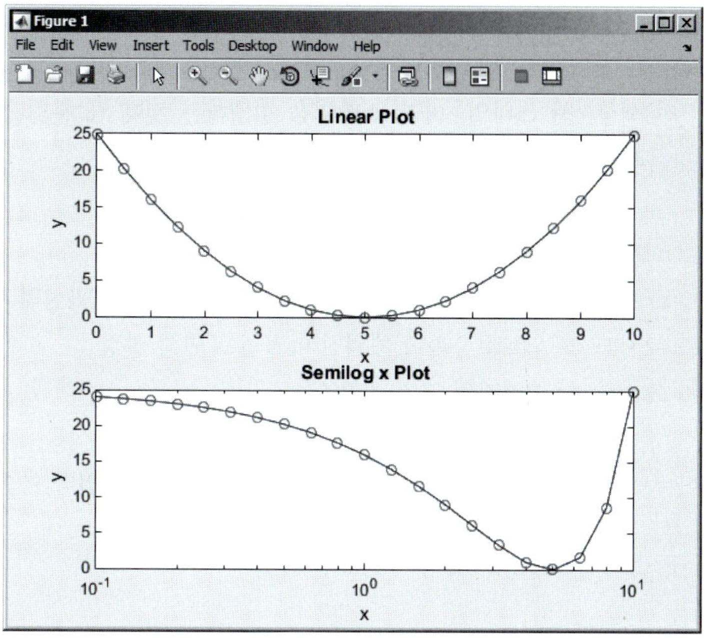

그림 3.7 함수 $y(x) = x^2 - 10x + 25$를 선형 눈금과 semi-log 눈금으로 나타낸 도표

```
hold off;

% Select the other subplot
subplot(2,1,2);

% Now create the logarithmic plot
x = logspace(-1, 1, 21);
y = x.^2 - 10*x + 25;
semilogx(x,y,'b-');
hold on;
semilogx(x,y,'ro');
title('Semilog x Plot');
xlabel('x');
ylabel('y');
hold off;
```

결과는 그림 3.7에 나타내었다. 두 도표의 눈금은 다르지만 균등한 간격을 갖는 21개의 점들로 표현된 것을 확인하자.

3.1.7 향상된 도표 선 제어

2장에서 선 색상, 선 스타일, 마커 스타일을 설정하는 것에 대해 학습하였다. 선에 대하여 다음과 같이 4개의 추가적인 설정을 할 수 있다.

- LineWidth : 선의 두께 설정
- MarkerEdgeColor : 마커 또는 속이 채워진 마커의 외곽선의 색을 설정
- MarkerFaceColor : 속이 채워진 마커의 표면색 설정
- MarkerSize : 마커의 크기 설정

이러한 속성은 다음과 같이 plot 명령어 안에서 설정할 수 있다.

```
plot(x,y,'PropertyName', value, ...)
```

예를 들어, 다음과 같은 실행문으로 3-point 두께를 갖는 검은색 실선과 6-point 크기의 원형 마커를 갖는 도표를 생성할 수 있다. 각 마커의 외곽선은 빨강이고, 표면색은 녹색으로 하였다. 결과는 그림 3.8에 나타나 있다.

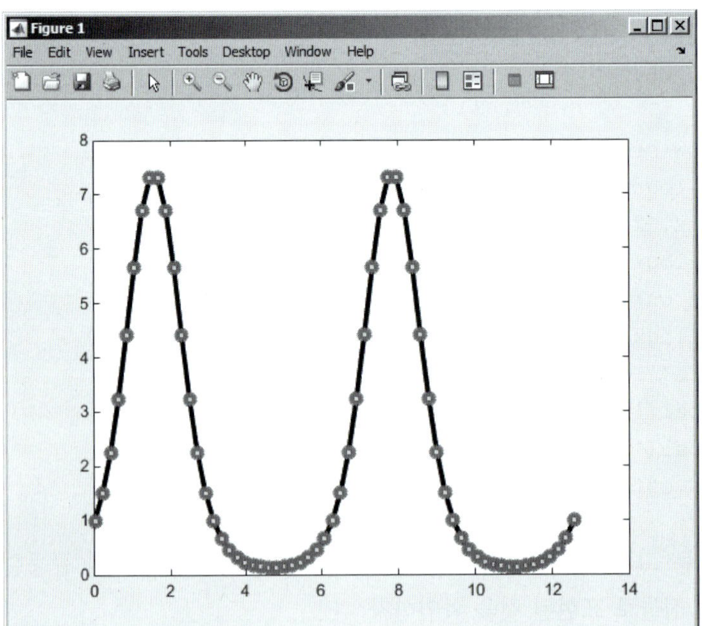

그림 3.8 LineWidth와 Marker 속성을 이용한 도표의 설정(책 중간의 컬러페이지 참조)

```
x = 0:pi/15:4*pi;
y = exp(2*sin(x));
plot(x,y,'-ko','LineWidth',3.0,'MarkerSize',6,...
     'MarkerEdgeColor','r','MarkerFaceColor','g')
```

3.1.8 향상된 텍스트 문자열 제어

도표상의 제목, 축 제목 등의 텍스트 문자열에 대하여 굵은 글씨, 기울임 등으로 형식을 변경하거나 그리스 문자나 수학 기호와 같은 특수 문자를 활용하는 고급 설정을 할 수 있다.

텍스트의 글꼴은 **스트림 수정자**(stream modifier)를 이용하여 수정할 수 있다. 스트림 수정자는 MATLAB 번역기의 거동을 바꿀 수 있는 특수 문자 순서이다. 잘 알려진 스트림 수정자는 다음과 같다.

- `\bf` : 굵은 글씨
- `\it` : 기울인 글씨
- `\rm` : 스트림 수정자를 삭제하고 표준 글꼴로 재설정
- `\fontname{`*fontname*`}` : 사용할 글꼴 이름 설정
- `\fontsize{`*fontsize*`}` : 글꼴 크기 설정
- `_{xxx}` : 중괄호 속 문자를 아래 첨자로 변경
- `^{xxx}` : 중괄호 속 문자를 위 첨자로 변경

스트림 수정자가 문자열 내에 삽입되면, 문자열이 끝나거나 취소될 때까지 유효하게 남아있게 된다. 모든 스트림 수정자는 중괄호 뒤에 포함될 수 있다. 스트림 수정자가 중괄호 뒤에 위치하게 되면, 중괄호 안의 문자만 영향을 받게 된다.

그리스 문자와 수학 기호도 문자열에 사용될 수 있으며, 텍스트 문자열에 확장 문자열을 삽입하여 생성할 수 있다. 확장 문자열은 TeX 언어에서 정의되는 것과 동일하다. 사용 가능한 확장 문자열이 표 3.2에 정리되어 있으며, 전체 리스트는 MATLAB 온라인 문서를 참고하기 바란다.

확장 문자열 \, {, }, _, ^ 중 하나를 출력하려면 역슬래시를 앞에 붙인다.

다음은 스트림 수정자와 특수 문자들의 사용 예이다.

문자열	결과
`\tau_{ind} versus \omega_{\itm}`	τ_{ind} versus ω_m
`\theta varies from 0\circ to 90\circ`	θ varies from 0° to 90°
`\bf{B}_{\its}`	$\mathbf{B}_s$

좋은 프로그래밍 습관

도표의 제목과 축 제목에 굵은 글씨, 기울임, 위첨자, 아래첨자, 특수 문자 등의 효과를 주려면 스트림 수정자를 사용하라.

표 3.2: 그리스 문자와 수학 기호 일부

문자 순서	기호	문자 순서	기호	문자 순서	기호
\alpha	α			\int	∫
\beta	β			\cong	≅
\gamma	γ	\Gamma	Γ	\sim	~
\delta	δ	\Delta	Δ	\infty	∞
\epsilon	ε			\pm	±
\eta	η			\leq	≤
\theta	θ			\geq	≥
\lambda	λ	\Lambda	Λ	\neq	≠
\mu	μ			\propto	∝
\nu	ν			\div	/
\pi	π	\Pi	Π	\circ	°
\phi	φ			\leftrightarrow	↔
\rho	ρ			\leftarrow	←
\sigma	σ	\Sigma	Σ	\rightarrow	→
\tau	τ			\uparrow	↑
\omega	ω	\Omega	Ω	\downarrow	↓

▶ 예제 3.2 — 축 제목에 특수 기호 사용

시상수 $\tau = 3$ s이고, 각속도 $\omega = \pi$ rad/s 일 때, 시간 t의 범위 $0 \le t \le 10$s에 대해서 다음의 감소하는 지수 함수를 도표로 나타내시오. 수식을 도표 제목에 나타내고, x축과 y축의 이름을 표시하시오.

$$y(t) = 10e^{-t/\tau} \sin \omega t \tag{3.2}$$

풀이

linspace 함수를 사용하여 0에서 10 사이에 균일한 100개의 점을 생성한다. 각 점에 대해서 식 3.2를 계산하고 결과를 도표로 나타낸다. 도표 제목을 나타내기 위하여 특수 기호를 사용한다.

도표의 제목은 $y(t)$, t/τ, ωt 등을 나타내기 위하여 기울임 글꼴을 사용하고, $-t/\tau$를 아래첨자로 나타내야 한다. 기호를 위한 문자열은 다음과 같다.

```
\it{y(t)} = \it{e}^{-\it{t / \tau}} sin \it{\omegat}
```

이 함수를 그리는 MATLAB 실행문은 다음과 같다.

```
% Script file: decaying_exponential.m
%
% Purpose:
%   This program plots the function
%   y(t) = 10*EXP(-t/tau)*SIN(omega*t)
%   on linear and semilogx axes.
%
% Record of revisions:
%   Date        Programmer      Description of change
%   ====        ==========      =====================
%   11/15/14    S. J. Chapman   Original code
%
% Define variables:
%   tau      -- Time constant, s
%   omega    -- Radial velocity, rad/s
%   t        -- Time (s)
%   y        -- Output of function
```

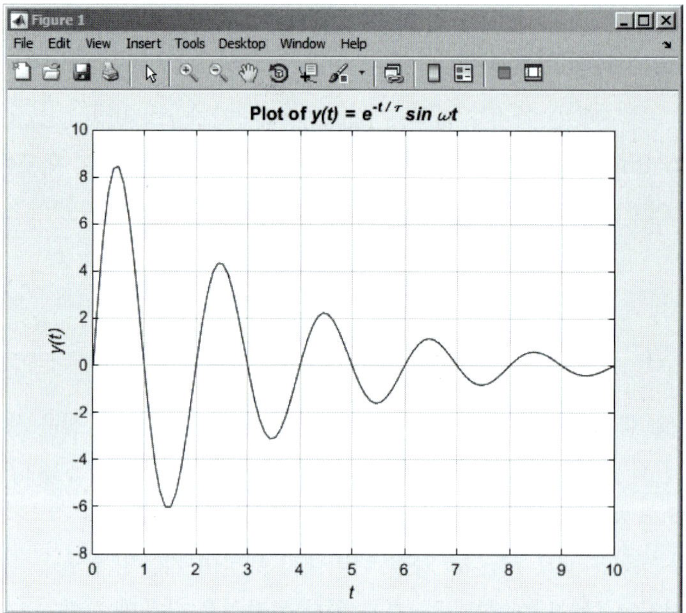

그림 3.9 제목에 식을 나타내기 위하여 특수 기호를 사용한 함수 $y(t) = 10e^{-t/\tau}\sin \omega t$ 도표

```
% Declare time constant and radial velocity
tau = 3;
omega = pi;

% Now create the plot
t = linspace(0, 10, 100);
y = 10 * exp(-t./tau) .* sin(omega .* t);
plot(t,y,'b-');
title('Plot of \it{y(t)} = \it{e}^{-\it{t / \tau}} sin \it{\omegat}');

xlabel('\it{t}');
ylabel('\it{y(t)}');
grid on;
```

결과 도표는 그림 3.9에 나타나 있다.

3.2 극도표

MATLAB에는 극좌표계에 데이터를 표시하는 polar라는 특별한 함수가 있다. 이 함수의 기본 형식은 다음과 같다.

```
polar(theta,r)
```

여기서 theta는 라디안 단위로 나타낸 각의 배열이며 오른쪽 수평선으로부터 반시계방향으로 증가한다. r은 원점으로부터의 거리를 나타내는 배열이다. 이 함수는 원래 각의 함수로 표현되는 데이터를 그래프로 나타낼 때 쓸모가 있다.

▶ 예제 3.3 — 카디오이드 마이크(Cardioid Microphone)

대부분의 공연 무대에서 사용되는 마이크는 지향성 마이크로서, 마이크 앞의 가수로부터 오는 노래 소리는 키우되, 마이크 뒤의 청중으로부터 오는 소음은 낮추도록 특별히 고안되어 있다. 이런 마이크의 이득(gain)은 다음과 같은 각의 함수로 변한다.

$$Gain = 2g(1 + \cos\theta) \tag{3.3}$$

여기서 g는 특정 마이크에 연관된 상수이고, θ는 음원과 마이크 간의 각이다. 특정 마이크의 g값이 0.5일 때, 이 마이크의 이득을 θ의 함수로 표현하는 극도표를 그려라.

풀이

각에 따른 마이크의 이득을 계산한 다음 그 데이터를 극좌표에 그려야 한다. 이 작업을 위한 MATLAB 코드는 아래와 같다.

```
% Script file: microphone.m
%
% Purpose:
%    This program plots the gain pattern of a cardioid
%    microphone.
%
% Record of revisions:
%    Date         Programmer        Description of change
%    ====         ==========        =====================
%    01/05/14     S. J. Chapman     Original code
```

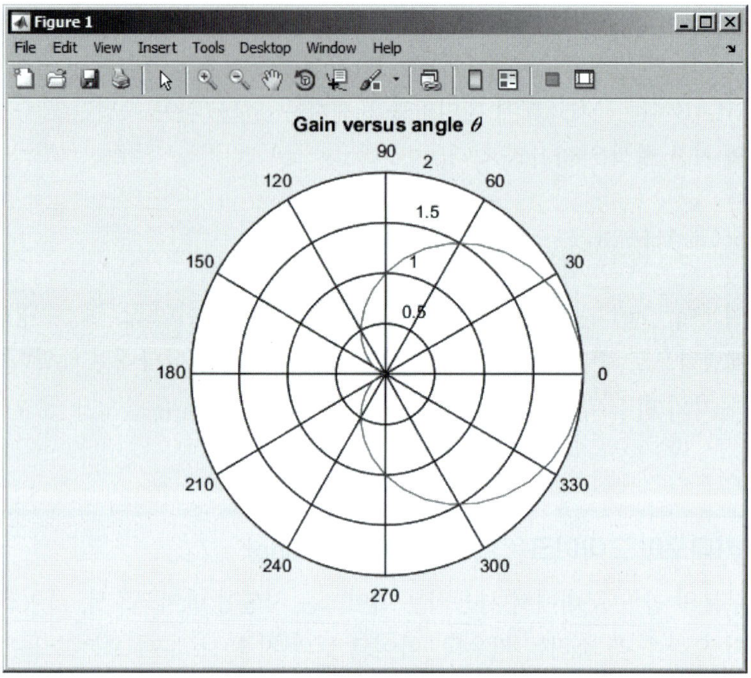

그림 3.10 카디오이드 마이크의 이득(책 중간의 컬러페이지 참조)

```
%
% Define variables:
%    g       -- Microphone gain constant
%    gain     -- Gain as a function of angle
%    theta     -- Angle from microphone axis (radians)

% Calculate gain versus angle
g = 0.5;
theta = linspace(0,2*pi,41);
gain = 2*g*(1+cos(theta));

% Plot gain
polar (theta,gain,'r-');
title ('\bfGain versus angle \it{\theta}');
```

이 프로그램의 결과 그래프를 그림 3.10에 나타내었다. 그림에서 보듯이 이득의 형태가 하트 모양이어서 이런 종류의 마이크를 '카디오이드 마이크'라고 부른다.

3.3 주석 달기와 도표 저장하기

일단 MATLAB 프로그램으로 도표를 만든 후 사용자는 그림창의 툴바에 나와 있는 GUI 기반의 도구를 이용하여 도표를 편집하거나 주석을 달 수 있다. 그림 3.11은 이런 편집 작업에 사용할 수 있는 도구들을 보여준다. 툴바에서 편집 버튼( )을 선택하면 편집 도구들이 사용 가능한 상태로 된다. 이 버튼이 눌려진 상태에서 도표의 아무 선이나 텍스트를 마우스로 클릭하여 편집 대상을 선택할 수 있고, 더블 클릭하면 속성 편집창(Property Editor window)이 열려 그 객체의 어떤 특성도 바꿀 수 있다. 그림 3.12는 사용자가 그림 3.10의 빨간 선을 클릭한 후 그 선을 3픽셀 굵기의 실선으로 바꾼 결과를 보여주고 있다.

그림창의 툴바에는 도표 브라우저(Plot Browser) 버튼( )이 있다. 버튼을 누르면 도표 브라우저가 실행된다. 이 도구로 사용자는 그림에 대한 완전한 제어를 확보할 수 있다. 축을 추가하고, 객체 속성을 바꾸며, 데이터값을 수정하고, 선과 텍스트 상자와 같은 주석을 덧붙이는 등의 모든 편집 작업을 수행할 수 있다.

도표 편집 툴바가 보이지 않을 때에는, 메뉴에서 View/Plot Edit Toolbar를 선택하여 실행할 수 있다. 이 툴바를 사용하여 도표를 설명하고 주석을 달기 위한 선, 화

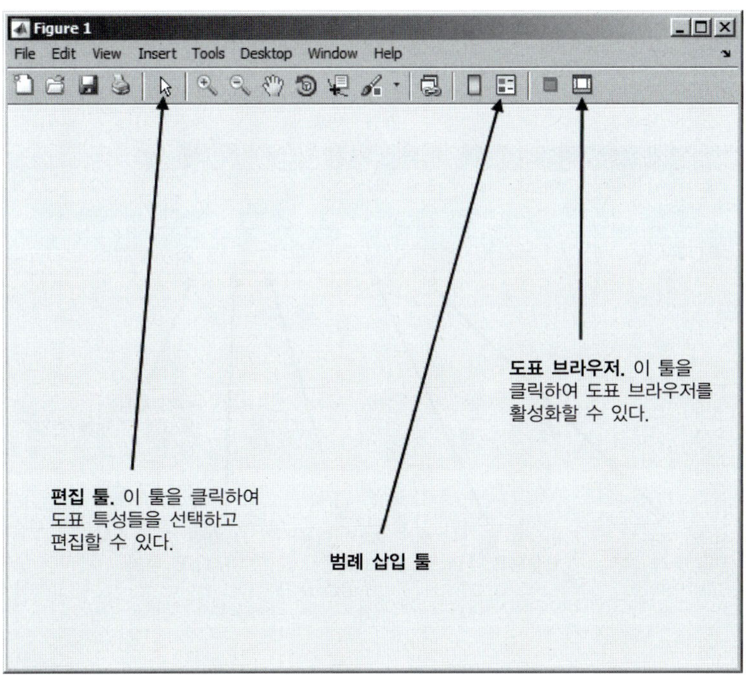

그림 3.11 그림창 툴바의 편집 도구

살표, 텍스트, 사각형, 타원 등을 추가할 수 있다. 그림 3.13은 도표 편집 툴바가 실행된 그림창을 보여주고 있다.

그림 3.14는 도표 브라우저와 도표 편집 툴바를 실행한 후의 그림 3.10의 바뀐 모습이다. 화살표와 도표에 대한 주석을 추가하기 위하여 도표 편집 툴바를 사용하였다.

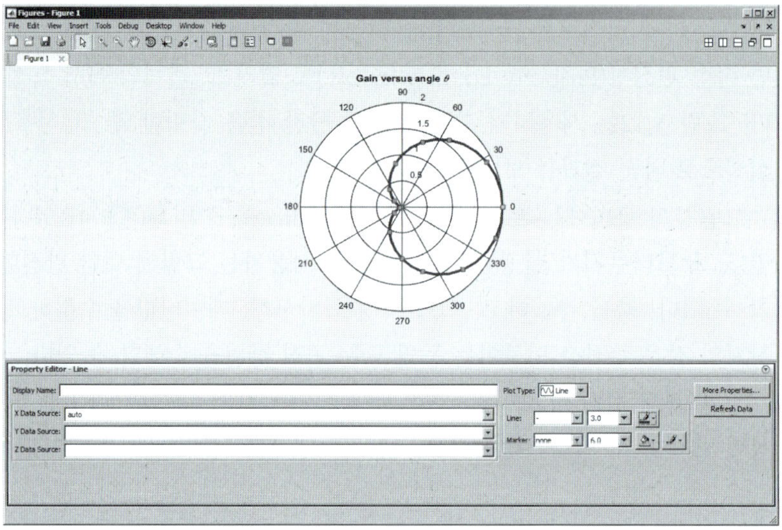

그림 3.12 그림창 툴바에 내장되어 있는 편집 도구를 사용하여 선을 수정(책 중간의 컬러페이지 참조)

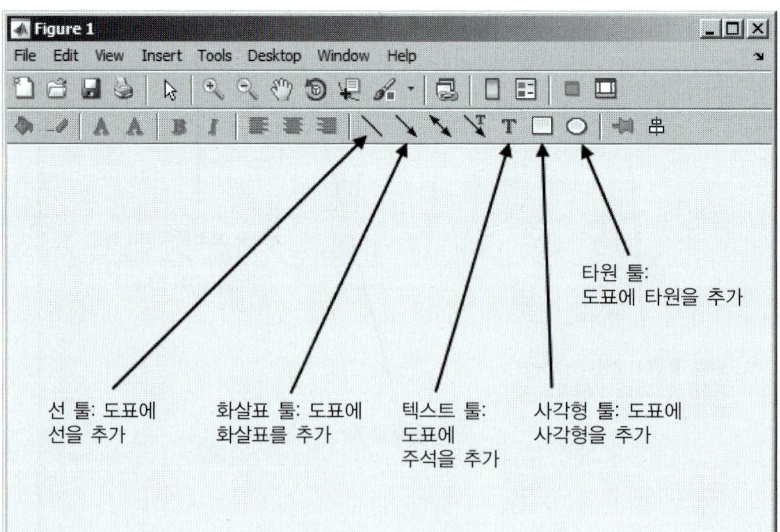

그림 3.13 도표 편집 툴바가 표시되어 있는 그림창

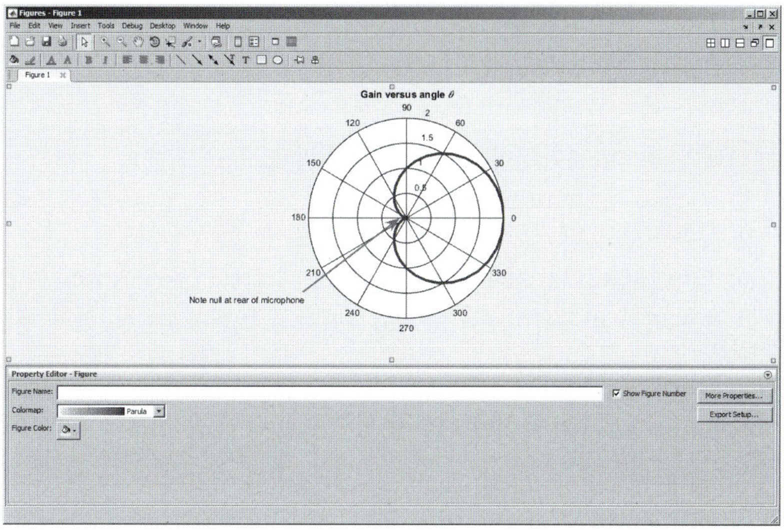

그림 3.14 도표 브라우저를 이용하여 그림 3.10에 화살표와 주석을 추가

도표의 편집 작업을 끝낸 후 사용자는 그림창의 'File/Save As' 메뉴 항목을 이용하여 그림 전체를 변경 가능한 형식으로 저장할 수 있다. 저장한 그림 파일(*.fig)에는 차후에 언제라도 그 그림을 다시 만드는 데 필요한 모든 정보와 주석이 포함되어 있다.

퀴즈 3.1

이 퀴즈는 3.3절에서 소개한 개념을 여러분이 잘 이해하고 있는지를 확인하기 위한 것이다. 만일 퀴즈를 푸는 데 어려움이 있다면 해당 절을 다시 읽고 강사에게 질문하거나 다른 학우와 토의하라. 이 퀴즈의 답은 책의 말미에 수록되어 있다.

1. x값을 0에서 2π까지 $\pi/10$씩 바꿔가면서 $\sin x$ 대 $\cos 2x$의 그래프를 그리는 MATLAB문을 작성하시오. 데이터 점들을 2픽셀 굵기의 빨간 선으로 연결하고, 각 점을 6픽셀 크기의 파란 원으로 나타내라.
2. 그림 편집 도구를 사용하여 위에서 작성한 도표의 마커를 검은 사각형으로 바꾸시오. 그래프에서 $x = \pi$가 되는 위치를 가리키는 화살표와 주석을 추가하라.

아래의 식을 표현하는 MATLAB 텍스트 문자열을 작성하라.

3. $f(x) = \sin\theta \cos 2\phi$
4. Plot of $\sum x^2$ versus x

아래의 텍스트 문자열이 만드는 식을 써라.

5. `'\tau\it_{m}'`
6. `'\bf\itx_{1}^{2} + x_{2}^{2} \rm(units: \bfm^{2}\rm)'`
7. 극도표를 이용하여 $r = 10^* \cos(3\theta)$ 함수를 $0 \le \theta \le 2\pi$까지 범위에서 $0.01\,\pi$ 간격으로 나타내라.
8. $0.01 \le x \le 100$ 범위에 대하여 함수 $y(x) = \dfrac{1}{2x^2}$을 선형과 로그-로그 도표로 나타내라. `linspace`와 `logspace`의 장점을 활용하라. 로그-로그 도표에서 이 함수의 형상은 어떠한가?

3.4 2차원 도표의 다른 유형

이미 보았던 2차원 도표 외에도 MATLAB은 특수한 도표를 다수 제공한다. 사실 MATLAB 도움말에는 20가지가 넘는 2차원 도표를 수록하고 있다! 이런 도표의 예로는 **줄기 도표**(stem plot), **계단 도표**(stair plot), **파이 도표**(pie plot), **나침반 도표**(compass plot)가 있다. 줄기 도표는 각 데이터값을 마커 및 이로부터 x축에 내린 수직선으로 나타낸 도표이다. 계단 도표는 각 데이터 점을 수평선으로 그리되 인접한 점들을 수직선으로 이음으로써 계단 모양이 되도록 한 도표이다. 막대 도표에서는 각 점을 수직 막대 또는 수평 막대로 나타낸다. 파이 도표는 다양한 크기의 '파이 조각'으로 나타낸 도표이다(책 중간의 컬러페이지 참조). 마지막으로, 나침반 도표는 일종의 극도표로서 각 점은 값에 비례하는 길이를 갖는 화살표로 표시된다. 이 도표들을 생성하는 함수를 표 3.3에 요약하였으며, 그 예를 그림 3.15에 나타내었다.

계단, 줄기, 수직 막대, 수평 막대, 나침반 도표들을 그리는 함수는 모두 `plot` 함수와 비슷하므로 같은 방식으로 사용한다. 예를 들어, 다음 코드는 그림 3.15a에 보이는 줄기 도표를 생성한다.

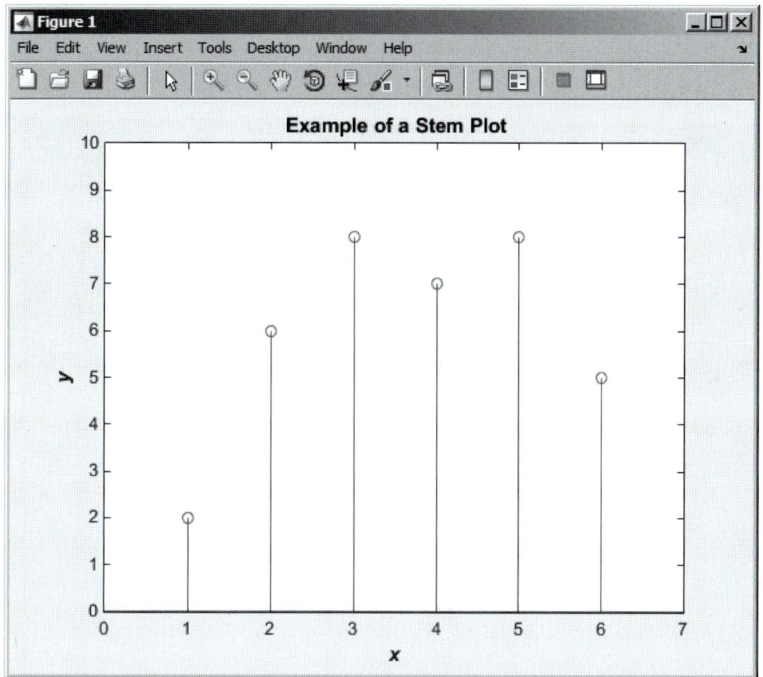
Figure 1
File Edit View Insert Tools Desktop Window Help
Example of a Stem Plot
y
x
0 1 2 3 4 5 6 7 8 9 10
0 1 2 3 4 5 6 7

(a)

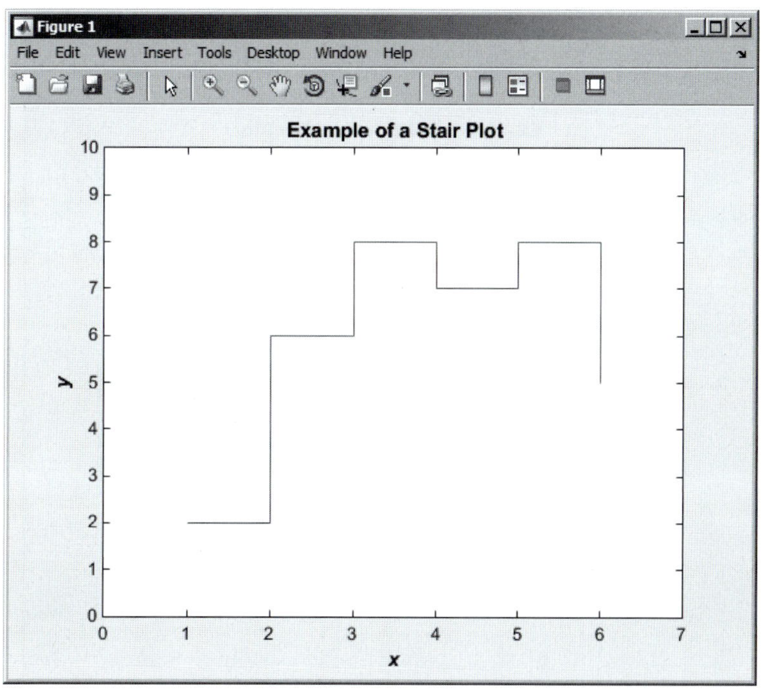
Figure 1
File Edit View Insert Tools Desktop Window Help
Example of a Stair Plot
y
x
0 1 2 3 4 5 6 7 8 9 10
0 1 2 3 4 5 6 7

(b)

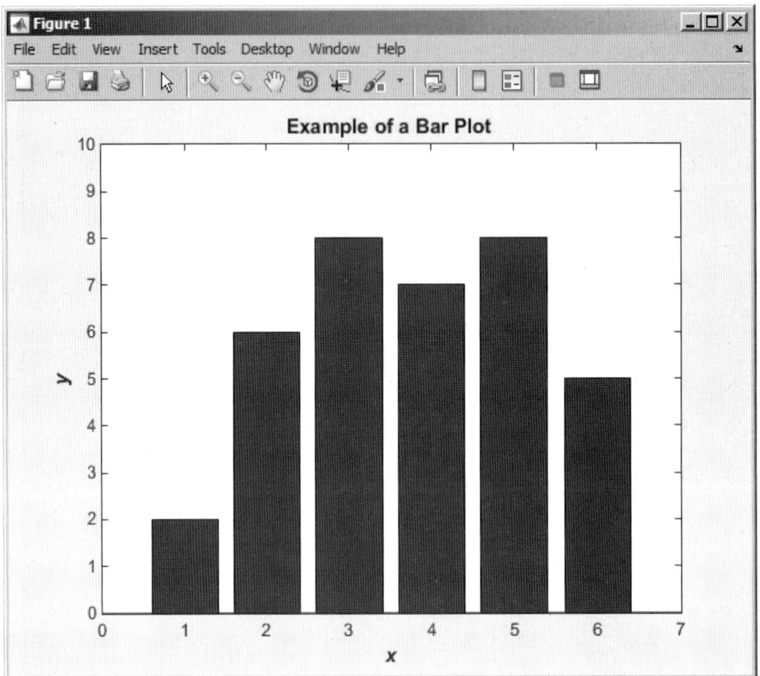
Figure 1
File Edit View Insert Tools Desktop Window Help
Example of a Bar Plot
y
x

(c)

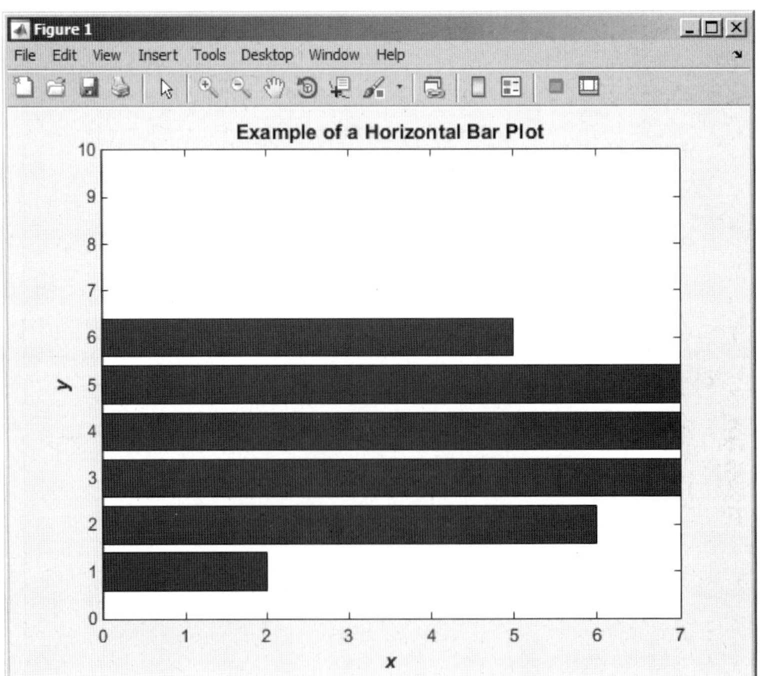
Figure 1
File Edit View Insert Tools Desktop Window Help
Example of a Horizontal Bar Plot
y
x

(d)

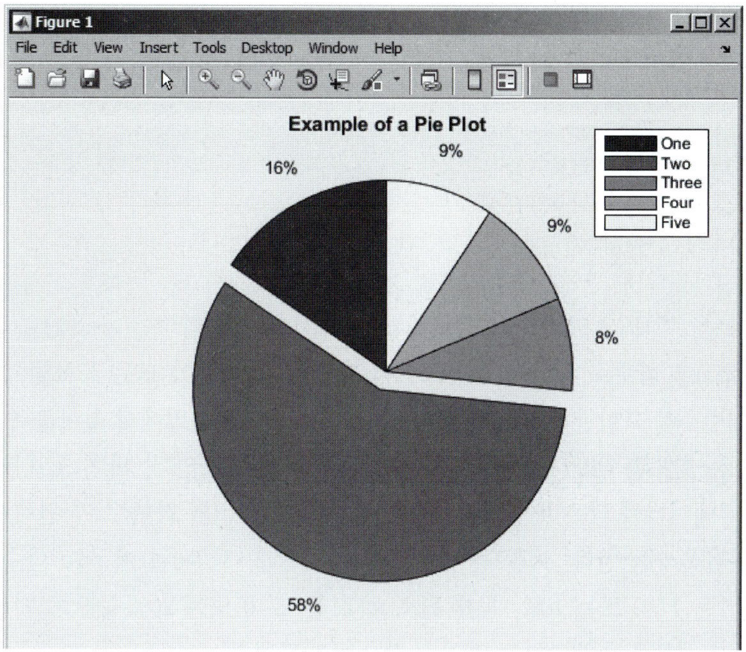

(e)

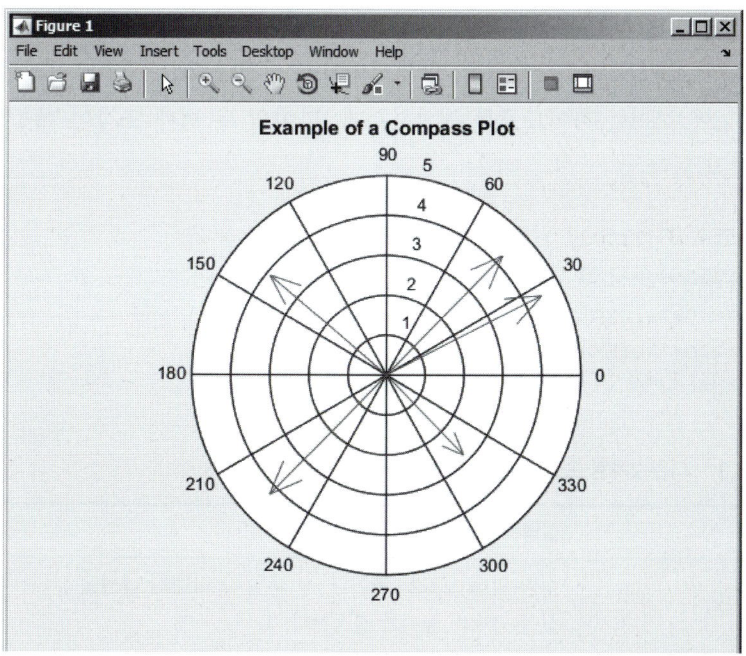

(f)

그림 3.15 다른 2차원 도표들 (a) 줄기 도표 (b) 계단 도표 (c) 수직 막대 도표 (d) 수평 막대 도표 (e) 파이 도표 (f) 나침반 도표

```
x = [1 2 3 4 5 6];
y = [2 6 8 7 8 5];
stem(x,y);
title('\bfExample of a Stem Plot');
xlabel('\bf\itx');
ylabel('\bf\ity');
axis([0 7 0 10]);
```

계단, 막대, 나침반 도표는 위 코드에서 `stem` 함수를 `stairs`, `bar`, `barh`, `compass` 함수로 각각 치환함으로써 그릴 수 있다. 이 모든 도표들에 대해 선택적 매개변수를 포함한 상세 사항을 MATLAB 온라인 도움말에서 찾아볼 수 있다.

`pie` 함수는 위에 설명한 도표들과 다른 특성을 보인다. 파이 도표를 생성하기 위하여 데이터를 담은 배열 x를 넘기면 `pie` 함수는 x의 각 원소가 전체에서 차지하는 백분율을 계산한다. 예를 들어, 배열 x가 `[1 2 3 4]`일 때 `pie` 함수는 첫째 원소 `x(1)`은 1/10 또는 10%, 둘째 원소 `x(2)`는 2/10 또는 20% 등으로 백분율을 계산한 후, 각 백분율에 해당하는 파이 조각으로 나타낸다.

`pie` 함수는 explode라는 선택적 매개변수도 지원한다. explode는 배열 x의 각 원소에 대해 1 또는 0의 값을 갖는 논리 배열이다. explode의 원소 값이 1이면 해당 파이 조각은 파이로부터 약간 분리되어 그려진다. 예를 들어, 아래의 코드는 그림 3.15e에 보이는 파이도표를 생성하는데, 파이의 두 번째 조각이 '폭발'한 모습을 보여주고 있다.

```
data = [ 10 37 5 6 6];
explode = [ 0 1 0 0 0];
pie(data,explode);
title('\bfExample of a Pie Plot');
legend('One','Two','Three','Four','Five');
```

표 3.3: 다른 2차원 도표 함수들

함수	설명
`bar(x,y)`	수직 막대 도표를 만든다. x 값은 각 막대의 라벨을 나타내는 데 쓰이고, y 값은 막대의 높이를 결정한다.
`barh(x,y)`	수평 막대 도표를 만든다. x 값은 각 막대의 라벨을 나타내는 데 쓰이고, y 값은 막대의 수평 길이를 결정한다.

함수	설명
compass(x,y)	원점으로부터 각 (x, y) 점까지를 화살표로 그린 일종의 극도표를 만든다. 그릴 점들의 위치는 극좌표가 아니라 직교 좌표로 지정한다는 점을 주의해야 한다.
pie(x) pie(x,explode)	파이 도표를 만든다. 이 함수는 각 x 값이 전체에서 차지하는 백분율을 계산한 후 그 크기로 파이 조각을 그린다. 선택적 인수인 explode는 x의 각 원소에 대해 1 또는 0의 값을 갖는 논리 배열로서 1의 값을 갖는 원소에 해당하는 파이 조각을 나머지와 약간 분리시켜 그린다.
stairs(x,y)	각 데이터 점을 수평선으로 그리되 인접한 점들을 수직선으로 이은 계단 도표를 만든다.
stem(x,y)	각 데이터값을 마커 및 이로부터 x축에 내린 수직선으로 나타낸 줄기 도표를 만든다.

3.5 2차원 배열에 대한 plot 함수 사용

이전의 모든 예에서 한 번에 하나의 벡터를 도표로 나타내었다. 벡터 형태의 데이터가 아니라 2차원 배열 형태의 데이터가 있을 경우에는 어떤 일이 발생할까? MATLAB은 2차원 배열의 각 열을 독립된 선으로 나타내므로, 이 경우 열의 수만큼 선을 그리게 된다. 예를 들어, x가 0에서 10까지 0.1 간격으로, 1열에 함수 $f(x) = \sin x$, 2열에 $f(x) = \cos x$, 3열에 $f(x) = \sin^2 x$, 4열에 $f(x) = \cos^2 x$의 배열이 있다고 하자. 이러한 배열은 다음의 실행문으로 만들 수 있다.

```
x = 0:0.1:10;
y = zeros(length(x),4);
y(:,1) = sin(x);
y(:,2) = cos(x);
y(:,3) = sin(x).^2;
y(:,4) = cos(x).^2;
```

이러한 배열을 plot(x,y) 명령어를 이용하여 도표로 나타내면, 그림 3.16과 같다. 도표에서 배열 y의 각 열은 각각의 선으로 나타난다.

bar와 barh 함수에서도 2차원 배열을 인자로 사용할 수 있다. 도표에서는 각 열이 각기 다른 색의 막대로 나타난다. 예를 들어 다음 실행문으로 그림 3.17의 도표를 만들 수 있다.

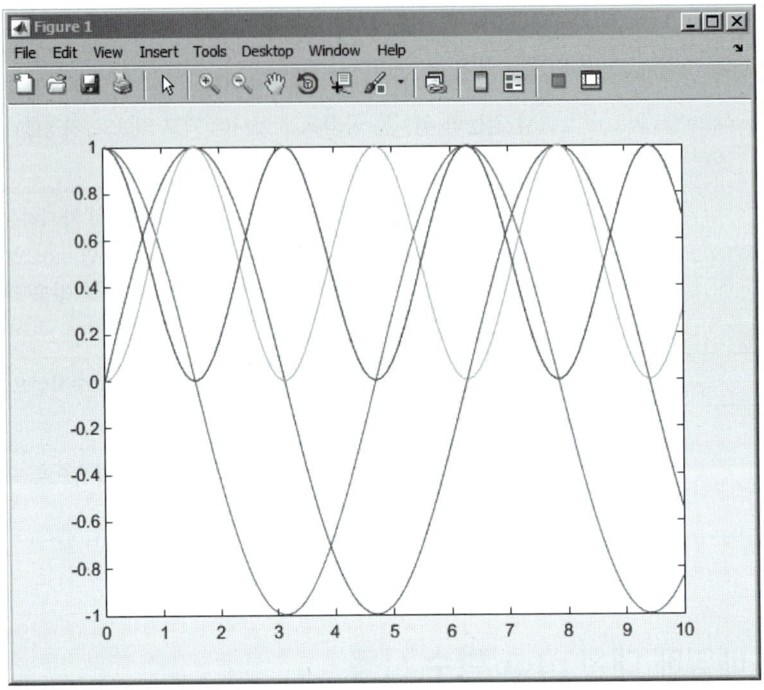

그림 3.16 2차원 배열 y를 도표로 나타낸 결과. 각 열은 각기 다른 선으로 표시된다.

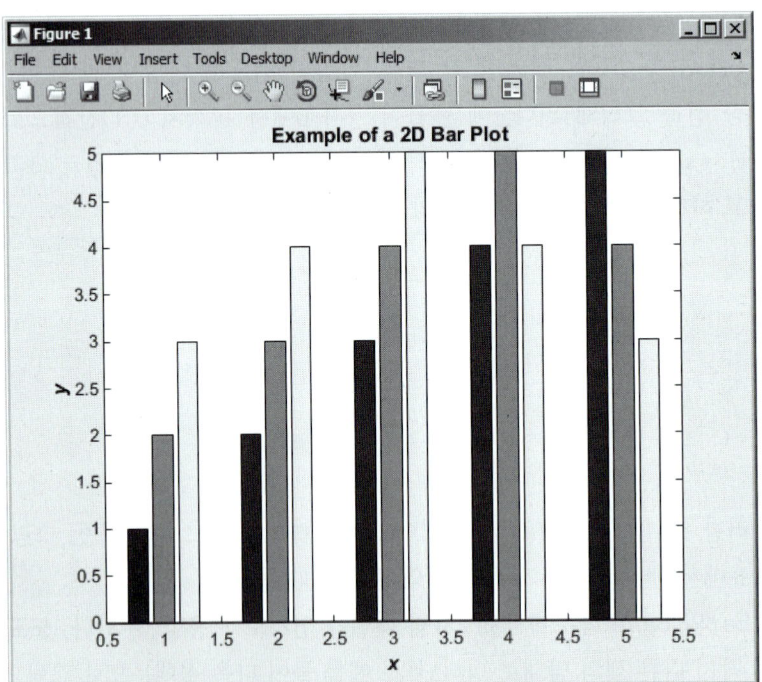

그림 3.17 2차원 배열 y의 막대 도표. 각 열은 각기 다른 막대로 표시된다.

```
x = 1:5;
y = zeros(5,3);
y(1,:) = [1 2 3];
y(2,:) = [2 3 4];
y(3,:) = [3 4 5];
y(4,:) = [4 5 4];
y(5,:) = [5 4 3];
bar(x,y);
title('\bfExample of a 2D Bar Plot');
xlabel('\bf\itx');
ylabel('\bf\ity');
```

3.6 요약

3장에서는 2장에서 소개한 2차원 도표에 대한 지식을 확대하였다. 2차원 도표는 표 3.4에 정리된 것과 같이 여러 가지 다른 형식을 갖는다.

axis 명령어로 도표의 x축과 y축의 범위를 설정할 수 있다. hold 명령어를 사용하면 기존 도표 위에 그래프를 겹쳐 그릴 수 있어 한 번에 하나씩 그래프를 추가할 수 있다. figure 명령어를 사용하면 여러 개의 그림창을 만들거나 그 중 하나를 선택할 수 있어 창별로 도표를 따로따로 만들 수 있다. subplot 명령어를 사용하면 하나의 그림창 내에 여러 개의 도표를 만들거나 선택할 수 있다.

또한 선의 굵기나 마커의 색상과 같은 다른 속성을 제어하는 방법에 대해서도 학습하였다. 이런 속성들을 제어하려면 도표 명령어에서 데이터 뒤에 속성 이름과 값을 짝지어 지정한다.

도표의 텍스트 문자열도 스트림 수정자와 확장 문자열을 이용하여 효과를 높일 수 있다. 스트림 수정자를 사용하여 굵은 글꼴, 기울임 글꼴, 위첨자, 아래첨자, 폰트 크기, 폰트 이름 등과 같은 속성을 지정할 수 있다. 확장 문자열을 사용하면 그리스 문자나 수학 기호 등을 문자열에 삽입할 수 있다.

표 3.4: 2차원 도표 요약

함수	설명
plot(x,y)	x축과 y축에 점 또는 선을 선형 눈금으로 그리는 함수
semilogx(x,y)	x축에는 로그 눈금으로 y축에는 선형 눈금으로 점 또는 선을 그리는 함수

함수	설명
semilogy(x,y)	x축에는 선형 눈금으로 y축에는 로그 눈금으로 점 또는 선을 그리는 함수
loglog(x,y)	x축과 y축에 로그 눈금으로 점 또는 선을 그리는 함수
polar(theta,r)	극좌표에 점 또는 선을 그리는 함수. theta는 라디안 단위의 각도로 오른쪽 수평축으로부터 반시계방향으로 증가하고, r은 원점에서의 거리를 나타냄.
barh(x,y)	수평 막대그래프를 그리는 함수. x 값은 각 막대의 라벨을, y 값은 막대의 길이를 나타냄.
bar(x,y)	수직 막대그래프를 그리는 함수. x 값은 각 막대의 라벨을 y 값은 막대의 높이를 나타냄.
compass(x,y)	원점에서 각 (x, y) 점으로 향하는 화살표로 이루어진 극좌표 형태 도표를 그리는 함수. 도표의 점의 위치는 극좌표가 아니라 직교좌표로 특정되어진다.
pie(x) pie(x,explode)	파이 그래프를 그리는 함수. 전체 파이에서 각 x 값에 대한 백분율을 결정하고, 파이 조각을 나타낸다. 옵션 배열 explode는 남은 파이로부터 개별 파이 조각의 분리 여부를 제어한다.
stairs(x,y)	계단 도표를 그리는 함수. 각 계단의 가운데는 (x, y) 점에 위치
stem(x,y)	줄기 도표를 그리는 함수. 각 (x, y) 점에 마커가 있고, 줄기는 아래쪽 x축 방향으로 내려감.

3.6.1 [좋은 프로그래밍 습관] 요약

MATLAB 함수를 사용할 때 다음 지침을 준수하여야 한다.

1. 가장 최적의 도표를 얻고자 할 경우 작업하고 있는 데이터 유형을 고려하라. 도표로 나타내고자 하는 데이터의 범위가 많은 자릿수에 걸쳐 있다면 로그 눈금을 사용하고, 한 자릿수 이하이면 선형 눈금을 사용하라.
2. 도표의 제목과 축에 굵은 글꼴, 기울임 글꼴, 위첨자, 아래첨자, 특수 문자 등을 사용하고자 한다면 스트림 수정자를 사용하라.

3.6.2 MATLAB 요약

다음은 이 장에서 설명한 모든 MATLAB 명령어와 함수를 요약하여 수록한 것이다.

명령어와 함수

`axis`	(a) 데이터를 나타낼 도표의 x축과 y축의 범위를 설정한다. (b) 도표의 x축과 y축의 범위를 가져온다. (c) 축과 관련된 속성을 지정한다.
`bar(x,y)`	수직 막대 도표를 만든다.
`barh(x,y)`	수평 막대 도표를 만든다.
`compass(x,y)`	나침반 도표를 만든다.
`figure`	현재 그림창이 될 그림창을 선택한다. 선택한 그림창이 없으면 자동으로 새 창을 만든다.
`hold`	하나의 그래프 위에 다른 그래프를 겹쳐 그릴 수 있도록 허용한다.
`linspace`	선형 등간격을 갖는 배열을 만든다.
`loglog(x,y)`	로그-로그 도표를 만든다.
`logspace`	로그 등간격을 갖는 배열을 만든다.
`pie(x)`	파이 도표를 만든다.
`polar(theta,r)`	극도표를 만든다.
`semilogx(x,y)`	로그-선형 도표를 만든다.
`semilogy(x,y)`	선형-로그 도표를 만든다.
`stairs(x,y)`	계단 도표를 만든다.
`stem(x,y)`	줄기 도표를 만든다.
`subplot`	현재 그림창에서 부도표를 선택한다. 선택한 부도표가 없으면 새로 만든다. 새로운 부도표가 기존 부도표와 모양이 일치하지 않으면 기존 부도표가 자동으로 삭제된다.

3.7 연습문제

3.1 함수 $y(x) = e^{-0.5x} \sin 2x$에 대한 막대 도표를 작성하라. x는 0에서 10 사이에서 100개의 값을 사용하고, 범례, 제목, 축 제목, 눈금을 반드시 나타내라.

3.2 $-6 \le x \le 6$ 범위에서 함수 $f(x) = x^4 - 3x^3 + 10x^2 - x - 2$를 도표로 나타내라. 함수는 검은색의 2포인트 두께의 선으로 나타내고, 눈금을 표시하라. 제목, 축 제목을 나타내고, 제목 문자열에 식이 나타나도록 하라(제목 문자열에서 기울임 글꼴과 위첨자를 나타내기 위해서는 스트림 수정자를 사용해야 한다).

3.3 $-2 \le x \le 8$ 범위에서 200개의 점을 이용하여 함수 $f(x) = \dfrac{x^2 - 6x + 5}{x - 3}$를 도표로 나타내라. $x = 3$에 점근선이 있어 그 선에 무한히 접근한다. 도표의 나머지 부분을 보기 위해서는 y축의 범위를 적절하게 제한해야 하므로, `axis` 명령어를 사용하여 y축의 범위를 -10에서 10으로 제한하라.

3.4 $0 \le \theta \le 2\pi$ 범위에 대하여 함수 $r(\theta) = \sin(2\theta) \cos\theta$의 극도표를 나타내라.

3.5 0에서 4까지 0.1 간격의 x에 대하여 함수 $y(x) = e^{-x} \sin x$를 다음 형태의 도표들로 나타내라. (a) 선형 도표, (b) 로그-선형 도표, (c) 줄기 도표, (d) 계단 도표, (e) 수직 막대 도표, (f) 수평 막대 도표, (g) 나침반 도표. 모든 도표에 제목과 축 제목을 표시하라.

3.6 문제 3.5에서 함수 $y(x) = e^{-x} \sin x$를 선형-로그, 또는 로그-로그 함수로 나타내는 것은 왜 적절하지 않은가?

3.7 George, Sam, Betty, Charlie, Suzie가 동료의 이별 선물을 위해 각각 \$15, \$5, \$10, \$5, \$15만큼 부담하였다. 그들의 분담에 대해서 파이 도표를 만들어라. Sam은 몇 퍼센트를 부담하였는가?

3.8 x는 0에서 10 사이에서 100개의 값을 사용하여 함수 $y(x) = e^{-0.5x} \sin 2x$에 대한 막대 도표를 작성하라. 2포인트 굵기의 파란색 실선으로 나타내라. 동일한 축에 함수 $y(x) = e^{-0.5x} \cos 2x$를 3포인트 굵기의 빨간색 파선으로 나타내라. 범례, 제목, 축 제목, 격자선을 나타내라.

3.9 문제 3.8의 도표를 수정하기 위하여 MATLAB 도표 편집 도구를 사용하라. 함수 $y(x) = e^{-0.5x} \sin 2x$를 나타내는 선을 1포인트 굵기의 검은색 단선으로 변경하라.

3.10 문제 3.8의 함수를 로그–선형 도표로 나타내라. 범례, 제목, 축 제목, 격자선을 나타내라.

3.11 `linspace` 함수를 이용하여 1에서 100까지 100개의 입력 값 배열을 만들고, 다음의 함수를 x축 로그 도표로 나타내라.

$$y(x) = 20 \log_{10}(2x) \tag{3.4}$$

2포인트 굵기의 파란색 실선으로 그리고, 각 점을 빨간색 원으로 나타내라. `logspace` 함수를 이용하여 1에서 100까지 100개의 입력 값 배열을 만들고, 식 (3.4)를 x축 로그 도표로 나타내라. 2포인트 굵기의 빨간색 실선으로 그리고, 각 점을 검은색 별로 나타내라. `linspace`와 `logspace`를 사용한 도표를 비교하라.

3.12 **아르키메데스의 나선.** 아르키메데스의 나선은 극좌표계에서 다음 식으로 표현되는 곡선이다.

$$r = k\theta \tag{3.5}$$

여기서 r은 원점으로부터의 거리이고, θ는 원점을 기준으로 한 라디안 단위의 각이다. $k = 0.5$ 일 때 $0 \le \theta \le 6\pi$ 범위에서 아르키메데스의 나선을 그려라. 도표에 제목과 축 제목을 포함시켜라.

3.13 다음과 같이 정의되는 복소함수를 생각하자.

$$f(t) = (1 + 0.25i)\, t - 2.0 \tag{3.6}$$

$0 \le t \le 4$ 범위에 대하여 함수의 크기와 위상을 두 개의 독립된 부도표에 나타내라. 제목과 축 제목을 포함시켜라.(MATLAB 함수 `abs`와 `phase`를 이용하여 크기와 위상을 계산할 수 있다.)

3.14 모터의 출력 전력. 회전 모터의 출력 전력은 다음 식으로 구할 수 있다.

$$P = \tau_{\text{IND}}\,\omega_m \tag{3.7}$$

여기서 τ_{IND}는 회전축에 가해지는 N · m 단위의 유도 토크, ω_m는 라디안/s 단위의 축 회전 속도, P는 W 단위의 출력 전력을 각각 나타낸다. 특정 모터 축의 회전 속도가 다음 식으로 주어지고,

$$\omega_m = 188.5(1 - e^{-0.2t})\ \text{rad/s} \tag{3.8}$$

축의 유도 토크는 다음 식으로 주어진다고 가정하자.

$$\tau_{\text{IND}} = 10e^{-0.2t}\ \text{N} \cdot \text{m} \tag{3.9}$$

시간이 $0 \le t \le 10$ s의 범위로 변할 때, 축의 토크, 회전 속도 및 출력 전력을 각각 그래프로 나타내라. 적절한 곳에 τ_{IND}와 ω_m 기호를 삽입하여 도표 제목 및 축 제목을 나타내라. 전력을 선형 눈금과 로그 눈금으로 각각 나타내는 두 개의 그래프를 만들어라. 시간은 항상 선형 눈금으로 나타내야 한다.

3.15 궤도 그리기. 인공위성이 지구를 선회할 때, 그 궤도는 지구가 한 초점을 이루는 타원을 형성한다. 인공위성의 궤도는 극좌표계에서 다음과 같이 표현된다.

$$r = \frac{p}{1 - \varepsilon \cos\theta} \tag{3.10}$$

여기서 r과 θ는 지구 중심으로부터의 거리와 각, p는 궤도의 크기를 지정하는 매개 변수, ε는 궤도의 이심률을 나타내는 매개 변수를 각각 나타낸다. 원형 궤도의 이심률 ε는 0이고, 타원형 궤도의 이심률은 $0 \le \varepsilon < 1$이다. $\varepsilon > 1$이면 인공위성은 쌍곡선 경로를 따라 지구 중력장을 벗어나게 된다.

궤도의 크기가 p = 1000 km인 인공위성을 고려하자. ε = 0, 0.25, 0.5인 각 경우에 대해 이 인공위성의 궤도를 도시하라. 각 궤도는 지구에 얼마나 가까워지는가? 각 궤도는 지구로부터 얼마나 멀어지는가? 작성한 세 도표를 서로 비교하라. 이 도표들을 보고 계수 p가 무엇을 의미하는지 알아낼 수 있는가?

3.16 오차막대. 실험실의 실제 계측 결과를 도표로 나타내는 많은 경우, 그 데이터는 측정된 개별 자료의 평균값이다. 이러한 데이터는 평균과 변화량, 두 가지의 중요한 정보를 갖고 있다.

데이터에 대한 오차막대를 추가하여 이러한 두 가지 정보를 동일한 도표상에 나타낼 수 있다. 오차막대는 작은 수직선으로 각 점에서의 변화량을 보여준다. MATLAB에서는 함수 `errorbar`를 이용하여 도표에 나타낼 수 있다.

MATLAB 문서에서 `errorbar`를 찾아보고 어떻게 사용하는지 학습하라. 이 함수는 두 가지 유형이 있는데, 하나는 평균점의 양쪽으로 동일한 양만큼의 오차를 나타내고, 다른 하나는 상한과 하한을 사용자가 직접 설정한다.

어떤 지점의 평균 고온과 최고 온도, 최저 온도를 월별로 나타낸다고 하면, 이러한 데이터는 다음 표와 같이 표현될 수 있을 것이다. 이 지점의 월별 평균 일최고기온을 도표로 나타내고, 각 달의 최고 온도와 최저 온도를 오차막대로 표시하라. 도표에 제목과 축 제목을 나타내라.

지점의 온도(°F)

월	평균 일최고기온	최고온도	최저온도
January	66	88	16
February	70	92	24
March	75	100	25
April	84	105	35
May	93	114	39
June	103	122	50
July	105	121	63
August	103	116	61
September	99	116	47
October	88	107	34
November	75	96	27
December	66	87	22

CHAPTER 04

명령문의 분기 및 프로그램 설계

2장에서 완벽하게 작동하는 MATLAB 프로그램을 몇 개 개발하였다. 그러나 이들은 모두 일련의 명령문을 고정된 순서로 차례차례 실행하는 아주 간단한 프로그램이었다. 이런 프로그램을 순차적 프로그램(sequential program)이라고 부르는데, 입력 데이터를 읽고 처리하여 원하는 답을 얻어 출력한 다음 종료하는 단순한 작업을 수행한다. 이런 프로그램에서는 일부분을 두 번 이상 반복하여 실행하거나 입력 데이터의 값에 따라 특정 부분만 선택하여 실행하는 방법이 전혀 없다.

지금부터 이어질 두 개의 장에서는 프로그램을 구성하는 명령문의 실행 순서를 제어하는 몇 가지 MATLAB 제어문을 소개한다. 제어문은 크게 두 가지 범주로 나눌 수 있는데, 코드에서 실행할 특정 부분을 선택하는 **분기(branch)**와 일부분을 반복 수행하도록 만드는 **루프(loop)**가 있다. 분기는 이 장에서 다룰 것이며 루프는 5장에서 설명한다.

분기와 루프가 프로그램에 포함되면 프로그램은 훨씬 복잡해지고 오류가 발생하기 쉽다. 프로그래밍 오류를 피하기 위해, 여기서는 하향식 설계(top-down design)로 알려진 기법을 근간으로 하는 정식 프로그램 설계 과정을 소개한다. 또한 유사 코드(pseudocode)라고도 알려진 일반적인 알고리즘 개발 도구에 대해서 소개한다.

분기는 논리적인 값이나 식에 의해 제어되기 때문에 먼저 MATLAB의 논리형 데이터를 배우게 될 것이다.

4.1 하향식 설계 기법의 소개

여러분이 산업 현장에서 일하는 엔지니어로서 어떤 문제를 해결하기 위해 프로그램을 짜야 한다고 가정하자. 어떻게 시작할까?

새로운 문제가 주어지면, 사람들은 대개 그 문제에 대해 숙고하느라 시간을 '낭비하지' 않고 바로 컴퓨터 앞에 앉아서 프로그램을 짜려는 경향이 있다. 이런 성급한 프로그래밍 방식은 이 책의 예제들과 같은 아주 작은 문제에서는 통할 수 있다. 그러나 실제 현장에서 발생하는 문제는 이렇게 작은 문제들이 아니어서, 위와 같은 방식으로는 결국 헤어나지 못하는 수렁에 빠지게 된다. 이런 큰 문제를 위해서는 문제와 그 해결 방법에 대해 충분히 숙고한 후 프로그램을 작성하여야 한다.

이 절에서 설명하는 정식 프로그램 설계 과정은 이후에 나오는 주요 응용프로그램을 개발하는 데 적용할 것이다. 일부 간단한 문제들에 대해서는 이런 설계 과정이 너무 지나친 것으로 보일 수 있으나, 문제가 점점 커질수록 성공적인 프로그램 작성을 위해 더욱더 필요한 과정이 될 것이다.

내가 학부 과정에 있을 때 한 교수는 이런 말을 즐겨 하였다. "프로그래밍은 쉽다. 어려운 것은 무엇을 프로그래밍해야 하는지를 아는 것이다." 내가 학교를 졸업하고 대규모 소프트웨어 개발 프로젝트에 참여하고 나서야 그 말의 뜻을 절실히 깨달을 수 있었다. 내 작업의 가장 어려운 부분은 내가 풀려는 문제를 이해하는 것이라는 점을 이때 깨달았다. 일단 문제를 확실히 이해하고 나면, 이 문제를 잘 정의된 기능을 갖는 더 작고 다루기 쉬운 조각으로 나눈 다음 한 번에 한 조각씩 풀어나가기만 하면 되었다.

하향식 설계(top-down design)는 큰 작업을 더 작고, 이해하기 더 쉬우며, 원하는 작업의 일부만을 수행하는 조각(부분 작업, sub-task)으로 나누는 과정이다. 필요하다면 각 부분 작업을 더 작은 부분 작업들로 세분할 수도 있다. 하나의 프로그램을 여러 조각으로 쪼갠 후에는 각 조각을 따로따로 짜서 시험할 수 있다. 각 부분 작업이 그 자체로 작동하는 것을 확인한 다음에야 이들을 합쳐 전체 프로그램을 완성한다.

하향식 설계 개념은 그림 4.1에 나타낸 정식 프로그램 설계 과정의 토대를 이룬다. 지금부터 프로그램 설계 과정을 상세히 소개한다.

1. **해결하려는 문제를 명확히 기술한다.**

   프로그램은 대개 어떤 필요(need)를 충족하기 위해 작성하지만, 프로그램을 요청하는 사람이 그 필요를 명확히 표현하지 못하는 경우가 있다. 예를 들어, 어떤 사용자가 선형 연립방정식 문제를 푸는 프로그램을 요청했다고 하자. 이런 요청은 프로그래머가 프로그램을 설계할 수 있을 만큼 명확하지 않다. 프로그래머는 먼저 풀어야 할 문제에 관해 더 많은 사항을 알아야 한다. 그 방정식의 실근 또는 복소근을 구해야 하는가? 프로그램에서 다룰 방정식과 미지수의 최대 개수는 얼마인가? 문제 해결을 쉽게 만드는 대칭성이 방정식에 내재되어 있는가? 이런 물음에 대한 답을 얻으려면 프로그래머는 프로그램 개발을 요청한 사용자와 대화를 나눠 이루려는 바를 올바르게 표현하는 명확한 기술문(statement)을 도출해야 할 것이다. 문제에 대한 명확한 기술은 오해의 여지를 없애

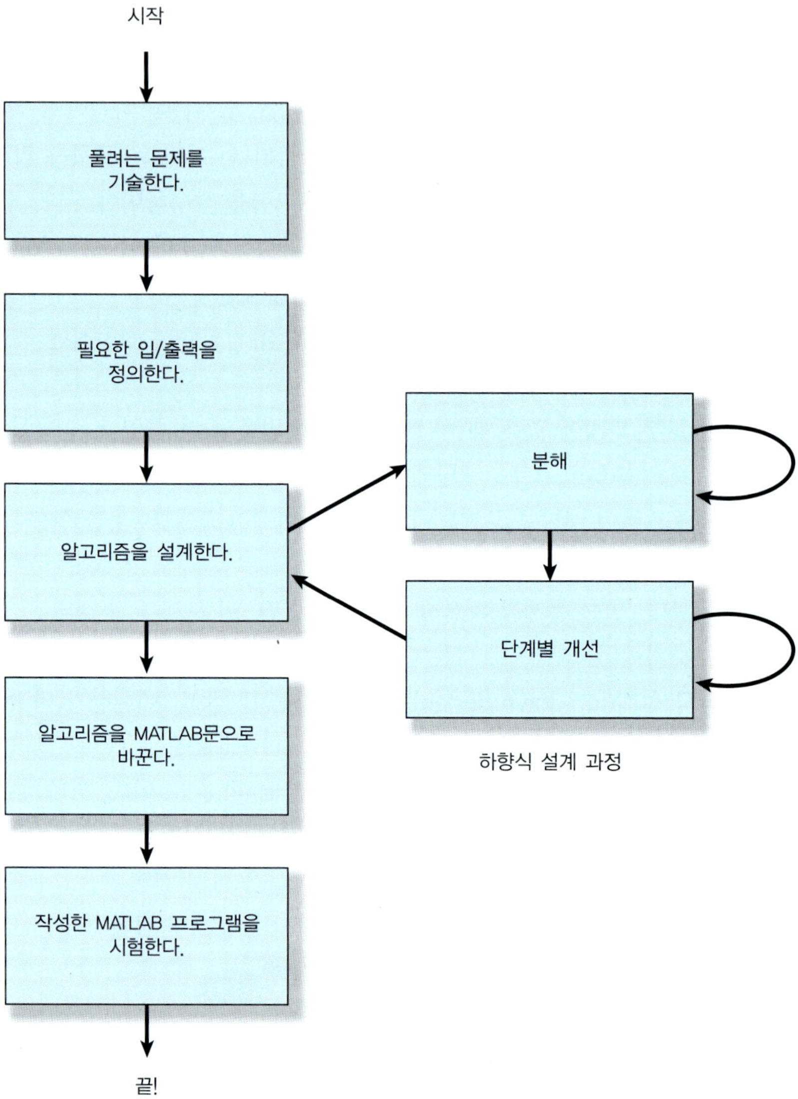

그림 4.1 이 책에서 사용한 프로그램 설계 과정

고 프로그램 설계자가 자신의 구상을 제대로 정리할 수 있도록 도와준다. 여기서 예로 든 연립방정식 문제의 경우, 다음과 같은 기술문을 채택할 수 있다.

"20개까지의 방정식과 미지수를 갖는 실계수의 선형 연립방정식을 푸는 프로그램을 설계하고 작성하시오."

2. **프로그램에 필요한 입력과 도출할 출력을 정의한다.**

새로운 프로그램이 앞뒤의 프로그램들을 포함하는 전체적인 처리 계획에 잘 부합하도록 입/출력을 지정하여야 한다. 위의 예제에서 풀어야 할 방정식의 계수는 아마 (앞 프로그램에 의해) 어떤 순서가 미리 정해져 있을 것이므로 새 프로그램도 이 순서로 계수들을 읽을 수 있어야 한다. 마찬가지로, 이 프로그램을 뒤따르는 프로그램에서 요구하는 답을 계산하여 요구하는 서식으로 출력할 필요가 있다.

3. **프로그램에서 구현하려는 알고리즘을 설계한다.**

   알고리즘(algorithm)이란 문제의 해를 구하기 위한 단계별 과정이다. 프로그램 개발의 이 세 번째 단계가 바로 하향식 설계 기법을 본격적으로 적용하는 단계이다. 설계자는 문제를 논리적으로 나눌 수 있는 부분을 찾아 각 부분을 부분 작업으로 구분한다. 이 과정을 분해(decomposition)라고 부른다. 만약 부분 작업 자체도 크다면, 프로그래머는 그 부분 작업을 다시 여러 개의 부분작업(sub-sub-task)으로 나눌 수 있다. 이런 분해 과정을 계속하여 문제를 구성하는 각각의 조각이 간단하고 명확하게 이해할 수 있는 작업이 되도록 만든다. 주어진 문제를 작은 조각 문제들로 분해한 다음, 각 조각을 단계별 개선(step-wise refinement)이라 부르는 과정을 통해 더 다듬는다. 단계별 개선 과정에서 설계자는 그 문제 조각에 대한 코드가 수행해야 할 기능을 전반적으로 기술한 다음, 이 기능을 더욱더 세밀하게 구분하여 MATLAB문으로 전환할 수 있을 만큼 구체적으로 정의한다. 단계별 개선은 주로 다음 절에서 설명할 유사 코드를 사용하여 수행한다.

   알고리즘 개발 과정에서 주어진 문제의 간단한 예를 컴퓨터를 이용하지 않고 개발자가 직접 풀어보는 것이 종종 도움이 된다. 개발자가 그 문제를 푸는 각 단계를 숙지하고 있다면, 분해나 단계별 개선 과정을 그 문제에 더 잘 적용할 수 있다.

4. **알고리즘을 MATLAB문으로 바꾼다.**

   분해와 단계별 개선 과정을 적절하게 수행하였다면 이 단계는 매우 간단하다. 프로그래머는 단지 유사 코드를 그에 대응하는 MATLAB문으로 차례차례 바꾸기만 하면 된다.

5. **작성한 MATLAB 프로그램을 시험(test)한다.**

   이 단계는 정말 힘든 단계다. 가능하면 먼저 프로그램의 각 구성 성분을 따로따로 시험한 다음, 전체 프로그램을 시험하여야 한다. 프로그램을 시험할 때는 모든 적법한 입력 데이터 집합에 대해 올바르게 작동하는지 확인하여야 한다. 작성한 프로그램을 어떤 표준적인 데이터 집합으로 시험한 후 사용자에게 배포하였으나, 유감스럽게도 그 프로그램이 다른 입력 데이터 집합에 대해 잘못된 해를 낳거나 폭주하는 경우가 흔히 있다. 만약 프로그램에 구현된 알고리즘이 다른 분기를 포함하고 있다면, 가능한 모든 분기에 대해 시험하여 프로그램이 가능한 모든 상황에서 제대로 작동함을 확인하여야 한다. 이러한 상세한 시험은 매우 큰 프로그램에서는 거의 불가능하고, 그렇기 때문에 프로그램을 보통 수년 동안 사용한 후에야 버그가 발견될 수도 있다.

이 책에 있는 프로그램은 매우 짧기 때문에 위에서 언급한 광범위한 테스팅은 필요하지 않을 것이다. 그러나 모든 프로그램의 테스팅에서는 기본적인 원리를 따라야 한다.

좋은 프로그래밍 습관

믿을 수 있고 이해하기 쉬운 MATLAB 프로그램을 만들기 위해서는 프로그램 설계 과정의 순서를 따른다.

큰 규모의 프로그램을 개발하는 프로젝트에서 실제로 프로그래밍에 소요되는 시간은 놀라울 정도로 짧다. Frederick P. Brooks Jr.가 쓴 『*The Mythical Man-Month*』[1]라는 책에 의하면, 전형적인 대규모 소프트웨어 프로젝트에서 전체 시간의 1/3은 무엇을 할 것인지를 계획하는 데(1~3단계), 1/6은 실제로 프로그램을 작성하는 데(4단계), 1/2은 프로그램을 시험하고 오류를 수정하는 데 각각 소요된다고 한다! 의심할 여지 없이 프로그램의 시험과 디버깅에 소요되는 시간을 줄일 수만 있다면 프로그램 개발 시간은 매우 단축될 것이다. 이를 위한 최선의 수단은 매우 신중한 계획과 좋은 프로그래밍 습관이다. 좋은 프로그래밍 습관은 프로그램의 오류를 줄이고 숨어 있는 오류를 쉽게 찾아낼 수 있게 해준다.

4.2 유사 코드의 사용

프로그램 설계 과정의 일환으로서 구현하려는 알고리즘을 표현하는 것이 중요하다. 알고리즘 표현은 개발자뿐 아니라 다른 사람들이 이해하기 쉽도록 표준형으

1 *The Mythical Man-Month, Anniversary Edition*, by Frederick P. Brooks Jr., Addison-Wesley, 1995.

로 나타내야 하며, 개발자의 구상을 MATLAB 코드로 바꾸는 데 도움을 줄 수 있어야 한다. 알고리즘을 표현하는 데 사용하는 표준형을 **구성체**(construct) 또는 **구조체**(structure)라고 부르며, 이를 사용하여 표현한 알고리즘을 구조화 알고리즘이라고 부른다. 구조화 알고리즘을 구현하는 MATLAB 프로그램은 **구조화 프로그램**(structured program)이라고 부른다.

알고리즘을 만드는 데 사용되는 구성체는 유사 코드라는 특별한 방법으로 표현할 수 있다. 유사 코드는 MATLAB과 영어가 섞여 있는 혼성어이다. 유사 코드는 MATLAB 언어처럼 각 줄별로 별개의 구상이나 코드 부분을 담고 있지만 표현은 영어로 되어 있다. 유사 코드의 각 줄은 평범하고 이해하기 쉬운 영어로 기술된다. 유사 코드는 융통성있고 수정하기 쉽기 때문에 알고리즘을 개발할 때 매우 쓸모가 있다. 또한, 특별한 그래픽 기능이 필요하지 않아 MATLAB 프로그램을 작성할 때 사용하는 편집기나 워드 프로세서로도 작성하거나 수정할 수 있어 특히 유용하다.

예를 들어, 예제 2.3의 알고리즘을 표현하는 유사 코드는 아래와 같다.

```
Prompt user to enter temperature in degrees Fahrenheit
Read temperature in degrees Fahrenheit (temp_f)
temp_k in kelvins <- (5/9) * (temp_f - 32) + 273.15
Write temperature in kelvins
```

변수에 값을 저장한다는 것을 나타내기 위해 등호(=) 대신 왼쪽 화살표(<–)를 사용하여 대입문과 등식을 쉽게 구별하고 있음을 주목해야 한다. 유사 코드는 개발자의 구상을 MATLAB 코드로 바꾸기 전에 체계화하는 데 도움을 준다.

4.3 논리형 데이터

`logical` 데이터형[2]은 `true`(참값) 또는 `false`(거짓값)의 두 가지 값 중 하나만 가질 수 있는 특별한 유형의 데이터이다. 이 값들은 두 개의 특별한 함수인 `true` 함수와 `false` 함수에 의해 각각 생성된다. 이 값들은 관계 연산자와 논리 연산자라는 두 종류의 MATLAB 연산자로 만들 수도 있다.

많은 MATLAB의 분기 구성체는 논리형 변수나 논리식에 의해 제어된다. 변수나

2 `logical` 데이터형은 MATLAB 6.5에서 도입되었다. 논리값은 1바이트의 메모리에 저장되므로 대개 8바이트를 점하는 수치보다 훨씬 적은 메모리를 차지한다.

식의 결과가 참이면 코드의 한 부분이 실행되고, 거짓이면 코드의 다른 부분이 실행된다.

logical형 변수를 만들려면 대입문에서 논리값을 대입하기만 하면 된다. 예를 들어 다음 대입문은 논리값 true를 갖는 논리 변수 a1을 만든다.

```
a1 = true;
```

whos 명령어로 이 변수를 조사해보면 데이터 유형이 논리형임을 알 수 있다.

```
» whos a1
Name        Size        Bytes      Class
a1          1x1             1      logical array
```

Java나 C++, Fortran 같은 프로그래밍 언어와 달리 MATLAB에서는 수치 데이터와 논리 데이터를 혼합하여 사용할 수 있다. 만약 수치가 필요한 곳에 논리값이 쓰이면 참값은 1로, 거짓값은 0으로 변환되어 수처럼 사용된다. 만약 논리값이 필요한 위치에 수치가 오면, 0이 아닌 수치는 true로, 0값은 false로 변환되어 논리값처럼 쓰인다.

명시적으로 수치를 논리값으로 변환하거나 반대로 변환할 수도 있다. logical 함수는 수치 데이터를 논리 데이터로 바꾸고, real 함수는 논리 데이터를 수치 데이터로 바꾼다.

4.3.1 관계 연산자와 논리 연산자

관계 연산자와 논리 연산자는 참과 거짓의 결과를 도출하는 연산자이다. 이 연산자들은 일부 MATLAB 분기 구조에서 실행되는 코드를 제어하기 때문에 매우 중요하다.

관계 연산자(relational operator)는 두 숫자를 비교하여 참과 거짓의 결과를 도출한다. 예를 들어, a > b는 변수 a와 b를 비교하는 관계 연산자이다. a값이 b값보다 크다면 참값을 반환하고, 그렇지 않으면 거짓값을 반환한다.

논리 연산자(logic operators)는 하나 또는 두 개의 논리값을 비교하는 연산자로 참값이나 거짓값을 도출한다. 예를 들어 &&은 논리 AND 연산자이다. a && b 연산자는 a와 b값에 저장된 논리 변수를 비교한다. 만약 a와 b가 모두 참(0이 아닌 값)이라면 연산자는 참값을 도출하고, 그렇지 않으면 거짓값을 도출한다.

4.3.2 관계 연산자

관계 연산자는 두 개의 수나 문자열을 피연산자(operand)로 삼아 양자 간의 관계에 따라 참(1) 또는 거짓(0)을 반환하는 연산자이다. 관계 연산자의 일반적인 형식은 다음과 같다.

a_1 op a_2

여기서 a_1과 a_2는 식, 변수 또는 문자열이며, op는 표 4.1에 수록한 관계 연산자 중 하나이다.

만약 a_1과 a_2의 관계가 연산자에 의해 표현되는 관계와 같다면 이 연산은 참값을 반환하고, 같지 않다면 거짓값을 반환한다.

몇 가지 관계 연산식과 그 결과를 아래에 나타냈다.

연산	결과	연산	결과
3 < 4	true (1)	3 > 4	false (0)
3 <= 4	true (1)	4 <= 4	true (1)
3 = = 4	false (0)	'A' < 'B'	true (1)

문자는 알파벳 순서에 따라 그 크기를 평가하기 때문에 맨 마지막의 관계 연산식은 참이다.

표 4.1: 관계 연산자

연산	결과
= =	같다
~=	같지 않다
>	크다
>=	크거나 같다
<	작다
<=	작거나 같다

관계 연산자를 사용하여 스칼라값과 배열을 비교할 수 있다. 예를 들어, 배열 a = $\begin{bmatrix} 1 & 0 \\ -2 & 1 \end{bmatrix}$이고 변수 b = 0일 때, 식 a > b는 논리 배열 $\begin{bmatrix} 1 & 0 \\ 0 & 1 \end{bmatrix}$이 된다. 관계 연산자는 크기가 같은(행과 열의 수가 같은) 두 배열을 비교할 때도 사용된다. 예를 들어, 배열 a = $\begin{bmatrix} 1 & 0 \\ -2 & 1 \end{bmatrix}$와 b = $\begin{bmatrix} 0 & 2 \\ -2 & -1 \end{bmatrix}$가 주어질 때, 식 a >= b의 결과는 논리 배열 $\begin{bmatrix} 1 & 0 \\ 1 & 1 \end{bmatrix}$이 된다. 만약 관계 연산에 쓰이는 배열의 크기가 다를 때는 런타임 오류가 발생한다.

문자열은 문자의 배열이기 때문에, 관계 연산자는 두 문자열의 길이가 같을 때만 비교할 수 있다. 만약 두 문자열의 길이가 다르다면, 비교 연산에서 오류가 발생한다. 문자열을 비교하는 더 일반적인 방법은 9장에서 설명한다.

동등(equivalence) 관계 연산자는 두 개의 등호로 표시되는 반면, 대입 연산자는 하나의 등호로 표시된다. 두 연산자는 서로 완전히 다르나 초보 프로그래머들은 자주 이 둘을 혼동한다. == 기호는 비교 연산을 수행하여 논리값(0 또는 1)을 반환하는 반면, = 기호는 등호 오른쪽의 식의 값을 등호 왼쪽의 변수에 대입한다. 초보 프로그래머는 비교 연산을 수행할 때 등호 한 개만 사용하는 실수를 자주 저지른다.

이점에 주의하세요

동등 관계 연산자(==)와 대입 연산자(=)를 혼동하지 않도록 주의하자.

연산의 우선순위로 볼 때 관계 연산은 모든 산술 연산이 끝난 후 수행된다. 따라서 다음 두 식은 동등하다(둘 다 참이다).

```
7 + 3 < 2 + 11
(7 + 3) < (2 + 11)
```

4.3.3 == 연산자와 ~=연산자를 사용할 때의 주의사항

동등 연산자(==)는 비교되는 두 값이 서로 같으면 참값(1)을 반환하고, 서로 다르면 거짓값(0)을 반환한다. 이와 비슷하게 비동등 연산자(~=)는 비교되는 두 값이 서로 같으면 거짓값(0)을 반환하고, 서로 다르면 참값(1)을 반환한다. 이 두 연산자를 사용하여 문자열을 비교할 때는 별 문제가 없지만, 수치를 비교할 때 놀라운 결과가 나오는 경우가 가끔 있다. 컴퓨터를 이용한 계산에서 발생하는 **반올림 오차**(roundoff error) 때문에, 이론적으로는 같은 두 수가 서로 미미하게 다를 수 있어 동등 또는 비동등 검사에서 실패할 수 있다.

예를 들어, 다음 두 수는 모두 0.0과 같아야 한다.

```
a = 0;
b = sin(pi);
```

이 두 수는 이론적으로 서로 같으므로 관계 연산 a = = b의 결과는 1이 되어야 한다. 그러나 실제 MATLAB 연산의 결과는 다음과 같다.

```
» a = 0;
» b = sin(pi);
» a = = b
ans =
        0
```

MATLAB에서는 sin(pi)를 계산할 때 나타나는 작은 반올림 오차 때문에 정확히 0이 아니라 1.2246×10^{-16}이 되어 a와 b를 다른 값으로 인식한다. 이론적으로 같은 두 개의 값이 반올림 오차 때문에 서로 다른 값이 된 것이다!

두 수가 서로 정확히 일치하는지 비교하는 대신, 수치 계산에서 예상되는 반올림 오차를 감안하여 설정한 정확도 내에서 일치 여부를 결정하도록 테스트를 고안해야 한다. 다음 테스트는

```
» abs(a - b) < 1.0E-14
ans =
      1
```

a와 b를 계산할 때 나타나는 반올림 오차에도 불구하고 올바른 답을 도출하고 있다.

좋은 프로그래밍 습관

두 수치의 동등 여부를 검사할 때는 반올림 오차 때문에 이론적으로 같은 두 변수를 다르다고 잘못 판단할 수 있으므로 주의하여야 한다. 이 때는 두 변수가 컴퓨터 계산 과정에서 발생하는 반올림 오차의 범위 내에서 거의 일치하는지를 검사하는 것이 낫다.

4.3.4 논리 연산자

논리 연산자는 하나 또는 두 개의 피연산자를 대상으로 연산을 수행하여 논리값을 도출한다. 논리 연산자에는 AND(&와 &&), OR(|과 ||), xor의 5가지 2항 연산자 외에 1항 연산자인 NOT(~)이 있다. 2항 논리 연산식은 다음과 같은 일반적인 형식을 가지며,

$$l_1 \text{ op } l_2$$

1항 논리 연산식은 다음과 같은 일반적인 형식을 갖는다.

$$\text{op } l_1$$

여기서 l_1, l_2는 식 또는 변수이고, op는 표 4.2에 정리한 논리 연산자 중의 하나이다. 논리 연산식에 나타난 l_1과 l_2의 관계가 참이라면, 그 연산은 true를 반환하며, 그렇지 않으면 false를 반환한다. 논리 연산자는 0이 아닌 값을 참으로 취급하고, 0값을 거짓으로 취급한다.

논리 연산의 결과는 l_1과 l_2의 모든 조합에 대한 연산 결과를 보여주는 **진리표(truth table)**로 요약할 수 있다. 표 4.3은 모든 논리 연산자에 대한 진리표를 나타낸 것이다.

표 4.2: 논리 연산자

연산	결과
&	논리곱(logical AND)
&&	단축 검사를 수행하는 논리곱
|	포함적 논리합(logical inclusive OR)
||	단축 검사를 수행하는 포함적 논리합
xor	배타적 논리합(logical exclusive OR)
~	논리 부정(logical NOT)

표 4.3: 논리 연산자의 진리표

피연산자		and		or		xor	not
l_1	l_2	l_1 & l_2	l_1 && l_2	$l_1 \mid l_2$	$l_1 \mid\mid l_2$	xor(l_1, l_2)	$\sim l_1$
false	false	false	false	false	false	false	true
false	true	false	false	true	true	true	true
true	false	false	false	true	true	true	false
true	true	true	true	true	true	false	false

논리곱

AND 연산자는 두 개의 피연산자가 모두 참일 때만 참값을 도출한다. 두 피연산자 중 하나라도 거짓이라면 표 4.3에 나와 있는 것처럼 거짓값을 도출한다.

AND 연산자에는 &와 && 두 가지가 있다는 점을 유의해야 한다. 왜 연산자가 두 가지이며, 양자의 차이는 무엇일까? &&와 &의 기본적인 차이는 &&는 단축 검사(short-circuit evaluation, 부분(partial) 검사라고도 부름)를 지원하나, &는 그 기능을 지원하지 않는다는 점이다. 즉 &&를 사용하면, 식의 값을 구할 때 l_1이 거짓이면 즉시 거짓값을 반환한다. 만약 l_1이 거짓이면, 그 뒤에 따르는 l_2의 값에 상관없이 그 식은 거짓이기 때문에 연산자는 l_2를 아예 검사하지 않는다. 반면에 &를 사용하면 식은 항상 l_1과 l_2의 값을 모두 구한 후 논리곱 연산 결과를 반환한다.

&&와 &의 두 번째 차이점은 &&는 스칼라값 사이의 연산에서만 사용할 수 있는 데 반해 &는 크기가 같은 두 배열 사이 또는 스칼라와 배열 사이의 연산에서도 사용할 수 있다는 것이다.

프로그램에서 언제 &를 사용하고 언제 &&를 사용해야 하는가? 대부분의 경우 어떤 AND 연산을 사용해도 상관없다. 스칼라값들을 비교하되 반드시 l_2의 값을 구해야 하는 것이 아니라면 && 연산자를 사용한다. 부분 검사 방법을 사용하면 첫 번째 피연산자가 거짓일 때 연산 속도가 더 빨라진다.

때때로 단축 검사 기능이 중요한 경우도 있다. 예를 들어, 두 변수 a와 b의 비가 10보다 큰지를 검사해야 한다고 하자. 이를 위한 코드는 다음과 같다.

```
x = a/b > 10.0
```

이 코드는 정상적으로 작동하나, b가 0인 경우에는 어떻게 될까? 이 경우 0으로 나누는 상황이 되어, 수치가 아니라 Inf가 도출된다. 이런 문제를 피하려면 위의 코드를 다음과 같이 바꾼다.

```
x = (b ~= 0) && (a/b > 10.0)
```

이 식은 부분 검사를 포함하고 있으므로, `b = 0`일 때 `a/b > 10.0`의 식이 계산되지 않아 `Inf`가 나오지 않는다.

좋은 프로그래밍 습관

논리곱 연산식에서 두 개의 피연산자를 다 검사하거나 피연산자가 배열이면 AND 연산자 `&`를 사용하고, 그렇지 않으면 `&&`를 사용한다. `&&`를 사용하면 첫 번째 피연산자가 거짓일 때 연산 속도가 빨라진다. 실제로는 대부분 `&`연산자를 사용한다.

포함적 논리합

포함적 논리합의 연산 결과는 두 피연산자 중 하나만 참이어도 참이다. 표 4.3에 나타낸 바와 같이 두 피연산자가 모두 거짓이면 그 결과는 거짓이다.

OR 연산자에는 `|`와 `||` 두 가지가 있다는 점을 유의해야 한다. 왜 연산자가 두 가지이며, 양자의 차이는 무엇일까? `||`와 `|`의 기본적인 차이는, `||`는 부분 검사를 지원하나, `|`은 이 기능이 없다는 점이다. 즉 `||`를 사용하면, 식의 값을 구할 때 l_1이 참이면 즉시 참값을 반환한다. 만약 l_1이 참이면 그 뒤에 따르는 l_2의 값에 상관없이 그 식은 참이기 때문에 연산자는 l_2를 아예 검사하지 않는다. 반면에 `|`를 사용하면 식은 항상 l_1과 l_2의 값을 모두 구한 후 논리합 연산 결과를 반환한다.

`||`와 `|`의 두 번째 차이점으로서, `||`는 스칼라값 사이의 연산에서만 사용할 수 있는 데 반해 `|`는 크기가 같은 두 배열 사이 또는 스칼라와 배열 사이의 연산에서도 사용할 수 있다.

프로그램에서 언제 `|`를 사용하고 언제 `||`를 사용해야 하는가? 대부분의 경우 어떤 OR 연산을 사용하여도 상관없다. 스칼라값들을 비교하되 반드시 l_2의 값을 구해야 하는 것이 아니라면 `||` 연산자를 사용한다. 부분 검사 방법을 사용하면 첫 번째 피연산자가 참일 때 연산 속도가 더 빨라진다.

좋은 프로그래밍 습관

포함적 논리합 연산식에서 두 개의 피연산자를 다 검사하려거나 피연산자가 배열이면 OR 연산자 | 를 사용하고, 그렇지 않으면 ||를 사용한다. ||를 사용하면 첫 번째 피연산자가 참일 때 연산 속도가 빨라진다. 실제로는 대부분 | 연산자를 사용한다.

배타적 논리합

배타적 논리합의 연산 결과는 두 피연산자 중 하나만 참이고 나머지가 거짓일 때 참이다. 표 4.3에 나타낸 바와 같이 두 피연산자가 모두 참이거나 모두 거짓이면 그 결과는 거짓이다. 배타적 논리합 연산을 수행하기 위해서는 항상 두 피연산자의 값을 모두 구해야 한다는 점에 주의하여야 한다.

배타적 논리합 연산은 다음 코드에서와 같이 xor 함수를 사용하여 구현한다.

```
a = 10;
b = 0;
x = xor(a, b);
```

a값은 0이 아니기 때문에 참으로 취급된다. b는 0이므로, 거짓으로 취급된다. 하나의 값은 참이고 다른 값은 거짓이므로 xor 연산자의 결과값은 참이고 1을 반환할 것이다.

논리 부정

NOT 연산자는 하나의 피연산자만을 갖는 1항 연산자이다. NOT 연산의 결과는 표 4.3에 보인 바와 같이 피연산자가 거짓이면 참이고, 피연산자가 참이면 거짓이다.

연산의 우선순위

연산의 우선순위로 볼 때 논리 연산은 모든 산술 연산과 모든 관계 연산이 끝난 후 수행된다. 식에서 연산이 수행되는 순서는 다음과 같다.

1. 먼저 모든 산술 연산들이 앞서 설명한 순서에 따라 수행된다.
2. 모든 관계 연산(==, ~=, >, >=, <, <=)이 왼쪽에서 오른쪽의 순서로 수행된다.
3. 모든 ~ 연산이 수행된다.
4. 모든 &, && 연산이 왼쪽에서 오른쪽의 순서로 수행된다.

5. 모든 |, ||, xor 연산이 왼쪽에서 오른쪽의 순서로 수행된다.

산술 연산에서와 같이 괄호를 사용하여 연산의 기본 순서를 변경할 수 있다. 몇 가지 논리 연산과 그 결과가 아래에 나와 있다.

▶ 예제 4.1 — 논리식 표현

다음과 같이 변수들이 초기화되어 있을 때, 아래에 주어진 각 식의 값을 구하라.

```
value1 = 1
value2 = 0
value3 = 1
value4 = -10
value5 = 0
value6 = [1 2; 0 1]
```

<table>
<tr><th>식</th><th></th><th>결과</th><th>참고</th></tr>
<tr><td>(a)</td><td>~value1</td><td>false(0)</td><td></td></tr>
<tr><td>(b)</td><td>~value3</td><td>false(0)</td><td>논리 부정 연산을 수행하기 전에 수치 1은 참으로 변환된다.</td></tr>
<tr><td>(c)</td><td>value1 | value2</td><td>true(1)</td><td></td></tr>
<tr><td>(d)</td><td>value1 & value2</td><td>false(0)</td><td></td></tr>
<tr><td>(e)</td><td>value4 & value5</td><td>false(0)</td><td>AND 연산자가 적용되면 −10은 참으로 취급되고 0은 거짓으로 취급된다.</td></tr>
<tr><td>(f)</td><td>~(value4 & value5)</td><td>true(1)</td><td>AND 연산자가 적용되면 −10은 참으로 취급되고 0은 거짓으로 취급된다.</td></tr>
<tr><td>(g)</td><td>value1 + value4</td><td>-9</td><td>value1은 덧셈 전에 0으로 변환된다.</td></tr>
<tr><td>(h)</td><td>value1 + (~value4)</td><td>1</td><td>논리형 데이터인 value1은 덧셈 전에 0으로 변환된다. 수치 value4는 NOT 연산 전에 참으로 변환되고, ~value4는 거짓이 된다. 이 거짓값은 덧셈 전에 수치 0으로 변환되어 최종 결과는 1 + 0 = 1이다.</td></tr>
<tr><td>(i)</td><td>value3 && value6</td><td>오류</td><td>&& 연산자는 스칼라값에 대해서만 사용할 수 있다.</td></tr>
<tr><td>(j)</td><td>value3 & value6</td><td>$\begin{bmatrix} 1 & 1 \\ 0 & 1 \end{bmatrix}$</td><td>스칼라와 배열 간의 AND 연산. value6 행렬의 0이 아닌 값은 참으로 취급된다.</td></tr>
</table>

◀

~연산은 다른 논리 연산보다 먼저 실행된다. 그러므로 위 예제의 (f)항에서 괄호가 필요했다. 만약 괄호가 없었다면 (f)의 식은 `(~value4) & value5` 순서로 값을 구하였을 것이다.

4.3.5 논리 함수

MATLAB은 조건을 검사하여 그 조건이 참이면 참값을 반환하고 거짓이면 거짓값을 반환하는 몇 가지 논리 함수(logical function)를 제공하고 있다. 이런 함수들을 논리 연산자나 관계 연산자와 함께 사용하여 분기나 루프를 제어할 수 있다.

몇 가지 중요한 논리 함수들을 표 4.4에 수록하였다.

표 4.4: 몇 가지 MATLAB 논리 함수

함수	기능
`false`	`false(0)`를 반환한다.
`ischar(a)`	a가 문자 배열이면 `true`를, 아니면 `false`를 각각 반환한다.
`isempty(a)`	a가 빈 배열이면 `true`를, 아니면 `false`를 각각 반환한다.
`isinf(a)`	a의 값이 무한대(Inf)이면 `true`를, 아니면 `false`를 반환한다.
`isnan(a)`	a의 값이 NaN(숫자가 아님)이면 `true`를, 아니면 `false`를 각각 반환한다.
`isnumeric(a)`	a가 수치 배열이면 `true`를, 아니면 `false`를 각각 반환한다.
`logical(a)`	수치를 논리값으로 변환한다. 수치가 0이 아니면 `true`로, 0이면 `false`로 각각 변환한다.
`true`	`true(1)`를 반환한다.

퀴즈 4.1

이 퀴즈는 4.3절에서 소개한 개념을 여러분이 잘 이해하고 있는지를 확인하기 위한 것이다. 만일 퀴즈를 푸는 데 어려움이 있다면 해당 절을 다시 읽고 강사에게 질문하거나 다른 학우와 토의하라. 이 퀴즈의 답은 책의 말미에 수록되어 있다.

a, b, c, d가 다음과 같이 정의되어 있을 때, 아래 식의 값을 구하라.

```
a = 20;        b = -2;
c = 0;         d = 1;
```

1. `a > b`
2. `b > d`
3. `a > b && c > d`
4. `a == b`
5. `a && b > c`
6. `~~b`

a, b, c, d가 다음과 같이 정의되어 있을 때, 아래 식의 값을 구하라.

$$\texttt{a} = 2; \qquad \texttt{b} = \begin{bmatrix} 1 & -2 \\ 0 & 10 \end{bmatrix};$$

$$\texttt{c} = \begin{bmatrix} 0 & 1 \\ 2 & 0 \end{bmatrix}; \qquad \texttt{d} = \begin{bmatrix} -2 & 1 & 2 \\ 0 & 1 & 0 \end{bmatrix};$$

7. `~(a > b)`
8. `a > c && b > c`
9. `c <= d`
10. `logical(d)`
11. `a * b > c`
12. `a * ( b > c)`

a, b, c, d가 다음과 같이 정의되어 있다. 아래의 각 식에 대해 계산 순서를 설명하고, 그 결과를 구하라.

```
a = 2;          b = 3;
c = 10;         d = 0;
```

13. `a*b^2 > a*c`
14. `d || b > a`
15. `(d | b) > a`

a, b, c, d가 다음과 같이 정의되어 있을 때, 아래 식의 값을 구하라.

```
a = 20;         b = -2;
c = 0;          d = 'Test';
```

16. `isinf(a/b)`
17. `isinf(a/c)`
18. `a > b && ischar(d)`
19. `isempty(c)`
20. `(~a) & b`
21. `(~a) + b`

4.4 분기

분기(branch)는 프로그램에서 블록(block)이라고 부르는 특정 코드 부분을 선택하여 실행하되 다른 부분은 건너뛰는 것을 허용하는 MATLAB문이다. 분기에는 `if` 구조(construct), `switch` 구조, `try/catch` 구조가 있다.

4.4.1 if 구조

`if` 구조의 일반적인 형식은 다음과 같다.

```
if control_expr_1
   Statement 1      }
   Statement 2      } Block 1
   ...              }
elseif control_expr_2
   Statement 1      }
   Statement 2      } Block 2
   ...              }
else
   Statement 1      }
   Statement 2      } Block 3
   ...              }
end
```

여기서 제어식(control expression)은 논리식으로서 `if` 구조의 실행을 제어한다. 만약 *control_expr_1*이 참이면(0이 아니면) 프로그램은 블록 1의 문을 실행하고, `end` 다음에 오는 실행 가능한 명령문으로 건너뛴다(블록 2와 블록 3의 명령문은 실행하지 않는다). *control_expr_1*이 참이 아니면 프로그램은 *control_expr_2*의 상태를 점검한다. 만약 *control_expr_2*가 참이면(0이 아니면) 프로그램은 블록 2의 문을 실행하고, `end` 다음에 오는 실행 가능한 명령문으로 건너뛴다. 만약 모든 제어식의 결과가 0이면 프로그램은 `else`절(clause)의 블록에 있는 문을 실행한다.

`if` 구조에서 `elseif`절은 몇 개가 되어도(0이거나 더 많은 수) 상관없으나, `else`절은 최대 한 개까지만(0 또는 1) 허용된다. 각 절의 제어식은 이전 모든 절의 제어식이 거짓(0)일 때만 평가된다. 일단 하나의 제어식이 참으로 판정나면 프로그램은 그 절의 코드 블록을 실행한 후 `end` 다음에 오는 실행 가능한 명령문으로 건너뛴다. 만약 모든 제어식이 거짓이면, 프로그램은 `else`절의 블록을 실행한다. `else`절이 없다면 `if` 구조의 어떤 부분도 실행하지 않고 `end` 다음에 오는 명령문을 실행한다.

이 구조에서 사용되는 MATLAB 키워드 `end`는 2장에서 사용한, 배열 첨자의 최대값을 반환하는 MATLAB 함수 `end`와 완전히 다르다는 점에 주의하여야 한다. MATLAB은 M 파일에서 `end`가 쓰인 곳의 전후 문맥으로 두 용법을 구분한다.

대부분의 상황에서 제어식은 관계 연산자와 논리 연산자를 결합하여 나타낸다. 이 장의 앞에서 설명한 바와 같이 관계 연산자와 논리 연산자는 해당조건이 참일 때 참값(1)을 도출하고, 거짓일 때 거짓값(0)을 도출한다. 따라서 주어진 조건이 참이면 연산 결과가 0이 아닌 값이 되고, 그에 대응하는 코드의 블록이 실행된다.

`if` 구조의 예로서 다음과 같은 2차 방정식의 해를 생각해 보자.

$$ax^2 + bx + c = 0 \tag{4.1}$$

위 식의 일반해는 다음과 같다.

$$x = \frac{-b \pm \sqrt{b^2 - 4ac}}{2a} \tag{4.2}$$

여기서 $b^2 - 4ac$ 항을 2차 방정식의 판별식(discriminant)이라고 한다. 만약 $b^2 - 4ac > 0$이면 2차 방정식은 두 개의 서로 다른 실근을, $b^2 - 4ac = 0$이면 하나의 중근을, $b^2 - 4ac < 0$이면 두 개의 서로 다른 복소근을 각각 갖는다.

2차 방정식의 판별식을 검사하여 주어진 2차 방정식이 서로 다른 두 실근, 중근 또는 서로 다른 두 복소근 중 어떤 유형을 갖는지를 사용자에게 알리는 프로그램을 작성해보자. 이 구조를 유사 코드로 나타내면 다음과 같다.

```
if (b^2 - 4*a*c) < 0
   Write msg that equation has two complex roots.
elseif (b**2 - 4.*a*c) == 0
```

```
   Write msg that equation has two identical real roots.
else
   Write msg that equation has two distinct real roots.
end
```

이를 수행하는 MATLAB문은 다음과 같다.

```
if (b^2 - 4*a*c) < 0
   disp('This equation has two complex roots.');
elseif (b^2 - 4*a*c) == 0
   disp('This equation has two identical real roots.');
else
   disp('This equation has two distinct real roots.');
end
```

if 구조의 블록들은 대개 읽기 편하도록 서너 칸 들여쓰기를 하지만, 꼭 필요한 것은 아니다.

좋은 프로그래밍 습관

if 구조의 내용을 세 칸 이상 들여쓰기를 하여 코드를 읽기 쉽도록 만들어라. 프로그램을 작성할 때 MATLAB 편집기를 사용하면 자동적으로 들여쓰기가 수행된다.

if 구조 전체를 한 줄에 작성할 수도 있다. 이때 각 블록은 쉼표나 세미콜론으로 구분한다. 따라서 다음 if 구조는

```
if x < 0
   y = abs(x)
end
```

아래의 구조와 같다.

```
if x < 0; y = abs(x); end
```

그러나 이 방법은 매우 간단한 구조에서만 사용한다.

4.4.2 if 구조의 사용 예

다음 두 개의 예제에서 `if` 구조가 어떻게 사용되었는지를 살펴보자.

▶ 예제 4.2 — 2차 방정식

2차 방정식의 근의 유형을 분류하여 구하는 프로그램을 작성하라.

풀이

앞에서 소개한 설계 과정을 따라 프로그램을 작성한다.

1. **문제 기술**

   이 문제의 내용은 매우 간단하다. 2차 방정식의 근의 유형(서로 두 실근, 중근, 또는 두 복소근)별로 근을 구하는 프로그램을 만드는 것이다.

2. **입출력 정의**

   이 프로그램에 필요한 입력은 2차 방정식의 계수 a, b, c이다.

   $$ax^2 + bx + c = 0 \tag{4.1}$$

   이 프로그램은 2차 방정식의 근을 유형(서로 두 실근, 중근, 또는 두 복소근)별로 출력해야 한다.

3. **알고리즘 설계**

   이 과제는 다음과 같이 입력, 계산, 출력을 각각 수행하는 세 개의 주요 부분으로 나눌 수 있다.

   입력 데이터를 읽는다.
   근을 계산한다.
   근을 출력한다.

   이제 각 부분을 더 작고 상세한 조각으로 세분한다. 판별식의 값에 따라 근을 계산하는 방법은 세 가지가 있으므로 세 개의 분기를 갖는 `if` 구조로 이 알고리즘을 구현하는 것이 합리적이다. 이를 위한 유사 코드는 아래와 같다.

```
Prompt the user for the coefficients a, b, and c.
Read a, b, and c
```

```
discriminant <- b^2 - 4 * a * c

if discriminant > 0
   x1 <- ( -b + sqrt(discriminant) )/( 2 * a )
   x2 <- ( -b - sqrt(discriminant) )/( 2 * a )
   Write msg that equation has two distinct real roots.
   Write out the two roots.
elseif discriminant == 0
   x1 <- -b /( 2 * a )
   Write msg that equation has two identical real roots.
   Write out the repeated root.
else
   real_ part <- -b /( 2 * a )
   imag_part <- sqrt ( abs ( discriminant ) )/( 2 * a )
   Write msg that equation has two complex roots.
   Write out the two roots.
end
```

4. MATLAB문으로 변환

최종 MATLAB 코드는 아래와 같다.

```
% Script file: calc_roots.m
%
% Purpose:
%     This program solves for the roots of a quadratic equation
%     of the form a*x^2 + b*x + c = 0. It calculates the answers
%     regardless of the type of roots that the equation possesses.
%
% Record of revisions:
%     Date         Programmer       Description of change
%     ====         ==========       =====================
%   01/02/14     S. J. Chapman      Original code
%
% Define variables:
%    a            -- Coefficient of x^2 term of equation
%    b            -- Coefficient of x term of equation
%    c            -- Constant term of equation
%    discriminant -- Discriminant of the equation
%    imag_part    -- Imag part of equation (for complex roots)
%    real_part    -- Real part of equation (for complex roots)
%    x1           -- First solution of equation (for real roots)
%    x2           -- Second solution of equation (for real roots)
```

```
% Prompt the user for the coefficients of the equation
disp ('This program solves for the roots of a quadratic');
disp ('equation of the form A*X^2 + B*X + C = 0.');
a = input ('Enter the coefficient A:');
b = input ('Enter the coefficient B:');
c = input ('Enter the coefficient C:');
% Calculate discriminant
discriminant = b^2 - 4 * a * c;
% Solve for the roots, depending on the value of the discriminant
if discriminant > 0 % there are two real roots, so...

     x1 = ( -b + sqrt(discriminant) ) / ( 2 * a );
     x2 = ( -b - sqrt(discriminant) ) / ( 2 * a );
     disp ('This equation has two real roots:');
     fprintf ('x1 = %f\n', x1);
     fprintf ('x2 = %f\n', x2);

elseif discriminant == 0 % there is one repeated root, so...

     x1 = ( -b ) / ( 2 * a );
     disp ('This equation has two identical real roots:');
     fprintf ('x1 = x2 = %f\n', x1);

else % there are complex roots, so...

     real_part = ( -b ) / ( 2 * a );
     imag_part = sqrt ( abs ( discriminant ) ) / ( 2 * a );
     disp ('This equation has complex roots:');
     fprintf('x1 = %f +i %f\n', real_part, imag_part);
     fprintf('x1 = %f -i %f\n', real_part, imag_part);

end
```

5. **프로그램 시험**

마지막으로, 실수 입력 데이터를 사용하여 프로그램을 시험해야 한다. 프로그램에 세 가지 경로가 있기 때문에 프로그램이 제대로 작동하는지를 검사하기 위해서는 세 가지 경우를 모두 검사하여야 한다. 식 (4.2)로부터 다음 방정식들의 해를 구할 수 있다.

$x^2 + 5x + 6 = 0$ $\quad$ $x = -2$와 $x = -3$

$x^2 + 4x + 4 = 0$ $\quad$ $x = -2$

$x^2 + 2x + 5 = 0$ $\quad$ $x = -1 \pm i2$

위의 세 경우에 대한 프로그램 실행 결과는 다음과 같다(사용자 입력은 굵은 글씨로 표시함).

```
» calc_roots
This program solves for the roots of a quadratic
equation of the form A*X^2 + B*X + C = 0.
Enter the coefficient A: 1
Enter the coefficient B: 5
Enter the coefficient C: 6
This equation has two real roots:
x1 = -2.000000
x2 = -3.000000
» calc_roots
This program solves for the roots of a quadratic
equation of the form A*X^2 + B*X + C = 0.
Enter the coefficient A: 1
Enter the coefficient B: 4
Enter the coefficient C: 4
This equation has two identical real roots:
x1 = x2 = -2.000000
» calc_roots
This program solves for the roots of a quadratic
equation of the form A*X^2 + B*X + C = 0.
Enter the coefficient A: 1
Enter the coefficient B: 2
Enter the coefficient C: 5
This equation has complex roots:
x1 = -1.000000 +i 2.000000
x1 = -1.000000 -i 2.000000
```

이 프로그램은 세 경우 모두 정확한 답을 구하고 있다.

◀

▶ 예제 4.3 — 2변수 함수의 값 구하기

사용자가 지정한 임의의 값 x, y에 대해서 함수 $f(x, y)$의 값을 구하는 MATLAB 프로그램을 작성하라. 함수 $f(x, y)$는 다음과 같이 정의된다.

$$f(x, y) = \begin{cases} x + y & x \geq 0 \text{ and } y \geq 0 \\ x + y^2 & x \geq 0 \text{ and } y < 0 \\ x^2 + y & x < 0 \text{ and } y \geq 0 \\ x^2 + y^2 & x < 0 \text{ and } y < 0 \end{cases}$$

풀이

함수 $f(x, y)$는 두 독립 변수 x와 y의 부호에 따라 각각 다르게 값을 구한다. 적절한 식을 적용하기 위해서는 입력한 값의 부호를 먼저 검사할 필요가 있다.

1. **문제 기술**

   이 문제의 내용은 매우 간단하다. 입력한 x와 y에 대해 함수 $f(x, y)$의 값을 구하는 것이다.

2. **입출력 정의**

   이 프로그램에 필요한 입력은 두 독립 변수 x와 y의 값이다. 이 프로그램의 출력은 함수 $f(x, y)$의 값이다.

3. **알고리즘 설계**

   이 과제는 다음과 같이 입력, 계산, 출력을 각각 수행하는 세 개의 주요 부분으로 나눌 수 있다.

   입력값 x와 y를 읽는다.
   `f(x,y)`를 계산한다.
   `f(x,y)`를 출력한다.

   이제 각 부분을 더 작고 자세한 조각으로 세분한다. 함수 $f(x, y)$의 값을 계산하는 방법은 x와 y의 값에 따라 네 가지 방법이 있으므로, 네 개의 분기를 가지는 `if` 구조로 이 알고리즘을 구현하는 것이 합리적이다. 이를 위한 유사 코드는 아래와 같다.

```
Prompt the user for the values x and y.
Read x and y
if x ≥ 0 and y ≥ 0
   fun <- x + y
elseif x ≥ 0 and y < 0
   fun <- x + y^2
```

```
elseif x < 0 and y ≥ 0
   fun <- x^2 + y
else
   fun <- x^2 + y^2
end
Write out f(x,y)
```

4. **MATLAB문으로 변환**

최종 MATLAB 코드는 다음과 같다.

```
% Script file: funxy.m
%
% Purpose:
%     This program solves the function f(x,y) for a
%     user-specified x and y, where f(x,y) is defined as:
%                      ┌ x + y          x >= 0 and y >= 0
%                      │ x + y^2        x >= 0 and y < 0
%          f(x, y)=    │ x^2 + y        x < 0 and y >= 0
%                      └ x^2 + y^2      x < 0 and y < 0
% Record of revisions:
%     Date         Programmer        Description of change
%     ====         ==========        =====================
%   01/03/14       S. J. Chapman     Original code
%
% Define variables:
%    x    -- First independent variable
%    y    -- Second independent variable
%    fun -- Resulting function

% Prompt the user for the values x and y
x = input ('Enter the x coefficient: ');
y = input ('Enter the y coefficient: ');

% Calculate the function f(x,y) based upon
% the signs of x and y.
```

```
if x >= 0 && y >= 0
      fun = x + y;
elseif x >= 0 && y < 0
      fun = x + y^2;
elseif x = 0 && y >= 0
      fun = x^2 + y;
else % x < 0 and y < 0, so
      fun = x^2 + y^2;
end
% Write the value of the function.
disp (['The value of the function is ' num2str(fun)]);
```

5. **프로그램 시험**

마지막으로, 실수 입력 데이터를 사용하여 프로그램을 시험해야 한다. 프로그램에 네 가지 경로가 있기 때문에 프로그램이 제대로 작동하는지를 검사하기 위해서는 네 가지 경우를 모두 검사하여야 한다. 네 경로를 모두 시험하기 위해서, (x, y)의 값으로 (2,3), (2,−3), (−2,3), (−2,−3)을 각각 사용하여 프로그램을 돌린다. 직접 계산하면 다음 결과를 얻는다.

$$f(2,3) = 2 + 3 = 5$$
$$f(2,-3) = 2 + (-3)^2 = 11$$
$$f(-2,3) = (-2)^2 + 3 = 7$$
$$f(-2,-3) = (-2)^2 + (-3)^2 = 13$$

위 값들을 사용하여 프로그램을 네 번 돌리면 다음 결과를 얻는다.

```
» funxy
Enter the x coefficient: 2
Enter the y coefficient: 3
The value of the function is 5
» funxy
Enter the x coefficient: 2
Enter the y coefficient: -3
The value of the function is 11
```

```
» funxy
Enter the x coefficient: -2
Enter the y coefficient: 3
The value of the function is 7
» funxy
Enter the x coefficient: -2
Enter the y coefficient: -3
The value of the function is 13
```

프로그램은 네 가지 경우 모두 올바른 답을 구해준다.

◀

4.4.3 if 구조를 사용할 때 주의할 점

if 구조는 융통성이 매우 크다. 이 구조는 하나의 if 문과 하나의 end 문을 갖는다. 이 두 문 사이에 임의 개수의 elseif 절과 하나의 else 절이 올 수도 있다. 이런 특징들을 결합하여 원하는 분기 구조를 구현할 수 있다.

또한 if 구조를 중첩시킬 수 있다. 하나의 if 구조가 다른 if 구조의 단일 코드 블록 내에 전부 포함되어 있을 때 두 if 구조가 **중첩되었다(nested)**고 말한다. 다음 두 if 구조는 바르게 중첩된 것이다.

```
if x > 0
   ...
   if y < 0
      ...
   end
   ...
end
```

MATLAB 번역기는 항상 end 문을 가장 나중의 if 문과 결합시키기 때문에 위 예문의 첫 번째 end는 가장 가까운 if y < 0 문과 짝을 이루고, 두 번째 end는 if x > 0 문과 짝을 이룬다. 이렇게 하면 잘 짠 프로그램에서는 문제가 없지만 프로그램에 오류가 있을 때 번역기가 혼란스러운 오류 메시지를 날릴 수 있다. 예를 들어, 아래와 같은 분기 구조를 담고 있는 큰 프로그램을 작성하고 있다고 가정하자.

```
...
if (test1)
   ...
   if (test2)
      ...
      if (test3)
         ...
      end
      ...
   end
   ...
end
```

이 프로그램은 세 개의 중첩된 if 구조를 가지고 있으며 그 코드가 수백 줄에 이를 수 있다. 이제 편집 과정에서 첫 번째 end 문이 실수로 삭제되었다고 가정하자. 이 실수가 발생하면, MATLAB 번역기는 자동으로 두 번째 end를 가장 안쪽에 있는 if(test3) 구조와 결합하고, 세 번째 end를 중간의 if(test2) 구조와 결합한다. 번역기가 파일 끝에 이르렀을 때, 첫 번째 if(test1) 구조가 종료되지 않은 것을 발견하고, end가 없다는 오류메시지를 생성한다. 불행히도 번역기는 어디에서 그 문제가 발생하였는지를 알려줄 수 없기 때문에 작성자는 다시 전체 프로그램을 일일이 검토하여 오류가 발생한 곳을 찾아야 한다.

가끔 알고리즘을 구현하기 위해서 여러 개의 elseif 절이나 중첩된 if 문을 사용할 수 있다. 이런 경우 프로그래머는 자신이 선호하는 방법을 선택할 수 있다.

▶ 예제 4.4 — 학점 매기기

점수로 나타낸 성적(grade)을 읽어들여 다음 표에 따라 학점을 매기는 프로그램을 작성한다고 가정하자.

95 < grade	A
86 < grade ≤ 95	B
76 < grade ≤ 86	C
66 < grade ≤ 76	D
0 < grade ≤ 66	F

다중 elseif 절과 중첩된 if 문을 각각 사용하여 이 표대로 학점을 부여하는 if 구조를 작성하라.

풀이

(a) elseif 절을 사용한 구조

```
if grade > 95.0
   disp('The grade is A.');
elseif grade > 86.0
   disp('The grade is B.');
elseif grade > 76.0
   disp('The grade is C.');
elseif grade > 66.0
   disp('The grade is D.');
else
   disp('The grade is F.');
end
```

(b) 중첩된 if 문을 사용한 구조

```
if grade > 95.0
   disp('The grade is A.');
else
   if grade > 86.0
      disp('The grade is B.');
   else
      if grade > 76.0
         disp('The grade is C.');
      else
         if grade > 66.0
            disp('The grade is D.');
         else
            disp('The grade is F.');
         end
      end
   end
end
```

◀

위의 예제에서 확실히 알 수 있듯이, 상호 배타적인 선택사항(option)이 많이 있다면 다중 elseif 절을 갖는 하나의 if 구조를 사용하는 방법이 여러 개의 if 구조를 중첩하는 방법에 비해 더 간단하다.

좋은 프로그래밍 습관

상호 배타적인 옵션이 많을 때에는 중첩된 `if` 구조 대신 다중 `elseif` 절을 갖는 하나의 `if` 구조를 사용하여 분기 구조를 나타내라.

4.4.4 switch 구조

`switch` 구조는 다른 형태의 분기 구조이다. 이 구조를 사용하여 공학자(engineer)는 정수, 문자 또는 논리식의 값에 따라 특정 코드 블록을 선택하여 실행할 수 있다. `switch` 구조의 일반적인 형식은 다음과 같다.

```
switch (switch_expr)
case case_expr_1
    Statement 1          } Block 1
    Statement 2
    ...
case case_expr_2
    Statement 1          } Block 2
    Statement 2
    ...
...
otherwise
    Statement 1          } Block n
    Statement 2
...
end
```

*switch_expr*의 값이 *case_expr_1*과 같으면, 프로그램은 첫 번째 코드 블록을 실행한 후 end 다음에 오는 첫 번째 명령문으로 건너뛴다. 마찬가지로 *switch_expr*의 값이 *case_expr_2*와 같으면 두 번째 코드 블록을 실행한 후 end 다음에 오는 첫 번째 명령문으로 건너뛴다. 이와 같은 방식이 구조 내의 다른 경우에도 적용된다. `otherwise` 코드 블록은 선택적인 블록이다. `otherwise` 코드 블록이 있으면 *switch_expr*의 값이 switch 구조 내에 있는 모든 선택 사항을 벗어날 때 실행된다. `otherwise` 코드 블록이 없고 *switch_expr*의 값이 switch 구조 내의 모든 선택사항을 벗어나면 `switch` 구조 내의 어떤 블록도 실행되지 않는다. `switch` 구조를 표현하는 유사 코드는 그 유사 코드의 실제 MATLAB문과 같은 모습을 띤다.

*switch_expr*의 여러 값에 대해 같은 코드 블록을 실행하도록 만들려면 아래에 보인 것처럼 그 값들을 중괄호로 둘러싸서 해당 블록의 case문에 포함시킨다. 만약 *switch_expr*과 일치하는 값이 중괄호로 둘러싼 값의 목록 내에 있다면 그 코드 블록이 실행된다.

```
switch (switch_expr)
case {case_expr_1, case_expr_2, case_expr_3}
    Statement 1    } Block 1
    Statement 2
    ...
otherwise
    Statement 1    } Block n
    Statement 2
    ...
end
```

*switch_expr*과 *case_expr*는 수치 또는 문자열이 될 수 있다.

switch 구조에서 기껏해야 하나의 코드 블록만 실행 가능하다는 점에 유의하여야 한다. 하나의 코드 블록을 실행한 후에는 end문 다음에 오는 첫 번째 실행 가능한 명령문이 실행된다. 따라서 switch_expr과 일치하는 case_expr이 둘 이상 있으면 처음에 오는 코드 블록만 실행한다.

switch 구조의 간단한 예를 살펴보자. 아래의 코드는 1과 10 사이의 정수가 짝수인지 홀수인지를 검사한 다음, 그에 맞는 적절한 메시지를 출력한다. 이 코드는 case 문에 쓰인 값의 목록과 아울러 otherwise 블록의 사용 예를 보여준다.

```
switch (value)
case {1,3,5,7,9}
    disp('The value is odd.');
case {2,4,6,8,10}
    disp('The value is even.');
otherwise
    disp('The value is out of range.');
end
```

4.4.5 try/catch 구조

try/catch 구조는 오류를 옭아매기(trap) 위해서 고안된 특별한 형태의 분기 구조이다. 일반적으로 MATLAB 프로그램의 실행중 오류가 발생하면 그 프로그램은 중단된다. try/catch 구조는 이런 기본 실행 방식을 변경한다. 만약 이 구조 내의 try 블록에 있는 명령문에서 오류가 발생하면, 중단하는 대신 catch 블록에 있는 명령문을 실행하여 프로그램은 계속 돌게 된다. 이로써 프로그래머는 프로그램을 중단하지 않고도 오류를 처리할 수 있다.

try/catch 구조의 일반적인 형식은 다음과 같다.

```
try
    Statement 1
    Statement 2        } Try Block
    ...
catch
    Statement 1
    Statement 2        } Catch Block
    ...
end
```

프로그램 실행중 try/catch 구조에 다다르면 try 블록에 있는 명령문이 실행된다. 이때 오류가 발생하지 않으면 catch 블록을 건너뛰어 end 문 다음에 오는 첫 번째 명령문을 실행한다. 반면에 try 블록에서 오류가 발생하면 프로그램은 try 블록의 명령문 실행을 멈추고, catch 블록에 있는 명령문을 즉시 실행한다.

chatch 구문은 선택적인 ME 인자를 가질 수 있다. 여기서 ME는 MException (MATLAB 예외)으로서 ME 객체는 try 블록 안에서 구문을 실행하는 동안 오류 발생 시 생성된다. ME 객체는 예외의 유형(ME.identifier), 오류 메시지(ME.message), 오류의 원인, 그리고 stack(ME.stack)에 관한 세부사항을 담고 있어 어디서 오류가 발생했는지 정확히 나타낸다. 이 정보를 사용자에게 보여주거나 프로그래머가 이를 사용하여 오류를 극복하고 프로그램을 계속 진행시킬 수 있다.

try/catch 구조를 담은 프로그램을 아래에 예시하였다. 이 프로그램은 배열을 하나 만든 후, 사용자에게 화면에 나타낼 배열 원소를 지정하도록 요청한다. 사용자가 첨자 번호를 입력하면 프로그램은 해당 원소를 표시한다. 프로그램에서 try 블록 내의 명령문은 항상 실행되는 반면, catch 블록 내의 명령문은 try 블록에서 오류가 발생할 때에만 실행된다. 만약 사용자가 부적절한 하첨자를 지정하면, 실행은 catch 블록으로 이행되고, ME 객체는 무엇이 잘못 실행되었는지 설명하는 데이터를 포함할 것이다. 간단한 프로그램에서 이 정보는 단지 명령창에 표시하겠지만, 더 복잡한 프로그램에서는 오류로부터 복구하는 데 쓸 수 있다.

```
% Test try/catch

% Initialize array
a = [1 -3 2 5];

try
    % Try to display an element
    index = input('Enter subscript of element to display: ');
    disp( ['a(' int2str(index) ') = ' num2str(a(index))] );

catch  ME

    % If we get here, an error occurred. Display the error.
    ME
    Stack = ME.Stack
end
```

이 프로그램을 실행한 결과는 다음과 같다.

```
» test_try_catch
Enter subscript of element to display: 3
a(3) = 2
```

이 프로그램을 실행한 결과는 다음과 같다.

```
» test_try_catch
Enter subscript of element to display: 9
ME =
   MException with properties:

      identifier: 'MATLAB:badsubscript'
         message: 'Attempted to access a(9); index out of
         bounds because numel(a)=4.'
           cause: {}
           stack: [1x1 struct]
stack =
      file: 'C:\Data\book\matlab\5e\chap4\test_try_catch.m'
      name: 'test_try_catch'
      line: 10
```

퀴즈 4.2

이 퀴즈는 4.4절에서 소개한 개념을 여러분이 잘 이해하고 있는지를 확인하기 위한 것이다. 만일 퀴즈를 푸는 데 어려움이 있다면 해당 절을 다시 읽고 강사에게 질문하거나 다른 학우와 토의하라. 이 퀴즈의 답은 책의 말미에 수록되어 있다.

아래에 설명한 기능을 수행하는 MATLAB문을 작성하시오.

1. x가 0보다 크거나 같으면, x의 제곱근을 sqrt_x에 대입하고 그 결과를 출력하라. 그렇지 않으면, 제곱근 함수의 인수에서 오류가 발생했다는 메시지를 출력하고, sqrt_x의 값을 0으로 설정하라.
2. 변수 fun은 numerator/denominator로 계산된다. 만약 denominator의 절대값이 1.0E−300보다 작으면 'Divide by 0 error' 메시지를 출력하라. 그렇지 않으면 fun을 계산하여 출력하라.
3. 렌트카의 1마일당 비용은 처음 100마일까지는 $1이고, 다음 200마일까지는 $0.80이며, 300마일을 넘어서면 $0.70이다. 마일 수가 변수 distance에 저장되어 있을 때 총비용과 마일당 평균 비용을 계산하는 MATLAB 프로그램을 작성하라.

아래의 MATLAB문을 검토하라. 이 문들에 오류가 있는가? 만약 오류가 없다면 어떤 결과가 출력되는가? 오류가 있다면 어떤 부분이 잘못되었는가?

4.
```
if volts > 125
   disp('WARNING: High voltage on line.');
if volts < 105
   disp('WARNING: Low voltage on line.');
else
   disp('Line voltage is within tolerances.');
end
```

5.
```
color = 'yellow';
switch (color)
case 'red',
  disp('Stop now!');
case 'yellow',
```

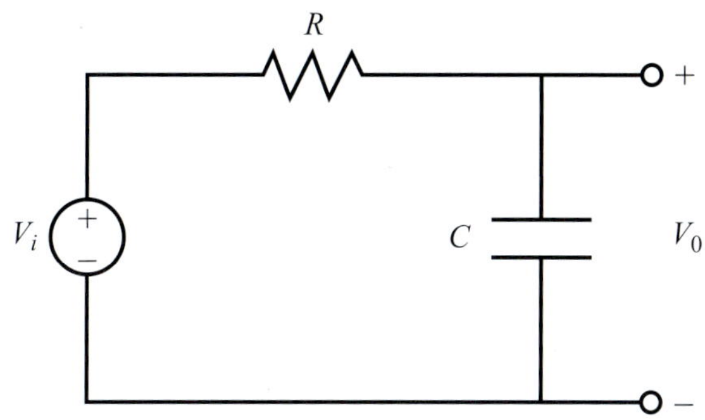

그림 4.2 간단한 저역 필터 회로

```
    disp('Prepare to stop.');
  case 'green',
    disp('Proceed through intersection.');
  otherwise,
    disp('Illegal color encountered.');
  end
```

6.
```
if temperature > 37
  disp('Human body temperature exceeded.');
elseif temperature > 100
  disp('Boiling point of water exceeded.');
end
```

▶ 예제 4.5 — 전기 공학: 저역 필터의 주파수 응답

간단한 저역 필터 회로를 그림 4.2에 나타냈다. 이 회로는 직렬로 연결된 저항과 커패시터로 이루어져 있으며, 입력 전압 V_i에 대한 출력 전압 V_o의 비를 다음 식으로 구할 수 있다.

$$\frac{V_o}{V_i} = \frac{1}{1 + j2\pi fRC} \tag{4.3}$$

여기서 V_i는 주파수 f의 사인파 입력 전압, R은 옴 단위의 저항, C는 패러드 단위의 커패시턴스, j는 $\sqrt{-1}$(전기공학에서는 관습적으로 회로에 흐르는 전류를 i로 나타내기 때문에, $\sqrt{-1}$은 i 대신 j로 표현한다)을 각각 나타낸다.

R = 16kΩ, C = 1 μF일 때, 주파수 범위 0 <= f <= 1000Hz의 이 필터의 주파수 응답(주파수가 변함에 따라 바뀌는 진폭과 위상)을 나타내는 그래프를 작성하라.

풀이

필터의 진폭 응답은 출력 전압의 진폭과 입력 전압의 진폭 간의 비이고, 필터의 위상 응답은 출력 전압의 위상과 입력 전압의 위상 간의 차를 말한다. 진폭 응답과 위상 응답을 계산하는 가장 간단한 방법은 다양한 주파수에서 식 (4.3)의 값을 구하는 것이다. 각 주파수에 따른 식 (4.3)의 크기를 그래프로 나타낸 것이 필터의 진폭 응답이며, 주파수에 따른 식 (4.3)의 각을 그래프로 나타낸 것이 필터의 위상 응답이다.

필터의 주파수와 진폭 응답은 넓은 범위로 변할 수 있기 때문에 관습적으로 이 값들은 로그 눈금으로 나타낸다. 이에 반해 위상은 매우 좁은 범위에서 변하기 때문에 관습적으로 필터의 위상은 선형 눈금으로 나타낸다. 그러므로 여기서는 진폭 응답에 대해서는 `loglog` 도표를 사용하고, 위상 응답에 대해서는 `semilogx` 선형 도표를 사용한다. 이 두 응답을 하나의 그림에 두 개의 부도표로 표시한다.

그래프의 외관을 개선하기 위해서 제목과 축 제목을 굵게 나타내는 스트림 수정자

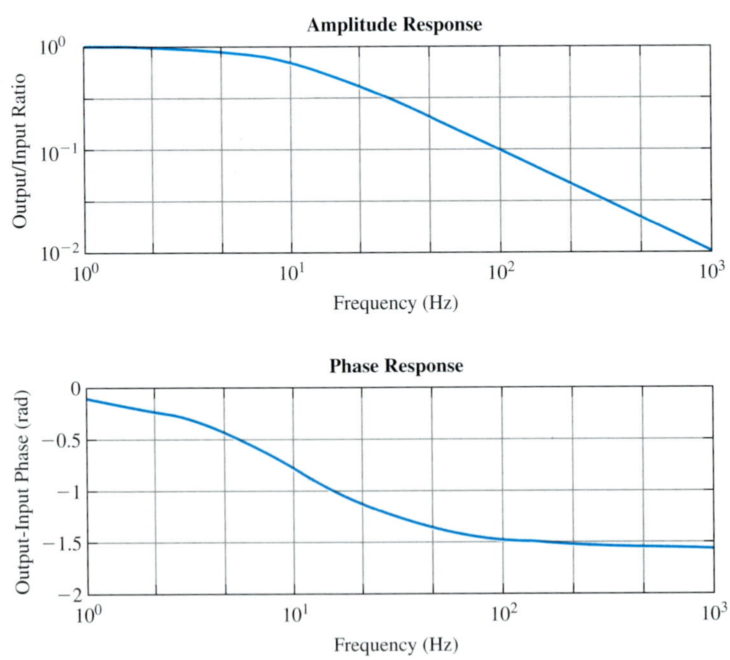

그림 4.3 저역 필터 회로의 진폭 응답과 위상 응답

를 사용할 수 있다.

주파수 응답을 계산하여 그리는 MATLAB 코드는 다음과 같다.

```
% Script file: plot_filter.m
%
% Purpose:
%     This program plots the amplitude and phase responses
%     of a low-pass RC filter.
%
% Record of revisions:
%       Date       Programmer       Description of change
%       ====       ==========       =====================
%     01/05/14     S. J. Chapman    Original code
%
% Define variables:
%     amp   -- Amplitude response
%     C     -- Capacitance (farads)
%     f     -- Frequency of input signal (Hz)
%     phase -- Phase response
%     R     -- Resistance (ohms)
%     res   -- Vo/Vi

% Initialize R & C
R = 16000;      % 16 k ohms
C = 1.0E-6;     % 1 uF

% Create array of input frequencies
f = 1:2:1000;

% Calculate response
res = 1 ./ (1 + j*2*pi*f*R*C);

% Calculate amplitude response
amp = abs(res);
% Calculate phase response
phase = angle(res);

% Create plots
subplot(2,1,1);
loglog(f, amp);
```

```
title('\bfAmplitude Response');
xlabel('\bfFrequency (Hz)');
ylabel('\bfOutput/Input Ratio');
grid on;

subplot(2,1,2);
semilogx(f, phase);
title('\bfPhase Response');
xlabel('\bfFrequency (Hz)');
ylabel('\bfOutput-Input Phase (rad)');
grid on;
```

이 프로그램으로 얻는 진폭 응답과 위상 응답을 그림 4.3에 나타냈다. 이 회로는 낮은 주파수는 거의 감쇠되지 않고 통과하는 반면에 높은 주파수는 크게 감쇠되기 때문에 저역 필터라고 부른다.

◀

▶ 예제 4.6 — 열역학: 이상 기체 법칙

이상 기체는 분자 간의 충돌이 완전 탄성 충돌인 기체를 말한다. 이상 기체의 분자는 완벽하게 단단하여 충돌 후 운동 에너지의 손실 없이 서로 튕겨나가는 당구공으로 가정할 수 있다.

이런 기체는 절대 압력(P), 부피(V), 절대 온도(T)라는 세 개의 양으로 특성을 나타낼 수 있다. 이 세 양 사이의 관계를 이상 기체 법칙이라고 부른다.

$$PV = nRT \tag{4.4}$$

여기서 P는 킬로 파스칼(kPa) 단위의 압력, V는 리터(L) 단위의 부피, n은 몰(mol) 단위의 분자 수, R은 보편 기체 상수(8.314 L · kPa/mol · K), T는 켈빈(K) 단위의 절대 온도를 각각 나타낸다(주: 1 몰 = 6.02×10^{23} 분자).

온도 273 K에서 1몰의 분자를 가지는 이상 기체에 대해 다음 물음에 답하라.

(a) 압력이 1kPa에서 1000kPa로 변할 때 부피의 변화량을 구하라. 적절한 좌표축을 이용하여 압력 대 부피의 그래프를 2픽셀 굵기의 빨간 실선으로 나타내라.

(b) 기체의 온도가 373K로 상승하였다고 하자. 이때 압력 변화에 대한 부피의 변

화는 어떻게 되는가? 이 압력 대 부피의 그래프를 (a)와 같은 좌표축에 2픽셀 굵기의 파란 단선으로 나타내라.

굵은 글씨체를 사용한 제목, x축과 y축 제목, 각 선의 범례를 그래프에 포함시켜라.

풀이

도시하려는 두 값(압력과 부피)이 모두 1000배로 변하기 때문에 보통의 선형 도표로는 특히 유용한 결과를 얻지 못한다. 그러므로 여기서는 로그-로그 도표로 그래프를 작성한다.

하나의 좌표축에 두 곡선을 나타내야 하므로, 첫 번째 곡선을 그린 후 `hold on` 명령어를 사용하고, 그래프가 완성된 다음에 `hold off` 명령어를 사용한다. 또한 각 선의 색상, 스타일, 폭을 지정하고, 각종 라벨을 굵은 글씨체로 나타내도록 지정할 필요가 있다.

압력의 함수로 기체의 부피를 계산하여 적절한 도표를 만드는 프로그램을 아래에 제시하였다. 도표의 스타일을 제어하는 코드 부분은 굵은 글씨체로 나타냈다.

```
% Script file: ideal_gas.m
%
% Purpose:
%   This program plots the pressure versus volume of an
%   ideal gas.
%
% Record of revisions:
%     Date       Programmer          Description of change
%     ====       ==========          =====================
%   01/16/14     S. J. Chapman       Original code
%
% Define variables:
%   n     -- Number of molecules (mol)
%   P     -- Pressure (kPa)
%   R     -- Ideal gas constant (L kPa/mol K)
%   T     -- Temperature (K)
%   V     -- volume (L)

% Initialize nRT
n = 1;            % Moles of atoms
R = 8.314;        % Ideal gas constant
```

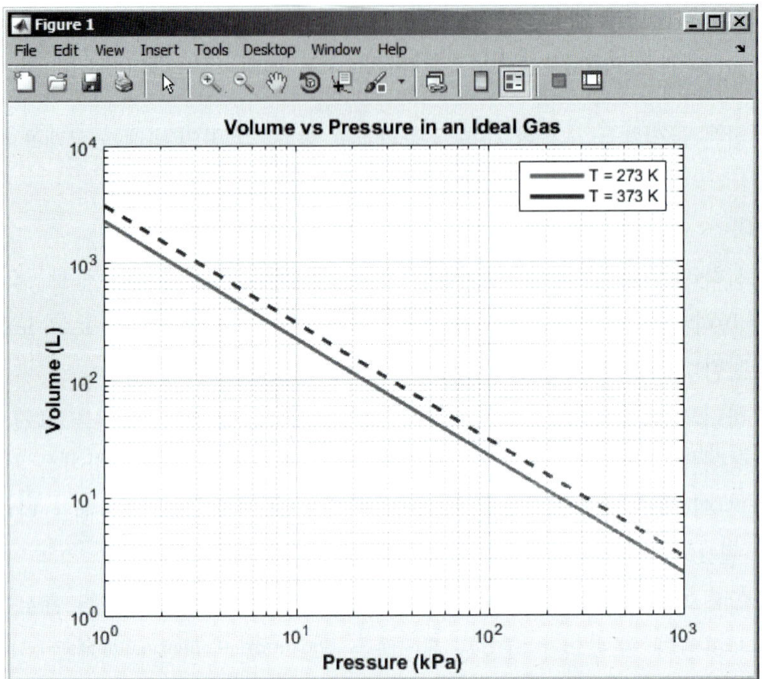

그림 4.4 이상 기체의 압력과 부피의 관계

```
T = 273;          % Temperature (K)

% Create array of input pressures. Note that this
% array must be quite dense to catch the major
% changes in volume at low pressures.
P = 1:0.1:1000;

% Calculate volumes
V = (n * R * T) ./ P;

% Create first plot
figure(1);
loglog(P, V, 'r-', 'LineWidth', 2);
title('\bfVolume vs Pressure in an Ideal Gas');
xlabel('\bfPressure (kPa)');
ylabel('\bfVolume (L)');
grid on;
hold on;
```

```
% Now increase temperature
T = 373;                    % Temperature (K)

% Calculate volumes
V = (n * R * T)./ P;

% Add second line to plot
figure(1);
loglog(P, V, 'b--', 'LineWidth', 2);
hold off;

% Add legend
legend('T = 273 K', 'T = 373 K');
```

이 프로그램으로 얻은 부피 대 압력 그래프가 그림 4.4이다.

4.5 MATLAB 프로그램 디버깅의 추가 정보

간단한 순차적인 프로그램에 비해 분기나 루프를 담은 프로그램을 작성할 때 실수를 저지르기 쉽다. 전체 설계 과정을 거쳐 만든 프로그램일지라도 크든 작든 처음 돌릴 때 완벽하게 돌아갈 가능성은 거의 없다. 프로그램을 만들어 시험하였더니 잘못된 값이 출력되었다고 하자. 그럼 어떻게 버그를 찾아내 고칠 수 있을까?

루프와 분기를 포함하는 프로그램에서 오류를 찾아내는 가장 좋은 방법은 MATLAB에 포함되어 있는 디버거를 사용하는 것이다. 이 디버거는 MATLAB 편집기와 통합되어 있다.

이 디버거를 사용하려면 먼저 MATLAB 명령창에서 'File/Open' 메뉴를 선택하여 오류를 찾고자 하는 파일을 연다. 파일이 열리면 그 내용이 편집기에 로드되고, 구문에 따라 자동적으로 색상이 바뀐다. 주석문은 녹색, 변수와 수는 검정, 문자열은 자주색, MATLAB 키워드는 파랑으로 나타난다. 그림 4.5는 `calc_root.m` 파일을 담고 있는 편집/디버깅창(Edit/Debug Window)의 모습을 보여주고 있다(책 중간의 컬러페이지 참조).

가령 프로그램을 돌릴 때 어떤 일이 일어나는지 알아내려 한다고 치자. 이럴 때는 관심있는 줄들의 왼쪽에 있는 수평방향의 대시 표시를 클릭하여 하나 또는 그 이상

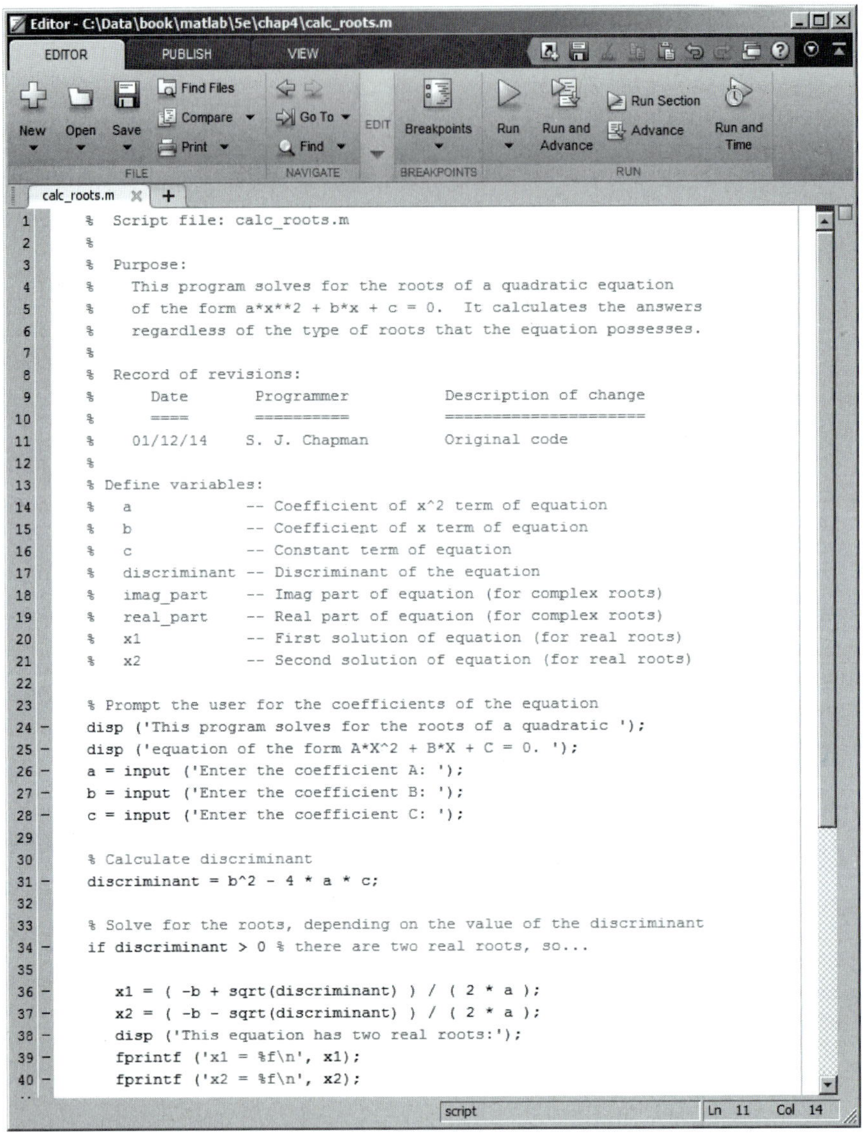

그림 4.5 MATLAB 프로그램이 로드되어 있는 문서창(책 중간의 컬러페이지 참조)

의 **중단점(breakpoint)**을 설정한다. 중단점이 설정되면 그림 4.6에 보이는 것처럼 중단점이 있는 줄의 왼쪽에 빨간 점이 나타난다.

일단 중단점을 설정한 다음에는 평소처럼 명령창에 `calc_roots`를 입력하여 프로그램을 실행한다. 프로그램은 첫 번째 중단점에 이를 때까지 돌다가 그 곳에서 멈춘다. 그림 4.7에 보이는 것처럼 디버깅 과정중에는 현재 줄(current line) 옆에 녹색 화살표가 나타난다. 중단점에 이르렀을 때 프로그래머는 어떤 변수라도 그 이름을 명

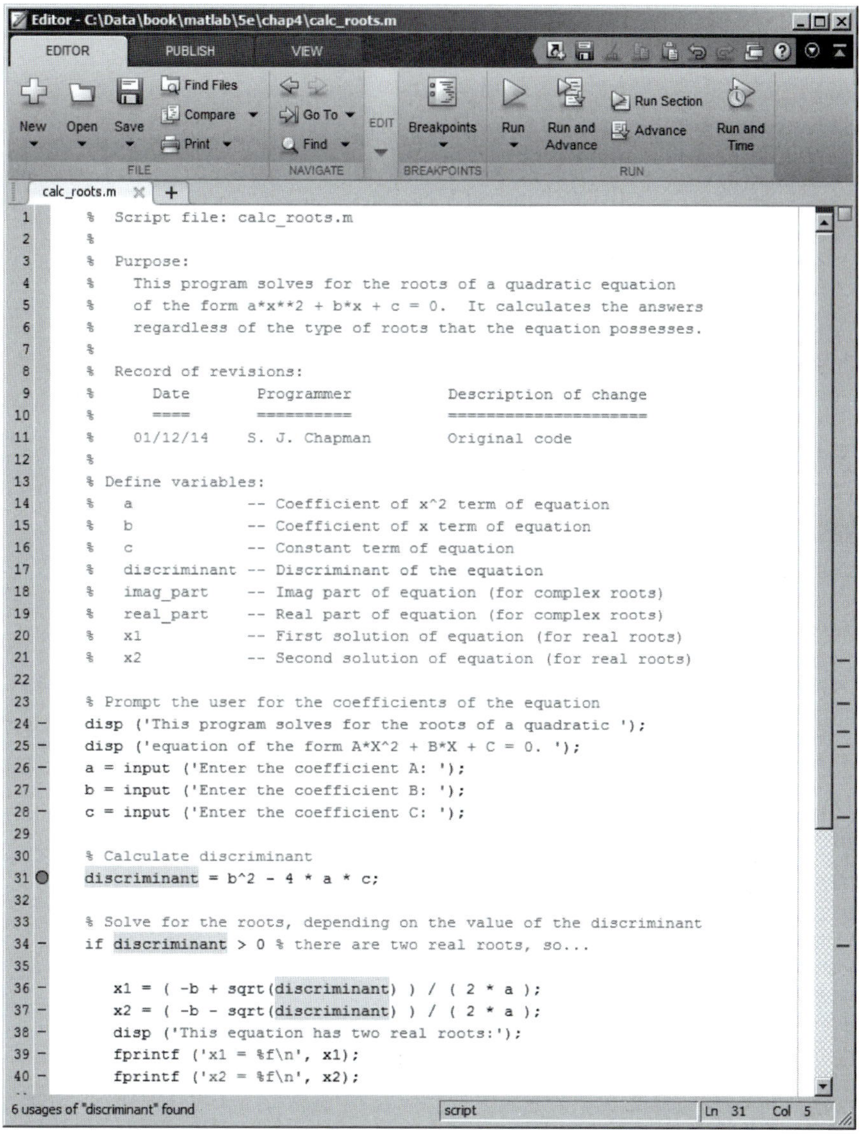

그림 4.6 중단점이 설정된 창. 중단점은 줄의 왼쪽에 빨간 점으로 표시된다(책 중간의 컬러페이지 참조).

령창에 입력하거나 브라우저 내에서 값을 찾아 조사하거나 수정할 수 있다. 그 지점까지의 프로그램에 문제가 없음을 확인한 후, 프로그래머는 F10 키를 반복적으로 누르거나 도구띠에 있는 Step tool( )을 클릭하여 프로그램을 한 줄씩 실행시켜 나갈 수 있다. 또는 F5 키를 누르거나 Continue tool( )을 클릭하여 다음 중단점까지 실행시킬 수 있다. 프로그램의 아무 곳에서나 어떤 변수라도 항상 조사할 수 있다.

오류를 발견하면 프로그래머는 편집기를 이용하여 MATLAB 프로그램을 고친 후

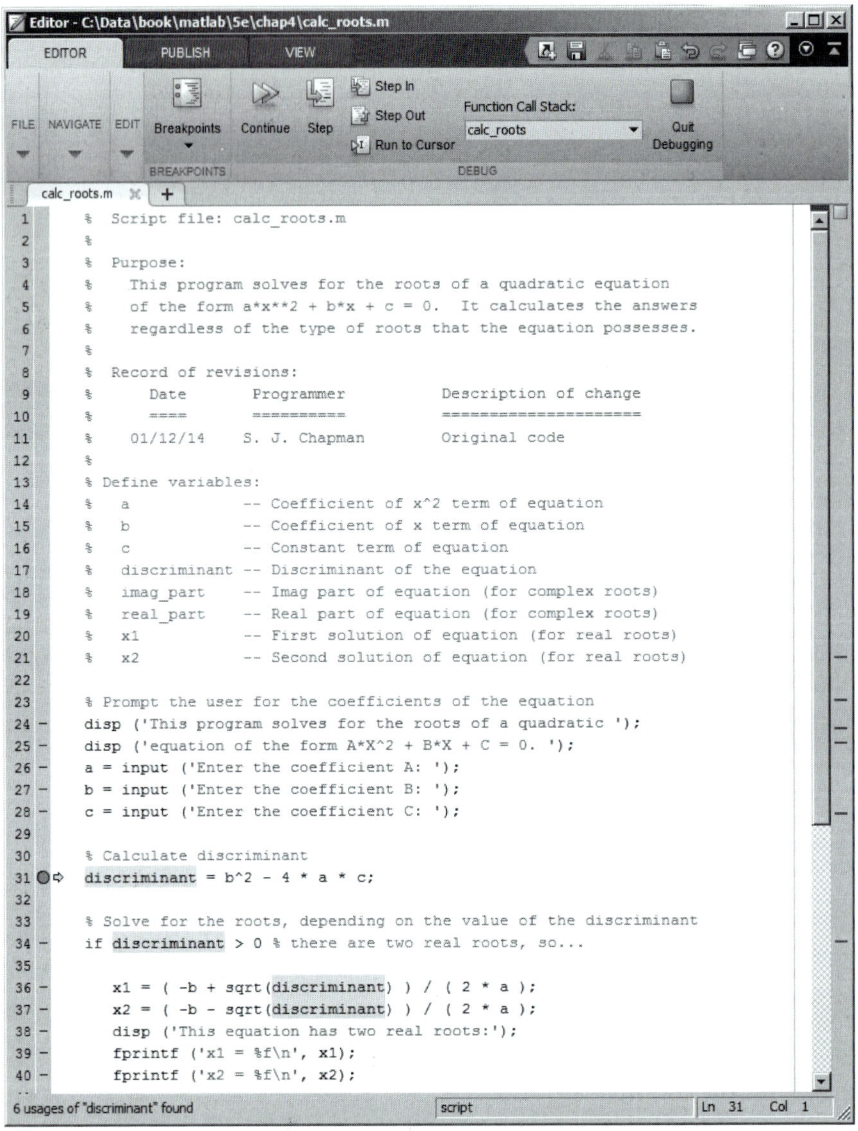

그림 4.7 현재 디버깅 과정에 있는 줄 옆에 녹색 화살표가 나타난다(책 중간의 컬러페이지 참조).

수정본을 디스크에 저장할 수 있다. 프로그램이 새로운 파일 이름으로 저장될 때 모든 중단점이 사라지므로 디버깅을 재개하기 전에 다시 중단점을 설정하여야 한다는 점을 주의해야 한다. 이 과정을 프로그램 오류가 모두 사라질 때까지 반복한다.

디버거의 또 다른 두 가지 중요한 특징은 도구띠의 Breakpoints 그룹에 있다(그림 4.8a). 첫 번째 특징은 조건부 중단점을 설정하거나 수정하는 Set Condition 옵션이다. **조건부 중단점(conditional breakpoint)**은 어떤 조건이 참일 때만 프로그램을 멈추는 중단점이다. 예를 들어, 조건부 중단점을 사용하여 for 루프 내에서 200번째 반복 때 프로그램을 멈출 수 있다. 루프가 많은 횟수 실행된 다음에야 오류가 나타난다면 이 기능은 매우 중요하다고 할 수 있다. 중단점에서 프로그램 실행을 멈추는 조건을 바꿀 수 있으며, 디버깅 과정에서 중단점 기능을 가동하거나 끌 수 있다.

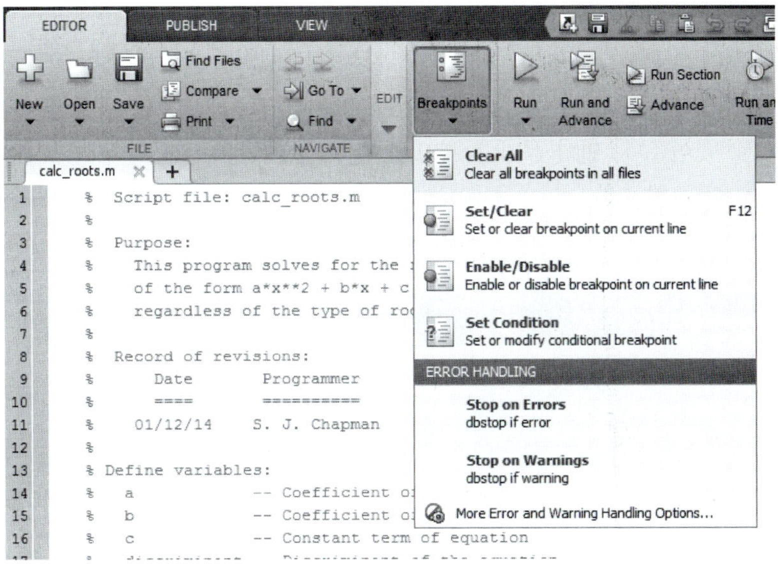

(a)

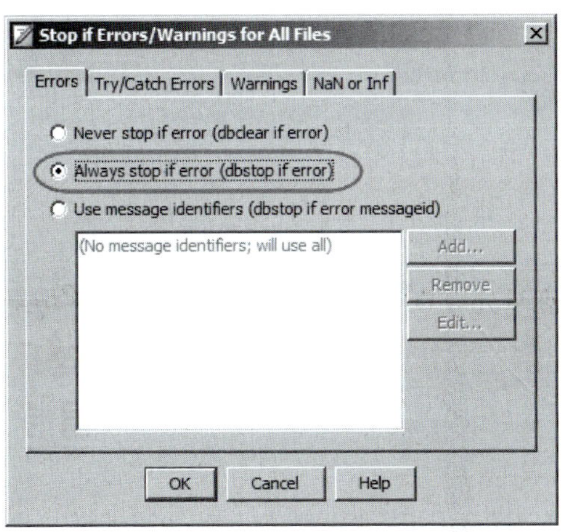

(b)

그림 4.8 (a) 도구띠의 Breakpoint 그룹에 있는 옵션들 (b) 'Always stop if error' 디버깅 옵션을 선택

두 번째 특징은 사용자가 오류나 경고시 범추는 기능으로서 More Error and Warning Handling 옵션을 선택했을 때 나타나는 Stop if Errors/Warnings 대화상자이다(그림 4.8b). 프로그램 충돌이나 경고 메시지 생성을 유발하는 오류가 나타날 때 프로그램 개발자는 이 대화상자에서 'Always stop if error'나 'Always stop if warning'의 라디오 버튼을 선택한 후 프로그램을 실행시킬 수 있다. 이 때 프로그램은 오류 발생 지점까지 실행한 후 멈추므로, 변수의 값들을 조사하여 문제의 원인을 밝혀낼 수 있다.

마지막으로 중요한 특징은 코드 분석기(Code Analyzer)라고 불리는 도구이다(이 전에는 M-Lint로 불림). 이 코드 분석기는 MATLAB 파일을 검사하여 잠재적인 문제들을 찾아준다. 만약 문제를 찾으면, 문서창 내에서 코드의 해당부분을 음영으로 처리한다(그림 4.9).

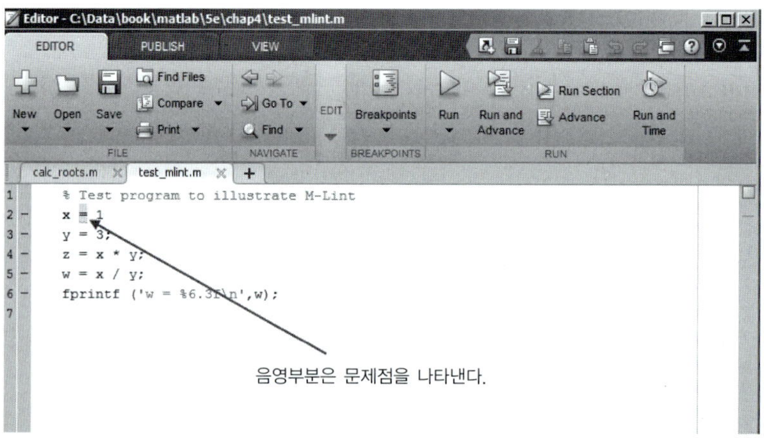

(a)

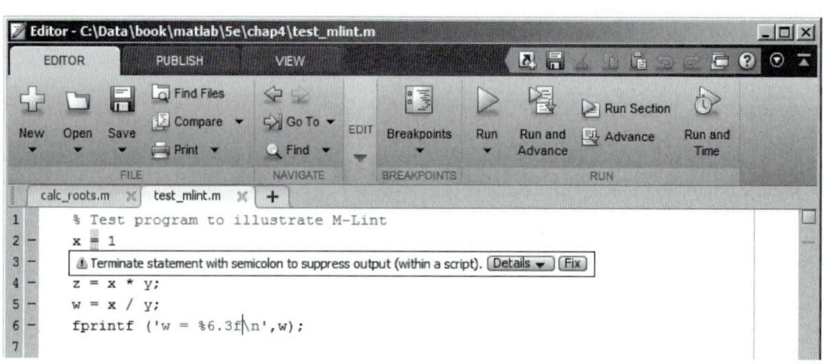

(b)

개발자가 마우스 커서를 음영부분에 위치시키면, 문제를 설명하는 팝업이 나타나 이 문제를 수정할 수 있도록 도울 것이다. 에디터창의 오른쪽 상단 코너에 있는 아래 방향의 화살표를 클릭하고 '도구' 창의 Show Code Analyzer Report를 선택함으로써 MATLAB 파일 내의 모든 문제들의 전체 목록을 나타내는 것도 가능하다.

코드 분석기는 오류, 서투른 용법, MATLAB 코드에서 더 이상 사용되지 않는 기능, 정의되었으나 사용되지 않은 변수들을 찾아내는 매우 뛰어난 도구이다. 코드 분석기는 문서창으로 불러온 어떠한 스크립트에 대해서도 자동적으로 작동하여, 문제

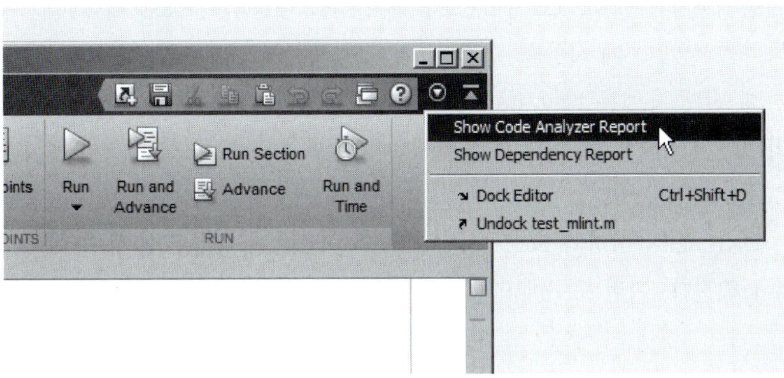

(c)

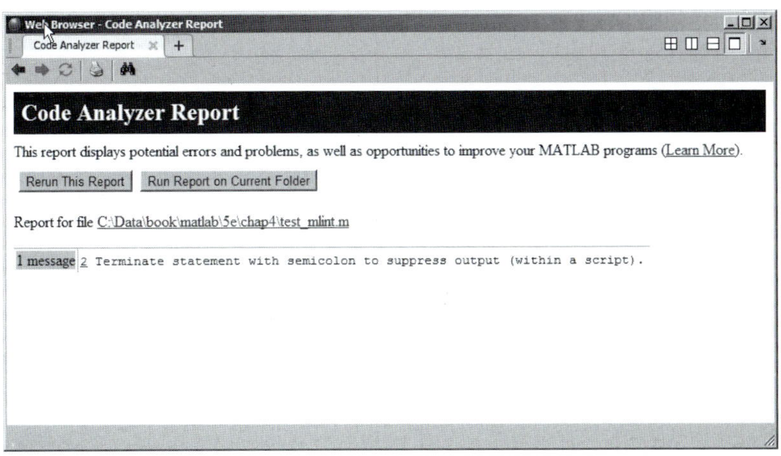

(d)

그림 4.9 코드 분석기 사용: (a) 문서창에서 음영부분은 문제점을 나타낸다. (b) 음영부분의 위에 마우스를 위치시키면 문제점을 설명하는 팝업이 나타난다. (c) '도구'의 Show Code Analyzer Report 메뉴를 이용하여 보다 상세한 설명도 볼 수 있다. (d) Code Analyzer Report의 견본.

되는 부분을 음영 처리한다. 이 결과를 주의깊게 살펴, 보고된 문제점들을 고쳐라.

4.6 요약

이 장에서는 MATLAB에서 사용되는 분기의 기본 유형과 이를 제어하기 위한 관계 연산자와 논리 연산자에 대해서 설명하였다. 으뜸가는 분기 유형은 `if` 구조이다. 이 구조는 매우 유연하여, 원하는 검사를 수행하기 위해 필요한 만큼의 `elseif` 절을 가질 수 있다. 게다가 더 복잡한 검사를 위해 `if` 구조를 중첩시킬 수 있다. 두 번째 유형의 분기는 `switch` 구조로서, 제어식을 이용하여 상호 배타적인 여러 대안 중의 하나를 선택할 때 사용할 수 있다.

세 번째 유형은 `try/catch` 구조로, 프로그램 실행중 나타날 수 있는 오류를 옭아매는 데 쓴다. `catch` 절은 발생된 오류에 대한 정보를 제공하는 선택적 예외객체 ME를 가질 수 있다.

MATLAB 디버거와 코드 분석기와 같은 관련 도구를 사용하면 디버깅 작업이 훨씬 수월해진다. 이런 도구에 익숙해지도록 시간을 투자할 필요가 있다.

4.6.1 [좋은 프로그래밍 습관] 요약

분기나 루프 구조가 들어간 프로그램을 만들 때 다음 지침을 준수하여야 한다. 이 지침을 일관되게 따르면 프로그램 오류를 줄일 수 있고, 디버깅하기 쉬워지며, 차후에 이 프로그램을 다룰 필요가 있는 다른 사람들이 더 쉽게 이해할 수 있다.

1. 믿을 수 있고 이해하기 쉬운 MATLAB 프로그램을 만들기 위해서는 프로그램 설계 과정의 순서를 따른다.
2. 두 수치의 동등 여부를 검사할 때는, 반올림 오차 때문에 이론적으로 같은 두 변수를 다르다고 잘못 판단할 수 있으므로 주의하여야 한다. 이 때는 두 변수가 컴퓨터 계산 과정에서 발생하는 반올림 오차의 범위 내에서 거의 일치하는지를 검사하는 것이 낫다.
3. 논리곱 연산식에서 두 개의 피연산자를 다 검사하려거나 피연산자가 배열이면 AND 연산자 `&`를 사용하고, 그렇지 않으면 `&&`를 사용한다. `&&`를 사용하면 첫 번째 피연산자가 거짓일 때 연산 속도가 빨라진다. 실제로는 대부분 `&`연산자를 사용한다.
4. 포함적 논리합 연산식에서 두 개의 피연산자를 다 검사하려거나 피연산자가

배열이면 OR 연산자 |를 사용하고, 그렇지 않으면 ||를 사용한다. ||를 사용하면 첫 번째 피연산자가 참일 때 연산 속도가 빨라진다. 실제로는 대부분 |연산자를 사용한다.

5. `if` 구조의 내용을 세 칸 이상 들여쓰기를 하여 코드를 읽기 쉽도록 만들어야 한다.
6. 상호 배타적인 옵션이 많을 때에는 중첩된 `if` 구조 대신 다중 `elseif` 절을 갖는 하나의 `if` 구조를 사용하여 분기 구조를 나타내야 한다.

4.6.2 MATLAB 요약

다음은 이 장에서 설명한 모든 MATLAB 명령어와 함수를 요약하여 수록한 것이다.

명령어와 함수	
`if` 구조	특정 조건을 만족할 때 실행할 코드 블록을 선택한다.
`ischar(a)`	a가 문자 배열이면 1을, 아니면 0을 각각 반환한다.
`isempty(a)`	a가 빈 배열이면 1을, 아니면 0을 각각 반환한다.
`isinf(a)`	a의 값이 무한대(`Inf`)이면 1을, 아니면 0을 반환한다.
`isnan(a)`	a의 값이 `NaN`(숫자가 아님)이면 1을, 아니면 0을 각각 반환한다.
`isnumeric(a)`	a가 수치 배열이면 1을, 아니면 0을 각각 반환한다.
`logical`	수치를 논리값으로 변환한다. 수치가 0이 아니면 `true`로, 0이면 `false`로 각각 변환한다.
`poly`	주어진 수치 목록을 근으로 갖는 다항식의 계수를 구한다.
`root`	일련의 계수들로 나타낸 다항식의 근을 계산한다.
`switch` 구조	단일 식의 값에 따라 상호 배타적인 옵션 집합 중 하나에 해당하는 코드 블록을 선택하여 실행한다.
`try/catch` 구조	오류를 옭아맬 때 쓰는 특별한 분기 구조로서, `try` 블록에 있는 코드를 먼저 실행한다. 이때 오류가 발생하면 즉시 실행을 멈추고 `catch` 블록의 코드로 옮겨간다.

4.7 연습문제

4.1 **이상 기체 법칙.** 이상 기체 법칙은 예제 4.6에서 정의되었다. 이 기체 1몰의 부피가 10L라고 가정하여, 온도가 250K에서 450K로 올라갈 때의 압력 변화를 그래프로 나타내라. 이 데이터에는 어떤 종류의 그래프(선형, x축 로그-선형 등)가 적절한가?

4.2 **이상 기체 법칙.** 겨울에 온도가 0°C인 탱크에 기체가 200kPa로 압축되어 있다. 만약 같은 양의 기체가 100°C의 탱크에 있다고 한다면 탱크의 압력은 어떻게 되겠는가? 탱크의 온도가 0°C에서 200°C로 증가함에 따라 예상되는 압력을 보여주는 그래프를 만들어라.

4.3 요일을 담은 문자열('Sunday', ' Monday', ' Tuesday' 등)을 사용자로부터 입력받아 `switch` 구조를 사용하여 그 요일에 해당하는 수(일요일을 일주일의 첫날, 토요일을 마지막날로 가정할 것)로 바꾸어 출력하는 프로그램을 작성하라. 프로그램에서 적법하지 않은 요일 이름을 `otherwise` 구문으로 처리할 수 있도록 하라(주: 입력값을 문자열로 다룰 수 있도록 `input` 함수에서 `'s'` 옵션을 사용하라).

4.4 예제 4.3에서 함수 $f(x, y)$가 아래와 같이 정의되어 있을 때, 사용자가 입력한 임의의 x, y값에 대해서 함수 $f(x, y)$의 값을 구하는 프로그램을 작성하였다.

$$f(x,y) = \begin{cases} x + y & x \geq 0 \text{ and } y \geq 0 \\ x + y^2 & x \geq 0 \text{ and } y < 0 \\ x^2 + y & x < 0 \text{ and } y \geq 0 \\ x^2 + y^2 & x < 0 \text{ and } y < 0 \end{cases}$$

이 프로그램은 x와 y의 모든 가능한 조합에 대해 $f(x, y)$를 계산하는 네 개의 코드 블록을 가진 하나의 `if` 구조를 이용하여 작성하였다. 중첩된 `if` 구조를 갖도록 프로그램 `funxy`를 다시 작성하되, 바깥쪽 `if` 구조에서는 x값을 판별하고 안쪽 `if` 구조에서는 y값을 판별하라.

4.5 1.0보다 작은 임의의 x값을 사용자로부터 입력 받아 다음 함수의 값을 구하는 MATLAB 프로그램을 작성하라(ln은 e를 밑으로 하는 자연 로그이다).

$$y(x) = \ln \frac{1}{1-x}$$

if 구조를 사용하여 프로그램에 입력된 값이 적법한지를 판별하라. 만약 x값이 적법하면 $y(x)$를 계산하고, 그렇지 않으면 적절한 오류 메시지를 출력한 다음 종료하라.

4.6 빠른우편 서비스를 이용하여 소포를 보내는 비용은 처음 2파운드까지는 $12.00이고, 이후에는 매 1파운드까지의 초과 중량당 $4.50이다. 소포가 70파운드를 넘으면 과도 중량 할증료 $15.00가 비용에 추가된다. 100파운드를 넘는 소포는 보낼 수 없다. 파운드 단위로 소포 무게를 입력 받아 우편 비용을 계산하는 프로그램을 작성하라. 과도 중량인 경우를 반드시 다루도록 하라.

4.7 탄젠트 함수는 $\tan\theta = \sin\theta / \cos\theta$로 정의된다. $\cos\theta$의 값이 0에 너무 가깝지 않다면 이 식을 이용하여 탄젠트 값을 구할 수 있다(만약 $\cos\theta$가 0이면 위 식은 수치가 아닌 Inf가 된다). θ가 도 단위로 주어질 때, $\cos\theta$의 값이 10^{-2}보다 크거나 같은 경우에 $\tan\theta$의 값을 구하는 MATLAB문을 작성하라. $\cos\theta$의 값이 10^{-2}보다 작은 경우에는 오류 메시지를 출력하라.

4.8 아래의 문은 구강 체온계로 잰 체온(단위: 화씨)이 위험할 정도로 높을 때 사용자에게 경고하기 위한 것이다. 문에 오류가 있는가? 오류가 있다면, 그 이유를 설명하고 수정하라.

```
if temp < 97.5
   disp('Temperature below normal');
elseif temp > 97.5
   disp('Temperature normal');
elseif temp > 99.5
   disp('Temperature slightly high');
elseif temp > 103.0
   disp('Temperature dangerously high');
end
```

4.9 아래 MATLAB 식의 값을 구하라.

(a) `5 >= 5.5`

(b) `20 > 20`

(c) `xor(17 - pi < 15, pi < 3)`

(d) `true > false`

(e) `~~(35 / 17) == (35 / 17)`

(f) `(7 <= 8) == (3 / 2 == 1)`

(g) `17.5 && (3.3 > 2.)`

4.10 안테나 이득 패턴. 초단파 접시형 안테나의 이득 G는 다음과 같은 각의 함수로 표현된다.

$$G(\theta) = \left|\text{sinc } 4\theta\right| \quad \text{for } -\frac{\pi}{2} \le \theta \le \frac{\pi}{2} \tag{4.5}$$

여기서 θ는 라디안 단위로 측정한 안테나 조준 방향으로부터의 방위각이고, $\text{sinc } x = \sin x/x$이다. 이 이득 함수를 극도표로 나타내되, 굵은 글씨체로 'Antenna Gain vs θ'라는 제목을 붙여라.

4.11 이 책의 저자는 호주에 살고 있다. 호주는 매우 살기 좋은 곳이기는 하나, 세금이 많은 나라이다. 2009년에 호주의 국민들과 거주자는 다음과 같이 소득세를 냈다.

과세 소득 (A$)	이 소득에 대한 세금
$0–$6,000	비과세
$6,001 – $34,000	$6,000 초과분에 대해 $1당 15¢
$34,001 – $80,000	$4,200 외에 $34,000 초과분에 대해 $1당 30¢
$80,001 – $180,000	$18,000 외에 $80,000 초과분에 대해 $1당 40¢
$180,000 초과	$58,000 외에 $180,000 초과분에 대해 $1당 45¢

여기에 추가로, 모든 소득에 대해서 1.5%로 균등한 의료보험료가 부과된다. 이 데이터에 기초하여 한 사람이 내야 하는 소득세를 계산하는 프로그램을 작성하라. 프로그램은 사용자로부터 총 소득금액을 입력 받아 소득세, 의료보험료 및 총 세액을 계산하여야 한다.

4.12 다항식의 근들을 찾아라.

$$y(x) = x^6 - x^5 - 6x^4 + 14x^3 - 12x^2$$

함수의 결과를 그래프로 나타낸 근들과 계산된 근들을 비교하라. 또, 복소평면에 근들의 위치를 나타내라.

4.13 2002년에 호주의 국민들과 거주자는 다음과 같이 소득세를 냈다.

과세 소득 (A$)	이 소득에 대한 세금
$0 – $6,000	비과세
$6,001 – $20,000	$6,000 초과분에 대해 $1당 17¢
$20,001 – $50,000	$2,380 외에 $20,000 초과분에 대해 $1당 30¢
$50,001 – $60,000	$11,380 외에 $50,000 초과분에 대해 $1당 42¢
$60,000 초과	$15,580 외에 $60,000 초과분에 대해 $1당 47¢

여기에 추가로, 모든 소득에 대해서 1.5%로 균등한 의료보험료가 부과된다. 2002년에 비해 2009년도의 소득량에 관해 한 사람이 지불해야 하는 소득세가 얼마나 줄었는지를 계산하는 프로그램을 작성하라.

4.14 다음 6개의 근을 갖는 한 다항식이 있다고 가정해보자.

$$-6,\ -2,\ 1+i\sqrt{2},\ 1-i\sqrt{2},\ 2,\ 6$$

그 다항식의 계수를 찾아라.

4.15 **고역 필터(high-pass filter).** 그림 4.10은 저항과 커패시터로 이루어지는 간단한 고역 필터를 보여주고 있다. 입력 전압 V_i에 대한 출력 전압 V_o의 비는 다음의 식으로 주어진다.

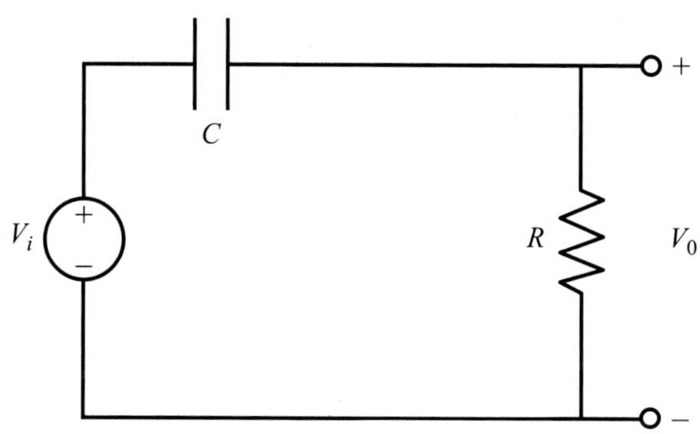

그림 4.10 간단한 고역 필터 회로

$$\frac{V_o}{V_i} = \frac{j2\pi fRC}{1 + j2\pi fRC} \tag{4.6}$$

$R = 16\text{k}\Omega$, $C = 1\mu\text{F}$이라고 하자. 이 필터에서 주파수에 따른 진폭 응답과 위상 응답을 계산하여 그래프로 나타내라.

4.16 굴절. 광선은 굴절률 n_1인 영역에서 굴절률 n_2인 영역으로 통과할 때 굴절된다(그림 4.11). 빛의 굴절각은 다음 식과 같은 Snell의 법칙으로 구한다.

$$n_1 \sin\theta_1 = n_2 \sin\theta_2 \tag{4.7}$$

여기서 θ_1은 첫 번째 영역에서의 빛의 투사각이고, θ_2는 두 번째 영역에서의 빛의 투사각이다. 굴절률 n_1과 n_2, 영역 1에서의 빛의 투사각 θ_1을 알고 있으면 Snell의 법칙을 이용하여 영역 2에서의 투사각 θ_2를 예측할 수 있다. 이 계산을 위한 식은 다음과 같다.

$$\theta_2 = \sin^{-1}\left[\frac{n_1}{n_2}\sin\theta_1\right] \tag{4.8}$$

영역 1의 투사각 θ_1, 굴절률 n_1, n_2가 주어질 때, 영역 2에서 투사각을 도 단위로 계산하는 프로그램을 작성하라(주: 만약 $n_1 > n_2$이면 θ_1의 일부 값에서 $\left[\frac{n_2}{n_1}\sin\theta_1\right]$의 절대값이 1.0보다 크기 때문에 식 (4.8)은 실수해를 갖지 않는다.

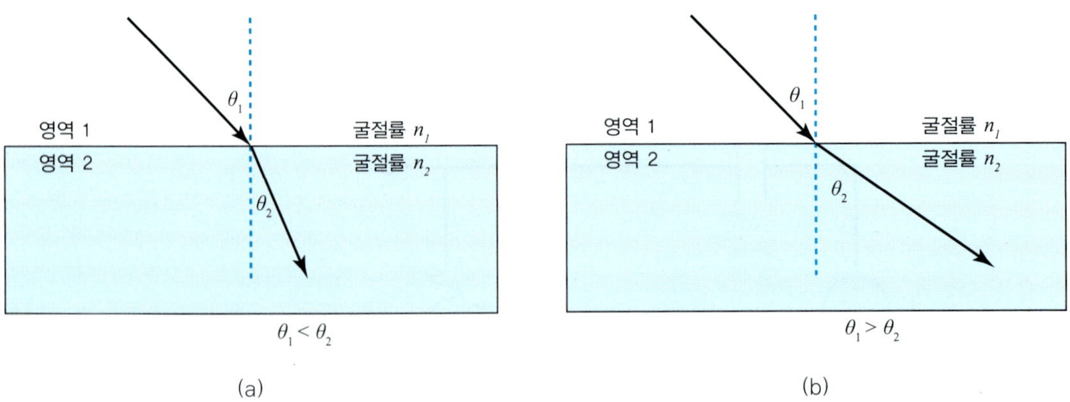

그림 4.11 광선은 하나의 매질에서 다른 매질로 넘어갈 때 굴절된다. (a) 광선이 굴절률이 낮은 지역에서 굴절률이 높은 지역으로 넘어갈 때는 수직에 가까운 방향으로 구부러진다. (b) 굴절률이 높은 지역에서 굴절률이 낮은 지역으로 광선이 넘어갈 때는 광선은 수직에서 멀어지는 방향으로 굴절된다.

이때 모든 빛은 영역 1로 반사되어 영역 2로는 결코 넘어갈 수 없다. 프로그램은 이런 조건을 판별하여 적절히 다룰 수 있어야 한다).
프로그램은 또한 입사 광선, 두 영역 사이의 경계, 다른 영역에서의 굴절 광선을 보여주는 그래프를 만들어야 한다.
다음의 두 경우에 대해 프로그램을 돌려 시험하라.

(a) $n_1 = 1.0$, $n_2 = 1.7$, $\theta_1 = 45°$
(b) $n_1 = 1.7$, $n_2 = 1.0$, $\theta_1 = 45°$

4.17 2장에서 보았듯이, `load` 명령문은 MAT 파일로부터 MATLAB 작업 공간으로 데이터를 불러오기 위해 사용할 수 있다. 사용자에게 파일의 이름을 입력하도록 촉구한 후 그 파일로부터 데이터를 불러들이는 스크립트를 작성하라. 지정된 파일을 열 수 없는 경우 오류를 발견하고 보여주기 위해서 `try/catch` 구조 안에 스크립트를 작성하여야 한다. 적합한 MAT 파일과 그렇지 않은 MAT 파일을 모두 사용하여 스크립트를 시험하라.

4.18 학생이 한 학기 동안 하나의 과목을 수강신청 할 수 있다고 가정하자. 학생은 English, History, Astronomy, Literature로 제한된 목록 중에서만 과목을 선택하여야 한다. 학생에게 자신의 선택 과목을 입력하도록 촉구한 후, 읽어들인 값을 `switch` 구조의 case식과 비교하는 부분적인 MATLAB 코드를 작성하라. 잘못된 입력 값을 기본 사례(default case)로 포함시켜 처리하라.

4.19 **반데르발스 방정식.** 이상 기체 상태 법칙은 이상 기체의 온도, 압력, 부피를 표현한다.

$$PV = nRT \tag{4.9}$$

여기서 P는 킬로 파스칼(kPa) 단위의 기체의 압력, V는 리터(L) 단위의 기체의 부피, n은 몰(mol) 단위의 기체의 분자수, R은 보편 기체 상수(8.314 L · kPa/mol · K), T는 켈빈(K) 단위의 절대 온도를 각각 나타낸다(주: 1몰 = 6.02×10^{23} 분자).
실제 기체의 분자는 조금씩 달라붙는 경향이 있어 완전 탄성이 아니기 때문에 이상적이지 않다. 실제 기체의 온도, 압력, 부피 사이의 관계는 반데르발스 방정식이라 불리는 이상 기체 상태 법칙의 수정식에 의해 나타낼 수 있다. 이 식은 다음과 같다.

$$\left(P + \frac{n^2 a}{V^2}\right)(V - nb) = nRT \tag{4.10}$$

여기서 a는 분자간의 상호 인력의 측정값이고 b는 분자 1몰이 차지하는 부피를 각각 나타낸다.

이 방정식을 풀어 압력 P를 온도와 부피의 함수로 나타낼 수 있다.

$$P = \frac{nRT}{V - nb} - \frac{n^2 a}{V^2} \tag{4.11}$$

이산화탄소의 경우 a=0.396 kPa · L 이고 b = 0.0427 L/mol이다. 이산화탄소 기체의 샘플이 0°C에서 1몰의 분자들을 함유하고 있고 30L의 부피를 차지하고 있다고 가정하자. 다음의 질문에 대해 답하라.

(a) 이상 기체 상태 법칙에 따라 기체의 압력을 구하여라.

(b) 반데르발스 방정식에 따라 기체의 압력을 구하여라.

(c) 이 온도에서 이상 기체 상태 법칙과 반데르발스 방정식에 따른 압력-부피의 그래프를 같은 축에 그려라. 같은 온도상태에서 실제 기체의 압력을 이상 기체의 압력과 비교하라.

CHAPTER 05

루프

루프(Loop)는 일련의 명령문을 두 번 이상 실행하도록 하는 MATLAB 구조체이다. MATLAB에서 쓰이는 루프 구조로는 **while 루프**와 **for 루프**가 있다. 이 두 유형 간의 주된 차이는 작업의 반복을 제어하는 방법이다. while 루프의 코드는 사용자가 지정한 조건이 만족되는 한 무한정 반복 실행된다. 반면에 for 루프의 코드는 미리 지정한 횟수만큼 반복 실행되므로 루프가 시작되기 전에 반복 횟수를 알 수 있다.

벡터화는 많은 MATLAB for 루프와 동일한 기능을 수행하는 더 빠른 방법이다. 이 장에서는 루프를 소개한 후, 고속화를 위해 루프를 벡터화 코드로 교체하는 방법에 대해서 설명할 것이다.

루프를 사용한 MATLAB 프로그램은 매우 많은 양의 데이터를 처리하며, 또한 처리할 데이터를 읽어들이는 효율적인 방법이다. 이 장에서는 디스크 파일로부터 대규모 데이터를 읽어들이는 textread 함수를 소개한다.

5.1 while 루프

while 루프는 어떤 조건이 만족되는 한 무한정 반복되는 코드 블록이다. while 루프의 일반적인 형식은 다음과 같다.

```
while expression
    ...
    ...      } Code block
    ...
end
```

제어식은 논리값을 도출한다. 만약 *expression*이 참이면 코드 블록을 실행하고, 프로그램의 제어는 다시 `while` 문으로 돌아온다. 만약 이때 *expression*이 여전히 참이면, 다시 코드 블록을 실행한다. 이 과정을 *expression*이 거짓이 될 때까지 반복한다. 프로그램의 제어가 `while` 문으로 돌아왔을 때 제어식이 거짓이면, 프로그램은 end 다음에 오는 첫 명령문을 실행한다.

`while` 루프의 유사 코드는 다음과 같다.

```
while expr
    ...
    ...
    ...
end
```

이제 `while` 루프를 이용하는 통계 분석 프로그램을 예로 들어보자.

▶ 예제 5.1 — 통계 분석

통계 분석은 과학 및 공학에서 관심 있는 특정 물성의 측정값으로 이루어진 큰 규모의 데이터 집합을 다룰 때 흔히 나타난다. 간단한 예로서 이 수업의 첫 번째 시험 성적을 고려해 보자. 각 성적으로 특정 학생이 지금까지 이 수업에서 얼마나 많이 배웠는지를 가늠할 수 있다.

대체로 우리는 개별적인 측정 데이터를 일일이 조사하는 데는 별 관심이 없다. 그 대신, 전반적인 데이터 집합에 관해 많은 정보를 알려주는 몇 개의 수로 측정 결과를 요약하기를 원한다. 대표적인 두 가지 수는 데이터 집합의 평균(average, 또는 산술 평균(arithmetic mean))과 표준 편차(standard deviation)이다. 데이터 집합의 평균은 다음과 같이 정의된다.

$$\bar{x} = \frac{1}{N}\sum_{i=1}^{N} x_i \tag{5.1}$$

여기서 x_i는 N개의 데이터 중 i번째 표본이다. 모든 입력값이 하나의 배열에 담겨 있다면, 이 집합의 평균은 MATLAB 함수 `mean`을 사용하여 계산할 수 있다. 데이터 집합의 표준 편차는 아래의 식으로 정의된다.

$$s = \sqrt{\frac{N\sum_{i=1}^{N} x_i^2 - \left(\sum_{i=1}^{N} x_i\right)^2}{N(N-1)}} \tag{5.2}$$

표준 편차는 측정값의 분산(scatter) 정도를 나타내는 척도로서, 이 값이 클수록 데이터 점들이 더 분산되어 나타난다. 모든 입력값이 하나의 배열에 담겨 있다면, 이 집합의 표준 편차는 MATLAB 함수 `std`를 사용하여 계산할 수 있다.

일군의 측정값을 입력 받아 그 입력 데이터 집합의 평균과 표준 편차를 구하는 알고리즘을 구현하라.

풀이

이 프로그램은 임의 개수의 측정값을 읽어들인 다음 이 값들의 평균과 표준 편차를 계산할 수 있어야 한다. 계산 수행 전에 `while` 루프를 사용하여 입력값을 모은다.

모든 측정값을 입력 받은 후에는 더 이상의 입력값이 없음을 프로그램에 알리는 방법을 강구해야 한다. 여기서는 모든 입력값은 양수이거나 0이라고 가정하여, 음수 값을 데이터 입력이 종료되었다는 신호(flag)로 사용한다. 음의 값이 입력되면 프로그램은 값의 입력을 마치고 데이터 집합의 평균과 표준 편차를 계산한다.

1. **문제 기술**

   입력 수치를 양의 값 또는 0으로 가정하였기 때문에 이 문제는 다음과 같이 기술할 수 있다. 모든 측정값이 양수 또는 0이며, 그 개수를 미리 알지 못할 때 이 측정 데이터 집합의 평균과 표준 편차를 계산하라. 사용자가 음수 값을 입력하면 더 이상 데이터가 없다는 것을 의미한다.

2. **입출력 정의**

   이 프로그램의 입력 데이터는 미지의 개수의 양수 또는 0이다. 이 프로그램의 출력으로서 입력 데이터 집합의 평균과 표준 편차를 인쇄한다. 또 프로그램에 입력된 데이터의 수를 출력하여 데이터가 올바르게 입력되었는지를 확인한다.

3. **알고리즘 설계**

   이 프로그램은 세 개의 주요 단계로 나눌 수 있다.

   입력 데이터를 모은다.
   평균과 표준 편차를 계산한다.
   평균, 표준 편차, 점의 수를 출력한다.

   프로그램의 첫 번째 단계는 입력 데이터를 모으는 것이다. 이를 위해 사용자에게 원하는 값을 입력하도록 요구할 것이다. 수치들이 입력되는 도중 그 개수와 아울러 수치들의 합 및 제곱합을 계산해 두어야 한다. 이 단계를 위한 유사 코드는 아래와 같다.

```
Initialize n, sum_x, and sum_x2 to 0
Prompt user for first number
Read in first x
while x > = 0
   n <- n + 1
   sum_x <- sum_x + x
   sum_x2 <- sum_x2 + x^2
   Prompt user for next number
   Read in next x
end
```

while 루프가 시작하기 전에 첫 번째 값을 입력 받아야만 이 루프를 처음 실행할 때 검사할 조건식에 사용할 수 있다.
다음에는 평균과 표준 편차를 계산하여야 한다. 이 단계를 위한 유사 코드는 단지 식 (5.1)과 식 (5.2)의 MATLAB 버전이다.

```
x_bar <- sum_x / n
std_dev <- sqrt((n*sum_x2 - sum_x^2)/(n*(n-1)))
```

마지막으로 결과를 출력한다.

```
Write out the mean value x_bar
Write out the standard deviation std_dev
Write out the number of input data points n
```

4. MATLAB문으로 변환

최종 MATLAB 코드는 아래와 같다.

```
% Script file: stats_1.m
%
% Purpose:
%   To calculate mean and the standard deviation of
%   an input data set containing an arbitrary number
%   of input values.
%
% Record of revisions:
```

```
%    Date        Programmer        Description of change
%    ====        ==========        =====================
%  01/24/14     S. J. Chapman     Original code
%
% Define variables:
%   n        -- The number of input samples
%   std_dev -- The standard deviation of the input samples
%   sum_x    -- The sum of the input values
%   sum_x2   -- The sum of the squares of the input values
%   x        -- An input data value
%   xbar     -- The average of the input samples

% Initialize sums.
n = 0; sum_x = 0; sum_x2 = 0;

% Read in first value
x = input('Enter first value:');

% While Loop to read input values.
while x >= 0

    % Accumulate sums:
    n      = n + 1;
    sum_x  = sum_x + x;
    sum_x2 = sum_x2 + x^2;

    % Read in next value
    x = input('Enter next value:');

end

% Calculate the mean and standard deviation
x_bar = sum_x / n;
```

```
std_dev = sqrt( (n * sum_x2 - sum_x^2) / (n * (n-1)) );

% Tell user.
fprintf('The mean of this data set is: %f\n', x_bar);
fprintf('The standard deviation is:    %f\n', std_dev);
fprintf('The number of data points is: %f\n', n);
```

5. **프로그램 시험**

프로그램을 시험하기 위해서 간단한 데이터 집합에 대해 손으로 직접 답을 구한 후 프로그램의 결과와 비교하여 본다. 세 입력값 3, 4, 5에 대해 평균과 표준 편차를 계산하면 다음과 같다.

$$\bar{x} = \frac{1}{N}\sum_{i=1}^{N} x_i = \frac{1}{3}(12) = 4$$

$$s = \sqrt{\frac{N\sum_{i=1}^{N} x_i^2 - \left(\sum_{i=1}^{N} x_i\right)^2}{N(N-1)}} = 1$$

이 세 값을 프로그램에 입력한 결과는 다음과 같다.

```
>> stats_1
Enter first value: 3
Enter next value: 4
Enter next value: 5
Enter next value: -1
The mean of this data set is: 4.000000
The standard deviation is:    1.000000
The number of data points is: 3.000000
```

프로그램의 결과와 직접 계산한 값이 일치한다.

위의 예제에서는 프로그램 설계 과정을 완전하게 따르지 못했다. 그 결과 프로그램은 중대한 결함을 갖게 되었다. 어디에 결함이 있는지 알아냈는가?

여기서 실패한 이유는 모든 가능한 유형의 입력에 대해 완벽하게 테스트를 수행하지 않았기 때문이다. 예제를 다시 한번 검토해 보자. 사용자가 아무런 값도 입력하지 않거나 하나만 입력하면 위 식에서 0으로 나누는 연산이 수행될 것이다! 이렇게 되면 0으로 나누기 경고(divide-by-zero warning) 메시지가 화면에 출력되고, 출력값은 NaN이 될 것이다. 따라서 이런 문제를 감지하여 사용자에게 알려 적절하게 중단할 수 있도록 프로그램을 수정할 필요가 있다.

수정한 프로그램 stats_2는 아래와 같다. 여기에서는 계산을 수행하기 전에 입력값이 충분히 있는지를 확인한다. 충분치 않다면 프로그램은 현명한 오류 메시지를 출력한 다음 종료한다. 수정한 프로그램을 여러분 스스로 시험해 보라.

```
% Script file: stats_2.m
%
% Purpose:
%   To calculate mean and the standard deviation of
%   an input data set containing an arbitrary number
%   of input values.
%
% Record of revisions:
%     Date       Programmer      Description of change
%     ====       ==========      =====================
%   01/24/14   S. J. Chapman   Original code
% 1.01/24/14   S. J. Chapman   Correct divide-by-0 error if
%                              0 or 1 input values given.
%
% Define variables:
%   n       -- The number of input samples
%   std_dev -- The standard deviation of the input samples
%   sum_x   -- The sum of the input values
%   sum_x2  -- The sum of the squares of the input values
%   x       -- An input data value
%   xbar    -- The average of the input samples

% Initialize sums.
n = 0; sum_x = 0; sum_x2 = 0;

% Read in first value
x = input('Enter first value: ');
```

```
% While Loop to read input values.
while x >= 0

   % Accumulate sums.
   n      = n + 1;
   sum_x  = sum_x + x;
   sum_x2 = sum_x2 + x^2;

   % Read in next value
   x = input('Enter next value: ');
end

% Check to see if we have enough input data.
if n < 2    % Insufficient information

   disp('At least 2 values must be entered!');

else % There is enough information, so
     % calculate the mean and standard deviation

     x_bar = sum_x / n;
     std_dev = sqrt((n * sum_x2 - sum_x^2)/(n*(n-1)));

     % Tell user.
     fprintf('The mean of this data set is:  %f\n', x_bar);
     fprintf('The standard deviation is:     %f\n', std_dev);
     fprintf('The number of data points is:  %f\n', n);
end
```

여기서 모든 입력값을 벡터로 저장하였다면 이 벡터를 MATLAB에 내장된 mean과 std 함수로 넘겨 평균과 표준 편차를 계산할 수 있었을 것이다. 여러분은 이 장 말미에 있는 연습문제에서 MATLAB의 표준 함수를 이용하는 새 버전의 프로그램을 작성하게 될 것이다.

5.2 for 루프

for 루프는 한 블록의 명령문들을 지정한 횟수만큼 실행하는 루프이다. for 루프의 기본 형식은 다음과 같다.

```
for index = expr
    ...
    ...          } Body
    ...
end
```

여기서 index는 루프 변수(loop variable) 또는 **루프 지표(loop index)**이고, *expr*은 루프의 제어식(control expression)이다. *expr*의 열이 한 번에 하나씩 변수 index에 저장된 다음 루프의 본체(body)가 실행되기 때문에 루프는 *expr*의 각 열마다 한 번씩 실행된다. 식은 대개 first:incr:last로 축약하여 나타낸 벡터 형태를 취한다.

for 문과 end 문 사이의 문들을 루프의 본체라고 부른다. 이 본체는 for 루프 변수가 갱신될 때마다 반복적으로 실행된다. for 루프 구조는 다음과 같이 작동한다.

1. 루프가 시작할 때 MATLAB은 제어식을 만든다.
2. 루프가 처음 실행될 때 프로그램은 제어식의 첫 번째 열을 index 변수에 대입하고, 루프의 본체를 실행한다.
3. 루프의 본체가 실행된 후에 프로그램은 식의 두 번째 열을 index 변수에 대입하고, 루프의 본체를 실행한다.
4. 제어식에 열이 남아 있는 한 이 세 번째 단계를 계속 반복한다.

for 루프를 더 명확히 이해하기 위해서 구체적인 예를 몇 가지 살펴보자. 먼저 다음 예제를 고려하자.

```
for ii = 1:10
   Statement 1
   ...
   Statement n
end
```

이 루프에서 제어 지표는 변수 ii 이다.[1] 이 경우 제어식은 1×10의 배열을 생성하고, 문 1에서 문 n까지의 블록을 10번 반복 실행한다. 루프 지표 ii는 첫 번째 실

1 통상적으로, 대부분의 프로그래밍 언어를 사용하는 프로그래머는 루프 지표로 i나 j 같은 간단한 변수이름을 사용한다. 그러나 MATLAB에서 i와 j를 $\sqrt{-1}$의 값으로 미리 정의하고 있기 때문에 이 책의 예제에서는 루프 지표로 ii나 jj를 사용한다.

행에서는 1, 두 번째 실행에서는 2가 되는 방식으로 계속 값이 바뀌어 마지막에는 10이 된다. 열 번 반복 후 for 문으로 제어가 넘어 왔을 때, 제어식에 열이 더 이상 남아 있지 않으므로 end 문 다음에 오는 첫 명령문이 실행된다. 여기서 주목할 점은 for 루프가 끝난 후에도 루프 지표 ii는 여전히 10으로 설정되어 있다는 사실이다.

두 번째로 다음 예를 살펴보자.

```
for ii = 1:2:10
   Statement 1
   ...
   Statement n
end
```

이 경우 제어식은 1×5 배열을 생성하고, 문 1에서 문 n까지의 블록을 5번 반복 실행한다. 루프 변수 ii는 첫 번째 실행에서는 1, 두 번째 실행에서는 3이 되는 방식으로 진행하여 다섯 번째이자 마지막 실행에서는 9가 된다. 다섯 번 반복 후 for 문으로 제어가 넘어왔을 때, 제어식에 열이 더 이상 남아 있지 않으므로 end 문 다음의 첫 명령문으로 넘어간다. for 루프의 실행이 끝난 후에도 루프 변수 ii는 여전히 9로 설정되어 있음을 유의해야 한다.

세 번째로 다음의 예를 살펴보자.

```
for ii = [5 9 7]
   Statement 1
   ...
   Statement n
end
```

여기서는 제어식이 명시적인 1×3 배열로 나타나 있어, 문 1에서 문 n까지의 블록이 세 번 반복 실행된다. 루프 변수는 처음에는 5, 두 번째는 9, 마지막에는 7이 된다. 루프 변수 ii의 값은 루프가 끝난 후에도 7로 설정되어 있다.

마지막으로 다음의 예를 살펴보자.

```
for ii = [1 2 3;4 5 6]
   Statement 1
   ...
   Statement n
end
```

이 경우 제어식이 2×3 배열이므로 문 1에서 문 n까지의 블록이 세 번 반복 실행된다. 루프 변수는 첫 번째 실행에서는 열벡터 $\begin{bmatrix}1\\4\end{bmatrix}$, 두 번째는 $\begin{bmatrix}2\\5\end{bmatrix}$, 세 번째는 $\begin{bmatrix}3\\6\end{bmatrix}$이 된다. 루프의 실행이 끝난 후에도 루프 변수 ii는 여전히 $\begin{bmatrix}3\\6\end{bmatrix}$으로 설정된 상태이다. 이 예는 루프 지표가 벡터가 될 수 있음을 보여주고 있다.

for 루프를 위한 유사 코드는 실제 MATLAB 코드처럼 보인다.

```
for index = expression
   Statement 1
   ...
   Statement n
end
```

▶ 예제 5.2 — 계승 함수

for 루프의 작동 방식을 예시하기 위해 계승 함수(factorial function)를 계산해 보자. 계승 함수는 다음과 같이 정의된다.

$$n! = \begin{cases} 1 & n = 0 \\ n \times (n-1) \times (n-2) \times \ldots \times 2 \times 1 & n > 0 \end{cases} \tag{5.3}$$

양수 N에 대해 N!을 계산하는 MATLAB 코드는 다음과 같다.

```
n_factorial = 1
for ii = 1:n
   n_factorial = n_factorial * ii;
end
```

5!의 값을 계산해 보자. n이 5이면 for 루프의 제어식은 행벡터 [1 2 3 4 5]가 될 것이다. 이 루프가 5번 반복 실행되는 동안 변수 ii는 1, 2, 3, 4, 5의 값을 차례차례 취할 것이므로 n_factorial의 결과값은 1×2×3×4×5=120이 될 것이다. ◀

▶ 예제 5.3 — 연중 경과 일수 계산

연중 경과 일수(day of year)는 주어진 해의 첫날 이후로 (오늘을 포함하여) 지나온 날수를 말한다. 이 수는 평년에는 1에서 365 사이의 값을 갖고, 윤년에는 1에서 366 사이의 값을 갖는다. 연월일을 입력 받아 그 날의 연중 경과 일수를 계산하는 MATLAB 프로그램을 작성하라.

풀이

연중 경과 일수를 구하려면 이번 달 앞의 달들의 날수를 모두 더한 후, 이번 달 들어 경과한 날수를 더하여야 한다. `for` 루프를 사용하는 프로그램으로 이 총합을 구할 수 있다. 달에 따라 날수가 다르므로 각 달의 정확한 날수를 정하여 더해 나가야 한다. 각 달의 날수를 정하기 위해서 `switch` 구조를 사용한다.

윤년에는 3월 이후의 연중 경과 일수에 반드시 하루를 추가해야 한다. 이 여분의 하루는 윤년에만 나타나는 2월 29일을 반영하기 위한 것이다. 그러므로 경과 일수를 정확하게 구하기 위해서는 어느 해가 윤년인지를 알아야 한다. 그레고리력에서는 다음 규칙에 따라 윤년을 정한다.

1. 연수가 400으로 나누어 떨어지면(evenly divisible) 그 해는 윤년이다.
2. 연수가 100으로 나누어 떨어지고, 400으로 나누어 떨어지지 않으면 그 해는 윤년이 아니다.
3. 연수가 4로 나누어 떨어지고 100으로 나누어 떨어지지 않으면 그 해는 윤년이다.
4. 그 외의 해는 모두 윤년이 아니다.

이 예제에서는 modulo(법)를 나타내는 `mod` 함수를 사용하여 어떤 해가 주어진 수로 나누어 떨어지는지 여부를 결정한다. `mod` 함수의 결과가 0이면 그 해는 나누어 떨어진다.

경과 일수를 구하는 프로그램이 아래에 제시되어 있다. 이 프로그램은 현재 달 앞의 각 달의 날수를 `switch` 구조를 사용하여 결정한 후 더해 나간다.

```
% Script file: doy.m
%
% Purpose:
%   This program calculates the day of year corresponding
%   to a specified date. It illustrates the use of switch and
%   for constructs.
```

```
%
% Record of revisions:
%     Date        Programmer          Description of change
%     ====        ==========          =====================
%   01/27/14     S. J. Chapman       Original code
%
% Define variables:
%   day          -- Day (dd)
%   day_of_year -- Day of year
%   ii           -- Loop index
%   leap_day     -- Extra day for leap year
%   month        -- Month (mm)
%   year         -- Year (yyyy)
% Get day, month, and year to convert
disp('This program calculates the day of year given the');
disp('specified date.');
month = input('Enter specified month (1-12): ');
day   = input('Enter specified day(1-31):    ');
year  = input('Enter specified year(yyyy):   ');

% Check for leap year, and add extra day if necessary
if mod(year,400) == 0
   leap_day = 1;     % Years divisible by 400 are leap years
elseif mod(year,100) == 0
   leap_day = 0;     % Other centuries are not leap years
elseif mod(year,4) == 0
   leap_day = 1;     % Otherwise every 4th year is a leap year
else
   leap_day = 0;     % Other years are not leap years
end

% Calculate day of year by adding specified day to the
% days in previous months.
day_of_year = day;
for ii = 1:month-1

   % Add days in months from January to last month
   switch (ii)
   case {1,3,5,7,8,10,12}
      day_of_year = day_of_year + 31;
   case {4,6,9,11}
```

```
      day_of_year = day_of_year + 30;
   case 2,
      day_of_year = day_of_year + 28 + leap_day;
   end
end

% Tell user
fprintf('The date %2d/%2d/%4d is day of year %d.\n', ...
         month, day, year, day_of_year);
```

프로그램을 시험하기 위해서 다음과 같이 경과 일수를 미리 아는 날짜를 사용한다.

1. 1999년은 윤년이 아니다. 1월 1일의 연중 경과 일수는 1이고, 12월 31일은 365이다.
2. 2000년은 윤년이다. 1월 1일의 연중 경과 일수는 1이고, 12월 31일은 366이다.
3. 2001년은 윤년이 아니다. 3월 1일은 1월에 31일이 있고, 2월에 28일이 있으며, 이 날이 3월의 첫날이므로 연중 경과 일수가 60이다. 이 다섯 날짜 각각에 대해 프로그램을 돌린 결과는 다음과 같다.

```
>> doy
This program calculates the day of year given the
specified date.
Enter specified month (1-12): 1
Enter specified day(1-31):    1
Enter specified year(yyyy):   1999
The date 1/ 1/1999 is day of year 1.
>> doy
This program calculates the day of year given the
specified date.
Enter specified month (1-12): 12
Enter specified day(1-31):    31
Enter specified year(yyyy):   1999
The date 12/31/1999 is day of year 365.
>> doy
This program calculates the day of year given the
specified date.
Enter specified month (1-12): 1
Enter specified day(1-31):    1
Enter specified year(yyyy):   2000
```

```
The date 1/ 1/2000 is day of year 1.
>> doy
This program calculates the day of year given the
specified date.
Enter specified month (1-12): 12
Enter specified day(1-31):    31
Enter specified year(yyyy):   2000
The date 12/31/2000 is day of year 366.
>> doy
This program calculates the day of year given the
specified date.
Enter specified month (1-12): 3
Enter specified day(1-31):    1
Enter specified year(yyyy):   2001
The date 3/ 1/2001 is day of year 60.
```

프로그램은 다섯 날짜에 대한 시험 실행에서 모두 정확한 답을 주고 있다.

◀

▶ 예제 5.4 — 통계 분석

일련의 측정값을 읽어들여 그 값들의 평균과 표준 편차를 계산하는 프로그램을 작성하라. 그 값들은 양수나 음수 또는 0이 될 수 있다.

풀이

이 프로그램은 임의 개수의 측정값을 읽어들여 이 값들의 평균과 표준 편차를 계산하여야 한다. 각 측정값은 양수나 음수 또는 0이 될 수 있다.

이번 예제에서는 데이터 입력이 끝났음을 알리는 신호로 데이터값을 사용할 수 없으므로 사용자에게 데이터의 개수를 물어본 다음, for 루프를 사용하여 그 수만큼의 데이터값을 읽어들인다. 입력값이 임의의 실수가 될 수 있도록 허용하는 수정된 프로그램을 아래에 나타냈다. 여러분 스스로 프로그램을 시험하기 위하여 다음 다섯 값 3, −1, 0, 1, −2의 평균과 표준 편차를 구하여라.

```
% Script file: stats_3.m
%
% Purpose:
```

```
%   To calculate mean and the standard deviation of
%   an input data set, where each input value can be
%   positive, negative, or zero.
%
% Record of revisions:
%     Date         Programmer         Description of change
%     ====         ==========         =====================
%   01/27/14      S. J. Chapman      Original code
%
% Define variables:
%   ii       -- Loop index
%   n        -- The number of input samples
%   std_dev -- The standard deviation of the input samples
%   sum_x    -- The sum of the input values
%   sum_x2   -- The sum of the squares of the input values
%   x        -- An input data value
%   xbar     -- The average of the input samples

% Initialize sums.
sum_x = 0; sum_x2 = 0;

% Get the number of points to input.
n = input('Enter number of points:');

% Check to see if we have enough input data.
if n < 2   % Insufficient data

   disp ('At least 2 values must be entered.');

else % we will have enough data, so let's get it.

   % Loop to read input values.
   for ii = 1:n

      % Read in next value
      x = input('Enter value: ');

      % Accumulate sums.
      sum_x = sum_x + x;
      sum_x2 = sum_x2 + x^2;
```

```
    end

    % Now calculate statistics.
    x_bar = sum_x / n;
    std_dev = sqrt((n * sum_x2 - sum_x^2) / (n * (n-1)));

    % Tell user.
    fprintf('The mean of this data set is: %f\n', x_bar);
    fprintf('The standard deviation is:    %f\n', std_dev);
    fprintf('The number of data points is: %f\n', n);
end
```

5.2.1 실행의 세부 사항

지금까지 for 루프의 몇 가지 예제를 살펴보았지만, 이를 제대로 사용하기 위해서는 몇 가지 중요한 실행의 세부 사항을 검토해야 한다.

1. **루프의 본체는 들여쓰기를 한다.** 위에서 본 바와 같이 for 루프의 본체를 반드시 들여쓸 필요는 없다. MATLAB은 루프의 모든 문이 첫 번째 칸에서 시작하더라도 그 루프를 인지할 수 있다. 그러나 들여쓰기를 하면 루프를 알아보기 훨씬 더 쉬우므로 루프의 본체는 항상 들여쓰기를 하여 작성하여야 한다.

좋은 프로그래밍 습관

for 루프의 본체는 항상 세 칸 이상 들여쓰기를 하여 코드를 읽기 쉽도록 만들라.

2. **루프의 본체에서 루프 지표를 변경하지 않는다.** for 루프의 루프 지표는 루프의 본체 어느 곳에서도 변경해서는 안 된다. 지표 변수는 루프에서 흔히 계수기(counter)로 쓰이는데 이 값을 바꾸면 생소하고 찾기 어려운 오류를 야기할 수 있다. 배열의 원소를 초기화하기 위한 아래의 코드에서 실수로 대입문 'ii = 5'가 루프의 본체에 삽입되었다. 그 결과 a(5)만 a(1), a(2) 등에 대입했었어야 할 값으로 초기화되었다.

```
for ii = 1:10
   ...
   ii = 5;   % Error!
   ...
   a(ii) = <calculation>
end
```

좋은 프로그래밍 습관

루프의 본체에서 루프 지표의 값을 절대 변경하지 마라.

3. **배열의 사전 배정(preallocation).** 2장에서 배운 것처럼 기존 배열의 범위 밖에 있는 원소에 값을 대입함으로써 이 배열의 크기를 늘릴 수 있다. 예를 들어, 다음 문은

```
arr = 1:4;
```

값 [1 2 3 4]를 갖는 4원소 배열을 만든다. 다음, 아래의 문을 실행하면

```
arr(8) = 6;
```

배열은 자동으로 8원소 배열로 늘어나며, 그 값은 [1 2 3 4 0 0 0 6]이 된다. 불행하게도 배열을 확장할 때마다 MATLAB은 (1)새로운 배열을 만들어, (2)기존 배열의 내용을 새 배열에 복사하며, (3)새 배열에 새로운 값을 추가한 후, (4)기존 배열을 삭제한다. 이 과정은 배열이 클 경우 시간이 아주 많이 걸린다.

for 루프에서 정의되어 있지 않은 배열에 값을 저장하고자 하면, 루프를 반복할 때마다 이 과정을 거쳐야 한다. 반면에 루프 시작 전에 배열을 최대 크기로 미리 배정하였다면 복사 작업이 필요하지 않아 코드의 실행이 훨씬 빨라진다. 아래에 제시한 코드의 단편은 루프를 시작하기 전에 배열을 미리 배정하는 방법을 보여주고 있다.

```
square = zeros(1,100);
for ii = 1:100
   square(ii) = ii^2;
end
```

좋은 프로그래밍 습관

루프에서 쓰는 모든 배열을 루프 시작 전에 미리 배정하라. 이런 사전 배정은 루프의 실행 속도를 크게 높인다.

5.2.2 배열의 벡터화

많은 루프가 배열의 요소들에 동일한 계산을 적용하는 데 사용된다. 예를 들어, 아래에 보인 코드의 단편은 for 루프를 이용하여 1에서 100까지의 모든 정수에 대해서 제곱, 제곱근, 세제곱근을 계산한다.

```
for ii = 100
   square(ii) = ii^2;
   square_root(ii) = ii^(1/2);
   cube_root(ii) = ii^(1/3);
end
```

여기서, 루프는 100회 실행되고, 각 출력 배열의 하나의 값이 루프의 각 주기 동안 계산된다.

MATLAB은 이런 종류의 계산을 위해 벡터화(vectorization)라는 빠른 대안을 제공한다. 각각의 문을 100회 실행하는 대신에 MATLAB은 하나의 명령문으로 배열의 모든 원소에 대해 연산을 수행할 수 있다. MATLAB에서는 하나의 명령문이 루프보다 훨씬 빠르게 똑같은 계산을 수행한다.

예를 들어 다음 코드는 앞서 설명한 루프와 같은 계산을 수행하기 위해 벡터를 사용한다. 먼저 지표의 벡터를 만든 후 한 번의 배열 연산으로 100개 원소에 대한 계산을 모두 끝낸다.

```
ii = 1:100;
square = ii.^2;
square_root = ii.^(1/2);
cube_root = ii.^(1/3);
```

이 두 계산의 결과는 같지만, 그 과정이 서로 동등하지는 않다. for 루프를 이용하는 방법은 벡터를 이용하는 방법보다 15배 이상 느리다! 이런 일이 일어나는 이유는

for 루프를 반복할 때마다 MATLAB이 그 안의 문을 한 번에 한 줄씩 번역하여 실행해야만 하기 때문이다.[2] 따라서 MATLAB이 300줄에 이르는 코드를 번역하여 실행하는 셈이 된다. 이와는 대조적으로 벡터화된 코드에서는 4줄만 번역하여 실행하면 된다. MATLAB은 벡터화된 코드를 매우 효율적으로 구현하도록 고안되었기 때문에 이 방식의 코드가 훨씬 빠르다.

MATLAB에서 루프를 벡터문으로 바꾸는 과정을 벡터화(vectorization)라고 한다. 벡터화를 통해 많은 MATLAB 프로그램의 성능을 극적으로 향상시킬 수 있다.

좋은 프로그래밍 습관

for 루프나 벡터 어느 방법으로도 계산을 수행할 수 있다면 벡터를 사용하라. 그러면 프로그램이 훨씬 더 빨라질 것이다.

5.2.3 MATLAB 적시(Just-in-Time, JIT) 컴파일러

MATLAB 6.5 이후 버전에 JIT 컴파일러가 추가되었다. 이 JIT 컴파일러는 MATLAB 코드를 먼저 검토하여 가능하다면 컴파일한 후 실행한다. MATLAB 코드가 번역되는 것이 아니라 컴파일되기 때문에 그 코드는 거의 벡터화된 코드만큼 빠르다. JIT 컴파일러로 종종 for 루프의 실행 속도를 극적으로 높일 수 있다.

JIT 컴파일러는 프로그래머가 별다른 조치를 취하지 않아도 루프의 실행 속도를 높이기 때문에 제대로 작동한다면 매우 유용한 도구이다. 그러나 JIT 컴파일러는 많은 제약점을 지니고 있어 모든 루프의 실행 속도를 높일 수는 없다. JIT 컴파일러의 제약은 버전에 따라 다르며, 신규버전에서 제약이 적다.[3]

2 이어지는 항목 MATLAB Just-In-Time 컴파일러를 참조하기 바란다.

3 Mathworks사는 JIT 컴파일러가 어떤 상황에서 작동하는지 또는 안하는지 그 목록을 밝히기를 거부하고 있는데, 그 이유로 MATLAB 버전에 따라 상황이 복잡하게 변하기 때문이라고 말한다. 따라서 사용자가 루프를 작성한 후 그 실행 속도를 스스로 재보라고 권유하고 있다! 좋은 소식은 버전이 높아지면서 더 많은 상황에서 JIT 컴파일러가 작동한다는 것이지만, 사용자는 결코 알 수가 없다.

좋은 프로그래밍 습관

JIT 컴파일러에 의존하여 코드의 실행 속도를 높이려 하지 마라. 이 컴파일러는 많은 제약점을 지니기 때문에 코드를 직접 벡터화하면 더 나은 결과를 얻을 수 있다.

▶ 예제 5.5 — 루프와 벡터의 비교

루프와 벡터의 실행 속도를 비교하기 위해서, 다음 세 가지 계산의 실행 시간을 측정해 보자.

1. 배열을 초기화하지 않고 `for` 루프에서 1부터 10,000까지의 모든 정수의 제곱을 계산한다.
2. zeros 함수를 사용하여 배열을 미리 배정한 다음, `for` 루프에서 1부터 10,000까지의 모든 정수의 제곱을 곧바로 계산한다(JIT 컴파일러가 가동된다).
3. 1부터 10,000까지 모든 정수의 제곱을 벡터로 계산한다.

풀이

이 프로그램은 위에서 제시한 세 가지 방법으로 1부터 10,000까지의 모든 정수의 제곱을 계산하고, 그 시간을 측정하여야 한다. MATLAB 함수 `tic`과 `toc`을 이용하여 실행 시간을 측정할 수 있다. `tic` 함수는 MATLAB에 내장된 시간 측정기를 초기화하고, `toc` 함수는 `tic` 함수를 마지막으로 호출한 시점 이후의 경과 시간을 초 단위로 반환한다.

컴퓨터의 실시간 시계는 대부분 정밀도가 낮으므로 각 경우의 코드를 여러 번 반복 실행하여 유효 평균 시간을 구해 비교할 필요가 있다.

세 가지 계산 방법의 속도를 비교하는 MATLAB 프로그램은 다음과 같다.

```
% Script file: timings.m
%
% Purpose:
%    This program calculates the time required to
%    calculate the squares of all integers from 1 to
%    10,000 in three different ways:
%    1.  Using a for loop with an uninitialized output
```

```
%       array.
%    2.  Using a for loop with a preallocated output
%       array and the JIT compiler.
%    3. Using vectors.
%
% Record of revisions:
%     Date       Programmer         Description of change
%     ====       ==========         =====================
%   01/29/14     S. J. Chapman      Original code
%
% Define variables:
%   ii, jj   -- Loop index
%   average1 -- Average time for calculation 1
%   average2 -- Average time for calculation 2
%   average3 -- Average time for calculation 3
%   maxcount -- Number of times to loop calculation
%   square   -- Array of squares

% Perform calculation with an uninitialized array
% "square".  This calculation is done only 10 times
% because it is so slow.
maxcount = 10;                   % Number of repetitions
tic;                             % Start timer
for jj = 1:maxcount
   clear square                  % Clear output array
   for ii = 1:10000
      square(ii) = ii^2;         % Calculate square
   end
end
average1 = (toc)/maxcount;       % Calculate average time

% Perform calculation with a preallocated array
% "square". This calculation is averaged over 1000
% loops.
maxcount = 1000;                  % Number of repetitions
tic;                             % Start timer
for jj = 1:maxcount
   clear square                  % Clear output array
   square = zeros(1,10000);      % Pre-initialize array
   for ii = 1:10000
      square(ii) = ii^2;         % Calculate square
```

```
    end
  end
  average2 = (toc)/maxcount;      % Calculate average time

  % Perform calculation with vectors. This calculation
  % averaged over 1000 executions.
  maxcount = 1000;                % Number of repetitions
  tic;                            % Start timer
  for jj = 1:maxcount
     clear square                 % Clear output array
     square = zeros(1,10000);     % Pre-initialize array
     for ii = 1:10000
     square(ii) = ii^2;           % Calculate square
  end
  average3 = (toc)/maxcount;      % Calculate average time

% Display results
fprintf('Loop / uninitialized array         = %8.5f\n', average1);
fprintf('Loop / initialized array / JIT     = %8.5f\n', average2);
fprintf('Vectorized                         = %8.5f\n', average3);
```

이 프로그램을 MATLAB 2014B를 사용하여 계산하면 다음과 같은 결과를 얻는다.

```
>> timings
Loop / uninitialized array        = 0.00275
Loop / initialized array / JIT    = 0.00012
Vectorized                        = 0.00003
```

배열을 초기화하지 않은 루프는 JIT 컴파일러를 사용한 루프 또는 벡터화된 코드에 비해 매우 느렸다. 벡터화된 루프가 가장 빨랐으나, 루프에 JIT 컴파일러를 적용할 수만 있다면 아무 일도 하지 않고 대부분의 가속 효과를 볼 수 있다. 이 예제에서 보듯이 JIT 컴파일러가 작동할 수 있도록 루프를 고안하거나 루프를 벡터화시키면 MATLAB 코드의 실행 속도를 놀라울 정도로 높일 수 있다!

◀

코드 분석기 검사 도구를 사용하면 MATLAB 프로그램의 실행을 지연시킬 수 있는 초기화되지 않은 배열 문제를 파악하는 데 도움이 된다. 예를 들어, 프로그램 timings.m에 코드 분석기를 실행하는 경우, 코드 검사기는 초기화되지 않은 배열

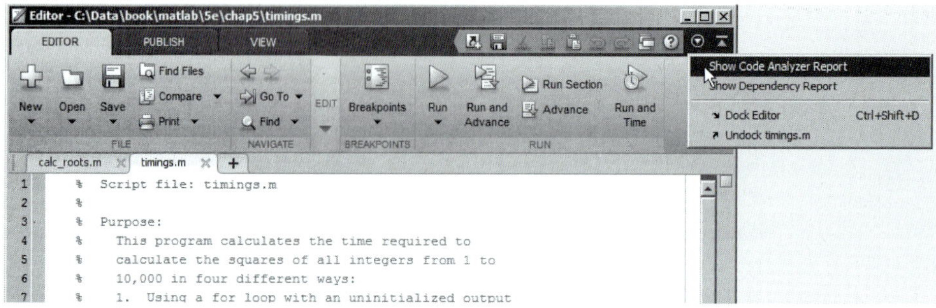

(a)

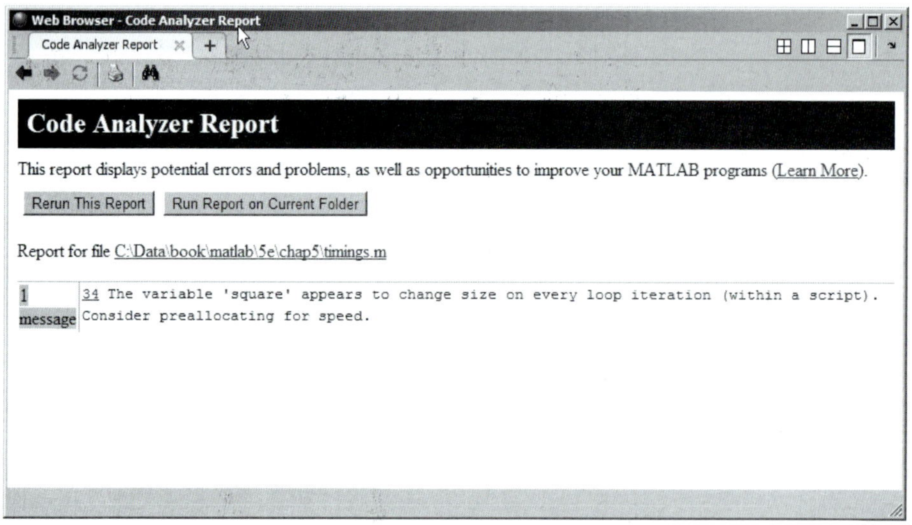

(b)

그림 5.1 코드 분석기는 MATLAB 루프의 실행 속도를 느리게 하는 몇 가지 문제를 식별할 수 있다. (a) 프로그램 timings.m에 코드 분석기를 실행. (b) 코드 분석 보고서는 프로그램에서 초기화되지 않은 배열을 식별.

을 확인하고 경고 메시지를 출력한다(그림 5.1).

5.2.4 break 문과 continue 문

while 루프와 for 루프를 제어하는 데 쓰이는 두 가지 다른 문으로 break 문과 continue 문이 있다. break 문은 루프의 실행을 멈추고 end 문 다음에 오는 첫 번째 명령문으로 프로그램 제어를 넘기는 반면, continue 문은 현 단계의 반복을 멈춘 후 루프의 맨 처음으로 제어를 되돌린다.

break 문을 루프의 본체 내에서 실행하면 그 루프의 실행은 중단되고 루프 다음에 오는 문으로 제어가 넘어간다. 다음은 for 루프에서 쓰이는 break 문의 예이다.

```
for ii = 1:5
   if ii == 3;
      break;
   end
   fprintf('ii = %d\n',ii);
end
disp(['End of loop!']);
```

이 프로그램을 돌리면 다음 결과를 얻는다.

```
>> test_break
ii = 1
ii = 2
End of loop!
```

ii가 3이 되는 반복 단계에서 break 문이 실행되어, fprintf 문을 실행하지 않고 루프 다음에 오는 첫 번째 문인 disp 문이 실행되었음에 주의하여야 한다.

루프에서 continue 문이 실행되면 현재 반복 단계의 실행은 중단되고 제어가 루프의 제일 처음으로 돌아오게 된다. for 루프의 지표 변수는 다음 번 값을 취하게 되고 루프는 다시 실행된다. 다음은 for 루프에서 쓰이는 continue 문의 예이다.

```
for ii = 1:5
   if ii == 3;
      continue;
   end
   fprintf('ii = %d\n',ii);
end
disp(['End of loop!']);
```

이 프로그램을 돌리면 다음 결과를 얻는다.

```
>> test_continue
ii = 1
ii = 2
ii = 4
```

```
ii = 5
End of loop!
```

ii가 3이 될 때의 반복 단계에서 continue 문이 실행되며 이때 fprintf 문을 실행하지 않고 루프의 처음으로 제어가 넘어갔음을 주목하자. break 문과 continue 문은 while 루프와 for 루프 모두에서 쓸 수 있다.

5.2.5 루프의 중첩

하나의 루프를 다른 루프 안에 통째로 넣을 수 있는데, 이때 이 두 루프를 **중첩 루프**(nested loops)라고 부른다. 다음 예는 두 정수의 곱을 계산하여 출력하는 데 쓰인 두 개의 중첩된 for 루프를 보여주고 있다.

```
for ii = 1:3
   for jj = 1:3
      product = ii * jj;
      fprintf('%d * %d = %d\n',ii,jj,product);
   end
end
```

이 예에서, 외부의 for 루프가 지표 변수 ii에 1의 값을 대입하고 나서 내부의 for 루프가 실행된다. 내부의 for 루프는 지표 변수의 값이 1, 2, 3으로 바뀌면서 세 번 실행된다. 내부 for 루프가 완전히 끝나면, 외부의 for 루프는 지표 변수 ii에 값 2를 대입하고, 내부의 for 루프를 다시 실행한다. 이 과정이 외부 for 루프가 세 번 실행될 때까지 반복되어 다음 결과를 출력한다.

```
1 * 1 = 1
1 * 2 = 2
1 * 3 = 3
2 * 1 = 2
2 * 2 = 4
2 * 3 = 6
3 * 1 = 3
3 * 2 = 6
3 * 3 = 9
```

여기서 내부 for 루프가 완전히 실행된 후에야 외부 for 루프의 지표 변수가 증가한다는 점에 주목하여야 한다.

MATLAB은 end 문을 만나면, 이 문을 가장 내부의 열려 있는 구조에 연관시킨다. 그러므로 위의 예제에서 첫 번째 end 문은 'for jj = 1:3'의 루프를 닫고, 두 번째 end 문은 'for ii = 1:3' 루프를 닫는다. 이런 중첩 루프 구조 어딘가에서 end 문이 실수로 삭제될 때 아주 찾기 어려운 오류가 나타날 수 있다.

중첩된 for 루프에서 각 루프는 독립적인 루프 지표 변수를 가져야 한다. 만약 이들 루프가 같은 지표 변수를 사용한다면, 내부 루프는 외부 루프가 방금 설정한 지표값을 바꿔버릴 것이다.

break 문이나 continue 문이 중첩 루프에서 나타나면 이 문은 자신을 포함하는 가장 내부의 루프를 참조하게 된다. 예를 들어 다음 프로그램을 살펴보자.

```
for ii = 1:3
   for jj = 1:3
      if jj == 3;
         break;
      end
      product = ii * jj;
      fprintf('%d * %d = %d\n',ii,jj,product);
   end
   fprintf('End of inner loop\n');
end
fprintf('End of outer loop\n');
```

만약 안쪽 루프의 계수기 jj가 3이 되면, break 문이 실행되어 가장 안쪽의 루프를 빠져나간다. 프로그램은 'End of inner loop' 메시지를 출력하고, 바깥쪽 루프의 지표값을 1 늘린 후 다시 안쪽 루프를 실행한다. 이에 따라 출력되는 결과는 다음과 같다.

```
1 * 1 = 1
1 * 2 = 2
End of inner loop
2 * 1 = 2
2 * 2 = 4
End of inner loop
3 * 1 = 3
3 * 2 = 6
End of inner loop
End of outer loop
```

5.3 논리 배열과 벡터화

4장에서 logical 형 데이터에 대해서 배웠다. 논리 데이터는 true(1)나 false(0) 중 한 값을 가질 수 있다. 관계 연산과 논리 연산의 결과로 논리형 스칼라 또는 배열이 만들어진다.

예를 들어, 다음 문을 보자.

```
a = [1 2 3; 4 5 6; 7 8 9];
b = a > 5;
```

이 문들은 두 배열 a와 b를 만든다. a는 값 $\begin{bmatrix} 1 & 2 & 3 \\ 4 & 5 & 6 \\ 7 & 8 & 9 \end{bmatrix}$를 담은 double 형 배열이고, b는 값 $\begin{bmatrix} 0 & 0 & 0 \\ 0 & 0 & 1 \\ 1 & 1 & 1 \end{bmatrix}$을 실행하면 다음 결과가 나타난다.

```
>> whos
   Name         Size          Bytes         Class
   a            3x3              72         double array
   b            3x3               9         logical array
Grand total is 18 elements using 81 bytes
```

논리 배열은 매우 중요한 특성을 지니고 있어, 산술 연산에서 마스크(mask) 역할을 할 수 있다. 마스크는 배열에서 특정 원소만 선택하여 연산에 쓸 수 있도록 해주는 배열이다. 지정한 연산은 마스크로 선택한 원소에만 적용되며, 나머지 원소에는 적용되지 않는다.

예를 들어, 배열 a와 b가 위와 같이 정의되었다고 하자. 이때 문 a(b) = sqrt(a(b))는 논리 배열 b에서 참값이 나타나는 곳과 같은 위치에 있는 a의 원소들만 그 제곱근을 구하여 대체하고, 나머지 원소들은 그대로 둔다.

```
>> a(b) = sqrt(a(b))
a =
    1.0000    2.0000    3.0000
    4.0000    5.0000    2.4495
    2.6458    2.8284    3.0000
```

마스크는 루프나 분기를 쓰지 않고도 배열의 일부분에 대해서만 연산을 수행하는 매우 빠르고 현명한 방법이다.

아래의 두 코드 단편은 모두 배열 a에서 5보다 큰 원소에 대해 제곱근을 취하지만,

벡터화 방식이 루프 방식보다 훨씬 더 빠르다.

```
for ii = 1:size(a,1)
   for jj = 1:size(a,2)
      if a(ii,jj) > 5
         a(ii,jj) = sqrt(a(ii,jj));
      end
   end
end
b = a > 5;
a(b) = sqrt(a(b));
```

5.3.1 논리 배열을 이용한 if/else 구조의 구현

논리 배열을 사용하여 for 루프 안의 if/else 구조와 동등한 효과를 낼 수 있다. 앞 절에서 보았듯이, 논리 배열을 마스크로 사용하여 선택된 배열 원소에 대해서만 연산을 수행할 수 있다. 논리 마스크에 단지 not 연산자(~)를 추가함으로써 선택되지 않은 원소에 대해 다른 연산을 적용할 수도 있다.

예를 들어, 2차원 배열에서 5보다 큰 원소에 대해서는 제곱근을 취하고, 나머지 성분에 대해서는 제곱을 취해보자. 루프와 분기를 이용하여 이 계산을 수행하는 코드는 다음과 같다.

```
for ii = 1:size(a,1)
   for jj = 1:size(a,2)
      if a(ii,jj) > 5
         a(ii,jj) = sqrt(a(ii,jj));
      else
         a(ii,jj) = a(ii,jj)^2;
      end
   end
end
```

같은 계산을 위한 벡터화된 코드는 아래와 같다.

```
b = a > 5;
a(b) = sqrt(a(b));
a(~b) = a(~b).^2;
```

벡터화된 코드가 루프와 분기를 이용하는 코드보다 훨씬 더 빠르다.

퀴즈 5.1

이 퀴즈는 5.1절에서 5.3절에 걸쳐 소개한 개념을 여러분이 잘 이해하고 있는지를 확인하기 위한 것이다. 만일 퀴즈를 푸는 데 어려움이 있다면 해당 절을 다시 읽고 강사에게 질문하거나 다른 학우와 토의하라. 이 퀴즈의 답은 책의 말미에 수록되어 있다.

다음 for 루프를 검토하여 각 루프의 실행 횟수를 구하라.

1. `for index = 7:10`
2. `for jj = 7:-1:10`
3. `for index = 1:10:10`
4. `for ii = -10:3:-7`
5. `for kk = [0 5 ; 3 3]`

다음 루프를 검토하여 각 루프의 종료 시점에서 ires가 갖는 값을 구하라.

6.
```
ires = 0;
for index = 1:10
  ires = ires + 1;
end
```
7.
```
ires = 0;
for index = 1:10
  ires = ires + index;
end
```
8.
```
ires = 0;
for index1 = 1:10
   for index2 = index1:10
      if index2 == 6
         break
      end
      ires = ires + 1;
   end
end
```
9.
```
ires = 0;
for index1 = 1:10
```

```
        for index2 = index1:10
            if index2 == 6
                continue;
            end
            ires = ires + 1;
        end
    end
```

10. $-6\pi \le t \le 6\pi$의 범위에서 $\pi/10$ 간격으로 아래 함수의 값을 계산하는 MATLAB문을 작성하라.

$$f(t) = \begin{cases} \sin t & \sin t > 0 \text{ 인 모든 } t \\ 0 & \text{다른 경우에} \end{cases}$$

루프와 분기를 사용하는 코드와 벡터화된 코드를 따로따로 작성하라.

5.4 MATLAB 프로파일러

MATLAB은 프로그램에서 대부분의 실행 시간을 소비하는 부분을 확인하는 데 사용할 수 있는 프로파일러를 제공한다. 프로파일러를 사용하여 최적화시킬 때 속도를 크게 늘릴 수 있는 '주요 지점(hot spot)'을 파악할 수 있다.

MATLAB 프로파일러는 홈 탭의 코드 섹션에서 Run and Time 도구(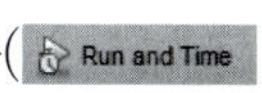

)를 선택하여 시작한다. 프로그램의 이름을 입력할 수 있는 프로파일러 창이 열리고 푸시 버튼(그림 5.2)을 누르면 프로파일 프로세스가 시작된다.[4]

프로파일러가 실행된 후 프로필 요약(그림 5.3a)이 보여지는데, 프로파일되는 각 함수에 소요되는 시간을 보여준다. 분석된 함수 이름을 클릭하면 그 함수가 실행될 때 각 라인별로 소요된 시간을 정확히 보여주는 더 상세한 화면이 뜬다(그림 5.3b). 이 정보로 프로그래머는 코드의 지연 부분을 식별하고 벡터화 같은 기법을 통해 속도를 높일 수 있다. 예를 들어, 프로파일러는 JIT 컴파일러에 의해 처리할 수 없어서 느리게 실행되는 루프를 강조 표시할 것이다.

4 편집기 탭에도 'Run and Time' 도구가 있다. 이 도구를 클릭하면 자동으로 현재 표시된 M 파일에 대해 프로세스가 시작된다.

일반적으로, 프로그램이 제대로 작동된 후 프로파일러를 실행해야 한다. **제대로 작동되기 전에 프로그램을 프로파일링하는 것은 시간낭비이다.**

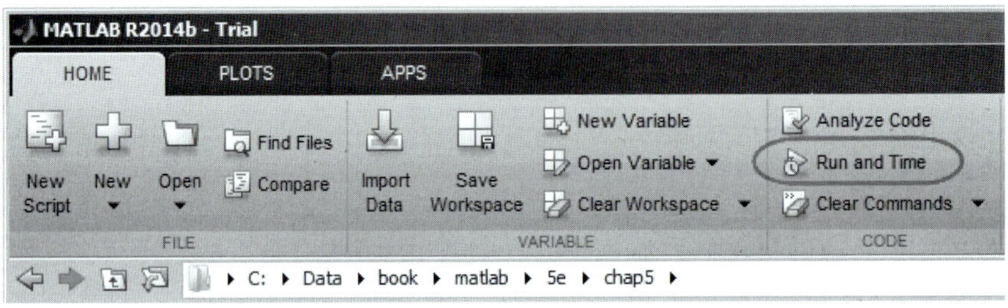

(a)

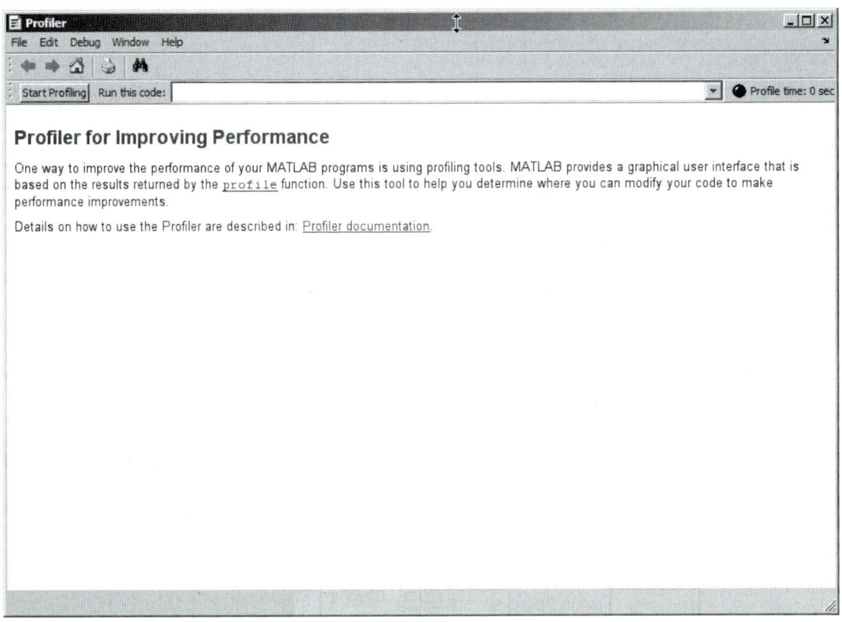

(b)

그림 5.2 (a) MATLAB 프로파일러는 도구띠 홈탭의 Code 섹션에 있는 'Run and Time'을 눌러 시작한다. (b) 프로파일러는 분석 대상 프로그램의 이름을 입력할 수 있는 박스와 프로파일을 시작할 수 있는 푸시 버튼이 있다.

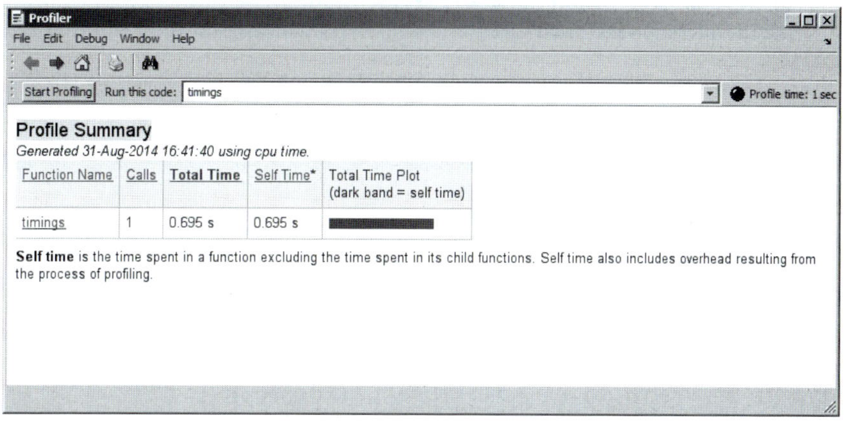

(a)

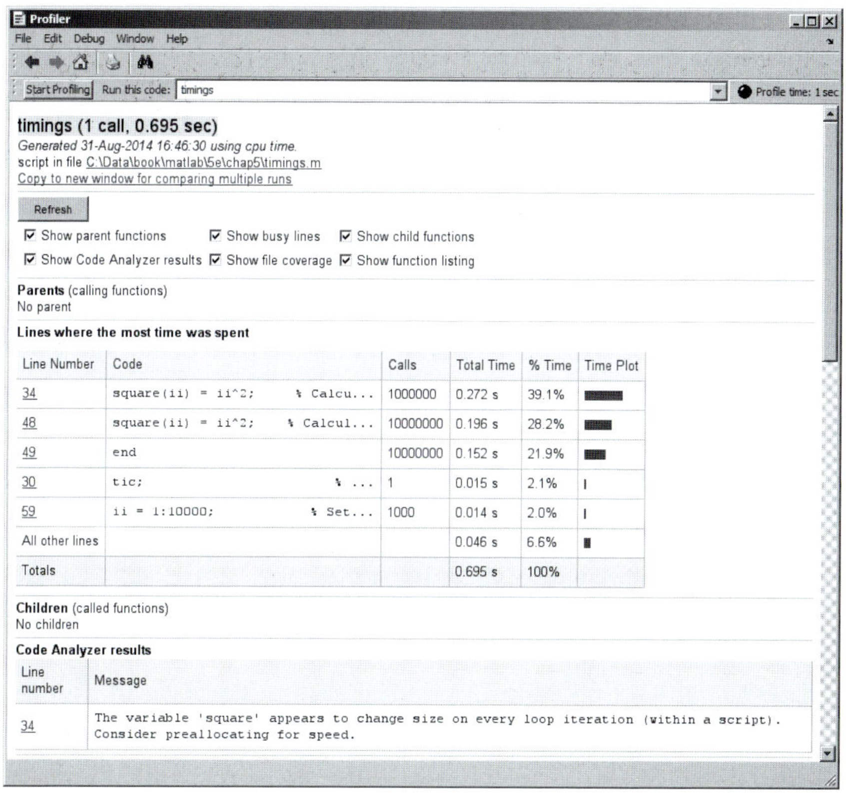

(b)

그림 5.3 (a) MATLAB 프로파일 요약 화면 (b) 분석된 함수의 라인별 실행 소요시간을 보여주는 상세 화면

좋은 프로그래밍 습관

CPU 시간의 대부분을 소비하는 프로그램 부분을 식별하기 위해 MATLAB 프로파일러를 사용하라. 그러한 프로그램 부분을 최적화하면 프로그램의 전반적인 실행 속도를 높여줄 것이다.

5.5 다른 예제들

▶ 예제 5.6 — 잡음 섞인(noisy) 측정값에 대한 직선 맞추기

일정한 중력장에서 낙하하는 물체의 속도는 다음 식으로 주어진다.

$$v(t) = at + v_0 \tag{5.4}$$

여기서 $v(t)$는 임의의 시간 t에서의 속도이고, a는 중력가속도이며, v_0는 시간 0에서의 속도이다. 이 식은 초급 물리에서 유도되는 식으로서 물리학과 신입생이라면 누구나 잘 아는 식이다. 낙하하는 물체에 대해 속도 대 시간의 그래프를 그리면 (v, t)의 측정값은 모두 직선 위에 나타나야 한다. 그러나 실험실에서 어떤 물체의 시간에 따른 낙하 속도를 직접 측정하면, 그 측정값들이 직선상에 놓이지 않는다는 것도 학생들은 잘 알고 있다. 그 값들이 직선에 가까울 수는 있지만, 결코 완벽한 직선을 이루지는 않는다. 왜 그럴까? 그 이유는 완벽한 측정값을 절대 구할 수 없기 때문이다. 이 측정값들에는 항상 잡음(noise)이 섞여 측정값을 왜곡시킨다.

과학과 공학에는 이와 같은 측정값의 잡음 때문에 데이터를 '가장 잘 맞추는(best fit)' 직선을 추정하려는 경우가 많다. 이런 문제를 선형 회귀(linear regression) 문제라고 한다. 직선 위에 놓인 것처럼 보이는 잡음 섞인 측정값들의 집합이 주어질 때 이를 가장 잘 맞추는 다음과 같은 직선의 방정식을 어떻게 구할 수 있을까?

$$y = mx + b \tag{5.5}$$

만약 회귀 계수 m과 b를 결정할 수 있다면, 임의의 주어진 x에 대해 식 (5.5)의 값을 구함으로써 y를 예측할 수 있다.

회귀 계수 m과 b를 구하는 표준적인 방법은 최소제곱법(method of least squares)이다. 이 방법을 '최소제곱법'이라고 부르는 이유는 y의 측정값과 예측값 간의 차의 제곱합이 최소가 되는 직선 $y = mx + b$를 도출하기 때문이다. 최소제곱선의 기울기

m과 절편 b는 다음 식들로 각각 구할 수 있다.

$$m = \frac{\left(\sum xy\right) - \left(\sum x\right)\bar{y}}{\left(\sum x^2\right) - \left(\sum x\right)\bar{x}} \tag{5.6}$$

$$b = \bar{y} - m\bar{x} \tag{5.7}$$

여기서

Σx는 x값의 합
Σx^2은 x값의 제곱합
Σxy는 서로 대응되는 x와 y의 곱의 합
$\bar{x}$는 x값의 평균
$\bar{y}$는 y값의 평균

잡음 섞인 데이터점 (x, y)의 집합에 대해 최소제곱선의 기울기 m과 y축 절편 b를 구하는 프로그램을 작성하라. 데이터점은 키보드로 입력하며, 각각의 데이터점과 최소제곱선을 하나의 도표에 나타내야 한다.

풀이

1. **문제 기술**
   임의 개수의 (x, y) 쌍으로 이루어진 입력 데이터들을 가장 잘 맞추는 최소제곱선의 기울기 m과 절편 b를 계산하라. (x, y) 입력 데이터는 키보드로 입력한다. 하나의 도표에 입력 데이터점과 맞춤선을 함께 나타내라.

2. **입출력 정의**
   이 프로그램에 필요한 입력은 읽어들일 점의 수와 (x, y) 값들이다. 이 프로그램의 출력은 최소제곱선의 기울기와 절편, 맞추기에 쓰인 점의 수, 입력 데이터 점과 맞춤선을 함께 나타낸 도표이다.

3. **알고리즘 설계**
   이 프로그램은 여섯 개의 주요 단계로 나눌 수 있다.

   입력 데이터점의 수를 받는다.
   입력 데이터를 읽는다.

필요한 통계량을 계산한다.
기울기와 절편을 계산한다.
기울기와 절편을 출력한다.
입력 데이터점과 맞춤선을 도표로 나타낸다.

프로그램의 첫 번째 주요 단계는 읽어들일 점의 수를 구하는 것이다. 이를 위해 input 함수를 이용해 사용자에게 개수를 입력하도록 촉구할 것이다. 그 다음에 for 루프에서 input 함수를 사용하여 (x, y)의 값을 한 번에 한 쌍씩 읽어들일 것이다. 입력값의 각 쌍을 ([x y]) 배열 형식으로 입력하면 input 함수가 이 배열을 호출 프로그램(즉, 여기서는 스크립트 파일)으로 반환할 것이다. 여기서는 루프의 반복 횟수를 미리 알고 있으므로 for 루프가 적합함을 알 수 있다.

이 단계의 유사 코드는 다음과 같다.

```
Print message describing purpose of the program
n_points <- input('Enter number of [x y] pairs:');
for ii = 1:n_points
   temp <- input('Enter [x y] pair:');
   x(ii) <- temp(1)
   y(ii) <- temp(2)
end
```

다음 단계로 계산에 필요한 통계 데이터를 축적해 나간다. 필요한 통계 데이터는 Σx, Σy, Σx^2, Σxy이다. 이 단계의 유사 코드는 다음과 같다.

```
Clear the variables sum_x, sum_y, sum_x2, and sum_xy
for ii = 1:n_points
   sum_x <- sum_x + x(ii)
   sum_y <- sum_y + y(ii)
   sum_x2 <- sum_x2 + x(ii)^2
   sum_xy <- sum_xy + x(ii)*y(ii)
end
```

다음은 최소제곱선의 기울기와 절편을 계산한다. 이 단계의 유사 코드는 단순히 식 (5.6)과 (5.7)의 MATLAB 버전이다.

```
x_bar <- sum_x / n_points
```

```
y_bar <- sum_y / n_points
slope <- (sum_xy-sum_x * y_bar)/(sum_x2 - sum_x * x_bar)
y_int <- y_bar - slope * x_bar
```

마지막으로, 결과를 출력하고 그래프를 나타낸다. 입력 데이터점은 원형 마커로 연결선 없이 표시하고, 맞춤선은 2픽셀 굵기의 실선으로 표시한다. 이 작업을 위해 점을 먼저 표시하고, hold on 명령을 내리고 맞춤선을 그린 후, hold off 명령을 내린다. 그래프의 완성도를 위해 제목, 축 제목, 범례를 추가한다.

4. **MATLAB문으로 변환**

최종 MATLAB 프로그램은 다음과 같다.

```
%
% Purpose:
%   To perform a least-squares fit of an input data set
%   to a straight line and print out the resulting slope
%   and intercept values. The input data for this fit
%   comes from a user-specified input data file.
%
% Record of revisions:
%     Date       Programmer          Description of change
%     ====       ==========          =====================
%   01/30/14     S. J. Chapman       Original code
%
% Define variables:
%   ii           -- Loop index
%   n_points     -- Number in input [x y] points
%   slope        -- Slope of the line
%   sum_x        -- Sum of all input x values
%   sum_x2       -- Sum of all input x values squared
%   sum_xy       -- Sum of all input x*y yalues
%   sum_y        -- Sum of all input y values
%   temp         -- Variable to read user input
%   x            -- Array of x values
%   x_bar        -- Average x value
%   y            -- Array of y values
%   y_bar        -- Average y value
%   y_int        -- y-axis intercept of the line
```

```
disp('This program performs a least-squares fit of an');
disp('input data set to a straight line.');
n_points = input('Enter the number of input [x y] points:');

% Read the input data
for ii = 1:n_points
   temp = input('Enter [x y] pair:');
   x(ii) = temp(1);
   y(ii) = temp(2);
end

% Accumulate statistics
sum_x = 0;
sum_y = 0;
sum_x2 = 0;
sum_xy = 0;
for ii = 1:n_points
   sum_x = sum_x + x(ii);
   sum_y = sum_y + y(ii);
   sum_x2 = sum_x2 + x(ii)^2;
   sum_xy = sum_xy + x(ii) * y(ii);
end

% Now calculate the slope and intercept.
x_bar = sum_x / n_points;
y_bar = sum_y / n_points;
slope = (sum_xy - sum_x * y_bar) / ( sum_x2 - sum_x * x_bar);
y_int = y_bar - slope * x_bar;
% Tell user.
disp('Regression coefficients for the least-squares line:');
fprintf('Slope (m)     = %8.3f\n', slope);
fprintf('Intercept (b) = %8.3f\n', y_int);
fprintf('No of points  = %8d\n', n_points);

% Plot the data points as blue circles with no
% connecting lines.
plot(x,y,'bo');
hold on;

% Create the fitted line
xmin = min(x);
```

```
xmax = max(x);
ymin = slope * xmin + y_int;
ymax = slope * xmax + y_int;

% Plot a solid red line with no markers
plot([xmin xmax],[ymin ymax],'r-','LineWidth',2);
hold off;

% Add a title and legend
title ('\bfLeast-Squares Fit');
xlabel('\bf\itx');
ylabel('\bf\ity');
legend('Input data','Fitted line');
grid on
```

5. **프로그램 시험**

프로그램을 시험하기 위해 간단한 데이터 집합을 시도한다. 예를 들어, 만약 모든 입력 데이터점들이 어떤 직선 위에 놓이면, 계산된 기울기와 절편은 그 직선의 값과 같아야 한다. 따라서 다음 데이터 집합은

```
[1.1 1.1]
[2.2 2.2]
[3.3 3.3]
[4.4 4.4]
[5.5 5.5]
[6.6 6.6]
[7.7 7.7]
```

기울기 1.0, 절편 0.0을 도출해야 한다. 이 값들을 이용해 프로그램을 돌리면 예상한 결과를 얻는다.

```
>> lsqfit
This program performs a least-squares fit of an
input data set to a straight line.
Enter the number of input [x y] points: 7
Enter [x y] pair: [1.1 1.1]
Enter [x y] pair: [2.2 2.2]
Enter [x y] pair: [3.3 3.3]
Enter [x y] pair: [4.4 4.4]
Enter [x y] pair: [5.5 5.5]
```

```
Enter [x y] pair: [6.6 6.6]
Enter [x y] pair: [7.7 7.7]
Regression coefficients for the least-squares line:
   Slope (m)       =   1.000
   Intercept (b)   =   0.000
   No. of points   =       7
```

이제 약간의 잡음을 측정값에 더해 다음과 같이 데이터 집합을 설정하자.

```
[1.1 1.01]
[2.2 2.30]
[3.3 3.05]
[4.4 4.28]
[5.5 5.75]
[6.6 6.48]
[7.7 7.84]
```

이 값들을 이용해 프로그램을 돌린 결과는 다음과 같다.

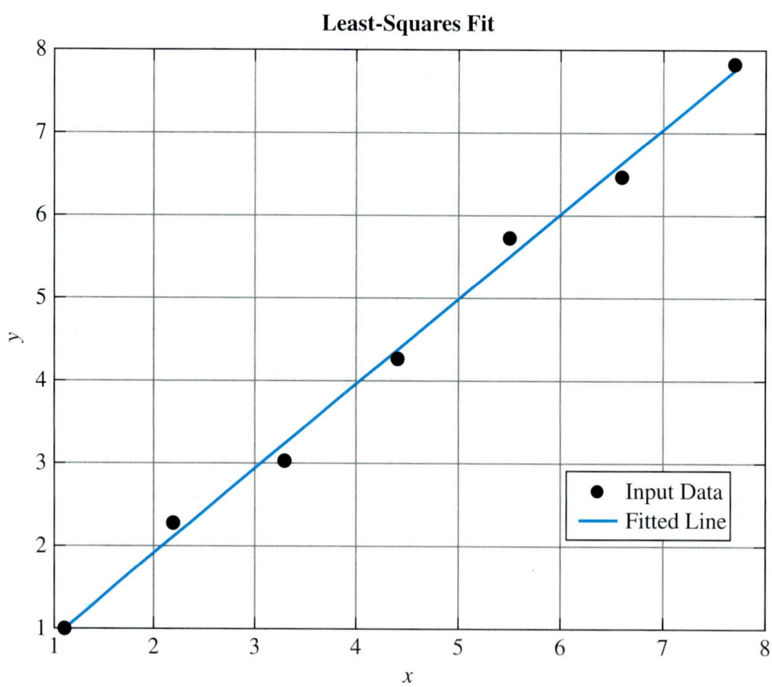

그림 5.4 잡음 섞인 데이터 집합과 최소제곱 맞춤선

```
>> lsqfit
This program performs a least-squares fit of an
input data set to a straight line.
Enter the number of input [x y] points: 7
Enter [x y] pair: [1.1 1.01]
Enter [x y] pair: [2.2 2.30]
Enter [x y] pair: [3.3 3.05]
Enter [x y] pair: [4.4 4.28]
Enter [x y] pair: [5.5 5.75]
Enter [x y] pair: [6.6 6.48]
Enter [x y] pair: [7.7 7.84]
Regression coefficients for the least-squares line:
   Slope (m)       =    1.024
   Intercept (b) =   -0.120
   No. of points =        7
```

손으로 직접 계산해 보면, 프로그램이 두 시험 데이터 집합에 대해 올바른 답을 주고 있음을 쉽게 알 수 있다. 잡음 섞인 데이터 집합과 그로부터 얻은 최소제곱 맞춤선을 그림 5.4에 나타냈다.

◀

이 예제는 3장에서 소개한 몇 가지 도표 기능을 사용하고 있다. 이 도표에서는 hold 명령어를 사용하여 같은 축에 여러 개의 그래프를 그리고, LineWidth 속성으로 최소제곱 맞춤선의 굵기를 지정하며, 확장 문자열을 이용하여 제목을 굵은 글씨체로, 축 제목을 굵은 이탤릭체로 각각 나타내고 있다.

▶ 예제 5.7 — 물리-공 던지기

공기 마찰과 지구 곡률을 무시하면, 지표면의 임의 지점에서 공중으로 던진 공은 포물선 경로를 따라 날아간다(그림 5.5a 참조). 던진 후 임의의 경과 시간 t에서의 공의 높이는 다음 식으로 구할 수 있다.

$$y(t) = y_0 + v_{y0}t + \frac{1}{2}gt^2 \tag{5.8}$$

여기서 y_0는 물체의 지표 위 초기 높이, v_{y0}는 물체의 초기 수직 속도, g는 지구 중

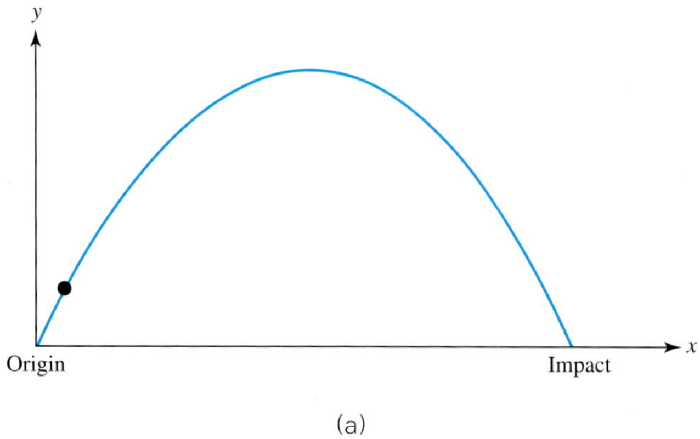

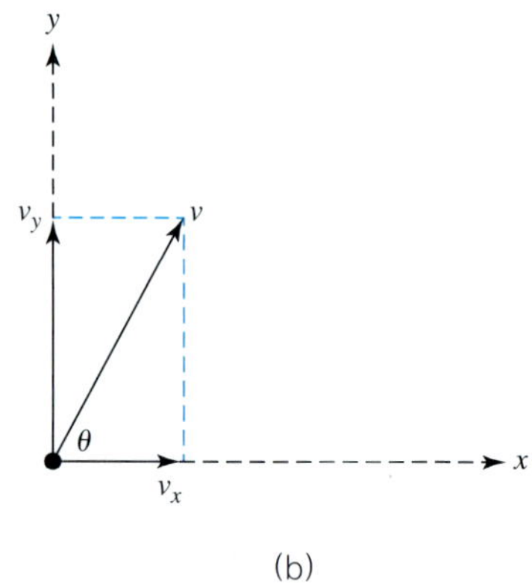

그림 5.5 (a) 위로 던진 공은 포물선 궤도를 따라 이동한다. (b) 수평과 각 θ를 이루는 속도 벡터 v의 수평 및 수직 성분.

력 가속도를 각각 나타낸다. 시간에 따른 공의 수평 이동 거리(범위)는 식 (5.9)로 주어진다.

$$x(t) = x_0 + v_{x0}t \tag{5.9}$$

여기서 x_0는 지표면에서의 공의 초기 수평 위치이고, v_{x0}는 공의 초기 수평 속도이다.

지표면과 θ도의 각도를 이루며 초기 속도 v_0로 공을 던지면, 초기 수평 방향 속도와 수직 방향 속도는 다음과 같이 될 것이다.

$$v_{x0} = v_0 \cos\theta \tag{5.10}$$

$$v_{y0} = v_0 \sin\theta \tag{5.11}$$

초기 위치 $(x_0, y_0) = (0, 0)$에서 초기 속도 v_0 = 20m/s, 초기각 θ도로 공을 던졌다고 가정하자. 공의 이동 궤도를 그리고, 공이 다시 땅에 닿을 때까지 이동한 수평 거리를 계산하는 프로그램을 작성하라. 프로그램은 각 θ를 5°에서 85°까지 10°씩 늘려가면서 공의 궤도를 그리고, 각 θ를 0에서 90°까지 1°씩 늘려가면서 공의 수평 이동 거리를 계산하여야 한다. 마지막으로, 수평 이동 거리가 최대가 되는 각 θ를 구하고, 그때의 궤도를 다른 색상의 굵은 선으로 도표에 나타내라.

풀이

이 문제를 풀기 위해서, 공이 지표면으로 돌아오는 시간을 구하는 방정식을 풀어야 한다. 그러면 식 (5.8)에서 식 (5.11)까지의 식을 이용하여 공의 위치 (x, y)를 계산할 수 있다. 이 계산을 시간 0에서 그 공이 지표면에 도달하는 시간까지 여러 번 반복한다면, 이 점들을 이용해 공의 궤도를 도표에 나타낼 수 있다.

던진 공이 공중에 체류하는 시간 t는 식 (5.8)로 계산할 수 있다. $y(t) = 0$이 되는 시간 t에서 공은 땅에 닿을 것이다. 공의 출발 지점이 지표면 ($y(0) = 0$)인 것을 상기하여 식을 t에 대해서 풀면 다음과 같다.

$$y(t) = y_0 + v_{y0}t + \frac{1}{2}gt^2 \tag{5.8}$$

$$0 = 0 + v_{y0}t + \frac{1}{2}gt^2$$

$$0 = \left(v_{y0} + \frac{1}{2}gt\right)t$$

공은 시간 $t_1 = 0$ (던진 시점)과 다음으로 구하는 시간 t_2에 지표면에 있다.

$$t_2 = -\frac{2v_{y0}}{g} \tag{5.12}$$

위에서 제시한 문제에서 초기 속도는 20m/s이고, 공을 던진 각도는 0°에서 90°까지 1° 간격으로 증가한다는 것을 알 수 있다. 마지막으로 기초 물리 교과서에서 지구 중력 가속도는 -9.81m/s^2 인 것을 알 수 있다.

이제 프로그램 설계 기법을 이 문제에 적용하여 보자.

1. **문제 기술**

   공을 초기 속도 20m/s, 각도 θ로 던질 때 수평 이동 거리를 계산하라. 각도를 0°에서 90°까지 1° 간격으로 바꿔가면서 거리를 계산하여 최대 수평 이동 거리에 해당하는 각도 θ를 구하라.

   또 발사각이 5°에서 85°까지 5° 간격으로 변할 때, 각 발사각에서의 공의 궤도를 도표에 나타내라. 최대 수평 이동 거리에 해당하는 궤도를 다른 색상의 굵은 선으로 나타내라. 공기 마찰은 없다고 가정한다.

2. **입출력 정의**

   문제의 기술에서 보듯이 v_0와 θ를 알 수 있기 때문에 입력 데이터는 필요 없다. 이 프로그램의 출력은 각 발사각에서의 공의 수평 이동 거리를 보여주는 표와, 최대 수평 이동 거리에 해당하는 발사각 θ, 지정한 궤도들을 보여주는 도표이다.

3. 알고리즘 설계

프로그램을 다음 주요 단계로 나눌 수 있다.

0°와 90° 사이의 각 θ에 대해 공의 이동 거리를 계산한다.
이동 거리의 표를 작성한다.
최대 이동 거리를 구하여 출력한다.
5°와 85° 사이의 각 θ에 대해 공의 궤적을 그린다.
최대 이동 거리에 해당하는 궤적을 그린다.

루프의 반복 횟수를 정확히 알고 있으므로 이 알고리즘에는 for 루프가 적당하다. 이제 각 주요 단계에 대한 유사 코드를 상세히 기술한다.
각 발사각에서 공의 이동 거리를 구하기 위해 먼저 식 (5.10)과 (5.11)을 이용해 초기 수평 속도와 수직 속도를 계산한다. 그 다음에 식 (5.12)를 이용해 공이 다시 지표면에 도달하는 시간을 구한다. 마지막으로 식 (5.8)을 이용해 그 시간까지의 이동 거리를 구한다. 이 세부 단계들에 대한 자세한 유사 코드가 아래에 있다. 삼각함수를 사용하기 전에 모든 각을 라디안 단위로 환산하여야 하는 점에 주의하라!

```
Create and initialize an array to hold ranges
for ii = 1:91
   theta <- ii - 1
   vxo <- vo * cos(theta*conv)
   vyo <- vo * sin(theta*conv)
   max_time <- -2 * vyo / g
   range(ii) <- vxo * max_time
end
```

다음, 이동 거리의 표를 작성한다. 이 단계의 유사 코드는 다음과 같다.

```
Write heading
for ii = 1:91
   theta <- ii - 1
   print theta and range
end
```

최대 이동 거리는 max 함수를 이용하여 구할 수 있다. 이 함수를 호출하여 최대값과 그 위치를 반환하도록 한다. 이 단계의 유사 코드는 다음과 같다.

```
[maxrange index] <- max(range)
Print out maximum range and angle (=index-1)
```

이제 중첩된 for 루프를 사용하여 궤도를 계산하고 도표로 나타낸다. 모든 곡선을 한 도표에 나타내기 위해 첫 번째 궤도를 그린 후, 다른 궤도를 그리기 전에 hold on 명령을 내린다. 마지막 궤도를 그린 후에는 반드시 hold off 명령을 내린다. 이 계산을 수행하기 위해 각 궤도를 21단계로 나눈 후, 각 시간 단계에서의 x와 y 위치를 구한다. 그런 다음 이들 (x, y) 위치들을 그린다. 이 단계의 유사 코드는 다음과 같다.

```
for ii = 5:10:85
  % Get velocities and max time for this angle
  theta <- ii - 1
  vxo <- vo * cos(theta*conv)
  vyo <- vo * sin(theta*conv)
  max_time <- -2 * vyo / g

  Initialize x and y arrays
  for jj = 1:21
    time <- (jj-1) * max_time/20
    x(time) <- vxo * time
    y(time) <- vyo * time + 0.5 * g * time^2
  end
  plot(x,y) with thin green lines
  Set "hold on" after first plot
end
Add titles and axis labels
```

마지막으로, 최대 이동 거리에 해당하는 궤도를 다른 색상의 굵은 선으로 그린다.

```
vxo <- vo * cos(max_angle*conv)
vyo <- vo * sin(max_angle*conv)
max_time <- -2 * vyo / g

Initialize x and y arrays
for jj = 1:21
   time <- (jj-1) * max_time/20
   x(jj) <- vxo * time
   y(jj) <- vyo * time + 0.5 * g * time^2
```

```
end
plot(x,y) with a thick red line
hold off
```

4. **MATLAB문으로 변환**

최종 MATLAB 프로그램은 다음과 같다.

```
% Script file: ball.m
%
% Purpose:
%   This program calculates the distance traveled by a
%   ball thrown at a specified angle "theta" and a
%   specified velocity "vo" from a point on the surface of
%   the Earth, ignoring air friction and the Earth's
%   curvature. It calculates the angle yielding maximum
%   range and also plots selected trajectories.
%
% Record of revisions:
%     Date       Programmer        Description of change
%     ====       ==========        =====================
%   01/30/14    S. J. Chapman     Original code
%
% Define variables:
%   conv           -- Degrees-to-radians conv factor
%   gravity        -- Accel. due to gravity (m/s^2)
%   ii, jj         -- Loop index
%   index          -- Location of maximum range in array
%   maxangle       -- Angle that gives maximum range (deg)
%   maxrange       -- Maximum range (m)
%   range          -- Range for a particular angle (m)
%   time           -- Time (s)
%   theta          -- Initial angle (deg)
%   traj_time      -- Total trajectory time (s)
%   vo             -- Initial velocity (m/s)
%   vxo            -- X-component of initial velocity (m/s)
%   vyo            -- Y-component of initial velocity (m/s)
%   x              -- X-position of ball (m)
%   y              -- Y-position of ball (m)

% Constants
conv = pi / 180; % Degrees-to-radians conversion factor
```

```
g = -9.81;         % Accel. due to gravity
vo = 20;           % Initial velocity

%Create an array to hold ranges
range = zeros(1,91);

% Calculate maximum ranges
for ii = 1:91
  theta = ii -1;
  vxo = vo * cos(theta*conv);
  vyo = vo * sin(theta*conv);
  max_time = -2 * vyo / g;
  range(ii) = vxo * max_time;
end

% Write out table of ranges
fprintf ('Range versus angle theta:\n');
for ii = 1:91
  theta = ii -1;
  fprintf(' %2d     %8.4f\n',theta, range(ii));
end

% Calculate the maximum range and angle
[maxrange index] = max(range);
maxangle = index - 1;
fprintf ('\nMax range is %8.4f at %2d degrees.\n',...
          maxrange, maxangle);

% Now plot the trajectories
for ii = 5:10:85

   % Get velocities and max time for this angle
   theta = ii;
   vxo = vo * cos(theta*conv);
   vyo = vo * sin(theta*conv);
   max_time = -2 * vyo / g;

   % Calculate the (x,y) positions
   x = zeros(1,21);
   y = zeros(1,21);
   for jj = 1:21
      time = (jj-1) * max_time/20;
```

```
      x(jj) = vxo * time;
      y(jj) = vyo * time + 0.5 * g * time^2;
   end
   plot(x,y,'b');
   if ii == 5
      hold on;
   end
end

% Add titles and axis labels
title ('\bfTrajectory of Ball vs Initial Angle \theta');
xlabel ('\bf\itx \rm\bf(meters)');
ylabel ('\bf\ity \rm\bf(meters)');
axis ([0 45 0 25]);
grid on;

% Now plot the max range trajectory
vxo = vo * cos(maxangle*conv);
vyo = vo * sin(maxangle*conv);
max_time = -2 * vyo / g;

% Calculate the (x,y) positions
x = zeros(1,21);
y = zeros(1,21);
for jj = 1:21
   time = (jj-1) * max_time/20;
   x(jj) = vxo * time;
   y(jj) = vyo * time + 0.5 * g * time^2;
end
plot(x,y,'r','LineWidth',3.0);
hold off
```

평균 해수면에서의 지구 중력 가속도의 값은 물리 교과서에서 찾을 수 있다. 그 값은 수직 아래 방향으로 약 $9.81 m/s^2$이다.

5. **프로그램 시험**

이 프로그램을 시험하기 위해서 몇 개의 발사각에 대한 답을 직접 계산한 다음, 그 결과를 프로그램의 결과와 비교한다.

θ	$v_{x0} = v_0 \cos\theta$	$v_{y0} = v_0 \sin\theta$	$t_2 = -\frac{2v_{y0}}{g}$	$x = v_{x0}t_2$
0°	20m/s	0m/s	0s	0m
5°	19.92m/s	1.74m/s	0.355s	7.08m
40°	15.32m/s	12.86m/s	2.621s	40.15m
45°	14.14m/s	14.14m/s	2.883s	40.77m

ball 프로그램을 돌리면 91줄의 발사각과 이동 거리의 표를 얻는다. 지면을 절약하기 위해 표의 일부분만 아래에 나타냈다.

```
>> ball
Range versus angle theta:
     0  0.0000
     1  1.4230
     2  2.8443
     3  4.2621
     4  5.6747
     5  7.0805
...
    40 40.1553
    41 40.3779
    42 40.5514
    43 40.6754
    44 40.7499
    45 40.7747
    46 40.7499
    47 40.6754
    48 40.5514
    49 40.3779
    50 40.1553
...
    85  7.0805
    86  5.6747
    87  4.2621
    88  2.8443
    89  1.4230
    90  0.0000

Max range is 40.7747 at 45 degrees.
```

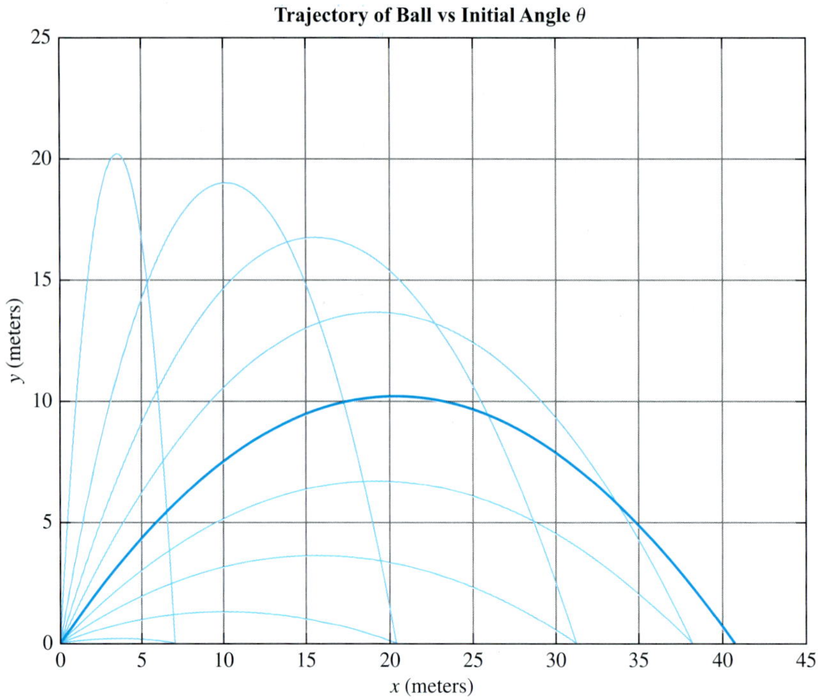

그림 5.6 공의 포물선 궤적

프로그램으로 얻은 도표가 그림 5.6에 나와 있다. 여러 발사각에서 프로그램 출력과 직접 계산한 값이 4자리의 정확도로 일치하고 있다. 발사각이 45°일 때 이동거리가 최대가 된다는 점에 주목하라.

이 예제는 3장에서 소개한 몇 가지 도표 기능을 사용하고 있다. 이 도표에서는 `axis` 명령어를 이용하여 나타낼 데이터의 범위를 지정하고, `hold` 명령어를 사용하여 같은 축에 여러 개의 그래프를 그리며, `LineWidth` 속성으로 최대 이동 거리에 해당하는 궤도선의 굵기를 지정하고, 확장 문자열을 이용하여 원하는 제목과 축 제목들을 붙였다.

그러나 이 프로그램에는 더 나은 벡터화된 명령문으로 대체할 수 있는 루프가 많이 있기 때문에 가장 효율적인 방식으로 작성하였다고 할 수 없다. 이 장 말미의 연습문제 5.11은 이런 점을 개선하여 `ball.m` 프로그램을 재작성하도록 요구하고 있다.

5.6 textread 함수

예제 5.6의 최소제곱 맞춤 문제에서는 점에 해당하는 (x, y)를 키보드로 각각 입력하고, 그 값이 배열 구성자 ([ ]) 안에 포함되도록 하였다. 그런데 만약 프로그램에 많은 양의 데이터를 입력하고자 한다면 그것은 매우 따분한 과정이 될 것이다. 따라서 프로그램으로 데이터를 불러오는 더 좋은 방법이 필요하다. 많은 양의 데이터 세트는 거의 항상 파일에 저장하고 명령행에서 일일이 입력하지는 않으므로, 파일로부터 데이터를 읽어들여 MATLAB 프로그램에서 사용하는 간단한 방법이 필요하다. textread 함수는 그 방법을 제공한다.

textread 함수는 서로 다른 유형의 데이터가 각기 다른 열에 서식화되어 배치된 ASCII 파일을 읽어들인 후, 각 열의 내용을 별도의 배열에 저장한다. 이 함수는 다른 응용프로그램에서 출력된 많은 양의 데이터를 불러올 때 매우 유용하다.

textread 함수의 형식은 다음과 같다.

```
[a,b,c,...] = textread(filename,format,n)
```

filename은 읽어들일 파일의 이름이고, format은 각 열의 데이터 유형에 대한 설명을 담은 서식 문자열이며, n은 읽어들일 줄 수이다(만약 n이 없으면 파일의 끝까지 읽어들인다). 서식 문자열은 fprintf 함수의 서식 지정자와 같은 형태를 취한다. 출력 인수의 수는 읽어들이는 열의 수와 일치해야 한다.

예를 들어, test_input.dat 파일이 다음 데이터를 담고 있다고 가정해보자.

```
James    Jones    O+    3.51    22    Yes
Sally    Smith    A+    3.28    23    No
```

파일의 처음 3개 열은 문자 데이터를 포함하고, 다음 2개 열은 숫자를 포함하며, 마지막 열은 문자 데이터를 포함한다. 이 데이터는 다음과 같은 함수 호출을 통해 일련의 배열로 읽어들일 수 있다.

```
[first,last,blood,gpa,age,answer] = ...
textread('test_input.dat','%s %s %s %f %d %s')
```

문자열 데이터가 있는 열에는 문자열 지정자 %s를 지정하고, 부동 소수점 및 정수 데이터가 있는 열에는 수치 지정자 %f와 %d를 지정한다. 문자열 데이터는 셀 배열로 반환되고(10장에서 배울 예정), 수치 데이터는 항상 double 형 배열로 반환된다.

이 명령의 실행 결과는 다음과 같다.

```
» [first,last,blood,gpa,age,answer] = ...
textread('test_input.dat','%s %s %s %f %d %s')
first =
   'James'
   'Sally'
last =
   'Jones'
   'Smith'
blood =
   'O+'
   'A+'
gpa =
   3.5100
   3.2800
age =
   42
   28
answer =
'Yes'
'No'
```

이 함수를 사용할 때 서식 지정자에 별표를 붙이면(예를 들어, %*s) 해당 열을 건너 뛸 수 있다. 다음 문은 first, last, gpa만을 읽는다.

```
» [first,last,gpa] = ...
             textread('test_input.dat','%s %s %*s %f
             %*d %*s')
first =
   'James'
   'Sally'
last =
   'Jones'
   'Smith'
gpa =
   3.5100
   3.2800
```

textread 함수는 load 명령어보다 훨씬 더 유용하고 유연하다. load 명령어는 입력 파일의 모든 데이터가 같은 유형인 것으로 가정하기 때문에 다른 열에 상이한 유형의 데이터가 있는 경우에는 사용할 수 없다. 또한 이 명령어는 모든 데이터를 하나의 배열에 저장한다. 이와는 대조적으로 textread 함수는 각 열을 별개의 변수에 저장하므로 혼합형 데이터의 열들을 읽을 때 훨씬 더 편리하다.

textread 함수는 융통성을 키우는 여분의 옵션도 많이 제공한다. 이러한 옵션들의 자세한 사항은 MATLAB 온라인 도움말을 참조하기 바란다.

5.7 요약

MATLAB에서 쓰이는 두 가지 기본적인 루프는 while 루프와 for 루프이다. while 루프는 반복 횟수를 미리 알지 못하는 상황에서 코드의 일부분을 반복하여 실행하고자 할 때 사용한다. for 루프는 반복 횟수를 이미 아는 상황에서 코드의 일부분을 반복하여 실행하고자 할 때 사용한다. 어느 루프이든 break 문을 사용하여 루프를 빠져나올 수 있다.

for 루프는 종종 하나의 실행문으로 같은 계산을 수행하는 벡터화된 코드로 대체할 수 있다. MATLAB이 설계된 방식 때문에 벡터화된 코드는 루프보다 빠르므로 가능한 한 백터화된 코드로 루프를 대체하는 것이 좋다.

MATLAB의 적시(JIT) 컴파일러는 어떤 상황에서 루프의 실행 속도를 높일 수 있지만, 그 상황은 MATLAB 버전에 따라 다르다. 작동할 경우 JIT 컴파일러는 벡터화 코드만큼 빠르게 실행되는 코드를 만든다.

textread 함수는 MATLAB 프로그램상에서 ASCII 데이터 파일의 선택된 항목을 읽어들이는 데 사용될 수 있다. 이 기능은 매우 유연하고 다른 프로그램에 의해 생성된 출력 파일을 쉽게 읽어들인다.

5.7.1 [좋은 프로그래밍 습관] 요약

루프 구조가 들어간 프로그램을 만들 때 다음 지침을 준수하여야 한다. 이 지침을 일관성있게 따르면 프로그램 오류를 줄일 수 있고, 디버깅하기 쉬우며, 차후에 이 프로그램을 다룰 필요가 있는 다른 사람들이 더 쉽게 이해할 수 있다.

1. 항상 while 루프와 for 루프의 본체에 대해 들여쓰기를 하여 코드를 읽기 쉽도록 만들어라.
2. 반복 횟수를 미리 알지 못하는 상황에서 코드의 일부분을 반복하여 실행하려면 while 루프를 사용하라.
3. 반복 횟수를 이미 아는 상황에서 코드의 일부분을 반복하여 실행하려면 for 루프를 사용하라.
4. 루프의 본체에서 루프 지표의 값을 절대 변경하지 마라.
5. 루프에서 쓰는 모든 배열을 루프 시작 전에 미리 배정하라. 이런 사전 배정은 루프의 실행 속도를 크게 높인다.
6. for 루프나 벡터 어느 방법으로도 계산을 수행할 수 있다면 벡터를 사용하라. 그러면 프로그램이 훨씬 더 빨라질 것이다.
7. JIT 컴파일러에 의존하여 코드의 실행 속도를 높이려 하지 마라. 이 컴파일러는 많은 제약점을 지니기 때문에 코드를 직접 벡터화하면 더 나은 결과를 얻을 수 있다.
8. 가능하면 논리 배열을 마스크로 사용하여 연산에 쓸 배열 원소를 선택하라. 루프나 if 구조 대신 논리 배열을 사용하면 프로그램이 훨씬 더 빨라진다.

5.7.2 MATLAB 요약

다음은 이 장에서 설명한 모든 MATLAB 명령어와 함수를 요약하여 수록한 것이다.

명령어와 함수

break	루프의 실행을 멈추고, 프로그램 제어를 루프 다음에 오는 첫 번째 명령문으로 넘긴다.
continue	루프의 실행을 멈추고, 다음 반복을 위해 제어를 루프의 처음으로 되돌린다.
factorial	계승 함수를 계산한다.
for 루프	루프 명령문의 블록을 지정한 횟수만큼 반복 실행한다.
tic	경과 시간 측정기를 초기화한다.
textread	파일로부터 텍스트 데이터를 읽어 하나 또는 그 이상의 변수에 저장한다.
toc	함수를 마지막으로 호출한 시점 이후의 경과 시간을 반환한다.
while 루프	루프 검사 조건이 0(거짓)이 될 때까지 명령문 블록을 반복 실행한다.

5.8 연습문제

5.1 x를 −1에서 3까지 0.1씩 늘려가면서 $y(x) = x^2 - 3x + 2$의 값을 구하는 M 파일을 작성하라. for 루프와 벡터를 각각 이용하여 두 파일을 작성하라. 이 함수의 그래프를 3포인트 굵기의 빨간 단선으로 그려라.

5.2 예제 5.2에서 정의된 계승 함수 N!를 계산하는 M 파일을 작성하라. 0!의 경우도 다룰 수 있도록 하라. 또한 N이 음수이거나 정수가 아닐 때 오류를 보고할 수 있도록 하라.

5.3 t를 −9에서 9까지 0.5씩 늘려가면서 다음과 같이 $y(t)$를 계산하는 MATLAB문을 작성하라.

$$y(t) = \begin{cases} -3t^2 + 5 & t \ge 0 \\ 3t^2 + 5 & t < 0 \end{cases}$$

루프와 분기를 사용하여 이 계산을 수행하라.

5.4 벡터화를 이용해 연습문제 5.1에서 작성한 MATLAB문을 다시 작성하라.

5.5 다음 for 루프를 검토하여 각 루프가 끝난 후 변수 ires의 값을 구하고, 루프의 실행 횟수를 결정하라.

(a)
```
ires = 0;
for index = -10:10
  ires = ires + 1;
end
```

(b)
```
ires = 0;
for index = 10:-2:4
  if index == 6
     continue;
  end
  ires = ires + index;
end
```

(c)
```
ires = 0;
for index = 10:-2:4
```

```
     if index == 6
        break;
     end
     ires = ires + index;
   end
```

(d)
```
ires = 0;
   for index1 = 10:-2:4
     for index2 = 2:2:index1
       if index2 == 6
          break
       end
       ires = ires + index2;
     end
   end
```

5.6 다음의 각 코드 단편을 실행하면 배열 arr1에 어떤 내용이 담기는가?

(a)
```
arr1 = [1 2 3 4; 5 6 7 8; 9 10 11 12];
mask = mod(arr1,2) == 0;
arr1(mask) = -arr1(mask);
```

(b)
```
arr1 = [1 2 3 4; 5 6 7 8; 9 10 11 12];
arr2 = arr1 <= 5;
arr1(arr2) = 0;
arr1(~arr2) = arr1(~arr2).^2;
```

5.7 다음 while 루프를 검토하여 각 루프가 끝난 후 변수 ires의 값을 구하고, 루프의 실행 횟수를 결정하라.

(a)
```
ires = 1;
while mod(ires,10) ~= 0
  ires = ires + 1;
end
```

(b)
```
ires = 2;
while ires <= 200
```

```
      ires = ires^2;
   end
```

(c)
```
ires = 2;
   while ires > 200
      ires = ires^2;
   end
```

5.8 다음 `for` 루프를 검토하여 각 루프의 반복 실행 횟수를 구하라.

(a) `for ii = -32768:32767`

(b) `for ii = 32768:32767`

(c) `for kk = 2:4:3`

(d) `for jj = ones(5,5)`

5.9 0부터 50까지의 모든 짝수의 제곱을 계산하여 출력하는 MATLAB문을 작성하라. 각 정수와 그 제곱을 담은 표를 만들고, 각 열에 적절한 제목을 붙여라.

5.10 예제 5.7의 `ball` 프로그램의 안쪽 `for` 루프를 벡터화하라.

5.11 논리 배열이 벡터 연산을 위한 논리 마스크로 작동하도록 만드는 방법은 무엇인가?

5.12 예제 5.6의 `lsqfit` 프로그램에서는 사용자가 데이터값을 입력하기 전에 그 데이터점의 수를 지정할 필요가 있었다. `while` 루프를 사용하여 임의 개수의 데이터값을 읽어들이는 도중 사용자가 어떤 값도 쳐서 넣지 않고 리턴 키를 누르면 입력을 끝내도록 프로그램을 수정하라. 예제 5.6의 두 데이터 집합을 사용하여 수정한 프로그램을 시험하라(힌트: `input` 함수는 사용자가 어떤 값도 쳐서 넣지 않고 리턴 키를 누르면 빈 배열([ ])을 반환한다. `isempty` 함수를 사용하여 입력값이 빈 배열인지를 검사할 수 있으므로 빈 배열이 감지될 때 입력을 끝낼 수 있다).

5.13 예제 5.7의 `ball` 프로그램을 특정 지점의 중력가속도를 입력 받아 그 중력가속도에서의 공의 최대 이동 거리를 계산하도록 수정하라. 중력가속도 -9.8m/s^2, -9.7m/s^2, -9.6m/s^2를 각각 사용하여 수정한 프로그램을 돌려라. 중력이 약해짐에 따라 공의 이동 거리는 어떻게 변하는가? 중력의 약화는 이동 거리를 최대화하는 최적 발사각 θ에 어떤 영향을 미치는가?

5.14 예제 5.7의 `ball` 프로그램을 공의 발사 속도를 입력 받을 수 있도록 수정하라. 공의 초기 속도 10m/s, 20m/s, 30m/s를 각각 사용하여 수정한 프로그램을 실행하라. 공의 초기 속도 v_0의 변화는 공의 이동 거리에 어떤 영향을 미치는가? 공의 초기 속도는 이동 거리를 최대화하는 최적 발사각 θ에 어떤 영향을 미치는가?

5.15 **계승 함수.** MATLAB에는 계승 함수를 계산하기 위한 `factorial`이라는 내장 함수가 있다. MATLAB의 도움 체계를 사용하여 이 함수를 검색하여라. 그리고 예제 5.2에 있는 프로그램과 계승 함수를 활용하여 5!, 10!, 15!을 계산하라. 결과가 어떻게 비교되는가?

5.16 **실시간 평균 필터.** 잡음이 섞인 데이터 집합을 평활화하는 또 다른 방법은 실시간 평균 필터(running average filter)이다. 실시간 평균 필터 안에 있는 각각의 데이터에 대해 프로그램은 시험중인 표본 주위의 n개 표본으로 이루어지는 부분집합을 조사하여 그 평균으로 표본의 값을 대체한다(주: 데이터 집합의 처음과 끝 근처의 점들에 대해서는 적은 수의 표본을 사용하되 시험중인 표본을 중심으로 양쪽으로 같은 수의 표본을 취해야 한다).

사용자에게 입력 데이터 집합의 이름과 평균할 표본 수를 지정하도록 한 후, 데이터에 실시간 평균 필터를 시행하는 프로그램을 작성하라. 원 데이터와 실시간 평균 후 얻은 평활화된 곡선을 함께 그려라.

이 책의 웹사이트에 있는 `input3.dat` 파일 내의 데이터를 사용하여 작성한 프로그램을 시험하라.

5.17 **중앙값 필터.** 잡음이 섞인 데이터 세트를 평활화하는 또 다른 방법은 중앙값 필터(median filter)이다. 프로그램은 시험중인 표본 주위의 n개 표본으로 이루어지는 부분집합을 조사하여 그 중앙값으로 표본값을 대체한다(주: 데이터 집합의 처음과 끝 근처의 점들에 대해서는 적은 수의 표본을 사용하되 시험중인 표본을 중심으로 양쪽으로 같은 수의 표본을 취해야 한다). 이 필터는 다른 근처의 점들에서 매우 멀리 떨어진 고립된 이상(wild) 점들을 포함하는 데이터 집합에 대해 매우 효과적이다.

사용자로 하여금 입력 데이터 집합의 이름과 필터 내에서 쓸 표본의 수를 지정하도록 한 후, 중앙값 필터를 그 데이터에 실행하는 프로그램을 작성하라. 원 데이터와 필터로부터 얻은 평활화된 곡선을 함께 그려라.

이 책의 웹사이트에 있는 `input3.dat` 파일 내의 데이터를 사용하여 작성한

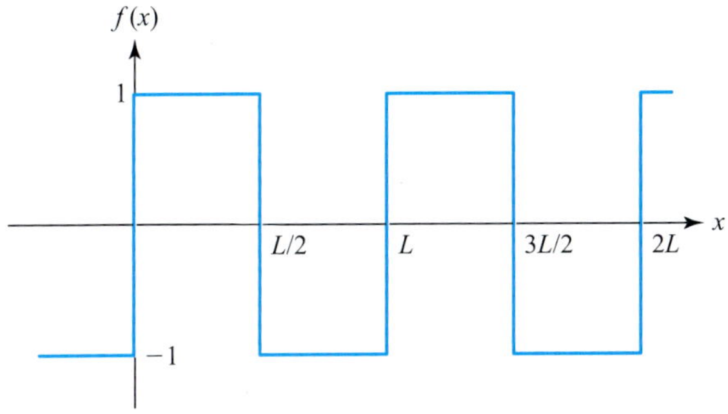

그림 5.7 사각파 파형

프로그램을 시험하라. 중앙값 필터가 실시간 평균 필터보다 데이터 집합을 평활화하는 데 유리한지 여부를 서술하고 그 이유를 논하라.

5.18 **푸리에 급수.** 푸리에 급수는 어떤 주기 함수를 그 주기에 해당하는 기본 주파수 및 일련의 배수 주파수를 갖는 사인 및 코사인 함수의 무한급수로 나타낸 것이다. 예를 들어, 그림 5.7에 보인 주기 L, 진폭 1의 펄스형 사각파(square wave) 함수를 고려하자. 이 함수는 다음과 같은 푸리에 급수로 나타낼 수 있다.

$$f(x) = \sum_{n=1,3,5,...}^{\infty} \frac{1}{n} \sin\left(\frac{n\pi x}{L}\right) \tag{5.13}$$

L = 1이라고 가정한 후, 각각 3, 5, 10개의 항을 갖는 푸리에 급수를 계산하여 원 함수와 함께 도시하라.

5.19 예제 5.6의 `lsqfit` 프로그램을 `input1.dat`라는 이름의 ASCII파일에서 값을 입력 받도록 수정하라. 이 파일은 다음과 같이 한 줄당 한 쌍씩 (x, y) 값들을 담고 있다.

```
1.1    2.2
2.2    3.3
...
```

`load` 함수를 사용하여 데이터를 읽어들여라. 예제 5.6에 사용된 두 개의 데이터 집합을 사용하여 프로그램을 시험하라.

5.20 예제 5.6의 프로그램을 수정하여 `input1.dat`라고 사용자가 지정한 ASCII 파일로부터 입력값을 읽어들여라. 이 파일은 아래에 보인 것처럼 각 행마다 한 쌍

씩 (x, y) 데이터를 담고 있다.

```
1.1     2.2
2.2     3.3
...
```

`textread` 함수를 사용하여 입력 데이터를 읽어들여라. 예제 5.6에서 사용된 두 데이터 집합을 사용하여 프로그램을 시험하라.

5.21 케이블의 장력. 그림 5.8에 나타낸 것처럼 100kg의 물체가 무게를 무시할 만한 단단한 2m의 수평 기둥 끝에 매달려 있다. 기둥은 돌쩌귀에 의해 벽에 부착되어 있고, 벽의 높은 곳에 연결된 케이블에 의해 지지되고 있다. 이 케이블의 장력은 다음의 식으로 구할 수 있다.

$$T = \frac{W \cdot lc \cdot lp}{d\sqrt{lp^2 - d^2}} \tag{5.14}$$

여기서 T는 케이블의 장력, W는 물체의 무게, lc는 케이블의 길이, lp는 기둥의 길이, d는 벽으로부터 케이블이 부착된 기둥 지점까지의 거리이다. 케이블의 장력이 최소가 되는 거리 d를 구하는 프로그램을 작성하라. 이를 위해 d를 0.3m에서 0.7m까지 0.1m씩 늘려가면서 케이블의 장력을 계산하여 최소점을 찾아라. 또 d에 따른 케이블의 장력을 나타내는 도표를 그리고, 적당한 제목과 축 제목을 붙여라.

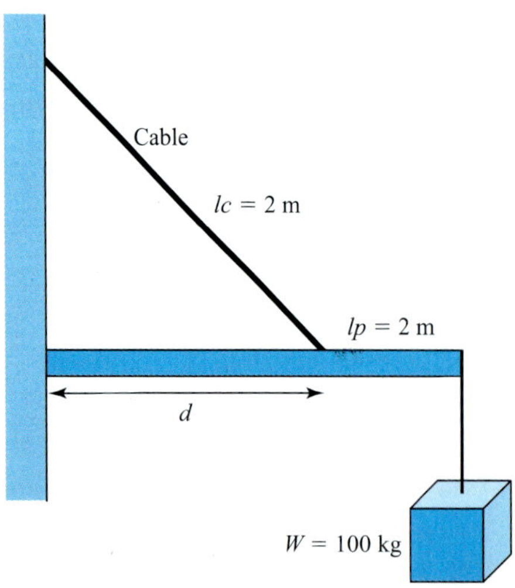

그림 5.8 케이블에 의해 지지되는 단단한 기둥에 매달린 100kg의 물체

5.22 연습문제 5.21에서 만들어진 프로그램을 수정하여 케이블의 장력이 케이블이 부착된 정확한 위치 d에 얼마나 민감한지를 결정하라. 구체적으로 최소값의 10% 이내로 케이블의 장력을 유지시키는 d 값의 범위를 결정하라.

5.23 사용자가 지정한 임의의 x값에 대해서 다음 함수의 값을 구하는 MATLAB 프로그램을 작성하라.

$$y(x) = \ln \frac{1}{1-x} \tag{5.15}$$

여기서 ln은 e를 밑으로 하는 자연 로그이다. `while` 루프를 사용하여 적법한 x 값이 입력될 때마다 계산을 반복하는 프로그램을 작성하라. 적법하지 않은 x값이 입력되면 프로그램을 마치도록 하라($x \geq 1$이면 적법하지 않은 값으로 간주한다).

5.24 **평행사변형의 면적.** 벡터 **A**와 **B**로 정의되는 두 변을 갖는 평행사변형의 면적은 다음 식으로 구할 수 있다(그림 5.9).

$$\text{면적} = \left|\mathbf{A} \times \mathbf{B}\right| \tag{5.16}$$

사용자로부터 벡터 **A**와 **B**를 받아 평행사변형의 면적을 계산하는 프로그램을 작성하라. 벡터 $\mathbf{A} = 10\,\hat{\mathbf{i}}$ 와 $\mathbf{B} = 5\,\hat{\mathbf{i}} + 8.66\,\hat{\mathbf{j}}$ 로 둘러싸인 평행사변형의 면적을 계산하여 프로그램을 시험하라.

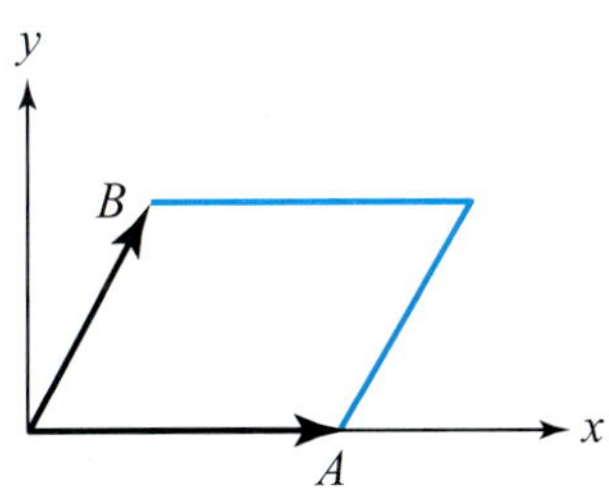

그림 5.9 평행사변형

5.25 **박테리아의 성장.** 생물학자가 서로 다른 배양 배지에서 무성생식을 하는 특정 박테리아의 증식 속도를 측정하는 실험을 하고 있다고 가정하자. 이 실험에서 미생물의 세대 시간은 배지 A에서 60분, 배지 B에서 90분으로 각각 나타났다. 실험이 시작되는 시점에 각 배지에는 한 개체의 박테리아만 놓여 있다고 하자.

시작 시점부터 24시간까지 3시간 간격으로 각 배지의 박테리아 수를 계산하여 그래프로 나타내는 프로그램을 작성하라. 선형 xy 그래프와 x축 선형-y축 로그(semilogy) 그래프를 각각 그려라. 24시간 후 두 배지 내에 있는 박테리아의 수를 비교하라.

5.26 다이오드를 통과하는 전류. 그림 5.10에 보이는 반도체 다이오드를 통과하는 전류는 다음 식으로 구할 수 있다.

$$i_D = I_0\left(e^{\frac{qv_D}{kT}} - 1\right) \tag{5.17}$$

여기서 i_D = 다이오드를 통과하는 전류 [μA]
v_D = 다이오드에 걸리는 전압 [V]
I_0 = 다이오드의 누설 전류 [μA]
q = 전자의 전하, 1.602×10^{-19} [C]
k = 볼츠만 상수, 1.38×10^{-23} [J/K]
T = 온도 [K]

다이오드의 누설전류 I_0는 2.0μA이다. 전압이 −1.0V에서 +0.6V까지 0.1V씩 늘리면서 다이오드에 흐르는 전류를 모두 계산하는 프로그램을 작성하라. 세 온도 75°F, 100°F, 125°F에 대해 이 과정을 반복하라. 세 온도에 대해 전압에 따른 전류의 변화를 나타내는 그래프를 각각 다른 색상으로 그려라.

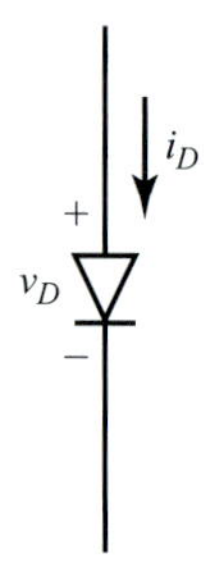

그림 5.10 반도체 다이오드

5.27 피보나치 수. n번째 피보나치 수는 다음 재귀방정식으로 정의된다.

$$f(1) = 1$$
$$f(2) = 2$$
$$f(n) = f(n-1) + f(n-2) \quad n > 2$$

그러므로 $f(3) = f(2) + f(1) = 2 + 1 = 3$이고, 더 큰 수에 대해서도 이런 방식으로 구할 수 있다. $n > 2$일 때 n번째 피보나치 수를 계산하여 출력하는 M 파일을 작성하라. `while` 루프를 사용하여 계산을 수행하라.

5.28 예제 5.3의 `doy` 프로그램은 연월일이 주어진 날짜의 연중 경과 일수를 계산한다. 현 상태의 프로그램으로는 사용자가 입력한 데이터가 유효한지 확인할 수 없어 연월일이 잘못되어도 그대로 받아들여 의미없는 계산 결과를 도출한다. 입력값을 계산에 사용하기 전에 그 유효성 여부를 확인하도록 프로그램을 수정하라. 이 프로그램은 입력값이 유효하지 않을 때 사용자에게 무엇이 잘못되었는지를 보고하고 나서 마쳐야 한다. 년은 0보다 큰 정수, 월은 1과 12 사이의 정수, 일은 1과 그 달의 날수 사이의 정수여야 한다. `switch` 구조를 사용하여 연월일에 대한 경계 검사를 수행하라.

5.29 **사각형의 면적.** 그림 5.11의 사각형의 면적과 둘레는 식 (5.18)과 식 (5.19)로 각각 구한다.

$$\text{면적} = W \times H \tag{5.18}$$

$$\text{둘레} = 2W + 2H \tag{5.19}$$

전체 사각형의 둘레가 10으로 고정된 상태에서, 폭 L이 가능한 최소값에서 최대값으로 변할 때 면적을 계산하여 도시하는 프로그램을 작성하라. 폭이 얼마일 때 면적이 최대가 되는가?

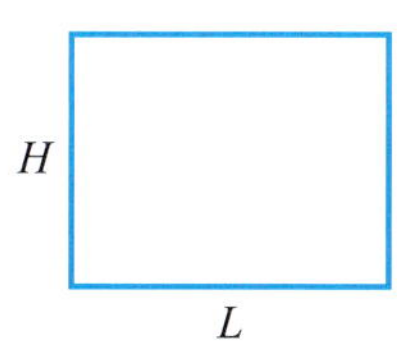

그림 5.11 사각형

5.30 양수 집합에 대해 산술 평균, rms 평균, 기하 평균, 조화 평균을 각각 계산하는 MATLAB 프로그램을 작성하라. 원하는 방법을 사용하여 수를 입력 받으라. 그 다음에 각 수 집합에 대해 네 가지 평균값들을 비교하라.

(a) `4, 4, 4, 4, 4, 4, 4`

(b) `4, 3, 4, 5, 4, 3, 5`

(c) `4, 1, 4, 7, 4, 1, 7`

(d) `1, 2, 3, 4, 5, 6, 7`

5.31 데시벨. 공학자들은 두 출력의 비를 데시벨(decibel, dB)로 측정한다. 데시벨 단위의 비를 구하는 식은 다음과 같다.

$$dB = 10 \log_{10} \frac{P_2}{P_1} \tag{5.20}$$

여기서 P_2는 측정하고자 하는 출력, P_1은 어떤 기준 수준의 출력이다. 기준 수준의 출력이 1W라고 할 때, 출력을 1W에서 20W까지 0.5W씩 늘려가면서 데시벨을 계산하는 프로그램을 작성하라. 데시벨 대 출력 곡선을 로그-선형 눈금의 그래프로 나타내라.

5.32 평균 고장 간격의 계산. 전자부품의 신뢰도는 대개 그 부품이 고장이 날 때까지 작동한 시간의 평균으로 정의되는 평균 고장 간격(Mean Time Between Failure, MTBF)으로 측정한다. 많은 부품으로 이루어진 큰 시스템에서는 각 부품의 MTBF를 구한 후 그 고장률로부터 전체 시스템의 MTBF를 계산하는 것이 보통이다. 그림 5.12와 같은 구조를 갖는 시스템이 전체적으로 고장 없이 작동하기 위해서는 각 부품이 모두 고장나지 않아야 하므로, 전체 시스템의 MTBF를 다음과 같이 계산할 수 있다.

$$\text{MTBF}_{sys} = \frac{1}{\dfrac{1}{\text{MTBF}_1} + \dfrac{1}{\text{MTBF}_2} + \cdots + \dfrac{1}{\text{MTBF}_n}} \tag{5.21}$$

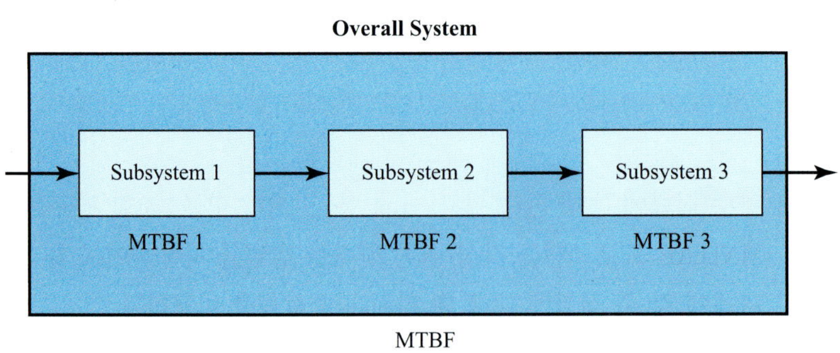

그림 5.12 MTBF를 아는 세 하위 시스템으로 이루어진 전자 시스템

시스템 내의 부품 수와 각 부품의 MTBF를 읽어들여 전체 시스템의 MTBF를 계산하는 프로그램을 작성하라. 프로그램을 시험하기 위하여 MTBF 2000시간의 안테나 장치, 800시간의 송신기, 5000시간의 수신기로 구성된 레이더 시스템의 MTBF를 구하라.

5.33 제곱 평균 제곱근. 제곱 평균 제곱근(rms(root-mean-square) 평균)은 수의 집합에 대해 평균을 구하는 다른 방법이다. 일련의 수에 대한 rms 평균은 그 수들의 제곱의 산술 평균의 제곱근이다.

$$\text{rms average} = \sqrt{\frac{1}{N}\sum_{i=1}^{N} x_i^2} \qquad (5.22)$$

임의 개수의 양수를 입력 받아 rms 평균을 계산하는 MATLAB 프로그램을 작성하라. 사용자에게 입력할 값의 수를 물은 후, `for` 루프를 사용하여 수치를 읽어들여라. 네 수 10, 5, 2, 5에 대해 rms 평균을 구하여 프로그램을 시험하라.

5.34 조화 평균. 조화 평균(harmonic mean)도 수의 집합에 대한 평균을 구하는 또 다른 방법으로서, 다음 식으로 정의된다.

$$\text{harmonic mean} = \frac{N}{\frac{1}{x_1} + \frac{1}{x_2} + \cdots + \frac{1}{x_n}} \qquad (5.24)$$

임의 개수의 양수를 입력 받아 조화 평균을 계산하는 MATLAB 프로그램을 작성하라. 원하는 방법을 사용하여 수를 입력 받으라. 네 수 10, 5, 2, 5에 대해 조화 평균을 구하여 프로그램을 시험하라.

5.35 기하 평균. x_1에서 x_n까지의 수의 집합에 대한 기하 평균(geometric mean)은 모든 수의 곱에 대한 n제곱근으로 구할 수 있다.

$$\text{geometric mean} = \sqrt[n]{x_1 x_2 x_3 \cdots x_n} \qquad (5.23)$$

임의 개수의 양수를 입력 받아 산술 평균과 기하 평균을 각각 계산하는 MATLAB 프로그램을 작성하라. `while` 루프를 사용하여 수치를 읽어들이되, 음수가 들어오면 입력을 끝내도록 하라. 네 수 10, 5, 2, 5에 대해 산술 평균과 기하 평균을 구하여 프로그램을 시험하라.

CHAPTER 06

사용자 정의 함수의 기초

4장에서 올바른 프로그램 설계의 중요성에 대해 배웠다. 우리가 채택한 기본 기법은 하향식 설계였다. 하향식 설계의 첫 단계는 해결할 문제와 필요한 입출력에 대한 서술이다. 그 다음에는, 프로그램이 구현할 알고리즘의 포괄적인 개요를 작성하고, 그것에 분해(decomposition) 과정을 적용하여 소위 부분작업(sub-task)이라 불리는 논리적 부분분할로 쪼갠다. 그 다음, 프로그래머는 각 부분 작업을 많은 조각으로 세분하여 각 조각이 간단하고 분명하게 이해할 수 있는 작업이 되도록 만든다. 마지막으로, 각각의 조각들은 MATLAB 코드로 변환한다.

이 책에서 이러한 설계 과정을 여러 예제를 통해 다루어봤지만, 그 결과는 어느 정도 제약을 받아왔는데, 그 이유는 각각의 부분작업을 수행하기 위해 생성했던 완성된 MATLAB 코드들을 전체 프로그램 하나로 통합해 봐야 했기 때문이다. 부분작업들을 최종적인 프로그램으로 통합하기 전에 별도로 코딩하고, 입증하고, 시험할 방법이 없었다.

다행히도 MATLAB에는 최종적인 프로그램을 만들기 전에 손쉽게 부분작업을 따로따로 작성해서 디버깅하게 하는 특별한 메커니즘이 있다. 각각의 부분작업을 별도의 **함수**(function)로 코딩할 수 있는데, 각각의 함수는 프로그램에 있는 다른 모든 부분작업과 상관없이 시험하고 디버그할 수 있다.

함수들은 잘 설계하면 대규모 프로그램 개발 프로젝트에 필요한 노력을 엄청나게 줄일 수 있다. 그 이점은 다음과 같다.

1. **부분작업의 독립적 시험.** 각 부분작업을 독립적인 단위로 작성할 수 있다. 부분작업은 큰 프로그램으로 결합하기 전에 그 자체로 적절히 수행되는지를 확인하기 위해 따로 검사할 수 있다. 이 단계를 **단위 시험**이라 한다. 이는 최종적인 프로그램을 완성하지 않고서도 문제의 주요 원인을 제거할 수 있다.

2. **재사용가능한 코드.** 동일한 기본적인 부분작업이 프로그램의 여러 부분에 필요한 경우가 많다. 예를 들어, 수치목록을 오름차순으로 정렬하는 작업이 한 프로그램의 여러 부분, 혹은 다른 프로그램에까지 필요한 경우가 있다. 정렬작업을 수행하는 하나의 함수를 설계하고 작성하고 검증할 수 있는데, 언제든지 정렬이 필요할 때마다 이 함수를 재사용할 수 있다. 이러한 재사용가능한 코드는 두 개의 주요 이점이 있다. 먼저, 필요한 전체 프로그래밍 노력을 줄이고, 다음으로 디버깅을 한 번만 하면 되기 때문에 디버깅을 단순화할 수 있다.
3. **의도하지 않은 부작용의 차단.** 함수는 호출 프로그램으로부터 **입력 인수 목록**이라고 불리는 변수 목록을 통해서 입력 데이터를 받아들이고, **출력 인수 목록**을 통해서 그 프로그램으로 결과를 돌려준다. 각 함수는 다른 모든 함수나 호출 프로그램과는 독립적인 작업 공간을 갖는다. 함수가 호출 프로그램에 있는 변수 중에서 볼 수 있는 것은 오직 입력 인수 목록에 있는 것들뿐이며, 호출 프로그램이 함수에서 볼 수 있는 변수는 출력 인수 목록에 있는 변수들뿐이다. 이 점은 매우 중요한데, 왜냐하면 어떤 함수에 들어있는 우연적인 프로그래밍 실수는 그 실수가 발생한 함수에 있는 변수들에만 영향을 미치기 때문이다.

일단 대규모 프로그램이 작성되고 배포되면, 유지관리가 필수적이다. 프로그램 유지관리에는 버그를 고치는 것과 예기치 못한 새로운 상황들을 다루기 위한 프로그램 변경이 포함된다. 유지관리를 위해 프로그램을 변경하는 공학도는 종종 그 프로그램의 원작성자가 아닐 수 있다. 부실하게 작성된 프로그램에서는, 코드의 한 부분에서 프로그램을 고치려고 변경할 경우 그것이 프로그램의 전혀 다른 부분에서 예기치 않았던 부작용을 일으키는 것이 비일비재하다. 이런 일은 변수의 이름이 프로그램의 다른 부분에서 반복 사용되었기 때문에 일어난다. 몇몇 변수의 값을 변경할 경우, 의외로 코드의 다른 부분에서 그 값이 사용된다.

잘 설계된 함수를 사용하게 되면 **데이터 숨김**을 통해 이런 문제를 최소화한다. 주 프로그램에 있는 변수들은 (입력 인수 목록의 변수를 제외하고는) 함수에서 보이지 않으므로, 이 변수들이 함수에서 우연히 변경되는 일은 일어날 수 없다. 그러므로 함수에 있는 변수에 대한 실수나 변경에 의해 프로그램의 다른 부분에 예기치 않은 부작용을 일으키는 사고를 방지할 수 있다.

좋은 프로그래밍 습관

가능하면 큰 프로그램을 함수로 세분함으로써 각 함수를 독립적으로 시험하고, 재사용하며, 예기치 않은 부작용을 차단하는 주요 혜택을 누릴 수 있다.

6.1 MATLAB 함수 입문

이제까지 우리가 본 모든 M 파일들은 **스크립트 파일**들이다. 스크립트 파일은 단순히 MATLAB 실행명령의 집합을 한 파일에 저장한 것이다. 스크립트 파일을 실행하면 그 결과는 명령창에 직접 모든 명령들을 한 줄씩 입력했을 때와 같을 것이다. 스크립트 파일들은 명령창의 작업 공간을 공유하며, 스크립트 파일이 실행되기 전에 정의된 어떤 변수라도 볼 수 있고, 스크립트 파일에 의해 만들어진 어떤 변수라도 실행 종료 후 작업 공간에 남게 된다. 스크립트 파일에는 어떤 입력 인수도 없으며 결과를 돌려주지도 않지만, 작업 공간에 남아있는 데이터를 통해 다른 스크립트 파일과 교신할 수 있다.

이에 반해 **MATLAB 함수**는 그 자체의 독립된 작업 공간에서 동작하는 특별한 형태의 M 파일이다. 이는 **입력 인수 목록**을 통해서 데이터를 전달받고, **출력 인수 목록**을 통해 호출 프로그램에 결과를 반환한다. MATLAB 함수의 일반적인 형식은 다음과 같다.

```
function [outarg1, outarg2, ...] = fname(inarg1, inarg2, ...)
% H1 comment line
% Other comment lines
...
(Executable code)
...
(return)
end
```

function문은 함수의 시작을 알린다. 이는 함수의 이름과 입력 및 출력 목록을 지정한다. 입력 인수 목록은 함수 이름 다음에 있는 소괄호 안에 나타내고, 출력 인수 목록은 등호 왼쪽에 있는 대괄호 안에 나타낸다(만일 출력 전달인자가 하나뿐이면 대괄호를 생략할 수 있다).

일반적인 MATLAB 함수는 각기 함수와 (대/소문자를 구별하여) 이름이 같으면서 확장자가 '.m'인 파일에 넣어야 한다. 예를 들어, My_fun이라는 이름의 함수는 My_fun.m이라는 이름의 파일에 넣어야 한다.

입력 인수 목록은 호출 프로그램으로부터 함수로 전달될 값들을 나타내는 명칭들의 목록이다. 이러한 명칭들을 **가인수(dummy argument)**라 한다. 이들은 함수가 호출되었을 때 전달될 실제 변수들에 대한 위치점유자일 뿐이다. 마찬가지로, 출력 전달인자 목록은 함수가 실행을 완료하였을 때 호출 프로그램으로 돌려줄 값들에 대한 위치점유자들인 가인수들의 목록이다.

함수는 식에서 그 이름과 **실인수**(actual argument) 목록을 함께 지정하여 호출한다. 함수 이름을 명령창에서 직접 입력하거나 스크립트 파일이나 다른 함수 안에 포함시키면 그 함수를 호출할 수 있다. 호출 프로그램에 있는 이름은 함수 이름과 정확히 일치하여야 한다(대소문자 구분).[1] 함수가 호출되었을 때, 첫 번째 실인수의 값은 첫 번째 가인수의 위치에 적용되며, 같은 방식으로 각각의 다른 실인수/가인수 쌍에도 적용된다.

실행은 함수의 맨 위에서부터 시작되며 return문, end문 혹은 그 함수의 마지막 행에 도달했을 때 종료된다. 어쨌든 함수의 마지막 행에서 실행이 종료되기 때문에, 대부분의 경우 return문은 필요없으며 거의 사용되지 않는다. 출력 인수 목록에 있는 각각의 항목은 함수 내에서 적어도 하나의 대입문의 좌변에 나타나야만 한다. 함수가 종료할 때 출력 인수 목록에 저장된 값들은 호출 프로그램으로 반환되며 이어지는 계산 등에 사용할 수 있다.

end 명령문을 사용하여 함수를 종료하는 것은 MATLAB 7.0의 새로운 기능이다. 파일에 중첩 함수(7장에서 설명)가 포함된 경우가 아니라면, 이는 옵션이다. 실제로 필요한 경우가 아니라면 함수를 종료하기 위해 end 명령문을 사용하지 않을 것이므로, 이 책에서는 사용 예를 보기 힘들 것이다.

함수에서 최초의 주석행은 특별한 목적으로 사용된다. 함수 명령문 다음에 첫 번째로 나오는 주석행은 **H1 주석행**(H1 comment line)으로 불린다. 여기에는 이 함수의 목적에 대한 한 줄 짜리 요약문이 들어가야 한다. 이 줄이 특별한 의미를 갖는 이유는 lookfor 명령어를 실행할 때 이 줄을 검색하여 키워드를 찾아 표시해주기 때문이다. H1 줄로부터 시작해서 처음 빈 줄이 나오거나 명령문이 나올 때까지 들어있는 나머지 주석행들은 help 명령문에 의해 표시된다. 여기에는 이 함수의 간단한 사용법이 들어가야 한다.

사용자 정의 함수에 대한 간단한 예제가 아래에 있다. 함수 dist2는 직교 좌표계에서 두 점(x_1, y_1)과 (x_2, y_2) 사이의 거리를 계산한다.

---

1 예를 들어 어떤 함수가 My_Fun이라는 이름으로 설정되어 My_Fun.m이라는 파일에 저장되어 있다고 가정하자. 그러면 이 함수는 My_Fun이라는 이름으로 호출하여야 하며, my_fun이나 MY_FUN으로는 호출할 수 없다. 이와 같이 대/소문자가 서로 맞지 않을 때, 리눅스나 애플 컴퓨터에서는 오류가 발생하고, 윈도우 기반 컴퓨터에서는 경고가 발생한다.

```
function distance = dist2 (x1, y1, x2, y2)
%DIST2 Calculate the distance between two points
% Function DIST2 calculates the distance between
% two points (x1,y1) and (x2,y2) in a Cartesian
% coordinate system.
%
% Calling sequence:
%     distance = dist2(x1, y1, x2, y2)

% Define variables:
%    x1       -- x-position of point 1
%    y1       -- y-position of point 1
%    x2       -- x-position of point 2
%    y2       -- y-position of point 2
%    distance -- Distance between points

% Record of revisions:
%      Date         Programmer          Description of change
%      ====         ==========          =====================
%    02/01/14     S. J. Chapman       Original code
% Calculate distance.
distance = sqrt((x2-x1).^2 + (y2-y1).^2);
```

이 함수에는 4개의 입력 인수와 1개의 출력 인수가 있다. 이 함수를 사용하는 간단한 스크립트 파일이 아래에 있다.

```
% Script file: test_dist2.m
%
% Purpose:
%    This program tests function dist2.
%
% Record of revisions:
%      Date         Programmer          Description of change
%      ====         ==========          =====================
%    02/01/14     S. J. Chapman       Original code
%
% Define variables:
%    ax       -- x-position of point a
%    ay       -- y-position of point a
%    bx       -- x-position of point b
%    by       -- y-position of point b
```

```
%    result   -- Distance between the points

% Get input data.
disp('Calculate the distance between two points:');
ax = input('Enter x value of point a:');
ay = input('Enter y value of point a:');
bx = input('Enter x value of point b:');
by = input('Enter y value of point b:');

% Evaluate function
result = dist2 (ax, ay, bx, by);

% Write out result.
fprintf('The distance between points a and b is %f\n',result);
```

이 스크립트 파일을 실행하면 결과는 다음과 같다.

```
» test_dist2
Calculate the distance between two points:
Enter x value of point a:   1
Enter y value of point a:   1
Enter x value of point b:   4
Enter y value of point b:   5
The distance between points a and b is 5.000000
```

손으로 직접 계산하여 확인할 수 있듯이 정확한 결과가 나타나 있다.

함수 dist2는 또한 MATLAB 도움말 시스템도 지원한다. 만일 'help dist2'라고 입력하면, 그 결과는 다음과 같다.

```
» help dist2
DIST2 Calculate the distance between two points
   Function DIST2 calculates the distance between
   two points (x1,y1) and (x2,y2) in a Cartesian
   coordinate system.

   Calling sequence:
     res = dist2(x1, y1, x2, y2)
```

마찬가지로, 'lookfor distance'를 치면 다음 결과를 얻는다.

```
» lookfor distance
DIST2 Calculate the distance between two points
```

```
MAHAL Mahalanobis distance.
DIST Distances between vectors.
NBDIST Neighborhood matrix using vector distance.
NBGRID Neighborhood matrix using grid distance.
NBMAN Neighborhood matrix using Manhattan-distance.
```

MATLAB 작업 공간이 함수의 실행 전후나 실행 중에 어떻게 달라지는지 살펴보기 위해서, 함수 dist2와 스크립트 파일 test_dist2를 MATLAB 디버거에 올린 후 중단점(breakpoint)들을 함수 호출문 이전, 중간, 이후에 설정한다(그림 6.1 참조).

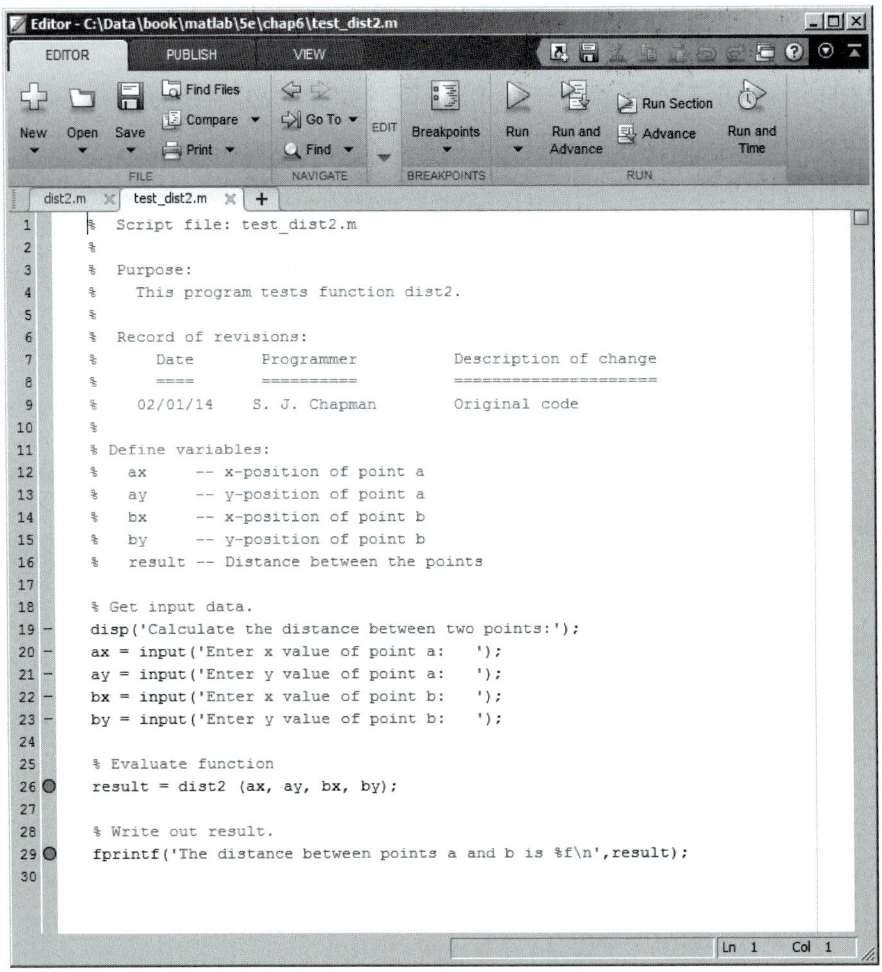

그림 6.1 M 파일 test_dist2와 함수 dist2가 디버거에 올려져 있다. 중단점이 함수 호출문 이전, 중간, 이후에 설정되어 있다.

함수 호출 전의 중단점에서 프로그램이 중단된 경우 작업영역은 그림 6.2a와 같다. 이 작업 공간에서 변수 `ax`, `ay`, `bx`, `by`는 사용자가 입력한 값으로 정의되어 있음을 유의하여야 한다. 함수 호출 중의 중단점에서 프로그램이 중단되는 경우, 함수의 작업 공간이 활성화되어 그림 6.2b와 같은 모습을 띤다. 주의할 점은 변수 `x1`, `x2`, `y1`, `y2`, `distance`가 함수의 작업 공간에 정의되어 있지만, 호출 M 파일에서 정의된 변수들은 존재하지 않는다. 호출 프로그램의 함수 호출문 이후에 설정된 중단점에서 프로그램이 중단되면 작업 공간은 그림 6.2c와 같다. 이제 호출 프로그램의 원 변수들이 다시 나타나며, 여기에 함수로부터 반환된 값을 담은 변수 `result` 변수가 추가되었다. 이 그림들은 함수의 작업 공간과 호출 M 파일의 작업 공간이 다르다는 것을 보여준다.

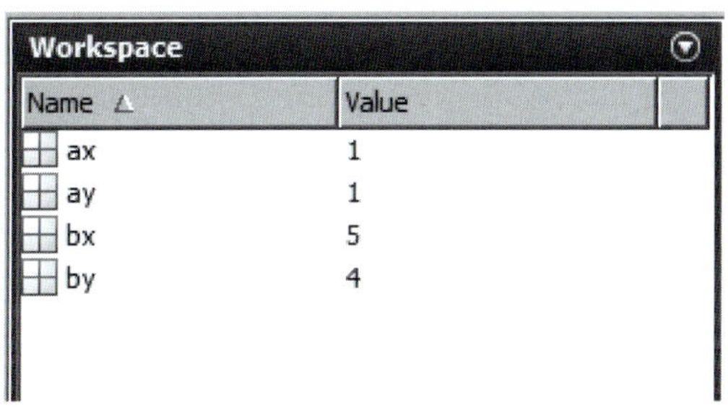

(a)

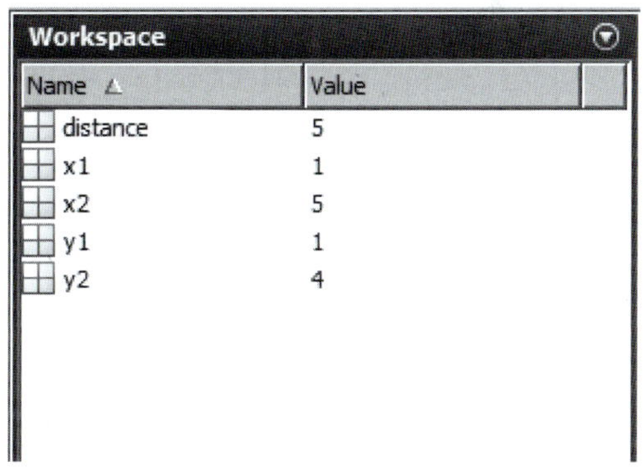

(b)

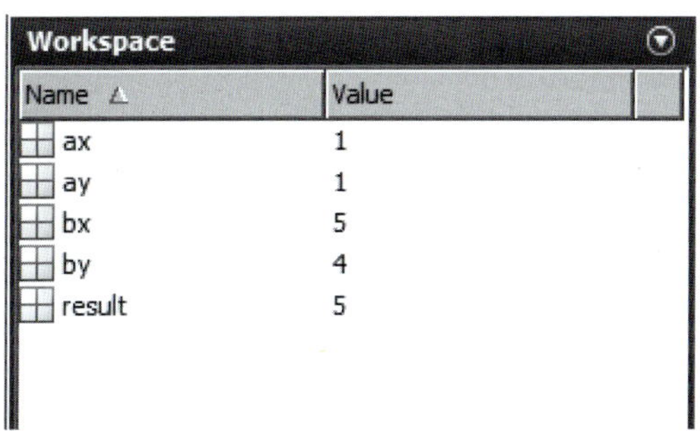

(c)

그림 6.2 (a) 함수호출 이전의 작업 공간.
(b) 함수호출 중간의 작업 공간.
(c) 함수호출 이후의 작업 공간.

6.2 MATLAB에서의 값 전달: 값 전달 방식

MATLAB 프로그램은 **값 전달 방식**을 이용해서 함수와 교신한다. 함수 호출이 발생하면, MATLAB은 실인수의 복사본을 만들어 함수에 넘긴다. 이 복사작업은 매우 중요하다. 왜냐하면 함수가 입력 전달인수의 값을 변경하더라도 호출 프로그램에 있는 원래의 데이터에는 영향을 주지 않기 때문이다. 이 기능으로 함수의 오류로 인해 호출 프로그램의 변수들의 값이 변경되는 의도하지 않은 부작용을 막을 수 있다.

이러한 거동은 아래에 보인 함수에 예시되어 있다. 이 함수는 두 입력 인수 a, b를 갖는다. 두 입력 인수 모두 함수의 계산 과정에서 값이 바뀐다.

```
function out = sample(a, b)
fprintf('In     sample: a = %f, b = %f %f\n',a,b);
a = b(1) + 2*a;
b = a .* b;
out = a + b(1);
fprintf('In     sample: a = %f, b = %f %f\n',a,b);
```

이 함수를 호출하기 위한 간단한 시험 프로그램이 아래에 있다.

```
a = 2; b = [6 4];
fprintf('Before sample: a = %f, b = %f %f\n',a,b);
out = sample(a,b);
fprintf('After  sample: a = %f, b = %f %f\n',a,b);
fprintf('After  sample: out = %f\n',out);
```

이 프로그램을 실행하면 그 결과는 다음과 같다.

```
» test_sample
Before sample: a = 2.000000, b = 6.000000 4.000000
In     sample: a = 2.000000, b = 6.000000 4.000000
In     sample: a = 10.000000, b = 60.000000 40.000000
After  sample: a = 2.000000, b = 6.000000 4.000000
After  sample: out = 70.000000
```

함수 sample 안에서 a와 b의 값이 모두 바뀌었지만 그 변화가 호출 프로그램에 있는 값에는 아무런 영향을 주지 않았음에 유의하라.

C 언어에서는 스칼라값을 함수에 넘길 때 값 전달 방식을 사용하므로 C 언어의 사용자는 이 방식에 익숙할 것이다. 그러나 C에서 배열을 함수에 넘길 때는 값 전달 방식을 사용하지 않으므로, C 함수 내에서 배열 가인수가 예기치 않게 변경되면 호출

프로그램에 부작용이 나타날 수 있다. MATLAB에서는 스칼라와 배열 모두에 대해 값 전달 방식을 사용함으로써 이런 문제점을 개선하였다.[2]

▶ 예제 6.1 — 직교 좌표와 극좌표 간의 변환

2차원 평면상의 점의 위치는 그림 6.3과 같이 직교 좌표 (x, y) 혹은 극좌표 (r, θ)로 표현할 수 있다. 이 두 좌표 사이의 관계는 다음 식으로 주어진다.

$$x = r\cos\theta \tag{6.1}$$

$$x = r\sin\theta \tag{6.2}$$

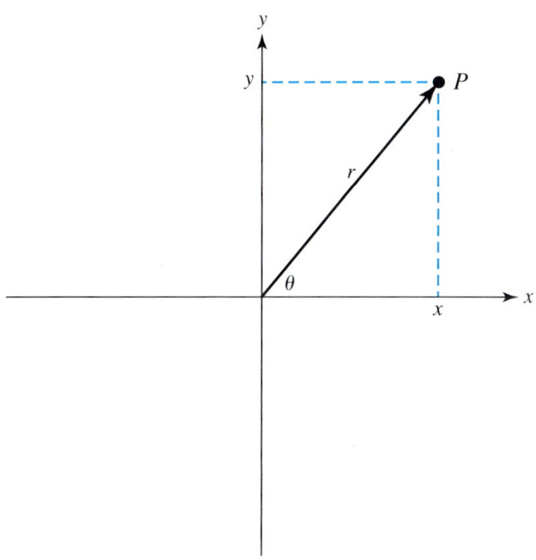

그림 6.3 2차원 평면에 있는 한 점 P는 직교 좌표 (x, y) 또는 극좌표 (r, θ)로 나타낼 수 있다.

2 MATLAB의 인수 전달 방식은 여기서 설명한 것보다 실제로는 더 정교하다. 앞서 지적한 바와 같이, 값 전달을 위해 필요한 복사 작업은 시간이 많이 걸리나 예기치 않은 부작용을 방지할 수 있다. 실제로 MATLAB은 다음과 같은 두 가지 방식 중 최선책을 사용한다. 즉, 각 함수의 각 인수를 분석하여 함수 내에서 그 인수가 변경되는지 여부를 판단한다. 만약 함수가 인수를 변경하면, MATLAB은 복사본을 만들어 함수에 넘기는 값 전달 방식을 취한다. 만약 함수가 인수를 변경하지 않으면, MATLAB은 호출 프로그램의 변수가 차지하는 메모리 영역의 주소를 넘김으로써 함수가 직접 메모리 영역을 참조하여 값을 알아내도록 하는 이른바 **주소 전달(pass-by-reference)** 방식을 취한다. 이렇게 두 가지 방식 중 하나를 상황에 맞게 선택함으로써 부작용을 방지하면서 프로그램의 실행 속도를 높일 수 있다!

$$r = \sqrt{x^2 + y^2} \tag{6.3}$$

$$\theta = \tan^{-1}\frac{y}{x} \tag{6.4}$$

직교 좌표를 극좌표로 변환하는 함수 rect2polar와 그 반대로 변환하는 함수 polar2rect를 작성하라. 단 각 θ는 도 단위로 표시한다.

풀이

표준 문제해결 접근방법을 적용하여 이러한 함수를 만들어 보겠다. 주의할 점은 MATLAB 내장 삼각 함수들은 단위가 라디안이므로 이 문제를 풀기 위해서는 도를 라디안으로 또는 그 역으로 변환하여야 한다. 도와 라디안의 기본적인 관계는 다음과 같다.

$$180° = \pi \text{ radians} \tag{6.5}$$

1. **문제 기술**

   문제에 대한 간결한 기술은 다음과 같다.

   > 2차원 평면에서 직교 좌표계로 나타낸 위치를 도 단위의 각을 쓰는 극좌표로 변환하는 함수 rect2polar를 작성하라. 또 역으로, 2차원 평면에서 도 단위의 각을 쓰는 극좌표로 표현된 위치를 직교 좌표로 변환하는 함수 polar2rect를 작성하라.

2. **입출력 정의**

   함수 rect2polar에 대한 입력은 한 점의 직교 좌표 (x, y)이고, 출력은 점의 극좌표 (r, θ)이다. 함수 polar2rect에 대한 입력은 이 점의 극좌표 (r, θ)이고, 출력은 이 점의 직교 좌표 (x, y)이다.

3. **알고리즘 설계**

   이 함수들은 매우 간단하므로, 최종 유사 코드를 바로 작성할 수 있다. 함수 polar2rect의 유사 코드는 다음과 같다.

   ```
   x ← r * cos(theta * pi/180)
   y ← r * sin(theta * pi/180)
   ```

   rect2polar 함수를 위한 유사 코드에서는 2차원 평면의 모든 사분면에 대해 작동하는 atan2 함수를 사용한다(MATLAB 도움말 참조).

```
r ← sqrt(x.^2 + y.^2)
theta ← 18/pi * atan2(y,x)
```

4. **MATLAB문으로 변환**

함수 polar2rect에 대한 MATLAB 코드는 아래와 같다.

```
function [x, y] = polar2rect(r,theta)
%POLAR2RECT Convert rectangular to polar coordinates
% Function POLAR2RECT accepts the polar coordinates
% (r,theta), where theta is expressed in degrees,
% and converts them into the rectangular coordinates
% (x,y).
%
% Calling sequence:
%   [x, y] = polar2rect(r,theta)

% Define variables:
%   r        -- Length of polar vector
%   theta    -- Angle of vector in degrees
%   x        -- x-position of point
%   y        -- y-position of point

% Record of revisions:
%      Date        Programmer        Description of change
%      ====        ==========        =====================
%    02/01/14     S. J. Chapman      Original code

x = r * cos(theta * pi/180);
y = r * sin(theta * pi/180);
```

함수 rect2polar에 대한 MATLAB 코드는 다음과 같다.

```
function [r, theta] = rect2polar(x,y)
%RECT2POLAR Convert rectangular to polar coordinates
% Function RECT2POLAR accepts the rectangular coordinates
% (x,y) and converts them into the polar coordinates
% (r,theta), where theta is expressed in degrees.
%
% Calling sequence:
%   [r, theta] = rect2polar(x,y)
```

```
% Define variables:
%   r         -- Length of polar vector
%   theta     -- Angle of vector in degrees
%   x         -- x-position of point
%   y         -- y-position of point

% Record of revisions:
%     Date          Programmer          Description of change
%     ====          ==========          =====================
%   02/01/14      S. J. Chapman       Original code

r = sqrt (x.^2 + y .^2);
theta = 180/pi * atan2(y,x);
```

이 함수들은 모두 도움말 정보를 담고 있으므로 MATLAB의 help 명령어와 lookfor 명령어를 적절히 사용할 수 있을 것이다.

5. **프로그램 시험**

함수들을 시험해보기 위해서, MATLAB 명령창에 직접 실행해보겠다. 중학교 이상 대부분의 학생들에게 익숙한 3–4–5 삼각형에 대하여 이 함수들을 시험해보자. 3–4–5 삼각형에서 제일 작은 각은 약 36.87°이다. 그리고 모든 영역에서 변환이 정확하게 일어나는지 시험하기 위해서, 네 사분면 모두에서 이 함수를 시험해보겠다.

```
» [r, theta] = rect2polar(4,3)
r =
     5
theta =
   36.8699
» [r, theta] = rect2polar(-4,3)
r =
     5
theta =
  143.1301
» [r, theta] = rect2polar(-4,-3)
r =
     5
theta =
 -143.1301
» [r, theta] = rect2polar(4,-3)
```

```
r =
     5
theta =
  -36.8699
» [x, y] = polar2rect(5,36.8699)
x =
    4.0000
y =
    3.0000
» [x, y] = polar2rect(5,143.1301)
x =
   -4.0000
y =
    3.0000
» [x, y] = polar2rect(5,-143.1301)
x =
   -4.0000
y =
   -3.0000
» [x, y] = polar2rect(5,-36.8699)
x =
    4.0000
y =
   -3.0000
»
```

이 함수들은 2차원 평면의 모든 사분면에서 올바르게 작동하는 것으로 보인다.

◀

▶ 예제 6.2 — 데이터 정렬

여러 과학적, 공학적 응용문제에서, 임의의 입력 데이터 집합을 취해서 데이터에 있는 값들을 오름차순(낮은 값에서 높은 값으로)으로 혹은 내림차순(높은 값에서 낮은 값으로)이 되도록 정렬해야 하는 경우가 많다. 예를 들어 여러분이 큰 수의 무리를 이루는 동물을 연구하는 동물학자라 하자. 그리고 그 중에서 가장 큰 5%를 알고자 한다고 하자. 이 문제에 접근하는 가장 단도직입적인 방법은 무리에 있는 모든 동물의 크기를 오름차순으로 정렬한 다음에 최상위 5%의 값을 취하면 될 것이다. 데이터를 오름차순 혹은 내림차순으로 정렬하는 것은 우리가 늘 하듯이 쉬운 작업처럼 보인다. 우리가 데이터 (10, 3, 6, 4, 9)를 정렬해서 (3, 4, 6, 9, 10)의 순서로 정렬하는 것은 간단한 일이다. 이럴 때 어떻게 해야 할까? 먼저 데이터 목록 (10, 3, 6, 4, 9)를 훑어 목록에서 가장 작은 값 (3)을 찾은 다음, 나머지 데이터 (10, 6, 4, 9)에서 그 다음 작은 값 (4)를 찾는 방식을 전체 목록이 정렬될 때까지 반복한다.

사실 정렬은 매우 어려운 작업일 수 있다. 정렬할 값의 수가 증가할수록, 위에서 설명한 단순 정렬작업을 수행하는 데 필요한 시간은 급격히 증가한다. 왜냐하면 저장된 각 값에 대하여 입력 데이터를 한 번씩 훑어보아야 하기 때문이다. 데이터 집합이 매우 클 경우 이 방법은 시간이 너무 걸려 쓸모가 없다. 게다가 만일 숫자가 너무 많아 컴퓨터 주 메모리에 다 저장할 수 없다면 어떻게 해야 하는가? 대량 데이터 집합에 대한 효율적인 정렬기법은 활발한 연구영역이며 그 자체로 한 교과목의 주제이다.

이번 예제에서는 정렬 개념을 보여줄 수 있는 가능한 한 가장 간단한 알고리즘에 국한하고자 한다. 이 가장 간단한 알고리즘은 **선택 정렬**이라 불린다. 이것은 위에서 설명한 사람의 암산 방식을 컴퓨터로 구현한 것이다. 선택 정렬을 위한 기본 알고리즘은 다음과 같다.

1. 정렬할 수의 목록을 훑어 최소값을 찾는다. 그 값을 현재 목록의 첫 번째 값과 맞바꾸어 맨 앞에 오게 한다. 목록의 첫 번째 값이 이미 최소값이면 그대로 둔다.
2. 목록의 두 번째 위치부터 끝까지 훑어 그 다음으로 작은 수를 찾는다. 이 값을 현재 두 번째 위치의 값과 맞바꾼다. 만일 두 번째 위치에 있는 숫자가 그 다음

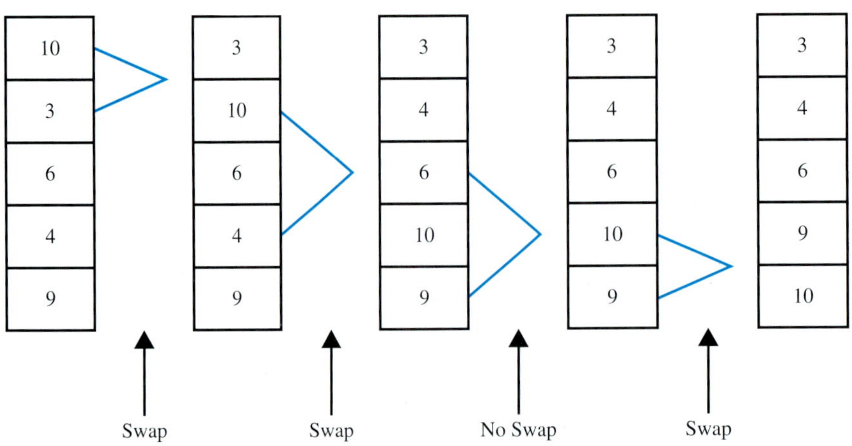

그림 6.4 선택 정렬 알고리즘을 보여주는 예제 문제

으로 작은 숫자라면 그대로 둔다.

3. 목록의 세 번째 위치부터 끝까지 훑어 세 번째 작은 숫자를 찾는다. 그 숫자를 목록 세 번째 자리에 있는 숫자와 맞바꾼다. 만일 세 번째 있는 숫자가 이미 세 번째로 작은 숫자라면 그대로 둔다.
4. 이 과정을 목록의 마지막 바로 앞의 위치까지 반복한다. 이 마지막 반복 과정이 끝나면 정렬이 완료된다.

선택 정렬 알고리즘으로 N개의 값을 정렬하려면, 데이터 목록을 훑는 과정을 (N−1)회 반복해야 한다는 점에 주의하라.

이 과정이 그림 6.4에 예시되어 있다. 이 예서는 정렬할 값이 5개 있으므로 데이터를 훑는 과정을 4번 반복하여야 한다. 전체 데이터 집합을 훑는 첫 번째 단계에서 최소값은 3이므로 맨 앞에 있는 10과 교환한다. 두 번째 반복 단계에서는 두 번째 값부터 마지막 값까지를 조사하여 최소값 4를 찾아내어 두 번째 위치에 있는 10과 교환한다. 세 번째 반복 단계에서는 3번 위치에서 5번 위치까지의 값 중 가장 작은 값은 6이지만, 이 값이 이미 3번 위치에 있으므로 그대로 둔다. 마지막으로, 네 번째 반복 단계에서 4번 위치와 5번 위치의 값 중 작은 값으로 9를 찾아내어 4번 위치의 10과 교환함으로써 정렬이 완료된다.

이점에 주의하세요

선택-정렬 알고리즘은 이해하기 가장 쉬운 알고리즘이지만 계산 효율이 낮다. 큰 데이터 집합(예를 들어, 1000원소 이상)을 정렬할 때는 이 방법을 사용하지 말아야 한다. 오랜 기간에 걸쳐 전산학자들은 훨씬 더 효율적인 정렬 알고리즘을 개발해왔다. MATLAB에 내장되어 있는 `sort`와 `sortrows` 함수들은 극도로 효율적이며 실제 모든 작업에 사용할 수 있다.

이제 명령창으로부터 데이터 집합을 읽어들여 오름차순으로 정렬해서 보여주는 프로그램을 만들어보자. 정렬은 별도의 사용자 정의 함수를 이용하여 처리한다.

풀이

이 프로그램은 사용자에게 입력 데이터를 요구하여 정렬한 후, 그 결과를 출력한다. 이 문제에 대한 설계 과정은 다음과 같다.

1. 문제 기술

정렬할 데이터의 유형을 아직 지정하지 않은 상태이지만, 만약 데이터가 수치형이면 다음과 같이 문제를 기술할 수 있다.

> 명령창으로부터 임의 개수의 수치를 읽어들여, 별도의 정렬함수를 사용하여 오름차순으로 정렬한 다음, 명령창에 정렬된 데이터를 출력한다.

2. 입출력 정의

이 프로그램의 입력은 명령창에 사용자가 쳐 넣은 수치이다. 이 프로그램의 출력은 명령창에 기록될 정렬된 수치이다.

3. 알고리즘 설계

이 프로그램은 세 개의 주요 단계로 나눌 수 있다.

```
입력 데이터를 배열로 읽어들인다.
데이터를 오름차순으로 정렬한다.
정렬된 데이터를 출력한다.
```

첫 번째 주요 단계는 데이터 읽기이다. 사용자에게 입력 데이터의 수를 물어 그 수만큼의 데이터를 읽어들여야 한다. 읽어야 할 값의 수를 알고 있으므로 for 루프를 사용하는 것이 적절하다. 이 단계를 위한 상세한 유사 코드는 다음과 같다.

```
Prompt user for the number of data values
Read the number of data values (nvals)
Preallocate an input array
for ii = 1:nvals
    Prompt for next value
    Read value
end
```

다음, 별도의 함수에서 데이터를 정렬한다. 정렬할 데이터의 수가 nvals이면, 이 데이터를 조사하여 남은 값들 중에서 최소값을 찾아내는 과정을 (**nvals**-1회) 반복하여야 한다. 각 반복에서 포인터를 사용하여 최소값의 위치를 알아낸다. 이 위치가 조사한 데이터 목록의 맨 위가 아니면 두 곳의 값을 서로 교환한다. 이 단계를 위한 상세한 유사 코드는 다음과 같다.

```
for ii = 1:nvals-1

   % Find the minimum value in a(ii) through a(nvals)
   iptr ← ii
   for jj = ii+1 to nvals
      if a(jj) < a(iptr)
         iptr ← jj
      end
   end
      % iptr now points to the min value, so swap a(iptr)
      % with a(ii) if iptr ~= ii.
      if ii ~= iptr
         temp ← a(ii)
         a(ii) ← a(iptr)
         a(iptr) ← temp
      end
   end
```

마지막 단계는 정렬된 값들을 출력하는 것이다. 이 단계의 유사 코드를 다시 상세히 나눌 필요는 없다. 최종 유사 코드는 읽고, 정렬하고, 출력하는 각 단계의 유사 코드를 합친 것이다.

4. MATLAB문으로 변환

선택 정렬 함수에 대한 MATLAB 프로그램은 아래와 같다.

```
function out = ssort (a)
%SSORT Selection sort data in ascending order
% Function SSORT sorts a numeric data set into
% ascending order. Note that the selection sort
% is relatively inefficient. DO NOT USE THIS
% FUNCTION FOR LARGE DATA SETS. Use MATLAB's
% "sort" function instead.

% Define variables:
%    a       -- Input array to sort
%    ii      -- Index variable
%    iptr    -- Pointer to min value
%    jj      -- Index variable
%    nvals   -- Number of values in "a"
%    out     -- Sorted output array
```

```
%    temp    -- Temp variable for swapping

% Record of revisions:
%      Date         Programmer          Description of change
%      ====         ==========          =====================
%    02/02/14     S. J. Chapman         Original code

% Get the length of the array to sort
nvals = length(a);

% Sort the input array
for ii = 1:nvals-1
   % Find the minimum value in a(ii) through a(n)
   iptr = ii;
   for jj = ii+1:nvals
      if a(jj) < a(iptr)
         iptr = jj;
      end
   end

   % iptr now points to the minimum value, so swap a(iptr)
   % with a(ii) if ii ~= iptr.
   if ii ~= iptr
      temp    = a(ii);
      a(ii)   = a(iptr);
      a(iptr) = temp;
   end
end

% Pass data back to caller
out = a;
```

선택 정렬 함수를 호출하는 프로그램은 아래와 같다.

```
%  Script file: test_ssort.m
%
%  Purpose:
%    To read in an input data set, sort it into ascending
%    order using the selection sort algorithm, and to
%    write the sorted data to the Command Window. This
%    program calls function "ssort" to do the actual
%    sorting.
```

```
%
% Record of revisions:
%      Date          Programmer        Description of change
%      ====          ==========        =====================
%    02/02/14      S. J. Chapman     Original code
%
% Define variables:
%   array   -- Input data array
%   ii      -- Index variable
%   nvals   -- Number of input values
%   sorted  -- Sorted data array

% Prompt for the number of values in the data set
nvals = input('Enter number of values to sort: ');

% Preallocate array
array = zeros(1,nvals);

% Get input values
for ii = 1:nvals

   % Prompt for next value
   string = ['Enter value ' int2str(ii) ':     '];
   array(ii) = input(string);

end

% Now sort the data
sorted = ssort(array);

% Display the sorted result.
fprintf('\nSorted data:\n');
for ii = 1:nvals
  fprintf(' %8.4f\n',sorted(ii));
end
```

5. **프로그램 시험**

이 프로그램을 시험하기 위해 정렬할 데이터 집합을 마련하여 프로그램을 돌려본다. 데이터 집합에는 양수와 음수를 섞어 넣고, 적어도 하나 이상의 중복된 값을 포함시켜 이런 조건에서 프로그램이 제대로 돌아가는 지를 확인한다.

```
» test_ssort
Enter number of values to sort:  6
Enter value 1:  -5
Enter value 2:  4
Enter value 3:  -2
Enter value 4:  3
Enter value 5:  -2
Enter value 6:  0

Sorted data:
   -5.0000
   -2.0000
   -2.0000
    0.0000
    3.0000
    4.0000
```

이 프로그램은 시험 데이터 집합에 대하여 올바른 답을 주고 있다. 음수와 양수 및 중복된 값이 있을 때에도 제대로 작동하고 있다.

6.3 선택적 인수들

다수의 MATLAB 함수는 선택적 입력 인수와 출력 인수를 지원한다. 예를 들면, plot 함수를 호출할 경우 적게는 두 개에서 많게는 일곱 개의 입력 전달인자를 사용하는 경우를 보아왔다. 이와 반면에 max 함수는 하나 혹은 두 개의 출력 인수만을 지원한다. 만일 출력 인수가 하나뿐이라면, max는 어떤 행렬의 최대값을 돌려준다. 만일 두 개의 출력인자가 있다면, max는 배열의 최대값과 그 최대값이 있는 위치를 알려준다. MATLAB 함수는 어떻게 입출력 인수들의 개수를 알아내어 그 상황에 맞도록 작동하는 것일까?

MATLAB에는 함수에서 선택적 인수들에 대한 정보를 얻고 인수들의 오류를 보고하기 위해 쓸 수 있는 8개의 특수 함수가 있다. 이 함수들 중에서 6개는 여기서 설명하고, 나머지 2개는 10장에서 셀 배열 데이터형을 배운 후 소개할 것이다. 여기서 소개하는 함수들은 다음과 같다.

- nargin : 함수 호출 때 사용된 입력 실인수의 개수를 반환한다.
- nargout : 함수 호출 때 사용된 출력 실인수의 개수를 반환한다.
- nargchk : 함수 호출 때 사용된 인수가 너무 적거나 많으면 표준 오류 메시지를 반환한다.
- error : 오류 메시지를 나타내고 그 오류를 일으킨 함수의 실행을 멈춘다. 이 함수는 인수의 오류가 치명적일(fatal) 때 사용한다.
- warning : 경고 메시지를 나타내되, 함수 실행을 계속한다. 이 함수는 인수의 오류가 치명적이지 않아 계속 실행할 수 있을 때 사용한다.
- inputname : 특정 인수 번호에 해당하는 실인수 변수의 이름을 반환한다.

사용자 정의 함수에서 nargin과 nargout 함수를 호출하면, 이들은 사용자 정의 함수가 호출될 때 사용된 입력 실인수와 출력 실인수의 개수를 각각 반환한다.

함수 nargchk은 만일 그 함수가 너무 적거나 많은 인수로 호출되었을 경우 표준 에러 메세지를 담은 문자열을 만든다. 이 함수의 구문은 다음과 같다.

```
message = nargchk(min_args,max_args,num_args);
```

여기서 min_args는 인수의 최소 개수이고, max_args는 인수의 최대 개수이며, num_args는 인수의 실제 개수이다. 만일 인수의 수가 허용된 한계를 벗어나면 표준 오류 메시지가 나타나고, 허용 범위 안에 있으면 빈 문자열이 반환된다.

error 함수는 오류 메시지를 표시하고, 오류를 일으킨 사용자 정의 함수를 종료시킨다. 이 함수는 오류 메시지를 담은 문자열 'msg'를 인수로 삼아 'error('msg')'의 구문으로 사용한다. error 함수를 실행하면 현재 함수의 실행을 멈추고, 명령창에 오류 메시지를 나타낸 다음, 프로그램 실행 제어를 키보드로 되돌린다. 메시지 문자열이 비어 있으면 error 함수는 아무 일도 하지 않고 프로그램은 계속 돈다. 이 함수는 오류가 발생하면 메시지 문자열을, 오류가 없으면 빈 문자열을 각각 만드는 nargchk 함수와 함께 잘 쓰인다.

warning 함수는 문제가 발생한 함수와 발생 지점의 줄번호를 포함하는 경고 메시지를 표시하는 표준적인 방법이지만, 프로그램 실행을 멈추지는 않는다. 이 함수는 경고 메시지를 담은 문자열 'msg'를 인수로 삼아 'warning('msg')'의 구문으로 사용한다. warning 함수를 실행하면, 명령창에 경고 메시지와 함께 경고를 유발한 함수의 이름과 줄번호를 나타낸다. 만약 메시지 문자열이 비어 있으면, warning 함수는 아무 일도 하지 않는다. 어떤 경우에도 함수의 실행이 멈추지 않는다.

inputname 함수는 함수가 호출되었을 때 사용된 실인수의 이름을 반환한다. 이

함수의 표기법은

```
name = inputname(argno);
```

이다. 여기서 argno는 인수의 번호이다. 인수가 변수이면 변수의 이름을 반환하고, 인수가 식이면 빈 문자열을 반환한다. 예를 들어, 다음의 함수를 보자.

```
function myfun(x,y,z)
name = inputname(2);
disp(['The second argument is named' name]);
```

이 함수를 호출하면 결과는 다음과 같다.

```
» myfun(dog,cat)
The second argument is named cat
» myfun(1,2+cat)
The second argument is named
```

inputname 함수는 경고와 오류 메시지에서 인수 이름을 표시하는 데 유용하다.

▶ 예제 6.3 — 선택적 인수의 사용

선택적 전달인자의 사용법을 예시하기 위하여 직교 좌표 (x, y) 값을 받아들여 크기와 도 단위의 각으로 나타낸 극좌표로 변환하는 함수를 만들어보자. 이 함수는 두 개의 입력 인수 x와 y를 지원하도록 설계할 것이다. 그러나 만일 단 하나의 인수만 제공된다면, 이 함수는 y 값이 0라고 가정하여 계산을 수행한다. 이 함수는 정상적인 경우 크기와 도 단위의 각을 반환하지만, 출력 인수가 하나만 있으면 크기만 반환한다. 이 함수는 아래에서 보는 바와 같다.

```
function [mag, angle] = polar_value(x,y)
%POLAR_VALUE Converts (x,y) to (r,theta)
% Function POLAR_VALUE converts an input (x,y)
% value into (r,theta), with theta in degrees.
% It illustrates the use of optional arguments.

% Define variables:
%   angle     -- Angle in degrees
%   msg       -- Error message
%   mag       -- Magnitude
```

```
%   x          -- Input x value
%   y          -- Input y value (optional)

%  Record of revisions:
%      Date        Programmer        Description of change
%      ====        ==========        =====================
%    02/03/14    S. J. Chapman     Original code

% Check for a legal number of input arguments.
msg = nargchk(1,2,nargin);
error(msg);

% If the y argument is missing, set it to 0.
if nargin < 2
   y = 0;
end

% Check for (0,0) input arguments, and print out
% a warning message.
if x == 0 & y == 0
   msg = 'Both x any y are zero: angle is meaningless!';
   warning(msg);
end

% Now calculate the magnitude.
mag = sqrt(x.^2 + y.^2);

% If the second output argument is present, calculate
% angle in degrees.
if nargout == 2
   angle = atan2(y,x) * 180/pi;
end
```

이 함수를 시험하기 위하여 명령창에서 반복적으로 이 함수를 호출해보자. 먼저, 이 함수의 인수를 너무 개수가 적거나 많게 불러보자.

```
» [mag angle] = polar_value
??? Error using ==> polar_value
Not enough input arguments.

» [mag angle] = polar_value(1,-1,1)
??? Error using ==> polar_value
Too many input arguments.
```

이 함수는 두 경우 모두 적절한 에러 메시지를 제공한다. 다음, 입력 인수를 하나 또는 둘 사용하여 호출해보자.

```
» [mag angle] = polar_value(1)
mag =
       1
angle =
       0
» [mag angle] = polar_value(1,-1)
mag =
       1.4142
angle =
       -45
```

이 함수는 두 경우 모두 정확한 답을 제공한다. 다음으로, 하나 또는 두 개의 출력 인수를 사용하여 이 함수를 호출해보자.

```
» mag = polar_value(1,-1)
mag =
       1.4142
» [mag angle] = polar_value(1,-1)
mag =
       1.4142
angle =
       -45
```

두 경우 모두 이 함수는 정확한 답을 보여준다. 마지막으로, x와 y를 모두 0으로 잡아 호출해보자.

```
» [mag angle] = polar_value(0,0)
Warning: Both x any y are zero: angle is meaningless!
> In d:\book\matlab\chap6\polar_value.m at line 32
mag =
       0
angle =
       0
```

이 경우 이 함수는 경고 메시지를 나타내지만 실행은 계속된다.

◀

MATLAB 함수는 실제 사용되는 것보다 더 많은 출력 인수를 갖도록 선언될 수 있지만, 이것이 오류는 아님을 주의하라. 이 함수는 출력 인수가 존재하는지 판별하기 위해 nargout을 실제로 체크할 필요는 없다. 예를 들어 아래 함수를 생각해보자.

```
function [z1, z2] = junk(x,y)
z1 = x + y;
z2 = x - y;
end % function junk
```

이 함수는 하나 또는 두 개의 인수를 사용하여 성공적으로 호출할 수 있다.

```
» a = junk(2,1)
a =
     3
» [a b] = junk(2,1)
a =
     3
b =
     1
```

어떤 함수에서 nargout을 체크하는 이유는 필요없는 작업을 막기 위해서이다. 만일 어떤 결과가 어쨌든 버려질 것이라면, 애초에 왜 그걸 계산하려고 고생하는가? 쓸모없는 계산을 굳이 하지 않으면 프로그램의 실행 속도를 높일 수 있다.

퀴즈 6.1

이 퀴즈는 6.1절에서 6.3절에 걸쳐 소개한 개념을 여러분이 잘 이해하고 있는지를 확인하기 위한 것이다. 만일 퀴즈를 푸는 데 어려움이 있다면 해당 절을 다시 읽고 강사에게 질문하거나 다른 학우와 토의하라. 이 퀴즈의 답은 책의 말미에 수록되어 있다.

1. 스크립트 파일과 함수의 차이점은 무엇인가?
2. help 명령문은 사용자 지정 함수에 대하여 어떻게 작동하는가?
3. 함수에서 H1 주석행의 중요성은 무엇인가?
4. 값 전달 방식(pass-by-value scheme)이란 무엇인가?

5. MATLAB 함수는 어떻게 선택적 인수를 갖도록 설계할 수 있나?

질문 6과 7에 대하여 함수 호출이 올바른지 판별하라. 오류가 있다면 무엇이 잘못되었는지 명시하라.

6. `out = test1(6);`

```
function res = test1(x,y)
res = sqrt(x.^2 + y.^2);
```

7. `out = test2(12);`

```
function res = test2(x,y)
error(nargchk(1,2,nargin));
if nargin == 2
   res = sqrt(x.^2 + y.^2);
else
   res = x;
end
```

6.4 전역 메모리를 이용한 데이터 공유

우리는 인수 목록을 통해 프로그램이 자신이 호출하는 함수와 데이터를 교환하는 것을 보았다. 어떤 함수를 호출할 때, 각 실인수가 복사되어 그 사본이 함수에서 쓰인다.

인수 목록 외에도 MATLAB 함수는 전역 메모리를 통하여 다른 함수나 기저 작업 공간과 데이터를 교환할 수 있다. **전역 메모리(global memory)**는 어떤 작업 공간에서든 접근이 가능한 특별 유형의 메모리이다. 함수에서 어떤 변수가 전역 변수로 선언되면, 그 변수는 지역 작업 공간 대신 전역 메모리에 저장된다. 만약 같은 변수가 다른 함수에서 전역 변수로 선언된다면, 그 변수는 첫 번째 함수 안의 변수와 같은 메모리 위치를 참조할 것이다. 전역 변수를 선언한 각각의 스크립트 파일이나 함수는 같은 데이터값에 접근할 수 있으므로 전역 메모리는 함수간에 데이터를 공유하는 한 방법이 된다.

전역 변수는 **`global`**문으로 선언한다. `global` 명령문의 형식은 다음과 같다.

```
global var1 var2 var3 ...
```

여기서 *var1*, *var2*, *var3* 등은 전역 메모리에 넣을 변수들이다. 관례적으로 전역 변수는 모두 대문자로 이름을 짓지만, 실제 필수사항은 아니다.

좋은 프로그래밍 습관

지역 변수와 구분하기 쉽도록 전역 변수는 대문자를 이용해서 선언하라.

각 전역 변수는 함수에서 처음 사용하기 전에 전역 변수로 선언하여야 한다. 지역 작업 공간에서 이미 만든 변수를 전역 변수로 선언하면 오류가 발생한다.[3] 이런 오류를 피하기 위해서 관례적으로 함수에서 첫 주석문 블록과 첫 실행문 사이에서 즉시 전역 변수를 선언한다.

좋은 프로그래밍 습관

함수에서 전역 변수를 사용하기 전에 첫 주석문 블록과 첫 실행문 사이에서 전역 변수를 바로 선언하라.

전역 변수를 사용하면 함수를 호출할 때마다 데이터를 복사할 필요가 없기 때문에 많은 함수들 사이에서 대량의 데이터를 공유하는 데 특히 유용하다. 이런 데이터 공유 방식의 부정적인 면은 전역 변수로 지정한 특정 데이터 집합에 대해서만 함수를 사용할 수 있다는 점이다. 입력 인수를 통해 데이터를 교환하는 함수는 다른 인수를 가지고 호출하기만 하면 다시 사용할 수 있지만, 전역 메모리를 통해 데이터를 교환하는 함수는 실제로 수정해야만 다른 데이터 집합에 사용할 수 있다.

전역 변수는 서로 연관된 일군의 함수들 간에 데이터를 공유하면서 호출 프로그램은 볼 수 없도록 그 데이터를 숨기려고 할 때에도 유용하다.

3 함수에서 이미 정의된 변수를 `global`로 선언하면, MATLAB은 경고 메시지를 띄운 후, 그 변수의 지역값을 전역 변수의 값으로 바꾼다. 향후 출시될 버전의 MATLAB에서는 이런 변칙적인 기능을 허용하지 않을 것이므로 이 기능에 의존해서는 안된다.

좋은 프로그래밍 습관

전역 메모리를 사용하면 프로그램 내의 함수들 간에 대량의 데이터를 공유할 수 있다.

▶ 예제 6.4 — 난수생성기

현실적으로 완벽한 측정값을 얻는 것은 불가능하다. 모든 측정에는 어느 정도 측정 잡음(measurement noise)이 있기 마련이다. 이런 사정은 비행기, 정유, 원자로 등 실제 기기의 동작을 제어하기 위한 시스템 설계에서 중요한 고려 사항이다. 훌륭한 공학 설계에서는 측정 잡음에 의해 불안정한 거동(비행기 추락, 정유공장 폭발, 원자로 붕괴 등)이 나타나지 않도록 이를 염두에 두어야 한다.

대부분의 공학 설계는 착공하기 전에 시스템 동작을 시뮬레이션함으로써 사전 테스트를 수행한다. 이러한 시뮬레이션은 시스템 움직임에 대한 수학적 모델을 생성하고 현실적인 일련의 입력 데이터를 적용하는 작업을 포함한다. 만약 모델이 모의 입력 데이터에 올바르게 응답한다면, 실제 시스템도 실제 입력 데이터에 올바르게 반응할 것이라는 합리적인 확신을 가질 수 있다.

모델에는 모의 측정 잡음으로 훼손된 상태의 모의 입력 데이터를 공급해야만 하는데, 이 데이터는 이상적인 입력 데이터에 일련의 난수를 단순히 더하여 마련한다. 이 모의 잡음은 보통 난수생성기를 이용하여 만든다.

난수생성기는 호출될 때마다 서로 다른 외관상 난수를 반환하는 함수이다. 실제로 이 수는 결정론적인 알고리즘에 의해 생성되기 때문에, 단지 난수처럼 보일 뿐이다.[4] 그러나 만일 이를 생성하는 알고리즘이 충분히 복잡하다면, 그 숫자는 모의실험에 사용할 만큼 충분히 불규칙하다.

하나의 간단한 난수생성 알고리즘을 아래에서 설명하겠다.[5] 이는 나머지 함수(modulo function)를 큰 수에 적용하였을 때 발생하는 예측 불가능성을 이용한다. 2장에서 나머지 함수 mod는 두 숫자를 서로 나눌 때 나머지 값을 돌려준다는 점을 상기하자. 다음 방정식을 고려하자.

4 이런 이유로 해서, 어떤 사람들은 이 함수를 유사난수발생기라 부른다.

5 이 알고리즘은 *Numerical Recipes: The Art of Scientific Programming*(Flannery, Teukolsky, Vetterling 저, 캠브리지대학 출판, 1986)의 제7장의 내용에서 빌려왔다.

$$n_{i+1} = \mathrm{mod}(8121n_i + 28411,\ 134456) \tag{6.6}$$

n_i는 음이 아닌 정수라 가정한다. 나머지 함수 때문에 n_{i+1}은 0에서 134,455까지의 수가 될 것이다. 다음 n_{i+1}을 식에 넣어 n_{i+2}를 구하면 이 역시 0에서 134,455까지의 값을 갖는다. 이 과정을 한없이 반복하여 [0, 134455] 범위에 드는 일련의 수를 생성할 수 있다. 위 식에 쓰인 세 수 8121, 28,411, 134,456을 미리 알지 못하면 n의 값이 생성되는 순서를 예측할 수 없을 것이다. 게다가 어떤 수라도 이 수열에 나타날 확률은 결과적으로 동일하게 된다. 이런 확률 때문에 식 (6.6)은 균일 분포를 갖는 난수를 간단하게 생성하는 근거가 될 수 있다.

이제 식 (6.6)을 사용하여 [0.0, 1.0)[6] 범위의 실수를 출력하는 난수생성기를 설계하자.

풀이

호출할 때마다 $0 \le ran < 1.0$ 범위의 난수를 하나 생성하는 함수를 작성한다. 난수는 아래의 식에 기초하여 만든다.

$$ran_i = \frac{n_i}{134456} \tag{6.7}$$

여기서 n_i는 식 (6.6)으로 구한 0에서 134,456까지의 수이다.

식 (6.6)과 (6.7)에 의해서 생성되는 특정 수열은 시드(seed)라고 부르는 초기값 n_0에 따라 변한다. 난수생성기를 실행할 때마다 다른 수열이 나오도록 n_0를 지정하는 방법을 제공하여야만 한다.

1. 문제 기술

식 (6.6)과 (6.7)로 규정한 수열을 기초로 [0, 1) 범위에서 균등 확률 분포를 갖는 하나 또는 그 이상의 난수를 담은 배열 `ran`을 생성하여 반환하는 함수 `random0`를 작성하라. 함수는 반환할 배열의 크기를 지정하는 하나 또는 두 개의 입력 인수(`n`과 `m`)를 가져야 한다. 이 함수는 입력 인수가 하나이면 `m × m` 크기의 정사각 배열을, 둘이면 `m × n` 크기의 배열을 각각 생성하여야 한다. 초기값 시드 n_0는 `seed`라는 이름의 함수를 호출하여 지정한다.

---

6 [0.0,1.0) 표기법의 의미는 임의의 숫자가 0.0에서 1.0 사이에 있으며, 0.0은 포함하나 1.0은 제외한다는 것이다.

2. 입출력 정의

이 문제에는 seed와 random0라는 두 개의 함수가 있다. seed 함수의 입력은 수열의 시작점 역할을 하는 정수이다. 이 함수의 출력은 없다. random0 함수의 입력은 생성할 난수 배열의 크기를 지정하는 하나 또는 두 개의 정수이다. 이 함수는 하나의 인수 m만 입력되면 m × m 크기의 정사각 배열을, 두 개의 인수 m과 n이 입력되면 n × m 크기의 배열을 각각 생성한다. 이 함수의 출력은 [0.0, 1.0) 범위의 난수로 이루어진 배열이다.

3. 알고리즘 설계

random0 함수를 위한 유사 코드는 다음과 같다.

```
function ran = random0 (m, n)
Check for valid arguments
Set n ← m if not supplied
Create output array with "zeros" function
for ii = 1:number of rows
    for jj = 1:number of columns
       ISEED ← mod (8121 * ISEED + 28411, 134456)
       ran(ii,jj) ← ISEED / 134456
    end
end
```

여기서 ISEED의 값은 함수 호출 간에 보존할 수 있도록 전역 메모리에 넣는다. seed 함수의 유사 코드는 문제될 게 없다.

```
function seed (new_seed)
new_seed ← round(new_seed)
ISEED ← abs(new_seed)
```

사용자가 시드값으로 정수를 입력하지 않은 경우에 대비하여 round 함수를 사용하고, 음수를 입력할 경우에 대비하여 절대값 함수를 사용한다. 양의 정수만이 적법한 시드라는 사실을 사용자가 미리 알아야 할 필요는 없을 것이다.

변수 ISEED는 두 함수가 모두 접근할 수 있도록 전역 메모리에 넣는다.

4. MATLAB문으로 변환

random0 함수는 다음과 같다.

```
function ran = random0(m,n)
%RANDOM0 Generate uniform random numbers in [0,1)
```

```
% Function RANDOM0 generates an array of uniform
% random numbers in the range [0,1). The usage
% is:
%
% random0(m)   -- Generate an m×m array
% random0(m,n) -- Generate an m×n array

% Define variables:
%   ii      -- Index variable
%   ISEED   -- Random number seed  (global)
%   jj      -- Index variable
%   m       -- Number of columns
%   msg     -- Error message
%   n       -- Number of rows
%   ran     -- Output array
% Record of revisions:

%     Date       Programmer       Description of change
%     ====       ==========       =====================
%   02/04/14    S. J. Chapman     Original code

% Declare global values
global ISEED              % Seed for random number generator

% Check for a legal number of input arguments.
msg = nargchk(1,2,nargin);
error(msg);

% If the n argument is missing, set it to m.
if nargin < 2
   n = m;
end

% Initialize the output array
ran = zeros(m,n);

% Now calculate random values
for ii = 1:m
   for jj = 1:n
      ISEED = mod(8121*ISEED + 28411, 134456);
      ran(ii,jj) = ISEED / 134456;
   end
end
```

seed 함수는 다음과 같다.

```
function seed(new_seed)
%SEED Set new seed for function RANDOM0
% Function SEED sets a new seed for function
% RANDOM0. The new seed should be a positive
% integer.

% Define variables:
%   ISEED      -- Random number seed (global)
%   new_seed   -- New seed
% Record of revisions:
%     Date       Programmer      Description of change
%     ====       ==========      =====================
%   02/04/14    S. J. Chapman    Original code
%
% Declare global values
global ISEED            % Seed for random number generator

% Check for a legal number of input arguments.
msg = nargchk(1,1,nargin);
error(msg);

% Save seed
new_seed = round(new_seed);
ISEED = abs(new_seed);
```

5. 프로그램 시험

만약 이 함수들에 의해서 생성된 수들이 정말로 [0, 1) 범위의 균일 분포 난수라면, 이 수들을 많이 만들어 평균과 표준 편차를 구하면 각각 0.5와 $\frac{1}{\sqrt{12}}$에 가까운 값이 되어야 한다.

또한, 만약 0과 1 사이의 범위를 등간격의 여러 구간으로 나누면, 각 구간에 속한 난수의 개수는 거의 같을 것이다. **히스토그램(histogram)**은 각 구간에 속한 값의 수를 나타내는 도표이다. MATLAB의 `hist` 함수는 입력 데이터 집합에 대한 히스토그램을 만들어 표시하므로 이를 사용하여 `random0`에 의해서 생성된 난수의 분포를 확인할 수 있다.

이 함수들을 시험하기 위해서 다음과 같은 작업을 수행한다.

1. new_seed를 1024로 설정한 후 seed 함수를 호출한다.
2. random0(4)를 호출하여 결과가 임의적인지를 확인한다.
3. random0(4)를 호출하여 결과가 호출할 때마다 다른지 확인한다.
4. new_seed를 1024로 설정한 후 seed 함수를 다시 호출한다.
5. random0(4)를 호출하여 결과가 위 (2)번을 실행했을 때와 같은지 살펴보아 시드가 제대로 재설정되었는지를 확인한다.
6. random0(2,3)을 호출하여 두 입력 인수가 올바르게 쓰이고 있는지 확인한다.
7. random0(1,100000)을 호출하여 얻는 데이터 집합의 평균과 표준 편차를 MATLAB 함수 mean과 std를 이용하여 계산한다. 그 결과를 0.5와 $\frac{1}{\sqrt{12}}$과 각각 비교한다.
8. (7)에서 얻은 데이터 집합의 히스토그램을 만들어 각 구간에 속한 값의 수가 비슷한지 확인한다.

이런 시험들을 대화식으로 해나가면서 결과를 확인한다.

```
» seed(1024)
» random0(4)
ans =
    0.0598    1.0000    0.0905    0.2060
    0.2620    0.6432    0.6325    0.8392
    0.6278    0.5463    0.7551    0.4554
    0.3177    0.9105    0.1289    0.6230
» random0(4)
ans =
    0.2266    0.3858    0.5876    0.7880
    0.8415    0.9287    0.9855    0.1314
    0.0982    0.6585    0.0543    0.4256
    0.2387    0.7153    0.2606    0.8922
» seed(1024)
» random0(4)
ans =
    0.0598    1.0000    0.0905    0.2060
    0.2620    0.6432    0.6325    0.8392
    0.6278    0.5463    0.7551    0.4554
    0.3177    0.9105    0.1289    0.6230
» random0(2,3)
```

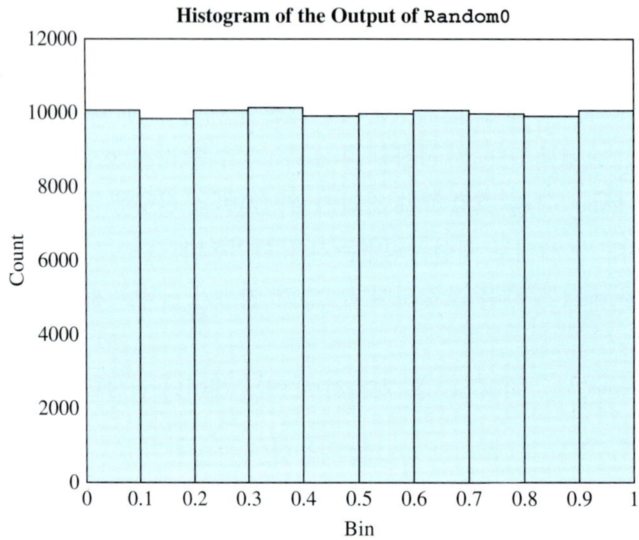

그림 6.5 random0 함수의 출력값 히스토그램

```
ans =
     0.2266      0.3858      0.5876
     0.7880      0.8415      0.9287
» arr = random0(1,100000);
» mean(arr)
ans =
     0.5001
» std(arr)
ans =
     0.2887
» hist(arr,10)
» title('\bfHistogram of the Output of random0');
» xlabel('Bin');
» ylabel('Count');
```

위 검사들의 결과는 정당한 것으로 보여 함수가 잘 돌아가는 것 같다. 데이터 집합의 평균은 각각 0.5001인데, 이 값은 이론값 0.5000에 매우 가깝다. 그리고 표준 편차는 0.2887인데, 이론값 0.2887과 화면에 나타난 정확도까지는 같다. 그림 6.5에 보인 히스토그램에서 난수값이 모든 구간에 걸쳐 거의 균등하게 분포하고 있음을 볼 수 있다.

6.5 함수 호출 사이의 데이터 보존

함수의 실행이 끝나면 이 함수를 위해 생성된 특수 작업 공간이 없어지므로 함수 내의 모든 지역 변수의 내용이 사라진다. 함수가 다시 호출되면 새로운 작업 공간이 생성되고 모든 지역 변수들은 기본값으로 되돌아간다. 이런 거동은 MATLAB 함수가 호출 때마다 반복 가능한 방식으로 작동하도록 보장하기 때문에 대체적으로 바람직하다.

그러나 함수의 호출과 다음 번 호출 사이에 함수 내의 일부 지역 정보를 보존하는 것이 유용할 때가 종종 있다. 예를 들어, 함수의 호출 횟수를 세는 계수기를 만들려고 할 때, 이 계수기가 함수 종료 때마다 사라진다면 횟수는 결코 1을 넘지 못할 것이다!

MATLAB은 함수 호출 간에 지역 변수를 보존할 수 있는 특수한 메커니즘을 포함하고 있다. **영구 메모리(persistent memory)**는 함수 안에서만 접근할 수 있지만 함수 호출 간에 내용이 바뀌지 않고 보존되는 특별한 유형의 메모리이다.

영구 변수(persistent variable)는 다음과 같은 형식을 갖는 **persistent**문으로 선언한다.

```
persistent var1 var2 var3 ...
```

여기서 *var1*, *var2*, *var3* 등은 영구 메모리에 넣을 변수들이다.

좋은 프로그래밍 습관

함수 호출 간에 함수 내의 지역 변수의 값을 보존하려면 영구 메모리를 사용하라.

▶ 예제 6.5 — 실시간 평균

값을 입력하는 즉시 진행중인 데이터 집합의 실시간 통계량을 계산하는 것이 필요한 경우가 가끔 있다. MATLAB의 내장 함수 mean과 std로 이런 작업을 수행할 수는 있지만, 새로운 데이터가 입력될 때마다 전체 데이터 집합을 넘겨 다시 계산하여야 할 것이다. 더 나은 결과를 얻는 방법으로, 특별한 함수를 만들어 함수 호출 간에 적절한 실시간 합을 계산해두고 가장 최근값만 사용하여 현재의 평균과 표준 편차를 계산할 수 있다.

수 집합에 대한 산술 평균 또는 평균은 다음 식으로 정의된다.

$$\bar{x} = \frac{1}{N}\sum_{i=1}^{N} x_i \tag{6.8}$$

여기서 x_i는 N개의 샘플 중 i번째 수이다. 수 집합에 대한 표준 편차는 다음 식으로 정의 된다.

$$s = \sqrt{\frac{N\sum_{i=1}^{N} x_i^{\,2} - \left(\sum_{i=1}^{N} x_i\right)^2}{N(N-1)}} \tag{6.9}$$

표준 편차는 측정값의 분산 정도를 나타내는 척도로서, 이 값이 클수록 데이터 점들이 더 많이 분산되어 나타난다. 만약 값들의 개수 N, 합 Σx, 제곱합 Σx^2을 각각 계산해둘 수 있다면, 언제든지 식 (6.8)과 (6.9)를 이용하여 평균과 표준 편차를 계산할 수 있다.

데이터 집합이 입력되는 중에도 그때그때 실시간 평균과 표준 편차를 계산하는 함수를 작성하라.

풀이

이 함수는 한 번에 하나씩 입력값을 받아들여, 현재의 평균과 표준 편차 계산에 사용할 실시간 합 N, Σx, Σx^2을 계산해두어야 한다. 이 함수는 실시간 합들을 영구 메모리에 저장하여 함수 호출 간에 보존하여야 한다. 마지막으로, 실시간 합들을 초기화시킬 수 있는 기구가 있어야 한다.

1. **문제 기술**

   새로운 값이 입력될 때마다 실시간 평균과 표준 편차를 계산하는 함수를 작성하라. 이 함수는 필요할 때 실시간 합들을 초기화시키는 기능을 포함하여야 한다.

2. **입출력 정의**

   이 함수는 다음 두 가지 입력 데이터를 필요로 한다.

   1. 실시간 합들을 0으로 초기화시키는 문자열 `'reset'`.
   2. 함수 호출 때마다 하나씩 입력할 데이터 집합의 수치.

   이 함수의 출력은 이제까지 함수에 입력한 데이터들의 평균과 표준 편차이다.

3. 알고리즘 설계

이 함수는 다음과 같은 세 개의 주요 단계로 나눌 수 있다.

```
인수의 수가 올바른지 확인한다.
'reset'을 확인하여, 있으면 합을 초기화시키고,
없으면 현재 값을 실시간 합에 추가한다.
충분한 데이터가 있으면 실시간 평균과 표준 편차를 계산하고,
없으면 0을 반환한다.
```

이 단계들을 위한 상세한 유사 코드는 다음과 같다.

```
Check for a legal number of arguments
if x == 'reset'
   n ← 0
   sum_x ← 0
   sum_x2 ← 0
else
   n ← n+1
   sum_x ← sum_x + x
   sum_x2 ← sum_x2 + x^2
end

% Calculate ave and sd
if n ==0
   ave ← 0
   std ← 0
elseif n == 1
   ave ← sum_x
   std ← 0
else
   ave ← sum_x / n
   std ← sqrt((n*sum_x2 - sum_x^2)/(n*(n-1)))
end
```

4. MATLAB문으로 변환

최종 MATLAB 함수는 다음과 같다.

```
function [ave, std] = runstats(x)
%RUNSTATS Generate running ave & std deviation
% Function RUNSTATS generates a running average
```

```
% and standard deviation of a data set. The
% values x must be passed to this function one
% at a time. A call to RUNSTATS with the argument
% 'reset' will reset the running sums.

% Define variables:
%   ave      -- Running average
%   msg      -- Error message
%   n        -- Number of data values
%   std      -- Running standard deviation
%   sum_x    -- Running sum of data values
%   sum_x2   -- Running sum of data values squared
%   x        -- Input value
%
%  Record of revisions:
%      Date       Programmer        Description of change
%      ====       ==========        =====================
%    02/05/14    S. J. Chapman      Original code

% Declare persistent values
persistent n            % Number of input values
persistent sum_x        % Running sum of values
persistent sum_x2       % Running sum of values squared

% Check for a legal number of input arguments.
msg = nargchk(1,1,nargin);
error(msg);

% If the argument is 'reset', reset the running sums.
if x == 'reset'
   n = 0;
   sum_x = 0;
   sum_x2 = 0;
else
   n = n + 1;
   sum_x = sum_x + x;
   sum_x2 = sum_x2 + x^2;
end

% Calculate ave and std
if n == 0
   ave = 0;
```

```
   std = 0;
elseif n == 1
   ave = sum_x;
   std = 0;
else
   ave = sum_x / n;
   std = sqrt((n*sum_x2 - sum_x^2) / (n*(n-1)));
end
```

5. 프로그램 시험

이 함수를 시험하기 위해, runstats를 초기화한 후, 입력값을 읽어들이고, runstats를 호출한 다음, 실시간 통계량을 표시하는 스크립트 파일을 만들어야 한다. 적절한 스크립트 파일은 다음과 같다.

```
%  Script file: test_runstats.m
%
%  Purpose:
%    To read in an input data set and calculate the
%    running statistics on the data set as the values
%    are read in. The running stats will be written
%    to the Command Window.
%
%  Record of revisions:
%      Date        Programmer          Description of change
%      ====        ==========          =====================
%    02/05/14     S. J. Chapman        Original code
%
% Define variables:
%   array  -- Input data array
%   ave    -- Running average
%   std    -- Running standard deviation
%   ii     -- Index variable
%   nvals  -- Number of input values
%   std    -- Running standard deviation

% First reset running sums
[ave std] = runstats('reset');

% Prompt for the number of values in the data set
nvals = input('Enter number of values in data set:   ');
```

```
% Get input values
for ii = 1:nvals

   % Prompt for next value
   string = ['Enter value ' int2str(ii) ':      '];
   x = input(string);

   % Get running statistics
   [ave std] = runstats(x);

   % Display running statistics
   fprintf('Average = %8.4f; Std dev = %8.4f\n',ave,std);

end
```

이 함수를 시험하기 위해서 다섯 수의 집합에 대한 실시간 통계량을 손으로 계산한 다음, 프로그램의 출력 결과와 비교한다. 다음의 다섯 값으로 데이터 집합을 만들자.

3., 2., 3., 4., 2.8

실시간 통계량을 직접 계산하면 다음과 같을 것이다.

값	n	Σx	Σx^2	평균	표준 편차
3.0	1	3.0	9.0	3.00	0.000
2.0	2	5.0	13.0	2.50	0.707
3.0	3	8.0	22.0	2.67	0.577
4.0	4	12.0	38.0	3.00	0.816
2.8	5	14.8	45.84	2.96	0.713

같은 데이터 집합에 대해 프로그램의 출력은 다음과 같다.

```
» test_runstats
Enter number of values in data set:     5
Enter value 1:   3
Average =      3.0000; Std dev =     0.0000
```

```
Enter value 2:  2
Average =      2.5000; Std dev =    0.7071
Enter value 3:  3
Average =      2.6667; Std dev =    0.5774
Enter value 4:  4
Average =      3.0000; Std dev =    0.8165
Enter value 5:  2.8
Average =      2.9600; Std dev =    0.7127
```

프로그램의 결과가 직접 계산한 결과와 제시된 정확도 내에서 일치하고 있다.

6.6 MATLAB 내장 함수: 정렬 함수

MATLAB은 매우 효율적인 두 내장 함수를 포함하고 있어서 예제 6.2에서 작성한 단순한 정렬 함수 대신 사용하여야 한다. 이러한 함수들은 예제 6.2에서 작성한 함수보다 엄청나게 빠르며, 정렬할 데이터 집합의 크기가 커질수록 속도 차이도 증가한다.

sort 함수는 데이터 조합을 오름차순 혹은 내림차순으로 정렬한다. 만일 데이터가 열이나 행 벡터이면, 전체 데이터가 정렬된다. 만일 데이터가 2차원 행렬이라면, 행렬의 열별로 따로따로 정렬된다.

sort 함수의 가장 흔한 형식은 다음과 같다.

```
res = sort(a);              % 오름차순으로 정렬
res = sort(a,'ascend');     % 오름차순으로 정렬
res = sort(a,'descend');    % 내림차순으로 정렬
```

만일 a가 벡터라면, 데이터 조합은 지정한 순서에 따라 정렬된다. 예를 들면,

```
» a = [1 4 5 2 8];
» sort(a)
ans =
     1     2     4     5     8
» sort(a,'ascend')
ans =
     1     2     4     5     8
» sort(a,'descend')
```

```
ans =
      8     5     4     2     1
```

만일 b가 행렬이라면, 데이터 조합은 열별로 독립적으로 정렬된다. 예를 들면,

```
» b = [1 5 2; 9 7 3; 8 4 6]
b =
      1     5     2
      9     7     3
      8     4     6
» sort(b)
ans =
      1     4     2
      8     5     3
      9     7     6
```

sortrows 함수는 데이터 행렬을 하나 또는 그 이상의 특정한 열에 따라 오름차순이나 내림차순으로 정렬한다.

sortrows 함수의 가장 흔한 형태는 다음과 같다.

```
res = sortrows(a);          % 1번째 열에 따라 오름차순으로 정렬
res = sortrows(a,n);        % n번째 열에 따라 오름차순으로 정렬
res = sortrows(a,-n);       % n번째 열에 따라 내림차순으로 정렬
```

두 개 이상의 열을 기준으로 정렬하는 것도 가능하다. 예를 들면 명령문

```
res = sortrows(a,[m n]);
```

은 m번째 열에 따라 정렬하며, 만일 m번째 열에서 두 개 이상의 행이 같은 값을 가지면 n번째 열에 의해 그런 행들을 정렬한다.

예를 들어 행렬 b가 다음과 같이 정의되었다고 하자. 그러면 sortrows(b)는 1번째 열에 따라 오름차순으로 정렬할 것이며, sortrows(b,[2 3])는 열 2와 3의 순서에 따라 오름차순으로 행을 정렬할 것이다.

```
» b = [1 7 2; 9 7 3; 8 4 6]
b =
      1     7     2
      9     7     3
      8     4     6
» sortrows(b)
```

```
ans =
       1      7      2
       8      4      6
       9      7      3
» sortrows(b,[2 3])
ans =
       8      4      6
       1      7      2
       9      7      3
```

6.7 MATLAB 내장 함수: 난수생성 함수

MATLAB은 다음과 같이 다른 분포를 갖는 난수를 생성하는 두 개의 표준 함수를 포함하고 있다.

- rand : 범위 [0,1) 사이에서 균등한 분포를 갖는 난수를 생성한다.
- randn : 표준 정규 분포를 갖는 난수를 생성한다.

두 함수 모두 우리가 작성하였던 단순한 함수보다 훨씬 빠르고 훨씬 더 '임의적'이다. 만일 여러분의 프로그램에 실제로 난수가 필요하다면, 이 함수들 중 하나를 사용하라.

균등 분포에서는 [0,1) 사이 범위에 있는 모든 숫자가 나타날 확률이 같다. 이에 비해서 정규 분포는 0.0에서 나타날 확률이 가장 크고 표준 편차는 1.0을 갖는 전통적인 '종 모양 곡선'이다.

rand 와 randn 함수는 다음과 같은 호출 구문을 갖는다.

- rand() 혹은 randn() : 하나의 난수를 생성한다.
- rand(n) 혹은 randn(n) : $n \times n$ 난수 행렬을 생성한다.
- rand(m,n) 혹은 randn(m,n) : $m \times n$ 난수 행렬을 생성한다.

6.8 요약

이 장에서는 사용자 정의 함수 입문과정을 제시하였다. 함수들은 입력 인수를 통해 데이터를 받아들이고 출력 인수를 통해 결과를 반환하는 특별한 유형의 M 파일이다.

각 함수는 고유 작업 공간을 갖는다. 각 함수는 대소문자를 구별해서 자신과 동일한 이름을 갖는 파일에 따로따로 담아야 한다.

함수들은 명령창이나 다른 M 파일에서 그 이름으로 호출할 수 있다. 이때 함수 이름은 대/소문자를 구별하여 정확히 기재하여야 한다. 인수는 값 전달 방식으로 함수에 전달되는데, 이는 MATLAB이 각 인수의 복사본을 만들어 넘기는 것을 의미한다. 이러면 함수가 입력 인수를 자유롭게 변경하더라도 호출 프로그램의 실인수에 영향을 주지 않으므로 이 복사 작업이 매우 중요한 의미를 갖게 된다.

MATLAB 함수들은 다양한 개수의 입출력 인수를 지원한다. `nargin` 함수와 `nargout` 함수는 함수 호출 때 사용된 입력 실인수와 출력 실인수의 수를 각각 알려준다.

데이터를 전역 메모리에 넣음으로써 MATLAB 함수 간에 데이터를 공유할 수도 있다. 전역 변수는 `global`문으로 선언한다. 전역 변수는 그 변수를 선언한 모든 함수들이 공유할 수 있다. 관례적으로, 전역 변수의 이름은 모두 대문자로 짓는다.

함수 내부의 데이터를 영구 메모리에 넣으면 함수 호출 간에도 그 데이터를 보존할 수 있다. 영구 변수는 `persistent`문으로 선언한다.

6.8.1 [좋은 프로그래밍 습관] 요약

MATLAB 함수를 사용할 때 다음 지침을 준수하여야 한다.

1. 가능하면 큰 프로그램을 더 작고 이해하기 쉬운 함수로 세분하라.
2. 지역 변수와 구분하기 쉽도록 전역 변수는 대문자를 이용해서 선언하라.
3. 함수에서 전역 변수를 사용하기 전에 첫 주석문 블록과 첫 실행문 사이에서 전역 변수를 바로 선언하라.
4. 전역 메모리를 사용하면 프로그램 내의 함수들 간에 대량의 데이터를 공유할 수 있다.
5. 함수 호출 간에 함수 내의 지역 변수의 값을 보존하려면 영구 메모리를 사용하라.

6.8.2 MATLAB 요약

다음은 이 장에서 설명한 모든 MATLAB 명령어와 함수를 간략히 요약하여 수록한 것이다.

명령어와 함수

error	오류 메시지를 나타내고 오류를 일으킨 함수를 중단시킨다. 이 함수는 인수 오류가 치명적인 때 사용된다.
global	전역 변수를 선언한다.
nargchk	함수 호출 때 사용된 인수가 너무 적거나 많을 때 표준 오류 메시지를 반환한다.
nargin	함수 호출 때 사용된 입력 실인수의 개수를 반환한다.
nargout	함수 호출 때 사용된 출력 실인수의 개수를 반환한다.
persistent	영구 변수를 선언한다.
rand	균등 분포를 갖는 난수를 생성한다.
randn	표준 정규 분포를 갖는 난수를 생성한다.
return	함수 실행을 중단하고 호출 프로그램으로 되돌아간다.
sort	데이터를 오름차순 혹은 내림차순으로 정렬한다.
sortrows	행렬의 행을 특정한 열을 기준으로 오름차순 혹은 내림차순으로 정렬한다.
warning	경고 메시지를 나타내되, 함수 실행을 계속한다. 이 함수는 인수의 오류가 치명적이지 않아 계속 실행할 수 있을 때 사용한다.

6.9 연습문제

6.1 스크립트 파일과 함수의 차이는 무엇인가?

6.2 함수를 호출할 때, 어떻게 데이터를 호출 프로그램으로부터 함수로 넘기며, 어떻게 함수의 결과를 호출 프로그램으로 반환하는가?

6.3 MATLAB에서 사용되는 값 전달 방식(pass-by-value scheme)의 장점과 단점은 무엇인가?

6.4 이 장에서 개발한 선택 정렬 함수를 수정하여 'up' 또는 'down' 값을 지니는 두 번째 선택적 인수를 받아들이도록 하라. 이 인수가 'up'이면 오름차순으로, 'down'이면 내림차순으로 데이터를 각각 정렬하라. 두 번째 인수가 없으면 기본값으로 'up'을 사용하라(유효하지 않은 인수를 다룰 수 있도록 하고, 함수에 적절한 도움말 정보를 포함시켜라).

6.5 MATLAB 함수 `sin`, `cos`, `tan`의 입력은 라디안이며, 함수 `asin`, `acos`, `atan`, `atan2`의 출력도 라디안이다. 새로운 함수의 집합 `sin_d`, `cos_d` 등을 만들어 그 입력과 출력을 도(°)로 설정하고 함수를 시험하라(주의: MATLAB 최신 버전에는 내장 함수 `sind`, `cosd` 등이 있는데, 입력을 라디안 대신에 도(°)로 받아들인다. 직접 만든 함수와 내장 함수를 이용하여 만든 함수가 적절하게 동작하는지 같은 입력을 사용하여 평가할 수 있다).

6.6 화씨온도를 받아들여 섭씨온도로 반환하는 함수 `f_to_c`를 작성하라. 방정식은 다음과 같다.

$$T\,(\text{in °C}) = \frac{5}{9}\left[T(\text{in °F}) - 32.0\right] \tag{6.10}$$

6.7 섭씨온도를 화씨온도로 반환하는 함수 `c_to_f`를 작성하라. 두 온도 간의 관계식은 다음과 같다.

$$T\,(\text{in °F}) = \frac{9}{5}\,T\,(\text{in °C}) + 32 \tag{6.11}$$

이 함수는 연습문제 6.6에 있는 함수의 역함수임을 보여라. 즉, `c_to_f(f_to_c(temp))`가 원래의 온도 `temp`임을 보여라.

6.8 세 꼭지점이 (x_1, y_1), (x_2, y_2), (x_3, y_3)인 삼각형의 면적(그림 6.6 참조)은 다음 식으로 구할 수 있다.

$$A = \frac{1}{2}\begin{vmatrix} x_1 & x_2 & x_3 \\ y_1 & y_2 & y_3 \\ 1 & 1 & 1 \end{vmatrix} \tag{6.12}$$

여기서 | |은 행렬식 연산이다. 면적은 세 점의 순서가 시계방향일 때 양, 반시계방향일 때 음이다. 행렬식을 손으로 구하면 다음 식과 같다.

$$A = \frac{1}{2}\left[x_1(y_2-y_3) - x_2(y_1-y_3) + x_3(y_1-y_2)\right] \tag{6.13}$$

삼각형의 세 점 (x_1, y_1), (x_2, y_2), (x_3, y_3)이 주어질 때 식(6.13)을 이용하여 그 면적을 계산하는 `area2d` 함수를 작성하라. 그리고 점 (0,0), (10,0), (15,5)으로 둘러싸인 삼각형의 면적을 계산해서 함수를 시험하라.

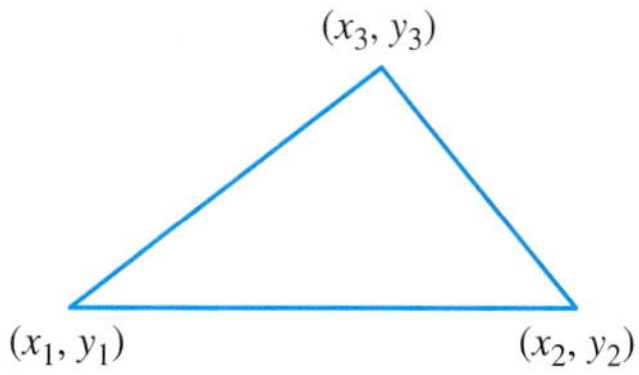

그림 6.6 세 점 (x_1, y_1), (x_2, y_2), (x_3, y_3)에 둘러싸인 삼각형

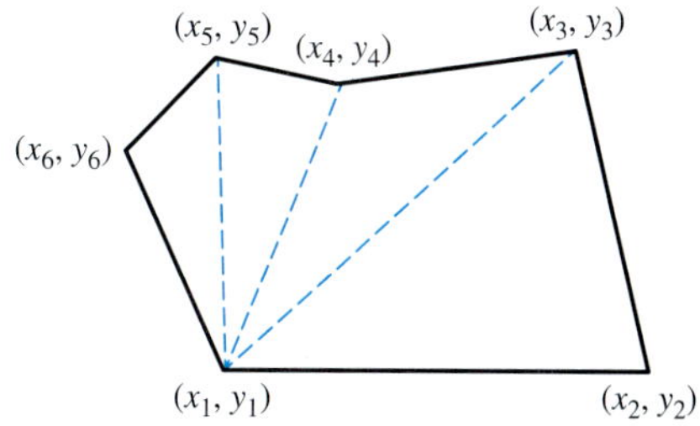

그림 6.7 임의의 다각형은 여러개의 삼각형으로 분할할 수 있다. 만일 다각형의 변이 n개라면, 이는 $n-2$개의 삼각형으로 나눌 수 있다.

6.9 그림 6.7에 보인 바와 같이 임의의 다각형은 일련의 삼각형으로 분해할 수 있다. n개의 변을 갖는 다각형은 $n-2$개의 삼각형으로 나눌 수 있다. 다각형의 둘레와 면적을 계산하는 함수를 작성하라. 다각형 면적의 계산에 앞 문제에서 작성한 `area2d`를 사용하라. 순서대로 나열한 다각형의 꼭지점 목록을 받아들인 후, 여러분이 작성한 함수를 호출하여 둘레와 면적을 계산하는 프로그램을 작성하라. 점 (0,0), (10,0), (8,8), (2,10), (−4,5)로 둘러싸인 다각형의 둘레와 면적을 계산하여 함수를 시험하라.

6.10 전송선의 인덕턴스. 단상 2선식 전송 라인의 미터당 인덕턴스는 다음 방정식에 의해 주어진다.

$$L = \frac{\mu_0}{\pi}\left[\frac{1}{4} + \ln\left(\frac{D}{r}\right)\right] \tag{6.14}$$

여기서 L은 미터당 헨리의 단위를 갖는 인덕턴스, $\mu_0 = 4\pi \times 10^{-7}$ H/m는 자유공간의 투자율, D는 두 도체 사이의 거리, r은 각 도체의 반경이다. 킬로미터 단위의 전송선 길이, 두 도체 사이의 간격 및 각 도체의 직경이 주어질 때 전송선의 전체 인덕턴스를 계산하는 함수를 작성하라. 이 함수를 사용하여 1.5m 떨어진 반경 2cm, 길이 100km의 두 도체 전송선의 인덕턴스를 계산하라.

6.11 식 (6.14)에 의하면, 도체의 직경이 늘어나면 전송선의 인덕턴스가 증가하는가 아니면 감소하는가? 각 도체의 직경을 두 배로 늘리면 전송선의 인덕턴스는 얼마나 변화하는가?

6.12 전송선의 커패시턴스. 단상 2선식 전송선의 미터당 커패시턴스는 다음 방정식에 의해 주어진다.

$$C = \frac{\pi\varepsilon}{\ln\left(\frac{D-r}{r}\right)} \tag{6.15}$$

여기서 C는 미터당 패러드 단위의 커패시턴스, $\varepsilon_0 = 4\pi\times10^{-7}$ F/m는 자유 공간의 유전율, D는 두 도체 사이의 거리, r은 각 도체의 반경이다. 킬로미터 단위의 전송선 길이, 두 도체 사이의 간격, 각 도체의 직경이 주어질 때 전송선의 전체 커패시턴스를 계산하는 함수를 작성하라. 이 함수를 사용하여 서로 1.5m 떨어진 반경 2cm, 길이 100km의 두 도체 전송선의 커패시턴스를 계산하라.

6.13 두 도체 사이의 거리가 증가할 때, 전송선의 인덕턴스와 커패시턴스는 어떻게 되는가?

6.14 `random0` 함수를 사용하여 100,000개 난수의 집합을 생성하라. 예제 6.2의 `ssort` 함수와 MATLAB 내장 함수 `sort`를 각각 한 번씩 사용하여 이 데이터 집합을 두 번 정렬하라. `tic`과 `toc` 함수를 사용하여 두 정렬 함수의 소요 시간을 재어 비교하여라. 정렬 시간이 얼마나 다른가?(주의: 원래의 배열을 복사하여 각 정렬 함수에 같은 데이터를 제시해야 한다. 공평한 비교를 위해 두 함수에 동일한 입력 데이터 집합을 넣어야 한다.)

6.15 연습문제 6.14의 두 정렬 함수를 크기 10,000, 100,000, 200,000의 배열에 적용하여 보아라. 예제 6.2의 정렬 함수의 경우 데이터 집합이 커짐에 따라 정렬 시간이 얼마나 늘어나는가? 내장 함수 `sort`의 경우 데이터 집합이 커짐에 따라 정렬 시간이 얼마나 늘어나는가?

6.16 받아들이는 호출 인수의 수가 0, 1, 또는 2가 될 수 있도록 `random0` 함수를 수정하라. 호출 인수가 없으면 하나의 무작위값을 반환하고, 그 외의 경우는 현재 방식대로 실행하여야 한다.

6.17 현 상태의 `random0` 함수는 `seed` 함수를 먼저 호출하여야만 작동한다. `seed` 함수를 호출하지 않고도 기본값을 사용하여 제대로 작동하도록 `random0` 함수를 수정하라.

6.18 **주사위 모사(Dice Simulation).** 각 면이 나타날 확률이 동일한 주사위를 던졌을 때 나타날 결과를 모사할 수 있으면 쓸모가 많을 것이다. 함수 호출 때마다 1에서 6사이의 무작위 정수를 반환함으로써 공평한 주사위 던지기를 모사하는 MATLAB 함수 `dice`를 작성하라(힌트: `random0` 함수를 호출하여 난수를 생

성하라. 이 난수가 가질 수 있는 값의 범위를 등간격의 6개 구간으로 나눈 후, 그 난수가 속한 구간의 번호를 반환하라).

6.19 도로 교통량 밀도(Road Traffic Density). `random0` 함수는 [0.0, 1.0)의 범위에서 균등 확률 분포를 갖는 난수를 생성한다. 이 함수는 각 사건 결과가 같은 확률로 발생하는 무작위 사건을 모사하기에 적당하다. 그러나 발생 확률이 일정하지 않은 사건들이 많이 있으며, 이런 사건을 모사할 때는 균등 확률 분포가 적당하지 않다.

예를 들어, 시간 간격 t 동안에 주어진 지점을 통과하는 차량의 수를 연구하는 교통 공학자들에 따르면, 그 시간 동안 k대의 차량이 지나갈 확률은 다음 식으로 주어진다.

$$P(k, t) = e^{-\lambda t}\frac{(\lambda t)^k}{k!} \text{ for } t \ge 0, \lambda > 0, \text{ and } k = 0, 1, 2, \ldots \qquad (6.16)$$

푸아송 분포로 알려져 있는 이 확률 분포는 과학과 공학 분야에서 많이 나타난다. 예를 들어, 시간 간격 t 동안에 전화 교환대에 걸려온 통화 수 k, 액체의 특정 부피 t 안에 있는 박테리아 수 k, 복잡한 시스템에서 시간 간격 t 동안에 일어나는 고장 횟수 k는 모두 푸아송 분포를 따른다.

임의의 k, t, λ에 대해 푸아송 분포의 값을 구하는 함수를 작성하라. λ의 값이 분당 1.6인 고속도로에서 1분 동안에 특정 지점을 지나가는 차량의 수가 각각 0, 1, 2, ..., 5일 확률을 계산하여 프로그램을 시험하라. $t = 1$이고 $\lambda = 1.6$일 때 푸아송 분포를 그래프로 나타내라.

6.20 쌍곡 사인, 쌍곡 코사인, 쌍곡 탄젠트 함수를 각각 계산하는 3개의 MATLAB 함수를 작성하라.

$$\sinh(x) = \frac{e^x - e^{-x}}{2} \qquad \cosh(x) = \frac{e^x + e^{-x}}{2} \qquad \tanh(x) = \frac{e^x - e^{-x}}{e^x + e^{-x}}$$

이 함수들을 이용하여 쌍곡 사인, 쌍곡 코사인, 쌍곡 탄젠트 함수의 그래프를 그려라.

6.21 연습문제 5.16에서 기술된 바와 같이, 데이터 집합에 실시간 평균 필터를 수행하기 위한 MATLAB 함수를 작성하라. 연습문제 5.16에서 사용된 동일한 데이터 집합을 사용하여 함수를 시험하라.

6.22 연습문제 5.17에 기술된 바와 같이, 데이터 집합의 중앙값 필터를 수행하기 위해 MATLAB 함수를 작성하라. 연습문제 5.17에서 사용된 동일한 데이터 집합을 사용하여 함수를 시험하라.

6.23 동반 정렬(Sort with Carry). 하나의 배열 arr1을 오름차순으로 정렬할 때, 두 번째 배열 arr2도 동반하여 이동시키는 것이 유용할 때가 자주 있다. 이런 정렬에서 배열 arr1의 한 원소를 다른 원소와 교환할 때마다 각 해당 위치에 있는 배열 arr2의 두 원소도 서로 교환된다. 배열 arr1에 대한 오름차순 정렬이 끝나면, arr1의 특정 원소와 짝을 맺었던 arr2의 원소가 정렬 후에도 여전히 같은 상대와 짝을 맺게 된다. 예를 들어 다음 두 배열을 고려하자.

Element	arr1	arr2
1.	6.	1.
2.	1.	0.
3.	2.	10.

배열 arr2를 동반시켜 배열 arr1을 정렬하면 다음 결과를 얻는다.

Element	arr1	arr2
1.	1.	0.
2.	2.	10.
3.	6.	1.

하나의 실수 배열을 두 번째 배열과 동반시켜 오름차순으로 정렬하는 함수를 작성하라. 다음 두 개의 9원소 배열을 사용하여 프로그램을 시험하라.

```
a = [1, 11, -6, 17, -23, 0, 5,  1, -1];
b = [31, 101, 36, -17,  0, 10, -8, -1, -1];
```

6.24 문제 6.23에서 수행한 동반 정렬 작업은 두 개의 열을 갖는 2차원 배열에 내장 함수 sortrows를 적용한 특수한 사례에 해당한다. 앞 문제의 벡터 a, b를 두 열로 갖는 단일 행렬 c를 만든 후, sortrows를 사용하여 데이터를 정렬하라. 정렬된 데이터를 문제 6.23의 동반 정렬 결과와 비교하라.

6.25 문제 6.23에서 작성한 동반 정렬 함수와 내장 함수 sortrows의 성능을 비교하라. 이를 위해, 10,000 × 2 크기의 난수 배열에 대해 두 복사본을 만든 후,

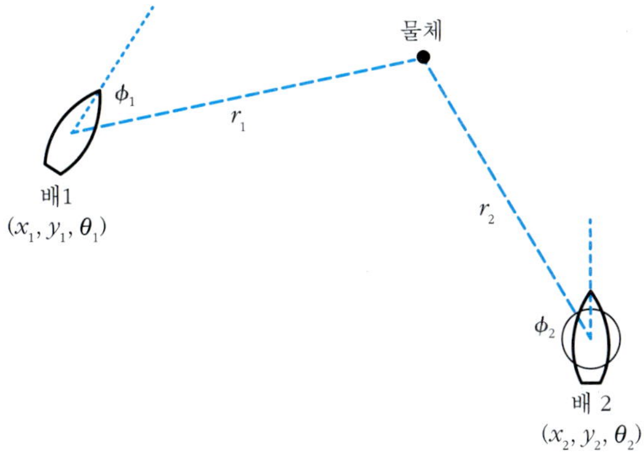

그림 6.8 각각 위치 (x_1, y_1)과 (x_2, y_2)에 있는 두 배가 있다. 배 1은 각 θ_1 방향, 배 2는 각 θ_2 방향으로 각각 진행하고 있다.

두 함수를 이용해 각 배열의 첫 번째 열을 두 번째 열과 동반시켜 각각 정렬하라. `tic`과 `toc` 함수를 이용하여 각 정렬 함수의 실행 시간을 측정하라. 앞에서 작성한 동반 정렬 함수는 표준 함수 `sortrows`에 비해서 속도가 얼마나 차이가 나는가?

6.26 그림 6.8은 바다에서 항해하는 두 배를 보여주고 있다. 배 1은 (x_1, y_1)의 위치에서 θ_1의 방향으로 항해하고 있다. 배 2는 (x_2, y_2)의 위치에서 θ_2의 방향으로 항해하고 있다. 배 1에서 레이더로 거리(range) r_1과 방위(bearing) ϕ_1에서 어떤 물체를 탐지하였다고 하자. 배 2에서 물체를 탐지할 때 나타나야 할 거리 r_2와 방위 ϕ_2를 계산하는 MATLAB 함수를 작성하라.

6.27 최소제곱법을 이용한 직선 맞추기(Linear Least Squares Fit). 입력 데이터 집합에 가장 잘 맞는 최소제곱선의 기울기 m과 절편 b를 산출하는 함수를 작성하라. 입력 데이터 점 (x, y)는 두 개의 입력 배열 `x`, `y`로 함수에 전달한다(최소제곱선의 기울기와 절편을 구하는 식은 예제 5.6에 나와 있다). 시험 프로그램과 아래 20개 점의 입력 데이터 집합을 사용하여 함수를 시험하라.

Sample Data to Test Least Squares Fit Routine

No.	x	y	No.	x	y
1	−4.91	−8.18	11	−0.94	0.21
2	−3.84	−7.49	12	0.59	1.73

No.	x	y	No.	x	y
3	−2.41	−7.11	13	0.69	3.96
4	−2.62	−6.15	14	3.04	4.26
5	−3.78	−6.62	15	1.01	6.75
6	−0.52	−3.30	16	3.60	6.67
7	−1.83	−2.05	17	4.53	7.70
8	−2.01	−2.83	18	6.13	7.31
9	0.28	−1.16	19	4.43	9.05
10	1.08	0.52	20	4.12	10.95

6.28 최소제곱 맞춤선의 상관계수(Correlation Coefficient of Least Squares Fit). 입력 데이터 집합을 가장 잘 맞추는 최소제곱선의 기울기 m, 절편 b와 아울러 상관계수를 계산하는 함수를 작성하라. 입력 데이터 점 (x, y)는 두 배열 x와 y로 함수에 전달된다. 최소제곱선의 기울기와 절편을 기술하는 방정식은 예제 5.6에 나와 있으며, 상관계수를 구하는 식은 다음과 같다.

$$r = \frac{n\left(\sum xy\right) - \left(\sum x\right)\left(\sum y\right)}{\sqrt{\left[\left(n\sum x^2\right) - \left(\sum x\right)^2\right]\left[\left(n\sum y^2\right) - \left(\sum y\right)^2\right]}} \tag{6.17}$$

여기서

Σx는 x값의 합

Σy는 y값의 합

Σx^2은 x값의 제곱합

Σy^2은 y값의 제곱합

Σxy는 서로 대응되는 x, y값의 곱의 합

n은 맞추기에 사용한 점의 수

앞 문제에서 주어진 20점 입력 데이터 집합과 시험 프로그램을 사용하여 작성한 함수를 시험하라.

6.29 함수 random0을 사용하여 [−1, 1)의 범위에서 균등 분포 난수를 생성하는 함수 random1을 작성하라. 20개의 임의의 샘플들을 계산하고 나타내어 함수를

시험하라.

6.30 가우스(정규) 분포. `random0` 함수는 [0, 1) 범위의 균등 분포 난수를 반환하는데, 여기서 '균등'은 범위 내의 어떤 수도 함수 호출 때 동일한 확률로 나타난다는 것을 의미한다. 다른 유형의 확률 분포인 가우스 분포에서는 무작위값의 확률이 그림 6.9와 같은 고전적인 종형 곡선으로 나타난다. 평균 0.0, 표준 편차 1.0의 가우스 분포를 표준 정규 분포라고 부르는데, 이 분포에서 어떤 수가 나타날 확률은 다음 식으로 주어진다.

$$p(x) = \frac{1}{\sqrt{2\pi}} e^{-x^2/2} \tag{6.18}$$

다음과 같이 [−1, 1)의 범위에서 균등 분포를 갖는 확률 변수로부터 시작하여 표준 정규 분포를 갖는 확률 변수를 생성할 수 있다.

1. [−1, 1)의 범위에서 $x_1^2 + x_2^2 < 1$을 만족하는 두 개의 균일 확률 변수 x_1과 x_2를 선택한다. 이를 위해 [−1, 1)의 범위에서 두 개의 균일 분포 난수를 생성하여 두 값의 제곱의 합이 1보다 작으면 그 값을 사용하고, 그렇지 않으면 이 작업을 반복한다.
2. 여기서 생성한 x_1, x_2를 사용하여 아래 식으로 구하는 y_1과 y_2는 각각 정규 분포 난수가 된다.

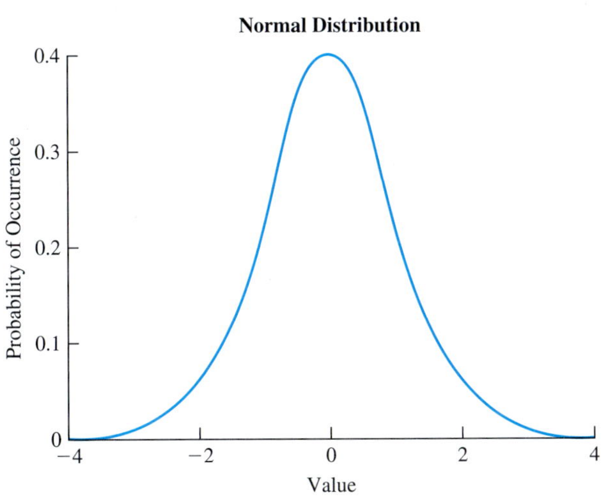

그림 6.9 정규 확률 분포

$$y_1 = \sqrt{\frac{-2\ln r}{r}}\,x_1 \tag{6.19}$$

$$y_2 = \sqrt{\frac{-2\ln r}{r}}\,x_2 \tag{6.20}$$

여기서

$$p(x) = \frac{1}{\sqrt{2\pi}}e^{-x^2/2} \tag{6.21}$$

함수 호출 때마다 정규 분포의 난수를 반환하는 함수를 작성하라. 1,000개의 난수를 만들어 그 표준 편차를 구하고, 히스토그램을 그려 함수를 시험하라. 여기서 얻는 표준 편차는 1.0에 얼마나 가까운가?

6.31 중력. 질량 m_1과 m_2의 두 물체 사이의 중력 F는 다음 식으로 주어진다.

$$F = \frac{Gm_1m_2}{r^2} \tag{6.22}$$

여기서 G는 중력 상수(6.672×10^{-11} Nm^2/kg^2), m_1과 m_2는 kg 단위로 나타낸 두 물체의 질량, r은 두 물체 사이의 거리를 각각 나타낸다. 두 물체의 질량과 서로 떨어진 거리가 주어질 때 둘 사이의 중력을 계산하는 함수를 작성하라. 지구 위 38,000km의 궤도에 있는 800kg의 인공위성이 받는 힘을 계산하여 이 함수를 시험하라(지구의 질량은 6.98×10^{24}kg, 그리고 지구의 반경은 6.371×10^6 m이다).

6.32 레일리 분포(Rayleigh Distribution). 레일리 분포는 실제 문제에서 자주 나타나는 또 다른 난수 분포이다. 레일리 분포의 난수는 두 정규 분포 난수의 제곱합의 제곱근을 취해 만들 수 있다. 다시 말해, 레일리 분포의 난수 r을 생성하기 위해서는 두 개의 정규 분포 난수 n_1과 n_2를 구한 후 다음 식으로 계산한다.

$$r = \sqrt{n_1^{\,2} + n_2^{\,2}} \tag{6.23}$$

(a) 레일리 분포의 난수로 이루어진 `n × m` 크기의 배열을 반환하는 함수 `rayleigh(n,m)`을 작성하라. 이 함수에 하나의 인수만이 제공된다면 `[rayleigh(n)]`, `n × n` 크기의 배열을 반환한다. 입력 인수를 확인하도록 하고 MATLAB 도움말 시스템을 적용할 수 있도록 적절한 주석을 붙여라.

(b) 20,000개의 레일리 분포의 난수로 이루어진 배열을 생성하고, 그 분포를 히스토그램으로 그려서 함수를 시험하라. 그 분포는 무엇처럼 보이는가?

(c) 이 레일리 분포의 평균과 표준 편차를 구하라.

CHAPTER 07

사용자 정의 함수의 고급 기능

6장에서 사용자 정의 함수의 기본적인 특징에 대해서 살펴보았다. 이어서 이번 장에서는 사용자 정의 함수의 고급 기능들을 살펴볼 것이다.

7.1 함수의 함수들

'함수의 함수(function function)'는 MATLAB에서 다른 함수의 이름 또는 핸들을 입력 인수로 갖는 함수에 대해 붙인, 상당히 어색한 이름이다. '함수의 함수'에 전달되는 함수는 보통 그 함수가 실행되는 동안에 사용된다.

예를 들어 MATLAB에 `fzero`라고 불리는 함수의 함수가 있다. 이 함수는 전달받은 함수의 영점(zero, 함수가 0이 되는 독립 변수의 값)을 찾아낸다. 예를 들어 `fzero('cos',[0 pi])`라는 명령문은 0과 π 사이의 `cos` 함수의 영점을 찾아내고, `fzero('exp(x)-2',[0 1])`은 0과 1사이에서 `'exp(x)-2'`라는 함수의 영점을 찾아낸다. 이러한 명령문을 실행시키면 결과는 다음과 같다.

```
» fzero('cos',[0 pi])
ans =
    1.5708
» fzero('exp(x)-2',[0 1])
ans =
    0.6931
```

가장 핵심적인 함수의 함수로서 eval과 feval이라고 하는 두 개의 특별한 MATLAB 함수가 있다. eval 함수는 문자열에 대해 마치 명령창에서 입력한 MATLAB 코드로 간주하여 그 실행 결과를 구하고, feval 함수는 지정한 입력값에 대해서 지정한 이름의 함수의 값을 구한다.

eval 함수는 문자열을 명령창에서 입력한 MATLAB 코드로 간주하여 그 실행 결과를 구한다. 이 함수를 사용하면 MATLAB 함수를 돌리는 동안에 실행 가능한 문을 구성할 수 있다. eval 함수의 형식은 다음과 같다.

```
eval(string)
```

예를 들어 x = eval('sin(pi/4)')의 표현은 다음과 같은 결과를 제공한다.

```
» x = eval('sin(pi/4)')
x =
    0.7071
```

문자열을 구성하고 eval 함수를 사용하여 계산한 예시는 아래와 같다.

```
x = 1;
str = ['exp(' num2str(x) ') -1'];
res = eval(str);
```

이 경우 str은 문자열 'exp(1) -1'을 담게 되어, eval 함수로 그 값을 구하면 1.7183을 얻는다.

feval 함수는 지정한 입력값에서 M 파일 이름으로 명명된 함수의 값을 구한다. feval 함수의 일반적인 형식은 다음과 같다.

```
feval(fun,value)
```

예를 들어 x = feval('sin',pi/4)라는 명령문은 다음과 같은 결과를 제공한다.

```
» x = feval('sin',pi/4)
x =
    0.7071
```

자주 쓰이는 MATLAB '함수의 함수'의 일부를 표 7.1에 정리하였다. 각 함수의 사용 방법을 배우기 위해 help fun_name을 사용하라.

표 7.1 : MATLAB '함수의 함수'

함수 이름	설명
fminbnd	일변수 함수를 최소화한다.
fzero	일변수 함수의 영점을 찾는다.
quad	함수를 수치적으로 적분한다.
ezplot	함수의 그래프를 쉽게 그려준다.
fplot	지정한 함수의 그래프를 그린다.

▶ 예제 7.1 — '함수의 함수' 생성

단일 변수를 갖는 임의의 MATLAB 함수를 지정한 시작점과 끝점 사이에서 그래프로 나타내는 함수의 함수를 작성하라.

풀이

이 함수는 그래프로 나타내려는 함수의 이름을 첫 번째 인수로, 도표의 범위를 나타내는 2원소 벡터를 두 번째 인수로 갖는다.

1. **문제 기술**

   사용자가 지정한 범위에서 임의의 단일 변수 MATLAB 함수를 그리는 함수를 작성하라.

2. **입출력 정의**

   이 함수에 필요한 입력은 다음 두 가지이다.

   (a) 함수의 이름을 담은 문자열

   (b) 그래프의 시작점과 끝점을 담은 2원소 벡터

   이 함수의 출력은 첫 번째 입력 인수로 지정한 함수의 그래프이다.

3. **알고리즘 설계**

   이 함수는 네 개의 주요 단계로 나눌 수 있다.

```
인수의 수가 올바른지 확인한다.
두 번째 인수가 두 원소로 이루어져 있는지 확인한다.
시작점과 끝점 사이에서 함수의 값을 계산한다.
함수의 그래프를 그리고 제목을 붙인다.
```

함수 값을 구하고 그래프를 그리는 단계를 위한 상세한 유사 코드는 다음과 같다.

```
n_steps ← 100
step_size ← (xlim(2) - xlim(1)) / n_steps
x ← xlim(1):step_size:xlim(2)
y ← feval(fun,x)
plot(x,y)
title(['\bfPlot of function ' fun '(x)'])
xlabel('\bfx')
ylabel(['\bf' fun '(x)'])
```

4. MATLAB문으로 변환

최종 MATLAB 함수는 아래와 같이 주어진다.

```
function quickplot(fun,xlim)
%QUICKPLOT Generate quick plot of a function
% Function QUICKPLOT generates a quick plot
% of a function contained in a external m-file,
% between user-specified x limits.
% Define variables:
%  fun       -- Name of function to plot in a char string
%  msg       -- Error message
%  n_steps   -- Number of steps to plot
%  step_size -- Step size
%  x         -- X-values to plot
%  y         -- Y-values to plot
%  xlim      -- Plot x limits
%
% Record of revisions:
%      Date         Programmer          Description of change
%      ====         ==========          =====================
%    02/07/14     S. J. Chapman       Original code

% Check for a legal number of input arguments.
msg = nargchk(2,2,nargin);
error(msg);

% Check the second argument to see if it has two
% elements. Note that this double test allows the
% argument to be either a row or a column vector.
```

```
if ( size(xlim,1) == 1 && size(xlim,2) == 2 ) | ...
   ( size(xlim,1) == 2 && size(xlim,2) == 1 )

   % Ok--continue processing.
   n_steps = 100;
   step_size = (xlim(2) - xlim(1)) / n_steps;
   x = xlim(1):step_size:xlim(2);
   y = zeros(size(x));
   h = str2func(fun)

   for ii = 1:length(x)
      y(ii) = feval(h,x(ii));
   end

   plot(x,y);
   title(['\bfPlot of function ' fun '(x)']);
   xlabel('\bfx');
   ylabel(['\bf' fun '(x)']);

else
   % Else wrong number of elements in xlim.
   error('Incorrect number of elements in xlim.');
end
```

5. **프로그램 시험**

함수를 시험하기 위해 올바른 입력 인수와 잘못된 입력 인수로 각각 함수를 호출하여, 두 경우를 모두 제대로 다루고 있는지를 확인하여야 한다. 결과는 아래와 같다.

```
» quickplot('sin')
??? Error using ==> quickplot
Not enough input arguments.

» quickplot('sin',[-2*pi 2*pi],3)
??? Error using ==> quickplot
Too many input arguments.

» quickplot('sin',-2*pi)
??? Error using ==> quickplot
Incorrect number of elements in xlim.

» quickplot('sin',[-2*pi 2*pi])
```

마지막 호출은 올바르므로 그림 7.1에 보인 그래프가 나타난다.

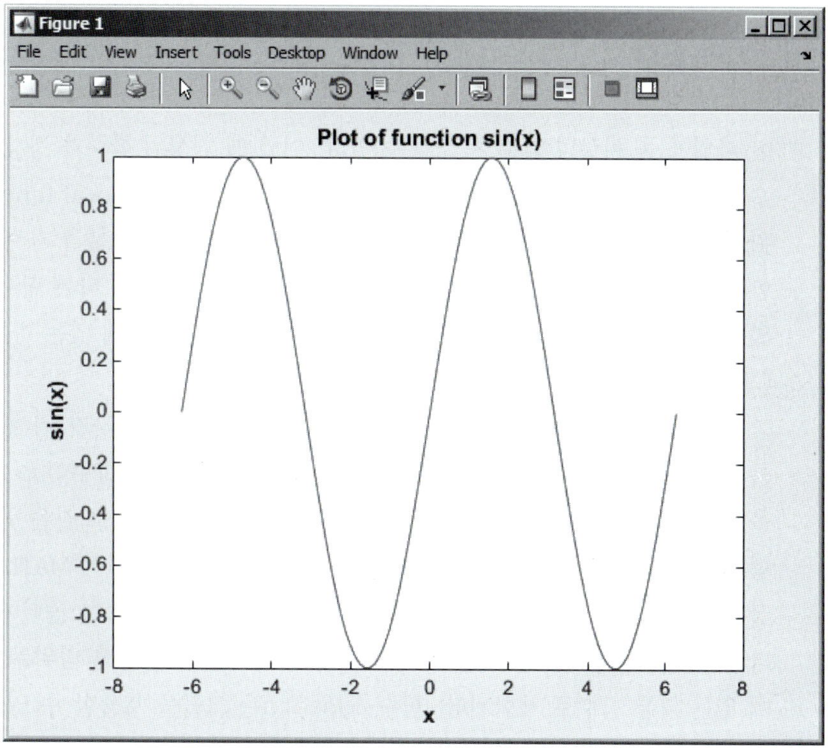

그림 7.1 함수 `quickplot`에 의해 작성된 x에 대한 sin(x)의 그래프

7.2 지역 함수, 사유 함수, 중첩 함수

MATLAB은 지금까지 사용해왔던 평범한 함수와는 다르게 거동하는 몇몇 특별한 형태의 함수를 포함하고 있다. 평범한 함수는 같은 디렉토리에 있거나 혹은 MATLAB 검색 경로에 포함되어 있는 디렉토리에 있는 한, 다른 함수가 호출할 수 있다.

함수의 **인식 범위**(scope)는 함수에 접근할 수 있는 MATLAB 내에서의 위치로 정의된다. 보통의 MATLAB 함수의 인식 범위는 현재 작업 디렉토리이다. 함수가 MATLAB 경로상의 디렉토리에 있다면, 모든 MATLAB 함수들이 주어진 이름의 함수를 찾을 때 MATLAB 경로를 확인할 것이므로 그 함수의 인식 범위가 모든 MATLAB 함수로 확장된다.

대조적으로, 이 장에서 살펴볼 다른 함수 종류들의 인식 범위는 이런 저런 식으로 더 제한된다.

7.2.1 지역 함수

한 파일에 둘 이상의 함수가 있을 수 있다. 이럴 때 최상위 함수가 정상적 또는 **주 함수**(primary function)이고, 그 아래 있는 것들은 **지역 함수**(local function) 또는 **하위 함수**(subfunction)라고 부른다. 주 함수는 파일과 같은 이름을 가져야 한다. 지역 함수는 평범한 함수처럼 보이나, 이 함수는 동일한 파일 내의 다른 함수만 접근할 수 있다. 다시 말해서 지역 함수의 인식 범위는 동일한 파일 내에 있는 다른 함수들이다(그림 7.2참조).

지역 함수는 종종 주 함수를 위해 '부수적인' 계산을 시행하기 위해 사용된다. 예를 들어 `mystats.m` 파일은 주 함수인 `mystats`와 두 지역 함수인 `mean`과 `median`을 가지고 있다. `mystats` 함수는 보통의 MATLAB 함수이므로 같은 폴더에 있는 어떤 다른 MATLAB 함수에 의해 호출될 수 있다. 만약 이 파일이 MATLAB 검색 경로 상의 폴더에 있으면, 다른 어떤 MATLAB 함수라도 자신이 속한 폴더에 상관없이 이 파일을 호출할 수 있다. 반면에 `mean`과 `median` 함수의 인식 범위는 같은 파일 내에 있는 다른 함수로 제한된다. 함수 `mystats`는 그들을 호출할 수 있고, 그들은 서로를 호출할 수 있지만, 그 파일의 밖에 있는 함수는 그럴 수 없다. 그들은 주 함수인

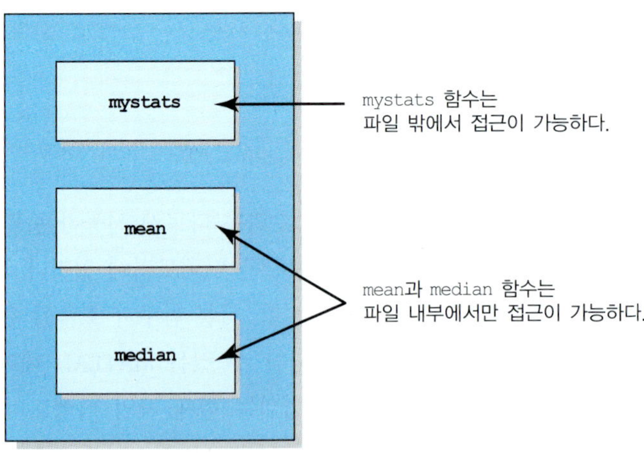

그림 7.2 파일의 첫 번째 함수를 주 함수라 부른다. 주 함수는 이 함수가 저장되어 있는 파일의 이름과 같아야 하며, 파일 밖에서 접근이 가능하다. 파일의 나머지 함수들은 하위 함수로서 파일 내부에서만 접근할 수 있다.

mystats의 일부 작업을 수행하는 '부속 함수(utility function)'이다.

```
function [avg, med] = mystats(u)
%MYSTATS Find mean and median with internal functions.
% Function MYSTATS calculates the average and median
% of a data set using local functions.

n = length(u);
avg = mean(u,n);
med = median(u,n);

function a = mean(v,n)
% Subfunction to calculate average.
a = sum(v)/n;

function m = median(v,n)
% Subfunction to calculate median.
w = sort(v);
if rem(n,2) == 1
   m = w((n+1)/2);
else
   m = (w(n/2)+w(n/2+1))/2;
end
```

7.2.2 사유 함수

사유 함수(private function)는 private라는 특별한 이름의 하위 디렉토리 안에 있는 함수이다. 사유 함수는 private 폴더나 상위의 폴더에 있는 함수만 볼 수 있다. 다시 말해서 이러한 함수들의 인식 범위는 private 폴더나 그 상위 폴더로 제한된다.

예를 들어 testing이라는 폴더가 MATLAB 검색 경로에 있다고 가정하자. testing의 하위 폴더인 private는 testing 폴더 안에 있는 함수들만이 호출할 수 있는 함수를 포함할 수 있다. 사유 함수는 상위 폴더 밖에서는 보이지 않기 때문에, 다른 폴더에 있는 함수와 같은 이름을 사용할 수 있다. 이 기능은 다른 폴더에 특정 함수의 원본을 보존한 채 자신만을 위한 새 버전의 함수를 만들려고 할 때 유용하다. MATLAB은 표준 M 파일 함수를 찾기 전에 사유 함수를 찾기 때문에, 비사유 함수인 test.m을 찾기 전에 사유 함수인 test.m을 먼저 찾을 것이다.

자신의 함수가 들어있는 폴더 밑에 private라는 이름의 하위 폴더를 만들기만 하면 자신만의 사유 폴더를 만들 수 있다. 이런 사유 폴더는 MATLAB 검색 경로에 포함시키지 말아야 한다.

M 파일 내에서 함수를 호출할 때, MATLAB은 먼저 그 함수가 같은 파일에 정의되어 있는 하위 함수인지를 확인한다. 그렇지 않다면, 그런 이름의 사유 함수가 있는지를 확인한다. 그런 사유 함수가 없으면 MATLAB은 현재 폴더에서 그 이름의 함수를 찾는다. 현재 폴더에 그 함수가 없다면 MATLAB은 표준 검색 경로에서 그 함수를 찾는다.

다른 함수들은 사용하지만, 일반 사용자는 절대로 직접적으로 호출할 수 없는 특별한 목적의 MATLAB 함수가 있다면, 로컬 함수 또는 사유 함수로 숨기는 것을 고려하라. 함수를 숨기는 것은 그들의 돌발적인 사용을 예방할 수 있고, 또한 같은 이름을 가진 다른 공용 함수와의 충돌을 방지할 수 있다.

7.2.3 중첩 함수

중첩 함수(nested function)는 전적으로 **호스트 함수**(host function)라고 불리는 또 다른 함수의 본문(body) 내에서 정의된 함수이다. 중첩 함수는 자신을 담고 있는 호스트 함수 또는 같은 호스트 함수 내에서 같은 수준에 있는 다른 중첩 함수에게만 보여진다.

중첩 함수는 자신 안에서 정의된 변수와 아울러 호스트 함수 내에서 정의된 어떤 변수에도 접근할 수 있다(그림 7.3 참조). 다시 말해서 호스트 함수에서 선언된 변수의 인식 범위는 호스트 함수와 그 내부에 있는 중첩 함수를 모두 포함한다. 유일한 예외는 중첩 함수의 변수가 호스트 함수의 변수와 이름이 같을 때 발생한다. 이 경우, 호스트 함수의 변수에는 접근할 수 없다.

만약 어떤 파일이 하나 혹은 그 이상의 중첩 함수를 포함한다면, 파일 내의 모든 함수는 end문으로 종료해야 한다는 것에 주의하라. 이것이 함수의 끝에서 end문이 요구되는 유일한 경우이다 – 다른 모든 경우에는 선택적이다.

이점에 주의하세요

파일이 하나 혹은 그 이상의 중첩 함수를 포함한다면, 파일 안에서의 모든 함수는 end문으로 끝내야 한다. 이러한 경우 end문을 생략하면 오류가 발생한다.

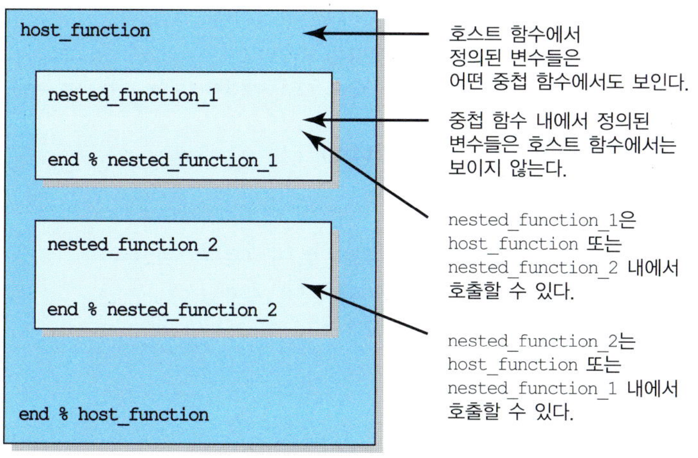

그림 7.3 중첩 함수는 호스트 함수 내에서 정의되고, 호스트 함수 내에서 정의된 변수를 물려받는다.

다음 프로그램은 중첩 함수에서 변수를 사용하는 방법을 보여준다. 이 프로그램에는 호스트 함수 test_nested_1과 중첩 함수 fun1이 포함되어 있다. 프로그램은 host 함수에서 변수 a, b, x, y를 초기화하고, 그 값을 표시한 다음, 함수 fun1을 호출한다. fun1 함수는 중첩 함수이므로 host 함수로부터 변수 a, b, x를 물려받는다. 변수 y는 fun1에서 같은 이름의 지역 변수를 정의하고 있기 때문에 물려받지 못한다는 점을 주의하여야 한다. fun1의 마지막에서 표시된 변수 값을 살펴보면 a는 1 늘어났고(대입문 때문에), y는 5로 설정되어 있음을 알 수 있다. 실행이 호스트 함수로 돌아갔을 때, a는 여전히 1 늘어난 상태여서, 호스트 함수의 변수 a와 중첩 함수의 변수 a는 실제로 같은 변수임을 보여준다. 반면에, 호스트 함수의 변수 y와 중첩 함수의 변수 y는 같은 변수가 아니기 때문에, y는 다시 9가 되었다.

```
function res = test_nested_1

% This is the top level function.
% Define some variables.
a = 1; b = 2; x = 0; y = 9;

% Display variables before call to fun1
fprintf('Before call to fun1:\n');
fprintf('a, b, x, y = %2d %2d %2d %2d\n', a, b, x, y);

% Call nested function fun1
x = fun1(x);
```

```
% Display variables after call to fun1
fprintf('\nAfter call to fun1:\n');
fprintf('a, b, x, y = %2d %2d %2d %2d\n', a, b, x, y);

   % Declare a nested function
   function res = fun1(y)

   % Display variables at start of call to fun1
   fprintf('\nAt start of call to fun1:\n');
   fprintf('a, b, x, y = %2d %2d %2d %2d\n', a, b, x, y);

   y = y + 5;
   a = a + 1;
   res = y;

   % Display variables at end of call to fun1
   fprintf('\nAt end of call to fun1:\n');
   fprintf('a, b, x, y = %2d %2d %2d %2d\n', a, b, x, y);
   end % function fun1
end % function test_nested_1
```

이 프로그램이 실행되었을 때 결과는 다음과 같다.

```
» test_nested_1
Before call to fun1:
a, b, x, y =  1     2     0     9

At start of call to fun1:
a, b, x, y =  1     2     0     0

At end of call to fun1:
a, b, x, y =  2     2     0     5

After call to fun1:
a, b, x, y =  2     2     5     9
```

지역 함수처럼 중첩 함수를 사용하여 호스트 함수에서 특수 목적의 계산을 수행할 수 있다.

좋은 프로그래밍 습관

지역 함수, 사유 함수, 중첩 함수를 사용하여 특수 목적의 계산을 수행하되 일반적으로 다른 함수가 접근하지 못하도록 숨겨라. 함수를 숨기면 예기치 않은 사용이나 같은 이름을 가진 다른 공용 함수와 충돌하는 것을 막을 수 있다.

7.2.4 함수 계산의 순서

큰 프로그램에는 같은 이름의 함수들(로컬, 사유, 중첩, 공용 함수 등)이 여럿 있을 수 있다. 주어진 이름의 함수를 호출할 때, 같은 이름의 함수들 중 어떤 것이 실행될지를 어떻게 알 수 있을까?

이 질문에 대한 답변은 MATLAB이 다음과 같은 특정한 순서로 함수를 불러온다는 것이다.

1. MATLAB은 현재의 함수 내에 특정한 이름의 중첩 함수가 있는지 찾아본다. 만약 있다면, 그것을 실행시킨다.
2. MATLAB은 현재의 파일 내에 특정한 이름의 로컬 함수가 있는지 찾아본다. 만약 있다면, 그것을 실행시킨다.
3. MATLAB은 특정한 이름을 가진 사유 함수를 찾아본다. 만약 있다면, 그것을 실행시킨다.
4. MATLAB은 현재 디렉토리에 특정한 이름을 가진 함수가 있는지 찾아본다. 만약 있다면, 그것을 실행시킨다.
5. MATLAB은 MATLAB 경로에 특정한 이름을 가진 함수가 있는지 찾아본다. 경로에서 함수를 찾으면, MATLAB은 찾기를 중단하고 경로에서 먼저 찾은 함수를 수행한다.

7.3 함수 핸들

함수 핸들(function handle)은 함수를 참조할 때 쓰는 정보를 담은 MATLAB 데이터형이다. 함수 핸들을 만들 때 MATLAB은 나중에 이 함수를 실행하는 데 필요한 모든 정보를 수합한다. 이렇게 만든 함수 핸들을 사용하면 언제든지 이 함수를 실행할 수 있다.

함수 핸들은 다른 함수를 사용하는 MATLAB 함수(7.1절에서 배운 함수의 함수)의 작동의 핵심 요소이다.

7.3.1 함수 핸들의 생성 및 사용

함수 핸들은 @ 연산자 또는 str2func 함수를 사용하여 만들 수 있다. @ 연산자로 함수 핸들을 만들 때는 함수 이름 앞에 @을 붙인다. str2func를 사용할 때는 함수 이름을 문자열에 담아 str2func를 호출한다. 예를 들어, 다음과 같이 정의된 my_func 함수를 고려하자.

```
function res = my_func(x)
res = x.^2 - 2*x + 1;
```

그러면 다음 두 문은 모두 my_func 함수에 대한 함수 핸들을 만들 것이다.

```
hndl = @my_func
hndl = str2func('my_func');
```

일단 함수 핸들을 만든 후에는 핸들 이름 뒤에 호출 인수를 붙임으로써 그 함수를 실행할 수 있다. 실행 결과는 함수 자체를 호출한 결과와 정확하게 같다.

```
» hndl = @my_func
hndl =
   @my_func
» hndl(4)
ans =
   9
» my_func(4)
ans =
   9
```

호출 인수 없이 함수를 호출하는 경우에도 함수 핸들 뒤에 빈 괄호를 붙여야만 함수를 실행할 수 있다.

```
» h1 = @randn;
» h1()
ans =
   -0.4326
```

생성된 함수 핸들은 현재 작업 공간에 'function handle' 데이터형으로 표시된다.

```
» whos
Name        Size        Bytes       Class               Attributes

ans          1x1            8       double
h1           1x1           16       function_handle
hndl         1x1           16       function_handle
```

함수 핸들을 실행하기 위하여 feval 함수를 사용할 수도 있다. 이 방법은 MATLAB 프로그램 내에서 함수 핸들을 실행할 때 매우 편리하다.

```
» feval(hndl,4)
ans =
       9
```

func2str 함수를 사용하면 함수 핸들로부터 함수 이름을 구할 수 있다.

```
» func2str(hndl)
ans =
my_func
```

이 기능은 함수 핸들을 받아들여 그 값을 구하는 함수 내에서 설명 메시지, 오류 메시지, 라벨 등을 만들고자 할 때 매우 쓸모가 있다. 예를 들어, 아래에 보인 함수는 첫 번째 인수로 함수 핸들을 받아, 두 번째 인수에서 지정한 점들에서 그 함수값을 구해 그래프를 그린다. 이 함수는 도표에 현재 그리고 있는 함수의 이름을 담은 제목을 붙인다.

```
function plotfunc(fun,points)
% PLOTFUNC Plots a function between the specified points.
% Function PLOTFUNC accepts a function handle and
% plots the function at the points specified.

% Define variables:
%   fun      -- Function handle
%   msg      -- Error message
%
%  Record of revisions:
%     Date          Programmer         Description of change
%     ====          ==========         =====================
%   03/05/14      S. J. Chapman      Original code

% Check for a legal number of input arguments.
```

```
msg = nargchk(2,2,nargin);
error(msg);

% Get function name
fname = func2str(fun);

% Plot the data and label the plot
plot(points,fun(points));
title(['\bfPlot of ' fname '(x) vs x']);
xlabel('\bfx');
ylabel(['\bf' fname '(x)']);
grid on;
```

예를 들어, 이 함수를 사용하여 sin x 함수를 -2π에서 2π 범위에서 그릴 수 있다.

```
plotfunc(@sin,[-2*pi:pi/10:2*pi])
```

이로써 얻는 도표는 그림 7.4와 같다.

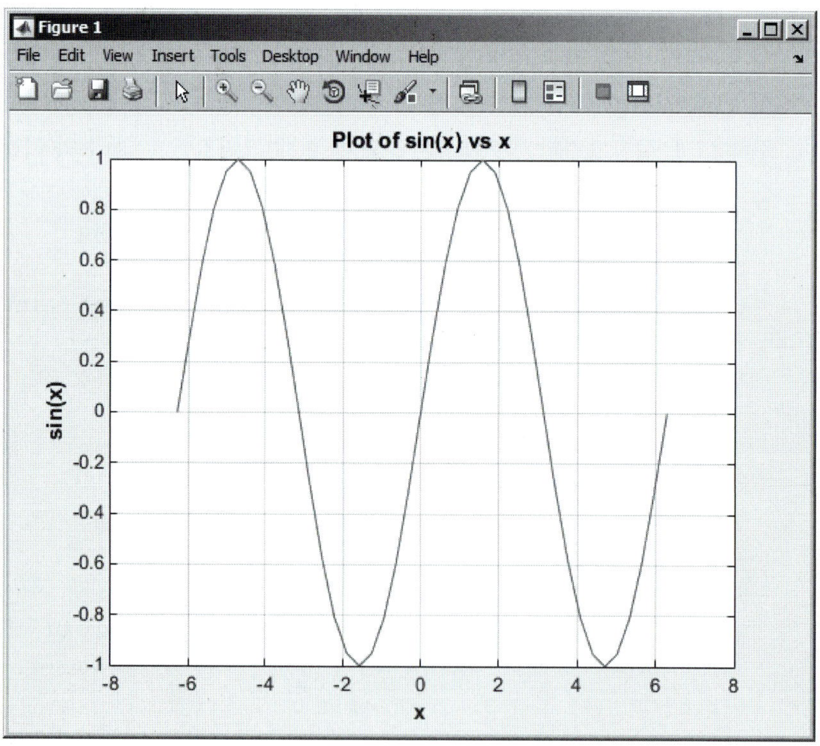

그림 7.4 plotfunc을 이용하여 -2π에서 2π의 범위에서 그린 sin x 도표

표 7.2: 함수 핸들을 다루는 MATLAB 함수

함수	설명
`@ handle`	함수를 만든다.
`feval handle`	함수를 사용하여 함수를 계산한다.
`func2str handle`	주어진 함수와 관련된 함수 이름을 되찾는다.
`functions`	함수 핸들로부터 여러 가지 종류의 정보를 되찾는다. 데이터는 구조체로 받아진다.
`str2func`	특정한 문자열로부터 함수 핸들을 만든다.

feval과 fzero와 같은 '함수의 함수'는 함수 이름과 함수 핸들 모두 입력 인수로 받아들인다. 예를 들어 다음 두 명령문은 동등하여 같은 결과를 낳는다.

```
» res = feval('sin',3*pi/2)
res =
       -1
» res = feval(@sin,3*pi/2)
res =
       -1
```

함수 핸들을 사용하는 일부 MATLAB 함수를 표 7.2에 정리하였다.

7.3.2 함수 핸들의 중요성

대부분의 함수는 함수 이름이나 함수 핸들 중 어느 것을 사용해도 실행시킬 수 있다. 그러나 함수 핸들을 사용하면 함수 이름을 사용하는 것에 비해 다음과 같은 장점을 누릴 수 있다.

1. **함수 접근 정보를 다른 함수에 넘길 수 있다.** 앞서 살펴보았듯이 함수 핸들을 다른 함수에 인수로 넘길 수 있다. 핸들을 받은 함수는 핸들에 부착된 함수를 호출할 수 있다. 이 때 호출하는 함수가 부착된 함수의 인식 범위(scope) 밖에 있더라도 호출이 가능하다. 그 이유는 함수 핸들이 실행할 함수에 대한 완벽한 정보를 지니고 있기 때문에 호출하는 함수가 실행할 함수를 검색할 필요가 없기 때문이다.
2. **반복 작업의 성능을 높인다.** MATLAB은 함수 핸들을 생성할 때 함수를 검색하

여 접근 정보를 핸들 자체에 저장한다. 일단 함수 핸들에 함수를 정의한 후에는 그 함수를 다시 검색할 필요 없이 이 함수 핸들을 반복해서 사용할 수 있으므로 실행 속도를 높일 수 있다.

3. **지역 함수(하위 함수)와 사유 함수의 인식 범위를 확장한다.** 모든 MATLAB 함수는 자신이 인식되는 특정 범위를 지니고 있다. 즉, 이 범위 내에 있는 다른 MATLAB 개체들은 그 함수를 사용할 수 있으나, 범위 밖의 개체들은 접근할 수 없다. 지역 함수, 사유 함수 및 중첩 함수는 다른 MATLAB 함수에 대한 가시 범위가 제약되어 있다. 지역 함수는 같은 M 파일 내에서 정의된 다른 함수만이 호출할 수 있다. 사유 함수는 이 함수가 저장된 `private` 폴더와 바로 상위 폴더에 있는 함수만이 호출 가능하다. 중첩 함수는 이를 담고 있는 호스트 함수 또는 같은 수준의 다른 중첩 함수만이 사용할 수 있다. 그러나 제한된 인식 범위를 갖는 함수에 대해 함수 핸들을 만들면 MATLAB 환경 내 아무 곳에서라도 이 함수를 실행하는 데 필요한 모든 정보가 핸들에 저장된다. 지역 함수를 정의하는 M 파일 내에서 이 지역 함수에 대한 핸들을 만든 후 외부에 있는 코드에 핸들을 넘김으로써 지역 함수를 통상적인 인식 범위 밖에서 실행할 수 있다. 사유 함수나 중첩 함수도 비슷한 방법으로 인식 범위를 넓힐 수 있다.
4. **하나의 M 파일당 많은 함수를 담을 수 있어 파일 관리가 쉬워진다.** 함수 핸들을 사용하면 함수를 담기 위한 M 파일의 수를 줄이는 데 도움이 된다. 하나의 M 파일에 많은 함수를 묶어 수록하는 것은 지역 함수를 정의하는 결과가 되어 MATLAB 환경 내의 인식 범위가 제약된다는 문제가 발생한다. 함수 핸들을 사용하면 지역 함수들을 통상적인 인식 범위 밖에서 호출할 수 있으므로 이런 제약을 극복할 수 있다. 따라서 여러 함수들을 묶어 M 파일에 담을 수 있어 관리해야 할 파일 수를 줄일 수 있다.

7.3.3 함수 핸들과 중첩 함수

MATLAB에서 보통의 함수를 호출하면 그 함수의 변수를 담는 특별한 작업 공간이 생긴다. 함수 실행이 끝나면 작업 공간은 파괴되어, `persistent` 라벨을 지닌 변수 외에는 모든 데이터가 유실된다. 함수를 다시 실행하면 완전히 새로운 작업 공간이 생긴다.

이와는 대조적으로, 호스트 함수가 중첩 함수에 대해 함수 핸들을 만들어 호출 프로그램에 반환하면 함수 핸들이 존재하는 한 호스트 함수의 작업 공간이 계속 남아 있게 된다. 중첩 함수는 호스트 함수의 변수를 사용할 수 있으므로 중첩 함수가 쓰일 가능성이 남아 있는 한 호스트 함수의 데이터가 보존된다. 즉, 함수 호출 간에 데이터를 보존할 수 있음을 의미한다.

아래에 보인 함수는 이런 구상을 예시하고 있다. `count_calls` 함수는 지역 변수 `current_count`를 사용자가 지정한 초기 횟수로 초기화한 후, 중첩 함수 `increment_count`에 대한 핸들을 반환한다. 이 함수 핸들을 사용하여 `increment_count`를 호출하면 한 차례 늘어난 횟수가 반환된다.

```
function fhandle = count_calls(initial_value)

% Save initial value in a local variable
% in the host function.
current_count = initial_value;

% Create and return a function handle to the
% nested function below.
fhandle = @increment_count;

   % Define a nested function to increment counter
   function count = increment_count
   current_count = current_count + 1;
   count = current_count;
   end % function increment_count

end % function count_calls
```

이 프로그램의 실행 결과가 아래에 나와 있다. 함수 핸들을 호출할 때마다 횟수가 하나씩 늘어난다.

```
» fh = count_calls(4);
» fh()
ans =
        5
» fh()
ans =
        6
» fh()
ans =
        7
```

더욱 중요한 점은 한 함수에 대해 만든 여러 함수 핸들이 각자 자신의 고유한 작업 공간을 갖는다는 것이다. 이 함수에 대해 두 개의 핸들을 만들면 각 핸들은 자신의 고유한 지역 데이터를 독립적으로 갖게 된다. 다음 예에서 적절한 함수 핸들로 중첩 함수를 호출함으로써 각 계수기를 독립적으로 가동할 수 있음을 볼 수 있다.

```
» fh1 = count_calls(4);
» fh2 = count_calls(20);
» fh1()
ans =
     5
» fh1()
ans =
     6
» fh2()
ans =
    21
» fh1()
ans =
     7
```

이 기능을 사용하여 한 프로그램 내에서 다수의 계수기를 상호 간섭 없이 돌릴 수 있다.

7.3.4 예제 응용: 상미분방정식의 풀이

함수 핸들의 매우 중요한 응용 중 하나가 상미분방정식을 풀기 위해 설계된 MATLAB 함수에서 나타난다. MATLAB은 다양한 조건 하의 미분방정식을 푸는 함수가 굉장히 많은데, 그 중 가장 유용한 것이 ode45이다. 이 함수는 다음과 같은 형태의 상미분방정식을 푼다.

$$y' = f(t,y) \tag{7.1}$$

이 함수는 Runge-Kutta (4,5) 적분 알고리즘을 사용하고, 다수의 다른 입력 조건을 가진 다양한 유형의 방정식에 대해서 잘 동작한다.

이 함수의 호출 구문은 다음과 같다.

```
[t,y] = ode45(odefun_handle,tspan,y0,options)
```

여기서 입력 인수는 다음과 같고,

odefun_handle	미분방정식의 도함수 y'를 구하는 함수 $f(t,y)$의 핸들
tspan	적분 시간 범위를 담은 벡터. 2원소 벡터 [t0 tend]이면 적분의 시작점과 끝점으로 간주된다. 이 배열이 두 개 이상의 원소를 담고 있으면 지정된 시간 각각에서 미분방정식의 해의 값이 반환된다.
y0	시간 t0에서 변수 y의 초기 조건
options	기본 적분 특성을 바꾸기 위한 선택적인 인수의 구조체(이 책에서는 다루지 않을 것이다.)

출력 인수는 다음과 같다.

t	미분방정식의 해를 구한 시점을 담은 열벡터
y	미분방정식의 해 배열 y의 각 행은 t의 같은 행에서 지정된 시간에서의 해를 담고 있다.

이 함수는 종속 변수가 y_1, y_2 등등의 원소를 갖는 벡터가 되는 연립 1차 미분방정식에서도 잘 동작한다.

이 함수를 더 잘 이해하기 위하여 몇몇 미분방정식 예제를 다룰 것이다. 첫 번째로, 간단한 1차 선형 시불변 미분방정식을 생각해보자.

$$\frac{dy}{dt} + 2y = 0 \tag{7.2}$$

초기 조건은 $y(0)=1$이다. 이 미분방정식의 도함수는 다음과 같다.

$$\frac{dy}{dt} = -2y \tag{7.3}$$

이 함수는 다음과 같은 MATLAB 프로그램으로 나타낼 수 있다.

```
function yprime = fun1(t,y)
yprime = -2 * y;
```

ode45 함수를 사용하여 $y(t)$에 관한 식 (7.2)를 풀 수 있다.

```
% Script file: ode45_test1.m
%
% Purpose:
```

```
%    This program solves a differential equation of the
%    form dy/dt + 2 * y = 0, with the initial condition
%    y(0) = 1.
%
% Record of revisions:
%      Date              Programmer              Description of change
%      ====              ==========              =====================
%    03/15/14          S. J. Chapman            Original code
%
% Define variables:
%  odefun_handle  -- Handle to function that defines the derivative
%   tspan         -- Duration to solve equation for
%   yo            -- Initial condition for equation
%   t             -- Array of solution times
%   y             -- Array of solution values

% Get a handle to the function that defines the
```

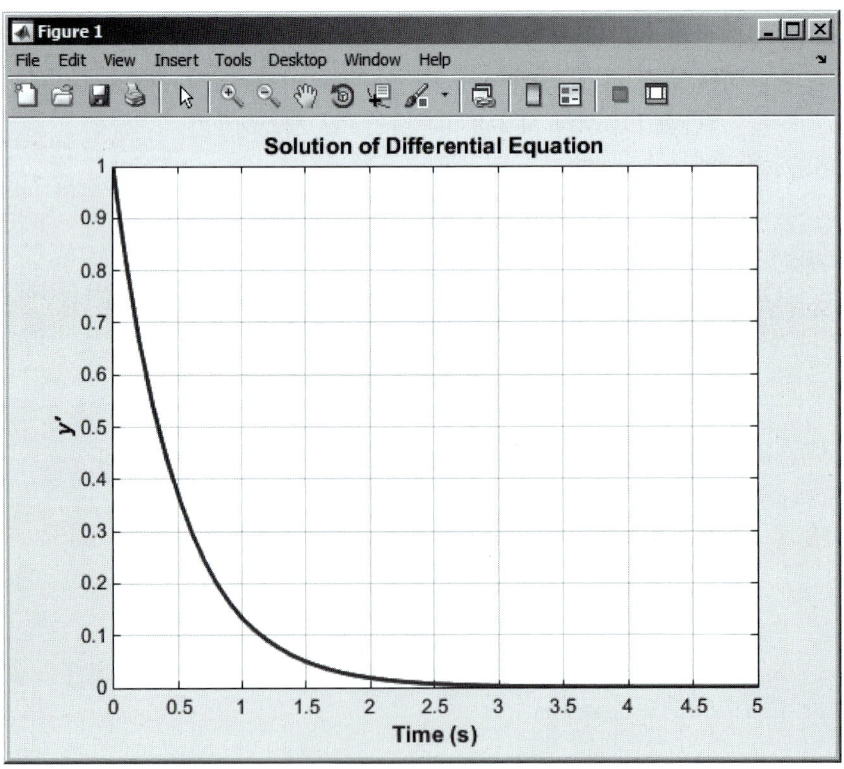

그림 7.5 초기치 $y(0)=1$인 미분방정식 $dy/dt+2y=0$의 풀이 결과

```
% derivative.
odefun_handle = @fun1;

% Solve the equation over the period 0 to 5 seconds
tspan = [0 5];

% Set the initial conditions
y0 = 1;

% Call the differential equation solver.
[t,y] = ode45(odefun_handle,tspan,y0);

% Plot the result
figure(1);
plot(t,y,'b-','LineWidth',2);
grid on;
title('\bfSolution of Differential Equation');
xlabel('\bfTime (s)');
ylabel('\bf\ity''');
```

이 스크립트 파일을 실행하면 결과는 그림 7.5와 같이 나타난다. 그래프가 나타내는 지수적 감소는 1차 선형 미분방정식에서 예상되는 해와 정확히 일치한다.

▶ 예제 7.2 — 방사성의 연쇄 붕괴

방사성 동위원소 토륨-227은 18.68일의 반감기를 가지고 라듐-223으로 붕괴하고, 이어서 라듐-223은 11.43일의 반감기를 가지고 라돈-219로 붕괴한다. 토륨-227의 방사성 붕괴 상수는 λ_{th}=0.03710638/일이고, 라돈의 방사성 붕괴 상수는 λ_{ra}=0.0606428/일이다. 초기에 토륨 원자가 1백만 개 있다고 가정했을 때, 토륨-227과 라듐-223의 양을 시간의 함수로 계산하고 그래프를 그려라.

풀이

토륨-227의 감소 속도는 특정 시점에서 토륨-227의 양과 붕괴 상수의 곱과 같다.

$$\frac{dn_{th}}{dt} = -\lambda_{th} n_{th} \tag{7.4}$$

여기서 n_{th}는 토륨-227의 양이고, λ_{th}는 1일당 붕괴 속도이다. 라듐-223의 감소 속도는 특정 시점에서 라듐-223의 양과 이 물질의 붕괴 상수의 곱과 같다. 하지만 라듐-223의 양은 붕괴하는 토륨-227의 원자의 양만큼 증가하므로 라듐-223의 총 변화량은 다음과 같다.

$$\frac{dn_{ra}}{dt} = -\lambda_{ra} n_{ra} - \frac{dn_{th}}{dt}$$

$$\frac{dn_{ra}}{dt} = -\lambda_{ra} n_{ra} + \lambda_{th} n_{th} \tag{7.5}$$

여기서 n_{ra}는 라돈-219의 양이고, λ_{ra}는 1일당 붕괴 속도이다. 식 (7.4)와 (7.5)를 동시에 풀어 임의의 시간에 존재하는 토륨-227과 라듐-223의 양을 구할 수 있다.

1. **문제 기술**

   초기에 토륨-227 원자가 1,000,000개 있지만 라듐-223은 없을 때, 각 시간에 존재하는 토륨-227과 라듐-223의 양을 계산하고 그래프로 나타내라.

2. **입출력 정의**

   이 프로그램에서는 입력이 없다. 이 프로그램의 출력은 시간의 함수로 나타낸 토륨-227과 라듐-223의 그래프이다.

3. **알고리즘 설계**

   이 프로그램은 세 가지 주요 단계로 나눌 수 있다.

```
토륨-227과 라듐-223의 도함수를 나타내는 함수를 만든다.
ode45를 사용하여 미분방정식을 푼다.
결과값을 그린다.
```

첫 번째 단계는 토륨-227과 라듐-223의 변화율을 계산하는 함수를 만드는 것이다. 이것은 단지 식 (7.4)와 (7.5)를 MATLAB 프로그램으로 구현한 것이다. 이 단계의 유사 코드는 다음과 같다.

```
function yprime = decay1(t,y)
yprime(1) = -lambda_th * y(1);
yprime(2) = -lambda_ra * y(2) + lambda_th * y(1);
```

다음으로 미분방정식을 푼다. 이를 위해 초기 조건과 기간을 정하고, ode45를 호출한다. 자세한 유사 코드는 다음과 같다.

```
% Get a function handle.
odefun_handle = @decay1;
```

```
% Solve the equation over the period 0 to 100 days
tspan = [0 100];

% Set the initial conditions
y0(1) = 1000000;      % Atoms of thorium-227
y0(2) = 0;            % Atoms of radium-223

% Call the differential equation solver.
[t,y] = ode45(odefun_handle,tspan,y0);
```

마지막 단계는 결과를 출력하고 그리는 것이다. 각각의 결과는 해당 열에 나타날 것이다. 즉, `y(:,1)`은 토륨-227의 양을, `y(:,2)`는 라듐-223의 양을 각각 나타낼 것이다.

4. MATLAB문으로 변환

이 문제를 풀기 위한 MATLAB 코드는 아래와 같다.

```
% Script file: calc_decay.m
%
% Purpose:
%   This program calculates the amount of thorium-227 and
%   radium-223 left as a function of time, given an initial
%   concentration of 1000000 atoms of thorium-227
%   and no atoms 0 radium-223.%
% Record of revisions:
%     Date         Programmer        Description of change
%     ====         ==========        =====================
%   03/15/14     S. J. Chapman     Original code
%
% Define variables:
% odefun_handle -- Handle to function that defines the derivative
%  tspan        -- Duration to solve equation for
%  yo           -- Initial condition for equation
%  t            -- Array of solution times
%  y            -- Array of solution values

% Get a handle to the function that defines the derivative.
odefun_handle = @decay1;

% Solve the equation over the period 0 to 100 days
tspan = [0 100];
```

```
% Set the initial conditions
y0(1) = 1000000;     % Atoms of thorium-227
y0(2) = 0;           % Atoms of radium-223

% Call the differential equation solver.
[t,y] = ode45(odefun_handle,tspan,y0);

% Plot the result
figure(1);
plot(t,y(:,1),'b-','LineWidth',2);
hold on;
plot(t,y(:,2),'k--','LineWidth',2);
title('\bfAmount of Thorium-227 and Radium-223 vs Time');
xlabel('\bfTime (days)');
ylabel('\bfNumber of Atoms');
legend('Thorium-227','Radium-223');
grid on;
hold off;
```

도함수를 계산하는 함수는 아래와 같다.

```
function yprime = decay1(t,y)
%DECAY1 Calculates the decay rates of thorium-227 and radium-223.
% Function DECAY1 Calculates the rates of change of thorium-227
% and radium-223 (yprime) for a given current concentration y.

% Define variables:
%   t        -- Time (in days)
%   y        -- Vector of current concentrations
%
%  Record of revisions:
%      Date        Programmer        Description of change
%      ====        ==========        =====================
%    03/15/14     S. J. Chapman      Original code

% Set decay constants.
lambda_th = 0.03710636;
lambda_ra = 0.0606428;

% Calculate rates of decay
yprime = zeros(2,1);
yprime(1) = -lambda_th * y(1);
yprime(2) = -lambda_ra * y(2) + lambda_th * y(1);
```

5. **프로그램 시험**

프로그램을 실행하면 결과는 그림 7.6과 같다. 결과는 일리가 있어 보인다. 토륨-227의 초기값은 고농도에서 시작하여 지수적으로 대략 18일에 절반이 감소하는 것을 보인다. 라듐-223의 초기값은 0에서 시작하여 급격하게 증가하는데, 이는 토륨-227의 붕괴 때문이다. 그리고 토륨-227의 붕괴로부터 증가하는 양이 라듐-223의 붕괴 속도보다 줄어들면서 라듐-223도 줄어들기 시작한다.

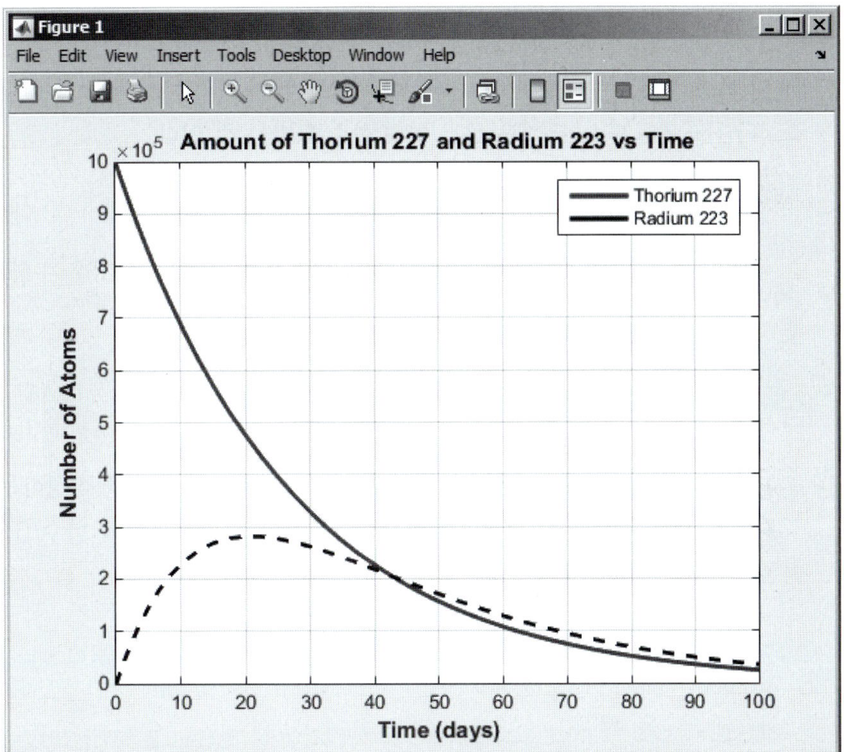

그림 7.6 토륨-227과 라듐-223의 방사성 붕괴를 시간에 따라 나타낸 그래프

7.4 익명 함수

익명 함수는 '이름 없는'[1] 함수이다. 익명 함수는 단일 MATLAB 명령문으로 함수를 선언한 후 그 핸들을 반환함으로써 만들 수 있는데, 나중에 이 핸들을 사용하여 선언된 함수를 실행할 수 있다. 익명 함수의 형식은 다음과 같다.

```
fhandle = @ (arglist) expr
```

여기서 fhandle은 함수를 참조하기 위한 함수 핸들이고, arglist는 입력 가인수의 목록, expr는 인수 목록 내의 변수를 포함하는 식이다. 예를 들어 다음과 같은 함수 $f(x) = x^2 - 2x - 2$를 계산하는 익명 함수를 만들 수 있다.

```
myfunc = @ (x) x.^2 - 2*x - 2
```

이제 함수 핸들을 사용하여 다음과 같은 호출을 통해 함수의 값을 구할 수 있다.

```
» myfunc(2)
ans =
       -2
```

익명 함수는 '함수의 함수' 안에서 쓸 수 있는 간단한 함수를 작성하는 빠른 방법이다. 예를 들어 다음과 같이 fzero에 익명 함수를 넘김으로써 함수 $f(x) = x^2 - 2x - 2$의 영점을 찾을 수 있다.

```
» root = fzero(myfunc,[0 4])
root =
       2.7321
```

7.5 반복 함수

스스로를 호출하는 함수를 **반복 함수**(recursive function)라고 부른다. 계승 함수(factorial function)는 반복 함수의 좋은 예이다. 5장에서 계승 함수를 다음과 같이 정의했다.

1 이것이 '익명'이라는 단어의 뜻이다.

$$n! = \begin{cases} 1 & n = 0 \\ n \times (n-1) \times (n-2) \times \ldots \times 2 \times 1 & n > 0 \end{cases} \tag{7.6}$$

이 정의는 다음과 같이 쓸 수 있다.

$$n! = \begin{cases} 1 & n = 0 \\ n \times (n-1)! & n > 0 \end{cases} \tag{7.7}$$

계승 함수 $n!$의 값은 계승 함수 자신을 사용하여 정의된다. MATLAB 함수는 반복 연산을 허용하도록 고안되었으므로 식 (7.7)을 MATLAB에서 직접 구현할 수 있다.

▶ 예제 7.3 — 계승 함수

반복 함수의 연산을 예시하기 위하여 식 (7.7)의 정의를 사용하여 계승 함수를 구현할 것이다. 양수 n의 계승을 계산하는 MATLAB 코드는 다음과 같다.

```
function result = fact(n)
%FACT Calculate the factorial function
% Function FACT calculates the factorial function
% by recursively calling itself.

% Define variables:
%   n         -- Non-negative integer input
%
% Record of revisions:
%    Date        Programmer         Description of change
%    ====        ==========         =====================
%  07/07/14    S. J. Chapman       Original code

% Check for a legal number of input arguments.
msg = nargchk(1,1,nargin);
error(msg);

% Calculate function
if n == 0
   result = 1;
else
   result = n * fact(n-1);
end
```

이 프로그램을 실행하면 예상대로 다음 결과를 얻는다.

```
» fact(5)
ans =
    120
» fact(0)
ans =
      1
```

7.6 그래프를 그리는 함수

이전의 모든 도표에서는 도표로 나타낼 데이터 배열을 만든 후 이를 도표 그리기 함수에 전달하였다. MATLAB은 중간 데이터 배열을 만들 필요 없이 함수의 그래프를 바로 그려주는 두 개의 함수를 제공하고 있는데, ezplot과 fplot이 바로 그런 함수이다.

함수 ezplot은 다음과 같은 형식을 취한다.

```
ezplot(fun);
ezplot(fun, [xmin xmax]);
ezplot(fun, [xmin xmax], figure);
```

인수 fun은 함수 핸들이거나, M 파일 함수의 이름 또는 계산할 함수식을 담은 문자열일 수 있다. 선택적 인수 [xmin xmax]는 그래프의 범위를 지정하는데, 없을 때는 -2π와 2π 사이에서 그래프가 그려진다. 선택적 인수인 figure는 그림창 번호를 지정한다.

예를 들어 다음과 같은 명령문은 함수 $f(x) = \sin x / x$를 -4π와 4π 사이에서 그린다. 이 명령문의 출력은 그림 7.7과 같다.[2]

```
ezplot('sin(x)/x',[-4*pi 4*pi]);
title('Plot of sin x / x');
grid on;
```

2 정확하게 0에서의 이 함수의 값은 0/0임을 주의하라. 이 값은 정의되지 않아서 NaN(수치가 아님)을 반환한다. MATLAB은 벡터를 그래프로 그릴 때 NaN을 무시하므로 그래프가 연속적인 것처럼 보인다.

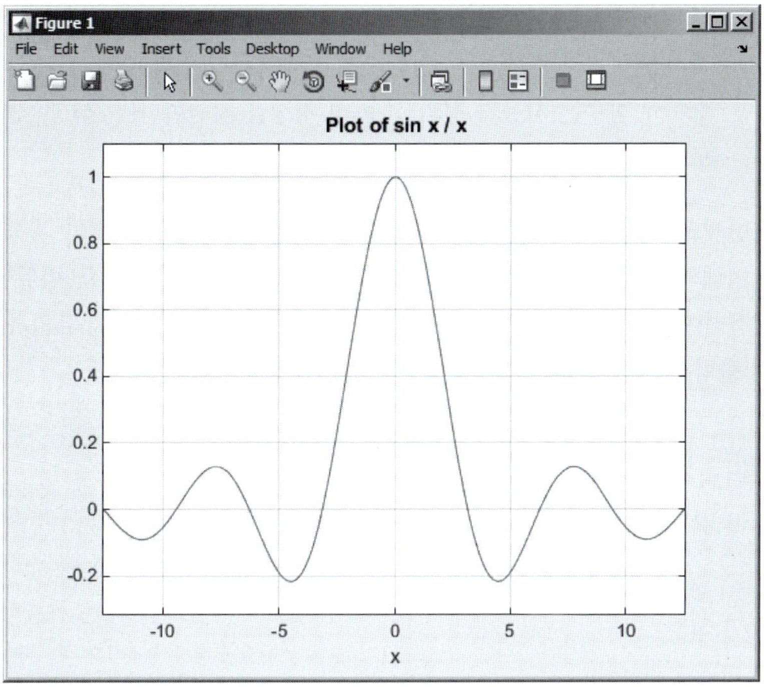

그림 7.7 함수 $f(x)=\sin x/x$를 ezplot 함수를 이용하여 그린 그래프

fplot 함수는 ezplot과 비슷하지만 좀 더 정교하다. 이 함수는 다음과 같은 형식을 취한다.

```
fplot(fun);
fplot(fun, [xmin xmax]);
fplot(fun, [xmin xmax], LineSpec);
[x, y] = fplot(fun, [xmin xmax], ...);
```

인수 fun은 함수 핸들이거나, M 파일 함수의 이름 또는 계산할 함수식을 담은 문자열일 수 있다. 선택적 인수 [xmin xmax]는 그래프의 범위를 지정하는데, 없을 때는 -2π와 2π 사이에서 그래프가 그려진다. 선택적 변수 LineSpec은 선 색상, 선 스타일, 마커 모양을 고를 수 있게 해준다. LineSpec 값은 plot 함수에서와 같이 해주면 된다. fplot의 마지막 버전은 실제로 함수를 그리지 않고 선의 값을 x와 y로 반환한다.

fplot 함수는 ezplot에 비해 다음과 같은 장점이 있다.

1. fplot 함수는 함수가 빠르게 변화하는 영역에서 더 많은 데이터 점을 계산하

여 표시한다는 의미의 적응형(adaptive) 방식을 취하고 있다. 따라서 함수가 급격히 변하는 지점에서 더 정확하게 그래프를 그린다.

2. fplot 함수는 사용자 정의 선 속성 지정을 지원한다(선 색상, 선 스타일, 마커 모양).

일반적으로 함수를 그릴 때 ezplot보다 fplot을 사용하는 것이 더 낫다.

아래의 명령문은 함수 $f(x) = \sin x/x$의 그래프를 -4π와 4π 범위에서 fplot을 이용하여 그린 것이다. 빨간 단선과 원형 마커를 지정하였음을 유의하라. 이 명령문의 출력은 그림 7.8과 같다(책 중간의 컬러페이지 참조).

```
fplot('sin(x)/x',[-4*pi 4*pi],'-or');
title('Plot of sin x / x');
grid on;
```

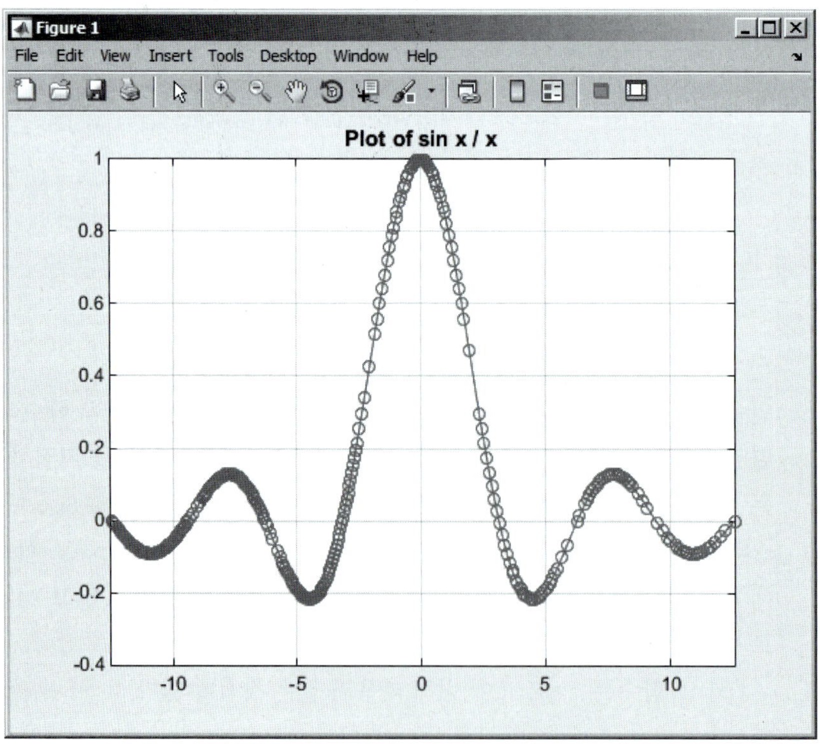

그림 7.8 함수 $f(x)=\sin x/x$를 fplot을 이용하여 그린 그래프(책 중간의 컬러페이지 참조)

좋은 프로그래밍 습관

데이터 배열을 만들지 않고 바로 함수를 그리고 싶다면 fplot 함수를 사용하라.

7.7 히스토그램

히스토그램(histogram)은 데이터 집합에서 값의 분포를 보여주는 도표이다. 히스토그램을 만들기 위해서는, 데이터 집합이 갖는 값의 범위를 등간격의 구간(bin)으로 나눈 후 각 구간에 속한 값을 갖는 데이터의 수를 계산하면 된다. 다음 각 구간의 개수를 구간 번호의 함수로 그린다.

MATLAB의 표준 히스토그램 함수는 hist로서 그 형식은 다음과 같다.

```
hist(y)
hist(y,nbins)
hist(y,x)
[n,xout] = hist(y,...)
```

첫 번째 형식은 10개의 등간격 구간을 사용하여 히스토그램을 만드는 반면, 두 번째 형식에서는 nbins 개의 구간을 사용한다. 세 번째 형식은 사용자가 구간의 중심을 배열 x로 지정하는 것을 허용함으로써 다양한 간격의 구간을 사용하는 히스토그램을 만든다. 세 경우 모두 hist 함수는 히스토그램을 만들어 실제 그래프를 그린다. 마지막 구문은 히스토그램을 만들어 구간 중심을 나타내는 xout 배열과 각 구간의 데이터 개수를 나타내는 배열 n을 반환하지만 실제 도표를 그리는 것은 아니다.

예를 들어, 다음 명령문은 10,000개의 가우시안 난수를 담은 데이터 집합을 생성한 후 15개의 등간격 구간을 사용하는 히스토그램을 그린다. 히스토그램의 결과는 그림 7.9와 같다.

```
y = randn(10000,1);
hist(y,15);
```

MATLAB은 방사형 축에 히스토그램을 생성하여 그리는 rose 함수도 포함하고 있다. 이 함수는 특별히 각도 데이터들의 분포를 파악하는 데 유용하다. 이 장의 끝에 있는 연습문제에서 이 함수를 사용할 것이다.

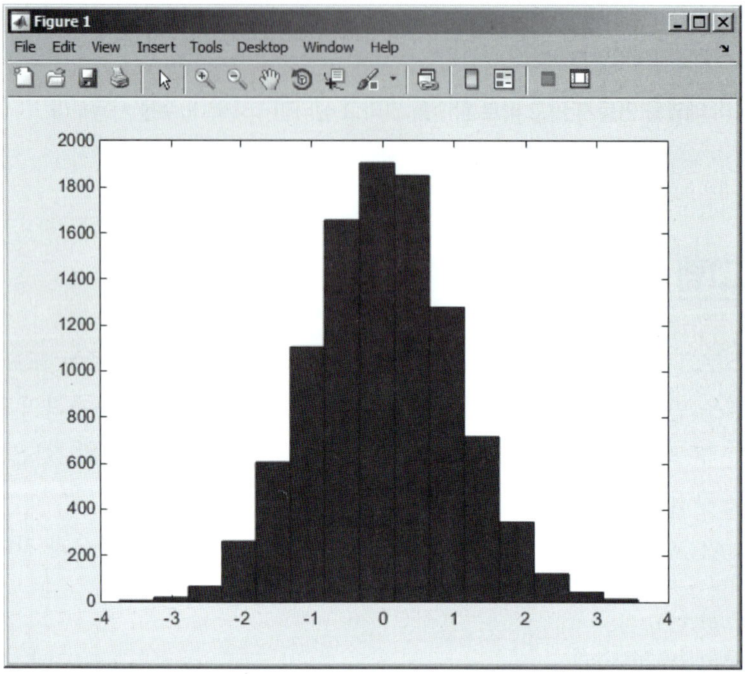

그림 7.9 히스토그램

▶ 예제 7.4 — 레이더 표적 처리

현대의 레이더는 코히어런트 적분(coherent integration)이라는 신호 처리 기법을 사용하여 표적의 거리와 속도를 결정한다. 그림 7.10은 레이더 데이터의 적분 구간을 출력한 모습을 보이고 있는데, 이는 dBmW 단위의 진폭을 상대적 거리와 속도의 함수로 나타낸 도표이다. 이 데이터 집합에는 표적 두 개(상대 거리 0m에서 80m/s로 움직이는 표적과 상대 거리 20m에서 60m/s로 움직이는 표적)가 나타나 있다. 거리-속도 공간의 나머지는 사이드로브(sidelobe)와 배경 잡음으로 채워져 있다.

이 레이더에 의해 검출되는 표적의 세기를 추정하기 위해서는 신호/잡음비(signal to noise ratio, SNR)를 계산할 필요가 있다. 각 표적의 진폭을 찾는 것은 쉽지만, 어떻게 배경의 잡음 수준을 결정할 수 있을까? 한 일반적인 접근방법은 레이더 데이터에서 대부분의 거리/속도 칸(cell)들은 단지 잡음만을 담고 있다는 사실에 기반을 두고 있는데, 거리/속도 칸들 가운데 가장 흔한 진폭을 알아낼 수 있다면 이 진폭이 잡음 수준에 해당하기 때문이다. 가장 흔한 진폭을 알아내는 좋은 방법은 거리/속도 공간 내 모든 표본에 대해 진폭의 히스토그램을 만들어 가장 많은 표본이 속한 진폭 구간을 찾는 것이다. 이제 신호 처리된 레이더 데이터 표본에서 배경 잡음 수준을 찾아보자.

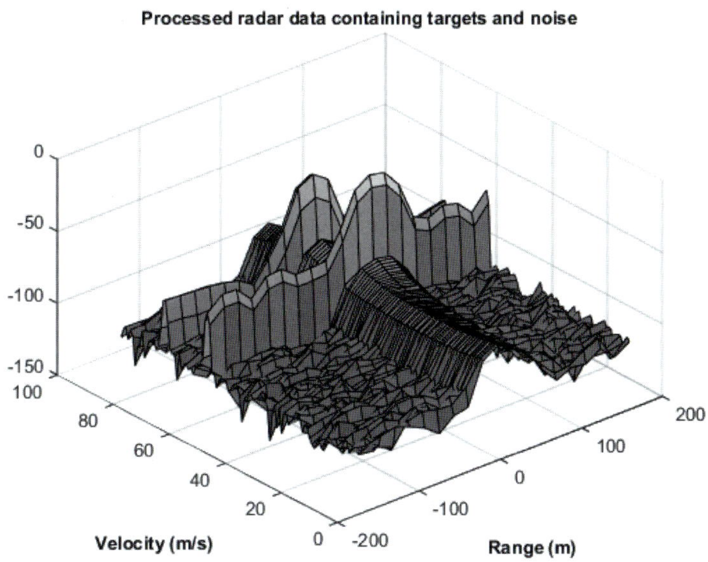

그림 7.10 두 개의 목표물과 배경 잡음을 갖는 레이더 거리-속도 공간(책 중간의 컬러페이지 참조)

풀이

1. **문제 기술**

   주어진 거리/속도 레이더 데이터의 표본에서 배경 잡음 수준을 결정하여 사용자에게 보고하라.

2. **입출력 정의**

   이 문제에서 입력은 `rd_space.mat` 파일에 저장된 레이더 데이터의 표본이다. 이 MAT 파일은 거리, 속도 및 진폭 데이터를 각각 나타내는 3개의 벡터 `range`, `velocity` 및 `amp`를 담고 있다. 이 프로그램의 출력은 데이터 표본 집합의 히스토그램에서 가장 많은 표본이 속한 구간의 진폭으로부터 결정한 잡음 수준이다.

3. **알고리즘 설계**

   이 작업은 4개의 주요 단계로 나누어질 수 있다.

   ```
   입력 데이터 집합을 읽어들인다.
   데이터의 히스토그램을 계산한다.
   히스토그램에서 최빈 구간을 찾는다.
   사용자에게 잡음 수준을 보고한다.
   ```

첫 번째 단계는 데이터를 읽어들이는 것이다. 이 과정을 위한 유사 코드는 다음과 같다.

```
% Load the data
load rd_space.mat
```

다음으로, 이 데이터의 히스토그램을 계산해야 한다. MATLAB 도움말에서 히스토그램 함수가 2차원 배열이 아닌 벡터 형태의 입력 데이터를 요구하고 있음을 볼 수 있다. 2장에서 설명한 바와 같이 2D 배열인 amp는 콜론 연산자를 이용하여(amp(:)) 1D 벡터로 변환할 수 있다. 출력 변수를 지정하는 히스토그램 함수 구문을 사용하면 구간 내 데이터 수와 구간 중심값을 담은 배열을 반환할 것이다. 사용할 구간의 수는 조심스럽게 선택해야 한다. 구간이 너무 적으면 잡음 수준 추정의 정밀도가 떨어질 것이고, 너무 많으면 표본 수가 충분하지 않아 이 구간들을 제대로 채우지 못할 것이다. 여기서는 양자 사이의 절충으로서 31개의 구간을 사용할 것이다. 이 단계를 위한 유사 코드는 다음과 같다.

```
% Calculate histogram
[nvals, amp_levels] = hist(amp(:), 31)
```

여기서 nvals는 각 구간의 표본 수를 나타내는 배열이고, amp_levels는 각 구간의 중심 진폭값을 담은 배열이다.

이제 출력 배열 nvals에서 최빈 구간을 찾아야 한다. 이를 위해 가장 좋은 방법은 배열에서 최대값(과 선택적으로 최대값의 위치)을 반환하는 MATLAB 함수 max를 사용하는 것이다. MATLAB 도움말을 살펴볼 때 우리가 필요로 하는 함수의 구문은 다음과 같다.

```
[max_val, max_loc] = max(array)
```

여기서 max_val은 배열의 최대값이고 max_loc는 최대값의 최대치의 행렬 지표이다. 일단 최빈 구간의 위치를 알아내면 그 구간의 신호의 세기는 배열 amp_levels에서 max_loc번째 원소로부터 알 수 있다. 이 단계의 유사 코드는 다음과 같다.

```
% Calculate histogram
[nvals, amp_levels] = hist(amp, 31)

% Get location of peak
```

```
[max_val, max_loc] = max(nvals)

% Get the power level of that bin
noise_power = amp_levels(max_loc)
```

마지막 단계는 사용자에게 알려주는 것이다. 이것은 간단하다.

```
Tell user.
```

4. **MATLAB문으로 변환**

최종 MATLAB 코드는 다음과 같다.

```
% Script file: radar_noise_level.m
%
% Purpose:
%   This program calculates the background noise level
%   in a buffer of radar data.
%
% Record of revisions:
%      Date       Programmer          Description of change
%      ====       ==========          =====================
%    05/29/14    S. J. Chapman        Original code
%
% Define variables:
%   amp_levels    -- Amplitude level of each bin
%   noise_power   -- Power level of peak noise
%   nvals         -- Number of samples in each bin

% Load the data
load rd_space.mat

% Calculate histogram
[nvals, amp_levels] = hist(amp(:), 31);

% Get location of peak
[max_val, max_loc] = max(nvals);

% Get the power level of that bin
noise_power = amp_levels(max_loc);

% Tell user
fprintf('The noise level in the buffer is %6.2f dBm.\n', noise_power);
```

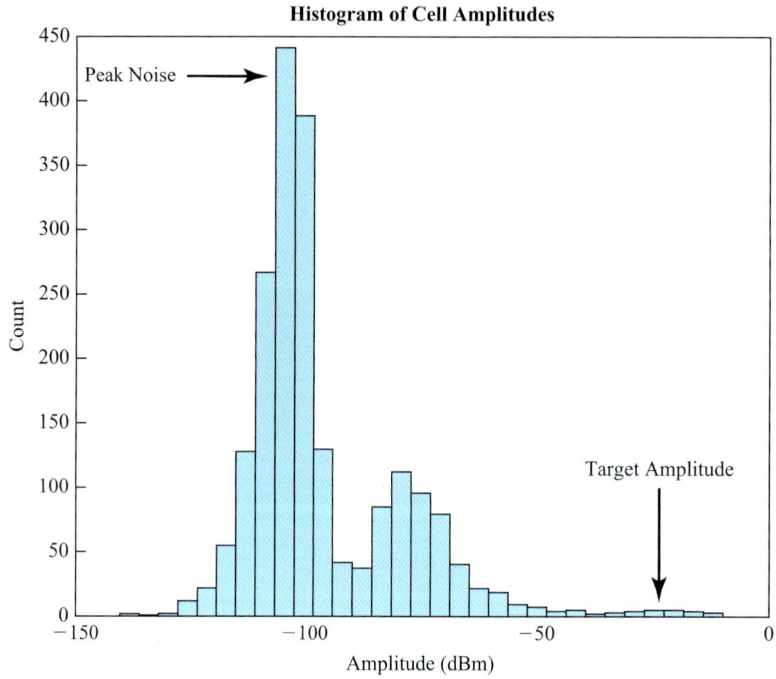

그림 7.11 배경 잡음의 세기와 감지된 표적의 세기를 보여주는 히스토그램

5. **프로그램 시험**

마지막으로 이 함수를 시험한다.

```
» radar_noise_level
The noise level in the buffer is -104.92 dBm.
```

이 해답을 확인해 보기 위해, 출력 인수 없이 hist를 호출하여 데이터의 히스토그램을 그린다.

```
hist(amp(:), 31);
xlabel('\bfAmplitude (dBm)');
ylabel('\bfCount');
title('\bfHistogram of Cell Amplitudes');
```

결과 그래프는 그림 7.11처럼 나타난다. 표적의 세기는 대략 −20dBm, 잡음의 세기는 대략 −105dBm으로 나타나게 된다. 이 프로그램은 제대로 작동하는 것으로 보인다.

퀴즈 7.1

이 퀴즈는 7.1절부터 7.7절까지 소개한 개념을 여러분이 잘 이해하고 있는지를 확인하기 위한 것이다. 만일 퀴즈를 푸는 데 어려움이 있다면 해당 절을 다시 읽고 강사에게 질문하거나 다른 학우와 토의하라. 이 퀴즈의 답은 책의 말미에 수록되어 있다.

1. 지역 함수란 무엇인가? 보통의 함수와는 어떻게 다른가?
2. '인식 범위(scope)'의 의미는 무엇인가?
3. 사유 함수란 무엇인가? 보통의 함수와는 어떻게 다른가?
4. 중첩 함수란 무엇인가? 중첩 함수의 호스트 함수에서 변수의 인식 범위는 무엇인가?
5. MATLAB은 어떤 순서로 실행할 함수를 찾는가?
6. 함수 핸들이란 무엇인가? 어떻게 함수 핸들을 만드는가? 어떻게 함수 핸들을 사용하여 함수를 호출할 수 있는가?
7. 아래에 보인 함수를 myfun(@cosh)라는 식으로 호출하면 무엇이 반환되겠는가?

```
function res = myfun(x)
res = func2str(x);
end
```

7.8 요약

이 장에서 사용자 정의 함수의 고급 기능을 살펴보았다.

함수의 함수는 다른 함수의 이름을 입력 인수로 갖는 함수이다. 이 함수로 넘겨진 이름을 갖는 함수는 대개 이 함수의 실행중에 사용된다. 이런 함수의 예로는 도표 그리기 함수와 근 구하기 함수가 있다.

지역 함수는 함수를 담고 있는 하나의 파일에 추가해 넣은 함수이다. 지역 함수는 같은 파일에 있는 다른 함수들만 접근할 수 있다. 사유 함수는 private라는 이름의 특별한 하위 폴더에 있는 함수이다. 이 함수는 private 폴더와 그 상위 폴더에 있는 함수들만 접근할 수 있다. 중첩 함수는 호스트 함수라고 부르는 다른 함수의 내부에서 완전히 정의되는 함수이다. 중첩 함수는 자신의 지역 변수뿐만 아니라 호스트 함수의 변수에도 접근할 수 있다. 지역 함수, 사유 함수 및 중첩 함수를 사용하여

MATLAB 함수의 접근을 제한할 수 있다.

함수 핸들은 함수 호출에 필요한 모든 정보를 담은 특별한 형의 데이터이다. 함수 핸들은 @ 연산자나 `str2func` 함수를 사용하여 만들며, 핸들 이름 뒤에 호출 인수를 괄호로 묶어 표기하여 사용한다.

익명 함수는 이름이 없는 간단한 함수로서 한 줄의 명령문으로 만들고, 함수 핸들을 이용하여 호출한다.

`ezplot`과 `fplot` 함수는 출력 데이터를 먼저 만들 필요 없이 사용자가 지정한 함수를 직접 그려주는 함수의 함수이다.

히스토그램은 데이터 집합의 값의 범위를 일련의 구간으로 나눈 후 각 구간에 속하는 표본의 수를 막대그래프 형식으로 나타낸 도표이다.

7.8.1 [좋은 프로그래밍 습관] 요약

MATLAB 함수를 사용할 때 다음 지침을 준수하여야 한다.

1. 특수 목적의 계산을 수행하되 일반적으로 다른 함수가 접근하지 못하도록 숨기려면 지역 함수, 사유 함수 또는 중첩 함수를 사용하라. 함수를 숨기면 우발적 사용이나 같은 이름을 가진 다른 공용 함수와 충돌하는 것을 막을 수 있다.
2. 데이터 배열을 만들 필요 없이 바로 함수를 그리고 싶다면 `fplot` 함수를 사용하라.

7.8.2 MATLAB 요약

다음은 이 장에서 설명한 모든 MATLAB 명령어와 함수를 요약하여 수록한 것이다.

명령어와 함수

@	함수 핸들(또는 익명 함수)을 만든다.
`eval`	문자열에 대해 마치 명령창에서 입력한 MATLAB 코드로 간주하여 그 실행 결과를 구한다.
`ezplot`	함수의 그래프를 쉽게 그릴 수 있도록 한다.
`feval`	특정한 x에서 M 파일에 의해 정의된 함수 $f(x)$의 값을 계산한다.
`fminbnd`	단일 변수 함수를 최소화한다.
`fplot`	지정된 이름의 함수의 그래프를 그린다.

functions	함수 핸들로부터 함수 이름, 유형 등의 정보를 찾아 구조체 배열로 반환한다.
func2str	주어진 함수 핸들에 해당하는 함수 이름 문자열을 복원한다.
fzero	일변수 함수의 영점을 찾는다.
global	전역 변수를 선언한다.
hist	데이터 집합의 히스토그램을 계산하고 그린다.
inputname	특정 인수 번호에 해당하는 실인수 변수의 이름을 반환한다.
nargchk	함수 호출 때 사용된 인수가 너무 적거나 많을 때 표준 오류 메시지를 반환한다.
nargin	함수 호출 때 사용된 입력 실인수의 개수를 반환한다.
nargout	함수 호출 때 사용된 출력 실인수의 개수를 반환한다.
ode45	Runge-Kutta(4,5) 알고리즘을 사용하여 상미분방정식을 푼다.
quad	수치적으로 함수를 적분한다.
str2func	특정한 문자열로부터 함수 핸들을 만든다.

7.9 연습문제

7.1 6장에서 다룬 random0 함수를 사용하여 [-1.0,1.0)의 범위에서 난수를 생성하는 함수를 작성하라. 새로운 함수에서 random0를 지역 함수로 사용하라.

7.2 low와 high를 인수로 삼아 random0 함수를 호출하여 [low, high)의 범위에서 난수를 생성하는 함수를 작성하라. 새로운 함수가 random0 함수를 사유 함수로 호출하도록 하라.

7.3 연습문제 6.20에서 정의된 쌍곡 사인, 쌍곡 코사인, 쌍곡 탄젠트 함수의 값을 계산하는 하나의 MATLAB 함수 hyperbolic을 작성하라. 이 함수는 두 개의 입력 인수를 가져야 한다. 첫 번째 인수는 함수의 이름 'sinh' 또는 'cosh' 또는 'tanh'를 담는 문자열이고, 두 번째 인수는 함수의 값을 구하려고 하는 x값이다. 이 파일에 실제 계산을 수행하는 세 개의 지역 함수 sinh1, cosh1, tanh1을 포함시킨 후, 주 함수에서 첫 번째 인수의 내용에 따라 적절한 함수를 호출하여야 한다(주의: 이 함수는 인수의 개수나 문자열이 부정확한 경우를 다룰 수 있어야 하고, 이런 경우 오류 메시지를 띄워야 한다).

7.4 다음 세 함수 $f(x) = 10 \cos x$, $g(x) = 5 \sin x$, $h(a,b) = \sqrt{a^2 + b^2}$를 익명 함수로 나타내는 프로그램을 작성하라. $-10 \le x \le 10$의 범위에서 $h(f(x), g(x))$를 그려라.

7.5 `fplot` 함수를 사용하여, $0.1 \le x \le 10.0$ 범위에서 $f(x) = 1/\sqrt{x}$ 함수를 그려라. 도표에 제목과 축 제목을 포함시켜라.

7.6 **일변수 함수의 최소화.** `fminbnd` 함수는 사용자가 정의한 구간에서 함수의 최소값을 찾는 데 사용된다. MATLAB 도움말을 참조하여 (0.5, 1.5) 구간에서 $y(x) = x^4 - 3x^2 + 2x$ 함수의 최소값을 찾아라. $y(x)$는 익명 함수로 나타내라.

7.7 (−2, 2) 범위에서 $y(x) = x^4 - 3x^2 + 2x$ 함수를 그려라. 다음 `fminbnd` 함수를 사용하여 (−0.5, 1.5) 구간에서 최소값을 찾아라. 주어진 영역에서 실제로 최소값을 찾았는가? 여기서 어떤 일이 벌어지고 있는가?

7.8 **히스토그램.** MATLAB 내장 함수 `randn`을 사용하여 가우시안 난수 100,000개를 담은 배열을 만들어라. 이 데이터에 대해 21개 구간을 갖는 히스토그램을 그려라.

7.9 **각 히스토그램(Rose plot).** MATLAB 내장 함수 `randn`을 사용하여 가우시안 난수 100,000개를 담은 배열을 만들어라. 이 데이터에 대해 21개 구간을 갖는 히스토그램을 만든 후, 각 히스토그램 도표로 나타내라(힌트: MATLAB 도움말에서 rose를 참조하라).

7.10 **함수의 최소값과 최대값.** 특정 범위에서 임의의 함수 $f(x)$의 최대값과 최소값을 탐색하는 MATLAB 함수를 작성하라. 이 함수에 탐색 대상 함수를 호출 인수로 전달하여야 한다. 함수는 다음과 같은 입력 인수를 가져야 한다.

`first_value` -- 탐색할 첫 번째 x값
`last_value` -- 탐색할 마지막 x값
`num_steps` -- 탐색할 구간 수
`func` -- 탐색 대상 함수의 이름

함수는 다음과 같은 출력 인수를 가져야 한다.

`xmin` -- $f(x)$가 최소가 되는 x값
`min_value` -- $f(x)$의 최소값

`xmax` -- $f(x)$가 최대가 되는 x값
`max_value` -- $f(x)$의 최대값

정확한 개수의 입력 인수가 있는지를 확인하도록 하여야 하며, MATLAB `help`와 `lookfor` 명령어를 사용할 수 있도록 적절한 주석문을 삽입하여야 한다.

7.11 앞 문제에서 작성한 함수를 시험하는 프로그램을 작성하라. 시험 프로그램은 함수의 함수에 사용자 정의 함수 $f(x) = x^3 - 5x^2 + 5x + 2$를 전달하고, $-1 \le x \le 3$ 범위를 200구간으로 나누어 최소값과 최대값을 찾아, 그 결과를 출력하여야 한다.

7.12 0과 2π 사이에서 함수 $f(x) = \cos^2 x - 0.25$의 영점을 찾는 프로그램을 작성하라. 실제로 영점을 찾는 단계에서 `fzero` 함수를 사용하라. 주어진 범위에서 함수를 그려 `fzero`가 정확한 값을 찾았는지 확인하라.

7.13 -2π와 2π 사이에서 $\pi/10$의 간격으로 함수 $f(x) = \tan^2 x + x - 2$의 값을 구해 그래프를 그리는 프로그램을 작성하라. $f(x)$에 대한 함수 핸들을 만든 후 `feval` 함수를 사용하여 지정한 점들에서 값을 구하라.

7.14 예제 7.4의 거리-속도 공간에서 각 레이더 표적의 위치를 찾아 보고하는 프로그램을 작성하라. 각 표적에 대해 거리, 속도, 크기, 그리고 신호/잡음 비(SNR)를 구하라.

7.15 **함수의 도함수.** 연속 함수 $f(x)$의 도함수는 다음 식으로 정의된다.

$$\frac{d}{dx} f(x) = \lim_{\Delta x \to 0} \frac{f(x + \Delta x) - f(x)}{\Delta x} \tag{7.8}$$

표본 함수(sampled function)의 경우 이 정의는 다음 형태를 취한다.

$$f'(x_i) = \frac{f(x_{i+1}) - f(x_i)}{\Delta x} \tag{7.9}$$

여기서 $\Delta x = x_{i+1} - x_i$이다. 벡터 `vect`가 함수로부터 표본 당 `dx`의 간격으로 취한 `nsamp`개의 표본을 담고 있다고 가정하자. 식 (7.9)로부터 이 벡터의 도함수를 계산하는 함수를 작성하라. 이 함수는 0으로 나누는 오류를 방지하기 위해서 `dx`가 0보다 큰지를 확인하여야 한다.
작성한 함수를 시험하기 위해, 도함수를 알고 있는 데이터 집합을 만들어 함수의 결과와 비교하여야 한다. 도함수를 구할 함수로는 $\sin x$가 좋을 것 같다. 기초 미적분학에서 $\frac{d}{dx}(\sin x) = \cos x$을 알고 있다. $x = 0$에서부터 증분 $\Delta x = 0.05$의 간격으로 100개의 $\sin x$ 값을 담은 입력 벡터를 만들어라. 작성한 함수를 사용하여 이 벡터의 도함수를 구해 정답과 비교하라. 계산 결과는 정답에 얼마나 근접하는가?

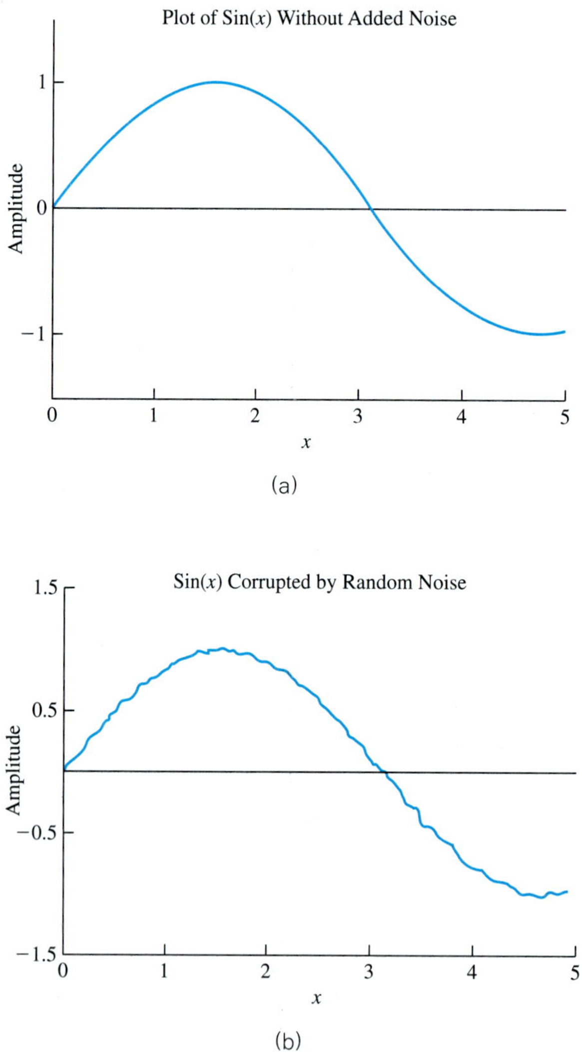

그림 7.12 (a) 잡음 없는 데이터를 나타내는 $\sin x$의 그래프
(b) 2%의 최대 진폭을 갖는 균등 분포의 무작위 잡음이 섞인 데이터를 나타내는 $\sin x$의 그래프

7.16 잡음 섞인 데이터의 도함수. 이제 입력의 잡음이 수치 도함수의 정확도에 미치는 영향을 탐구해보자. 먼저, 앞 문제에서처럼, $x = 0$에서부터 증분 Δx = 0.05의 간격으로 100개의 $\sin x$ 값을 담은 입력 벡터를 만들어라. 그 다음에 `random0` 함수로 최대 진폭 ±0.02 크기를 갖는 작은 무작위 잡음을 생성하여 입력 벡터에 있는 표본값에 더하라. 그림 7.12는 잡음이 섞인 사인파를 예시하고 있다. $\sin x$ 함수의 최대값이 1이기 때문에 잡음의 최대 진폭은 사인파 신호의 최대 진폭의 2%에 불과하다는 점에 주목하라. 이제 앞 문제에서 작성한 함수를 이용하여 이 함수의 도함수를 구하라. 계산 결과는 이론값에 얼마나 근접하는가?

7.17 익명 함수를 만들어 $y(x) = 2e^{-0.5x} \cos x - 0.2$의 값을 구하고, `fzero`를 사용하여 0과 7 사이에서 $y(x)$의 영점을 찾아라.

7.18 예제 7.4에서 작성한 계승 함수는 입력값이 음이 아닌 정수인지를 확인하지 않는다. 이를 확인하여 적법하지 않은 값이 입력되었을 때 오류 메시지를 출력하도록 계승 함수를 수정하라.

7.19 피보나치 수. 스스로를 호출하는 함수를 반복 함수라고 부른다. MATLAB 함수는 반복 연산을 허용하도록 고안되었다. 이 기능을 시험하기 위해 피보나치 수를 도출하는 MATLAB 함수를 작성하라. n이 음이 아닌 정수일 때 n번째 피보나치 수는 다음 방정식으로 정의된다.

$$F_n = \begin{cases} F_{n-1} + F_{n-2} & n > 1 \\ 1 & n = 1 \\ 0 & n = 0 \end{cases} \tag{7.10}$$

함수는 입력 인수(n)가 하나만 있고 음이 아닌 정수인지를 확인하여야 한다. 그렇지 않으면 `error` 함수를 사용하여 오류 메시지를 출력한다. 입력 인수가 음이 아닌 정수이면 식 (7.10)을 사용하여 F_n의 값을 구한다. $n = 1$, $n = 5$, $n = 10$일 때의 피보나치 수를 계산하여 함수를 시험하라.

7.20 생일 문제. 다음과 같은 문제를 생각해보자. "방 안에 사람이 n명 있을 때, 둘 또는 그 이상의 사람들의 생일이 같을(출생년도는 무시하고 월, 일만 비교) 확률은 얼마인가?" 모사를 통해 이 문제의 답을 구할 수 있다. n명의 사람들 중 둘 또는 그 이상의 사람들이 같은 생일을 가질 확률을 계산하는 함수를 작성하라(n을 호출 인수로 사용할 것). (힌트: 이 확률을 구하기 위해 크기 n의 배열

을 만들어, 1에서 365의 범위에서 n개의 생일을 무작위로 생성한다. 그 다음에 n개의 생일 중 같은 생일이 하나라도 있는지 확인한다. 이 함수는 이 실험을 최소한 5000번 이상 수행한 후, 둘 또는 그 이상의 사람들의 생일이 같게 나오는 횟수의 분율을 계산하여야 한다.) $n = 2, 3, \ldots, 40$에 대해 n명의 사람들 중 둘 또는 그 이상의 사람들의 생일이 같을 확률을 계산하여 출력하는 시험 프로그램을 작성하라.

7.21 일정 오경보율(Constant False Alarm Rate, CFAR). 그림 7.13a는 레이더 수신기의 개략도를 나타낸다. 이 수신기가 받는 신호에는 원하는 정보(목표로부터 오는 반사 신호)와 열잡음(thermal noise)이 섞여 있다. 수신기의 검출 단계 후에, 열잡음 배경에서 수신된 반사 신호를 추출하고자 한다. 이를 위해 어떤 한계 수준(threshold level)을 설정한 다음, 신호가 이 한계 수준을 넘으면 표적(target)을 탐지한 것으로 선언한다. 불행하게도, 아무런 표적이 없을 때도 종종 수신기의 잡음이 검출 한계치를 넘어설 수 있다. 이럴 때 잡음의 피크를 표적으로 선언하는 오경보(false alarm)를 울리게 된다. 검출 한계치는 약한 표적도 검출할 수 있도록 가능하면 낮게 설정할 필요가 있지만, 너무 낮으면 오경보가 많이 울리게 된다.

영상 검출 후 수신기의 열잡음은 레일리 분포를 따른다. 그림 7.13b는 10V의 평균 진폭을 가지는 레일리 분포 잡음에서 취한 100개의 표본을 보여주고 있다. 검출 한계치를 26으로 높이 설정했음에도 불구하고 오경보가 한 번 나타날 수 있음에 주목하자! 이런 잡음 표본의 확률 분포가 그림 7.13c에 나타나 있다.

검출 한계치는 대개 평균 잡음 수준의 배수로 설정함으로써 잡음 수준에 따라 검출 한계치도 바꾸어 오경보를 제어한다. 이런 방식을 일정 오경보율 검출이라고 부른다. 검출 한계치는 대개 데시벨(dB) 단위로 표현한다. dB 단위의 한계치와 볼트 단위의 한계치 사이의 관계는 다음과 같다.

$$\text{Threshold (volts)} = \text{Mean Noise Level (volts)} \times 10^{\frac{\text{dB}}{20}} \tag{7.11}$$

또는

$$\text{dB} = 20 \log_{10}\left(\frac{\text{Threshold (volts)}}{\text{Mean Noise Level (volts)}}\right) \tag{7.12}$$

주어진 검출 한계치에 대한 오경보율은 다음과 같이 계산된다.

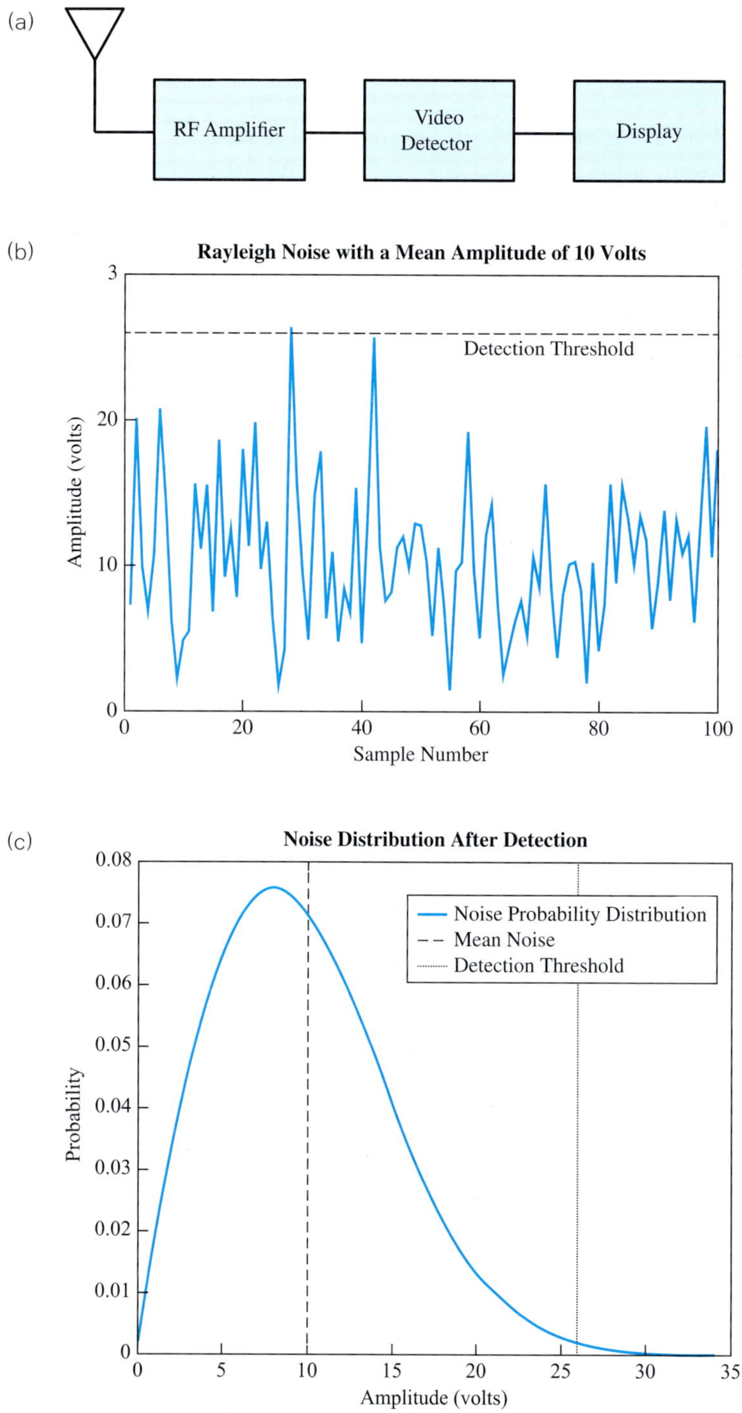

그림 7.13 (a) 전형적인 레이더 수신기
(b) 검출기에서 출력되는 평균 10V의 열잡음. 이 잡음은 종종 검출 한계치를 넘어선다.
(c) 검출기에서 출력되는 열잡음의 확률분포

$$P_{fa} = \frac{\text{Number of False Alarms}}{\text{Total Number of Samples}} \tag{7.13}$$

레일리 분포를 따르는 평균 진폭 10V의 무작위 잡음 표본을 1,000,000개 생성하는 프로그램을 작성하라. 검출 한계치가 평균 잡음 수준보다 5, 6, 7, 8, 9, 10, 11, 12, 13dB 높게 설정되었을 때 각각의 오경보율을 구하라. 10^{-4}의 오경보율을 달성하려면 한계치를 얼마로 잡아야 하는가?

7.22 함수 생성기. $y = ax^2 + bx + c$ 형태의 다항식의 값을 구하는 중첩 함수를 작성하라. 호스트 함수 `gen_func`는 a, b, c 세 개의 인수를 받아 다항식의 계수를 초기화하여야 한다. 또 이 함수는 중첩 함수 `eval_func`에 대한 함수 핸들을 만들어 반환하여야 한다. 중첩 함수 `eval_func(x)`는 주어진 `x` 값에 대해 호스트 함수에 저장된 a, b, c의 값을 사용하여 `y` 값을 계산하여야 한다. 이렇게 하면 a, b, c의 각 조합에 따라 그에 해당하는 유일한 다항식의 값을 구하는 함수 핸들을 만들기 때문에 함수 생성기를 효과적으로 구현할 수 있다. 함수를 작성한 후 다음 각 단계를 수행하라.

(a) `gen_func(1, 2, 1)`로 호출할 때 출력되는 함수 핸들을 변수 `h1`에 저장하라. 이제 이 핸들은 함수 $y = x^2 + 2x + 1$의 값을 구한다.

(b) `gen_func(1, 4, 3)`으로 호출할 때 출력되는 함수 핸들을 변수 `h2`에 저장하라. 이제 이 핸들은 함수 $y = x^2 + 4x + 3$의 값을 구한다.

(c) 함수 핸들을 받아 사용자가 지정한 함수를 지정한 구간에서 그리는 함수를 작성하라.

(d) 이 함수를 사용하여 (a)와 (b)에서 생성한 두 다항식의 그래프를 그려라.

7.23 그림 7.14a는 간단한 직렬 *RC* 회로를 보여준다. 여기서 출력 전압은 커패시터 양단에 걸리는 전압이 된다. $t = 0$ 이전에는 커패시터에 걸리는 전압이나 파워가 없다가 $t \geq 0$에서 전압 $v_{in}(t)$가 걸린다고 가정하자. 이 회로에서 $0 \leq t \leq 10$초 사이의 출력 전압을 계산하고 그래프로 그려라. 이 회로로부터의 출력 전압 $v_{out}(t)$는 키르히호프 전류 법칙(Kirchoff's Current Law, KCL)을 이용하여 구할 수 있다. KCL 방정식은 다음과 같다.

$$\frac{v_{out}(t) - v_{in}(t)}{R} + C\frac{dv_{out}(t)}{dt} = 0 \tag{7.14}$$

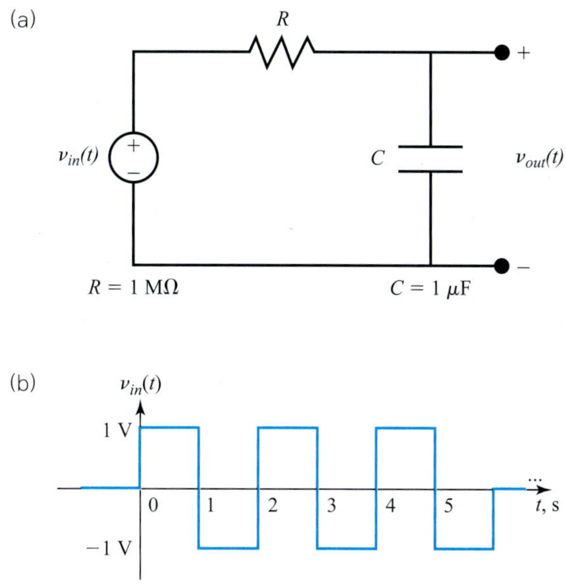

그림 7.14 (a) 간단한 직렬 RC 회로 (b) 시간에 따른 회로의 입력 전압. 시간 0 이전 또는 6s 이후에는 전압이 0V이다.

이 방정식을 재정렬하면 다음 결과를 얻는다.

$$\frac{dv_{out}(t)}{dt} + \frac{1}{RC}v_{out}(t) = \frac{1}{RC}v_{in}(t) \tag{7.15}$$

이 방정식을 $v_{out}(t)$에 대하여 풀어라.

7.24 다음의 미분방정식을 풀어 출력 v를 계산하고 그려라.

$$\frac{dv(t)}{dt} + v(t) = \begin{cases} t & 0 \le t \le 5 \\ 0 & \text{elsewhere} \end{cases} \tag{7.16}$$

CHAPTER 08

복소수와 3차원 도표

이 장에서는 MATLAB에서 복소수를 다루는 법과 여러 가지 3차원 도표에 대해 배운다.

8.1 복소 데이터

복소수(complex numbers)는 실수와 허수의 두 성분을 갖는 수이다. 복소수는 과학 및 공학 문제에 많이 등장한다. 예를 들어, 전기공학에서 교류 전압, 전류, 임피던스를 나타내는 데 복소수가 쓰인다. 대부분의 전기계나 역학계의 거동을 표현하는 미분방정식을 풀 때에도 복소수를 사용한다. 복소수는 이처럼 도처에서 쓰이기 때문에 그 사용 및 조작법을 제대로 이해하지 못하면 훌륭한 공학도가 될 수 없다.

복소수 c를 표현하는 일반적인 형식은 다음과 같다.

$$c = a + bi \tag{8.1}$$

여기서 a와 b는 모두 실수이고, i는 $\sqrt{-1}$이다. a는 실수부, b는 허수부라고 부른다. 복소수는 두 성분을 가지고 있기 때문에, 평면상의 한 점으로서 나타낼 수 있다(그림 8.1). 평면의 수평축은 실수축이고 수직축은 허수축이다. 따라서 임의의 복소수 $a+bi$는 실수축을 따라 a 단위만큼, 허수축을 따라 b 단위만큼 떨어진 한 점으로 나타낼 수 있다. 실수축과 허수축은 직사각형의 양변처럼 직교하기 때문에 이런 복소수 표현 방식을 직교 좌표 형식이라고 부른다.

복소수는 평면의 원점에서 점 P를 가리키는 벡터의 길이 z와 편각 θ로 나타낼 수도 있다. 여기서 θ는 양의 실수(x)축과 원점에서 복소평면상의 점 c에 이르는 직선

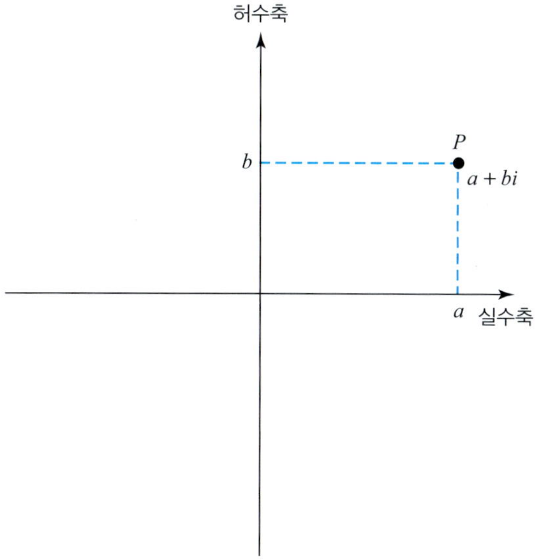

그림 8.1 직교 좌표 형식으로 나타낸 복소수

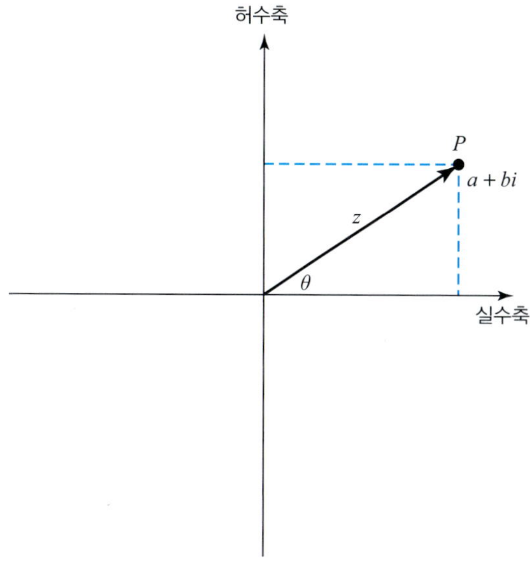

그림 8.2 극좌표 형식으로 나타낸 복소수

사이의 반시계방향 각이다(그림 8.2). 이런 표현 방식을 극좌표 형식이라고 부른다.

$$c = a + bi = z\angle\theta \tag{8.2}$$

직교 좌표 a, b와 극좌표 z, θ 사이의 관계는 다음과 같다.

$$a = z\cos\theta \tag{8.3}$$

$$b = z\sin\theta \tag{8.4}$$

$$z = \sqrt{a^2 + b^2} \tag{8.5}$$

$$\theta = \tan^{-1}\frac{b}{a} \tag{8.6}$$

여기서 $\tan^{-1}(\ )$는 2인수 역탄젠트 함수 `atan2(y,x)`로서 $-\pi \le \theta \le \pi$ 범위의 값을 갖는다.

MATLAB에서는 직교 좌표 형식으로 복소수를 표현한다. 하나의 복소수는 한 쌍의 실수 (a,b)로 구성되며, 여기서 첫 번째 수 a는 복소수의 실수부이고, 두 번째 수 b는 복소수의 허수부이다.

두 복소수 $c_1 = a_1 + b_1 i$, $c_2 = a_2 + b_2 i$ 사이의 덧셈, 뺄셈, 곱셈 및 나눗셈은 다음

과 같이 정의한다.

$$c_1 + c_2 = (a_1 + a_2) + (b_1 + b_2)i \tag{8.7}$$

$$c_1 - c_2 = (a_1 - a_2) + (b_1 - b_2)i \tag{8.8}$$

$$c_1 \times c_2 = (a_1a_2 - b_1b_2) + (a_1b_2 - b_1a_2)i \tag{8.9}$$

$$\frac{c_1}{c_2} = \frac{a_1a_2 + b_1b_2}{a_2^2 + b_2^2} + \frac{b_1a_2 - a_1b_2}{a_2^2 + b_2^2}i \tag{8.10}$$

복소수를 직교 좌표 형식으로 나타낼 때 덧셈과 뺄셈은 매우 단순하지만 곱셈과 나눗셈은 비교적 복잡함을 주의하라. 대신 극좌표로 나타낸다면 곱셈과 나눗셈은 훨씬 간단해진다. 극좌표 형식에서 두 복소수의 곱셈은 크기를 곱하고 편각을 더해 계산할 수 있다.

$$c_1 \times c_2 = z_1z_2\angle\theta_1 + \theta_2 \tag{8.11}$$

마찬가지로, 두 복소수의 나눗셈은 크기를 나누고 편각을 빼 계산한다.

$$\frac{c_1}{c_2} = \frac{z_1}{z_2}\angle\theta_1 - \theta_2 \tag{8.12}$$

두 복소수 사이의 2항 연산이 필요한 경우, MATLAB은 위 공식들을 사용하여 복소수 간의 덧셈, 뺄셈, 곱셈 및 나눗셈을 계산한다.

8.1.1 복소 변수

복소수 값이 변수에 대입되면 복소 변수가 자동적으로 생성된다. 복소 값을 만드는 가장 쉬운 방법은 $\sqrt{-1}$로 미리 정의된 고유값 i 또는 j를 사용하는 것이다. 예를 들어 다음 대입문은 복소수 $4 + i3$을 변수 c1에 저장한다.

```
» c1 = 4 + i*3
c1 =
   4.0000 + 3.0000 i
```

또는 숫자 뒤에 i나 j를 붙여 허수부를 나타낼 수 있다.

```
» c1 = 4 + 3i
c1 =
   4.0000 + 3.0000 i
```

isreal 함수를 사용하면 주어진 배열이 실수인지 복소수인지를 판별할 수 있다. 배열의 어느 한 원소라도 허수 성분을 갖고 있다면 그 배열은 복소 배열이고 isreal(array)는 0을 반환한다.

8.1.2 복소수의 관계 연산

관계 연산자 ==와 ~=를 사용하여 두 복소수가 서로 같은지 또는 서로 다른지를 각각 판정할 수 있다. 두 연산자 모두 기대한 결과를 생성한다. 예를 들어, 만일 $c_1 = 4 + i3$이고 $c_2 = 4 - i3$일 때 관계 연산자 $c_1 == c_2$는 0이 되고 관계 연산자 $c_1 \sim= c_2$는 1이 된다.

그러나 >, <, >=, <= 연산자를 사용한 비교는 기대한 결과를 생성하지 않는다. 복소수에 이러한 관계 연산자들을 적용할 때, 오직 실수부만이 비교된다. 예를 들면, $c_1 = 4 + i3$이고 $c_2 = 3 + i8$일 때, 비록 c_1의 크기(magnitude)가 c_2의 크기보다 작지만 관계 연산 $c_1 > c_2$는 참(1)이 된다.

만약 이러한 연산자들로 두 복소수를 비교할 필요가 생긴다면, 실수부만의 비교보다는 복소수의 전체 크기의 비교에 더 관심이 있을 것이다. 복소수의 크기는 내장 함수 abs(아래 참조)를 이용하거나, 혹은 다음 식으로 직접 구할 수 있다.

$$|c| = \sqrt{a^2 + b^2} \tag{8.5}$$

위의 식으로 구한 c_1과 c_2의 크기를 비교하는 것이 더 합리적일 것이다. c_1의 크기가 c_2의 크기보다 작으므로 관계 연산 abs(c_1) > abs(c_2)의 결과는 0이 된다.

이점에 주의하세요

복소수의 관계 연산자를 사용할 때 주의하라. 관계 연산자 >, >=, <, <=는 단지 복소수의 실수부만을 비교할 뿐이지, 그 크기는 비교하지 않는다. 이러한 관계 연산자들을 사용할 때는 일반적으로 실수부만을 비교하는 것이 아니라 복소수의 전체 크기를 비교하는 것이 더 합리적이다.

8.1.3 복소 함수

MATLAB은 복소 계산들을 위한 많은 함수들을 포함하고 있다. 이러한 함수들은 3가지로 분류된다.

1. **형변환 함수**
   이 함수들은 복소수 데이터를 실수형(double형) 데이터로 변환한다. 함수 `real`은 복소수의 실수부를 배정도 데이터로 변환하되 허수부는 버린다. 반면에 함수 `imag`는 복소수의 허수부를 배정도 데이터로 변환하되 실수부는 버린다.

2. **절대값과 편각함수**
   이 함수들은 복소수를 극좌표 형식으로 변환한다. $c = a + bi$일 때 함수 `abs(c)`는 아래 식을 사용하여 복소수의 절대값을 계산한다.

   $$\text{abs}(c) = \sqrt{a^2 + b^2}$$

   함수 `angle(c)`는 아래 식을 사용하여 복소수의 편각을 계산한다.

   ```
   angle(c) = atan2(imag(c),real(c))
   ```

   출력값의 범위는 $-\pi \le \theta \le \pi$ 이다.

3. **수학 함수**
   대부분의 기본 수학 함수들은 복소수에 대해서 정의되어 있다. 이러한 함수들은 지수 함수, 로그, 삼각 함수, 제곱근을 포함한다. 함수 `sin`, `cos`, `log`, `sqrt` 등은 실수와 마찬가지로 복소수 데이터에도 잘 작동한다.

복소수를 지원하는 내장 함수들의 일부를 표 8.1에 나타냈다.

표 8.1: 복소수를 지원하는 내장 함수들

함수	설명
`conj(c)`	복소수 c의 켤레 복소수를 계산한다. 만일 $c = a + bi$이면, `conj(c)` $= a - bi$이다.
`real(c)`	복소수 c의 실수부를 반환한다.
`imag(c)`	복소수 c의 허수부를 반환한다.

함수	설명
`isreal(c)`	배열 `c`의 어떤 원소도 허수 성분이 없으면 참값(1)을 반환한다. 따라서 `~isreal(c)`는 배열에 복소수가 하나라도 있을 때 참값(1)을 반환한다.
`abs(c)`	복소수 `c`의 크기를 반환한다.
`angle(c)`	식 `atan2(imag(c),real(c))`로 계산한 복소수 `c`의 편각을 반환한다.

▶ 예제 8.1 — 2차 방정식(재탐구)

복소수를 활용하면 종종 문제를 풀기 위한 계산을 간략화할 수 있다. 예를 들어, 예제 4.2에서 2차 방정식을 풀 때 판별식의 값에 따라 프로그램을 세 분기로 나눌 필요가 있었다. 복소수를 사용하면 음수의 제곱근을 아무 어려움 없이 구할 수 있으므로 이런 계산을 매우 단순화시킬 수 있다.

2차 방정식의 근을 유형에 관계없이 구하는 일반적인 프로그램을 작성하라. 판별식의 값에 따라 프로그램을 분기할 필요가 없도록 복소 변수를 사용하라.

풀이

1. **문제 기술**

   2차 방정식에서 판별식의 값에 대한 검사를 하지 않고 근의 유형(서로 다른 두 실근, 중근, 복소근)에 상관없이 2차 방정식의 근을 구하는 프로그램을 작성하라.

2. **입출력 정의**

   이 프로그램에 필요한 입력은 2차방적식의 상수 a, b, c이다.

   $$ax^2 + bx + c = 0 \tag{8.13}$$

   프로그램의 출력은 2차 방정식의 근으로서 그 유형 분류는 필요하지 않다.

3. **알고리즘 설계**

   이 작업은 다음과 같이 입력, 처리, 출력을 각각 담당하는 세 부분으로 나눌 수 있다.

   ```
   입력 데이터를 읽어들인다.
   근을 계산한다.
   근을 출력한다.
   ```

이제 각 부분을 더 작고 상세한 조각들로 쪼갠다. 이 알고리즘에서 진행방식을 결정하는 데 판별식의 값은 중요하지가 않다. 이 단계의 유사 코드는 다음과 같다.

```
Prompt the user for the coefficients a, b, and c.
Read a, b, and c
discriminant ← b^2 - 4 * a * c
   x1 ← ( -b + sqrt(discriminant) ) / ( 2 * a )
   x2 ← ( -b - sqrt(discriminant) ) / ( 2 * a )
   Print 'The roots of this equation are: '
   Print 'x1 = ', real(x1), ' +i ', imag(x1)
   Print 'x2 = ', real(x2), ' +i ', imag(x2)
```

4. **MATLAB문으로 변환**

   최종 MATLAB 코드는 아래와 같다.

```
%  Script file: calc_roots2.m
%
%  Purpose:
%   This program solves for the roots of a quadratic equation
%   of the form a*x^2 + b*x + c = 0. It calculates the answers
%   regardless of the type of roots that the equation possesses.
%
%  Record of revisions:
%      Date           Programmer       Description of change
%      ====           ==========       =====================
%    02/24/14      S. J. Chapman      Original code
%
% Define variables:
%   a             -- Coefficient of x^2 term of equation
%   b             -- Coefficient of x term of equation
%   c             -- Constant term of equation
%   discriminant -- Discriminant of the equation
%   x1            -- First solution of equation
%   x2            -- Second solution of equation

% Prompt the user for the coefficients of the equation
disp ('This program solves for the roots of a quadratic');
disp ('equation of the form A*X^2 + B*X + C = 0.');
a = input ('Enter the coefficient A:');
b = input ('Enter the coefficient B:');
```

```
c = input ('Enter the coefficient C:');

% Calculate discriminant
discriminant = b^2 - 4 * a * c;

% Solve for the roots
x1 = ( -b + sqrt(discriminant) ) / ( 2 * a );
x2 = ( -b - sqrt(discriminant) ) / ( 2 * a );

% Display results
disp ('The roots of this equation are:');
fprintf ('x1 = (%f) +i (%f)\n', real(x1), imag(x1));
fprintf ('x2 = (%f) +i (%f)\n', real(x2), imag(x2));
```

5. 프로그램 시험

다음에 실수 입력 데이터를 사용하여 프로그램을 시험하여야 한다. 어떤 조건에서도 제대로 프로그램이 동작하는지 확인하기 위하여 판별식의 값이 양수, 음수 및 0이 되는 사례를 각각 시험하게 될 것이다. 식 (4.2)로부터 다음 방정식들의 해를 확인할 수 있다.

$$x^2 + 5x + 6 = 0 \quad x = -2, \text{ 그리고 } x = -3$$
$$x^2 + 4x + 4 = 0 \quad x = -2$$
$$x^2 + 2x + 5 = 0 \quad x = -1 \pm 2i$$

위 계수를 프로그램에 입력한 결과는 다음과 같다.

```
» calc_roots2
This program solves for the roots of a quadratic
equation of the form A*X^2 + B*X + C = 0.
Enter the coefficient A: 1
Enter the coefficient B: 5
Enter the coefficient C: 6
The roots of this equation are:
x1 = (-2.000000) +i (0.000000)
x2 = (-3.000000) +i (0.000000)
» calc_roots2
This program solves for the roots of a quadratic
equation of the form A*X^2 + B*X + C = 0.
Enter the coefficient A: 1
Enter the coefficient B: 4
Enter the coefficient C: 4
```

```
The roots of this equation are:
x1 = (-2.000000) +i (0.000000)
x2 = (-2.000000) +i (0.000000)
» calc_roots2
This program solves for the roots of a quadratic
equation of the form A*X^2 + B*X + C = 0.
Enter the coefficient A: 1
Enter the coefficient B: 2
Enter the coefficient C: 5
The roots of this equation are:
x1 = (-1.000000) +i (2.000000)
x2 = (-1.000000) +i (-2.000000)
```

세 가지 가능한 경우에 해당하는 데이터에 대하여 프로그램은 모두 정확한 답을 제시한다. 예제 4.2에서 작성한 2차 방정식의 근을 구하는 프로그램과 비교할 때 이 프로그램이 얼마나 간단한지를 주목하라. 복소 데이터 형태는 프로그램을 크게 간략화 시킨다.

◀

▶ 예제 8.2 — 직렬 RC 회로

그림 8.3은 100V AC 전원에 의해 구동되는 직렬로 연결된 저항과 커패시터를 보여준다. 이 회로의 출력 전원은 전압 분배 규칙으로부터 구할 수 있다.

$$\mathbf{V}_{\text{out}} = \frac{Z_2}{Z_1 + Z_2}\mathbf{V}_{\text{in}} \tag{8.14}$$

여기서 $\mathbf{V}_{\text{in}}$는 입력 전원이고 $Z_1 = Z_R$는 저항체의 임피던스, $Z_2 = Z_C$는 커패시터의

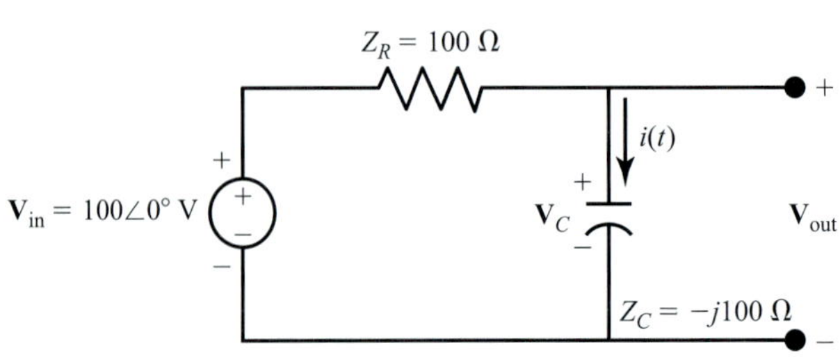

그림 8.3 AC 전압 분배 회로

임피던스이다. 만일 입력 전원이 $V_{in} = 100\angle 0° V$이고, 저항체의 임피던스는 $Z_R = 100\Omega$, 커패시터의 임피던스가 $Z_C = -j100\Omega$이면 이 회로의 출력 전압은 얼마인가?

풀이

출력 전압의 크기를 구하기 위하여 극좌표에서 이러한 회로의 출력 전압을 계산할 필요가 있다. 직교 좌표에서 출력 전압은 식 (8.14)로 계산할 수 있고, 출력 전압의 크기는 식 (8.5)로 나타낼 수 있다. 이러한 계산을 수행하기 위한 코드는 다음과 같다.

```
% Script file: voltage_divider.m
%
% Purpose:
%  This program calculates the output voltage across an
%  AC voltage divider circuit.
%
% Record of revisions:
%     Date       Programmer       Description of change
%     ====       ==========       =====================
%   02/28/14   S. J. Chapman    Original code
%
% Define variables:
%   vin          -- Input voltage
%   vout         -- Output voltage across z2
%   z1           -- Impedance of first element
%   z2           -- Impedance of second element

% Prompt the user for the coefficients of the equation
disp ('This program calculates the output voltage across
a voltage divider.');
vin = input ('Enter input voltage:');
z1  = input ('Enter z1:');
z2  = input ('Enter z2:');

% Calculate the output voltage
vout = z2 / (z1 + z2) * vin;

% Display results
disp ('The output voltage is:');
fprintf ('vout = %f at an angle of %f degrees\n',
abs(vout), angle(vout)*180/pi);
```

이 프로그램을 실행하면 그 결과는 다음과 같다.

```
» This program calculates the output voltage across a
voltage divider.
Enter input voltage: 100
Enter z1: 100
Enter z2: -100j
The output voltage is:
vout = 70.710678 at an angle of -45.000000 degrees
```

프로그램은 이 회로로부터 출력 전압을 계산하기 위해 복소수를 사용한다.

8.1.4 복소수 데이터를 도표에 그리기

복소 데이터는 실수와 허수 성분을 갖기 때문에 복소수 데이터를 MATLAB으로 그리는 것은 실수 데이터를 그리는 것과 약간 다르다. 예를 들어 다음 함수를 고려해 보자.

$$y(t) = e^{-0.2t}(\cos t + i\sin t) \tag{8.15}$$

이 함수를 통상적인 plot 함수를 이용해서 그리면 실수부만이 그려지고 허수부는 무시된다. 다음 문을 실행하면 데이터의 허수부가 무시된다는 경고메시지가 나타나면서 그림 8.4와 같은 도표가 생성된다.

```
t = 0:pi/20:4*pi;
y = exp(-0.2*t).*(cos(t)+i*sin(t));
plot(t,y,'LineWidth',2);
title('\bfPlot of Complex Function vs Time');
xlabel('\bf\itt');
ylabel('\bf\ity(t)');
```

함수의 실수부와 허수부 모두를 도표에 나타내고 싶다면, 사용자는 몇 가지 선택을 할 수 있다. 다음의 명령문들을 사용하여 실수부와 허수부를 같은 축에 시간의 함수로 나타낼 수 있다(그림 8.5).

```
t = 0:pi/20:4*pi;
y = exp(-0.2*t).*(cos(t)+i*sin(t));
plot(t,real(y),'b-','LineWidth',2);
hold on;
plot(t,imag(y),'r--','LineWidth',2);
```

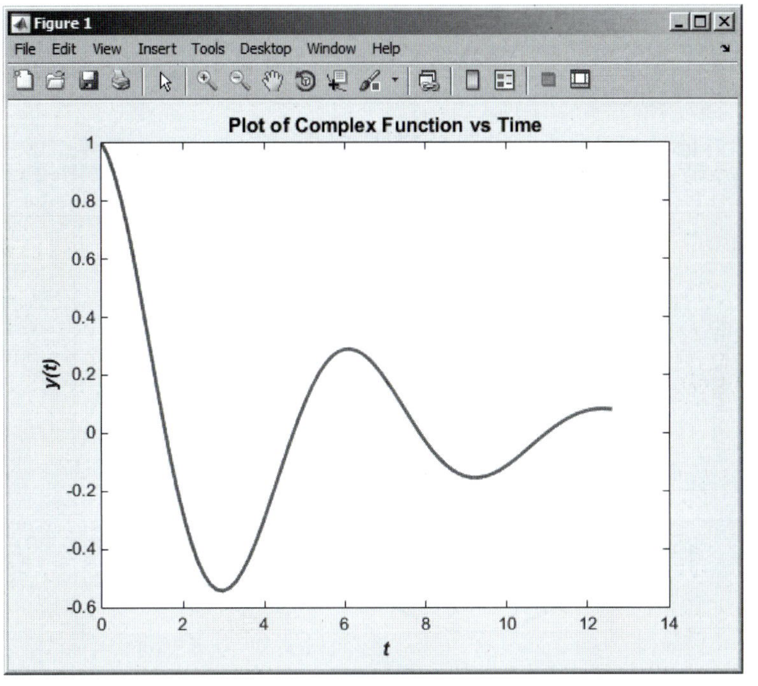

그림 8.4 $y(t)=e^{-0.2t}(\cos t + i \sin t)$을 `plot(t,y)`를 이용하여 그린 도표

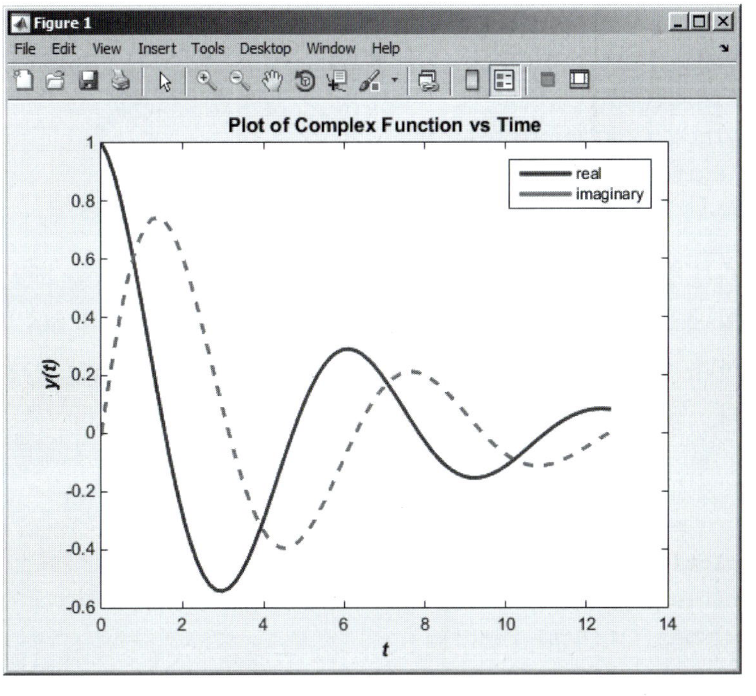

그림8.5 시간에 대한 $y(t)$의 실수부와 허수부 도표

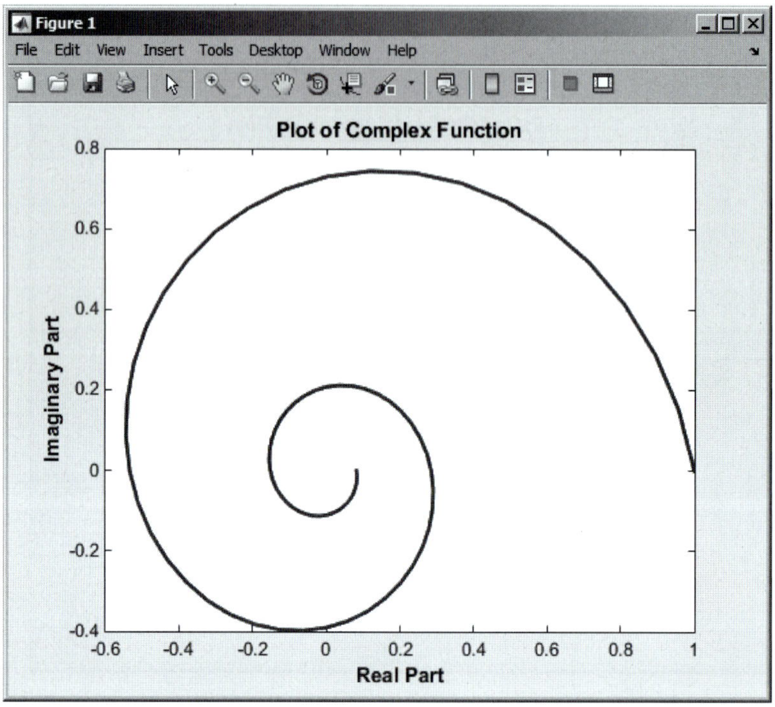

그림 8.6 $y(t)$의 실수부 대 허수부 그래프

```
title('\bfPlot of Complex Function vs Time');
xlabel('\bf\itt');
ylabel('\bf\ity(t)');
legend('real','imaginary');
hold off;
```

다른 방법으로는, 함수의 실수부 대 허수부를 나타내는 도표를 그릴 수 있다. 만일 단일 복소 인수가 plot 함수에 제공되면, 자동적으로 실수부 대 허수부의 도표를 생성한다. 이러한 도표를 만들기 위한 명령문은 아래와 같으며, 그 결과는 그림 8.6과 같다.

```
t = 0:pi/20:4*pi;
y = exp(-0.2*t).*(cos(t)+i*sin(t));
plot(y,'b-','LineWidth',2);
title('\bfPlot of Complex Function');
xlabel('\bfReal Part');
ylabel('\bfImaginary Part');
```

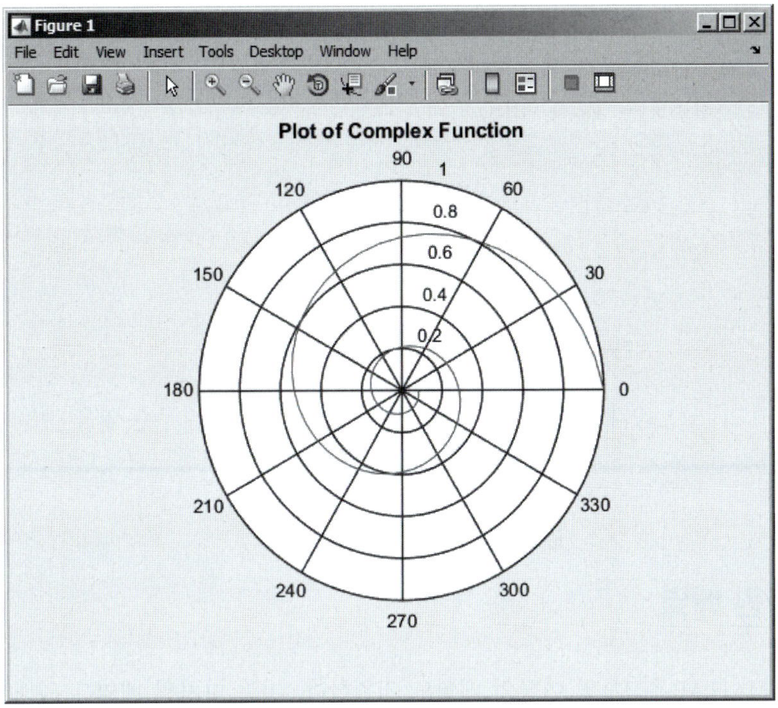

그림 8.7 $y(t)$의 크기 대 편각을 나타낸 극도표

마지막으로, 복소 함수는 크기 대 편각을 나타내는 극도표로 그려낼 수 있다. 이러한 도표를 만들기 위한 명령문은 아래와 같고, 그 결과는 그림 8.7과 같다.

```
t = 0:pi/20:4*pi;
y = exp(-0.2*t).*(cos(t)+i*sin(t));
polar(angle(y),abs(y));
title('\bfPlot of Complex Function');
```

퀴즈 8.1

이 퀴즈는 8.1절에서 소개한 개념을 여러분이 잘 이해하고 있는지를 확인하기 위한 것이다. 만일 퀴즈를 푸는 데 어려움이 있다면 해당 절을 다시 읽고 강사에게 질문하거나 다른 학우와 토의하라. 이 퀴즈의 답은 책의 말미에 수록되어 있다.

1. 다음 명령문에서 `result`는 무슨 값을 갖는가?

   (a) `x = 12 + i*5;`

```
    y = 5 - i*13;
    result = x > y;
(b) x = 12 + i*5;
    y = 5 - i*13;
    result = abs(x) > abs(y);
(c) x = 12 + i*5;
    y = 5 - i*13;
    result = real(x) - imag(y);
```

2. array가 복소 배열일 때 함수 plot(array)는 무슨 일을 하는가?

8.2 다차원 배열

MATLAB은 3차원 이상의 배열도 지원한다. 이런 **다차원 배열**은 원래부터 3차원 이상의 데이터 또는 여러 개의 2차원 데이터들의 집합을 나타내는 데 매우 유용하다. 예를 들어, 3차원 체적에 대한 압력과 속도의 측정은 공기역학과 유체역학과 같은 연구 분야에서 매우 중요하다. 이런 분야에서는 자연스럽게 다차원 배열을 사용한다.

다차원 배열은 2차원 배열의 자연스러운 확장이다. 차원을 추가할 때마다 데이터의 기억 장소를 지정하는 데 쓰이는 첨자가 하나씩 늘어난다.

다차원 배열은 아주 쉽게 만들 수 있는데, 대입문에서 직접 값을 입력하거나 1차원과 2차원 배열을 만들 때 쓰는 함수를 바로 사용할 수 있다. 예를 들어, 다음 대입문으로 생성한 2차원 배열을 고려하자.

```
» a = [ 1 2 3 4; 5 6 7 8]
a =
          1          2          3          4
          5          6          7          8
```

이는 각 원소들의 주소가 두 개의 첨자로 지정되는 2 × 4 배열이다. 다음 대입문들로 이 배열을 3차원의 2 × 4 × 3 배열로 확장할 수 있다.

```
» a(:,:,2) = [  9 10 11 12; 13 14 15 16];
» a(:,:,3) = [ 17 18 19 20; 21 22 23 24]
a(:,:,1) =
```

```
         1         2         3         4
         5         6         7         8
a(:,:,2) =
         9        10        11        12
        13        14        15        16
a(:,:,3) =
        17        18        19        20
        21        22        23        24
```

이 다차원 배열의 개별 원소는 배열명 뒤에 3개의 첨자를 명시함으로써 접근할 수 있으며, 데이터의 부분집합은 콜론 연산자를 사용하여 만들 수 있다. 예를 들어, a(2,2,2)의 값은

```
» a(2,2,2)
ans =
      14
```

이며 벡터 a(1,1,:)은 다음과 같다.

```
» a(1,1,:)
ans(:,:,1) =
      1
ans(:,:,2) =
      9
ans(:,:,3) =
     17
```

다차원 배열은 1, 2차원 배열을 만드는 데 사용한 함수로도 생성할 수 있다. 예를 들어,

```
» b = ones(4,4,2)
b(:,:,1) =
      1      1      1      1
      1      1      1      1
      1      1      1      1
      1      1      1      1
b(:,:,2) =
      1      1      1      1
      1      1      1      1
      1      1      1      1
```

```
         1     1     1     1
» c = randn(2,2,3)
c(:,:,1) =
        -0.4326    0.1253
        -1.6656    0.2877
c(:,:,2) =
        -1.1465    1.1892
         1.1909   -0.0376
c(:,:,3) =
         0.3273   -0.1867
         0.1746    0.7258
```

다차원 배열에서 차원의 수는 ndims 함수를, 배열의 크기는 size 함수를 사용하여 각각 알아낼 수 있다.

```
» ndims(c)
ans =
         3
» size(c)
ans =
         2      2      3
```

만일 다차원 배열을 필요로 하는 응용 프로그램을 작성하고 있다면, MATLAB 사용자 안내서를 참조하여 다차원 배열에 적용할 수 있는 다양한 MATLAB 함수들의 거동을 상세히 파악할 수 있다.

좋은 프로그래밍 습관

공기역학과 유체역학과 같이 내재적으로 다차원인 문제를 풀기 위해서는 다차원 배열을 사용하라.

8.3 3차원 도표

MATLAB은 또한 특정한 형태의 데이터를 디스플레이하는 데 매우 유용하게 쓸 수 있는 매우 다양한 3차원 도표도 포함하고 있다. 일반적으로 3차원 도표들은 두 가지 형태의 데이터를 디스플레이하는 데 유용하다.

1. 같은 독립 변수의 함수로 주어지는 두 변수에서 독립 변수의 중요성을 강조하고 싶을 때
2. 두 개의 독립 변수들의 함수인 단일 변수

8.3.1 3차원 선도표

3차원 선도표는 plot3 함수를 이용해 만든다. 이 함수는 각 점이 x, y, z 좌표 값으로 표현된다는 점을 제외하고는 plot 함수와 완전히 같다. 이 함수를 쓰기 위한 가장 간단한 형식은 다음과 같다.

```
plot(x,y,z);
```

여기서 x, y, z는 데이터 점의 각 좌표 값을 포함하는 같은 크기의 배열이다. plot3 함수는 plot 함수와 동일한 방식으로 선의 굵기, 모양, 색을 선택적으로 지정하므로 앞 장에서 배운 지식을 곧바로 활용할 수 있다.

3차원 선도표의 예로서, 다음 함수를 고려하자.

$$x(t) = e^{-0.2t}\cos 2t \qquad (8.16)$$
$$y(t) = e^{-0.2t}\sin 2t$$

(x, y)가 임의 시간에서 물체의 2차원 위치를 나타낼 때 이 함수들로 2차원 역학계의 감쇠 진동(decaying oscillation)을 표현할 수 있다. x와 y는 같은 독립 변수 t의 함수임에 유의하라.

일련의 (x, y) 점들을 생성하여 2차원 plot 함수로 그래프를 그릴 수 있지만(그림 8.10a 참조), 만일 그랬다면 이런 그래프에는 시스템의 거동에 미치는 시간의 영향이 명확하게 나타나지 않는다. 다음 명령문은 그림 8.8a에서와 같이 물체의 위치의 2차원 도표를 생성한다. 이 그래프로는 진동이 얼마나 빨리 쇠퇴하는지를 파악할 수 없다.

```
t = 0:0.1:10;
x = exp(-0.2*t) .* cos(2*t);
y = exp(-0.2*t) .* sin(2*t);
plot(x,y);
title('\bfTwo-Dimensional Line Plot');
xlabel('\bfx');
ylabel('\bfy');
grid on;
```

이 대신 plot3를 사용하면 물체의 2차원 위치와 함께 시간 정보를 표현하는 그래프를 그릴 수 있다. 다음 명령문은 식 (8.16)의 3차원 도표를 생성할 것이다.

```
t = 0:0.1:10;
x = exp(-0.2*t) .* cos(2*t);
y = exp(-0.2*t) .* sin(2*t);
plot3(x,y,t);
title('\bfThree-Dimensional Line Plot');
xlabel('\bfx');
ylabel('\bfy');
zlabel('\bftime');
grid on;
```

결과 도표는 그림 8.8b와 같다. 두 변수 x, y의 시간에 대한 의존성이 강조되어 있음을 알 수 있다.

8.3.2 3차원 곡면, 그물코, 등고선 도표

곡면(surface), 그물코(mesh) 및 등고선(contour) 도표는 두 개의 독립 변수를 갖는 함수의 데이터를 표현하는 편리한 방법이다. 예를 들어, 한 점의 온도는 그 점의 동서방향의 위치(x)와 남북방향의 위치(y)의 함수이다. 두 독립 변수의 함수로 주어지는 어떠한 값이라도 3차원 곡면, 그물코, 등고선 도표상에 나타낼 수 있다. 자주 사용되는 유형의 도표를 표 8.2에 요약하였고, 각 도표의 예를 그림 8.9에 나타냈다.[1]

이 함수 중 하나를 사용하여 도표를 만들려면 그리고자 하는 모든 점의 x, y, z값을 담은 세 개의 배열을 같은 크기로 만들어야만 한다. 각 배열에 있는 열의 수는 그리고자 하는 x값의 개수와 같고, 행의 수는 y값의 개수와 같다. 첫 번째 배열은 도표에 나타낼 모든 (x, y, z) 점의 x 좌표를 담은 2차원 배열이고, 마찬가지 방식으로 두 번째와 세 번째 배열은 같은 점들의 y 좌표와 z 좌표를 각각 담은 2차원 배열이다.[2]

1 이들 기본 도표는 다양하게 변형할 수 있다. MATLAB 도움말 브라우저에서 이런 변형에 대한 완벽한 설명을 얻을 수 있다.

2 이것은 초보 엔지니어들에게 종종 문제를 야기하는 MATLAB의 매우 혼란스러운 면이다. 배열에 접근할 때, 첫 번째 인수는 행의 개수를 지정하고, 두 번째 인수가 열 개수를 지정할 것으로 예상한다. 어떤 이유로 MATLAB은 이것을 뒤집고 있다. x 인수의 배열은 열의 개수를 지정하고, y 인수의 배열은 행의 개수를 지정한다. 이러한 역전은 오랫동안 MATLAB 초심자들에게 헤아릴 수 없는 좌절의 시간을 초래하였다.

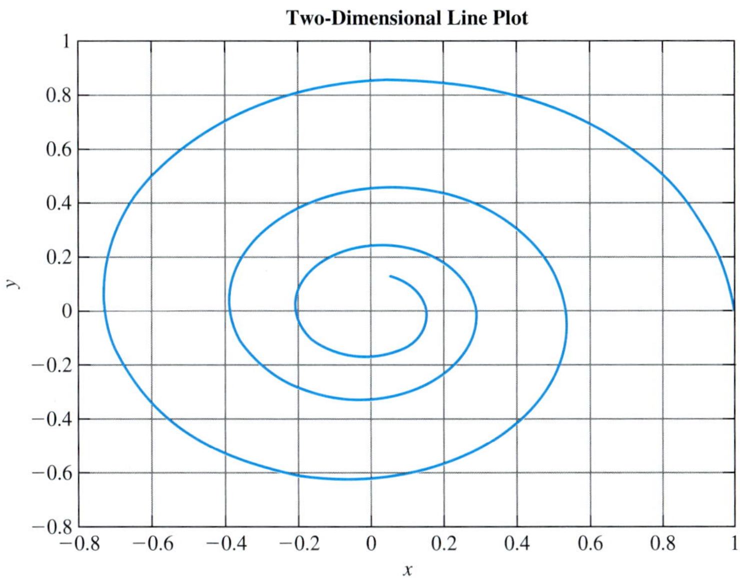

(a)

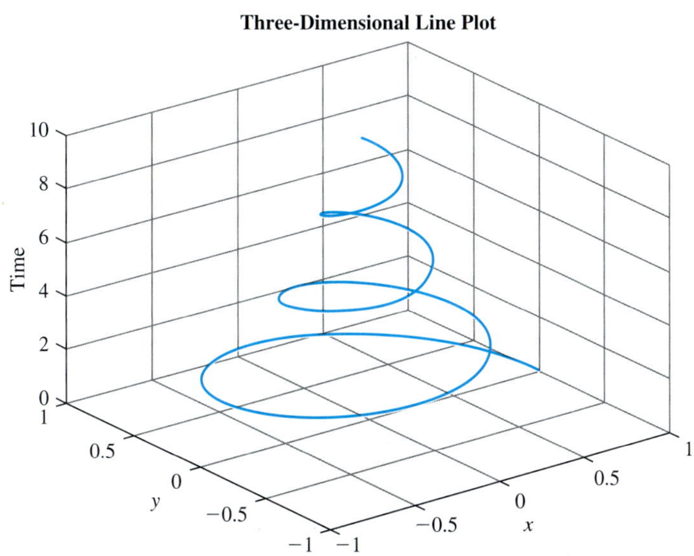

(b)

그림 8.8 (a) (x,y) 공간에서 역학계의 운동을 나타내는 2차원 선도표. 이 도표는 시간에 따른 역학계의 변화에 대해 아무것도 보여주고 있지 않다. (b) 시간에 따라 (x,y) 공간에서 역학계의 운동을 보여주고 있는 3차원 도표. 이 도표는 이 시스템의 시간에 따른 거동을 분명하게 보여준다.

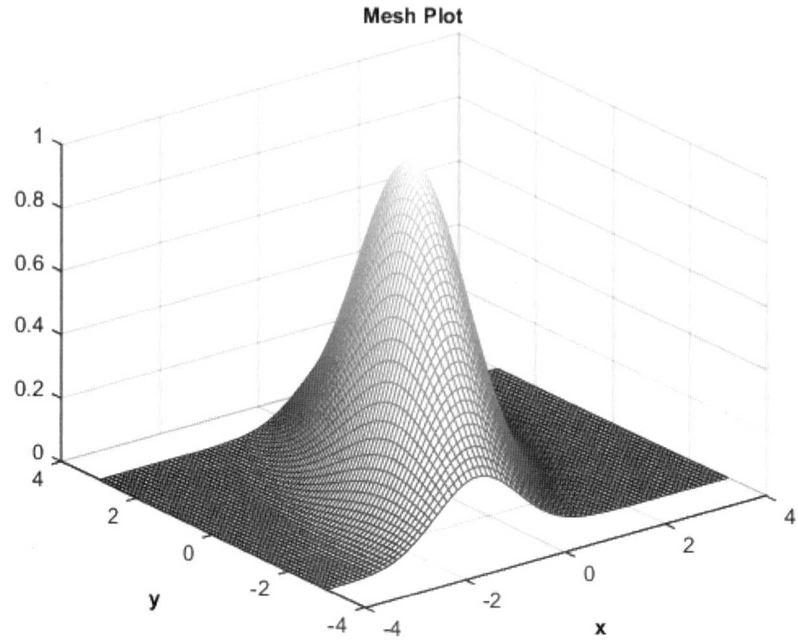
Mesh Plot
1
0.8
0.6
0.4
0.2
0
4
2
0
-2
-4
y
-4
-2
0
2
4
x

(a)

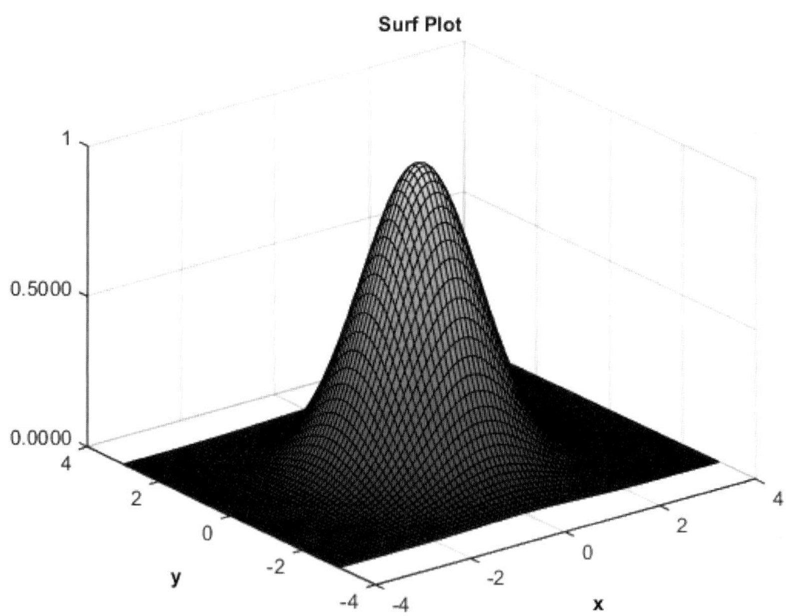
Surf Plot
1
0.5000
0.0000
4
2
0
-2
-4
y
-4
-2
0
2
4
x

(b)

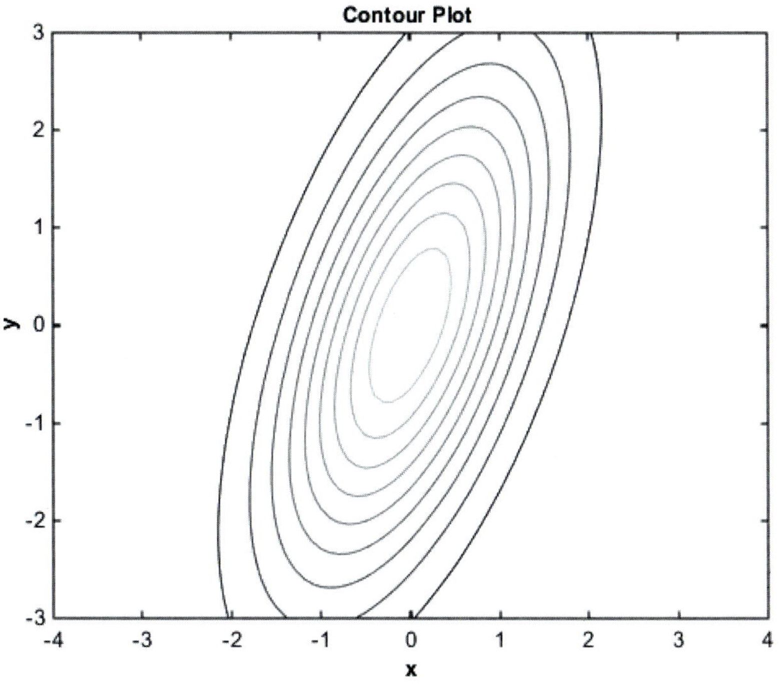

(c)

그림 8.9 (a) $z(x,y)=e^{-0.5[x^2+0.5(x-y)^2]}$ 함수의 메쉬 도표 (b) 같은 함수의 곡면 도표 (c) 같은 함수의 등고선 도표(책 중간의 컬러페이지 참조)

표 8.2 : 메쉬, 곡면, 등고선 도표 함수의 일부

함수	설명
`mesh(x, y, z)`	3차원 공간에서 나타나는 곡면을 그물코 모양으로 나타낸다. x, y, z는 그려야 할 모든 점의 x값, y값, z값을 각각 담은 2차원 배열이다.
`surf(x, y, z)`	곡면 도표를 생성한다. 배열 x, y, z는 그물코 도표와 같은 의미를 가진다.
`contour(x, y, z)`	등고선 도표를 생성한다. 배열 x, y, z는 그물코 도표와 같은 의미를 가진다.

이 점을 더 잘 이해하기 위하여, 3개의 x값(1, 2, 3)과 4개의 y값(1, 2, 3, 4)에 대해 다음 함수를 그리려 한다고 가정하자.

$$z(x,y) = \sqrt{x^2 + y^2} \tag{8.17}$$

도표에 나타낼 점의 총 수는 $3 \times 4 = 12$이며, 이 점들에 대해 z값을 계산해야 한다.

이 데이터 점들은 3개(x값의 수)의 열과 4개(y값의 수)의 행을 갖는 2차원 배열로 구성할 것이다. 데이터 점들의 x 좌표를 담는 배열 array1은 주어진 열에서 모두 같은 값을 가지며 다음과 같이 될 것이다.

$$\text{array1} = \begin{bmatrix} 1 & 2 & 3 \\ 1 & 2 & 3 \\ 1 & 2 & 3 \\ 1 & 2 & 3 \end{bmatrix}$$

데이터 점들의 y 좌표를 담는 배열 array2는 주어진 행에서 모두 같은 값을 가지며 다음과 같다.

$$\text{array2} = \begin{bmatrix} 1 & 1 & 1 \\ 2 & 2 & 2 \\ 3 & 3 & 3 \\ 4 & 4 & 4 \end{bmatrix}$$

공급된 x값과 y값을 사용하여 식 (8.17)로 계산한 z 좌표를 담는 배열 array3은 다음과 같다.

$$\text{array3} = \begin{bmatrix} 1.4142 & 2.2361 & 3.1623 \\ 2.2361 & 2.8284 & 3.6056 \\ 3.1624 & 3.6056 & 4.2426 \\ 4.1231 & 4.4721 & 5.0000 \end{bmatrix}$$

이 함수를 다음 명령문과 같이 surf 함수로 그린 결과가 그림 8.10에 나타나 있다.

```
surf(array1,array2,array3);
```

3차원 도표에 필요한 배열들은 중첩 루프를 이용하여 수동으로 생성하거나, 혹은 내장된 MATLAB 도우미 함수를 이용하여 더 쉽게 생성할 수 있다. 이 점을 예시하기 위하여 같은 함수를 두 번 그리되, 한번은 중첩 루프를 사용하고 또 한번은 MATLAB 도우미 함수를 이용할 것이다.

다음 함수에 대해 $-4 \le x \le 4$와 $-3 \le y \le 3$의 범위에서 0.1 간격으로 그물코 도표를 만들어보자.

$$z(x,y) = e^{-0.5[x^2+0.5(x-y)^2]} \tag{8.18}$$

이를 위해 61개의 x 값과 81개의 y 값의 모든 조합에 대하여 z 값을 계산할 필요가 있

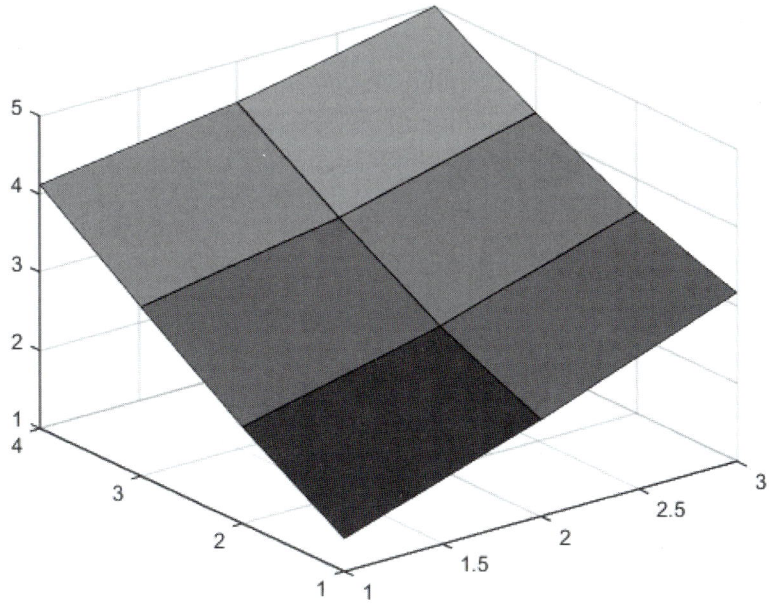

그림 8.10 $x = 0,1,2$와 $y = 0,1,2,3$에서 함수 $z(x,y) = \sqrt{x^2+y^2}$에 대한 곡면 도표(책 중간의 컬러페이지 참조)

다. 3D MATLAB 도표에서, x 값의 수는 계산된 데이터의 z 행렬에서 열의 수와 대응하고, y 값의 수는 행의 수와 대응하므로, z 행렬은 61열×81행으로 계산한 총 4941개의 값을 담아야 한다. 중첩 루프를 이용하여 그물코 도표에 필요한 3개의 배열을 생성하기 위한 코드는 다음과 같다.

```
% Get x and y values to calculate
x = -4:0.1:4;
y = -3:0.1:3;

% Preallocate the arrays for speed
array1 = zeros(length(y),length(x));
array2 = zeros(length(y),length(x));
array3 = zeros(length(y),length(x));

% Populate the arrays
for jj = 1:length(x)
   for ii = 1:length(y)
      array1(ii,jj) = x(jj);    % x value in columns
      array2(ii,jj) = y(ii);    % y value in rows
      array3(ii,jj) = ...
        exp(-0.5*(array1(ii,jj)^2+0.5*(array1(ii,jj)-array2(ii,jj))^2));
```

```
   end
end

% Plot the data
mesh(array1, array2, array3);
title('\bfMesh Plot');
xlabel('\bfx');
ylabel('\bfy');
zlabel('\bfz');
```

결과 도표는 그림 8.9a와 같다.

MATLAB 함수 meshgrid는 이러한 도표를 위해서 필요한 x와 y 값의 배열을 훨씬 쉽게 만들어 준다. 이 함수의 형식은 다음과 같다.

```
[arr1,arr2] = meshgrid(xstart:xinc:xend, ...
                       ystart:yinc:yend);
```

여기서 xstart:xinc:xend는 격자에 포함되는 x 값을 표시하고, ystart:yinc:yend는 격자에 포함되는 y 값을 지정한다.

도표를 만들기 위해, meshgrid를 사용하여 x와 y 값의 배열을 생성한 후 각 (x,y) 위치에서 함수값을 계산한다. 마지막으로 그래프를 그리기 위하여 mesh, surf, contour 함수를 호출한다.

meshgrid를 사용하면 그림 8.9a에 보인 3D 그물코 도표를 만들기가 훨씬 쉬워진다.

```
[array1,array2] = meshgrid(-4:0.1:4,-3:0.1:3);
array3 = exp(-0.5*(array1.^2+0.5*(array1-array2).^2));
mesh(array1, array2, array3);
title('\bfMesh Plot');
xlabel('\bfx');
ylabel('\bfy');
zlabel('\bfz');
```

곡면과 등고선 도표는 mesh 함수 자리에 적절한 함수를 대체함으로써 생성할 수 있다.

좋은 프로그래밍 습관

3D mesh, surf, contour 도표를 쉽게 만들려면 meshgrid 함수를 사용하라.

mesh, surf, contour 도표는 또한 별도의 입력 구문을 가지는데, 여기서 첫 번째 인수는 x 값들의 벡터이고, 두 번째 인수는 y 값들의 벡터이며, 세 번째 인수는 데이터의 2D 배열로 열의 수는 x벡터의 길이와 일치하고 행의 수는 y벡터의 길이와 일치한다. 이 경우, 도표 함수는 공학도를 대신하여 meshgrid를 내부적으로 호출하여 각 독립 변수의 좌표를 담은 두 개의 2차원 배열을 생성한다.

그림 7.10에 보인 거리-속도 공간의 도표는 바로 이런 방식으로 생성되었다. 거리와 속도 데이터는 벡터였고, 도표는 다음 코드로 만들어졌다.

```
load rd_space;
surf(range,velocity,amp);
xlabel('\bfRange (m)');
ylabel('\bfVelocity (m/s)');
zlabel('\bfAmplitude (dBm)');
title('\bfProcessed radar data containing targets and noise');
```

8.3.3 곡면과 그물코 도표를 이용한 3차원 물체의 표현

곡면과 그물코 도표는 구와 같은 폐곡면의 물체를 그리는 데 사용할 수 있다. 이를 위해서 물체의 전체 표면을 나타내는 점들의 집합을 정의하여야 하며, 그 다음에 surf나 mesh 함수를 이용하여 그 점들을 그려낸다. 예를 들어 구와 같은 단순한 물체를 생각해보자. 구는 방위각 ϕ와 양각 θ와 관계없이 중심으로부터의 거리가 r인 모든 점들이 그리는 궤적으로 정의할 수 있다. 그 식은 다음과 같다.

$$r = a \tag{8.19}$$

여기서 a는 임의의 양의 수이다. 직교 좌표계에서 구면 위의 점들은 다음의 식으로 구한다.[3]

$$\begin{aligned} x &= r\cos\phi\cos\theta \\ y &= r\cos\phi\sin\theta \\ z &= r\sin\phi \end{aligned} \tag{8.20}$$

여기서 반지름 r은 상수이고, 양각 π는 $-\pi/2$부터 $\pi/2$까지 변화하고, 방위각 ϕ는 $-\pi$부터 π까지 변화한다. 구를 그리기 위한 프로그램은 아래와 같다.

3 연습문제 2.15에서 보았듯이 이 식들은 구면 좌표를 직교 좌표로 변환한다.

```
%  Script file: sphere.m
%
%  Purpose:
%   This program plots the sphere using the surf function.
%
%  Record of revisions:
%      Date         Programmer       Description of change
%      ====         ==========       =====================
%    06/02/14     S. J. Chapman     Original code
%
% Define variables:
%   n         -- Number of points in az and el to plot
%   r         -- Radius of sphere
%   phi       -- meshgrid list of elevation values
%   Phi       -- Array of elevation values to plot
%   theta     -- meshgrid list of azimuth values
%   Theta     -- Array of azimuth values to plot
%   x         -- Array of x point to plot
%   y         -- Array of y point to plot
%   z         -- Array of z point to plot

% Define the number of angles on the sphere to plot
% points at
n = 20;

% Calculate the points on the surface of the sphere
r = 1;
theta = linspace(-pi,pi,n);
phi = linspace(-pi/2,pi/2,n);
[theta,phi] = meshgrid(theta,phi);

% Convert to (x,y,z) values
x = r * cos(phi) .* cos(theta);
y = r * cos(phi) .* sin(theta);
z = r * sin(phi);

% Plot the sphere
figure(1)
surf (x,y,z);
title ('\bfSphere');
```

결과 그림은 그림 8.11과 같다.

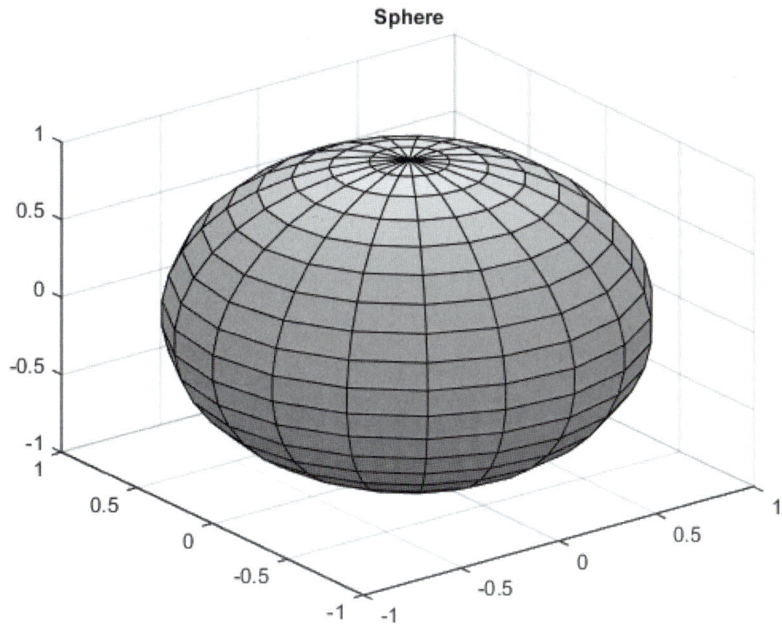

그림 8.11 구의 3차원 도표(책 중간의 컬러페이지 참조)

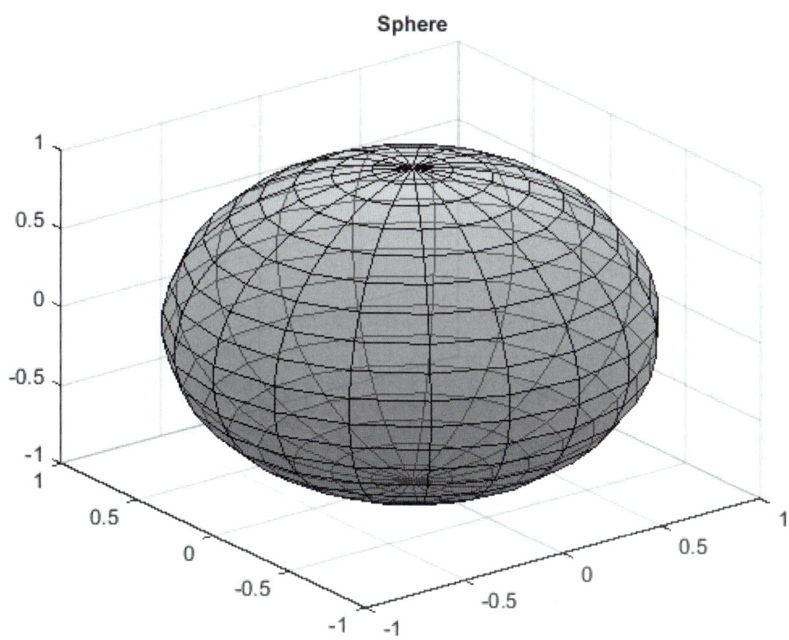

그림 8.12 alpha 값을 0.5로 하여 생성한 반투명 구(책 중간의 컬러페이지 참조)

alpha 함수를 사용하여 현재 축 영역에 나타난 곡면 객체나 단위곡면(patch) 객체의 투명도를 제어할 수 있다. alpha 함수는 다음과 같은 형식을 취한다.

```
alpha(value);
```

여기서 value는 0과 1 사이의 수이다. 이 값이 0이면 모든 표면은 투명하고, 1이면 불투명하다. 예를 들어, 그림 8.12는 alpha를 0.5로 설정했을 때의 구의 모습인데, 바깥 면을 통해 뒷면까지 볼 수 있다.

8.4 요약

MATLAB은 MATLAB은 double 데이터 형의 확장으로 복소수를 지원한다. 복소수는 $\sqrt{-1}$로 미리 정의된 i 또는 j를 사용하여 나타낼 수 있다. 복소수를 사용하는 것은 간단하지만, 관계 연산자 >, >=, <, <=는 복소수의 크기가 아니라 실수부만을 비교하므로 사용할 때 주의하여야 한다.

다차원 배열은 3 이상의 차원을 갖는 배열이다. 이 배열들은 1차원 및 2차원 배열과 유사한 방식으로 만들고 사용할 수 있다. 다차원 배열은 특정 부류의 물리적 문제에 자연스럽게 등장한다.

MATLAB은 매우 다양한 2차원과 3차원 도표를 갖고 있다. 이 장에서는 메쉬, 곡면, 등고선 도표를 포함하는 3차원 도표를 소개했다.

8.4.1 [좋은 프로그래밍 습관] 요약

프로그램 작성시 다음 지침을 준수하여야 한다.

1. 공기역학과 유체역학과 같이 내재적으로 다차원인 문제를 풀고자 하면 다차원 배열을 사용하라.
2. 3차원 mesh, surf, contour 도표를 쉽게 생성하려면 meshgrid 함수를 사용하라.

8.4.2 MATLAB 요약

다음은 이 장에서 설명한 모든 MATLAB 명령어와 함수를 요약하여 수록한 것이다.

abs	수의 절대값(크기)을 반환한다.
alpha	곡면과 단위곡면 객체의 투명도를 설정한다.
angle	복소수의 편각을 라디안 단위로 반환한다.
conj	복소수의 켤레 복소수를 계산한다.
contour	등고선 도표를 생성한다.
find	행렬에서 0이 아닌 원소의 지표와 값을 찾는다.
imag	복소수의 허수부를 반환한다.
mesh	그물코 도표를 생성한다.
meshgrid	그물코, 곡면, 등고선 도표를 위해 필요한 (x, y) 격자를 생성한다.
nonzeros	행렬에서 0이 아닌 원소를 담은 열벡터를 반환한다.
plot(c)	복소 배열의 실수부 대 허수부의 그래프를 그린다.
real	복소수의 실수부를 반환한다.
surf	곡면 도표를 생성한다.

8.5 연습문제

8.1 복소수 `c`를 입력 받아 크기와 편각을 `mag`와 `theta`라는 두 출력 인수에 각각 담아 반환하는 함수 `to_polar`를 작성하라. 편각은 도 단위로 나타내라.

8.2 복소수 크기 `mag`와 도 단위의 편각 `theta`를 입력 받아 직교 좌표 형식의 복소수 `c`를 반환하는 함수 `to_complex`를 작성하라.

8.3 사인파 정상상태 교류 회로에서 수동 소자에 걸리는 전압은 옴의 법칙으로 주어진다(그림 8.13 참조).

$$\mathbf{V} = \mathbf{I}Z \tag{8.21}$$

여기서 **V**는 소자에 걸린 전압, **I**는 소자를 통하는 전류, Z는 소자의 임피던스이다. 세 가지 양은 모두 복소수이며 흔히 크기와 각도 단위의 편각 형식으로 표현된다. 예를 들어 전압은 $\mathbf{V} = 120\angle 30°$ V로 나타낸다.

소자의 전압과 임피던스를 읽어 전류를 계산하는 프로그램을 작성하라. 입력

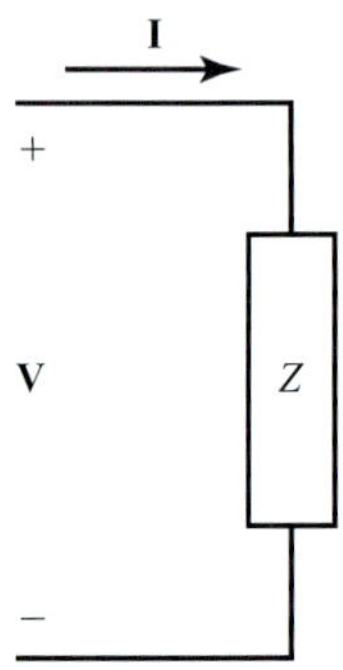

그림 8.13 수동 교류 회로 소자에서 전압과 전류의 관계

값은 크기와 도 단위의 편각으로 주어야 하고, 출력도 마찬가지 형식으로 나타내야 한다. 전류를 실제 계산할 때는 연습문제 8.2의 `to_complex` 함수를 사용하여 직교 좌표 형식으로 변환하고, 결과를 표시할 때에는 연습문제 8.1의 `to_polar` 함수를 사용하여 극형식으로 바꾸어라.

8.4 극좌표 형식의 두 복소수의 곱은 각각의 진폭은 곱하고 위상은 더해서 구할 수 있다. 따라서 만일 $\mathbf{A}_1 = A_1\angle\theta_1$이고, $\mathbf{A}_2 = A_2\angle\theta_2$이면, $\mathbf{A}_1\mathbf{A}_2 = A_1A_2\angle\theta_1 + \theta_2$가 된다. 두 복소수를 읽어들여 위 식으로 그 곱을 계산하는 프로그램을 작성하라. 곱셈을 위해 연습문제 8.1의 `to_polar` 함수를 사용하여 극좌표 형식으로 변환하고, 연습문제 8.2의 `to_complex` 함수를 사용하여 직교 좌표 형식으로 바꾸어라. MATLAB에 내장된 복소수 연산 기능을 사용하여 계산한 값과 비교하라.

8.5 **직렬 RLC 회로.** 그림 8.14는 $120\angle 0°$ 볼트 값을 갖는 사인파 교류 전원으로 구동되는 직렬 RLC 회로를 나타낸다. 이 회로내 인덕터의 임피던스는 $Z_L = j2\pi fL$이며, 여기서 $j = \sqrt{-1}$, f는 헤르츠 단위로 측정한 전원 주파수, L은 헨리 단위의 인덕턴스이다. 회로내 커패시터의 임피던스는 $Z_C = -j\dfrac{1}{2\pi fC}$이며, 여기서 C는 패러드 단위의 커패시턴스이다. $R = 100\Omega$, $L = 0.1\text{mH}$, $C = 0.25\text{nF}$로 가정하라.

이 회로에서의 전류 I는 다음과 같은 키르히호프의 전압 법칙으로 계산된다.

$$\mathbf{I} = \frac{120\angle 0°\ \text{V}}{R + j2\pi fL - j\dfrac{1}{2\pi fC}} \tag{8.22}$$

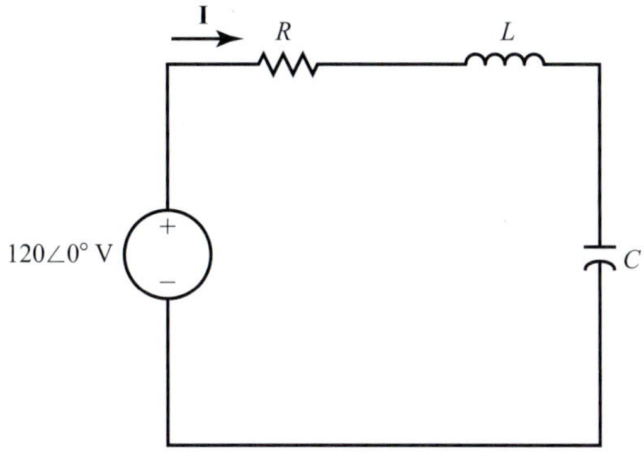

그림 8.14 사인파 교류 전원으로 구동되는 직렬 RLC 회로

(a) 주파수가 100kHz에서 10MHz로 변할 때 전류를 주파수 함수로 계산하여 도표로 나타내라. 이 관계를 선형 및 로그 눈금으로 그려라. 제목과 축 제목을 반드시 붙여라.

(b) 주파수가 100kHz에서 10MHz로 변할 때 각도 단위의 위상각을 주파수 함수로 계산하여 도표로 나타내라. 이 관계를 선형 및 로그 눈금으로 그려라. 제목과 축 제목을 반드시 붙여라.

(c) 전류의 크기와 위상각을 주파수 함수로 한 그림창 내의 두 개의 부도표상에 그리되, 로그-선형 눈금을 사용하라.

8.6 복소수 `c`를 입력 받아 직교 좌표계 위에 원형 마커로 표시한 도표를 작성하는 함수를 작성하라. 도표는 x축, y축과 아울러 원점에서 `c`에 이르는 벡터를 포함하여야 한다.

8.7 $0 \le t \le 10$ 구간에서 함수 $v(t)=10e^{(-0.2+j\pi)t}$의 그래프를 `plot(t,v)` 함수로 그려라. 도표에 무엇이 나타나는가?

8.8 $0 \le t \le 10$ 구간에서 함수 $v(t)=10e^{(-0.2+j\pi)t}$의 그래프를 `plot(v)` 함수로 그려라. 이번에는 도표에 무엇이 표시되는가?

8.9 $0 \le t \le 10$ 구간에서 함수 $v(t)=10e^{(-0.2+j\pi)t}$ 함수의 극도표를 그려라.

8.10 $0 \le t \le 10$ 구간에서 함수 $v(t)=10e^{(-0.2+j\pi)t}$의 그래프를 `plot3` 함수를 사용하여 그려라. 이때 도표의 세 차원은 함수의 실수부, 허수부와 시간이다.

8.11 오일러(Euler)의 공식. 오일러의 공식은 e의 허수 멱제곱을 다음과 같이 삼각함수를 사용하여 정의한다.

$$e^{i\theta} = \cos\theta + j\sin\theta \tag{8.23}$$

θ가 0에서 2π까지 변할 때 이 함수에 대한 2차원 도표를 작성하라. 또 같은 구간에서 `plot3` 함수를 사용하여 3차원 선도표를 작성하라(3차원은 이 식의 실수부, 허수부 및 θ로 구성된다).

8.12 구간 $-1 \le x \le 1$, $-2\pi \le y \le 2\pi$에 대해 함수 $z = e^{x+iy}$의 실수부 대 x, y의 관계를 그물코, 곡면, 등고선 도표로 나타내라.

8.13 정전위(Electrostatic Potential). 점전하 q로부터 거리가 r 인 점에서의 정전위('전압')는 다음 식으로 주어진다.

$$V = \frac{1}{4\pi\varepsilon_0}\frac{q}{r} \tag{8.24}$$

여기서 V는 전압, ε_0는 자유공간에서의 유전율(8.854×10^{-12} farad/m), q는 쿨롱 단위의 전하, r은 포인트 전하로부터의 거리를 미터로 나타낸 값이다. 만일 q가 양의 값이라면, 결과적인 포텐셜은 양의 값이고, q가 음의 값이면, 결과 포텐셜은 음의 값이 될 것이다. 만일 하나 이상의 전하가 존재한다면, 전체 포텐셜은 개별 전하로부터의 포텐셜의 합이다.

3차원 공간에 다음과 같은 4개의 전하들이 있다고 가정하라.

점 (1,1,0)에서 $q_1 = 10^{-13}$ coul
점 (1,−1,0)에서 $q_2 = 10^{-13}$ coul
점 (−1,−1,0)에서 $q_3 = -10^{-13}$ coul
점 (−1,1,0)에서 $q_4 = 10^{-13}$ coul

평면 $z = 1$ 상에서 4점 (10,10,1),(10,−10,1),(−10,−10,1),(−10,10,1)으로 둘러싸인 영역을 규칙적인 격자로 나눈 후, 각 격자점에서 이 전하들로 인해 나타날 전체 전위를 계산하라. 계산한 전위 분포를 그물코, 곡면, 등고선 도표로 각각 그려라.

8.14 회전 타원체는 2차원 타원을 입체화한 것이다. x축을 중심으로 타원을 회전시킬 때 얻는 회전 타원체의 방정식은 다음과 같다.

$$
\begin{aligned}
x &= a\cos\phi\cos\theta \\
y &= b\cos\phi\sin\theta \\
z &= b\sin\phi
\end{aligned}
\tag{8.25}
$$

여기서 a는 x축 방향의 반경, b는 y축과 z축으로 이루어지는 평면상의 반경이다. $a = 2$이고 $b = 1$일 경우의 회전 타원체를 그려라.

8.15 반경 2의 구와 $a = 1$, $b = 0.5$인 회전 타원체를 같은 축 영역에 그려라. 구면을 반투명하게 만들어 내부에 있는 타원체가 보이도록 하라.

CHAPTER 09

추가적인 데이터 유형

이전 장들에서 double, logical, char, 함수 핸들이라는 4개의 기본적인 MATLAB 데이터 유형에 대해서 소개하였다. 9장에서는 이러한 데이터 유형에 대한 추가적인 세부 사항과 일부 다른 MATLAB 데이터 유형에 대해 학습한다.

먼저, 문자 데이터 유형의 사용과 MATLAB 프로그램에서 문자열을 어떻게 사용하는지에 대해 배울 것이다.

다음으로 추가적인 데이터 유형에 대해 학습한다. 대표적인 MATLAB 데이터 유형을 그림 9.1에 나타냈다. single형과 정수형 데이터에 대해 이 장에서 학습하고 나머지는 다음에 학습하도록 한다.

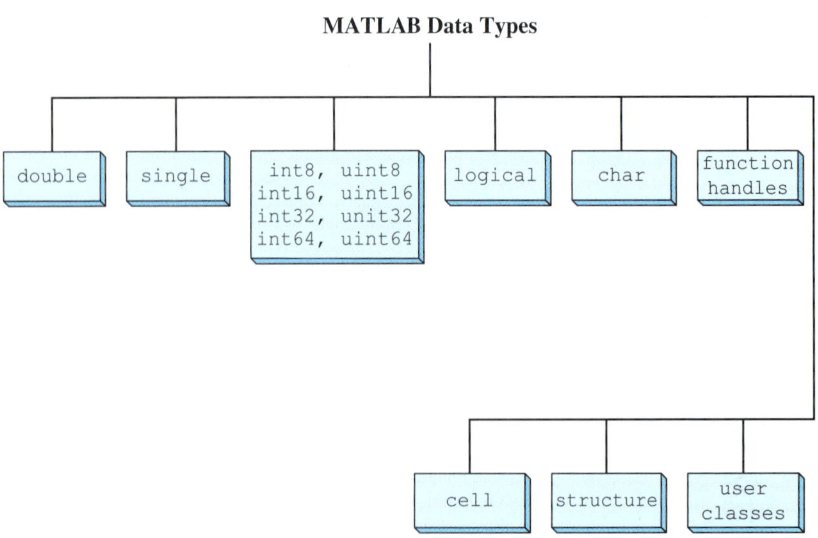

그림 9.1 대표적인 MATLAB 데이터 유형

9.1 문자열과 문자열 함수

MATLAB 문자열은 char형의 배열이다. 각 문자는 2바이트 크기의 메모리에 저장된다. 기본적으로 MATLAB은 UTF-8 문자 집합을 사용한다. 이 문자 집합의 처음 128개 문자들은 익숙한 ASCII 문자 집합과 동일하고, 이 이상의 문자들은 다른 언어의 문자들을 나타낸다. MATLAB은 문자를 메모리에 2바이트 크기로 저장하기 때문에, UTF-8 문자 집합의 처음 65,536(=2^16)개의 문자들로 세계의 주요 언어 대부분을 표현할 수 있다.

문자열을 입력하면 문자 변수는 자동으로 생성된다. 예를 들어, 다음 문은 14개 원소를 갖는 문자 배열을 만든다.

```
str = 'This is a test';
```

이 배열에 대해 **whos** 명령어를 사용하면 다음과 같이 출력된다.

```
» whos str
   Name      Size     Bytes      Class     Attributes
   str       1x14     28         char
```

특별한 함수 ischar를 사용하여 어떤 배열이 문자 배열인지를 판정할 수 있다. 주어진 변수가 문자형이면 ischar은 참값(1)을 반환하고, 그렇지 않으면 거짓값(0)을 반환한다.

아래에서 문자열 조작에 유용한 MATLAB 함수를 설명한다.

9.1.1 문자열 변환 함수

double 함수를 사용하면 char형 데이터를 ASCII표 내의 수록 번호에 해당하는 double형 수치로 변환시킬 수 있다. 함수의 출력은 double형 배열이며 배열의 각 요소는 수치값 n을 나타낸다. str을 다음과 같이 정의한다면,

```
str = 'This is a test';
```

double(str) 문은 다음과 같은 결과를 생성한다.

```
» x = double(str)
x =
  Columns 1 through 12
```

```
 84 104 105 115 32 105 115 32 97 32 116 101
Columns 13 through 14
115 116
```

반대로 char 함수를 사용하면 double형 데이터를 char형 데이터로 바꿀 수 있다. x가 위에서 생성한 14원소의 배열이라면 char(x)는 다음 결과를 생성한다.

```
» z = char(x)
z =
This is a test
```

이 함수는 영어가 아닌 문자에 대해서도 동일하게 적용된다. 예를 들어, x를 다음과 같이 정의하면,

```
x = [945 946 947 1488];
```

char(x)는 다음과 같이 그리스 문자 α, β, γ와 히브리어 문자 א(알파)를 생성한다.

```
» z = char(x)
z =
αβγא
```

9.1.2 2차원 문자 배열 만들기

2차원 문자 배열을 만들 수 있으나, 이때 배열의 각 행은 정확하게 같은 길이를 가져야만 한다. 하나의 행이 다른 행들보다 짧으면 문자 배열은 유효하지 않으며, 오류 메시지가 뜨게 된다. 예를 들어, 다음 문은 두 행이 다른 길이를 갖기 때문에 적법하지 않다.

```
name = ['Stephen J. Chapman';'Senior Programmer'];
```

2차원 문자 배열을 만드는 가장 쉬운 방법은 char 함수를 사용하는 것이다. 이 함수는 가장 긴 행에 맞도록 모든 문자열에 자동적으로 공백을 덧붙인다.

```
» name = char('Stephen J. Chapman','Senior Programmer')
name =
Stephen J. Chapman
Senior Programmer
```

2차원 문자 배열은 아래에 설명할 strvcat 함수로도 만들 수 있다.

좋은 프로그래밍 습관

각 행을 같은 길이로 만들어야 하는 고민 없이 2차원 문자 배열을 만들기 위해서는 char 함수를 사용하라.

9.1.3 문자열 연결

strcat 함수는 두 개 이상의 문자열을 수평적으로 연결한다. 이 때 문자열 뒷부분에 붙은 공백은 제거하지만 문자열 내부의 공백은 보존한다. 이 함수는 다음의 결과를 생성한다.

```
» result = strcat('String 1','String 2')
result =
String 1String 2
```

결과는 'String 1String 2'로서 첫 번째 문자열 뒤의 공백이 제거되었음에 유의하자.

strvcat 함수는 둘 이상의 문자열을 수직적으로 배치하면서 짧은 문자열 뒤에 공백을 추가함으로써 적법한 2차원 배열을 만든다. 이 함수의 실행 결과는 다음과 같다.

```
» result = strvcat('Long String 1','String 2')
result =
Long String 1
String 2
```

9.1.4 문자열 비교

문자열과 부분문자열을 여러 가지 방법으로 비교할 수 있다.

- 두 문자열 또는 그들의 일부가 같은지 비교할 수 있다.
- 두 개별적인 문자가 같은지 비교할 수 있다.
- 문자열을 조사하여 각 문자가 글자인지 공백인지 판별할 수 있다.

문자열의 상등성 비교

두 문자열이 전체적으로 같은지를 비교하기 위하여 사용할 수 있는 4개의 MATLAB 함수가 있다.

- strcmp는 두 문자열이 동일한지 여부를 판정한다.
- strcmpi는 대/소문자를 구별하지 않은 상태에서 두 문자열이 같은지를 판정한다.
- strncmp는 두 문자열의 처음 n개 문자가 동일한지를 판정한다.
- strncmpi는 대/소문자를 구별하지 않은 상태에서 두 문자열의 처음 n개 문자가 같은지 여부를 판정한다.

strcmp 함수는 앞뒤에 붙은 공백을 포함한 채 두 문자열을 비교하여 같을 때 참값(1)을, 다를 때 거짓값(0)을 반환한다.[1] strcmpi 함수는 대/소문자를 구별하지 않는다(즉, 'a'와 'A'를 같은 문자로 간주한다.)는 점을 제외하고는 strcmp 함수와 같다.

strncmp 함수는 앞에 붙은 공백을 포함하여 두 문자열의 처음 n개 문자를 비교하여 같을 때 참값(1)을, 다를 때 거짓값(0)을 반환한다. strncmpi 함수는 대/소문자를 구별하지 않는다는 점을 제외하고는 strncmp 함수와 같다.

이 함수들을 이해하기 위해서 다음 문자열을 고려해 보자.

```
str1 = 'hello';
str2 = 'Hello';
str3 = 'help';
```

문자열 str1과 str2는 한 글자만 대/소문자로 서로 다르다. 그러므로 strcmp는 0, strcmpi는 1을 반환한다.

```
» c = strcmp(str1,str2)
c =
        0
» c = strcmpi(str1,str2)
c =
        1
```

1 주의: 이 함수의 거동은 C언어의 strcmp와 다르다. C언어 프로그래머는 이러한 차이 때문에 낭패를 보는 경우가 자주 있다.

문자열 str1과 str3은 대/소문자 구별에 무관하게 서로 다르므로 strcmp 함수와 strcmpi 함수 모두 거짓값(0)을 반환할 것이다. 그러나 두 문자열의 처음 세 글자는 동일하므로 strncmp 함수를 1에서 3까지의 임의 값을 포함하여 호출하면 참값(1)을 반환한다.

```
» c = strncmp(str1,str3,2)
c =
        1
```

개별 문자들의 상등성 비교

문자 배열에 MATLAB 관계연산자를 적용하면 한 번에 한 문자씩 상등성을 검사할 수 있다. 이 때 두 문자열은 같은 길이를 갖거나 한 문자가 스칼라여야 한다. 예를 들어, 상등연산자(==)를 사용하여 두 문자열의 어떤 문자들이 같은지를 알아낼 수 있다.

```
» a = 'fate';
» b = 'cake';
» result = a == b
result =
0 1 0 1
```

모든 관계 연산자(>, >=, <, <=, ==, ~=)는 현재 문자 집합에서 해당 문자들의 수치적 위치를 비교한다.

C언어와 달리 MATLAB에는 두 문자열을 전체적으로 비교하여 '크다' 또는 '작다'를 정의하는 내장 함수가 없다. 이런 함수를 이 절 끝의 예제에서 작성하게 될 것이다.

문자열 내 문자의 유형 판정

문자열에 있는 문자의 유형을 하나하나 판정하는 함수가 세 개 있다.

- isletter는 문자가 글자인지 여부를 판정한다.
- isspace는 문자가 여백 문자(whitespace)(공백, 탭 문자, 줄바꿈 문자)인지를 가린다.
- isstrprop('str','category')는 더 일반적인 함수로서 문자가 사용자가 지정한 범주(예를 들어, 알파벳, 영숫자(alphanumeric), 대문자, 소문자, 숫

자, 컨트롤)에 속하는지 여부를 판정한다.

이 문자 유형 판정 함수들을 시험하기 위해서 mystring이라는 문자열을 만들어 보자.

```
mystring = 'Room 23a';
```

isletter 함수는 문자열의 각 문자를 조사하여 글자가 있는 곳에는 참값(1), 그렇지 않은 곳에는 거짓값(0)을 담아 mystring과 같은 길이의 logical형 출력 벡터를 생성한다. 예를 들어,

```
» a = isletter(mystring)
a =
1 1 1 1 0 0 0 1
```

배열 a의 처음 네 원소와 마지막 원소는 해당 위치에 있는 mystring의 문자가 글자이기 때문에 참값(1)이다.

isspace 함수도 문자열의 각 문자를 조사하여 여백(공백, 탭 문자, 줄바꿈 문자, 캐리지 리턴 등과 같은 구분 문자)이 있는 곳에는 참값(1), 그렇지 않은 곳에는 거짓값(0)을 담아 mystring과 같은 길이로 logical형 출력 벡터를 생성한다. 예를 들어,

```
» a = isspace(mystring)
a =
0 0 0 0 1 0 0 0
```

a의 5번째 원소는 mystring의 5번째 문자가 공백이기 때문에 참값(1)이다.

isstrprop 함수는 융통성이 커 isletter, isspace 및 그 밖의 여러 함수를 대체할 수 있다. 이 함수는 'str'과 'category'라는 두 인수를 갖는다. 첫 번째 인수는 검사할 문자열이고, 두 번째 인수는 포함 여부를 가릴 범주 유형이다. 몇 가지 가능한 범주들이 표 9.1에 수록되어 있다.

이 함수는 문자열의 각 문자를 조사하여 지정된 범주에 속한 글자가 있는 곳에는 참값(1), 그렇지 않은 곳에는 거짓값(0)을 담아 입력 문자열과 같은 길이의 logical형 출력 벡터를 생성한다. 예를 들어, 다음 함수는 mystring에 있는 문자들이 숫자인지를 검사한다.

```
» a = isstrprop(mystring,'digit')
a =
0 0 0 0 0 1 1 0
```

또한, 다음 함수는 mystring의 문자들이 소문자인지를 검사한다.

```
» a = isstrprop(mystring,'lower')
a =
0 1 1 1 0 0 0 1
```

표 9.1: isstrprop 함수를 위한 범주

범주	설명
'alpha'	문자열 내의 각 문자에 대해 알파벳이면 참값(1), 아니면 거짓값(0)을 반환한다. (주의: 이 범주로 isletter 함수를 대체할 수 있다.)
'alphanum'	문자열 내의 각 문자에 대해 영숫자이면 참값(1), 아니면 거짓값(0)을 반환한다.
'cntrl'	문자열 내의 각 문자에 대해 제어 문자이면 참값(1), 아니면 거짓값(0)을 반환한다.
'digit'	문자열 내의 각 문자에 대해 숫자이면 참값(1), 아니면 거짓값(0)을 반환한다.
'graphic'	문자열 내의 각 문자에 대해 그래픽 문자이면 참값(1), 아니면 거짓값(0)을 반환한다. 공백, 줄 구분자, 문단 구분자, 제어 문자, 기타 유니코드 문자들은 비그래픽 문자이다. 모든 다른 문자들은 참값을 반환한다.
'lower'	문자열 내의 각 문자에 대해 소문자이면 참값(1), 아니면 거짓값(0)을 반환한다.
'print'	문자열 내의 각 문자에 대해 그래픽 문자 또는 공백이면 참값(1), 아니면 거짓값(0)을 반환한다.
'punct'	문자열 내의 각 문자에 대해 구두점 문자이면 참값(1), 아니면 거짓값(0)을 반환한다.
'wspace'	문자열 내의 각 문자에 대해 여백 문자이면 참값(1), 아니면 거짓값(0)을 반환한다.
'upper'	문자열 내의 각 문자에 대해 대문자이면 참값(1), 아니면 거짓값(0)을 반환한다.
'xdigit'	문자열 내의 각 문자에 대해 16진수 숫자이면 참값(1), 아니면 거짓값(0)을 반환한다.

9.1.5 문자열 내 문자 검색 및 대체

MATLAB은 문자열 내에서 문자들을 검색하고 대체하는 몇 가지 함수를 제공한다. 다음과 같은 test라는 이름의 문자열을 고려하자.

```
test = 'This is a test!';
```

strfind 함수는 두 문자열 중 짧은 문자열이 긴 문자열 내에서 나타나는 시작 위치를 모두 반환한다. 예를 들어, 다음 명령문은 test 문자열 내에서 문자열 'is'가 나타나는 위치를 찾기 위한 것이다.

```
» position = strfind(test,'is')
position =
       3     6
```

문자열 'is'는 test 문자열에서 두 번 나타나는데, 각각 3번째와 6번째 위치에서 시작한다.

strmatch 함수는 또 다른 검색 함수이다. 이 함수는 2차원 문자열 배열의 각 행 첫머리를 조사하여 지정된 문자열로 시작하는 행의 목록을 반환한다. 이 함수는 다음 형식으로 실행한다.

```
result = strmatch(str,array);
```

예를 들어, strvcat 함수로 2차원 문자 배열을 만들었다고 가정하자.

```
array = strvcat('maxarray','min value','max value');
```

그러면 다음 문은 'max'라는 문자열로 시작하는 모든 행의 번호를 반환할 것이다.

```
» result = strmatch('max',array)
result =
            1
            3
```

strrep 함수는 기본적인 찾아 바꾸기 작업을 수행한다. 이 함수는 한 문자열에서 다른 문자열을 찾은 후 그 문자열을 제 3의 문자열로 대체한다. 이 함수의 형식은 다음과 같다.

```
result = strrep(str,srch,repl)
```

여기서 str은 검사할 문자열, srch는 찾아낼 문자열, repl은 대체 문자열을 나타낸다. 예를 들어,

```
» test = 'This is a test!'
» result = strrep(test,'test','pest')
result =
This is a pest!
```

strtok 함수는 입력 문자열 내에서 구분 문자(delimiting character)가 처음 나타나기 전의 문자열을 반환한다. 기본적으로 여백 문자들이 구분 문자로 사용된다. strtok 함수의 형식은 다음과 같다.

```
[token,remainder] = strtok(string,delim)
```

여기서 string은 입력 문자열, delim은 (선택적인) 구분 문자의 집합, token은 delim에서 지정한 구분 문자로 구분되는 첫 번째 문자열, remainder는 해당 줄에서 그 나머지 문자열을 각각 나타낸다. 예를 들어,

```
» [token,remainder] = strtok('This is a test!')
token =
This
remainder =
is a test!
```

다음 예에서와 같이 strtok 함수를 사용하여 문장을 단어들로 쪼갤 수 있다.

```
function all_words = words(input_string)
remainder = input_string;
all_words = ' ';
while (any(remainder))
     [chopped,remainder] = strtok(remainder);
     all_words = strvcat(all_words,chopped);
end
```

9.1.6 대소문자 변환

upper 함수와 lower 함수는 문자열 내의 모든 알파벳 문자를 각기 대문자와 소문자로 바꾼다. 예를 들어,

```
» result = upper('This is test 1!')
result =
THIS IS TEST 1!
» result = lower('This is test 2!')
result =
this is test 2!
```

알파벳 문자는 적절하게 변환되지만 숫자나 구두점은 영향을 받지 않는다.

9.1.7 문자열에서 여백 제거하기

문자열 앞뒤에 붙어있는 여백을 제거하는 함수가 두 개 있다. 여백 문자는 공백, 줄 바꿈, 캐리지 리턴, 탭, 수직탭, 용지공급 등의 문자로 이루어진다.

deblank 함수는 문자열 뒤에 붙은 여백을 제거하며, strtrim 함수는 앞과 뒤에 붙은 여백을 제거한다.

예를 들어, 다음 문은 먼저 앞뒤에 여백을 붙인 21 글자의 문자열을 생성한다. deblank 함수는 생성된 문자열에서 뒷부분의 여백만을 제거하는 반면, strtrim 함수는 앞뒤의 여백을 모두 제거한다.

```
» test_string = '   This is a test.   '
test_string =
     This is a test.
» length(test_string)
ans =
     21
» test_string_trim1 = deblank(test_string)
test_string_trim1 =
     This is a test.
» length(test_string_trim1)
ans =
     18
» test_string_trim2 = strtrim(test_string)
test_string_trim2 =
This is a test.
» length(test_string_trim2)
ans =
     15
```

9.1.8 수치를 문자열로 변환하기

MATLAB에는 수치를 문자열로 변환하는 함수가 몇 가지 있다. 이런 함수의 두 예로 num2str 함수와 int2str 함수를 이미 다룬 바 있다. 다음 스칼라 변수 x를 고려하자.

```
x = 5317;
```

기본적으로 MATLAB은 숫자 x를 값 5317을 담은 1×1 double형 배열로 저장한다.

int2str(integer to string) 함수는 이 스칼라값을 문자열 '5317'을 담은 1×4 char형 배열로 변환한다.

```
» x = 5317;
» y = int2str(x);
» whos
  Name      Size      Bytes     Class      Attributes

  x         1x1       8         double
  y         1x4       8         char
```

num2str 함수는 double형 값을 문자열로 변환하는데 그 값이 정수가 아니어도 무방하다. 이 함수는 int2str 함수보다 출력 문자열을 더 잘 제어할 수 있는 수단을 제공한다. 선택적인 두 번째 인수는 출력 문자열에 포함될 숫자의 개수를 설정하거나 실제 사용할 서식을 규정한다. 두 번째 인수에서 서식을 규정하는 방법은 fprintf 함수에 사용하는 방법과 비슷하다. 예를 들어,

```
» p = num2str(pi)
p =
3.1416
» p = num2str(pi,7)
p =
3.141593
» p = num2str(pi,'%10.5e')
p =
3.14159e+000
```

int2str 함수와 num2str 함수 모두 도표에 제목을 붙일 때 간편하게 사용할 수 있다. 예를 들어, 다음 코드와 같이 num2str 함수를 사용하여 자동으로 x축 제목을 생성하도록 할 수 있다.

```
function plotlabel(x,y)
plot(x,y)
str1 = num2str(min(x));
str2 = num2str(max(x));
out = ['Value of f from' str1 'to' str2];
xlabel(out);
```

10진법으로 표현된 수치를 2진법이나 16진법과 같은 다른 표기법의 가수(mantissa) 문자열로 변환하도록 고안된 함수들도 있다. 예를 들어, dec2hex 함수

는 10진법의 정수를 그 값에 해당하는 16진법의 가수 문자열로 변환한다.

```
dec_num = 4035;
hex_num = dec2hex(dec_num)
hex_num =
FC3
```

이런 유형의 함수로는 hex2num, hex2dec, bin2dec, dec2bin, base2dec 등이 있다. MATLAB은 이 모든 함수에 대해 온라인 도움말을 제공한다.

mat2str 함수는 배열을 MATLAB이 값을 구할 수 있는 문자열로 변환한다. 이 문자열은 eval과 같은 함수의 입력 문자열로서 유용하게 쓸 수 있어, 이 문자열을 마치 MATLAB 명령행에서 입력하여 실행한 것과 같은 효과를 볼 수 있다. 예를 들어, 배열 a를 다음과 같이 정의한 후,

```
» a = [1 2 3; 4 5 6]
a =
      1     2     3
      4     5     6
```

mat2str 함수를 적용하면 그 결과를 담은 문자열을 반환한다.

```
» b = mat2str(a)
b =
[1 2 3; 4 5 6]
```

마지막으로, MATLAB에는 명령창 대신에 문자열로 출력을 내보낸다는 점을 제외하고는 fprintf 함수와 동일한 기능을 갖는 sprintf라는 특별한 함수가 있다. 이 함수에서는 출력될 문자열의 서식을 완벽하게 제어할 수 있다. 예를 들어,

```
» str = sprintf('The value of pi = %8.6f.',pi)
str =
The value of pi = 3.141593.
```

이 함수는 도표에 쓰일 복잡한 제목이나 라벨을 만드는 데 매우 쓸모가 있다.

9.1.9 문자열을 수치로 변환하기

MATLAB은 문자열을 수치로 변환시키는 함수도 여럿 제공하고 있다. 이런 함수들 중 가장 중요한 것은 eval, str2double 및 sscanf이다.

eval 함수는 문자열을 MATLAB 식으로 간주하여 값을 구한 후 그 결과를 반환한다. 그 식은 MATLAB의 함수, 변수, 상수, 연산자 등을 임의로 조합한 내용을 포함할 수 있다. 예를 들어, 다음과 같이 문자 '2 * 3.141592'를 담은 문자열을 eval 함수를 사용하여 수치 형태로 변환할 수 있다.

```
» a = '2 * 3.141592';
» b = eval(a)
b =
        6.2832
» whos
   Name      Size      Bytes      Class        Attributes

   a         1x12      24         char
   b         1x1       8          double
   Grand total is 9 elements using 24 bytes
```

str2double 함수는 문자열을 그와 같은 값을 가지는 double형 값으로 변환한다.[2] 예를 들어, 문자열 '3.141592'는 다음 문을 사용하여 수치로 바꿀 수 있다.

```
» a = '3.141592';
» b = str2double(a)
b =
        3.1416
```

문자열을 수치로 변환하기 위해서 sscanf 함수를 사용할 수도 있다. 이 함수는 포맷 변환 문자에 따라 문자열을 수치로 바꾼다. 이 함수의 가장 간단한 형식은 다음과 같다.

```
value = sscanf(string,format)
```

여기서 string은 처리할 문자열이고 format은 변환 방식을 지정한다. sscanf에 가장 흔히 쓰이는 변환 지정자는 정수의 경우 '%d', 부동 소수점 수의 경우는 '%g'이다.

다음 예는 sscanf의 사용법을 예시한 것이다.

2 MATLAB은 문자열을 수치로 변환하는 str2num 함수도 제공한다. MATLAB 도움말에서 언급되는 여러 가지 이유 때문에 str2double 함수가 str2num 함수보다 낫다. str2num 함수를 접하게 될 때 이해할 수는 있어야 하지만, 새로운 코드를 작성할 때는 항상 str2double을 쓰는 편이 좋다.

```
» a = '3.141592';
» value1 = sscanf(a,'%g')
value1 =
        3.1416
» value2 = sscanf(a,'%d')
value2 =
        3
```

9.1.10 요약

대표적인 MATLAB 문자열 함수를 표 9.2에 요약하였다.

표 9.2: 대표적인 MATLAB 문자열 함수

범주	함수	설명
일반	char	(1) 수치를 ASCII 번호로 간주하여 그에 해당하는 문자로 변환한다. (2) 일련의 문자열로부터 2차원 문자 배열을 만든다.
	double	문자의 ASCII 번호를 double형 수치로 바꾼다.
	blanks	공백 문자열을 만든다.
	deblank	문자열 뒤에 붙은 여백 문자를 제거한다.
	strtrim	문자열 앞뒤에 붙은 여백 문자를 제거한다.
문자열 검사	ischar	문자 배열에 대해 참값(1)을 반환한다.
	isletter	알파벳 글자에 대해 참값(1)을 반환한다.
	isspace	여백 문자에 대해 참값(1)을 반환한다.
	isstrprop	지정한 속성을 갖는 문자에 대해 참값(1)을 반환한다.
문자열 연산	strcat	문자열을 연결한다.
	strvcat	문자열을 수직으로 연결한다.
	strcmp	두 문자열이 같으면 참값(1)을 반환한다.
	strcmpi	대/소문자를 구별하지 않은 상태에서 두 문자열이 같으면 참값(1)을 반환한다.
	strncmp	두 문자열의 처음 n개 글자가 같으면 참값(1)을 반환한다.

범주	함수	설명
	strncmpi	대/소문자를 구별하지 않은 상태에서 두 문자열의 처음 n개 글자가 같으면 참값(1)을 반환한다.
	findstr	하나의 문자열을 다른 문자열 내에서 찾는다.
	strjust	지정한 방식으로 수평 정렬된 문자열을 반환한다.
	strmatch	문자열 중 일치하는 부분을 찾는다.
	strrep	하나의 문자열을 다른 문자열로 대체한다.
	strtok	문자열에서 token을 찾는다.
	upper	문자열을 대문자로 바꾼다.
	lower	문자열을 소문자로 바꾼다.
수치를 문자열로 변환	int2str	정수를 문자열로 변환한다.
	num2str	수치를 문자열로 변환한다.
	mat2str	행렬을 문자열로 변환한다.
	sprintf	서식화된 데이터를 문자열 안에 쓴다.
문자열을 수치로 변환	eval	MATLAB 식의 값을 구한다.
	str2double	문자열을 double형으로 변환한다.
	str2num	문자열을 수치로 변환한다.
	sscanf	문자열로부터 서식화된 데이터를 읽는다.
기수 변환	hex2num	IEEE 부동점 서식의 16진 문자열을 double형으로 변환한다.
	hex2dec	16진 문자열을 10진 정수로 변환한다.
	dec2hex	10진 정수를 16진 문자열로 변환한다.
	bin2dec	2진 문자열을 10진 정수로 변환한다.
	dec2bin	10진 정수를 2진 문자열로 변환한다.
	base2dec	특정 진법의 문자열을 10진 정수로 변환한다.
	dec2base	10진 정수를 지정한 진법의 문자열로 변환한다.

▶ 예제 9.1 — 문자열 비교 함수

C언어의 strcmp 함수는 두 문자열을 ASCII표 수록 순서(문자의 사전 편집 순서)에 따라 비교하여 첫 번째 문자열이 두 번째 문자열보다 앞에 나오면 −1, 같으면 0, 뒤에 나오면 +1을 반환한다. 이 함수는 문자열을 알파벳 순서에 따라 정렬하는 작업을 할 때 매우 쓸모가 있다.

이 C언어 함수와 유사한 기능을 수행하는 MATLAB 함수 c_strcmp를 작성하시오. 문자열을 비교할 때 뒤에 붙은 여분의 공백은 무시하여야 한다. 또, 두 문자열의 길이가 다른 상황을 다룰 수 있어야 한다.

풀이

1. 문제 기술

두 문자열 str1과 str2를 비교하여 다음 결과를 반환하는 함수를 작성하라.

- −1 str1이 str2보다 사전 편집 순서가 빠른 경우
- 0 str1과 str2의 사전 편집 순서가 같은 경우
- +1 str1이 str2보다 사전 편집 순서가 느린 경우

이 함수는 str1과 str2의 길이가 달라도 제대로 작동하여야 하며, 문자열 뒤에 붙은 여분의 공백을 무시하여야 한다.

2. 입출력 정의

이 함수에 필요한 입력은 두 문자열 str1과 str2이다. 이 함수의 출력은 −1, 0, 또는 1이다.

3. 알고리즘 설계

이 작업은 4개의 주요 부분으로 나눌 수 있다.

입력 문자열을 확인한다.
두 문자열의 길이가 같도록 공백을 덧붙인다.
시작부터 끝까지 문자가 다를 때까지 비교해나간다.
처음 발견한 차이의 상태에 따라 결과 값을 반환한다.

이제 각 부분을 더 작고 상세한 조각들로 쪼갠다. 먼저, 함수에 넘겨진 데이터가 올바른지 확인하여야만 한다. 이 함수는 정확하게 두 개의 인수를 가지며, 인수들은 모두 문자형이어야 한다. 이 단계의 유사 코드는 다음과 같다.

```
% Check for a legal number of input arguments.
msg = nargchk(2,2,nargin)
error(msg)
% Check to see if the arguments are strings
if either argument is not a string
     error('str1 and str2 must both be strings')
else
     (add code here)
end
```

다음으로, 두 문자열이 같은 길이를 갖도록 공백을 덧붙여야 한다. 가장 쉬운 방법은 strvcat 함수를 사용하여 두 문자열을 2차원 배열로 전환하는 것이다. 이렇게 하면 두 문자열이 같은 길이를 갖도록 공백이 추가되기 때문에, 설령 문자열에 여분의 공백이 붙어 있었던 경우라도 이를 효과적으로 무시할 수 있다. 이 단계를 위한 유사 코드는 다음과 같다.

```
% Pad strings
strings = strvcat(str1,str2)
```

이제 차이가 날 때까지 문자를 하나씩 비교한 후, 그 상태에 따라 값을 반환하여야 한다. 이를 위한 한 방법으로, 두 문자열을 비교하는 관계 연산자를 사용하여 0과 1로 이루어진 배열을 생성한다. 이 배열의 첫 번째 1의 위치는 두 문자열이 처음 차이가 나는 위치에 해당한다. 이 단계를 위한 유사 코드는 다음과 같다.

```
% Compare strings
diff = strings(1,:) ~= strings(2,:)
if sum(diff) == 0
   % Strings match
   result = 0
else
   % Find first difference
   ival = find(diff)
   if strings(1,ival) > strings(2,ival)
      result = 1
   else
      result = -1
   end
end
```

4. MATLAB문으로 변환

최종 MATLAB 코드를 아래에 나타내었다.

```
function result = c_strcmp(str1,str2)
%C_STRCMP Compare strings like C function "strcmp"
% Function C_STRCMP compares two strings and returns
% a -1 if str1 < str2, a 0 if str1 == str2, and a
% +1 if str1 > str2.

% Define variables:
%     diff    -- Logical array of string differences
%     msg     -- Error message
%     result  -- Result of function
%     str1    -- First string to compare
%     str2    -- Second string to compare
%     strings -- Padded array of strings

% Record of revisions:
%    Date        Programmer        Description of change
%    ====        ==========        =====================
%  02/25/14    S. J. Chapman      Original code

% Check for a legal number of input arguments.
msg = nargchk(2,2,nargin);
error(msg);

% Check to see if the arguments are strings
if ~(isstr(str1) & isstr(str2))
    error('Both str1 and str2 must be strings!')
else

    % Pad strings
    strings = strvcat(str1,str2);

    % Compare strings
    diff = strings(1,:) ~= strings(2,:);
    if sum(diff) == 0
        % Strings match, so return a zero!
        result = 0;
    else
        % Find first difference between strings
        ival = find(diff);
```

```
        if strings(1,ival(1)) > strings(2,ival(1))
            result = 1;
        else
            result = -1;
        end
    end
end
```

5. 프로그램 시험

다음, 여러 가지 문자열을 사용하여 이 함수를 시험한다.

```
» result = c_strcmp('String 1','String 1')
result =
            0
» result = c_strcmp('String 1','String 1')
result =
            0
» result = c_strcmp('String 1','String 2')
result =
          -1
» result = c_strcmp('String 1','String 0')
result =
            1
» result = c_strcmp('String','str')
result =
          -1
```

첫 번째 시험에서는 두 문자열이 동일하므로 0을 반환한다. 두 번째 시험에서도 뒤에 붙은 여분의 공백을 제외하고는 두 문자열이 같으므로 공백을 무시하여 0을 반환한다. 세 번째 시험에서는 두 문자열이 처음 차이가 나는 8 번째 위치에서 '1'<'2' 이므로 −1을 반환한다. 네 번째 시험에서는 처음 차이가 나는 8 번째 위치에서 '1'>'0'이므로 1을 반환한다. 다섯 번째 시험에서는 차이가 나는 첫 번째 위치의 문자들이 ASCII표 정렬 순서상 'S'<'s' 이므로 −1을 반환한다.

이 함수는 제대로 작동하는 것으로 보인다.

퀴즈 9.1

이 퀴즈는 9.1절에서 소개한 개념을 여러분이 잘 이해하고 있는지를 확인하기 위한 것이다. 만일 퀴즈를 푸는 데 어려움이 있다면 해당 절을 다시 읽고 강사에게 질문하거나 다른 학우와 토의하라. 이 퀴즈의 답은 책의 말미에 수록되어 있다.

문제 1에서 11까지 수록된 각 명령문들이 올바른지 여부를 판정하라. 올바르다면 어떤 결과가 나타나겠는가?

```
1. str1 = 'This is a test!  ';
   str2 = 'This line, too.';
   res = strcat(str1,str2);
2. str1 = 'Line 1';
   str2 = 'line 2';
   res = strcati(str1,str2);
3. str1 = 'This is another test!';
   str2 = 'This line, too.';
   res = [str1; str2];
4. str1 = 'This is another test!';
   str2 = 'This line, too.';
   res = strvcat(str1,str2);
5. str1 = 'This is a test!  ';
   str2 = 'This line, too.';
   res = strncmp(str1,str2,5);
6. str1 = 'This is a test!  ';
   res = findstr(str1,'s');
7. str1 = 'This is a test!  ';
   str1(isspace(str1)) = 'x';
8. str1 = 'aBcD 1234 !?';
   res = isstrprop(str1,'alphanum');
9. str1 = 'This is a test!  ';
   str1(4:7) = upper(str1(4:7));
10. str1 = '   456   ';  % Note: Three blanks before & after
    str2 = '   abc   ';  % Note: Three blanks before & after
    str3 = [str1 str2];
    str4 = [strtrim(str1) strtrim(str2)];
    str5 = [deblank(str1) deblank(str2)];
    l1 =  length(str1);
    l2 =  length(str2);
    l3 =  length(str3);
```

```
    l4 =  length(str4);
    l5 =  length(str4);
11. str1 = 'This way to the egress.';
    str2 = 'This way to the egret.';
    res = strncmp(str1,str2);
```

9.2 Single형 데이터

single형 변수는 32-비트 단정도 부동 소수점 수로 이루어진 스칼라 또는 배열이다. 이 변수는 실수, 허수 또는 복소수를 담을 수 있다. single형 변수는 double형 변수에 비해 절반 크기의 기억용량을 점유하지만 정밀도가 낮고 수의 범위도 제한되어 있다. single형 변수의 실수와 허수 성분은 10^{-38}에서 10^{38}에 이르는 양수 또는 음수가 될 수 있으며, 6 내지 7자리의 유효 숫자를 갖는다.

single 함수는 single형 변수를 만든다. 예를 들어, 다음 명령문은 수치 3.1을 담은 single 형 변수를 생성한다.

```
» var = single(3.1)
var =
    3.1000
» whos
    Name        Size        Bytes       Class           Attributes
    var         1x1         4           single
```

일단 single형 변수가 생성되면 double형 변수와 마찬가지로 MATLAB 연산에 사용할 수 있다. MATLAB에서는 single형 변수와 double형 변수 간에 수행한 연산의 결과가 single형이 되므로,[3] 다음 명령문의 결과는 single형이 될 것이다.

```
» b = 7;
» c = var * b
c =
  21.7000
```

3 주의: 이는 저자가 이제까지 보았던 다른 프로그래밍 언어의 거동과 다르다. 다른 언어(Fortran, C, C++, Java, Basic 등)에서는 single형과 double형 데이터 간 연산의 결과는 double형이 된다.

```
» whos
  Name      Size      Bytes     Class     Attributes

  b         1x1       8         double
  c         1x1       4         single
  var       1x1       4         single
```

single형 값은 double형과 마찬가지로 대부분의 MATLAB 연산에 쓸 수 있다. sin, cos, exp 등과 같은 내장 함수도 모두 single형 데이터를 지원하지만 일부 M 파일 함수는 그렇지 않을 수 있다. 여러분은 아마 이 데이터형을 실제 쓰지는 않을 것이다. 다룰 수 있는 수의 범위와 정밀도가 제한되어 있어 계산 도중 범위를 벗어나거나 반올림 오차가 더욱 심하게 누적될 수 있기 때문이다. 이 데이터형을 사용하려는 경우는 데이터 배열이 너무 커 컴퓨터 메모리에 배정도로 저장할 수 없을 때뿐일 것이다.

일부 MATLAB 함수는 single 데이터형을 지원하지 않는다. 만약 single 데이터형을 사용하고자 한다면, single 데이터를 지원하는 당신만의 함수를 만들어서 사용해야 한다. 직접 만든 함수를 MATLAB 경로상의 어떤 디렉토리 내부에 있는 @single 이라는 디렉토리에 저장하면 입력 인자의 데이터형이 single일 때 그 함수는 자동적으로 사용될 것이다.

9.3 정수형 데이터

MATLAB은 8, 16, 32, 64 비트의 부호 붙임(signed) 정수 및 부호 없는(unsigned) 정수를 나타내는 int8, uint8, int16, uint16, int32, uint32, int64, uint64형 데이터도 포함하고 있다. 부호 붙임 정수와 부호 없는 정수는 데이터형에 따라 표현할 수 있는 수의 범위에 차이가 있다. 정수로 나타낼 수 있는 값의 수는 다음과 같이 사용된 비트 수 n에 의해 결정된다.

$$\text{값의 수} = 2^n \tag{9.1}$$

8비트 정수는 256(=2^8)가지, 16비트 정수는 65,536(=2^{16})가지 값을 표현할 수 있다. 부호 붙임 정수는 표현 가능한 가짓수의 반을 양수, 나머지 반을 음수를 나타내는 데 쓰는 반면, 부호 없는 정수는 모두 양의 정수에 할당한다. 따라서 int8형 데이터가 갖는 수의 범위는 −128에서 127까지인 반면 uint8형은 0에서 255까지이다. 마찬가지로, int16형은 −32,768에서 32,767의 범위, uint16형은 0에서 65,535의 범위를 갖는다. 더 큰 정수형 데이터에도 같은 방식이 적용된다.

정수값은 int8(), int16(), int32(), int64(), uint8(), uint16(), uint32(), uint64() 함수로 생성할 수 있다. 예를 들어, 다음 명령문은 3의 값을 갖는 int8형의 변수를 만든다.

```
» var = int8(3)
var =
    3
» whos
  Name      Size      Bytes  Class   Attributes
  var       1x1       1      int8
```

zeros, ones와 같은 표준 배열을 만드는 함수에 옵션을 추가하여 정수형 데이터는 만들어질 수 있다. 예를 들어, 부호가 있는 8비트 정수의 1000 × 1000 배열을 다음과 같이 생성할 수 있다.

```
» array = zeros(1000,1000, 'int8');
» whos
  Name      Size         Bytes      Class     Attributes
  array     1000×1000    1000000    int8
```

double과 single 함수 등을 사용하여 정수를 다른 데이터형으로 변환할 수 있다.

정수형과 double형 데이터 간의 연산은 정수형 결과를 낳기 때문에,[4] 다음 문의 결과는 int8형이다.

```
» b = 7;
» c = var * b
c =
   21
» whos
  Name       Size      Bytes     Class      Attributes

  b          1x1       8         double
  c          1x1       1         int8
  var        1x1       1         int8
```

4 주의: 이는 저자가 이제까지 보았던 다른 프로그래밍 언어의 거동과 다르다. 다른 언어(Fortran, C, C++, Java, Basic 등)에서는 정수형과 double형 데이터 간 연산의 결과는 double형이 된다.

MATLAB은 int8을 double로 변환한 다음, 배정도에서 연산을 수행하고, 가장 가까운 정수로 반올림한 후, 그 수를 다시 int8로 변환하여 답을 계산한다. 모든 정수형에 대해서 동일하게 적용된다.

MATLAB은 포화 정수 산술법(saturating integer arithmetic)을 채택하고 있다. 즉, 정수의 연산 결과가 그 데이터형으로 표현 가능한 최대값을 넘을 것 같으면 최종 결과는 그 최대값이 된다. 이와 비슷하게, 정수의 연산 결과가 그 데이터형으로 표현 가능한 최소값보다 작을 것 같으면 결과는 그 최소값이 된다. 예를 들어, int8형으로 나타낼 수 있는 최대값은 127이므로, int8(100) + int(50) 연산의 결과는 127이 될 것이다.

일부 MATLAB 함수는 다양한 정수형 데이터를 지원하지 않는다. 만약 정수형 데이터를 사용하고자 한다면, 정수형 데이터를 지원하는 당신만의 함수를 만들어서 사용해야 한다. 직접 만든 함수를 MATLAB 경로상의 어떤 디렉토리 내부에 있는 @int8, @uint16 등의 디렉토리에 저장할 수 있다면, 입력 인자의 데이터형이 single이면 그 함수는 자동적으로 사용될 것이다.

여러분이 영상 데이터로 작업하지 않는 한 정수형 데이터를 쓸 필요는 없을 것으로 보인다. 정수형 데이터에 대해 더 알고 싶으면 MATLAB 도움말을 참조하기 바란다.

9.4 Single형과 정수형 데이터의 제약점

single형과 정수형은 일정 기간 MATLAB에서 사용할 수 있었지만, 이들은 대개 영상 데이터 저장 등의 목적으로 쓰였다. MATLAB은 동일한 유형의 값 또는 스칼라 double 값들 사이의 수학적 연산은 허용하지만, 다른 형태의 정수형들 또는 정수형과 single형 값 사이의 연산은 허용하지 않는다. 예를 들어, single형과 double형 또는 정수형과 double형 간에 덧셈을 할 수 있지만, single형과 정수형 데이터는 서로 더할 수 없다.

```
» a = single(2.1)
a =
    2.1000
» b = int16(4)
b =
       4
» c = a + b
Error using +
```

```
Integers can only be combined with integers of the
same class, or sclalar doubles.
```

여러분이 특별히 영상 데이터를 다룰 경우가 아니라면 아마 이런 유형의 데이터는 거의 사용할 필요가 없을 것이다.

좋은 프로그래밍 습관

영상 처리와 같은 특별한 작업 이외에는 `single`형이나 정수형 데이터를 사용하지 않도록 한다.

퀴즈 9.2

이 퀴즈는 9.2절부터 9.4절에서 소개한 개념을 여러분이 잘 이해하고 있는지를 확인하기 위한 것이다. 만일 퀴즈를 푸는 데 어려움이 있다면 해당 절을 다시 읽고 강사에게 질문하거나 다른 학우와 토의하라. 이 퀴즈의 답은 책의 말미에 수록되어 있다.

다음의 각 명령문들이 올바른지 여부를 판정하라. 올바르다면 어떤 결과가 나타나겠는가?

```
1. a = uint8(12);
   b = int8(13);
   c = a + b;
2. a = single(1000);
   b = int8(10);
   c = a * b;
3. a = single([1 0; 0 1]);
   b = [3 2; -2 3];
   c = a * b;
4. a = single([1 0; 0 1]);
   b = [3 2; -2 3];
   c = a .* b;
```

9.5 요약

문자열 함수는 char형 배열인 문자열에 대한 작업을 위해 고안된 함수이다. 이 함수들을 사용하면 문자열의 연결, 비교, 대체, 대/소문자 변환, 수치와 문자열 간 상호 변환 등과 같은 다양한 작업을 손쉽게 할 수 있다.

single형 데이터는 단정도 부동 소수점 수로 이루어지며 single 함수를 사용하여 생성한다. single형과 double형 값 사이의 수학 연산의 결과는 single형이 된다.

MATLAB은 8, 16, 32, 64 비트의 부호 붙임(signed) 정수 및 부호 없는(unsigned) 정수를 나타내는 int8, uint8, int16, uint16, int32, uint32, int64, uint64의 데이터형들을 포함하고 있다. 각 정수 데이터형은 int8(), int16(), int32(), int64(), uint8(), uint16(), uint32(), uint64() 함수로 생성할 수 있다. 이 데이터로 수학 연산(+, − 등)을 수행할 수 있다. 정수형과 double형 간의 연산 결과는 정수형이 된다. 연산의 결과가 너무 크거나 작아서 정수 데이터형으로 나타낼 수 없을 때에는 해당 데이터형의 최대값이나 최소값으로 각각 대체된다.

9.5.1 [좋은 프로그래밍 습관] 요약

1. char 함수로 2차원 문자 배열을 만들면 각 행이 자동적으로 같은 길이를 갖게 되므로 편하다.
2. isstrprop 함수를 사용하여 문자열 배열에 있는 각 문자의 특성을 결정한다. 이 함수는 isletter 함수와 isspace 함수와 같이 MATLAB의 향후 버전에서 제외될 수도 있는 구식 함수를 대체한다.
3. 영상 처리와 같은 특별한 작업 이외에는 single형이나 정수형 데이터를 사용하지 않도록 한다.

9.5.2 MATLAB 요약

다음은 이 장에서 설명한 모든 MATLAB 명령어와 함수를 요약하여 수록한 것이다.

함수	설명
base2dec	특정 진법의 문자열을 10진 정수로 변환한다.
bin2dec	2진 문자열을 10진 정수로 변환한다.
blanks	공백 문자열을 만든다.
char	(1) 수치를 ASCII 번호로 간주하여 그에 해당하는 문자로 변환한다. (2) 일련의 문자열로부터 2차원 문자 배열을 만든다.
deblank	문자열 뒤에 붙은 여백 문자를 제거한다.
dec2base	10진 정수를 지정한 진법의 문자열로 변환한다.
dec2bin	10진 정수를 2진 문자열로 변환한다.
double	문자의 ASCII 번호를 double형 수치로 바꾼다.
findstr	하나의 문자열을 다른 문자열 내에서 찾는다.
hex2num	IEEE 부동점 서식의 16진 문자열을 double형으로 변환한다.
hex2dec	16진 문자열을 10진 정수로 변환한다.
int2str	정수를 문자열로 변환한다.
ischar	문자 배열에 대해 참값(1)을 반환한다.
isletter	알파벳 글자에 대해 참값(1)을 반환한다.
isreal	배열의 어떤 원소도 허수부를 갖지 않을 때 참값(1)을 반환한다.
isstrprop	지정한 속성을 갖는 문자에 대해 참값(1)을 반환한다.
isspace	공백에 대해 참값(1)을 반환한다.
lower	문자열을 소문자로 바꾼다.
mat2str	행렬을 문자열로 변환한다.
num2str	수치를 문자열로 변환한다.
sscanf	문자열로부터 서식화된 데이터를 읽는다.
str2double	문자열을 double형으로 변환한다.
str2num	문자열을 수치로 변환한다.

함수	설명
`strcat`	문자열을 연결한다.
`strcmp`	두 문자열이 같으면 참값(1)을 반환한다.
`strcmpi`	대/소문자를 구별하지 않은 상태에서 두 문자열이 같으면 참값(1)을 반환한다.
`strjust`	지정한 방식으로 수평 정렬된 문자열을 반환한다.
`strncmp`	두 문자열의 처음 n개 글자가 같으면 참값(1)을 반환한다.
`strncmpi`	대/소문자를 구별하지 않은 상태에서 두 문자열의 처음 n개 글자가 같으면 참값(1)을 반환한다.
`strmatch`	문자열 중 일치하는 부분을 찾는다.
`strtrim`	문자열 앞뒤에 붙은 여백 문자를 제거한다.
`strrep`	하나의 문자열을 다른 문자열로 대체한다.
`strtok`	문자열에서 token을 찾는다.
`strvcat`	문자열을 수직으로 연결한다.
`upper`	문자열을 대문자로 바꾼다.

9.6 연습문제

9.1 사용자로부터 문자열을 입력 받아 이 안에 사용자가 지정한 하나의 문자가 몇 번 나타나는지를 결정하는 프로그램을 작성하라(힌트: MATLAB 도움말 브라우저를 사용하여 `input` 함수의 `'s'` 옵션을 찾아볼 것).

9.2 앞 문제에서 대/소문자를 구별하지 않은 채 빈도수를 계산할 수 있도록 프로그램을 수정하라.

9.3 사용자로부터 문자열을 `input` 함수로 입력 받아 여백 문자로 구분된 조각들로 나눈 후, 이 조각들을 오름차순으로 정렬하여 인쇄하는 프로그램을 작성하라.

9.4 사용자로부터 일련의 문자열을 `input` 함수로 입력 받아 오름차순으로 정렬하여 인쇄하는 프로그램을 작성하라.

9.5 사용자로부터 일련의 문자열을 `input` 함수로 입력 받은 후, 대/소문자를 구별하지 않고 오름차순으로 정렬하여 인쇄하는 프로그램을 작성하라.

9.6 MATLAB은 문자열을 대문자와 소문자로 각각 바꾸는 `upper`와 `lower` 함수를 제공한다. 문자열 내의 각 단어에 대해 첫 글자는 대문자, 나머지는 소문자로 만들 수 있는 새로운 함수 `caps`를 작성하라(힌트: `upper`, `lower`, `strtok` 함수를 이용).

9.7 문자열을 입력 받아 알파벳이나 숫자, 여백 문자가 아닌 인쇄가능한 문자(예를 들어, $, %, # 등)가 있는 위치에 참값(1)을, 다른 곳에는 거짓값(0)을 담아 `logical`형 배열로 반환하는 함수를 작성하라.

9.8 문자열을 입력 받아 모음에 대해서 참값(1)을, 다른 곳에는 거짓값(0)을 담아 `logical`형 배열로 반환하는 함수를 작성하라. 대소문자 모두 가능하도록 해야 한다.

9.9 기본적으로 `single` 값과 `int16` 값의 곱은 불가능하다. `single` 인자와 `int16` 인자를 입력 받아 두 값을 곱한 후 `single` 값으로 반환하는 함수를 작성하라.

CHAPTER 10

고급 프로그래밍 요소: 희박 배열, 셀 배열, 구조체와 함수 핸들

이 장에서는 MATLAB의 매우 유용한 특징인 희박 배열을 다룬다. 희박 배열은 배열 내 0이 아닌 원소에만 메모리가 배정되는 특별한 유형의 배열이다. 희박 배열은 값이 0인 원소를 많이 포함하는 큰 배열을 메모리를 낭비하지 않으면서 극히 효율적이고 간결하게 나타내는 수단이다.

또한, 이번 장에서는 두 가지의 추가적인 데이터 유형인 셀 배열, 구조체에 대해 소개한다. 셀 배열은 어떤 형의 데이터도 모두 포함할 수 있는 매우 유연한 유형의 배열이다. 셀 배열의 각 원소는 모든 유형의 MATLAB 데이터를 담을 수 있으며, 동일 배열 내의 다른 요소들은 다른 유형의 데이터를 담을 수 있다. 이 배열은 MATLAB 그래픽 사용자 인터페이스(GUI) 함수에 폭 넓게 쓰인다.

구조체는 부성분을 갖는 특별한 유형의 배열이다. 각 구조체는 고유의 이름과 데이터 유형을 갖는 임의 개수의 부성분을 가질 수 있다. 구조체는 MATLAB 객체의 기초를 이룬다.

10.1 희박 배열

우리는 2장에서 보통의 MATLAB 배열에 대해 배웠다. 배열이 선언되면 MATLAB은 배열의 각 원소를 저장할 기억 장소를 생성한다. 예를 들어, 함수 `a = eye(10)`은 10×10 구조로 배치된 100개의 원소를 만든다. 이 배열에서 90개의 원소는 0이다! 이 행렬은 100개의 원소를 필요로 하지만 그중 10개만이 0이 아닌 데이터를 담고 있어 **희박 배열**(sparse array) 또는 희박 **행렬**(sparse matrix)의 대표적인 예로 볼 수 있다. 희박 행렬은 대다수의 원소가 0인 큰 행렬이다.

```
» a = 2 * eye(10);
a =
     2     0     0     0     0     0     0     0     0     0
     0     2     0     0     0     0     0     0     0     0
     0     0     2     0     0     0     0     0     0     0
     0     0     0     2     0     0     0     0     0     0
     0     0     0     0     2     0     0     0     0     0
     0     0     0     0     0     2     0     0     0     0
     0     0     0     0     0     0     2     0     0     0
     0     0     0     0     0     0     0     2     0     0
     0     0     0     0     0     0     0     0     2     0
     0     0     0     0     0     0     0     0     0     2
```

이제 다음과 같이 정의되는 다른 10×10 행렬 b를 만들었다고 가정하자.

```
b =
     1     0     0     0     0     0     0     0     0     0
     0     2     0     0     0     0     0     0     0     0
     0     0     2     0     0     0     0     0     0     0
     0     0     0     1     0     0     0     0     0     0
     0     0     0     0     5     0     0     0     0     0
     0     0     0     0     0     1     0     0     0     0
     0     0     0     0     0     0     1     0     0     0
     0     0     0     0     0     0     0     1     0     0
     0     0     0     0     0     0     0     0     1     0
     0     0     0     0     0     0     0     0     0     1
```

이 두 행렬을 서로 곱한 결과는 다음과 같다.

```
» c = a * b
c =
     2     0     0     0     0     0     0     0     0     0
     0     4     0     0     0     0     0     0     0     0
     0     0     4     0     0     0     0     0     0     0
     0     0     0     2     0     0     0     0     0     0
     0     0     0     0    10     0     0     0     0     0
     0     0     0     0     0     2     0     0     0     0
     0     0     0     0     0     0     2     0     0     0
     0     0     0     0     0     0     0     2     0     0
     0     0     0     0     0     0     0     0     2     0
     0     0     0     0     0     0     0     0     0     2
```

이 두 희박 행렬을 곱하는 과정에는 1,900회의 산술 연산(곱셈 1,000회, 덧셈 900회)이 필요하다. 그러나 더하거나 곱하는 대부분의 항이 0이기 때문에 많은 노력이 헛되이 낭비되고 있다.

이런 문제는 행렬이 커질수록 급속하게 악화된다. 예를 들어, 두 개의 200×200 행렬 a, b를 다음과 같이 만들어야 한다고 가정하자.

```
a = 5 * eye(200);
b = 3 * eye(200);
```

각 행렬은 이제 40,000개의 원소를 담고 있지만 그 중 39,800개가 0이다! 더욱이 두 행렬을 서로 곱하려면 **15,960,000**회의 덧셈 및 곱셈이 필요하다.

대부분의 원소가 0인 큰 희박 행렬을 저장하거나 처리하는 일은 컴퓨터 메모리나 CPU 시간 면에서 심각한 낭비임이 분명하다. 불행하게도, 많은 실생활 문제에서 희박 행렬이 자연스럽게 나타나므로 이런 문제를 해결할 수 있는 무언가 효율적인 방법을 찾을 필요가 있다.

대규모 전력 시스템은 실생활 문제에서 희박 행렬을 포함하는 대표적인 예이다. 이 시스템은 발전소, 송전소, 변전소 등에 깔린 1,000개 또는 그 이상의 전기 모선(bus)을 보유하고 있다. 이 전력 시스템 내의 전압, 전류 및 동력흐름을 알아내려면 각 모선에서의 전압을 먼저 구해야 한다. 1,000개의 모선으로 이루어진 시스템이라면 1,000개의 미지수로 이루어진 1,000개의 연립방정식을 풀어야 되고, 이는 1,000,000개의 원소를 지닌 행렬의 역행렬을 구하는 작업에 해당한다. 이 방정식을 풀기 위해서는 수백만 번의 부동 소수점 연산이 필요하다.

그러나 전력 시스템의 각 모선은 아마 평균적으로 기껏해야 둘 또는 세 개의 다른 모선과 연결되어 있으므로 이 행렬의 각 행의 1,000항 중 996항은 0일 것이고, 방정식을 풀기 위한 계산의 대부분은 0을 더하거나 곱하는 연산일 것이다. 따라서 방정식을 푸는 과정에서 0을 무시할 수 있다면 전력 시스템의 전압과 전류를 훨씬 간단하고 효율적으로 계산할 수 있을 것이다.

10.1.1 sparse 속성

MATLAB은 희박 배열 작업을 위해 특별한 버전의 `double`형 데이터를 지원한다. 이 버전에서는 배열 내의 0인 아닌 원소에만 메모리가 배정되는데, 이를 '희박(sparse)' 속성(attribute)이라고 부른다. 희박 속성을 갖는 배열은 0이 아닌 각 원소별로 원소 값 자체와 그 위치의 행 번호 및 열 번호로 이루어지는 3개의 값을 저장한다. 각 원소당 3개의 값을 저장함에도 불구하고 0이 아닌 원소가 희박하다면 모든 원소값을 저장하는 것보다는 메모리 용량면에서 훨씬 효율적이다.

희박 행렬을 사용하는 법을 예시하기 위하여 10×10 단위 행렬을 만들어 보자.

```
» a = eye(10)
a =
     1     0     0     0     0     0     0     0     0     0
     0     1     0     0     0     0     0     0     0     0
     0     0     1     0     0     0     0     0     0     0
     0     0     0     1     0     0     0     0     0     0
     0     0     0     0     1     0     0     0     0     0
     0     0     0     0     0     1     0     0     0     0
     0     0     0     0     0     0     1     0     0     0
     0     0     0     0     0     0     0     1     0     0
     0     0     0     0     0     0     0     0     1     0
     0     0     0     0     0     0     0     0     0     1
```

이 행렬을 sparse 함수를 사용하여 희박 행렬로 변환시키면 다음 결과를 얻는다.

```
» as = sparse(a)
as =
     (1,1)       1
     (2,2)       1
     (3,3)       1
     (4,4)       1
     (5,5)       1
     (6,6)       1
     (7,7)       1
     (8,8)       1
     (9,9)       1
    (10,10)      1
```

희박 행렬의 데이터는 0이 아닌 원소의 행, 열 번호와 값을 묶어 수록한 목록으로 이루어져 있음을 알 수 있다. 이 방식은 행렬의 대부분 원소가 0일 때 매우 효율적이지만, 0이 아닌 원소가 많다면 행, 열 번호를 추가로 저장하여야 하기 때문에 전체 행렬(full matrix)을 저장하는 것보다 오히려 더 많은 메모리를 차지할 수도 있다.

whos 명령어를 사용하여 배열 a와 as를 조사하면 결과는 다음과 같다.

```
» whos
  Name      Size        Bytes    Class      Attributes
  a         10x10       800      double
  as        10x10       248      double     sparse
```

배열 a는 100개의 원소 하나마다 8 바이트의 메모리가 사용되므로 800바이트를 차지한다. as 배열은 248바이트를 차지하는데, 그 내역은 10개의 0이 아닌 원소 각각에 8바이트씩, 20개의 배열 지표 각각에 8바이트씩과 오버헤드 8바이트로 이루어진다. 이로부터 희박 배열이 전체 배열보다 적은 메모리를 차지한다는 것을 알 수 있다.

issparse 함수를 사용하면 주어진 배열이 희박 속성을 갖는지 여부를 판정할 수 있다. 희박 배열 array에 대해 issparse(array)는 참(1)을 반환한다.

희박 행렬의 위력을 파악하기 위해 한 행당 0인 아닌 원소를 평균 4개씩 갖는 1000×1000 행렬을 생각해 보자. 이 행렬을 전체 행렬로 만들려면 8,000,000바이트의 메모리가 필요한 반면, 희박 행렬로 변환하면 메모리 사용량은 극적으로 줄어든다.

```
» zs = sparse(z);
» whos
  Name      Size          Bytes      Class      Attributes
  z         1000x1000     8000000    double
  zs        1000x1000       72008    double     sparse
```

희박 행렬 만들기

희박 행렬은 sparse 함수를 사용하여 전체 행렬을 변환하거나 eye, rand, randn 함수를 희박 행렬용으로 수정한 speye, sprand, sprandn 함수를 사용하여 직접 만들 수 있다. 예를 들어, 다음 문은 4×4 희박 행렬을 만든다.

```
» a = speye(4)
a =
     (1,1)     1
     (2,2)     1
     (3,3)     1
     (4,4)     1
```

b = full(a)와 같은 식은 희박 행렬을 전체 행렬로 변환한다.

```
» b = full(a)
b =
     1    0    0    0
     0    1    0    0
     0    0    1    0
     0    0    0    1
```

희박 행렬 작업

일단 행렬이 희박 속성을 갖게 되면 간단한 대입문을 사용하여 개별적인 원소를 추가하거나 삭제할 수 있다. 예를 들어, 다음 문은 4×4 희박 행렬을 만든 후 0인 아닌 원소를 새로이 추가한다.

```
» a = speye(4)
a =
     (1,1)     1
     (2,2)     1
     (3,3)     1
     (4,4)     1

» a(2,1) = -2
a =
     (1,1)     1
     (2,1)    -2
     (2,2)     1
     (3,3)     1
     (4,4)     1
```

MATLAB에서는 전체 행렬과 희박 행렬을 자유롭게 섞거나 조합하여 쓸 수 있다. 두 행렬 간의 연산 결과는 어떤 유형이 더 효율적인지에 따라 전체 행렬 또는 희박 행렬이 된다. 기본적으로 전체 행렬에 유효한 모든 행렬 기법은 희박 행렬에 대해서도 쓸 수 있다.

흔히 사용하는 희박 행렬 함수를 표 10.1에 수록하였다.

표 10.1: 자주 사용하는 MATLAB 희박 행렬 함수

함수	설명
희박 행렬 생성	
speye	희박 단위 행렬을 만든다.

함수	설명
`sprand`	희박한 균등 분포 난수 행렬을 만든다.
`sprandn`	희박한 정규 분포 난수 행렬을 만든다.
행렬 유형 변환	
`sparse`	전체 행렬을 희박 행렬로 변환한다.
`full`	희박 행렬을 전체 행렬로 변환한다.
find	행렬에서 0이 아닌 원소의 지표와 값을 찾는다.
희박 행렬 작업	
`nnz`	배열에서 0이 아닌 원소의 수를 반환한다.
`nonzeros`	행렬에서 0이 아닌 원소를 담은 열벡터를 반환한다.
`nzmax`	0이 아닌 행렬 원소에 배정된 메모리 용량을 반환한다.
`spones`	희박 행렬에서 0이 아닌 원소의 값을 1로 대체한다.
`spalloc`	희박 행렬에 대해 기억 공간을 배정한다.
`issparse`	희박 행렬에 대해 1(참값)을 반환한다.
`spfun`	0인 아닌 원소에만 함수를 적용한다.
`spy`	희박 패턴을 도표로 나타낸다.

▶ 예제 10.1 — 희박 행렬을 이용한 연립방정식 풀기

MATLAB에서 희박 행렬을 쉽게 이용할 수 있음을 보이기 위해 다음 연립방정식을 전체 행렬과 희박 행렬을 각각 이용하여 풀어 보자.

$$
\begin{aligned}
1.0x_1 + 0.0x_2 + 1.0x_3 + 0.0x_4 + 0.0x_5 + 2.0x_6 + 0.0x_7 - 1.0x_8 &= 3.0 \\
0.0x_1 + 1.0x_2 + 0.0x_3 + 0.4x_4 + 0.0x_5 + 0.0x_6 + 0.0x_7 + 0.0x_8 &= 2.0 \\
0.5x_1 + 0.0x_2 + 2.0x_3 + 0.0x_4 + 0.0x_5 + 0.0x_6 - 1.0x_7 + 0.0x_8 &= -1.5 \\
0.0x_1 + 0.0x_2 + 0.0x_3 + 2.0x_4 + 0.0x_5 + 1.0x_6 + 0.0x_7 + 0.0x_8 &= 1.0 \\
0.0x_1 + 0.0x_2 + 1.0x_3 + 1.0x_4 + 1.0x_5 + 0.0x_6 + 0.0x_7 + 0.0x_8 &= -2.0 \\
0.0x_1 + 0.0x_2 + 0.0x_3 + 1.0x_4 + 0.0x_5 + 1.0x_6 + 0.0x_7 + 0.0x_8 &= 1.0 \\
0.5x_1 + 0.0x_2 + 0.0x_3 + 0.0x_4 + 0.0x_5 + 0.0x_6 + 1.0x_7 + 0.0x_8 &= 1.0 \\
0.0x_1 + 1.0x_2 + 0.0x_3 + 0.0x_4 + 0.0x_5 + 0.0x_6 + 0.0x_7 + 1.0x_8 &= 1.0
\end{aligned}
$$

풀이

이 문제를 풀기 위해 방정식의 계수로 이루어지는 전체 행렬을 만든 후 sparse 함수를 사용하여 희박 행렬로 변환할 것이다. 그 다음에 각각의 방법으로 구한 근과 그때 사용한 메모리를 서로 비교할 것이다.

이 계산을 수행하는 스크립트 파일을 아래에 수록하였다.

```
% Script file: simul.m
%
% Purpose:
%   This program solves a system of 8 linear equations in 8
%   unknowns (a*x = b), using both full and sparse matrices.
%
% Record of revisions:
%     Date      Programmer       Description of change
%     ====      ==========       =====================
%   03/03/14   S. J. Chapman    Original code
%
% Define variables:
%   a            -- Coefficients of x (full matrix)
%   as           -- Coefficients of x (sparse matrix)
%   b            -- Constant coefficients (full matrix)
%   bs           -- Constant coefficients (sparse matrix)
%   x            -- Solution (full matrix)
%   xs           -- Solution (sparse matrix)

% Define coefficients of the equation a*x = b for
% the full matrix solution.
a =   [1.0  0.0  1.0  0.0  0.0  2.0  0.0 -1.0; ...
        0.0  1.0  0.0  0.4  0.0  0.0  0.0  0.0; ...
        0.5  0.0  2.0  0.0  0.0  0.0 -1.0  0.0; ...
        0.0  0.0  0.0  2.0  0.0  1.0  0.0  0.0; ...
        0.0  0.0  1.0  1.0  1.0  0.0  0.0  0.0; ...
        0.0  0.0  0.0  1.0  0.0  1.0  0.0  0.0; ...
        0.5  0.0  0.0  0.0  0.0  0.0  1.0  0.0; ...
        0.0  1.0  0.0  0.0  0.0  0.0  0.0  1.0];

b =   [3.0  2.0 -1.5  1.0 -2.0  1.0  1.0  1.0]';

% Define coefficients of the equation a*x = b for
% the sparse matrix solution.
```

```
as = sparse(a);
bs = sparse(b);

% Solve the system both ways
disp ('Full matrix solution:');
x = a\b
disp ('Sparse matrix solution:');
xs = as\bs

% Show workspace
disp('Workspace contents after the solutions:')
whos
```

이 프로그램의 실행 결과는 다음과 같다.

```
» simul
Full matrix solution:
x =
    0.5000
    2.0000
   -0.5000
   -0.0000
   -1.5000
    1.0000
    0.7500
   -1.0000
Sparse matrix solution:
xs =
    (1,1)       0.5000
    (2,1)       2.0000
    (3,1)      -0.5000
    (5,1)      -1.5000
    (6,1)       1.0000
    (7,1)       0.7500
    (8,1)      -1.0000

Workspace contents after the solutions:

  Name      Size       Bytes      Class        Attributes
    a        8x8         512      double
    as       8x8         392      double       sparse
    b        8x1          64      double
```

```
bs        8x1       144       double       sparse
x         8x1        64       double
xs        8x1       128       double       sparse
```

두 방법으로 구한 답은 서로 같다. 희박해에는 x_4가 없는데, 이는 그 값이 0이기 때문에 희박 배열에서 제외되기 때문이다! 또 행렬 b의 경우 희박형이 전체형보다 실제로는 더 많은 메모리를 차지하고 있음을 유의하라. 이는 희박 행렬에서는 0이 아닌 원소의 값뿐만 아니라 그 위치까지 저장하기 때문에 대부분의 원소가 0이 아니라면 오히려 메모리 효율이 떨어지기 때문이다.

10.2 셀 배열

셀 배열은 다른 MATLAB 배열을 담는 용기 역할을 하는 셀(cell)을 원소로 갖는 특별한 배열이다. 예를 들어, 셀 배열의 한 셀은 실수 배열을 담고, 다른 셀은 문자열 배열, 또 다른 셀은 복소수 벡터를 담을 수 있다(그림 10.1 참조).

프로그래밍 용어로 셀 배열의 각 원소는 다른 데이터 구조를 가리키는 포인터(pointer)이고, 데이터 구조들은 서로 다른 유형이 될 수 있다. 그림 10.2는 이 개념을 도시하고 있다. 셀 배열은 어떤 문제에 관한 다양한 정보를 하나의 이름으로 수합하여 액세스(access)할 수 있는 훌륭한 방법이다.

셀 배열은 괄호 ( ) 대신에 중괄호 { }를 사용하여 셀의 내용을 선택하고 표시한다. 이런 차이가 나는 이유는 셀 배열이 데이터가 아니라 데이터 구조를 담고 있다는 사실 때문이다. 셀 배열 a가 그림 10.2에 보이는 것처럼 정의되어 있다고 가정하자. 그러면 원소 `a(1,1)`의 내용은 3×3 수치 배열이므로 `a(1,1)`을 참조하면 셀의 내용인 데이터 구조를 화면에 표시한다.

```
» a(1,1)
ans =
    [3x3 double]
```

이와는 대조적으로 `a{1,1}`을 참조하면 셀의 내용을 표시한다.

```
» a{1,1}
```

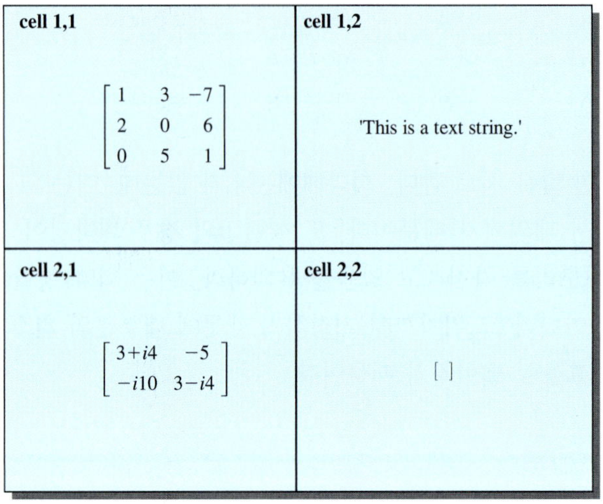

그림 10.1 셀 배열의 개별 원소들은 실수 배열, 복소 배열, 문자열, 다른 셀 배열과 심지어는 빈 배열을 가리킬 수 있다.

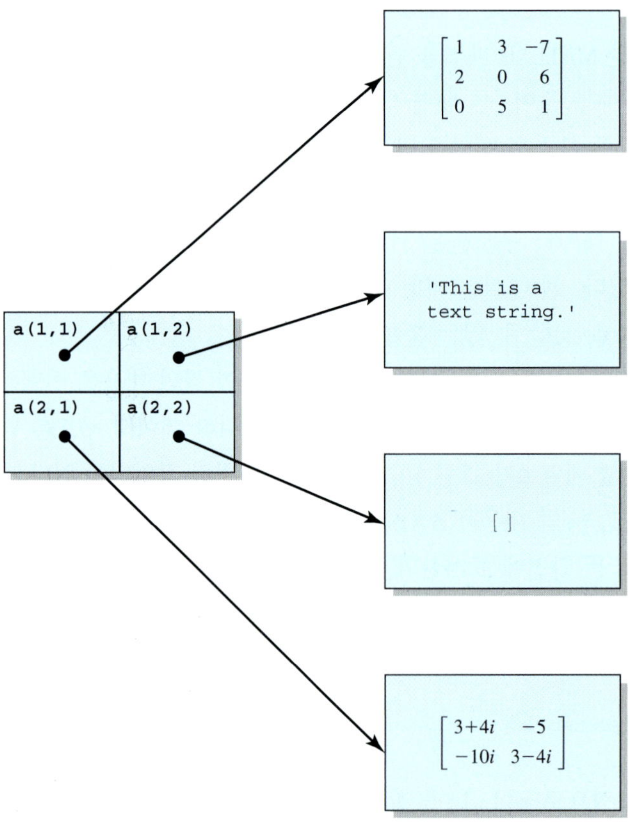

그림 10.2 셀 배열의 각 원소는 다른 데이터 구조를 가리키는 포인터이고, 데이터 구조들은 서로 다른 유형이 될 수 있다.

```
ans =
      1    3   -7
      2    0    6
      0    5    1
```

요약하면, a(1,1)로 표기하면 a(1,1)의 내용(데이터 구조)을 참조하는 반면 a{1,1}로 표기하면 셀 내의 데이터 구조의 내용을 참조한다.

이점에 주의하세요

셀 배열의 원소를 지정할 때 ()와 {}를 서로 혼동하지 않도록 주의하여야 한다. 이 둘은 서로 다르게 작동한다.

10.2.1 셀 배열 만들기

셀 배열은 다음 두 가지 방법으로 만들 수 있다.

- 대입문 사용
- cell 함수를 사용한 셀 배열 사전 배정

셀 배열을 만드는 가장 쉬운 방법은 한 번에 한 셀씩 직접 데이터를 대입하는 것이다. 그러나 셀 배열을 사전 배정하는 것이 더 효율적이므로 아주 큰 셀 배열에 대해서는 이 방법을 써야만 한다.

대입문을 이용한 셀 배열 배정

대입문을 사용하여 셀 배열에 한 번에 한 셀씩 값을 대입할 수 있다. 셀에 데이터를 대입하는 데는 **내용 지표법**(content indexing)과 **셀 지표법**(cell indexing)으로 알려진 두 가지 방법이 있다.

내용 지표법에서는 셀 첨자를 중괄호 '{}'로 둘러싸고, 셀 내용은 보통의 표기법으로 나타낸다. 예를 들어, 다음 문은 그림 10.2에 보인 2×2 셀 배열을 만든다.

```
a{1,1} = [1 3 -7; 2 0 6; 0 5 1];
a{1,2} = 'This is a text string.';
a{2,1} = [3+4*i -5; -10*i 3 - 4*i];
a{2,2} = [];
```

이 지표법은 셀에 담을 데이터 구조의 내용을 정의한다.

셀 지표법에서는 셀 첨자를 보통의 첨자 표기법으로 나타내되 셀에 저장할 데이터를 중괄호 '{ }'로 둘러싼다. 예를 들어, 다음 문으로 그림 10.2에 보인 2×2 셀 배열을 만들 수 있다.

```
a(1,1) = {[1 3 -7; 2 0 6; 0 5 1]};
a(1,2) = {'This is a text string.'};
a(2,1) = {[3+4*i -5; -10*i 3 - 4*i]};
a(2,2) = {[]};
```

이 지표법은 지정한 데이터를 담은 데이터 구조를 만든 후, 이 데이터 구조를 셀에 대입한다.

이 두 지표법은 완전히 동등하며 프로그램에서 자유롭게 섞어 쓸 수 있다.

이점에 주의하세요

기존의 수치 배열과 같은 이름으로 셀 배열을 만들어서는 안 된다. 이럴 때 MATLAB은 보통의 배열에 셀 내용을 대입하려는 것으로 생각하여 오류 메시지를 출력할 것이다. 기존의 배열과 같은 이름의 셀 배열을 만들려면 먼저 그 수치 배열을 지워야 한다.

cell 함수를 사용한 셀 배열의 사전 배정

cell 함수를 사용하면 지정한 크기를 갖는 빈 셀 배열을 미리 메모리에 배정할 수 있다. 예를 들어, 다음 문은 2×2 크기의 빈 셀 배열을 만든다.

```
a = cell(2,2);
```

일단 셀 배열을 만든 후 대입문을 사용하여 셀에 값을 채워 넣을 수 있다.

10.2.2 중괄호 { }를 셀 구성자로 사용하기

다수의 셀을 한 번에 정의하려면 모든 셀 내용을 한 쌍의 중괄호 내에 배치한다. 각 행의 개별 셀들은 콤마나 공백으로 구분하고, 행들은 세미콜론으로 분리한다. 예를 들어, 다음 문은 2×3 셀 배열을 만든다.

```
b = {[1 2], 17, [2;4]; 3-4*i, 'Hello', eye(3)}
```

10.2.3 셀 배열의 내용 보기

MATLAB은 셀 배열의 각 셀에 있는 데이터 구조를 한 줄에 압축한 형태로 보여준다. 만일 전체 데이터를 한 줄에 나타낼 수 있으면 그대로 보여주고, 그렇지 않으면 요약하여 나타낸다. 예를 들어, 셀 배열 a와 b는 다음과 같이 표시될 것이다.

```
» a
a =
    [3x3 double] [1x22 char]
    [2x2 double]          []
» b
b =
         [1x2 double]     [ 17]     [2x1 double]
    [3.0000- 4.0000i]   'Hello'     [3x3 double]
```

MATLAB은 대괄호나 작은따옴표를 써서 데이터 구조를 나타낼 뿐, 데이터 구조의 전체 내용을 표시하지는 않는다는 점에 유의하여야 한다.

셀 배열의 전체 내용을 보고자 한다면 celldisp 함수를 사용하면 된다. 이 함수는 각 셀 내 데이터 구조의 내용을 표시한다.

```
» celldisp(a)
a{1,1} =
     1     3    -7
     2     0     6
     0     5     1
a{2,1} =
   3.0000 + 4.0000i  -5.0000
        0 -10.0000i   3.0000 - 4.0000i
a{1,2} =
```

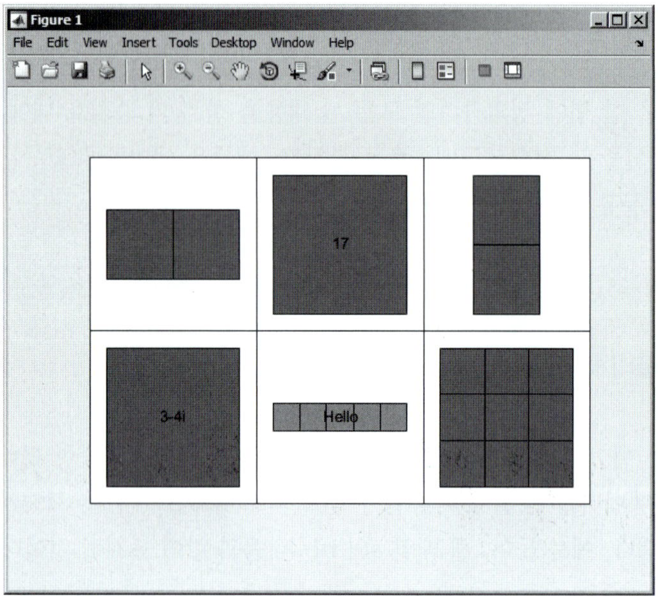

그림 10.3 `cellplot` 함수를 사용하면 일련의 포갠 상자와 같은 모습으로 셀 배열 b의 구조를 표시한다.

```
This is a text string.
a{2,2} =
      []
```

`cellplot` 함수를 사용하면 셀 배열의 구조를 고수준 그래픽으로 나타낼 수 있다. 예를 들어, `cellplot(b)`는 그림 10.3과 같은 도표를 출력한다.

10.2.4 셀 배열의 확장

현재 존재하지 않는 셀 배열 원소에 값을 대입하면 그 원소는 자동적으로 생성되며, 이 배열의 형태를 유지하기 위하여 필요한 셀들이 함께 만들어진다. 예를 들어, a가 그림 10.1에 나타낸 2×2 셀 배열로 정의되어 있다고 가정하자. 다음 문이 실행되면

```
a{3,3} = 5
```

셀 배열은 그림 10.4에 보이는 것처럼 3×3 배열로 자동적으로 확장된다.

이처럼 대입문을 사용하여 한 번에 한 원소씩 배열을 확장하는 것보다는 `cell` 함수로 셀 배열을 사전 배정하는 방식이 훨씬 효율적이다. 위에서처럼 기존 배열에 새로운 원소를 추가하면 MATLAB은 이 원소를 포함할 수 있을 만한 크기의 새로운 배

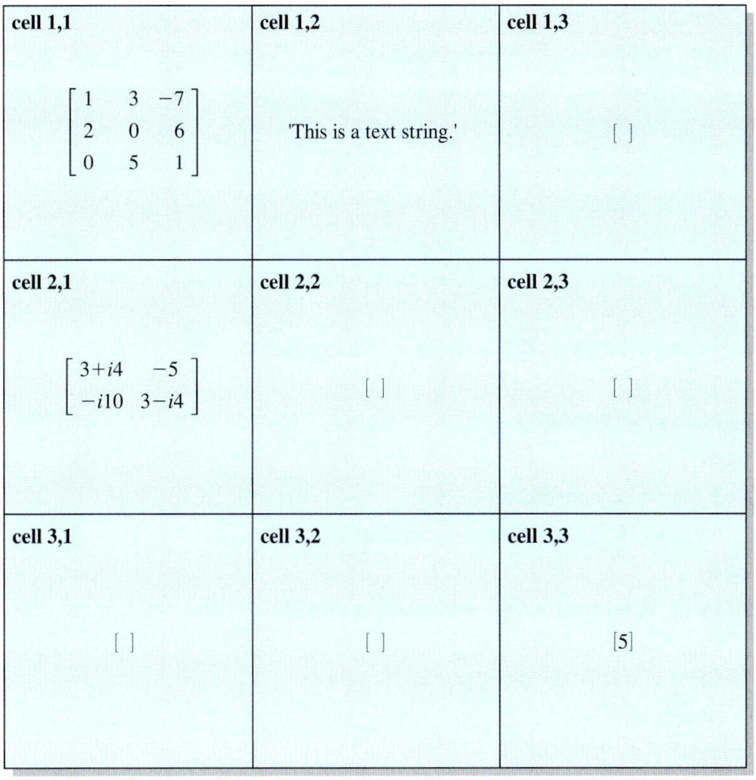

그림 10.4 a{3,3}에 값을 대입한 후의 결과. 셀 배열의 형태를 유지하기 위하여 네 개의 빈셀이 함께 만들어졌다.

열을 만들어, 기존 데이터를 새 배열에 복사하고, 새 값을 추가한 후 기존 배열을 삭제한다. 이 과정은 추가적인 시간이 걸릴 수 있으므로, 배열을 만들고자 하는 최대 크기로 사전 배정한 후 한 번에 한 요소씩 값을 대입하여야 한다. 새로운 요소만이 추가되고 배열의 나머지 부분은 영향을 받지 않는다.

아래에 보인 프로그램은 메모리 사전 배정의 장점을 예시하고 있다. 이 프로그램에서는 200,000개의 문자열을 한 번에 하나씩 추가하여 셀 배열을 만들 때 사전 배정 여부에 따른 실행 시간을 서로 비교한다.

```
% Script file: test_preallocate.m
%
% Purpose:
%   This program tests the creation of cell arrays with and
%   without preallocation.
%
```

```
% Record of revisions:
%     Date        Programmer        Description of change
%     ====        ==========        =====================
%   03/04/14    S. J. Chapman      Original code
%
% Define variables:
%   a             -- Cell array
%   maxvals       -- Maximum values in cell array

% Create array without preallocation
clear all
maxvals = 200000;
tic
for ii = 1:maxvals
   a{ii} = ['Element ' int2str(ii)];
end
disp(['Elapsed time without preallocation = ' num2str(toc)]);

% Create array with preallocation
clear all
maxvals = 200000;
tic
a = cell(1,maxvals);
for ii = 1:maxvals
   a{ii} = ['Element ' int2str(ii)];
end
disp(['Elapsed time with preallocation     = ' num2str(toc)]);
```

컴퓨터에서 프로그램이 실행될 시에는 다음과 같은 결과가 나타난다. 사전 배정의 장점을 명확히 알 수 있다.[1]

```
» test_ preallocate
Elapsed time without preallocation = 8.0332
Elapsed time with preallocation    = 7.6763
```

1 낮은 버전의 MATLAB에서는 사전 배정의 차이가 매우 크다. 최근의 MATLAB 버전에서는, 차례로 하나씩 배정하는 대신에 추가적인 변수를 덩어리로 할당함으로써 이러한 기능을 향상시켰다.

좋은 프로그래밍 습관

원소에 값을 대입하기 전에 항상 셀 배열을 메모리에 사전 배정하면 프로그램의 실행 속도를 크게 높일 수 있다.

10.2.5 배열 내의 셀 삭제

전체 셀 배열을 삭제하려면 `clear` 명령어를 사용한다. 셀들의 부분집합은 그 집합에 빈 배열을 대입함으로써 삭제할 수 있다. 예를 들어, a가 앞에서 정의한 3×3 배열이라고 가정하자.

```
» a
a =
    [3x3 double]    [1x22 char]      []
    [2x2 double]             []      []
              []             []     [5]
```

다음 문으로 세 번째 행 전체를 삭제할 수 있다.

```
» a(3,:) = []
a =
    [3x3 double]    [1x22 char]      []
    [2x2 double]             []      []
```

10.2.6 셀 배열 내의 데이터 사용

셀 배열 내의 데이터 구조 내부의 데이터는 내용 지표법이나 셀 지표법으로 아무 때나 사용할 수 있다. 예를 들어, 셀 배열 c를 다음과 같이 정의하였다고 하자.

```
c = {[1 2;3 4], 'dogs'; 'cats', i}
```

셀 `c(1,1)`에 저장된 내용은 다음과 같이 접근할 수 있고,

```
» c{1,1}
ans =
     1     2
     3     4
```

셀 c(2,1)의 내용은 다음과 같이 접근할 수 있다.

```
» c{2,1}
ans =
cats
```

한 셀의 내용의 부분집합은 첨자들의 두 집합을 연결함으로써 얻을 수 있다. 예를 들어, 셀 배열 c의 셀 c(1,1)에 저장된 배열로부터 원소(1,2)를 가져오려 한다고 가정하자. 이를 위해 c{1,1}(1,2)라는 표현을 사용하는데, 이는 셀 c(1,1)에 담긴 데이터 구조의 내용에서 원소 (1,2)를 선택한다는 의미이다.

```
» c{1,1}(1,2)
ans =
     2
```

10.2.7 문자열의 셀 배열

문자열들의 그룹을 셀 배열에 저장하면 표준적인 문자 배열의 행들에 저장하는 것보다 편리할 때가 많다. 왜냐하면, 셀 배열의 문자열들은 길이가 서로 다를 수 있지만 문자 배열의 각 행들은 같은 길이를 가져야만 하기 때문이다. 이는 셀 배열 내의 문자열은 길이를 맞추기 위해 여분의 공백을 덧붙일 필요가 없음을 의미한다.

문자열의 셀 배열을 만들기 위해서는 내용 지표법을 사용하여 각 문자열을 각 원소에 대입하거나, cellstr 함수를 사용하여 2차원 문자 배열을 변환하는 방법을 사용한다.

다음 예에서는 문자열을 한 번에 하나씩 대입하여 만든 셀 배열을 표시하고 있는데, 문자열들의 길이가 서로 다른 것을 알 수 있다.

```
» cellstring{1} = 'Stephen J. Chapman';
» cellstring{2} = 'Male';
» cellstring{3} = 'SSN 999-99-9999';
» cellstring
    'Stephen J. Chapman'    'Male' 'SSN 999-99-9999'
```

cellstr 함수는 2차원 문자 배열로부터 문자열로 이루어진 셀 배열을 만든다. 다음 문자 배열을 고려하자.

```
» data = ['Line 1          ';'Additional Line']
data =
Line 1
Additional Line
```

이 2×15 문자 배열은 cellstr 함수를 사용하여 다음과 같이 문자열 셀 배열로 변환할 수 있다.

```
» c = cellstr(data)
c =
    'Line 1'
    'Additional Line'
```

이렇게 얻은 문자열 셀 배열은 char 함수를 사용하여 원래의 문자 배열로 다시 바꿀 수 있다.

```
» newdata = char(c)
newdata =
Line 1
Additional Line
```

iscellstr 함수는 셀 배열이 문자열의 셀 배열인지를 가시적으로 확인한다. 이 함수를 사용하면 셀 배열의 모든 요소가 비어있거나 문자열을 포함한 경우 참값(1)을 반환하고, 그 외의 경우 거짓값(0)을 반환한다.

10.2.8 셀 배열의 중요성

셀 배열은 임의의 유형과 임의의 분량의 데이터를 각 셀에 담을 수 있기 때문에 융통성이 크다. 이 때문에 셀 배열은 MATLAB 내부 데이터 구조를 나타내는 데 많이 쓰인다. 그래픽 사용자 인터페이스와 핸들 그래픽의 많은 특징들을 사용하기 위하여 셀 배열을 이해해야만 한다.

또한 이러한 융통성 때문에 셀 배열은 가변 개수의 입력 인수 및 출력 인수를 갖는 함수에 일상적으로 쓰인다. 사용자 정의 MATLAB 함수에 사용할 수 있는 특별한 입력 인수인 varargin은 가변 개수의 입력 인수를 지원한다.

이 인수는 입력 가인수 목록의 마지막 항목으로 나타나며 셀 배열을 반환한다. 따라서 하나의 입력 가인수로 임의 개수의 입력 실인수를 지원할 수 있다. 각 실인수는

varargin이 반환하는 셀 배열의 한 원소가 된다.

varargin을 사용할 때는 필요한 모든 입력 가인수를 명시한 다음, 마지막 가인수로 써야 한다. 예를 들어, 임의의 개수의 입력 인수를 가질 수 있는 함수를 작성한다고 가정하자. 이 함수는 다음과 같이 구현할 수 있다.

```
function test1(varargin)
disp(['There are' int2str(nargin) 'arguments.']);
disp('The input arguments are:');
disp(varargin);

end % function test1
```

이 함수를 다양한 개수의 실인수를 사용하여 실행한 결과는 다음과 같다.

```
» test1
There are 0 arguments.
The input arguments are:

» test1(6)
There are 1 arguments.
The input arguments are:
    [6]
» test1(1,'test 1',[1 2;3 4])
There are 3 arguments.
The input arguments are:
    [1]    'test 1'    [2x2 double]
```

즉, 입력 실인수들은 함수 내에서 셀 배열이 됨을 알 수 있다.

가변 개수의 인수를 활용한 함수의 예가 아래에 나와 있다. plotline 함수는 도표로 나타낼 점의 (x, y) 좌표를 담은 1×2 행벡터를 임의의 수만큼 받아들인 후, 모든 (x, y) 값을 연결하는 꺾은선 그래프를 그린다. 이 함수는 선택적인 선 속성 지정 문자열을 받아들여 plot 함수에 넘긴다.

```
function plotline(varargin)
%PLOTLINE Plot points specified by [x,y] pairs.
% Function PLOTLINE accepts an arbitrary number of
% [x,y] points and plots a line connecting them.
% In addition, it can accept a line specification
% string and pass that string on to function plot.
```

```
% Define variables:
%   ii         -- Index variable
%   jj         -- Index variable
%   linespec   -- String defining plot characteristics
%   msg        -- Error message
%   varargin   -- Cell array containing input arguments
%   x          -- x values to plot
%   y          -- y values to plot
% Record of revisions:
%     Date         Programmer       Description of change
%     ====         ==========       =====================
%   03/18/14   S. J. Chapman      Original code

% Check for a legal number of input arguments.
% We need at least 2 points to plot a line...
msg = nargchk(2,Inf,nargin);
error(msg);

% Initialize values
jj = 0;
linespec = '';

% Get the x and y values, making sure to save the line
% specification string, if one exists.
for ii = 1:nargin

    % Is this argument an [x,y] pair or the line
    % specification?
    if ischar(varargin{ii})

        % Save line specification
        linespec = varargin{ii};
    else
        % This is an [x,y] pair. Recover the values.
        jj = jj + 1;
        x(jj) = varargin{ii}(1);
        y(jj) = varargin{ii}(2);
    end
end

% Plot function.
```

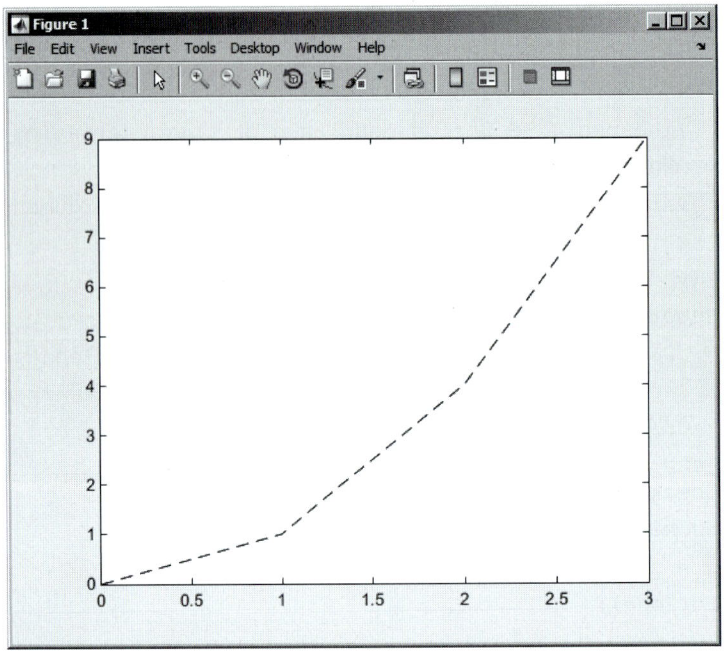

그림 10.5 plotline 함수로 생성한 도표

```
if isempty(linespec)
    plot(x,y);
else
    plot(x,y,linespec);
end
```

이 함수를 아래와 같은 실인수로 호출하면 그림 10.5와 같은 도표가 생긴다. 여러분도 인수의 개수를 달리하여 이 함수를 시험해 보면 그 거동을 이해할 수 있을 것이다.

```
plotline([0 0],[1 1],[2 4],[3 9],'k--');
```

가변 개수의 출력 인수를 지원하는 특별한 출력 인수인 varargout도 있다. 이 인수는 출력 인수 목록의 마지막 항목으로 나타나며 셀 배열을 반환한다. 따라서 하나의 출력 가인수로 임의의 개수의 출력 실인수를 지원할 수 있다. 각 실인수는 varargout에 저장되는 셀 배열의 한 원소가 된다. varargout을 사용할 때는 필요한 모든 출력 가인수를 명시한 다음, 마지막 가인수로 써야 한다. 어떤 함수 호출에서 명시된 출력 실인수의 개수를 나타내는 nargout 함수를 이용하면 varargout에 저장된 값의 개수를 구할 수 있다.

varargout의 사용법을 예시하는 test2 함수가 아래에 나타나 있다. 이 함수는 nargout 함수를 사용하여 호출 프로그램이 기대하는 출력 인수의 개수를 알아낸다. 그 다음에 첫 번째 출력 인수에 난수의 개수를 반환하고 나머지 출력 인수에는 가우스 분포로부터 추출한 난수를 채운다. 이 함수는 난수를 담기 위해 varargout을 사용하므로 출력 값의 개수는 임의로 정할 수 있다.

```
function [nvals,varargout] = test2(mult)
% nvals is the number of random values returned
% varargout contains the random values returned
nvals = nargout - 1;
for ii = 1:nargout-1
    varargout{ii} = randn * mult;
end
```

이 함수를 실행하면 다음 결과를 얻는다.

```
» test2(4)
ans =
    -1
» [a b c d] = test2(4)
a =
     3
b =
   -1.7303
c =
   -6.6623
d =
    0.5013
```

좋은 프로그래밍 습관

가변 개수의 입력 및 출력 인수를 지원하는 함수를 만들려면 셀 배열 인수인 varargin과 varargout을 사용한다.

10.2.9 cell 함수 요약

자주 쓰이는 MATLAB 셀 함수를 표 10.2에 요약하였다.

표 10.2: 자주 쓰는 MATLAB 셀 함수

함수	설명
cell	셀 배열의 구조를 미리 정의한다.
celldisp	셀 배열의 내용을 표시한다.
cellplot	셀 배열의 구조를 도표로 나타낸다.
cellstr	2차원 문자 배열을 문자열의 셀 배열로 변환한다.
char	문자열의 셀 배열을 2차원 문자 배열로 변환한다.
iscellstr	셀 배열이 문자열이면 참값을 반환한다.
strjoin	셀 배열 원소 내의 문자열들을 공백을 사이에 넣어 모두 연결한다.

10.3 구조체 배열

배열은 전체 데이터 구조를 하나의 이름으로 나타낸 데이터형으로서 배열 내 각 개별 원소를 번호로만 구별한다. 따라서 arr이라는 이름을 갖는 배열의 5번째 원소는 arr(5)로 접근할 수 있다. 모든 원소들은 같은 유형의 데이터여야만 한다.

셀 배열도 이런 특성을 갖는 배열의 한 종류이지만 개별 원소가 서로 다른 유형의 데이터를 담을 수 있다.

이에 비해 **구조체(structure)**는 각 개별 원소가 이름을 갖는 데이터형이다. 구조체 내의 개별 원소는 **필드(field)**라고 부르며, 각 필드의 데이터형은 서로 다를 수 있다. 각 필드는 구조체 이름과 필드 이름을 마침표로 구분하여 결합함으로써 접근할 수 있다.

그림 10.6은 student라는 이름을 갖는 구조체를 보여준다. 이 구조체에는 name, addr1, city, state, zip이라는 이름을 가진 5개의 필드가 있다. 'name'이라고 부르는 필드는 student.name으로 접근할 수 있다.

구조체 배열(structure array)은 구조체들의 배열이다. 배열 내의 각 구조체는 완전히 동일한 필드들을 갖지만 각 필드에 저장하는 데이터는 다를 수 있다. 예를 들어, student 구조체의 배열로 한 학급을 묘사할 수 있다. 이 학급의 첫 번째 학생의 이름은 student(1).name, 두 번째 학생이 사는 도시는 student(2).city라는 방식으로 나타낼 수 있다.

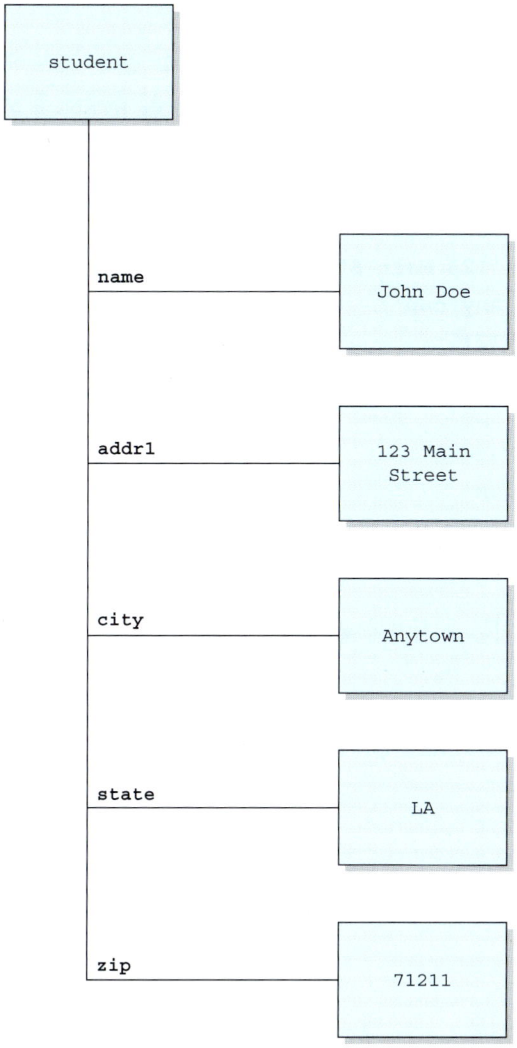

그림 10.6 구조체의 한 예. 구조체 내의 각 원소는 필드라고 부르며, 각 필드는 이름으로 접근할 수 있다.

10.3.1 구조체 배열 만들기

구조체 배열을 생성하는 데에는 두 가지 방법이 있다.

- 대입문을 사용하여 한 번에 한 필드씩 만든다.
- struct 함수를 사용하여 모든 필드를 한 번에 만든다.

대입문을 사용하여 구조체 만들기

대입문을 사용하여 한 번에 한 필드씩 구조체를 만들 수 있다. 필드에 값을 대입할 때마다 그 필드가 자동적으로 만들어진다. 예를 들어 그림 10.6에 보인 구조체는 다음 문으로 만들 수 있다.

```
» student.name = 'John Doe';
» student.addr1 = '123 Main Street';
» student.city = 'Anytown';
» student.zip = '71211'
student =
      name: 'John Doe'
     addr1: '123 Main Street'
      city: 'Anytown'
     state: 'LA'
       zip: '71211'
```

(마침표 앞의) 구조체 이름에 첨자를 붙이면 두 번째 학생을 구조체에 추가할 수 있다.

```
» student(2).name = 'Jane Q. Public'
student =
1x2 struct array with fields:
    name
    addr1
    city
    state
    zip
```

student는 이제 1×2 배열이다. 구조체 배열이 두 개 이상의 원소를 가지면 필드의 내용은 제시되지 않고 필드의 이름만 열거된다는 점을 유의하라. 각 원소의 내용은 명령창에 그 원소를 개별적으로 입력하여 표시할 수 있다.

```
» student(1)
ans =
      name:  'John Doe'
     addr1:  '123 Main Street'
      city:  'Anytown'
     state:  'LA'
       zip:  '71211'
```

```
» student(2)
ans =
       name:  'Jane Q. Public'
      addr1:  []
       city:  []
      state:  []
        zip:  []
```

구조체 배열에서 새로운 원소를 정의할 때마다 그 원소에 속한 구조체의 모든 필드가 생성된다. 아직 초기화되지 않은 필드에는 빈 배열이 담기지만 나중에 대입문으로 초기화할 수 있다.

구조체에서 사용하는 필드 이름은 fieldnames 함수를 사용하면 언제든지 알아낼 수 있다. 이 함수는 필드 이름의 목록을 담은 문자열 셀 배열을 반환하는데, 프로그램에서 구조체 배열을 다룰 때 매우 쓸모가 있다.

struct 함수를 사용하여 구조체 만들기

struct 함수로 구조체나 그 배열을 메모리에 사전 배정할 수 있다. 이 함수의 기본 형식은 다음과 같다.

```
str_array = struct('field1',val1,'field2',val2, ...)
```

여기서 입력 인수는 필드 이름과 초기값이다. 이 구문으로 struct 함수는 각 필드를 지정한 값으로 초기화한다.

구조체 배열 전체를 사전 배정하려면 배열의 마지막 원소에 struct 함수를 적용한다. 이때 이전 원소들이 모두 동시에 자동적으로 생성된다. 예를 들어, 아래에 보인 문은 student 형의 구조체 1000개를 담은 배열을 만든다.

```
student(1000) = struct('name',[],'addr1',[], ...
                       'city',[],'state',[],'zip',[])
student =
1x1000 struct array with fields:
        name
        addr1
        city
        state
        zip
```

구조체 배열의 모든 원소를 사전 배정하면 구조체를 사용하는 프로그램의 실행 속도를 높일 수 있다.

struct 함수의 구문을 약간 바꾸면 배열을 사전 배정하는 동시에 모든 필드에 초기값을 대입할 수 있다. 여러분은 이 장 끝의 연습문제에서 이 작업을 하게 될 것이다.

10.3.2 구조체에 필드 추가하기

구조체 배열의 임의의 원소에 대해 새로운 필드 이름을 정의하면 배열 내 다른 모든 원소에 대해서도 그 필드가 자동적으로 생긴다. 예를 들어, Jane Public의 레코드에 시험 성적을 추가한다고 하자.

```
» student(2).exams = [90 82 88]
student =
1x2 struct array with fields:
    name
    addr1
    city
    state
    zip
    exams
```

아래에서 보듯이, 이제 배열의 모든 레코드에는 exams라는 이름의 새로운 필드가 나타난다. 이 필드는 student(2)의 경우 초기화되지만, 다른 모든 학생들에 대해서는 적절한 대입문을 실행하기 전까지 빈 배열로 남을 것이다.

```
» student(1)
ans =
      name: 'John Doe'
     addr1: '123 Main Street'
      city: 'Anytown'
     state: 'LA'
       zip: '71211'
     exams: []
» student(2)
ans =
      name: 'Jane Q. Public'
     addr1: []
```

```
   city: []
  state: []
    zip: []
  exams: [90 82 88]
```

10.3.3 구조체 필드 없애기

rmfield 함수를 사용하여 구조체 배열에서 필드를 없앨 수 있다. 이 함수의 형식은 다음과 같다.

```
struct2 = rmfield(str_array,'field')
```

여기서 str_array는 구조체 배열, 'field'는 없앨 필드, 'struct2'는 그 필드가 제거된 새로운 구조체의 이름이다. 예를 들어, 다음 명령문으로 구조체 배열 student의 'zip' 필드를 없앨 수 있다.

```
» stu2 = rmfield(student,'zip')
stu2 =
1x2 struct array with fields:
    name
    addr1
    city
    state
    exams
```

10.3.4 구조체 배열의 데이터 사용

이제 student 구조체 배열이 세 명의 학생을 포함하도록 확장되어 그림 10.7에 보인 것처럼 모든 데이터가 채워져 있다고 가정하자. 이 구조체 배열의 데이터를 어떻게 사용할 수 있을까?

임의의 배열 원소의 임의의 필드에 있는 정보에 접근하려면 간단히 배열 원소 뒤에 마침표를 찍고 필드 이름을 적으면 된다.

```
» student(2).addr1
ans =
P. O. Box 17
```

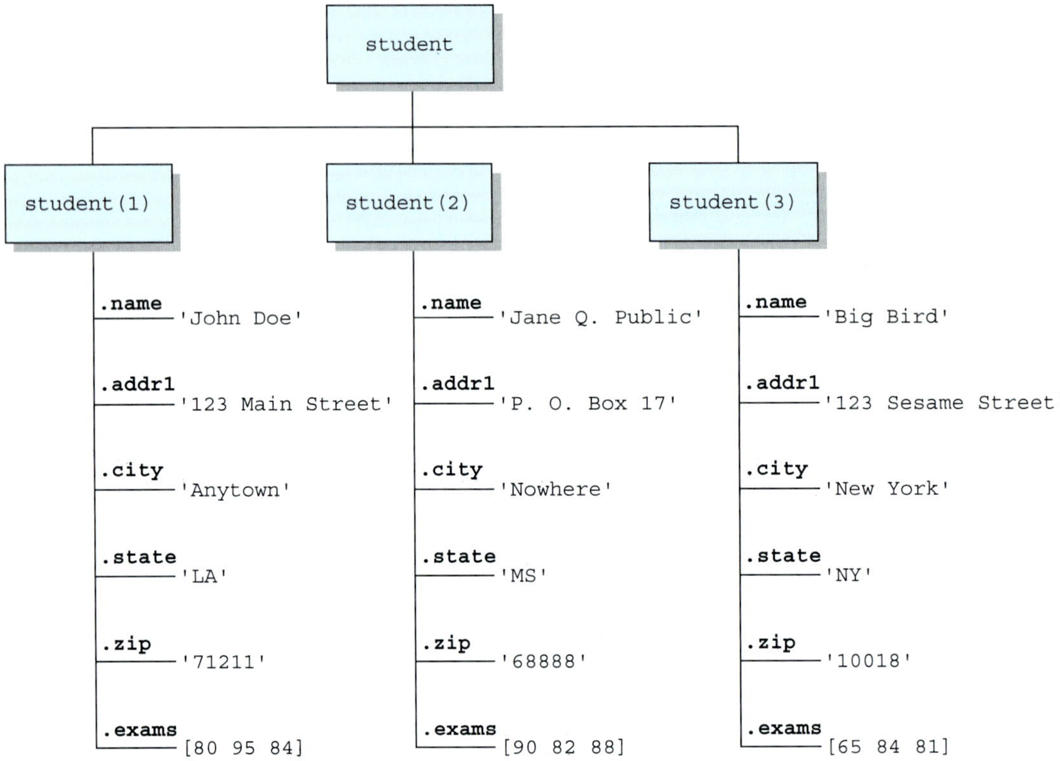

그림 10.7 세 원소의 모든 필드에 값을 채운 student 배열

```
» student(3).exams
ans =
     65     84     81
```

필드 내의 개별 항목에 접근하려면 필드 이름 뒤에 첨자를 추가한다. 예를 들어, 세 번째 학생의 두 번째 시험 성적은 다음과 같이 얻는다.

```
» student(3).exams(2)
ans =
     84
```

구조체 배열의 필드는 그 데이터형을 지원하는 어떤 함수에서도 인수로 사용할 수 있다. 예를 들어, student(2)의 시험 성적의 평균을 구하기 위해 다음 함수를 사용할 수 있다.

```
» mean(student(2).exams)
ans =
    86.6667
```

다중 배열 요소에서 주어진 필드로부터 값을 추출하려면, 대괄호에 구조체와 필드 이름을 넣는다. 예를 들어 [student.zip]과 같이 표현한다면 모든 우편번호를 담은 하나의 배열을 얻을 수 있다.

```
» [student.zip]
ans =
        71211        68888          10018
```

마찬가지로, mean([student.exams]) 함수를 사용하면 모든 학생의 모든 시험점수에 대한 평균값을 구할 수 있다.

```
» mean([student.exams])
ans =
   83.2222
```

10.3.5 getfield 함수와 setfield 함수

프로그램에서 구조체 배열을 쉽게 쓸 수 있도록 도와주는 두 개의 MATLAB 함수가 있다. getfield 함수는 필드에 저장된 현재 값을 가져오고, setfield 함수는 필드에 새로운 값을 대입한다. getfield 함수의 구문은 다음과 같다.

```
f = getfield(array,{array_index},'field',{field_index})
```

여기서 field_index는 선택적이며, array_index는 1×1 구조체 배열의 경우 선택적인 인수이다. 이 함수 호출은 다음 문에 해당하지만

```
f = array(array_index).field(field_index);
```

프로그래머가 프로그램을 작성할 때 구조체 배열 안의 필드 이름을 알 수 없을지라도 이 구문은 사용할 수 있다.

예를 들어, 어떤 미지의 구조체 배열의 데이터를 읽어 처리하는 함수를 작성할 필요가 있다고 가정하자. 이 함수는 fieldnames 함수를 호출하여 구조체 내의 필드 이름을 알아낸 후, getfield 함수를 사용하여 데이터를 읽을 수 있을 것이다. 두 번째

학생의 우편번호를 읽기 위해서는 다음과 같이 함수를 호출할 수 있다.

```
» zip = getfield(student,{2},'zip')
zip =
       68888
```

이와 비슷하게, 프로그램에서 setfield 함수를 사용하여 구조체 내의 값을 바꿀 수 있다. setfield 함수의 호출 구문은 다음과 같다.

```
f = setfield(array,{array_index},'field',{field_index},value)
```

여기서 f는 출력할 구조체 배열, field_index는 선택적이고, array_index는 1×1 구조체 배열의 경우 선택적인 인수이다. 이 함수 호출은 다음 문에 해당한다.

```
array(array_index).field(field_index) = value;
```

10.3.6 동적 필드 이름

구조체의 원소에 접근할 수 있는 새로운 방법으로 **동적 필드 이름**(dynamic field name)을 사용할 수 있다. 동적 필드 이름이란 필드 이름이 기대되는 위치에 그 이름을 문자열로 만들어 괄호로 둘러싸는 것을 말한다. 예를 들어, student 1의 이름은 아래에 보인 것처럼 정적 또는 동적 필드 이름을 사용하여 빼낼 수 있다.

```
» student(1).name      % Static field name
ans =
John Doe
» student(1).('name') % Dynamic field name
ans =
John Doe
```

동적 필드 이름은 정적 필드 이름과 같은 기능을 수행하지만, 동적 필드 이름은 프로그램 실행 중에 바꿀 수 있다. 이 때문에 사용자는 프로그램 내에서 같은 함수를 사용하여 다른 정보에 접근할 수 있다.

예를 들어, 다음 함수는 구조체 배열과 필드 이름을 받아 배열 내의 모든 원소에 대해 지정한 필드 값의 평균을 계산한다. 함수는 평균값(그리고 선택적으로 평균 계산에 사용된 값의 개수)을 호출 프로그램에 반환한다.

```
function [ave, nvals] = calc_average(structure, field)
%CALC_AVERAGE Calculate the average of values in a field.
% Function CALC_AVERAGE calculates the average value
% of the elements in a particular field of a structure
% array. It returns the average value and (optionally)
% the number of items averaged.
% Define variables:
%   arr      -- Array of values to average
%   ave      -- Average of arr
%   ii       -- Index variable
%
% Record of revisions:
%     Date       Programmer       Description of change
%     ====       ==========       =====================
%   03/04/14   S. J. Chapman    Original code

% Check for a legal number of input arguments.
msg = nargchk(2,2,nargin);
error(msg);

% Create an array of values from the field
arr = [];
for ii = 1:length(structure)
   arr = [arr structure(ii).(field)];
end

% Calculate average
ave = mean(arr);

% Return number of values averaged
if nargout == 2
    nvals = length(arr);
end
```

프로그램에서 단순히 구조체와 필드 이름을 달리하여 이 함수를 여러 번 호출함으로써 서로 다른 값들의 평균을 구할 수 있다. 예를 들어, exams 필드와 zip 필드의 평균값을 다음과 같이 계산할 수 있다.

```
» [ave,nvals] = calc_average(student,'exams')
ave =
     83.2222
```

```
nvals =
      9
» ave = calc_average(student,'zip')
ave =
      50039
```

10.3.7 구조체 배열에 size 함수 사용하기

구조체 배열에 size 함수를 적용하면 구조체 배열 자체의 크기를 반환한다. 이 함수를 구조체 배열 내 특정 원소의 필드에 사용하면 전체 배열의 크기 대신에 그 필드의 크기를 반환한다. 예를 들어 다음과 같다.

```
» size(student)
ans =
       1     3
» size(student(1).name)
ans =
       1     8
```

10.3.8 구조체 배열 중첩하기

구조체 배열의 각 필드에는 셀 배열이나 구조체 배열을 포함한 임의의 데이터형도 담을 수 있다. 예를 들어, 다음 문들은 학생이 수강하는 각 과목에 관한 정보를 전달하기 위해 새로운 구조체 배열 class를 student 배열 밑의 한 필드로 정의한다.

```
student(1).class(1).name = 'COSC 2021'
student(1).class(2).name = 'PHYS 1001'
student(1).class(1).instructor = 'Mr. Jones'
student(1).class(2).instructor = 'Mrs. Smith'
```

이 문들을 실행하면 student(1)은 다음 데이터를 담게 된다. 중첩된 구조체에서 데이터에 접근하기 위해 사용한 기법을 주의 깊게 살펴보기 바란다.

```
» student(1)
ans =
         name: 'John Doe'
        addr1: '123 Main Street'
```

```
          city: 'Anytown'
         state: 'LA'
           zip: '71211'
         exams: [80 95 84]
         class: [1x2 struct]
» student(1).class
ans =
1x2 struct array with fields:
    name
    instructor
» student(1).class(1)
ans =
          name: 'COSC 2021'
    instructor: 'Mr. Jones'
» student(1).class(2)
ans =
          name: 'PHYS 1001'
    instructor: 'Mrs. Smith'
» student(1).class(2).name
ans =
PHYS 1001
```

10.3.9 구조체 함수 요약

자주 쓰는 MATLAB 구조체 함수를 표 10.3에 요약하였다.

표 10.3: 자주 쓰는 MATLAB 구조체 함수

함수	설명
fieldnames	필드 이름 목록을 문자열의 셀 배열에 담아 반환한다.
getfield	필드의 현재 값을 가져온다.
rmfield	구조체 배열에서 필드를 제거한다.
setfield	필드에 새로운 값을 설정한다.
struct	구조체 배열에 메모리를 미리 배정한다.

퀴즈 10.1

이 퀴즈는 10.1절부터 10.4절에 걸쳐 소개한 개념을 여러분이 잘 이해하고 있는지를 확인하기 위한 것이다. 만일 퀴즈를 푸는 데 어려움이 있다면 해당 절을 다시 읽고 강사에게 질문하거나 다른 학우와 토의하라. 이 퀴즈의 답은 책의 말미에 수록되어 있다.

1. 희박 행렬이란 무엇인가? 전체 행렬과 어떻게 다른가? 희박 행렬을 전체 행렬로 변환하거나 또는 역변환하는 방법은 무엇인가?
2. 셀 배열이란 무엇인가? 보통 배열과 어떻게 다른가?
3. 내용 지표법과 셀 지표법의 차이점은 무엇인가?
4. 구조체란 무엇인가? 보통 배열이나 셀 배열과 어떻게 다른가?
5. `varargin` 함수의 목적은 무엇인가? 어떻게 작동하는가?
6. 배열 a가 아래와 같이 정의되어 있을 때, 다음 각 문의 실행 결과를 예측하라(주: 몇몇 문은 적법하지 않을 수 있다. 이 경우 그 이유를 설명하라).

```
a{1,1} = [1 2 3; 4 5 6; 7 8 9];
a(1,2) = {'Comment line'};
a{2,1} = j;
a{2,2} = a{1,1} - a{1,1}(2,2);
```

(a) `a(1,1)`

(b) `a{1,1}`

(c) `2*a(1,1)`

(d) `2*a{1,1}`

(e) `a{2,2}`

(f) `a(2,3) = {[-17; 17]}`

(g) `a{2,2}(2,2)`

7. 구조체 배열 b가 아래와 같이 정의되어 있을 때, 다음 각 문의 실행 결과를 예측하라(주: 몇몇 문은 적법하지 않을 수 있다. 이 경우 그 이유를 설명하라).

```
b(1).a = -2*eye(3);
b(1).b = 'Element 1';
b(1).c = [1 2 3];
b(2).a = [b(1).c' [-1; -2; -3] b(1).c'];
```

```
b(2).b = 'Element 2';
b(2).c = [1 0 -1];
```

(a) `b(1).a - b(2).a`

(b) `strncmp(b(1).b,b(2).b,6)`

(c) `mean(b(1).c)`

(d) `mean(b.c)`

(e) `b`

(f) `b(1).('b')`

(g) `b(1)`

▶ 예제 10.2 — 축 제목에 특수 기호 사용

벡터는 크기와 방향을 모두 가진 수학적인 양이다. 벡터는 그림 10.8과 같이 극 좌표에서 각도 θ를 갖는 거리를 r로 나타내거나 직교 좌표에서 x, y축에 따른 변위로 나타낼 수 있다. x, y, r, θ의 관계는 다음 식과 같다.

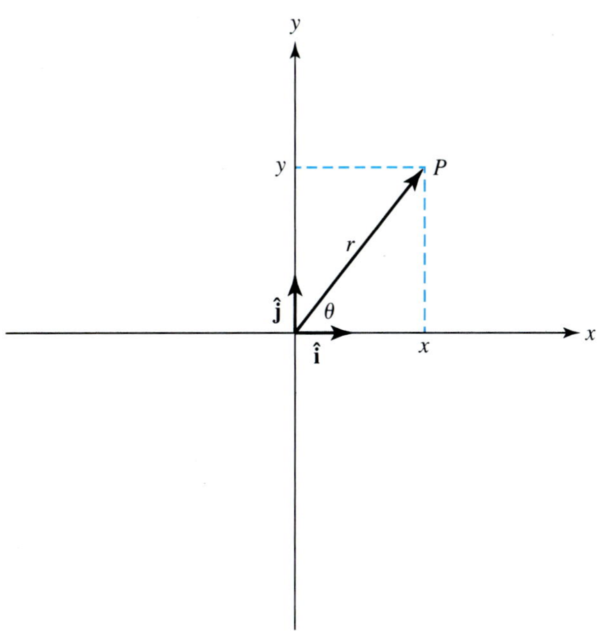

그림 10.8 벡터를 표현하는 극 좌표(r, θ)와 직교 좌표(x. y)의 관계

$$x = r\cos\theta \tag{10.1}$$

$$y = r\sin\theta \tag{10.2}$$

$$r = \sqrt{x^2 + y^2} \tag{10.3}$$

$$\theta = \tan^{-1}\frac{y}{x} \tag{10.4}$$

여기서 $\tan^{-1}()$는 두 인수를 갖는 역탄젠트 함수 atan2(y,x)로서 $-\pi \le \theta \le \pi$의 출력 범위를 갖는다.

직교 좌표 형식의 벡터는 필드 x, y를 갖는 구조체로서 나타낼 수 있다. 예를 들면 다음과 같다.

```
rect.x = 3;
rect.y = 4;
```

그리고 극 좌표 형식의 벡터는 r과 theta를 필드로 갖는 구조체로 나타낼 수 있다. 예를 들면 다음과 같다.

```
polar.r = 5;
polar.theta = 36.8699;
```

직교 좌표 형식의 벡터를 극 좌표 형식의 벡터로 변환하거나 그 역으로 변환하는 한 쌍의 함수를 작성하라.

풀이

to_rect와 to_polar라는 두 함수를 작성한다.

to_rect 함수는 극 좌표 형식의 벡터를 입력 받아 식 (10.1)과 (10.2)를 사용하여 직교 좌표 형식으로 변환한다. 이 벡터는 r과 theta 필드를 갖는 구조체에 저장되어 있기 때문에 극 좌표 형식의 벡터임을 알 수 있다. 만약 입력 변수가 r과 theta 필드를 갖는 구조체가 아니라면, 그 함수는 오류를 일으키고 중단될 것이다. 이 함수의 출력은 x와 y 필드를 갖는 구조체가 될 것이다.

to_polar 함수는 직교 좌표 형식의 벡터를 받아들여 식 (10.3)과 (10.4)를 사용하여 극 좌표 형식으로 변환한다. 이 벡터는 x와 y 필드를 갖는 구조체에 저장되어 있기 때문에 직교 좌표 형식의 벡터임을 알 수 있다. 입력 변수가 x와 y 필드를 갖는 구조체가 아니라면 이 함수는 오류를 일으키고 중단될 것이다. 이 함수의 출력은 r과 theta 필드를 갖는 구조체가 될 것이다.

r값을 얻기 위한 계산은 식 (10.3)을 바로 사용한다. 그러나 theta값을 얻기 위한 계산은 MATLAB의 atan2(y,x) 함수를 사용해야 한다. 식 (10.4)는 오직 $-\frac{\pi}{2} < \theta < \frac{\pi}{2}$ 범위에서만 결과를 얻을 수 있으나, atan2 함수는 원의 모든 사분면에서 결과를 얻을 수 있기 때문이다. atan2 함수의 기능에 대한 자세한 내용은 MATLAB 도움말을 참조하라.

1. **문제 기술**

   극 벡터가 r과 theta(도 단위) 필드를 갖는 구조체가 저장되어 있고, 직교 좌표 벡터는 x와 y 필드를 갖는 구조체에 저장되어 있다고 가정하자. 극 좌표 형식을 직교 좌표 형식으로 변환하는 to_rect 함수와 직교 좌표 형식을 극 좌표 형식으로 변환하는 to_polar 함수를 작성하라.

2. **입출력 정의**

   to_rect 함수의 입력은 r과 theta 필드로 이루어진 구조체에 저장된 극 좌표 형식의 벡터이고, 출력은 x와 y 필드로 이루어진 구조체에 저장된 직교 좌표 형식의 벡터이다.
   to_polar 함수의 입력은 x와 y 필드로 이루어진 구조체에 저장된 극 좌표 형식의 벡터이고, 출력은 r과 theta 필드로 이루어진 구조체에 저장된 직교 좌표 형식의 벡터이다.

3. **알고리즘 설계**

   to_rect 함수에 대한 유사 코드는 다음과 같다.

   ```
   Check to see that elements r and theta exist
   out.x ← in.r * cos(in.theta * pi/180)
   out.y ← in.r * sin(in.theta * pi/180)
   ```

   사인과 코사인 함수를 적용하기 전에, 도(°) 단위의 각도를 라디안 단위로 변환해야 한다.
   to_polar 함수에 대한 유사 코드는 다음과 같다.

   ```
   Check to see that elements x and y exist
   out.r ← sqrt(in.x.^2 + in.y.^2)
   out.theta ← atan2(in.y, in.x) * 180/pi
   ```

   theta에 저장하기 전에, 라디안으로 나타낸 각도를 도(°) 단위로 변환해야 한다.

4. MATLAB문으로 변환

최종 MATLAB 함수는 다음과 같다.

```
function out = to_rect(in)
%TO_RECT Convert a vector from polar to rect
% Function TO_RECT converts a vector from polar
% coordinates to rectangular coordinates.
%
% Calling sequence:
%   out = to_rect(in)

% Define variables:
% in    -- Structure containing fields r and theta (in degrees)
% out   -- Structure containing fields x and y

% Record of revisions:
%     Date        Programmer        Description of change
%     ====        ==========        =====================
%   09/01/14     S. J. Chapman      Original code

% Check for valid input
if ~isfield(in,'r') || ~isfield(in,'theta')
   error('Input argument does not contain fields ''r'' and
''theta''')
else
   % Calculate output.
   out.x = in.r * cos(in.theta * pi/180);
   out.y = in.r * sin(in.theta * pi/180);
end

function out = to_polar(in)
%TO_POLAR Convert a vector from rect to polar
% Function TO_POLAR converts a vector from rect
% coordinates to polar coordinates.
%
% Calling sequence:
%    out = to_rect(in)

% Define variables:
%   in  -- Structure containing fields x and y
%   out -- Structure containing fields r and theta (in degrees)
```

```
% Record of revisions:
%     Date        Programmer        Description of change
%     ====        ==========        =====================
%   09/10/14     S. J. Chapman      Original code

% Check for valid input
if ~isfield(in,'x') || ~isfield(in,'y')
  error('Input argument does not contain fields ''x'' and ''y''')
else

    % Calculate output.
    out.r     = sqrt(in.x .^2 + in.y .^2);
    out.theta = atan2(in.y,in.x) * 180/pi;
end
```

5. **프로그램 시험**

이 프로그램을 시험하기 위하여, 각 변의 길이가 3, 4, 5인 직각 삼각형 예제를 사용한다. 벡터의 직교 좌표가 $(x, y)=(3, 4)$라면, 벡터의 극 좌표는 다음과 같다.

$$r = \sqrt{3^2 + 4^2} = 5$$

$$\theta = \tan^{-1}\frac{4}{3} = 53.13°$$

이 프로그램이 실행되면 결과는 다음과 같다.

```
» v.x = 3;
» v.y = 4;
» out1 = to_polar(v)
out1 =
          r: 5
      theta: 53.1301
» out2 = to_rect(out1)
out2 =
        x: 3
        y: 4
```

극 좌표로 변환 후 다시 직교 좌표로 변환하여 원래 시작점으로 되돌아왔음을 알 수 있다.

10.4 요약

희박 배열은 0이 아닌 원소에만 메모리가 배정되는 특별한 배열이다. 0이 아닌 각 원소에 대해 3개의 값(행 번호, 열 번호 및 값 자체)이 저장된다. 이런 저장 방식은 0이 아닌 원소의 분율이 아주 작을 때 전체 행렬의 값을 저장하는 방식보다 훨씬 효율적이다. MATLAB에는 희박 행렬을 위한 함수 및 연산들이 많이 포함되어 있으며, 전체 행렬과 자유롭게 섞어 사용할 수 있다.

셀 배열은 다른 MATLAB 배열을 담는 용기 역할을 하는 셀을 원소로 갖는 배열이다. 구조체 배열 및 다른 셀 배열을 포함한 임의형의 데이터를 셀에 담을 수 있다. 셀 배열은 매우 유연하게 데이터를 저장하는 방법으로서 MATLAB 그래픽 사용자 인터페이스 내부의 함수에서 많이 쓰인다.

구조체 배열은 각 개별 원소에 이름을 붙인 데이터형이다. 필드라고 부르는 구조체의 개별 원소는 데이터형이 서로 다를 수 있다. 개별 필드는 구조체 이름과 필드 이름을 마침표로 붙여 접근할 수 있다. 구조체 배열은 특정 사람이나 사물에 관련된 데이터를 한 곳에 모두 묶어 나타내는 데 유용하다.

10.4.1 [좋은 프로그래밍 습관] 요약

프로그램 작성시 다음 지침을 준수하라.

1. 원소에 값을 대입하기 전에 항상 셀 배열을 메모리에 사전 배정하면 프로그램의 실행 속도를 크게 높일 수 있다.
2. 가변 개수의 입력 및 출력 인수를 지원하는 함수를 만들려면 셀 배열 인수인 `varargin`과 `varargout`을 사용한다.

10.4.2 MATLAB 요약

다음은 이 장에서 설명한 모든 MATLAB 명령어와 함수를 요약하여 수록한 것이다.

함수	설명
`cell`	셀 배열의 구조를 미리 정의한다.
`celldisp`	셀 배열의 내용을 표시한다.
`cellplot`	셀 배열의 구조를 도표로 나타낸다.

함수	설명
`cellstr`	2차원 문자 배열을 문자열의 셀 배열로 변환한다.
`char`	문자열의 셀 배열을 2차원 문자 배열로 변환한다.
`fieldnames`	필드 이름 목록을 문자열의 셀 배열에 담아 반환한다.
`figure`	새로운 그림을 생성하거나 현재 그림을 만든다.
`iscellstr`	셀 배열이 문자열로 이루어져 있으면 참값을 반환한다.
`getfield`	필드의 현재 값을 가져온다.
`rmfield`	구조체 배열에서 필드를 제거한다.
`setfield`	필드에 새로운 값을 설정한다.
`strjoin`	셀 배열 원소 내의 문자열들을 공백을 사이에 넣어 모두 연결한다.
`uiimport`	외부 프로그램에서 생성된 파일로부터 MATLAB으로 데이터를 읽어들인다.

10.5 연습문제

10.1 사용자로부터 문자열로 이루어진 셀 배열을 입력 받아 UTF-8 문자 집합의 수록 순서에 따라 오름차순으로 정렬하는 MATLAB 함수를 작성하라(힌트: MATLAB 도움말에서 `strcmp` 함수를 찾아볼 것).

10.2 사용자로부터 문자열로 이루어진 셀 배열을 입력 받아 대/소문자를 구별하지 않은 채 알파벳 순서로 정렬하는 MATLAB 함수를 작성하라(힌트: MATLAB 도움말에서 `strcmpi` 함수를 찾아볼 것).

10.3 임의의 개수의 수치 입력 인수를 받아 인수 내의 개별 원소를 모두 더하는 함수를 작성하라. 이 함수에 다음 인수들을 넘겨 시험하라.

$$a = 10,\ b = \begin{bmatrix} 4 \\ -2 \\ 2 \end{bmatrix},\ c = \begin{bmatrix} 1 & 0 & 3 \\ -5 & 1 & 2 \\ 1 & 2 & 0 \end{bmatrix},\ d = [1 \quad 5 \quad -2]$$

10.4 보통의 수치 배열이나 수치를 담은 셀 배열을 받아들일 수 있도록 앞 문제의 함수를 수정하라. 이 함수에 다음 인수들을 넘겨 시험하라.

$$a = \begin{bmatrix} 1 & 4 \\ -2 & 3 \end{bmatrix},\ b\{1\} = [1 \quad 5 \quad 2],\ b\{2\} = \begin{bmatrix} 1 & -2 \\ 2 & 1 \end{bmatrix}$$

10.5 데이터 집합을 도표로 나타내는 데 필요한 모든 정보를 담는 구조체 배열을 만들어라. 이 구조체 배열은 적어도 다음 필드를 포함하여야만 한다.

- `x_data` x 데이터(개별 셀에 담은 하나 또는 그 이상의 데이터 집합)
- `y_data` y 데이터(개별 셀에 담은 하나 또는 그 이상의 데이터 집합)
- `type` 선형, 세미로그 등
- `plot_title` 도표 제목
- `x_label` x 축 제목
- `y_label` y 축 제목
- `x_range` x 축 범위
- `y_range` y 축 범위

이밖에도 최종 도표의 모양을 원하는 대로 조정하기 위해 필드를 추가할 수 있다.

이 구조체 배열을 만든 후, 이 배열을 받아들여 각 구조체별로 하나씩 도표를 생성하는 MATLAB 함수를 작성하라. 이 함수는 일부 데이터 필드가 없을 때 적절한 기본값을 적용할 수 있어야 한다. 예를 들어, `plot_title` 필드가 빈 행렬일 때 그래프에 적절한 제목을 붙여야 한다. 함수를 작성하기 전에 적절한 기본값에 대해 심사숙고할 필요가 있다.

작성한 함수를 시험하기 위하여 세 종류의 도표의 데이터를 담은 구조체 배열을 만들어 함수에 넘겨라. 이 함수는 세 종류의 데이터를 세 개의 그림창에 각각 올바르게 나타내야 한다.

10.6 두 필드 x, y를 담은 구조체 `point`를 정의하라. 이 필드들은 점의 x, y 좌표를 각각 담을 것이다. 그 다음에 두 점을 입력 받아 직교 좌표 평면 위의 거리를 계산하여 반환하는 함수 `dist3`를 작성하라. 함수에서 입력 인수의 개수를 반드시 점검하라.

10.7 구조체를 인수로 받아 필드 이름과 데이터형을 각각 담은 두 개의 셀 배열을 반환하는 함수를 작성하라. 입력 인수가 구조체인지를 확인하여 아닐 경우 오류 메시지를 출력하라.

10.8 이 장에서 정의한 student 구조체 배열을 받아 과목 간 동일한 가중치로 각 학생의 성적 평균을 계산하는 함수를 작성하라. 계산한 평균을 담을 새로운 필드를 각 구조체에 추가하고, 갱신된 구조체 배열을 호출 프로그램에 반환하라. 또, 전체 학급 평균도 계산하여 반환하라.

10.9 구조체 배열을 첫 번째 인수로, 하나의 필드 이름을 담은 문자열을 두 번째 인수로 받아들이는 함수를 작성하라. 이 입력 인수들이 적법한지를 확인하여 위반시 오류 메시지를 출력하도록 만들어라. 입력 인수들이 적법하고 지정된 필드가 문자열 데이터를 담고 있을 때, 배열 내 각 원소의 지정 필드에 담긴 문자열을 모두 연결하여 호출 프로그램에 반환하라.

10.10 **디렉토리 크기 계산.** dir 함수는 지정한 디렉토리의 내용을 반환한다. 이 함수 는 아래에 나타낸 것처럼 4개의 필드를 갖는 구조체 배열을 반환한다.

```
» d = dir('chap10')
d =
36x1 struct array with fields:
    name
    date
    bytes
    isdir
```

name 필드는 각 파일의 이름, date는 이 파일을 마지막으로 수정한 날짜와 시각, bytes는 바이트로 표시한 파일의 크기를 각각 담고 있으며, isdir은 보통 파일의 경우 0, 디렉토리일 경우 1을 담고 있다. 디렉토리 이름과 경로를 받아 그 디렉토리 내의 모든 파일의 크기의 합을 구하는 프로그램을 작성하라.

10.11 **재귀(recursion).** 함수가 자신을 호출할 때 재귀 함수라고 부른다. 문제 10.10에서 작성한 함수에서, 하위 디렉토리를 발견할 때 자신을 되부름으로써 현재 디렉토리와 모든 하위 디렉토리 내에 있는 파일들의 크기의 총합을 구하도록 프로그램을 수정하라.

10.12 MATLAB 도움말 브라우저에서 struct 함수를 찾아 구조체를 사전 배정함과 동시에 모든 원소를 같은 값으로 초기화하는 방법을 익혀라. 그 다음에 2,000개의 원소를 갖는 student 형의 배열을 만들어 모든 원소를 아래에 나타낸

필드 값들로 초기화하라.

```
 name: 'John Doe'
addr1: '123 Main Street'
 city: 'Anytown'
state: 'LA'
  zip: '71211'
```

10.13 벡터 덧셈. 예제 10.2에서 설명한 것과 같이, 극 좌표나 직교 좌표 중 하나로 정의된 두 개의 벡터를 받아들인 후 더하여 직교 좌표로 저장하는 함수를 작성하라.

10.14 벡터 뺄셈. 예제 10.2에서 설명한 것과 같이, 극 좌표나 직교 좌표 중 하나로 정의된 두 개의 벡터를 받아들인 후 서로 빼서 직교 좌표로 저장하는 함수를 작성하라.

10.15 벡터 곱셈. 극 좌표로 정의된 두 가지 벡터 $\mathbf{v}_1 = r_1\angle\theta_1$와 $\mathbf{v}_2 = r_2\angle\theta_2$가 있을 때 두 벡터의 곱은 $\mathbf{v}_1\mathbf{v}_2 = r_1r_2\angle\theta_1+\theta_2$이다. 예제 10.2에서와 같이, 극 좌표나 직교 좌표로 정의된 두 개의 벡터를 받아들인 후 곱하여 극 좌표로 저장하는 함수를 작성하라.

10.16 벡터 나눗셈. 극 좌표로 정의된 두 가지 벡터 $\mathbf{v}_1 = r_1\angle\theta_1$와 $\mathbf{v}_2 = r_2\angle\theta_2$가 있을 때 두 벡터 간 나눗셈의 결과는 $\dfrac{\mathbf{v}_1}{\mathbf{v}_2} = \dfrac{r_1}{r_2}\angle\theta_1-\theta_2$이다. 예제 10.2에서와 같이 극 좌표나 직교 좌표로 정의된 두 개의 벡터를 받아들인 후 나누어 극 좌표로 저장하는 함수를 작성하라.

10.17 두 점 간의 거리. 원점으로부터 점 P_1에 이르는 벡터가 $\mathbf{v}_1$이고, 점 P_2에 이르는 벡터가 $\mathbf{v}_2$라면, 두 점 간의 거리는 $|\mathbf{v}_1-\mathbf{v}_2|$이다. 예제 10.2에서와 같이, 극 좌표나 직교 좌표로 정의된 두 개의 벡터를 받아들인 후 두 점 간의 거리를 반환하는 함수를 작성하라.

10.18 함수 생성기. 임의 차수의 다항식을 다룰 수 있도록 연습문제 7.22의 함수 생성기를 일반화하라. 연습문제 7.22와 동일한 방법으로 함수 핸들과 도표를 생성하는 시험을 수행하라(힌트: `varagrin` 함수를 사용할 것).

CHAPTER 11

입/출력 함수

2장에서 load와 save 명령어를 사용하여 MATLAB 데이터를 로드하고 저장하는 방법과 fprintf 함수를 사용하여 서식화된 데이터를 출력하는 방법을 배웠다. 이 장에서는 MATLAB의 입/출력 기능에 대해 더 배울 것이다. 먼저, 파일로부터 ASCII 데이터를 읽어들이는 데 매우 유용한 두 함수 textread와 textscan에 대해 배운다. 다음으로, load와 save 명령어의 추가 사항에 대해 약간 더 시간을 할애한다. 마지막으로, MATLAB에서 쓸 수 있는 다른 파일 입/출력 옵션을 다룬다.

C 언어에 익숙한 독자는 이런 내용이 매우 친숙하게 느껴질 것이다. 그러나 MATLAB 함수와 C 언어 함수 간의 미묘한 차이 때문에 낭패를 볼 수 있으므로 주의하여야 한다.

11.1 textread 함수

textread 함수는 유형이 서로 다를 수도 있는 데이터의 열들로 서식화된 텍스트 파일을 읽어 각 열의 내용을 개별적인 출력 배열에 저장한다. 이 함수는 다른 응용 프로그램에서 작성된 데이터의 표를 불러들이는 데 매우 쓸모가 있다.

textread 함수의 형식은 다음과 같다.

```
[a,b,c,...] = textread(filename,format,n)
```

여기서 filename은 열려는 파일의 이름, format은 각 열의 데이터 유형에 대한 설명을 담은 서식 문자열, n은 읽어들일 줄의 수이다(n이 없으면 파일의 끝까지 읽어들인다). 서식 문자열은 fprintf 함수의 서식 지정자와 동일한 형태를 갖는다. 출력 인수의 수는 읽어들일 열의 수와 반드시 같아야 한다.

예를 들어, test_input.dat 파일이 다음 데이터를 가지고 있다고 가정하자.

```
James   Jones   O+   3.51   22   Yes
Sally   Smith   A+   3.28   23   No
```

이 데이터는 다음 함수를 사용하여 일련의 배열로 읽어들일 수 있다.

```
[first,last,blood,gpa,age,answer] = ...
       textread('test_input.dat','%s %s %s %f %d %s')
```

이 문의 실행 결과는 다음과 같다.

```
» [first,last,blood,gpa,age,answer] = ...
           textread('test_input.dat','%s %s %s %f %d %s')
first =
     'James'
     'Sally'
last =
     'Jones'
     'Smith'
blood =
     'O+'
     'A+'
gpa =
     3.5100
     3.2800
age =
     42
     28
answer =
     'Yes'
     'No'
```

이 함수를 사용할 때 서식 지정자에 별표를 붙이면(예를 들어, %*s) 해당 열을 건너 뛸 수 있다. 다음 문은 첫 이름과 성, 성적 평점만을 읽는다.

```
» [first,last,gpa] = ...
       textread('test_input.dat','%s %s %*s %f %*d %*s')
first =
     'James'
     'Sally'
```

```
last =
     'Jones'
     'Smith'
gpa =
     3.5100
     3.2800
```

textread 함수는 load 명령어보다 훨씬 더 유용하고 융통성이 있다. load 명령어는 입력 파일 내의 데이터가 모두 같은 유형이라고 가정하기 때문에, 다른 열에 다른 유형의 데이터가 있는 경우에 사용할 수 없다. 또한 이 명령어는 모든 데이터를 하나의 배열에 저장한다. 이와는 대조적으로 textread 함수는 각 열을 별개의 변수에 저장하므로 혼합된 데이터의 열들을 읽을 때 훨씬 더 편리하다.

textread 함수는 융통성을 키우는 여분의 옵션도 많이 제공한다. 이 옵션들에 관한 자세한 사항은 MATLAB 온라인 도움말에서 볼 수 있다.

11.2 load와 save 명령어에 대한 추가 사항

save 명령어는 MATLAB 작업 공간의 데이터를 하드 디스크에 저장하고, load 명령어는 디스크로부터 데이터를 작업 공간으로 로드한다. save 명령어는 MAT 파일이라고 부르는 특수한 2진 파일이나 보통의 텍스트 파일로 저장할 수 있다. save 명령어의 형식은 다음과 같다.

```
save filename [content] [options]
```

*content*는 저장할 데이터를, *options*는 저장 형식을 각각 지정한다.

save 명령어만을 입력하면 현재 작업 공간 내의 모든 데이터를 matlab.mat이란 이름의 파일에 담아 현재 디렉토리에 저장한다. 파일 이름을 포함하면 'filename.mat'란 이름의 파일에 저장한다. *content* 위치에 변수 목록을 포함하면 그 특정 변수만을 저장할 것이다.

예를 들어, 작업 공간에 1,000개의 원소를 갖는 배정도 배열 x와 문자열 str이 있다고 하자. 다음 명령어로 이 두 변수를 MAT 파일에 저장할 수 있다.

```
save test_matfile x str
```

이 명령어는 test_matfile.mat이라는 이름의 MAT 파일을 만든다. whos 명령어에 -file 옵션을 사용하면 이 파일의 내용을 확인할 수 있다.

```
» whos -file test_matfile.mat
  Name        Size       Bytes     Class      Attributes

  str         1x11         22      char
  x           1x1000     8000      double
```

저장될 내용을 지정하는 다양한 방법을 표 11.1에 정리하였다.

save 명령어에서 사용할 수 있는 중요한 옵션들은 표 11.2에 나타내었다. 옵션의 완전한 목록은 MATLAB 온라인 도움말에서 찾을 수 있다.

load 명령어는 MAT 파일이나 보통의 텍스트 파일로부터 데이터를 로드한다. load 명령어의 형식은 다음과 같다.

```
load filename [options] [content]
```

표 11.1: save 명령어의 content 지정법

content 변수	설명
<nothing>	현재 작업 공간의 모든 데이터를 저장한다.
varlist	변수 목록에 있는 값만 저장한다.
-regexp exprlist	exprlist로 지정한 정규 표현(regular expression)과 일치하는 이름을 갖는 변수만을 저장한다.
-struct s	스칼라 구조체 s의 모든 필드를 개별 변수로 저장한다.
-struct s fieldlist	스칼라 구조체 s의 특정 필드를 개별 변수로 저장한다.

표 11.2: 대표적인 save 명령어 옵션

옵션	설명
'-mat'	MAT 파일 서식으로 저장한다(기본값).
'-ascii'	공백으로 분리된 8자리 정밀도의 텍스트 서식으로 저장한다.
'-ascii','-tabs'	탭으로 분리된 8자리 정밀도의 텍스트 서식으로 저장한다.
'-ascii','-double'	탭으로 분리된 16자리 정밀도의 텍스트 서식으로 저장한다.
-append	지정한 변수들을 기존의 MAT 파일에 추가한다.
-v4	MATLAB 4 또는 이후 버전에서 읽을 수 있는 서식으로 MAT 파일을 저장한다.

옵션	설명
`-v6`	MATLAB 5와 6 또는 이후 버전에서 읽을 수 있는 서식으로 MAT 파일을 저장한다.
`-v7`	MATLAB 7에서 7.2 또는 이후 버전에서 읽을 수 있는 서식으로 MAT 파일을 저장한다.
`-v7.3`	MATLAB 7.3 또는 이후 버전에서 읽을 수 있는 서식으로 MAT 파일을 저장한다.

표 11.3: load 명령어 옵션

옵션	설명
`-mat`	파일을 MAT 파일로 간주한다(파일 확장자가 `mat`일 때의 기본값).
`-ascii`	파일을 공백으로 분리한 텍스트 파일로 간주한다(파일 확장자가 `mat`이 아닐 때의 기본값).

`load` 명령어만을 입력하면 `matlab.mat` 파일의 모든 데이터를 현재의 작업 공간으로 로드한다. 파일 이름을 포함시키면 해당 파일로부터 데이터를 로드한다. 특정한 변수들을 content 항목에 포함시키면 특정된 변수들만 해당 파일로부터 로드한다. 예를 들면 다음과 같다.

```
load                  % matlab.mat 파일의 모든 데이터를 로드한다.
load mydat.mat        % mydat.mat 파일의 모든 데이터를 로드한다.
load mydat.mat a b c  % mydat.mat 파일의 a, b, c 변수만 로드한다.
```

`load` 명령어에서 지원하는 옵션은 표 11.3에 정리하였다..

당장은 알 수 없겠지만 `save`와 `load` 명령어는 MATLAB의 입/출력 명령어 중 가장 강력하고 유용한 명령어이다. 이 명령어들의 장점은 다음과 같다.

1. 이 명령어들은 매우 사용하기 쉽다.
2. MAT 파일은 운영체제에 무관하게 사용할 수 있다. MATLAB을 지원하는 컴퓨터에서 작성된 MAT 파일은 MATLAB을 지원하는 다른 어떤 유형의 컴퓨터에서도 읽을 수 있다. 이 서식은 PC, Macs, 그리고 리눅스의 다른 버전들 사이에서 자유롭게 이동할 수 있다. 또한, 유니코드 부호화 규칙을 사용하므로 모든 운영체제에 걸쳐 문자열이 보존된다.

3. MAT 파일은 각 데이터 유형에 꼭 필요한 메모리만을 사용하므로 디스크 공간을 효율적으로 활용한다. 이 파일은 모든 변수를 최대 정밀도로 저장하므로 텍스트 서식으로의 변환/재변환에 따르는 정밀도 손실이 없다. MAT 파일을 압축하면 디스크 공간을 더욱 절약할 수 있다.
4. MAT 파일은 작업 공간 내의 각 변수에 대해 데이터 유형, 이름, 전역 변수 여부 등의 모든 정보를 보존한다. 다른 유형의 입/출력 과정에서는 이런 정보들이 모두 유실된다. 예를 들어, 작업 공간이 다음과 같은 정보를 포함하고 있다고 가정하자.

```
» whos
  Name         Size        Bytes       Class          Attributes

  a            10x10       800         double
  b            10x10       800         double
  c            2x2         32          double
  string       1x14        28          char
  student      1x3         888         struct
```

이 작업 공간을 `save workspace.mat` 명령어로 저장하면, `workspace.mat`이라는 파일이 생긴다. 이 파일을 로드하면 각 변수의 유형과 전역 변수 여부 등을 포함한 모든 정보가 복원될 것이다.

`save`와 `load` 명령어의 단점은 MAT 파일 서식이 MATLAB에 독특한 것이라 다른 프로그램과 데이터를 공유할 수 없다는 점이다. `-ascii` 옵션을 사용하여 다른 프로그램과 데이터를 공유할 수 있지만, 여기에는 심각한 제약이 따른다.[1]

`save -ascii` 명령어는 셀 또는 구조체 배열 데이터를 전혀 저장할 수 없다. 또한 문자열 데이터를 수치로 변환한 후 저장한다. `load -ascii` 명령어는 공백으로 분리되며 각 행당 같은 개수의 원소로 이루어진 데이터를 읽어, 모든 데이터를 입력 파일과 같은 이름의 단일 변수에 넣는다. 더 복잡한 작업(예를 들어, 문자열, 셀, 구조체 배열을 다른 프로그램과 호환되는 서식으로 저장하거나 로드하는 일)을 원할 경우 이 장에서 설명할 다른 입/출력 명령어를 사용할 필요가 있다.

파일 이름과 저장 또는 로드할 변수 이름이 문자열로 표현되어 있다면 `load`와

1 이러한 진술은 일부만 사실이다. 최근 MAT 파일은 산업 표준인 HDF5 형식이며, C++, Java 등에는 이러한 형식을 읽을 수 있는 무료 툴과 패키지가 포함되어 있다.

좋은 프로그래밍 습관

MATLAB이 아닌 프로그램과 데이터를 주고받아야만 하는 상황이 아니라면 항상 save와 load 명령어를 사용하여 데이터를 MAT 파일 서식으로 저장하고 로드하는 것이 좋다. 이 서식은 효율적이고 모든 MATLAB 프로그램 간에 이전 가능하며, 모든 MATLAB 데이터형에 관한 상세 정보를 전부 보존한다.

save 명령어의 함수 형태를 사용하여야 한다. 예를 들어, 다음 코드는 사용자로부터 파일 이름을 입력 받아 그 파일에 작업 공간을 저장한다.

```
filename = input('Enter save file name:','s');
save (filename,'-mat');
```

11.3 MATLAB 파일 처리 입문

MATLAB 프로그램에서 파일을 사용하려면 원하는 파일을 선택하고, 그 파일로부터 데이터를 읽거나 그 파일에 데이터를 쓰는 방법이 필요하다. MATLAB은 이런 작업을 위한 매우 융통성있는 방법을 제공하는데, 이 때 파일은 하드 디스크, 자기 테이프 또는 컴퓨터에 부착된 다른 장치 등 다양한 매체 상에 있을 수 있다. 이 방식은 **파일 식별자(file id)**라고 알려져 있는데, 간단히 줄여 **fid**로 부르기도 한다. 파일 식별자는 파일을 열 때 할당되는 숫자로서 해당 파일의 읽기, 쓰기, 제어 작업 등에 사용된다. 파일 식별자는 양의 정수이다. 두 개의 파일 식별자는 항상 열려 있는데, 식별자 1은 MATLAB이 실행되는 컴퓨터의 표준 출력 장치(stdout), 식별자 2는 표준 오류 장치(stderr)를 각각 나타낸다. 3 이상의 값을 갖는 파일 식별자가 파일들을 열 때 배정되고, 파일을 닫을 때 해제된다.

다양한 MATLAB 함수를 사용하여 디스크 파일의 입/출력을 제어할 수 있다. 표 11.4에 이런 함수들을 요약하였다.

파일 식별자는 fopen문을 사용하여 디스크 파일이나 장치에 붙이고, fclose문으로 떼어낸다. 일단 파일 식별자를 붙이면 MATLAB 입/출력문을 사용하여 그 파일을 읽거나 파일에 쓸 수 있다. 파일 작업이 끝나면 fclose 문으로 파일을 닫고 해당 파일 식별자를 무효화시킨다. frewind와 fseek 문을 사용하여 열려 있는 파일 내에서 읽거나 쓰는 위치를 바꿀 수 있다.

표 11.4: MATLAB 입/출력 함수

범주	함수	설명
작업 공간 로드/저장	load	작업 공간으로 로드한다.
	save	작업 공간을 저장한다.
파일 열기/닫기	fopen	파일을 연다.
	fclose	파일을 닫는다.
2진 입/출력	fread	파일로부터 2진 데이터를 읽는다.
	fwrite	파일에 2진 데이터를 쓴다.
서식화된 입/출력	fscanf	파일로부터 서식화된 데이터를 읽는다.
	fprintf	파일에 서식화된 데이터를 쓴다.
	fgetl	파일에서 한 줄을 읽은 후 줄바꿈 문자를 버린다.
	fgets	파일에서 한 줄을 읽는다(줄바꿈 문자를 유지).
파일 내 위치 지정, 상태 등	delete	파일을 삭제한다.
	exist	파일의 존재 여부를 확인한다.
	ferror	파일 입/출력 오류를 질의한다.
	feof	파일 끝인지를 검사한다.
	fseek	파일 내 위치를 설정한다.
	ftell	파일 내 위치를 확인한다.
	frewind	파일 내 위치를 처음으로 되돌린다.
임시 파일	tempdir	임시 디렉토리 이름을 가져온다.
	tempname	임시 파일 이름을 가져온다.

데이터는 2진 데이터 또는 서식화된 문자 데이터로 파일로부터 읽거나 쓸 수 있다. 2진 데이터는 데이터를 저장하는 컴퓨터 메모리의 실제 비트 양상을 표현한 것이다. 2진 데이터의 읽기와 쓰기는 매우 효율적이지만 사용자가 파일에 저장된 데이터를 읽을 수 없다. 서식화된 파일 내의 데이터는 사용자가 직접 읽을 수 있는 문자로 번역하여 저장한 것이다. 그러나 서식화된 입/출력 작업은 2진 입/출력 작업보다 더 느리고 효율이 낮다. 두 가지 입/출력 작업에 대해서는 나중에 더 논의할 것이다.

11.4 파일 열기와 닫기

아래에서 파일을 여는 fopen 함수와 닫는 fclose 함수에 관해 설명한다.

11.4.1 fopen 함수

fopen 함수는 파일을 연 후 이 파일에 사용할 파일 식별자를 반환한다. 이 함수의 기본 형식은 다음과 같다.

```
fid = fopen(filename,permission)
[fid, message] = fopen(filename,permission)
[fid, message] = fopen(filename,permission,format)
[fid, message] = fopen(filename,permission,format,encoding)
```

여기서 *filename*은 열려는 파일의 이름을 지정하는 문자열, *permission*은 파일을 여는 방식을 지정하는 문자열, *format*은 파일 내 데이터의 수치 서식을 지정하는 선택적 문자열, *encoding*은 다음 읽기와 쓰기 작업을 위한 문자 인코딩을 각각 나타낸다. 파일 열기에 성공하면 fid는 양의 정수를 담고 message는 빈 문자열이 될 것이다. 만일 파일을 여는 데 실패하면 fid는 −1, message는 오류를 설명하는 문자열이 된다. 읽기 위해 열려는 파일이 현재 디렉토리에 없는 경우, MATLAB은 탐색 경로를 따라 그 파일을 찾는다.

permission 인수로 사용 가능한 허용 문자열이 표 11.5에 나타나 있다.

PC와 같은 운영체제에서는 텍스트 파일과 2진 파일을 구별하는 것이 중요하다. 파일을 텍스트 방식으로 열려면 허용 문자열에 t를 붙여야 한다(예를 들어, 'rt' 또는 'rt+'). 파일을 2진 방식으로 열려면 허용 문자열에 b를 붙일 수 있으나(예를 들어, 'rb'), 파일은 기본적으로 2진 방식으로 열기 때문에 실제로 꼭 필요한 것은 아니다. 유닉스나 리눅스 컴퓨터에서는 텍스트 파일과 2진 파일이 구분되지 않기 때문에 t나 b는 필요하지 않다.

fopen 함수 구문에서 *format* 문자열은 파일에 저장된 데이터의 수치 서식을 지정한다. 이 문자열은 서로 호환되지 않는 수치 데이터 서식을 갖는 컴퓨터 간에 파일을 전달할 때만 필요하기 때문에 거의 사용되지 않는다. 사용 가능한 수치 서식 몇 가지가 표 11.6에 나타나 있다. 가능한 수치 서식의 완전한 목록은 MATLAB 언어 참고 매뉴얼에서 볼 수 있다.

fopen 함수 구문에서 *encoding* 문자열은 파일에서 사용되는 문자 인코딩 형태를 지정한다. 이 문자열은 기본 문자열 인코딩 방식인 UTF-8을 사용하지 않을 경우에만 필요하다. 정규 문자 인코딩 방식으로는 'UTF-8', 'ISO-8859-1', 'windows-1252' 등이 있다. 가능한 전체 인코딩 방식 목록은 MATLAB 언어 참고 매뉴얼에서 볼 수 있다.

표 11.5: fopen 파일 허용 문자열

파일 허용문자열	의미
'r'	기존 파일을 읽기 전용으로 연다(기본값).
'r+'	기존 파일을 읽기/쓰기용으로 연다.
'w'	기존 파일의 내용을 삭제하거나 새로운 파일을 만들어 쓰기 전용으로 연다(기본값).
'w+'	기존 파일의 내용을 삭제하거나 새로운 파일을 만들어 읽기/쓰기용으로 연다.
'a'	기존 파일이나 새로운 파일을 쓰기 전용으로 연 후 파일 끝에 데이터를 추가한다.
'a+'	기존 파일이나 새로운 파일을 읽기/쓰기용으로 연 후 파일 끝에 데이터를 추가한다.
'W'	자동 플러싱(테이프 드라이브를 위한 특수 명령어) 없이 쓴다.
'A'	자동 플러싱(테이프 드라이브를 위한 특수 명령어) 없이 데이터를 추가한다.

파일을 열기보다는 정보를 알아내기 위하여 fopen 함수를 사용하는 구문으로는 두 가지가 있다. 다음 구문은 현재 열려 있는 모든 파일(stdout과 stderr은 제외)의 파일 식별자를 담은 행벡터를 반환한다.

```
fids = fopen('all')
```

이 벡터의 원소 수는 열려 있는 파일의 수와 같다. 다음 구문은 파일 식별자 fid가 지칭하는 파일의 이름, 허용 문자열과 수치 서식을 반환한다.

```
[filename, permission, format] = fopen(fid)
```

아래는 fopen 함수의 올바른 사용 예이다.

표 11.6: fopen 서식 문자열

파일 허용 문자열	의미
'native' 또는 'n'	MATLAB이 실행되는 컴퓨터의 수치 서식(기본값)
'ieee-le' 또는 'l'	리틀 엔디안 순서를 갖는 IEEE 부동 소수점 서식
'ieee-be' 또는 'b'	빅 엔디안 순서를 갖는 IEEE 부동 소수점 서식
'ieee-le.l64' 또는 'a'	리틀 엔디안 순서를 갖는 64비트 IEEE 부동 소수점 서식
'ieee-le.b64' 또는 's'	빅 엔디안 순서를 갖는 64비트 IEEE 부동 소수점 서식

사례 1: 입력을 위한 2진 파일 열기

다음 함수는 읽기 전용으로 example.dat라는 이름의 파일을 연다.

```
fid = fopen('example.dat','r')
```

허용 문자열 'r'은 이 파일을 읽기 전용으로 열 것임을 나타낸다. 허용 문자열로 'rb'를 쓸 수도 있지만, 2진 파일이 기본으로 설정되어 있으므로 굳이 필요하지는 않다.

사례 2: 텍스트 출력을 위한 파일 열기

다음 구문들은 텍스트 출력 전용으로 outdat라는 이름의 파일을 연다.

```
fid = fopen('outdat','wt')
fid = fopen('outdat','at')
```

허용 문자열 'wt'는 이 파일이 새로운 텍스트 파일임을 나타낸다. 만일 이 이름의 파일이 이미 있다면 기존 파일은 삭제되고 새로운 빈 파일이 열릴 것이다. fopen 함수를 이런 형태로 사용하면 기존 데이터를 대체하는 새로운 출력 파일을 얻을 수 있다.

허용 문자열 'at'는 기존의 텍스트 파일을 열어 기존 데이터 뒤에 새로운 데이터를 추가할 것임을 의미한다. 이 형식은 기존 데이터를 삭제하지 않은 채 새 데이터를 출력하고자할 때 사용한다.

사례 3: 읽기/쓰기를 위한 2진 파일 열기

다음 함수는 2진 데이터의 입/출력을 위해 junk라는 이름의 파일을 연다.

```
fid = fopen('junk','r+')
```

아래의 함수도 같은 목적으로 파일을 연다.

```
fid = fopen('junk','w+')
```

그러나 전자에서는 열려는 파일이 이미 존재해야만 하는 데 반해, 후자에서는 기존의 파일을 삭제하거나 새로 만든다는 차이가 있다.

좋은 프로그래밍 습관

fopen문에서 열려는 파일의 용도(읽기 또는 쓰기)에 따라 적절한 허용 문자열을 사용하도록 주의하여야 한다. 이런 습관을 잘 들여야만 보존해야 하는 데이터 파일을 실수로 덮어쓰는 오류를 피할 수 있다.

파일 열기를 시도한 후에는 오류 발생 여부를 확인하는 것이 중요하다. fid가 −1이면 파일 열기에 실패한 것이므로, 사용자에게 이 문제를 알려 다른 파일을 선택케 하거나 프로그램을 종료시킬 수 있도록 해야 한다.

좋은 프로그래밍 습관

파일 열기를 시도한 후에는 항상 성공 여부를 확인하는 것이 좋다. 실패한 경우에는 이 문제를 사용자에게 알리고 해결 방안을 제시한다.

11.4.2 fclose 함수

fclose 함수는 파일을 닫는다. 그 형식은 다음과 같다.

```
status = fclose(fid)
status = fclose('all')
```

여기서 fid는 파일 식별자이고 status는 작업 결과이다. 파일 닫기에 성공하면 status는 0이 되고, 실패하면 -1이 될 것이다.

`status = fclose('all')` 문은 stdout(fid = 1)과 stderr(fid = 2)을 제외한 모든 열린 파일을 닫는데, 이에 성공하면 0, 그렇지 않으면 -1을 반환한다.

11.5 2진 입/출력 함수

2진 입/출력 함수인 fwrite와 fread에 대해 설명한다.

11.5.1 fwrite 함수

fwrite 함수는 2진 데이터를 사용자가 지정한 서식으로 파일에 쓴다. 그 형식은 다음과 같다.

```
count = fwrite(fid,array,precision)
count = fwrite(fid,array,precision,skip)
count = fwrite(fid,array,precision,skip,format)
```

여기서 fid는 fopen 함수로 연 파일의 파일 식별자, array는 쓰여질 값을 담은 배열, count는 파일에 쓴 값의 개수를 각각 나타낸다.

MATLAB은 데이터를 열 우선 순서로 쓴다. 즉, 첫 번째 열을 다 쓰고 나서 두 번째 열을 써 나가는 방식이다. 예를 들어, array = $\begin{bmatrix} 1 & 2 \\ 3 & 4 \\ 5 & 6 \end{bmatrix}$ 일 경우, 데이터는 1, 3, 5, 2, 4, 6의 순서로 출력된다.

선택적 인수인 *precision* 문자열은 데이터의 출력 서식을 지정한다. MATLAB은 모든 컴퓨터에서 동일하게 사용할 수 있는 플랫폼 독립적인 정밀도 지정 문자열과 컴퓨터 유형에 따라 변하는 플랫폼 의존적인 정밀도 문자열을 둘 다 지원한다. 이 책에서는 플랫폼 독립적인 문자열에 대해서만 다룬다.

사용자 편의를 위하여 MATLAB은 정밀도 지정 문자열에 상응하는 C 언어와 Fortran의 데이터 형을 허용한다. 여러분이 C 또는 Fortran 프로그래머라면 자신에게 익숙한 언어의 데이터형 이름을 사용하는 것이 편할 수도 있을 것이다.

사용 가능한 플랫폼 독립적인 정밀도 문자열을 표 11.7에 수록하였다. 비트 단위로 작동하는 'bitN' 또는 'ubitN'을 제외한 모든 정밀도는 바이트 단위로 작동한다.

표 11.7: MATLAB 정밀도 문자열(발췌)

정밀도 문자열	C/Fortran 데이터형	의미
'char'	'char*1'	8비트 문자
'schar'	'signed char'	8비트 부호 붙임 문자
'uchar'	'unsigned char'	8비트 부호 없는 문자
'int8'	'integer*1'	8비트 정수
'int16'	'integer*2'	16비트 정수
'int32'	'integer*4'	32비트 정수
'int64'	'integer*8'	64비트 정수
'uint8'	'integer*1'	부호 없는 8비트 정수
'uint16'	'integer*2'	부호 없는 16비트 정수
'uint32'	'integer*4'	부호 없는 32비트 정수
'uint64'	'integer*8'	부호 없는 64비트 정수
'float32'	'real*4'	32비트 부동 소수점 수
'float64'	'real*8'	64비트 부동 소수점 수
'double'	'real*8'	64비트 부동 소수점 수
'bitN'		N 비트 부호 붙임 정수, $1 \le N \le 64$
'ubitN'		N 비트 부호 없는 정수, $1 \le N \le 64$

선택적 인수인 *skip*은 출력 파일에서 각 *precision*에 해당하는 값을 쓰기 전에 건너뛸 바이트수를 지정한다. 이 때 *precision*이 'bitN'이나 'ubitN'과 같은 비트 서식이면 건너뛸 비트수를 나타낸다. 이 옵션은 길이가 고정된 레코드 내에서 서로 인접하지 않은 필드에 데이터를 배치하는 데 유용하다.

선택적 인수인 *format*은 표 11.6에 나타나 있는 파일 내부 데이터의 수치 서식을 지정하는 문자열이다.

11.5.2 fread 함수

fread 함수는 파일로부터 2진 데이터를 사용자가 지정한 서식으로 읽은 후, 이와는 다를 수도 있는 사용자 지정 서식으로 데이터를 반환한다. 그 형식은 다음과 같다.

```
[array,count] = fread(fid,size,precision)
[array,count] = fread(fid,size,precision,skip)
[array,count] = fread(fid,size,precision,skip,format)
```

여기서 fid는 fopen 함수로 연 파일의 파일 식별자, size는 읽을 값의 개수, array는 읽은 값을 담는 배열, count는 파일로부터 읽은 값의 개수를 각각 나타낸다.

선택적 인수인 size는 파일로부터 읽을 데이터의 양을 지정하는데, 다음 세 가지 중 하나의 형태를 취한다.

- n: 정확하게 n개의 값을 읽는다. 문이 실행된 후 array는 파일로부터 읽어들인 n 개 값을 담은 열벡터가 될 것이다.
- Inf: 파일 끝까지 읽는다. 문이 실행된 후 array는 파일 끝까지의 모든 데이터를 담은 열벡터가 될 것이다.
- [n m]: 정확하게 n × m 개의 값을 읽어 데이터를 n × m 배열로 만든다.

파일 끝에 도달했는데도 입력된 데이터가 지정한 정밀도의 배열을 다 채울 만큼의 비트수를 담고 있지 않으면, fread 함수는 0 비트를 필요한 만큼 덧붙여 해당 원소를 완결한다. 만일 오류가 발생하면 그 이전 원소까지로 읽기 작업이 종료된다.

precision 인수는 디스크 상의 데이터의 서식과 호출 프로그램으로 반환할 데이터 배열의 서식을 모두 지정한다. 이 정밀도 문자열은 일반적으로 다음 형태를 취한다.

```
'disk_precision => array_precision'
```

여기서 disk_precision과 array_precision은 각각 표 11.7에 나와 있는 정밀도 문자열 중의 하나이다. array_precision은 'double'을 기본값으로 갖기 때문에 생략될 경우 데이터는 double형 배열로 반환된다. disk_precision과 array_precision이 같으면 '**disk_precision*'으로 간단히 표기할 수도 있다.

precision 문자열의 예를 몇 가지 아래에 나타내었다.

'single'	디스크로부터 단정도로 데이터를 읽어 double형 배열로 반환한다.
'single=>single'	디스크로부터 단정도로 데이터를 읽어 single형 배열로 반환한다.
'*single'	디스크로부터 단정도로 데이터를 읽어 single형 배열로 반환한다(앞 문자열의 간략형).
'double=>real*4'	디스크로부터 배정도로 데이터를 읽어 single형 배열로 반환한다.

선택적 인수인 *skip*은 출력 파일에서 각 *precision*에 해당하는 값을 쓰기 전에 건너뛸 바이트수를 지정한다. 이 때 *precision*이 'bitN'이나 'ubitN'과 같은 비트 서식이면 건너뛸 비트수를 나타낸다. 이 옵션은 길이가 고정된 레코드 내에서 서로 인접하지 않은 필드에 데이터를 배치하는 데 유용하다.

선택적 인수인 *format*은 표 11.6에 나타나 있는 파일 내부 데이터의 수치 서식을 지정하는 문자열이다.

▶ 예제 11.1 — 2진 데이터 쓰기와 읽기

아래에 보인 스크립트 파일은 사용자가 지정한 파일을 쓰기 전용으로 연 후, 10,000개의 난수를 담은 배열을 생성하여 64비트 부동 소수점 서식으로 이 파일에 쓴 다음 파일을 닫는다. 다음, 저장한 파일을 다시 열어 데이터를 100×100 배열로 읽어들인다. 이 프로그램은 2진 데이터의 입/출력 작업의 예를 보여준다.

```
% Script file: binary_io.m
%
% Purpose:
% To illustrate the use of binary i/o functions.
%
% Record of revisions:
%     Date         Programmer         Description of change
%     ====         ==========         =====================
%   03/21/14      S. J. Chapman       Original code
%
% Define variables:
% count        -- Number of values read / written
% fid          -- File id
% filename     -- File name
% in_array     -- Input array
% msg          -- Open error message
% out_array    -- Output array
% status       -- Operation status

% Prompt for file name
filename = input('Enter file name:','s');

% Generate the data array
out_array = randn(1,10000);
```

```
% Open the output file for writing.
[fid,msg] = fopen(filename,'w');

% Was the open successful?
if fid > 0

    % Write the output data.
    count = fwrite(fid,out_array,'float64');

    % Tell user
    disp([int2str(count) 'values written...']);

    % Close the file
    status = fclose(fid);
else

    % Output file open failed. Display message.
    disp(msg);

end

% Now try to recover the data. Open the
% file for reading.
[fid,msg] = fopen(filename,'r');

% Was the open successful?
if fid > 0

    % Write the output data.
    [in_array, count] = fread(fid,[100 100],'float64');

    % Tell user
    disp([int2str(count) 'values read...']);

    % Close the file
    status = fclose(fid);

else

    % Input file open failed. Display message.
    disp(msg);

end
```

프로그램 실행 결과는 다음과 같다.

```
» binary_io
Enter file name: testfile
10000 values written...
10000 values read...
```

testfile이라는 이름의 파일이 80,000바이트 크기로 현재 디렉토리에 만들어졌다. 파일 크기가 80,000바이트가 되는 이유는 각각 8바이트를 차지하는 64비트 수치를 10,000개 담고 있기 때문이다.

퀴즈 11.1

이 퀴즈는 11.1절에서 11.5절에 걸쳐 소개한 개념을 여러분이 잘 이해하고 있는지를 확인하기 위한 것이다. 만일 퀴즈를 푸는 데 어려움이 있다면 해당 절을 다시 읽고 강사에게 질문하거나 다른 학우와 토의하라. 이 퀴즈의 답은 책의 말미에 수록되어 있다.

1. 다른 언어로 작성된 프로그램이 만든 데이터를 읽는 데 textread 함수가 특히 유용한 이유는 무엇인가?
2. 데이터를 MAT 파일에 저장할 때의 장점과 단점은 무엇인가?
3. 파일을 열고 닫는 데 어떤 MATLAB 함수가 사용되는가? 2진 파일과 텍스트 파일을 열 때의 차이점은 무엇인가?
4. 파일 뒤에 데이터를 추가하기 위하여 myinput.dat라는 이름의 파일을 여는 MATLAB문을 작성하라.
5. 2진 파일을 읽기 전용으로 열기 위한 MATLAB문을 작성하라. 그 파일이 이미 존재하는지를 확인하여 없을 경우 적당한 오류 메시지를 출력하라.

문제 6과 7의 MATLAB문이 올바른지를 판정하라. 오류가 있을 경우 무엇이 잘못되었는지를 밝혀라.

6.
```
fid = fopen('file1','rt');
array = fread(fid,Inf)
fclose(fid);
```

7. fid = fopen('file1','w');
```
x = 1:10;
count = fwrite(fid,x);
fclose(fid);
fid = fopen('file1','r');
array = fread(fid,[2 Inf])
fclose(fid);
```

11.6 서식 입/출력 함수

서식 입/출력 함수들을 아래에 소개한다.

11.6.1 fprintf 함수

fprintf 함수는 서식화된 데이터를 사용자가 지정한 방식으로 파일에 쓴다. 그 구문은 다음과 같다.

```
count = fprintf(fid,format,val1,val2,...)
fprint(format,val1,val2,...)
```

여기서 fid는 데이터를 쓸 파일의 파일 식별자이고, format은 데이터의 모양을 제어하는 서식 문자열이다. fid를 생략하면 표준 출력 장치(명령창)에 데이터가 출력된다. 이는 2장 이후부터 사용해 온 fprintf 함수의 기본 형식이다.

서식 문자열은 출력 데이터의 정렬 방식, 유효 숫자, 필드 폭 및 기타 서식을 지정

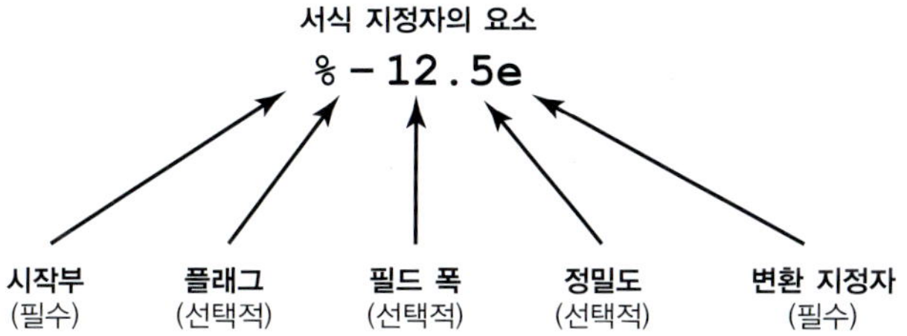

그림 11.1 전형적인 서식 지정자의 구조

한다. 이 문자열에는 보통의 영숫자와 아울러 출력 데이터를 표시할 정확한 서식을 지정하는 특수 문자가 들어갈 수 있다. 전형적인 서식 문자열의 구조를 그림 11.1에서 나타내었다. % 문자는 항상 한 서식의 시작부를 표시한다. 만일 %를 그대로 출력하고 싶다면 두 개를 겹쳐 %%로 나타내야 한다. % 뒤에는 플래그(flag), 필드 폭, 정밀도 지정자, 변환 지정자 등이 올 수 있다. %와 변환 지정자는 어떤 서식에서도 필요한 필수 항목이지만, 필드 폭과 정밀도 지정자는 선택적이다.

표 11.8과 표 11.9는 사용 가능한 변환 지정자와 플래그를 수록한 것이다. 서식에서 필드 폭과 정밀도가 지정되어 있는 경우, 소수점 앞의 수는 데이터 수치를 표시할 때 사용할 글자 수를 의미하는 필드 폭이다. 소수점 뒤의 숫자는 소수점 뒤에 나타낼 유효 숫자의 개수를 나타내는 정밀도이다.

보통의 문자와 서식 외에 특별한 확장 문자(escape character)를 서식 문자열에서 사용할 수 있다. 이런 특별 문자들을 표 11.10에 나타내었다.

표 11.8: `fprintf` 함수의 서식 변환 지정자

지정자	설명
%c	단일 문자
%d	10진 부호 붙임 정수
%e	e를 사용하는 지수 표기법
%E	E를 사용하는 지수 표기법
%f	부동 소수점 표기법
%g	%e와 %f 중 더 간결한 표기법 사용. 유효 숫자가 아닌 0은 나타나지 않음.
%G	%g와 같으나 지수 표기법에서 E를 사용함
%o	부호 없는 8진수 표기법
%s	문자열
%u	부호 없는 10진 정수
%x	16진수 표기법(소문자 a-f 사용)
%X	16진수 표기법(대문자 A-F 사용)

표 11.9: fprintf 함수의 서식 플래그

플래그	설명
−(음수 부호)	필드 내에서 변환된 데이터를 왼쪽 정렬함. 이 플래그가 없을 경우 오른쪽 정렬함.
+	항상 + 또는 − 부호를 표시함(예를 들어, +5.2).
0	숫자 앞의 공백 대신 0을 표시함(예를 들어, 05.2).

표 11.10: 서식 문자열 내의 확장 문자열

확장 문자열	설명
\n	새 줄
\t	수평 탭
\b	백스페이스
\r	캐리지 리턴
\f	용지 공급
\\	백슬래시(\) 기호 출력
\'' 또는 ''	작은따옴표 출력
%%	퍼센트(%) 기호 출력

11.6.2 서식 변환 지정자의 이해

아주 다양한 서식 변환 지정자를 이해하는 가장 좋은 방법은 사용 예를 살펴보는 것이므로 몇 가지 사례를 결과와 함께 제시한다.

사례 : 10진 정수 표시

10진 (정수) 데이터는 %d 서식 변환 지정자로 표시된다. 원할 경우, d 앞에 플래그와 필드 폭, 정밀도 지정자를 놓을 수 있다. 정밀도 지정자는 나타낼 숫자의 최소 개수를 지정하는데, 숫자가 충분히 없으면 여분의 0을 수 앞에 붙인다.

정수가 아닌 수에 %d 변환 지정자를 적용하면 이 지정자는 무시되고 지수 서식으로 표현될 것이다. 예를 들어 다음 문은 1.234000e+002라는 결과를 낳는다.

```
fprintf('%6d\n',123.4)
```

함수	결과	설명
`fprintf('%d\n',123)`	`----|----|` `123`	필요한 만큼의 숫자를 사용하여 수를 표시한다. 123의 경우 세 숫자가 필요하다.
`fprintf('%6d\n',123)`	`----|----|` `   123`	6문자 폭의 필드에 수를 표시한다. 기본적으로, 필드 내에서 숫자를 오른쪽 정렬한다.
`fprintf('%6.4d\n',123)`	`----|----|` `  0123`	6문자 폭의 필드에서 최소한 네 숫자를 사용하여 수를 표시한다. 기본적으로, 필드 내에서 숫자를 오른쪽 정렬한다.
`fprintf('%-6.4d\n',123)`	`----|----|` `0123`	6문자 폭의 필드에서 최소한 네 숫자를 사용하여 수를 표시한다. 필드 내에서 숫자를 왼쪽 정렬한다.
`fprintf('%+6.4d',123)`	`----|----|` ` +0123`	6문자 폭의 필드에서 최소한 네 숫자와 부호를 사용하여 수를 표시한다. 기본적으로, 필드 내에서 숫자를 오른쪽 정렬한다.

사례 2 : 부동 소수점 표시

부동 소수점 데이터는 %e, %f, %g 서식 변환 지정자로 표시할 수 있다. 원한다면 이들 앞에 플래그와 필드 폭, 정밀도 지정자를 놓을 수 있다. 지정된 필드 폭이 너무 좁아 숫자를 다 표시할 수 없으면 필드 폭은 무시된다. 그렇지 않으면 지정된 필드 폭이 사용된다.

함수	결과	설명
`fprintf('%f\n',123.4)`	`----|----|` `123.400000`	필요한 만큼의 문자를 사용하여 수를 표시한다. %f의 경우 기본적으로 소수점 뒤에 6개의 숫자를 표시한다.
`fprintf('%8.2f\n',123.4)`	`----|----|` `  123.40`	8문자 폭의 필드에 수를 표시한다. 기본적으로, 필드 내에서 숫자를 오른쪽 정렬한다.
`fprintf('%4.2f\n',123.4)`	`----|----|` `123.40`	6문자 폭의 필드에 소수점 뒤 두 자리까지 수를 표시한다. 지정된 폭(4)이 수를 표시할 만큼 충분히 크지 않아 무시되었다.
`fprintf('%10.2e\n',123.4)`	`----|----|` ` 1.23e+002`	10문자 폭의 필드에 소수점 아래 두 자리의 지수 서식으로 수를 표시한다. 기본적으로, 필드 내에서 숫자를 오른쪽 정렬한다.
`fprintf('%10.2E\n',123.4)`	`----|----|` ` 1.23E+002`	바로 위와 같으나 지수 표기에서 E를 사용한다.

사례 3 : 문자 데이터 표시

문자 데이터는 %c나 %s 서식 변환 지정자로 표시할 수 있다. 원할 경우 이들 앞에 필드 폭 지정자를 넣을 수 있다. 지정된 필드 폭이 너무 좁아 문자를 다 표시할 수 없으면 필드 폭은 무시된다. 그렇지 않으면 지정된 필드 폭이 사용된다.

함수	결과	설명
`fprintf('%c\n','s')`	`----|----|` `s`	단일 문자를 표시한다.
`fprintf('%s\n','string')`	`----|----|` `string`	문자열을 표시한다.
`fprintf('%8s\n','string')`	`----|----|` `  string`	8문자 폭의 필드에 문자열을 표시한다. 기본적으로, 필드 내에서 문자열을 오른쪽 정렬한다.
`fprintf('%-8s\n','string')`	`----|----|` `string`	8문자 폭의 필드에 문자열을 표시한다. 필드 내에서 문자열을 왼쪽 정렬한다.

11.6.3 서식 문자열의 사용법

fprintf 함수는 서식 문자열 뒤에 출력할 값의 목록을 담는다. 이 함수를 실행할 때 출력 값의 목록을 서식 문자열로 처리한다. 값 목록의 왼쪽 끝에서부터 시작하여 오른쪽으로 훑어 나가면서 서식 문자열 내의 서식 지정자를 왼쪽 끝에서부터 하나씩 짝을 맺어 처리하는 방식을 취한다. 이 때 출력 목록의 값과 짝지은 서식 지정자는 같은 유형과 순서를 가져야만 하며, 이를 어길 경우 예측하지 못한 결과가 나타날 수 있다. 예를 들어, 123.4와 같은 부동 소수점 수치를 %c나 %d 변환 지정자로 표시하려고 하면 지정자가 무시되어 수치는 지수 표기법으로 표시된다.

프로그램이 fprintf 함수의 변수 목록을 왼쪽에서 오른쪽으로 훑어 나갈 때 연관된 서식 문자열도 같은 방향으로 훑게 된다. 프로그램은 서식 문자열을 다음 규칙

이점에 주의하세요

fprintf 함수에서 출력할 데이터 형과 연관된 서식 변환 지정자의 유형 간에는 반드시 일대일 대응 관계를 맺도록 해야 한다. 이를 어길 경우, 예기치 못한 결과가 나타날 수 있다.

에 따라 훑는다.

1. 서식 문자열을 왼쪽에서 오른쪽 방향으로 훑는다. 서식 문자열 내의 첫 번째 서식 변환 지정자는 출력 목록의 첫 번째 값과, 두 번째 지정자는 두 번째 값과 연관되어 나아간다. 각 서식 변환 지정자의 유형은 출력되는 데이터의 유형과 일치하여야 한다. 아래에 보인 예에서 지정자 %d는 변수 a, %f는 변수 b, %s는 변수 c와 연관되는데, 각 짝의 유형이 일치함을 알 수 있다.

   ```
   a = 10; b = pi; c = 'Hello';
   fprintf('Output: %d %f %s\n',a,b,c);
   ```

2. fprintf 함수의 출력 값을 다 소진하기 전에 서식 문자열의 끝에 다다르면 프로그램은 서식 문자열의 처음으로 돌아가 다시 반복한다. 예를 들어, 다음 문은

   ```
   a = [10 20 30 40];
   fprintf('Output = %4d %4d\n',a);
   ```

   아래와 같은 결과를 낳는다.

   ```
   ----|----|----|----|
   Output =   10   20
   Output =   30   40
   ```

   즉, a(2)를 출력한 후 서식 문자열의 끝에 도달하였으므로 문자열의 처음부터 다시 시작하여 a(3)와 a(4)를 출력하였다.

3. fprintf 함수가 서식 문자열의 끝에 도달하기 전에 출력 값을 다 쓴 경우에는 변수 짝이 없는 서식 변환 지정자가 처음 나타나는 위치에서 서식 문자열 사용을 중지한다. 짝이 없는 지정자가 없는 경우에는 서식 문자열의 끝에 이르러 함수 실행을 멈춘다. 예를 들어, 다음 문은

   ```
   a = 10; b = 15; c = 20;
   fprintf('Output = %4d\nOutput = %4.1f\n',a,b,c);
   ```

   아래의 결과를 출력한다.

   ```
   Output = 10
   Output = 15.0
   Output = 20
   Output = »
   ```

출력 값과 짝을 맺지 못한 첫 번째 서식 변환 지정자인 %4.1f 바로 앞에서 문자열 사용이 중단되었다. 반면에, 다음 문에서는 짝이 없는 서식 변환 지정자가 없기 때문에 서식 문자열의 끝에서 문자열 사용을 멈추어,

```
voltage = 20;
fprintf('Voltage = %6.2f kV.\n',voltage);
```

아래의 결과를 낳는다.

```
Voltage = 20.00 kV.
```

11.6.4 sprintf 함수

sprintf 함수는 서식화된 데이터를 파일 대신 문자열에 기록한다는 점을 제외하고는 fprintf 함수와 정확하게 같은 기능을 갖는다. 이 함수의 형식은 다음과 같다.

```
string = sprintf(format,val1,val2,...)
```

여기서 format은 출력된 데이터의 모습을 제어하는 서식 문자열이다. 이 함수는 프로그램 내에서 표시할 수 있는 서식화된 데이터를 만들 때 매우 쓸모가 있다.

▶ 예제 11.2 — 정보 표 만들기

fprintf 함수의 사용법을 예시할 수 있는 좋은 방법의 하나는 데이터 표를 만들어 출력하는 것이다. 아래에 보인 스크립트 파일은 1과 10 사이의 모든 정수에 대해 제곱근, 제곱, 세제곱을 계산하여 적절한 머리글을 갖는 표로 나타낸다.

```
% Script file: create_table.m
%
% Purpose:
%    To create a table of square roots, squares, and
%    cubes.
%
% Record of revisions:
%      Date           Programmer          Description of change
%      ====           ==========          =====================
%    03/22/14       S. J. Chapman        Original code
%
```

```
% Define variables:
% cube            -- Cubes
% ii              -- Index variable
% square          -- Squares
% square_roots    -- Square roots
% out             -- Output array

% Print the title of the table.
fprintf('Table of Square Roots, Squares, and Cubes\n\n');

% Print column headings
fprintf('Number Square Root Square Cube\n');
fprintf('====== =========== ====== ====\n');

% Generate the required data
ii = 1:10;
square_root = sqrt(ii);
square = ii.^2;
cube = ii.^3;

% Create the output array
out = [ii' square_root' square' cube'];

% Print the data
for ii = 1:10
   fprintf ('%2d   %11.4f   %6d   %8d\n',out(ii,:));
end
```

이 프로그램을 실행한 결과는 다음과 같다.

```
» table
Table of Square Roots, Squares, and Cubes

Number    Square Root    Square     Cube
======    ===========    ======     ====
   1         1.0000           1        1
   2         1.4142           4        8
   3         1.7321           9       27
   4         2.0000          16       64
   5         2.2361          25      125
   6         2.4495          36      216
   7         2.6458          49      343
   8         2.8284          64      512
```

```
 9          3.0000        81        729
10          3.1623       100       1000
```

11.6.5 fscanf 함수

fscanf 함수는 파일로부터 서식화된 데이터를 사용자가 지정한 방식으로 읽는다. 이 함수의 형식은 다음과 같다.

```
array = fscanf(fid,format)
[array, count] = fscanf(fid,format,size)
```

여기서 fid는 데이터를 읽을 파일의 식별자, format은 데이터를 읽는 방식을 제어하는 서식 문자열, array는 데이터를 받을 배열을 각각 나타낸다. 출력 인수 count는 파일로부터 읽어들인 값의 개수를 반환한다.

선택적 인수 *size*는 파일에서 읽을 데이터의 양을 지정한다. 이 인수는 다음 세 가지 중 하나의 형태를 취한다.

- n: 정확하게 n 개의 값을 읽는다. 문이 실행된 후 array는 파일로부터 읽어들인 n 개 값을 담은 열벡터가 될 것이다.
- Inf: 파일 끝까지 읽는다. 문이 실행된 후 array는 파일 끝까지의 모든 데이터를 담은 열벡터가 될 것이다.
- [n m]: 정확하게 n × m 개의 값을 읽어 데이터를 n × m 배열로 만든다.

서식 문자열은 읽을 데이터의 서식을 지정한다. 이 문자열은 보통의 문자와 서식 변환 지정자를 담을 수 있다. fscanf 함수는 파일의 데이터를 서식 문자열 내의 서식 변환 지정자와 비교한다. 양자가 일치하면 fscanf는 값을 변환하여 출력 배열에 저장한다. 이 과정은 파일의 끝에 도달하거나 *size*로 지정한 양의 데이터를 읽어들일 때까지 계속된다.

파일의 데이터 유형이 서식 변환 지정자와 일치하지 않으면 fscanf 함수는 즉시 작동을 멈춘다.

fscanf 함수의 서식 변환 지정자는 기본적으로 fprintf 함수의 지정자와 같다. 가장 흔히 사용하는 지정자가 표 11.11에 나타나 있다.

표 11.11: fscanf 함수의 서식 변환 지정자

지정자	설명
%c	한 문자를 읽는다. 공백, 줄바꿈 문자 등을 포함하는 어떤 문자라도 읽을 수 있다.
%Nc	*N*개의 문자를 읽는다.
%d	10진 정수를 읽되, 공백은 무시한다.
%e %f %g	부동 소수점 수를 읽되, 공백은 무시한다.
%i	부호 붙임 정수를 읽되, 공백은 무시한다.
%s	문자열을 읽는다. 문자열은 공백 또는 줄바꿈 문자와 같은 특수 문자로 구분된다.

fscanf 함수의 사용법을 이해하기 위해 다음 두 줄의 데이터를 담은 x.dat라는 파일을 읽어 보자.

```
10.00   20.00
30.00   40.00
```

1. 다음 문으로 파일을 읽으면,

```
[z, count] = fscanf(fid,'%f');
```

변수 z는 열벡터 $\begin{bmatrix} 10 \\ 20 \\ 30 \\ 40 \end{bmatrix}$이고, count는 4이다.

2. 다음 문으로 파일을 읽으면,

```
[z, count] = fscanf(fid,'%f',[2 2]);
```

변수 z는 배열 $\begin{bmatrix} 10 & 30 \\ 20 & 40 \end{bmatrix}$이고, count는 4이다.

3. 다음, 이 파일을 10진 정수값으로 읽어 보자. 다음 문을 사용하면,

```
[z, count] = fscanf(fid,'%d',Inf);
```

변수 z는 단일 값 10이 되고, count는 1이 될 것이다. 이렇게 되는 까닭은 10.00의 소수점이 서식 변환 지정자 %d와 일치하지 않아 fscanf가 그 위치에서 작동을 멈추기 때문이다.

4. 다음 문으로 파일을 읽으면,

```
[z, count] = fscanf(fid,'%d.%d',[1 Inf]);
```

변수 z는 행벡터 [10 0 20 0 30 0 40 0]이고 count는 8일 것이다. 이제는 데이터 내의 소수점이 서식 문자열 내의 소수점과 일치하여 소수점 전후의 수를 별개의 정수로 인식하기 때문에 이런 결과가 나온다.

5. 이제, 파일을 개별 문자로 읽도록 하자. 다음 문을 사용하면,

```
[z, count] = fscanf(fid,'%c');
```

변수 z는 공백과 줄바꿈(newline) 문자를 포함한 모든 문자를 담는 행벡터가 될 것이다! 변수 count는 파일 내의 문자의 수와 같게 된다.

6. 마지막으로, 이 파일을 문자열로 읽기 위해 다음 문을 사용하면,

```
[z, count] = fscanf(fid,'%s');
```

변수 z는 20개의 문자 `10.0020.0030.0040.00`을 담은 행벡터가 되고, count는 4가 될 것이다. 그 이유는 문자열 지정자 `%s`가 여백 문자를 무시하므로 이 함수가 파일 내에서 4개의 분리된 문자열을 찾아냈기 때문이다.

11.6.6 fgetl 함수

`fgetl` 함수는 파일로부터 줄바꿈 문자(줄 끝을 나타내는 문자)를 제외하고 다음 한 줄을 문자열로 읽는다. 이 함수의 형식은 다음과 같다.

```
line = fgetl(fid)
```

여기서 fid는 데이터를 읽을 파일의 식별자이고, `line`은 데이터를 받을 문자 배열이다. `fgetl` 함수가 파일 끝에 다다르면 `line`의 값은 −1로 설정된다.

11.6.7 fgets 함수

`fgets` 함수는 파일로부터 줄바꿈 문자를 포함하여 다음 줄을 문자열로 읽는다. 이 함수의 형식은 다음과 같다.

```
line = fgets(fid)
```

여기서 fid는 데이터를 읽을 파일의 식별자이고, `line`은 데이터를 받을 문자 배열이다. `fgets` 함수가 파일 끝에 다다르면 `line`의 값은 −1로 설정된다.

11.7 서식 입/출력 함수와 2진 입/출력 함수의 비교

서식 입/출력 함수는 서식화된 파일을 생성한다. **서식화된 파일**(formatted file)은 인식 가능한 문자, 숫자 등을 일반적인 텍스트로 저장한 파일이다. 이런 파일들을 화면에 표시하거나 프린터로 인쇄하면 글자나 숫자를 볼 수 있으므로 서로 구별하기 쉽다. 그러나 서식화된 파일 내의 데이터를 사용하기 위해 MATLAB 프로그램은 파일 내의 문자를 컴퓨터가 사용하는 내부 데이터 서식으로 번역하여야 한다. 서식 변환 지정자는 이러한 번역을 위한 지침을 제공한다.

서식화된 파일은 어떤 종류의 데이터를 담고 있는지 쉽게 알 수 있고 서로 다른 프로그램 간에 데이터 교환이 용이하다는 장점을 갖지만, 다음과 같은 단점도 지닌다. 프로그램은 수치에 대한 컴퓨터 내부 표현을 파일에 담을 문자로 변환하거나 또는 역방향으로 변환하는 데 상당한 양의 작업을 수행하여야 한다. 만일 파일에 쓴 데이터를 다시 다른 MATLAB 프로그램으로 읽어들일 것이라면 이 모든 작업은 헛수고가 될 뿐이다. 또한, 수의 내부 표현은 서식화된 파일에서의 표현에 비해 훨씬 작은 공간만을 차지하는 것이 보통이다. 예를 들어, 64비트 부동 소수점 값의 내부 표현은 8바이트의 공간을 차지하는 데 반해, 이 값의 문자 표현은 ±d.ddddddddddddddE±ee로서 21바이트(한 글자당 1바이트)의 공간을 필요로 한다. 따라서 데이터를 문자 서식으로 저장하는 것은 비효율적이어서 디스크 공간을 낭비한다.

서식화되지 않은 파일(또는 **2진 파일**, Unformatted file or binary file)은 컴퓨터 메모리의 정보를 아무런 변환 없이 직접 디스크 파일에 복사함으로써 이런 단점을 극복한다. 변환 과정이 없기 때문에 데이터를 서식화하느라 컴퓨터 시간을 낭비하지 않는다. MATLAB에서는 바로 이런 이유 때문에 2진 입/출력 작업이 서식화된 입/출력 작업보다 훨씬 빠르다. 더욱이, 2진 데이터는 훨씬 적은 디스크 공간을 차지한다. 그러나 2진 데이터는 사람이 직접 조사하거나 해독할 수 없다. 또한, 각 유형의 컴퓨터는 정수와 부동 소수점 값을 대체로 다른 방식으로 표현하기 때문에 이들 간에 2진 데이터를 옮길 수 없다.

서식화된 파일과 2진 파일을 표 11.12에서 비교하였다. 일반적으로, 서식화된 파일은 사람이 검토해야만 하거나 다른 컴퓨터나 다른 프로그램 간에 이동할 필요가 있는 데이터에 가장 적합하다. 2진 파일은 사람이 조사할 필요가 없거나 같은 컴퓨터에서 만들고 사용할 데이터에 적합하다. 이런 상황에서 2진 파일은 더 빠르고 디스크 공간을 덜 차지한다.

표 11.12: 서식화된 파일과 2진 파일의 비교

서식화된 파일	2진 파일
출력 장치에 데이터를 표시할 수 있다.	출력 장치에 데이터를 표시할 수 없다.
다른 컴퓨터 간에 데이터를 쉽게 이동할 수 있다.	내부 데이터 표현 방식이 다른 컴퓨터 간에 데이터를 쉽게 이동할 수 없다.
비교적 큰 디스크 공간을 필요로 한다.	비교적 작은 디스크 공간을 필요로 한다.
느리다.	빠르다.
서식화 과정에서 절단 오차나 반올림 오차가 발생할 수 있다.	절단 오차나 반올림 오차가 발생하지 않는다.

좋은 프로그래밍 습관

사람이 읽을 수 있어야 하거나 다른 유형의 컴퓨터나 프로그램 간에 전달해야만 하는 데이터를 만들려면 서식화된 파일을 사용한다. 사람이 직접 검토할 필요가 없고, 한 유형의 컴퓨터에만 사용할 다량의 데이터를 효율적으로 저장하려면 2진 파일을 사용한다. 또한, 입/출력 속도가 중요할 때에도 2진 파일을 사용한다.

▶ 예제 11.3 — 서식 입/출력과 2진 입/출력의 비교

아래의 프로그램은 서식화된 파일과 2진 파일을 각각 사용하여 10,000개의 원소를 갖는 배열을 읽고 쓰는 데 걸리는 시간을 비교한다. 각 입/출력 작업을 10회 수행한 후 평균 시간을 보고하고 있음에 유의하여야 한다.

```
% Script file: compare.m
%
% Purpose:
% To compare binary and formatted I/O operations.
% This program generates an array of 10,000 random
% values and writes it to disk both as a binary and
```

```
% as a formatted file.
%
% Record of revisions:
%      Date          Programmer          Description of change
%      ====          ==========          =====================
%    03/22/14      S. J. Chapman        Original code
%
% Define variables:
% count         -- Number of values read / written
% fid           -- File id
% in_array      -- Input array
% msg           -- Open error message
% out_array     -- Output array
% status        -- Operation status
% time          -- Elapsed time in seconds

%%%%%%%%%%%%%%%%%%%%%%%%%%%%%%%%%%%%%%%%%%%%%%%%
% Generate the data array.
%%%%%%%%%%%%%%%%%%%%%%%%%%%%%%%%%%%%%%%%%%%%%%%%
out_array = randn(1,100000);

%%%%%%%%%%%%%%%%%%%%%%%%%%%%%%%%%%%%%%%%%%%%%%%%
% First, time the binary output operation.
%%%%%%%%%%%%%%%%%%%%%%%%%%%%%%%%%%%%%%%%%%%%%%%%
% Reset timer
tic;

% Loop for 10 times
for ii = 1:10

    % Open the binary output file for writing.
    [fid,msg] = fopen('unformatted.dat','w');

    % Write the data
    count = fwrite(fid,out_array,'float64');

    % Close the file
    status = fclose(fid);

end

% Get the average time
time = toc / 10;
```

```
fprintf ('Write time for unformatted file = %6.3f\n',time);

%%%%%%%%%%%%%%%%%%%%%%%%%%%%%%%%%%%%%%%%%%%%%%%%
% Next, time the formatted output operation.
%%%%%%%%%%%%%%%%%%%%%%%%%%%%%%%%%%%%%%%%%%%%%%%%
% Reset timer
tic;

% Loop for 10 times
for ii = 1:10

    % Open the formatted output file for writing.
    [fid,msg] = fopen('formatted.dat','wt');

    % Write the data
    count = fprintf(fid,'%23.15e\n',out_array);

    % Close the file
    status = fclose(fid);

end

% Get the average time
time = toc / 10;
fprintf ('Write time for formatted file = %6.3f\n',time);

%%%%%%%%%%%%%%%%%%%%%%%%%%%%%%%%%%%%%%%%%%%%%%%%
% Time the binary input operation.
%%%%%%%%%%%%%%%%%%%%%%%%%%%%%%%%%%%%%%%%%%%%%%%%

% Reset timer
tic;

% Loop for 10 times
for ii = 1:10

    % Open the binary file for reading.
    [fid,msg] = fopen('unformatted.dat','r');

    % Read the data
    [in_array, count] = fread(fid,Inf,'float64');

    % Close the file
    status = fclose(fid);
end
```

```
% Get the average time
time = toc / 10;
fprintf ('Read time for unformatted file =  %6.3f\n',time);

%%%%%%%%%%%%%%%%%%%%%%%%%%%%%%%%%%%%%%%%%%%%%%%%%%
% Time the formatted input operation.
%%%%%%%%%%%%%%%%%%%%%%%%%%%%%%%%%%%%%%%%%%%%%%%%%%

% Reset timer
tic;

% Loop for 10 times
for ii = 1:10

    % Open the formatted file for reading.
    [fid,msg] = fopen('formatted.dat','rt');

    % Read the data
    [in_array, count] = fscanf(fid,'%f',Inf);

    % Close the file
    status = fclose(fid);

end

% Get the average time
time = toc / 10;
fprintf ('Read time for formatted file =  %6.3f\n', time);
```

MATLAB R2014b 버전으로 이 프로그램을 실행한 결과는 다음과 같다.

```
» compare
Write time for unformatted file =   0.001
Write time for formatted file =     0.995
Read time for unformatted file =    0.002
Read time for formatted file =      0.139
```

디스크에 생긴 파일은 아래와 같다.

```
D:\book\matlab\chap11>dir *.dat
Volume in drive C is SYSTEM
Volume Serial Number is 0866-1AC5

Directory of c:\book\matlab\5e\rev1\chap11
```

```
09/09/2014   07:01 PM    <DIR>                .
09/09/2014   07:01 PM    <DIR>                ..
09/09/2014   07:01 PM             250,000 formatted.dat
09/09/2004   07:01 PM              80,000 unformatted.dat
                4 File(s)          330,000 bytes
                2 Dir(s)   181,243,170,816 bytes free
```

서식화된 파일을 쓰는 데 걸리는 시간은 2진 파일의 경우보다 100배 느리고, 읽는 데 걸리는 시간은 거의 70배 느리다는 점에 주목하라. 또한, 서식화된 파일은 2진 파일에 비해 3배 더 크다.

이 결과로부터, 서식화된 데이터가 꼭 필요한 것이 아니라면 2진 입/출력이 MATLAB에서 데이터를 저장하기 위해 선호되는 방법임을 명확하게 알 수 있다.

퀴즈 11.2

이 퀴즈는 11.6절과 11.7절에서 소개한 개념을 여러분이 잘 이해하고 있는지를 확인하기 위한 것이다. 만일 퀴즈를 푸는 데 어려움이 있다면 해당 절을 다시 읽고 강사에게 질문하거나 다른 학우와 토의하라. 이 퀴즈의 답은 책의 말미에 수록되어 있다.

1. 2진 입/출력과 서식화된 입/출력의 차이는 무엇인가?
2. 서식화된 입/출력은 언제 사용하여야 하는가? 2진 입/출력은 언제 사용하여야 하는가?
3. $x = 0,\ 0.1\pi,\ \cdots,\ \pi$에 대한 사인 값과 코사인 값을 담은 표를 만드는 MATLAB 프로그램을 작성하라. 표에는 제목과 라벨을 붙여라.

문제 4와 5에 주어진 MATLAB문이 올바른지를 판정하라. 오류가 있다면 무엇이 잘못되었는지를 밝혀라.

4.
```
a = 2*pi;
b = 6;
c = 'hello';
fprintf(fid,'%s %d %g\n',a,b,c);
```
5.
```
data1 = 1:20;
data2 = 1:20;
```

```
fid = fopen('xxx','w+');
fwrite(fid,data1);
fprintf(fid,'%g\n',data2);
```

11.8 파일 위치 지정 및 상태에 관한 함수

앞에서 설명하였듯이 MATLAB 파일은 순차적이어서 파일의 첫 레코드부터 마지막 레코드까지 차례차례 읽는다. 그러나 프로그램 실행중 일부 데이터를 두 번 이상 읽거나 전체 파일을 두 번 이상 처리해야 할 필요가 가끔 있다. 순차 파일 내에서 여기저기 건너뛰는 방법은 무엇인가?

MATLAB 함수 exist는 파일을 열기 전에 이 파일의 존재 여부를 알아낸다. feof와 ftell은 열린 파일 내에서 현재 위치를 알려주는 함수이다. 또한, frewind와 fseek은 파일 내에서 이동을 가능케 하는 함수들이다.

마지막으로, MATLAB은 입/출력 오류가 발생할 때 그 원인을 상세히 설명해 주는 ferror 함수를 포함한다. 이제 이들 6개 함수에 대해 각각 설명한다.

11.8.1 exist 함수

exist 함수는 작업 공간 내의 변수, 내장 함수, 또는 MATLAB 탐색 경로 상의 파일의 대해 그 존재 여부를 확인한다. 이 함수의 형식은 다음과 같다.

```
ident = exist('item');
ident = exist('item','kind');
```

'item'이 존재하면 그 유형에 따라 특정 값을 반환한다. 가능한 반환 값들을 표 11.13에 수록하였다.

exist 함수의 두 번째 형식은 'kind'에서 지정한 유형으로 탐색 대상을 한정한다. 적법한 유형은 'var', 'file', 'builtin', 'dir' 중 하나이다.

exist 함수는 어떤 파일을 fopen 함수로 열어 덮어쓰기 전에 그 파일의 존재 여부를 확인하는 데 사용하기 때문에 매우 중요하다. fopen 함수에서 허용 문자열 'w'와 'w+'는 기존 파일을 열 때 파일의 내용을 삭제하기 때문에, 프로그래머는 이를 정말로 삭제할 것인지를 사용자에게 확인하여야만 한다.

표 11.13: **exist** 함수의 반환 값

값	의미
0	대상이 존재하지 않음
1	현재 작업 공간 내의 변수
2	M 파일 또는 알려지지 않은 유형의 파일
3	MEX 파일
4	MDL 파일
5	내장 함수
6	P 파일
7	디렉토리
8	Java 클래스

▶ 예제 11.4 — 출력 파일 열기

다음 프로그램은 사용자로부터 출력 파일 이름을 받아 그 파일이 존재하는지를 확인한다. 그 파일이 있다면 프로그램은 사용자가 이 파일의 내용을 삭제하거나 또는 새로운 데이터를 추가하기를 원하는지 확인한다. 파일이 없으면 프로그램은 단순히 그 이름으로 새로운 출력 파일을 연다.

```
% Script file: output.m
%
% Purpose:
%    To demonstrate opening an output file properly.
%    This program checks for the existence of an output
%    file. If it exists, the program checks to see if
%    the old file should be deleted, or if the new data
%    should be appended to the old file.
%
% Record of revisions:
%      Date          Programmer          Description of change
%      ====          ==========          =====================
%    03/24/14      S. J. Chapman         Original code
%
% Define variables:
```

```
% fid                 -- File id
% out_filename        -- Output file name
% yn                  -- Yes/No response

% Get the output file name.
out_filename = input('Enter output filename: ','s');

% Check to see if the file exists.
if exist(out_filename,'file')

   % The file exists
   disp('Output file already exists.');
   yn = input('Keep existing file? (y/n) ','s');

   if yn == 'n'
      fid = fopen(out_filename,'wt');
   else
      fid = fopen(out_filename,'at');
   end

else

   % File doesn't exist
   fid = fopen(out_filename,'wt');

end

% Output data
fprintf(fid,'%s\n',date);

% Close file
fclose(fid);
```

이 프로그램을 실행한 결과는 다음과 같다.

```
» output
Enter output filename: xxx            (없는 파일)
» type xxx

23-Mar-2014

» output
Enter output filename: xxx
Output file already exists.
```

```
Keep existing file? (y/n) y                  (현재 파일을 보존한다)
» type xxx

23-Mar-2014
23-Mar-2014                                  (새로운 데이터를 추가한다)

» output
Enter output filename: xxx
Output file already exists.
Keep existing file? (y/n) n                  (현재 파일을 대체한다)
» type xxx

23-Mar-2014
```

이 프로그램은 세 경우 모두 올바르게 작동하는 것으로 보인다.

좋은 프로그래밍 습관

출력 파일을 덮어쓰기 전에 사용자가 기존의 정보를 삭제하기 원하는지를 반드시 확인하여야 한다.

11.8.2 ferror 함수

MATLAB 입/출력 시스템은 각 열린 파일과 연관된 특별 오류 지시자(error indicator)를 포함하여 몇 가지 내부 변수를 갖고 있다. 이 오류 지시자는 각 입/출력 작업이 끝날 때마다 갱신된다. `ferror` 함수는 오류 지시자를 가져와 이해하기 쉬운 문자 메시지로 번역한다. `ferror` 함수의 형식은 다음과 같다.

```
message = ferror(fid)
message = ferror(fid,'clear')
[message,errnum] = ferror(fid)
```

이 함수는 파일 식별자 fid가 부착된 파일과 연관된 가장 최근의 오류 메시지(와 선택적인 오류 번호)를 반환한다. 입/출력 작업 후 아무 때나 이 함수를 호출하면 오류에 대한 상세 설명을 얻을 수 있다. 작업이 성공적으로 끝난 후 호출하면 메시지는 `'..'`이 되고 오류 번호는 0이 될 것이다.

'clear' 인수는 특정 파일 식별자에 연관된 오류 지시자를 해제한다.

11.8.3 feof 함수

feof 함수는 현재 파일의 위치가 파일 끝에 있는지를 검사한다. 그 형식은 다음과 같다.

```
eofstat = feof(fid)
```

이 함수는 현재 파일의 위치가 파일 끝에 있으면 논리 참값(1)을, 그렇지 않으면 논리 거짓값(0)을 반환한다.

11.8.4 ftell 함수

ftell 함수는 fid로 지정한 파일의 파일 위치 지시자(file position indicator)의 현재 값을 반환한다. 위치는 파일의 첫머리로부터의 거리를 바이트 단위로 재어 0이 아닌 정수로 나타낸다. −1이 반환되면 이 질의가 성공적이지 못하였음을 의미한다. 이런 일이 발생하면 ferror를 사용하여 왜 질의가 실패했는지 알아낼 수 있다. ftell 함수의 형식은 다음과 같다.

```
position = ftell(fid)
```

11.8.5 frewind 함수

frewind 함수는 파일 위치 지시자를 파일의 첫머리로 되돌린다. 이 함수의 형식은 다음과 같다.

```
frewind(fid)
```

이 함수는 작업 상태에 관한 정보를 반환하지 않는다.

11.8.6 fseek 함수

fseek 함수는 파일 위치 지시자를 파일 내 임의 위치로 설정한다. fseek 함수의 형식은 다음과 같다.

```
status = fseek(fid,offset,origin)
```

이 함수는 주어진 fid를 갖는 파일에서 파일 위치 지시자를 origin을 기준으로 offset만큼 떨어진 곳으로 재배치시킨다. offset은 바이트 단위로 재며, 양수는 파일 끝 쪽, 음수는 파일 첫머리 쪽으로의 이동을 각각 나타낸다. origin은 다음 세 값 중 하나를 갖는 문자열이다.

- 'bof': 파일 첫머리
- 'cof': 파일 내 현재 위치
- 'eof': 파일 끝

위치 이동 작업이 성공적이면 status는 0을 반환하고, 실패하면 −1을 반환한다. 실패할 경우 ferror를 사용하여 그 원인을 알아낼 수 있다.

fseek와 ferror를 함께 사용하는 예로서 다음 문을 살펴보자.

```
[fid,msg] = fopen('x','r');
status = fseek(fid,-10,'bof');
if status ~= 0
   msg = ferror(fid);
   disp(msg);
end
```

이 함수들은 파일을 열어 파일 포인터를 첫머리로부터 10바이트 앞으로 옮기려 하고 있다. 이 작업은 불가능하기 때문에 fseek은 −1을 반환하며, ferror는 적절한 오류 메시지를 가져온다. 이 문들을 실행하면 다음과 같은 정보를 담은 오류 메시지가 출력된다.

```
Offset is bad - before beginning-of-file.
```

▶ 예제 11.5 — 잡음 섞인(noisy) 측정값에 대한 직선 맞추기

예제 5.6에서 잡음이 있는 측정값 집합을 다음과 같은 형태의 직선으로 맞추는 방법을 배웠다.

$$y = mx + b \tag{11.1}$$

회귀 계수 m과 b를 찾기 위한 표준 방법은 최소제곱법이다. 이 방법을 '최소제곱법'

이라고 부르는 이유는 측정값과 예측값 간의 차의 제곱의 합을 가능한 한 작게 만들 수 있는 직선 $y = mx + b$를 구하기 때문이다. 최소 제곱 맞춤선의 기울기는 다음 식으로 주어지고,

$$m = \frac{\left(\sum xy\right) - \left(\sum x\right)\bar{y}}{\left(\sum x^2\right) - \left(\sum x\right)\bar{x}} \tag{11.2}$$

y축 절편은 다음 식으로 표현된다.

$$b = \bar{y} - m\bar{x} \tag{11.3}$$

여기서

Σx = x값의 합

Σx^2 = x값의 제곱의 합

Σxy = x값과 y값의 곱의 합

$\bar{x}$ = x값의 평균

$\bar{y}$ = y값의 평균

입력 데이터 파일에 수록된 잡음 측정 데이터 (x, y)의 집합에 대해 최소제곱선의 기울기 m과 절편 b를 계산하는 프로그램을 작성하라.

풀이

1. **문제 기술**

   임의 개수의 (x, y)쌍으로 이루어진 입력 데이터 집합을 가장 잘 맞추는 최소제곱선의 기울기 m과 절편 b를 계산하라. (x, y) 입력 데이터는 사용자가 지정하는 파일에 수록되어 있다.

2. **입출력 정의**

   이 프로그램에서 필요한 입력은 (x, y) 실수쌍의 집합이다. 각 쌍은 입력 파일에 한 줄씩 나와 있다. 파일 내의 데이터 점의 수는 미리 알고 있지 않다.

   이 프로그램의 출력은 최소 제곱 맞춤선의 기울기와 절편 및 맞추기에 사용된 점의 수이다.

3. **알고리즘 설계**

   이 프로그램은 다음 4개의 주요 단계로 나뉜다.

입력 파일의 이름을 받아 그 파일을 연다.
입력 데이터와 그 통계를 축적해 나간다.
기울기와 절편을 계산한다.
기울기와 절편을 출력한다.

프로그램의 첫 단계는 입력 파일의 이름을 받아 해당 파일을 여는 것이다. 이를 위해 사용자에게 파일 이름을 입력하도록 촉구할 것이다. 파일을 연 후 이 작업이 성공적인지 확인하여야 한다. 다음, 그 파일을 읽고 입력된 값의 수와 합 Σx, Σy, Σx^2, Σxy를 축적해 나간다. 이 단계를 위한 유사 코드는 다음과 같다.

```
Initialize n, sum_x, sum_x2, sum_y, and sum_xy to 0
Prompt user for input file name
Open file 'filename'
Check for error on open
if no error
    READ x, y from file 'filename'
    while not at end-of-file
         n <- n + 1
         sum_x <- sum_x + x
         sum_y <- sum_y + y
         sum_x2 <- sum_x2 + x^2
         sum_xy <- sum_xy + x*y
         READ x, y from file 'filename'
    end
    (further processing)
end
```

다음, 최소제곱선의 기울기와 절편을 구해야 한다. 이 단계의 유사 코드는 단순히 식 (11.2)와 (11.3)에 대한 MATLAB 표현이다.

```
x_bar <- sum_x / n
y_bar <- sum_y / n
slope <- (sum_xy - sum_x*y_bar) / (sum_x2 - sum_x*x_bar)
y_int <- y_bar - slope * x_bar
```

마지막으로, 결과를 출력한다.

```
Write out slope 'slope' and intercept 'y_int'.
```

4. MATLAB문으로 변환

최종 MATLAB 프로그램은 다음과 같다.

```
% Script file: lsqfit.m
%
% Purpose:
%    To perform a least-squares fit of an input data set
%    to a straight line, and print out the resulting slope
%    and intercept values. The input data for this fit
%    comes from a user-specified input data file.
%
% Record of revisions:
%      Date           Programmer          Description of change
%      ====           ==========          =====================
%    03/24/14       S. J. Chapman        Original code
%
% Define variables:
% count           -- number of values read
% filename        -- Input file name
% fid             -- File id
% msg             -- Open error message
% n               -- Number of input data pairs (x,y)
% slope           -- Slope of the line
% sum_x           -- Sum of all input X values
% sum_x2          -- Sum of all input X values squared
% sum_xy          -- Sum of all input X*Y values
% sum_y           -- Sum of all input Y values
% x               -- An input X value
% x_bar           -- Average X value
% y               -- An input Y value
% y_bar           -- Average Y value
% y_int           -- Y-axis intercept of the line

% Initialize sums
n = 0; sum_x = 0; sum_y = 0; sum_x2 = 0; sum_xy = 0;

% Prompt user and get the name of the input file.
disp('This program performs a least-squares fit of an');
disp('input data set to a straight line. Enter the name');
disp('of the file containing the input (x,y) pairs: ');
filename = input(' ','s');
```

```
% Open the input file
[fid,msg] = fopen(filename,'rt');

% Check to see if the open failed.
if fid < 0

    % There was an error--tell user.
    disp(msg);

else

    % File opened successfully. Read the (x,y) pairs from
    % the input file. Get first (x,y) pair before the
    % loop starts.
    [in,count] = fscanf(fid,'%g %g',2);

    while ~feof(fid)
        x = in(1);
        y = in(2);
        n      = n + 1;              %
        sum_x  = sum_x + x;          % Calculate
        sum_y  = sum_y + y;          % statistics
        sum_x2 = sum_x2 + x.^2;      %
        sum_xy = sum_xy + x * y;     %

        % Get next (x,y) pair
        [in,count] = fscanf(fid,'%f',[1 2]);

    end

    % Close the file
    fclose(fid);

    % Now calculate the slope and intercept.
    x_bar = sum_x / n;
    y_bar = sum_y / n;
    slope = (sum_xy - sum_x*y_bar) / (sum_x2 - sum_x*x_bar);
    y_int = y_bar - slope * x_bar;

    % Tell user.
    fprintf('Regression coefficients for the least-squares line:\n');
    fprintf('   Slope (m)       = %12.3f\n',slope);
    fprintf('   Intercept (b)   = %12.3f\n',y_int);
    fprintf('   No of points    = %12d\n',n);

end
```

5. 프로그램 시험

간단한 데이터 집합을 가지고 이 프로그램을 시험해 보자, 예를 들어, 입력 데이터의 각 점이 실제로 직선 위에 놓여 있다면 최소제곱법으로 구한 기울기와 절편은 정확하게 원 직선의 기울기와 절편이 될 것이다. 따라서 다음 데이터 집합은

```
1.1   1.1
2.2   2.2
3.3   3.3
4.4   4.4
5.5   5.5
6.6   6.6
7.7   7.7
```

기울기 1.0과 절편 0.0을 생성할 것이다. 이 값들을 input1이라는 파일에 수록한 후 프로그램을 돌리면 다음 결과를 얻는다.

```
» lsqfit
This program performs a least-squares fit of an
input data set to a straight line. Enter the name
of the file containing the input (x,y) pairs:
input1
Regression coefficients for the least-squares line:
  Slope (m)       = 1.000
  Intercept (b)   = 0.000
  No of points    =     7
```

이제 측정값에 잡음을 약간 더하여 다음 데이터를 준비한다.

```
1.1   1.01
2.2   2.30
3.3   3.05
4.4   4.28
5.5   5.75
6.6   6.48
7.7   7.84
```

값들을 input2라는 파일에 넣어 프로그램을 실행한 결과는 다음과 같다.

```
» lsqfit
This program performs a least-squares fit of an
input data set to a straight line. Enter the name
```

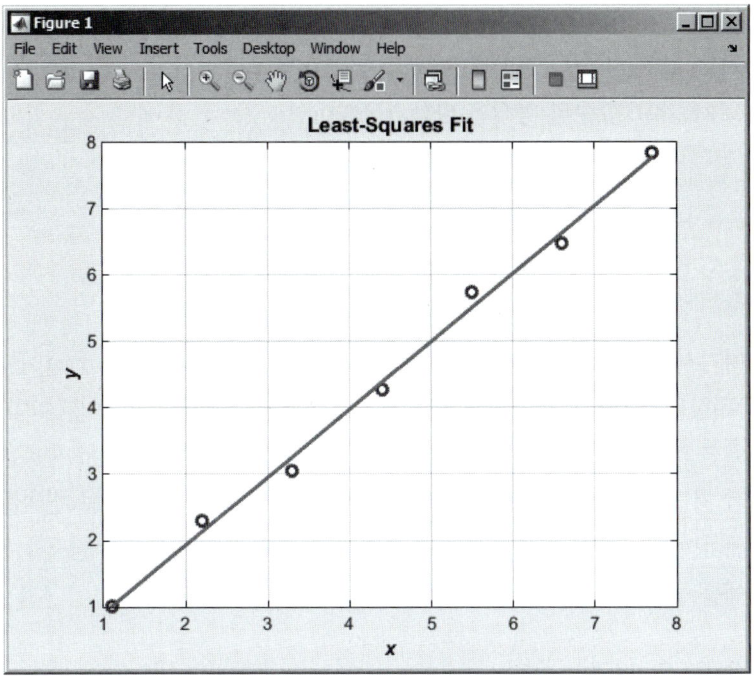

그림 11.2 데이터 집합과 그로부터 계산된 최소 제곱 맞춤선

```
of the file containing the input (x,y) pairs:
input2
Regression coefficients for the least-squares line:
 Slope (m)        = 1.024
 Intercept (b)    = -0.120
 No of points     =      7
```

이 계산을 손으로 해보면 두 데이터 집합에 대해 프로그램이 올바른 답을 주고 있음을 쉽게 알 수 있다. 잡음 데이터 집합과 계산된 최소 제곱 맞춤선이 그림 11.2에 나타나 있다.

11.9 textscan 함수

textscan 함수는 유형이 서로 다를 수도 있는 데이터의 열들로 서식화된 텍스트 파일을 읽어 각 열을 셀 배열의 열로 저장한다. 이 함수는 다른 응용 프로그램에서 작성된 데이터의 표를 불러들이는 데 매우 유용하다. 이 함수는 기본적으로 textread와 비슷하지만 더 빠르고 융통성이 크다.

textscan 함수의 형식은 다음과 같다.

```
a = textscan(fid, 'format')
a = textscan(fid, 'format', N)
a = textscan(fid, 'format', param, value, ...)
a = textscan(fid, 'format', N, param, value, ...)
```

여기서 fid는 fopen 함수로 이미 연 파일의 식별자이고, format은 각 열의 데이터 유형을 설명하는 문자열, N은 서식 지정자를 사용할 횟수이다(N이 −1이거나 생략되면 파일 끝까지 읽는다). 서식 문자열은 fprintf 함수에서 사용하는 것과 같은 서식 지정자를 담는다. 모든 값은 유일한 출력 인수인 셀 배열로 반환된다는 점에 주의해야 한다. 이 셀 배열은 사용한 서식 지정자와 동일한 수의 원소를 담을 것이다.

예를 들어, 파일 test_input1.dat에 다음 데이터가 들어 있다고 가정하자.

```
James    Jones  O+     3.51   22     Yes
Sally    Smith  A+     3.28   23     No
Hans     Carter B-     2.84   19     Yes
Sam      Spade  A+     3.12   21     Yes
```

이 데이터는 다음 함수를 사용하여 셀 배열로 읽어들일 수 있다.

```
fid = fopen('test_input1.dat','rt');
a = textscan(fid,'%s %s %s %f %d %s',-1);
fclose(fid);
```

이 문을 실행한 결과는 다음과 같다.

```
» fid = fopen('test_input1.dat','rt');
» a = textscan(fid,'%s %s %s %f %d %s',-1)
a =
    {4x1 cell}  {4x1 cell}  {4x1 cell}  [4x1 double]
    [4x1 int32]     {4x1 cell}
» a{1}
ans =
     'James'
     'Sally'
     'Hans'
     'Sam'
```

```
» a{2}
ans =
    'Jones'
    'Smith'
    'Carter'
    'Spade'
» a{3}
ans =
    'O+'
    'A+'
    'B-'
    'A+'
» a{4}
ans =
    3.5100
    3.2800
    2.8400
    3.1200
» fclose(fid);
```

이 함수의 서식 지정자에 별표를 붙이면(예를 들어, %*s) 해당 열을 건너뛸 수도 있다. 예를 들어, 다음 문은 파일로부터 이름과 성, 성적 평점만을 읽는다.

```
fid = fopen('test_input1.dat','rt');
a = textscan(fid,'%s %s %*s %f %*d %*s',-1);
fclose(fid);
```

textscan 함수는 textread와 비슷하지만 더 융통성이 크고 빠르다. textscan 함수는 다음과 같은 장점을 갖는다.

1. textscan 함수는 textread보다 나은 성능을 제공하므로 큰 파일을 읽을 때 이 함수를 선택하는 것이 좋다.
2. textscan을 사용하면 파일 내 임의 위치에서부터 읽기 시작할 수 있다. fopen으로 파일을 연 다음, fseek으로 원하는 위치로 이동한 후, 그 곳에서부터 textscan을 시작한다. textread 함수를 사용할 때는 반드시 파일 첫머리부터 시작하여야 한다.
3. 이후의 textscan 작업은 마지막 textscan 작업이 끝난 위치에서부터 시작한다. textread 함수는 이전 작업의 위치에 상관없이 항상 파일의 첫머리에서 읽기 시작한다.

4. textscan 함수는 읽어들인 필드 수에 상관없이 단일 셀 배열을 반환한다. textscan 함수에서는 textread 함수처럼 출력 인수의 수와 읽을 필드의 수를 일치시킬 필요가 없다.
5. textscan 함수는 읽은 데이터를 변환하는 방법에 관해 많은 옵션을 제공한다.

textscan 함수는 그 유연성을 높이기 위한 추가적인 옵션을 다수 제공한다. 이들 옵션은 MATLAB 온라인 도움말에서 참조할 수 있다.

좋은 프로그래밍 습관

다른 언어로 작성한 프로그램이나 스프레드시트와 같은 응용 프로그램에서 만든 열 서식의 텍스트 데이터를 가져오려면 textread 함수보다 textscan 함수를 사용하는 것이 좋다.

11.10 uiimport 함수

uiimport 함수는 GUI를 기반으로 파일이나 클립보드로부터 데이터를 가져오는 방법이다. 이 명령어는 다음 형식을 취한다.

```
uiimport
structure = uiimport;
```

첫 구문에서는 가져온 데이터를 현재 MATLAB 작업 공간에 직접 삽입한다. 둘째 구문에서는 데이터를 구조체로 변환하여 변수 structure에 저장한다.

명령어 uiimport를 치면 그림 11.3에 보이는 바와 같은 가져오기 마법사(Import Wizard) 창이 화면에 나타난다. 그러면 사용자는 가져오고 싶은 파일과 그 파일 내의 특정 데이터를 선택할 수 있다. 여러 가지 다른 서식이 지원되는데, 그 일부 목록을 표 11.14에 정리하였다. 또한, 데이터를 클립보드에 저장하면 거의 모든 응용 프로그램으로부터 데이터를 가져올 수 있다. 이런 융통성은 외부로부터 데이터를 가져와 MATLAB에서 분석하려 할 때 매우 쓸모가 있다.

(a)

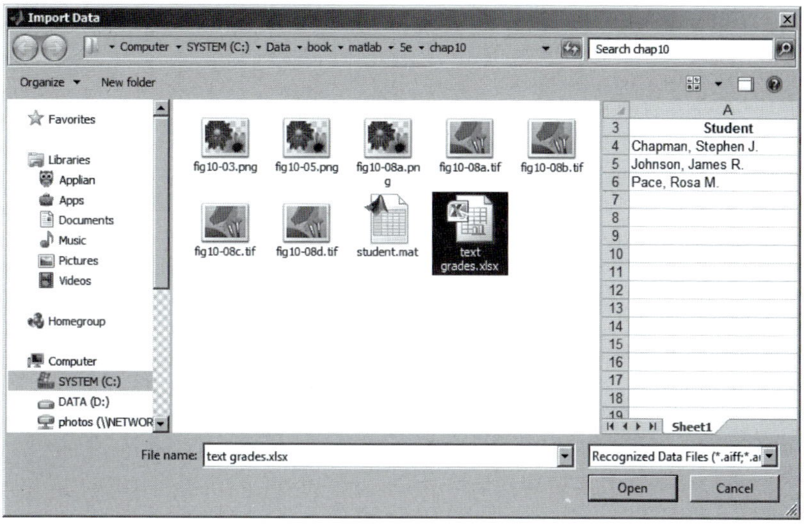

(b)

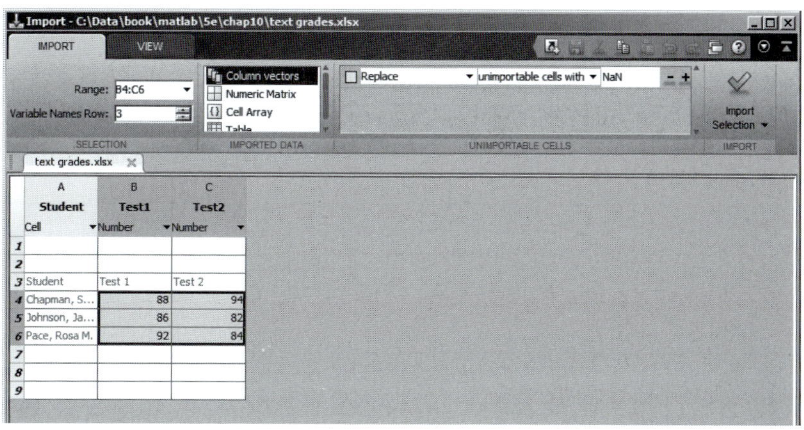

(c)

그림 11.3 uiimport 사용: (a) 가져오기 마법사는 먼저 사용자에게 데이터 소스를 선택하라고 촉구한다. (b) 파일을 선택하였지만 로드하기 전의 화면. (c) 데이터 파일이 선택된 후에 하나 또는 여러 개의 데이터 배열이 생성되어 그 내용을 살펴볼 수 있다. 사용자는 불러들일 데이터 배열을 선택한 후 Import Selection을 클릭한다.

표 11.14: uiimport에서 지원되는 파일 서식의 일부

파일 확장자	의미
*.gif	영상 파일
*.jpg	
*.jpeg	
*.jp2	
*.jpf	
*.jpx	
*.j2c	
*.j2k	
*.ico	
*.png	
*.pcx	
*.tif	
*.tiff	
*.bmp	
*.mat	MATLAB 데이터 파일
*.cur	커서 서식
*.hdf	계층 데이터 서식 파일
*.h5	
*.au	사운드 파일
*.flac	
*.ogg	
*.snd	
*.wav	
*.avi	비디오 파일
*.mov	
*.mpg	
*.mp4	
*.wmv	

파일 확장자	의미
*.xml	XML 파일
*.csv	스프레드시트 파일
*.xls	
*.xlsx	
*.xlsm	
*.wk1	
*.txt	텍스트 파일
*.dat	
*.dlm	
*.tab	

11.11 요약

11장에서는 파일 입/출력을 소개하였다. 많은 MATLAB 입/출력 함수는 C 함수와 아주 비슷하지만 상세한 부분에서 차이가 난다.

textread와 textscan 함수는 다른 언어로 작성한 프로그램이나 스프레드시트와 같은 응용 프로그램에서 만든 열 서식의 ASCII 데이터를 가져올 때 사용한다. 두 함수 중 textscan이 더 융통성이 크고 빠르기 때문에 선호되고 있다.

MAT 파일을 이용하는 load와 save 명령어는 매우 효율적이고, MATLAB을 구현하는 다양한 컴퓨터 간에 이동 가능하며, 모든 변수에 대해 정밀도, 데이터 유형, 전역 변수 여부 등의 정보를 보존한다. 다른 응용 프로그램과 데이터를 공유하거나 사람이 검토해야만 하는 경우가 아니라면 MAT 파일을 이용한 입/출력 방법을 첫 번째로 선택하여야 한다.

MATLAB에는 2진 입/출력문과 서식화된 입/출력문의 두 가지 유형이 있다. 2진 입/출력문은 2진 파일을 사용하여 데이터를 저장하거나 읽고, 서식화된 입/출력문은 텍스트 파일을 사용한다.

MATLAB 파일은 fopen 함수로 열고 fclose 함수로 닫는다. 2진 데이터는 fread와 fwrite 함수로 각각 읽고 쓰며, 서식화된 데이터는 fscanf 함수와 fprintf 함수로 각각 읽고 쓴다. fgets와 fgetl 함수는 단지 텍스트 파일에서 한 줄을 읽어 문자열로 전달한다.

exist 함수를 사용하여 어떤 파일을 열기 전에 그 존재 여부를 확인할 수 있다. 이 함수는 기존 데이터를 실수로 덮어쓰는 것을 방지하는 데 쓸모가 있다.

frewind와 fseek 함수를 사용하면 디스크 파일 내에서 이곳저곳으로 이동할 수 있다. frewind 함수는 현재 파일 위치를 파일의 첫머리로 옮기는 반면 fseek 함수는 기준점 앞 또는 뒤로 지정한 바이트 수만큼 옮긴다. 기준점은 현재 파일 위치, 파일 첫머리 또는 파일 끝이 될 수 있다.

MATLAB은 다른 응용프로그램에서 다양한 서식으로 생성된 파일로부터 데이터를 가져올 수 있도록 허용하는 GUI 기반의 도구인 uiimport를 제공한다.

11.11.1 [좋은 프로그래밍 습관] 요약

프로그램 작성시 다음 지침을 준수하라.

1. MATLAB이 아닌 프로그램과 데이터를 주고받아야만 하는 상황이 아니라면 항상 save와 load 명령어를 사용하여 데이터를 MAT 파일 서식으로 저장하고 로드하는 것이 좋다. 이 서식은 효율적이고 모든 MATLAB 프로그램 간에 이전 가능하며, 모든 MATLAB 데이터 형에 관한 상세 정보를 전부 보존한다.
2. fopen 문에서 열려는 파일의 용도(읽기 또는 쓰기)에 따라 적절한 허용 문자열을 사용하도록 주의하여야 한다. 이런 습관을 잘 들여야만 보존해야 하는 데이터 파일을 실수로 덮어쓰는 오류를 피할 수 있다.
3. 파일 열기를 시도한 후에는 항상 성공 여부를 확인하는 것이 좋다. 실패한 경우에는 이 문제를 사용자에게 알리고 해결 방안을 제시한다.
4. 사람이 읽을 수 있어야 하거나 다른 유형의 컴퓨터나 프로그램 간에 전달해야만 하는 데이터를 만들려면 서식화된 파일을 사용한다. 사람이 직접 검토할 필요가 없고, 한 유형의 컴퓨터에만 사용할 다량의 데이터를 효율적으로 저장하려면 2진 파일을 사용한다. 또한, 입/출력 속도가 중요할 때에도 2진 파일을 사용한다.
5. 출력 파일을 덮어쓰기 전에 사용자가 기존의 정보를 삭제하기 원하는지를 반드시 확인하여야 한다.
6. 다른 언어로 작성한 프로그램이나 스프레드시트와 같은 응용 프로그램에서 만든 열 서식의 ASCII 데이터를 가져오려면 textread 함수보다 textscan 함수를 사용하는 것이 좋다.

11.11.2 MATLAB 요약

다음은 이 장에서 설명한 모든 MATLAB 명령어와 함수를 요약하여 수록한 것이다.

`exist`	파일의 존재 여부를 확인한다.
`fclose`	파일을 닫는다.
`feof`	파일 끝인지를 검사한다.
`ferror`	파일 입/출력 오류를 질의한다.
`fgetl`	파일에서 한 줄을 읽은 후 줄바꿈 문자를 버린다.
`fgets`	파일에서 한 줄을 읽는다(줄바꿈 문자를 유지).
`fopen`	파일을 연다.
`fprintf`	파일에 서식화된 데이터를 쓴다.
`fread`	파일로부터 2진 데이터를 읽는다.
`frewind`	파일 위치를 처음으로 되돌린다.
`fscanf`	파일로부터 서식화된 데이터를 읽는다.
`fseek`	파일 내 위치를 설정한다.
`ftell`	파일 내 위치를 확인한다.
`fwrite`	파일에 2진 데이터를 쓴다.
`sprintf`	문자열 변수에 서식화된 데이터를 쓴다.
`textread`	텍스트 파일로부터 열 서식으로 정리된 다양한 종류의 데이터를 읽어 각 열별로 별개의 변수에 저장한다.
`textscan`	텍스트 파일로부터 열 서식으로 정리된 다양한 종류의 데이터를 읽어 셀 배열에 저장한다.
`uiimport`	GUI 툴을 이용하여 데이터를 가져온다.

11.12 연습문제

11.1 2진 입/출력과 서식화된 입/출력과의 차이는 무엇인가? 각 유형의 입/출력을 수행하는 MATLAB 함수에는 어떤 것이 있는가?

11.2 **로그표.** 1과 10 사이의 수에 대해 0.1 간격으로 상용 로그표를 작성하는 MATLAB 프로그램을 작성하라.

	x.0	x.1	x.2	x.3	x.4	x.5	x.6	x.7	x.8
1.0	0.000	0.041	0.079	0.114	...				
2.0	0.301	0.322	0.342	0.362	...				
3.0	...								
4.0	...								
5.0	...								
6.0	...								
7.0	...								
8.0	...								
9.0	...								
10.0	...								

11.3 하루가 시작하여 경과한 시간을 초 단위로 잰 값(0과 86,400 사이)을 읽어 오전/오후 구분 없이 `HH:MM:SS` 형태로 시각을 나타내는 문자열을 인쇄하라. 적절한 서식 변환 지정자를 사용하여 `MM`과 `SS` 필드에 여분의 0을 앞에 나타낼 수 있도록 하라. 또, 입력한 초의 값이 적법한지를 확인하여 잘못된 값이 들어 왔을 때 적당한 오류 메시지를 출력하라.

11.4 **중력 가속도.** 지구 표면 위의 임의의 높이 h에서 지구 중력 때문에 생기는 가속도는 다음 식으로 계산할 수 있다.

$$g = -G\frac{M}{(R + h)^2} \tag{11.4}$$

여기서 G는 만유인력 상수(6.672×10^{-11} $\mathrm{Nm^2/kg^2}$), M은 지구의 질량(5.98×10^{24} kg), R은 지구의 평균 반경(6371 km), h는 지구 표면 위의 높이를 각각 나타낸다. M을 kg 단위, R과 h를 m 단위로 나타내면 가속도는 $\mathrm{m/s^2}$의 단위로 표현될 것이다. 지표면에서부터 40,000 km 상공까지 500 km 간격으로 나눈 각 높이에서 지구 중력 가속도를 계산하는 프로그램을 작성하라. 계산 결과를 높이 대 가속도의 표로 나타내되, 적절한 라벨을 붙이고 단위를 명기하라. 이 데이터를 도표로도 나타내라.

11.5 예제 11.5의 프로그램은 서식화된 입/출력 함수를 이용하여 디스크로부터 (x, y)쌍의 데이터를 읽는 작업을 예시하고 있다. 그러나 이 작업은 `load -ascii` 명령어로도 수행할 수 있다. 서식화된 입/출력 함수 대신 `load`를

사용하여 프로그램을 재작성하라. 수정된 프로그램을 시험하여 예제 11.5와 같은 답을 주는지 확인하라.

11.6 서식화된 입/출력 함수 대신 `textread` 함수를 사용하여 예제 11.5의 프로그램을 다시 작성하라.

11.7 서식화된 입/출력 함수 대신 `textscan` 함수를 사용하여 예제 11.5의 프로그램을 다시 작성하라. `textscan` 함수를 사용하는 것은 `textread`, `load -ascii`, 또는 서식화된 입/출력 함수를 사용할 때에 비해 얼마나 어려운가?

11.8 사용자가 지정한 입력 데이터 파일로부터 임의의 개수의 실수 값들을 읽은 후 가장 가까운 정수로 반올림하여 사용자가 지정한 출력 파일에 쓰는 프로그램을 작성하라. 입력 파일이 존재하는지를 확인하여, 없을 때 사용자에게 다른 파일을 요구하라. 출력 파일이 존재하면 이를 삭제할 것인지를 사용자에게 확인하라. 삭제를 원하지 않는다면 다른 출력 파일 이름을 입력하도록 촉구하라.

11.9 **사인과 코사인의 표.** 0°와 90° 사이의 각 θ에 대해 1° 간격으로 사인과 코사인의 값을 수록한 표를 만드는 프로그램을 작성하라. 표의 각 열에 적절한 라벨을 붙여라.

11.10 (이 책의 웹사이트에서 구할 수 있는) 파일 `int.dat`는 `'int8'` 서식의 정수 25개를 담고 있다. `fread` 함수를 사용하여 이 값들을 `single`형 배열로 읽어들이는 프로그램을 작성하라.

11.11 **이자 계산.** 이자가 붙는 은행 계좌에 현재 가치로 P에 달하는 돈을 예치하고 있다고 가정하자. 은행이 연 이율 i 퍼센트로 매달 복리 계산된 이자를 지급한다면 n개월 후의 원리금 합계는 다음 식으로 계산할 수 있다.

$$F = P\left(1 + \frac{i}{1200}\right)^n \tag{11.5}$$

여기서 F는 계좌의 미래 가치이고 $\frac{i}{12}$는 월 이율이다(분모에 있는 여분의 인자 100은 이자의 백분율을 분율로 변환한다). 초기 액수 P와 연 이율 i를 읽은 후, 향후 5년간 매월 계좌의 미래 가치를 계산하여 표로 나타내는 MATLAB 프로그램을 작성하라. 이 표를 `'interest'`라는 이름의 파일에 출력하라. 표의 각 열에 적절한 라벨을 붙여라.

11.12 입력 데이터 파일로부터 정수의 집합을 읽은 후 가장 큰 수와 가장 작은 수를 찾아내는 프로그램을 작성하라. 최대값과 최소값을 그 값들을 발견한 줄의 번호와 함께 인쇄하라. 파일에 들어있는 정수의 수를 사전에 알고 있지 않다고 가정하라.

11.13 `rand` 함수를 사용하여 400×400 `double`형 배열 `x`를 난수로 채워라. 이 배열을 `x1.dat`라는 MAT 파일에 저장한 후, `-compress` 옵션을 사용하여 `x2.dat`라는 파일에 다시 한 번 저장하라. 두 파일의 크기는 어떻게 다른가?

11.14 **평균.** 연습문제 5.34에서 수의 집합에 대해 산술 평균, rms 평균, 기하 평균 및 조화 평균을 계산하는 MATLAB 프로그램을 작성하였다. 임의의 개수의 값을 읽어 각 평균을 계산할 수 있도록 이 프로그램을 수정하라. 이 프로그램을 시험하기 위하여, 1.0, 2.0, 5.0, 4.0, 3.0, 2.1, 4,7, 3.0을 입력 데이터 파일에 넣은 후 프로그램을 돌려라.

11.15 **라디안을 도/분/초로 변환하기.** 각도는 흔히 도(°), 분('), 초(") 단위로 측정하는데, 한 바퀴는 360도, 1도는 60분, 1분은 60초에 해당한다. 파일로부터 라디안 단위로 각도를 읽어 도/분/초 단위로 변환하는 프로그램을 작성하라. 0.0, 1.0, 3.141593, 6.0 라디안의 네 각도를 파일에 담은 후 변환 프로그램을 돌려 시험하라.

11.16 컴퓨터에 있는 어떤 다른 프로그램(예를 들어, 마이크로소프트 워드, 엑셀, 텍스트 편집기 등)에서 데이터 집합을 만들어라. 윈도우나 유닉스의 복사 기능을 사용하여 이 데이터를 클립보드로 복사한 후, `uiimport` 함수를 사용하여 MATLAB으로 불러들여라.

CHAPTER 12

핸들 그래픽과 애니메이션

이 장에서는 핸들 그래픽(handle graphics)이라고 부르는 MATLAB 도표를 처리하는 저수준 방식(low-level way)과 MATLAB으로 애니메이션과 무비를 만드는 방법에 대하여 학습한다.

12.1 핸들 그래픽

핸들 그래픽은 MATLAB에서 만드는 그래픽 객체의 특성을 제어하는 저수준 그래픽 함수의 집합을 일컫는 이름이다. 언급한 '핸들'은 MATLAB 그래픽 클래스(graphical class)로부터 나온 객체에 대한 핸들이다. 이러한 그래픽 클래스들은 `handle`의 하위 클래스이기 때문에 핸들 클래스이다.

MATLAB 그래픽 시스템은 R2014b 버전에서 새롭게 바뀌었다. 이 새로운 그래픽 시스템을 때로 'H2 그래픽'이라고 부르는데, 이전 시스템보다 더 나은 품질의 도표를 생성한다. 이 장에서 학습하는 내용은 새로운 H2 그래픽 시스템에 관한 것이지만, 이전 버전의 MATLAB과 호환 가능한 특성에 대해서도 다룬다.

핸들 그래픽 객체는 그림(figure), 축(axis), 선(line), 텍스트 상자(text box) 등과 같은 그래픽 특성과 부합한다. 각 객체는 그 자체 속성들의 집합을 가지며 도표에서 객체를 보여줄 때와 방법을 제어한다. 그 다양한 속성들은 본 장에서 학습하게 될 핸들을 이용하여 수정할 수 있다.

우리는 실제 이 책의 도입부에서부터 핸들 그래픽을 간접적으로 사용해왔다. 예를 들어 아래와 같이 선을 그릴 때 선 굵기 같은 추가적인 속성을 설정하는 방법에 대해 3장에서 배웠다.

```
plot(x, y,'LineWidth', 2);
```

여기서 'LineWidth'는 우리가 그리는 선을 나타내는 핸들 그래픽 객체의 속성이며, 숫자 2는 그 속성에 저장되는 값이다.

핸들 그래픽 속성과 함수는 도표와 그래프의 모양을 정밀하게 제어할 수 있도록 해주므로 프로그래머에게 매우 중요하다. 예를 들어 핸들 그래픽을 사용하여 x축에만 격자선을 그리거나, 표준적인 plot 함수의 LineSpec 옵션으로는 지원되지 않는 오렌지색 선을 그릴 수 있다. 또한 다음 장에서 보게 되겠지만 핸들 그래픽으로 응용 프로그램 제작을 위한 그래픽 사용자 인터페이스(GUI)를 만들 수 있다.

이 장에서는 MATLAB 그래픽 시스템의 구조를 소개하고, 원하는 그래픽 모양을 얻기 위해 그래픽 객체의 속성을 제어하는 방법을 설명한다.

12.2 MATLAB 그래픽 시스템

MATLAB 그래픽 시스템은 핵심 **그래픽 객체**(graphic object)의 계층적 시스템에 기반을 두고 있으며, 각 객체는 그를 참조하는 **핸들**로 접근할 수 있다.[1] 각 그래픽 객체는 핸들 클래스로부터 파생되었으며, 각 클래스는 그림, 축 집합, 선, 문자열 등과 같은 그래픽 도표의 몇 가지 특성을 나타낸다. 각 클래스는 객체를 묘사하는 특별한 **속성**(property)을 포함하며 그러한 속성의 변화는 특정한 객체를 나타내는 방법을 바꾼다. 예를 들어 line은 그래픽 클래스의 한 형태이다. line 클래스 안에 정의된 속성으로는 x데이터, y 데이터, 색상, 선 모양, 선 굵기, 마커 유형 등이 포함된다. 이 속성을 바꾸면 그림 창에 나타나는 선의 모습이 바뀐다.

MATLAB 그래프의 모든 요소는 그래픽 객체이다. 예를 들어 선, 축, 문자열 각각은 고유한 핸들과 특성을 갖는 별개의 객체이다. 그림 12.1에서 보듯이, 모든 그래픽 객체는 **부모 객체**(parent object)와 **자식 객체**(child object)를 갖는 계층 구조로 배

1 MATLAB R2014b 이전에 그래픽 객체 핸들은 객체를 생성하는 함수로부터 반환된 double 값이었다. 루트는 객체 0이었고, 그림은 객체 1, 2, 3 등이었으며, 다른 그래픽 객체는 비정수 값(non-integer value)을 갖는 핸들을 가지고 있었다. MATLAB R2014b 이후 버전에서는 새로운 'H2 그래픽' 시스템이 구현되었다. 이 시스템에서 그래픽 객체 핸들은 그 클래스의 공용 속성에 접근할 수 있는 MATLAB 클래스에 대한 사실상의 핸들이다. 이 장에서는 새로운 그래픽 시스템에 대해 설명하겠지만, 그 중 많은 것들은 호환성을 위해 이전 버전의 MATLAB에서도 작동될 것이다.

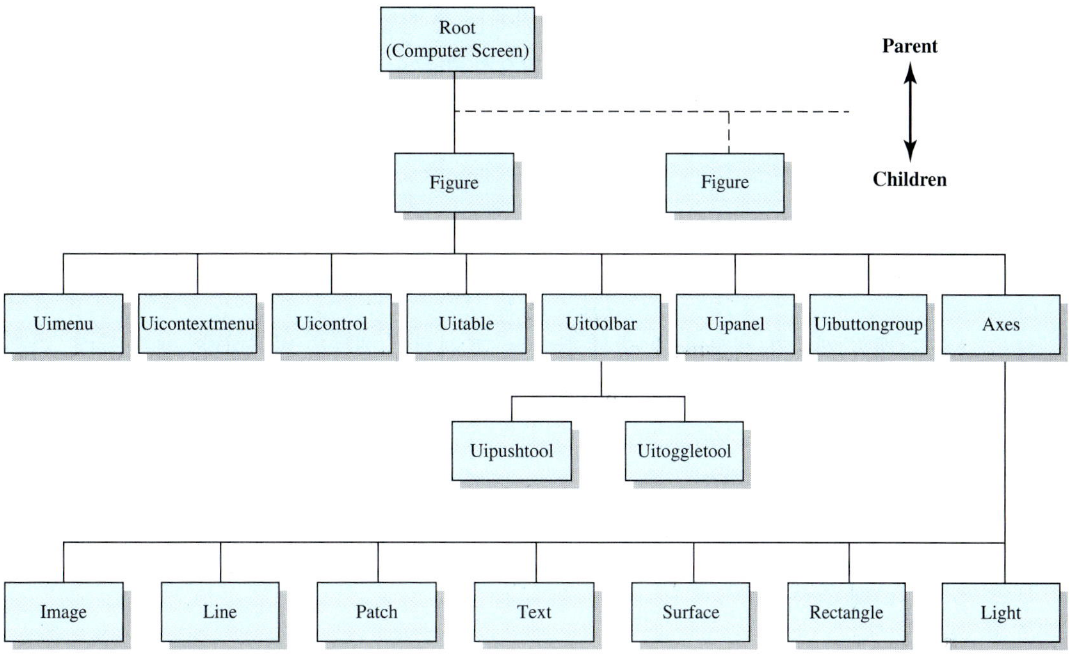

그림 12.1 핸들 그래픽 객체의 계층

치되어 있다. 일반적으로 자식 객체는 부모 객체에 포함된다(embedded). 예를 들어 축 객체는 그림에 포함되며, 하나 이상의 선 객체는 그 축 객체에 포함될 수 있다. 자식 객체가 만들어질 때 부모로부터 많은 객체의 속성을 물려받는다.

MATLAB의 최상위 그래픽 객체는 **root**로서, 전체 컴퓨터 스크린으로 간주할 수 있다. `root` 객체에 대한 핸들은 '그래픽 루트 객체'를 나타내는 `groot` 함수로부터 얻을 수 있다. 그래픽 루트 객체는 MATLAB을 시작할 때 자동적으로 생성되며 프로그램을 마칠 때까지 항상 존재한다. `root` 객체와 관련된 속성은 모든 MATLAB 창에 적용되는 기본 속성이다.

루트 객체 밑에는 하나 또는 그 이상의 그림창에 해당하는 **figure** 객체들이 있을 수 있다. 각 figure 객체는 컴퓨터 화면에서 그래픽 데이터를 표시할 수 있는 별개의 창이다. 각 figure가 갖는 고유한 속성에는 색상, 색상 맵(color map), 용지 크기, 용지 방향, 포인터 유형 등이 있다.

각 `figure` 객체는 `uimenu`, `uicontextmenu`, `uicontrol`, `uitoolbar`, `uipanel`, `uitable`, `uibuttongroup`과 `axes`라는 8가지 유형의 객체를 담을 수 있다. 'ui'로 시작하는 7가지 객체들은 그래픽 사용자 인터페이스를 만들 때 사용하는 특별한 그래픽 객체로서 다음 장에서 설명할 것이다. `axes`는 그림에서 데이터가 실제 그려지는 영역으로서, 하나의 그림에는 축 집합이 여럿 있을 수 있다.

각 축 집합은 도표를 만드는 데 필요한 만큼의 line, text, patch 등의 객체를 담을 수 있다.

12.3 객체 핸들

그래픽 객체가 생성될 때 생성 함수는 그 객체의 핸들을 반환한다. 예를 들어, 다음 함수 호출문은 새 그림을 만들고 그 그림 객체의 핸들을 변수 hndl로 반환한다.

```
» hndl = figure;
```

그 객체의 주요 공용 속성(public property)은 명령창에 그 이름을 입력함으로써 나타낼 수 있다.

```
» hndl
hndl =
   Figure (1) with properties:
   Number: 1
     Name: ''
    Color: [0.940000000000000 0.940000000000000 0.940000000000000]
 Position: [680 678 560 420]
    Units: 'pixels'

   Show all properties
```

사용자가 '모든 속성을 보이라(Show all properties)'는 줄을 클릭하면 이 그림 객체에 대한 64개의 공용 속성 전체 목록이 나타나게 될 것이다.

그림 객체의 속성 중 하나가 Number임을 주목하라. 이 속성은 MATLAB R2014b 이전의 그래픽 시스템에서 'handle'이라 불렸던 값인 그림창 번호를 담고 있다. root 객체의 핸들은 항상 0이고, 각 그림의 핸들은 보통 1, 2, 3, … 등과 같이 작은 양의 정수이다. 다른 모든 그래픽 객체의 핸들은 임의의 값을 갖는 부동 소수점 실수이다.

핸들 그래픽 시스템은 객체에 있는 속성들을 받아들이고 설정하는 많은 함수들을 포함한다. 이러한 함수들은 한 객체에 현재의 핸들을 받아들이거나 그 핸들로부터 number 속성을 받아들이기 위해 설계된다. 이것은 H2 그래픽 시스템이 구버전의

MATLAB 프로그램과 호환이 가능하게 만든다.

그림이나 축 등의 객체의 핸들을 구하기 위한 MATLAB 함수가 있다. 예를 들어 gcf 함수는 현재 선택된 그림의 핸들을, gca는 현재 선택된 그림 내의 선택된 축을, 그리고 gco는 현재 선택된 객체의 핸들을 각각 반환한다. 이 함수들에 대해서는 나중에 더 자세히 설명한다.

핸들은 글자 h로 시작하는 변수에 담는 것이 보통이다. 이렇게 하면 MATLAB 프로그램에서 핸들을 쉽게 알아볼 수 있다.

12.4 객체 속성의 조사와 변경

객체 속성은 그것이 예시될(instantiated) 때 그래픽 객체 안에 저장되는 데이터를 의미한다. 이 객체 속성은 객체의 거동을 제어한다. 각 속성은 **속성 이름(property name)**과 그에 딸린 값을 갖는다. 속성 이름은 대개 각 단어의 첫 글자를 대문자로 하여 여러 단어를 연결한 문자열이다.

12.4.1 객체를 만들 때 속성 바꾸기

객체를 만들 때 모든 속성이 자동으로 기본값으로 초기화된다. 객체 생성 함수에 속성 이름과 그 값의 짝('PropertyName',value)을 포함시키면 이 기본값들을 대체할 수 있다.[2] 예를 들어, 3장에서 직선의 굵기를 바꾸기 위해 다음과 같이 plot 함수를 사용하였다.

```
plot(x,y,'LineWidth',2);
```

함수는 line 객체를 만들 때 LineWidth(선 굵기) 속성을 기본값에서 2로 바꾼다.

2 객체 생성 함수의 예로는 새로운 그림을 만드는 figure 함수, 그림 내에서 새로운 축 집합을 만드는 axes 함수, 축 집합에서 새로운 선을 그리는 line 함수 등이 포함된다. plot과 같은 고수준(high-level) 그래픽 함수도 객체 생성 함수이다.

12.4.2 객체를 만든 후 속성 바꾸기

모든 객체의 공용 속성(public property)은 다음의 세 가지 방법 중 하나를 사용하여 언제든지 조사하거나 수정할 수 있다.

1. 객체 핸들에 마침표와 속성 이름이 뒤따르는 표준 객체 구문(즉, `hndl.property`)를 사용하여 속성에 직접 접근(이 방법은 신형 H2 그래픽 시스템에서만 작동한다).
2. `get`과 `set` 함수를 통해 속성에 접근(이 방법은 구형 및 신형 그래픽 시스템 모두에서 작동한다).
3. 속성 편집기 사용.

처음의 두 방법은 작동에 있어서 거의 동일하다.

12.4.3 객체 표기법을 사용한 속성의 조사와 변경

객체 속성은 객체 참조인 `handle.property`를 사용하여 조사할 수 있다. 명령 줄에 명령어 '`handle.property`'를 입력하면 상응하는 속성이 표시된다. 객체 핸들만 명령창에 입력하면 MATLAB은 객체의 모든 공용 속성을 표시할 것이다.

객체 속성은 또한 객체 참조 `handle.property`를 사용하여 변경할 수 있다. 명령어

```
handle.property = value;
```

는 그 속성에 대한 적법한 선택이라면 객체 속성을 지정된 값으로 설정할 것이다.

예를 들어, 0부터 2 구간까지 함수의 그래프를 다음 문으로 그렸다고 가정하자.

```
x = 0:0.1:2;
y = x.^2;
hndl = plot(x,y);
```

그림 12.2a에 이 그래프를 나타냈다. 생성된 line 객체의 핸들은 `hndl`에 저장되는데, 이를 사용하여 선의 속성을 조사하거나 바꿀 수 있다. 명령줄에 `hndl`을 입력하면 객체 속성의 리스트를 반환한다.

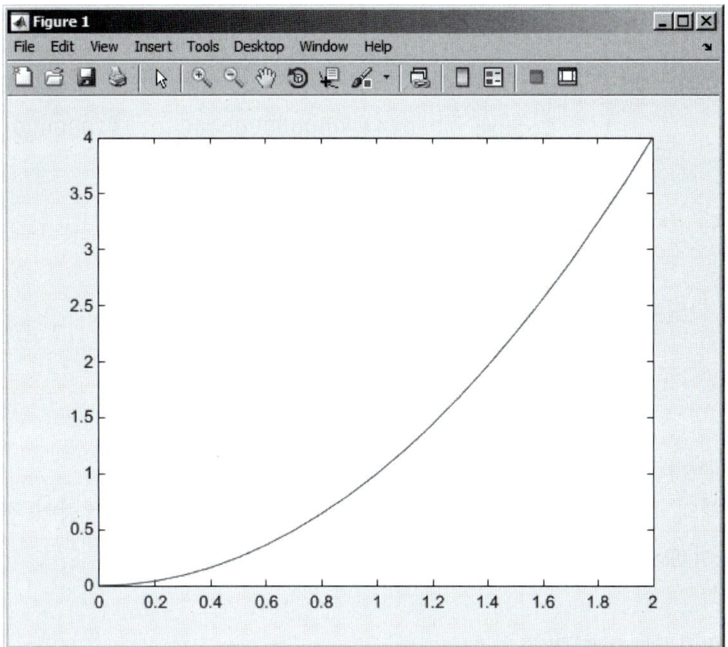

(a)

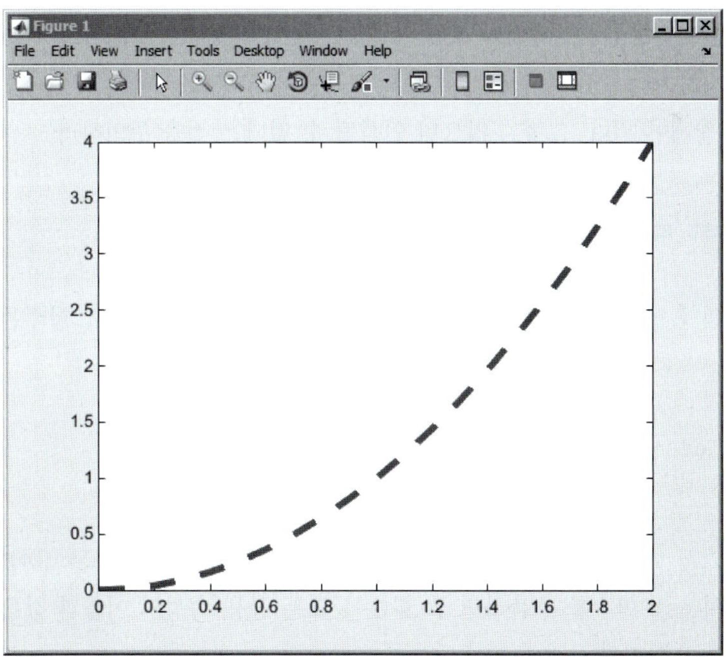

(b)

그림 12.2 (a) 기본 선 굵기로 그린 $y = x^2$의 그래프 (b) `LineWidth`와 `LineStyle` 속성 변경 후의 함수의 그래프

```
» hndl
hndl =
  Line with properties:
              Color: [0 0.447000000000000 0.741000000000000]
          LineStyle:   '-'
          LineWidth: 0.500000000000000
             Marker:     'none'
         MarkerSize: 6
    MarkerFaceColor:     'none'
              XData:    [1x21 double]
              YData:    [1x21 double]
              ZData:    []
```

현재의 선 굵기는 0.5픽셀이고 선 모양은 실선인데, 다음 명령어 집합으로 선 굵기와 선 모양을 변경시킬 수 있다.

```
» hndl.LineWidth = 4;
» hndl.LineStyle = '--';
```

위의 두 명령어가 실행된 후의 결과를 그림 12.2b에 나타내었다.

조사하거나 설정해야 하는 속성은 클래스에서 정의된 바와 같이 정확하게 대문자로 시작해야 되며, 그렇지 않으면 인식될 수 없다는 점을 주의하라.

12.4.4 get/set 함수를 이용한 속성 조사와 변경

객체의 속성은 get 함수를 사용하여 조사할 수 있다. 또한 get 함수는 속성을 표시한다. 이 함수의 형식은 다음과 같다.

```
value = get(handle,'PropertyName')
value = get(handle)
```

여기서 value는 핸들이 지칭하는 객체의 지정된 속성이 갖는 값이다. 핸들만 포함하여 get 함수를 호출하면 그 함수는 모든 공용 속성의 이름과 값을 갖는 구조체 배열을 반환한다.

객체 속성은 set 함수를 사용하여 변경할 수 있다. set 함수의 형식은 다음과 같다.

```
set(handle,'PropertyName1',value1,...);
```

'PropertyName'과 value 쌍의 수에는 제한이 없다.

예를 들어, 0에서 2 구간에서 함수의 그래프를 다음 문으로 그렸다고 가정하자.

```
x = 0:0.1:2;
y = x.^2;
hndl = plot(x,y);
```

그림 12.2a에 이 결과를 나타냈다. 생성된 line 객체의 핸들은 hndl에 저장되는데, 이를 사용하여 선의 속성을 조사하거나 바꿀 수 있다. get(hndl) 함수를 호출할 경우 이 선 객체의 모든 속성을 원소로 갖는 구조체를 반환할 것이다.

```
» result = get(hndl)
result =
    AlignVertexCenters: 'off'
            Annotation: [1x1 matlab.graphics.eventdata.Annotation]
          BeingDeleted: 'off'
            BusyAction: 'queue'
         ButtonDownFcn: ''
              Children: []
              Clipping: 'on'
                 Color: [0 0.447000000000000 0.741000000000000]
             CreateFcn: ''
             DeleteFcn: ''
           DisplayName: ''
      HandleVisibility: 'on'
               HitTest: 'on'
         Interruptible: 'on'
             LineStyle: '-'
             LineWidth: 0.500000000000000
                Marker: 'none'
       MarkerEdgeColor: 'auto'
       MarkerFaceColor: 'none'
            MarkerSize: 6
                Parent: [1x1 Axes]
              Selected: 'off'
    SelectionHighlight: 'on'
                   Tag: ''
```

```
            Type: 'line'
   UIContextMenu: []
        UserData: []
         Visible: 'on'
           XData: [1x21 double]
       XDataMode: 'manual'
     XDataSource: ''
           YData: [1x21 double]
     YDataSource: ''
           ZData: []
     ZDataSource: ''
```

현재의 선 굵기는 0.5 픽셀이고 선 모양은 실선인데, 이 속성들을 다음 함수로 바꿀 수 있다.

```
» set(hndl,'LineWidth',4,'LineStyle','--')
```

이 명령어의 실행 결과를 그림 12.2b에 나타내었다. 이 결과는 선의 속성을 수정하기 위해 사용된 방법과 같다.

get과 set 함수는 그래픽 속성을 조사하고 수정하는 경우에 있어서 객체 표기법에 비해 다음과 같은 세 가지 중요한 이점이 있다.

1. 구형과 신형 그래픽 시스템 모두에서 get과 set 함수를 작동할 수 있기 때문에 이 함수들로 작성된 프로그램은 구형 버전의 MATLAB에서 작동될 것이다.
2. get과 set 함수는 어떤 속성의 대소문자 표기가 잘못된 경우에도 제대로 찾아내어 표시하거나 수정할 것이다. 이러한 과정이 객체 표기법의 경우에는 불가능하다. 예를 들어 객체 표기법에서는 객체 'LineWidth'와 같이 정확하게 대문자 처리를 해야 하지만, get 함수나 set 함수에서는 'lineWidth'나 'linewidth'와 같이 작성해도 무방하다.
3. 어떤 속성이 여러 적법한 값을 가질 때 set(hndl,'property') 함수는 모든 적법한 값의 목록을 반환할 것이다. 객체 표기법에서는 이런 일을 할 수 없다. 예를 들어 line 객체의 적법한 선 스타일은 다음과 같이 알아낼 수 있다.

```
» set(hndl,'LineStyle')
  '-'
  '--'
  ':'
```

```
'-.'
'none'
```

12.4.5 속성 편집기를 사용한 속성 조사와 변경

객체 속성에 직접 액세스 하거나 get과 set 함수를 사용하는 것이 프로그래머에게 특별히 유용한 이유는 MATLAB 프로그램에 직접 삽입하여 사용자 입력에 따라 그림을 변경할 수 있기 때문이다. 다음 장에서 보듯이, 이 함수들은 GUI 프로그래밍에서 광범위하게 쓰인다.

그러나 최종 사용자로서는 MATLAB 객체의 속성을 대화형으로 바꾸는 것이 더 쉬울 때가 많다. 속성 편집기(Property Editor)는 이런 목적을 위해 고안된 GUI 기반의 도구이다. 속성 편집기는 그림의 툴바에 있는 편집 버튼( )을 선택한 후 변경하려는 객체를 마우스로 클릭하거나, 명령창에서 다음 명령어를 실행하여 띄울 수 있다.

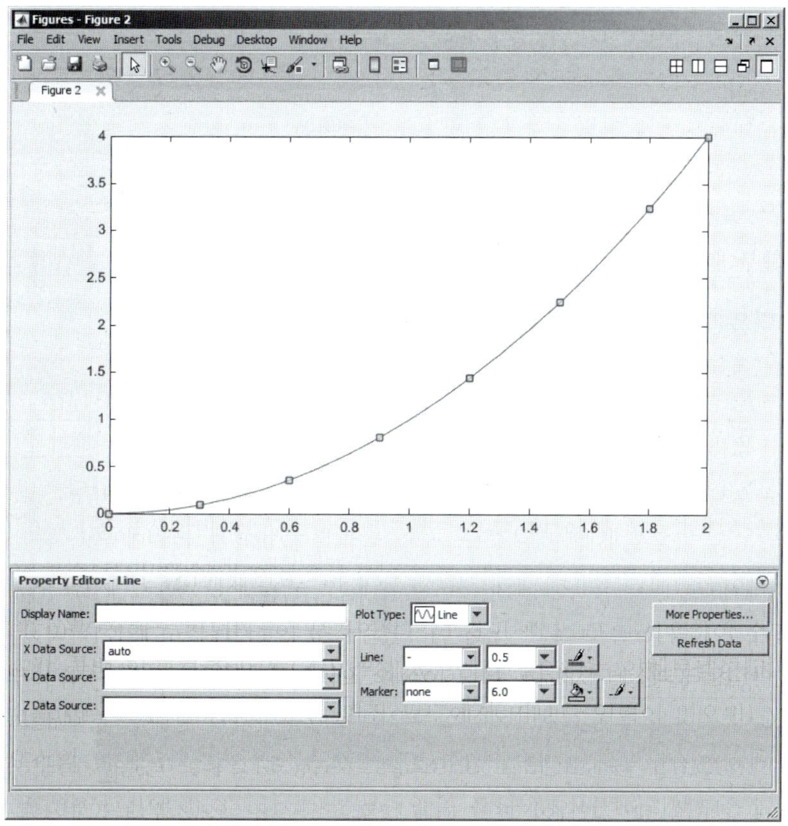

그림 12.3 선 객체를 편집할 때의 속성 편집기. 편집되는 변경 사항이 곧바로 그림에 표시된다.

```
propedit(HandleList);
propedit;
```

예를 들어, 다음 문은 0과 2 사이에서의 그래프를 생성한 후, 사용자가 선 속성을 대화형으로 바꿀 수 있도록 속성 편집기를 열 것이다.

```
figure(2);
x = 0:0.1:2;
y = x.^2;
hndl = plot(x,y);
propedit(hndl);
```

이 코드로 작동시킨 속성 편집기를 그림 12.3에 나타내었다. 속성 편집기는 변경할 객체의 유형에 따라 그 수가 변하는 일련의 구분된 창을 담고 있다.

▶ 예제 12.1 — 저수준 그래픽 함수의 사용

함수 sinc(x)는 다음 식으로 정의된다.

$$\operatorname{sinc} x = \begin{cases} \dfrac{\sin x}{x} & x \neq 0 \\ 1 & x = 0 \end{cases} \tag{12.1}$$

$[-3\pi, 3\pi]$ 구간에서 이 함수를 그려라. 핸들 그래픽 함수를 사용하여 이 도표를 다음과 같이 나타내라.

1. 그림의 배경을 핑크색으로 만든다.
2. y축에 대해서만 격자선을 그린다(x축 격자선은 없다).
3. 함수의 그래프를 2포인트 굵기의 오렌지색 실선으로 그린다.

풀이

이 도표를 만들기 위해서, plot 함수를 사용하여 $x = -3\pi$에서 $x = 3\pi$까지 sinc x 함수의 그래프를 그려야 한다. plot 함수가 반환할 line 객체의 핸들을 저장하여 나중에 사용할 수 있다.

그래프를 그린 후에는, 그림 객체의 색상, 축 객체의 격자선 상태, 선 객체의 색상과 굵기를 바꿀 필요가 있다. 이를 위해 figure, axes, line 객체의 핸들에 접근하여야 한다. gcf 함수는 figure 객체의 핸들을 반환하고, gca 함수는 axes 객체의 핸들을 반환하며, plot 함수는 자신이 만든 line 객체의 핸들을 반환한다.

변경해야 할 저수준 그래픽 속성들은 MATLAB 온라인 도움말의 'Handle Graphics' 제목 아래에서 참조할 수 있다. 이 속성들은 현재 그림의 'Color' 속성, 현재 축의 'YGrid' 속성, 선의 'LineWidth'와 'Color' 속성이다.

1. **문제 기술**

   $[-3\pi, 3\pi]$ 구간에서 sinc(x)의 그래프를 핑크색 배경으로 y축에 대해서만 격자선을 사용하여 2포인트 굵기의 오렌지색 실선으로 그린다.

2. **입출력 정의**

   이 프로그램에는 입력이 없고, 유일한 출력은 지정한 그림이다.

3. **알고리즘 설계**

   이 프로그램은 3개의 주요 단계로 나눌 수 있다.

```
sinc(x)를 계산한다.
sinc(x)를 도시한다.
그래픽 객체 속성을 필요에 맞게 수정한다.
```

   첫 번째 단계는 $[-3\pi, 3\pi]$ 구간에서 sinc(x)를 계산하는 것이다. 이 계산을 위해 벡터화된 코드를 사용하겠지만, 이 경우 $x = 0$에서 0/0이 정의되지 않으므로 NaN이 나타날 것이다. 따라서 이 함수를 도시하기 전에 NaN을 1.0으로 바꿔야만 한다. 이 단계를 위한 상세한 유사 코드는 다음과 같다.

```
% Calculate sinc(x)
x = -3*pi:pi/10:3*pi
y = sin(x)./ x
% Find the zero value and fix it up. The zero is
% located in the middle of the x array.
index = fix(length(y)/2) + 1
y(index) = 1
```

   그 다음에 함수를 그리고 추가 수정을 위해 선 객체의 핸들을 저장한다. 이를 위한 유사 코드는 다음과 같다.

```
hndl = plot(x,y);
```

   이제 핸들 그래픽 명령어를 사용하여 그림의 배경, y축 격자선, 선 굵기와 색을 수정한다. gcf 및 gca 함수를 사용하여 그림과 축의 핸들을 각각 가져온

후, 핑크색은 RGB 벡터 [1 0.8 0.8]로, 오렌지색은 [1 0.5 0]으로 각각 나타낸다. 이 단계의 유사 코드는 다음과 같다.

```
set(gcf,'Color',[1 0.8 0.8])
set(gca,'YGrid','on')
set(hndl,'Color',[1 0.5 0],'LineWidth',2)
```

4. **MATLAB문으로 변환**

최종 MATLAB 프로그램이 아래에 나타나 있다.

```
% Script file: plotsinc.m
%
% Purpose:
%   This program illustrates the use of handle graphics
%   commands by creating a plot of sinc(x) from -3*pi to
%   3*pi, and modifying the characteristics of the figure,
%   axes, and line using the "set" function.
%
% Record of revisions:
%     Date       Programmer       Description of change
%     ====       ==========       =====================
%   04/02/14    S. J. Chapman     Original code
%
% Define variables:
%   hndl         -- Handle of line
%   x            -- Independent variable
%   y            -- sinc(x)

% Calculate sinc(x)
x = -3*pi:pi/10:3*pi;
y = sin(x)./ x;

% Find the zero value and fix it up. The zero is
% located in the middle of the x array.
index = fix(length(y)/2) + 1;
y(index) = 1;

% Plot the function.
hndl = plot(x,y);

% Now modify the figure to create a pink background,
% modify the axis to turn on y-axis grid lines, and
```

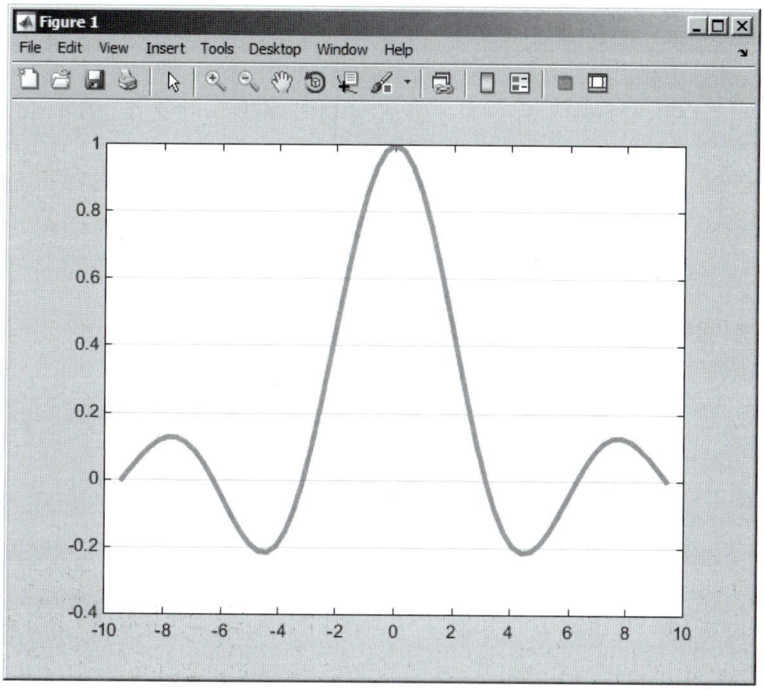

그림 12.4 sinc(*x*)의 그래프

```
% modify the line to be a 2-point-wide orange line.
set(gcf,'Color',[1 0.8 0.8]);
set(gca,'YGrid','on');
set(hndl,'Color',[1 0.5 0],'LineWidth',2);
```

5. **프로그램 시험**

이 프로그램을 시험하기 위해서는 단지 실행하여 그 결과를 검토하기만 하면 된다. 그림 12.4에 보인 결과에서 우리가 원하는 특성이 제대로 나타나 있는 것을 볼 수 있다.

객체 속성 표기법을 사용하여 이 프로그램을 수정하는 문제가 이 장 끝의 연습문제에 있다.

12.5 set 함수를 사용하여 사용 가능한 속성 값 목록 구하기

set 함수를 사용하여 사용 가능한 속성 값의 목록을 구할 수 있다. set 함수를 호출할 때 속성 이름만 넣고 값을 지정하지 않으면 그 속성에 대해 선택할 수 있는 모든 적법한 값의 목록을 반환한다. 예를 들어, set(hndl,'LineStyle') 명령어는 모든 적법한 선 모양의 목록을 반환한다.

```
» set(hndl,'LineStyle')
ans =
    '-'
    '--'
    ':'
    '-.'
    'none'
```

이 결과는 적법한 선 모양이 '-', '--', ':', '-.'과 'none'임을 보여준다. 이 때 첫 번째가 기본값이다.

속성이 고정된 값의 집합을 갖지 않으면 MATLAB은 빈 셀 배열을 반환한다.

```
» set(hndl,'LineWidth')
ans =
     {}
```

함수 set(hndl)은 객체의 모든 속성에 대해 가능한 값들을 전부 반환한다.

```
» xxx = set(hndl)
xxx =
                Color: {}
            EraseMode: {4x1 cell}
            LineStyle: {5x1 cell}
            LineWidth: {}
               Marker: {14x1 cell}
           MarkerSize: {}
      MarkerEdgeColor: {2x1 cell}
      MarkerFaceColor: {2x1 cell}
                XData: {}
                YData: {}
                ZData: {}
        ButtonDownFcn: {}
```

```
           Children: {}
           Clipping: {2x1 cell}
          CreateFcn: {}
          DeleteFcn: {}
         BusyAction: {2x1 cell}
   HandleVisibility: {3x1 cell}
            HitTest: {2x1 cell}
      Interruptible: {2x1 cell}
           Selected: {2x1 cell}
 SelectionHighlight: {2x1 cell}
                Tag: {}
      UIContextMenu: {}
           UserData: {}
            Visible: {2x1 cell}
             Parent: {}
        DisplayName: {}
          XDataMode: {2x1 cell}
        XDataSource: {}
        YDataSource: {}
        ZDataSource: {}
```

이 목록 중 임의의 항목을 확장하면 가능한 옵션 목록을 볼 수 있다.

```
» xxx.EraseMode
ans =
     'normal'
     'background'
     'xor'
     'none'
```

12.6 사용자 정의 데이터

GUI 객체를 위해 정의된 표준 속성 이외에도 프로그래머는 프로그램 특유의 데이터를 담기 위해 특별한 속성을 정의할 수 있다. 이러한 추가 속성들은 프로그래머가 GUI 객체와 연관시키고자 하는 임의 유형의 데이터를 저장하는 편리한 방법이다. 임의 유형과 임의 분량의 데이터를 어떤 목적으로도 저장하여 사용할 수 있다.

사용자 정의 데이터는 표준 속성과 비슷한 방식으로 저장한다. 각 데이터 항목은 이름과 값을 지닌다. 데이터값은 setappdata 함수를 사용하여 객체에 저장하고, getappdata 함수를 사용하여 검색한다.

setappdata 함수의 일반 형식은 다음과 같다.

```
setappdata(hndl,'DataName',DataValue);
```

여기서 hndl은 데이터를 저장할 객체의 핸들, 'DataName'은 데이터에 부여할 이름, DataValue는 그 이름에 할당된 값을 각각 나타낸다. 데이터값은 수치 또는 문자열이 될 수 있다.

예를 들어, 특정 그림에서 발생한 오류의 개수와 마지막으로 발생한 오류를 설명하는 문자열을 각각 나타내는 두 개의 특별한 데이터값을 정의하고 싶다고 가정하자. 이런 데이터값에는 각각 'ErrorCount'와 'LastError'라는 이름을 붙일 수 있을 것이다. h1이 그림 객체의 핸들이라고 가정하면 이 데이터 항목을 만들어 초기화시키는 명령어는 다음과 같을 것이다.

```
setappdata(h1,'ErrorCount',0);
setappdata(h1,'LastError','No error');
```

정의된 항목의 데이터는 getappdata 함수를 사용하여 아무 때나 검색할 수 있다. getappdata 함수는 다음 두 가지 형식을 취한다.

```
value = getappdata(hndl,'DataName');
struct = getappdata(hndl);
```

여기서 hndl은 데이터를 담은 객체의 핸들이고, 'DataName'은 검색할 데이터의 이름이다. 'DataName'을 지정하면 그 데이터 이름과 연관된 값을 반환한다. 지정하지 않으면 그 객체와 연관된 모든 사용자 정의 데이터를 구조체로 반환한다. 데이터 항목의 이름은 반환된 구조체의 원소 이름이 될 것이다.

위에 예에 대하여 getappdata는 다음 결과를 낳는다.

```
» value = getappdata(h1,'ErrorCount')
value =
     0
» struct = getappdata(h1)
struct =
    ErrorCount: 0
     LastError: 'No error'
```

사용자 정의 데이터와 관련된 함수를 표 12.1에 요약하였다.

표 12.1: 사용자 정의 데이터를 다루는 함수

함수	설명
`setappdata(hndl,'DataName',DataValue)`	핸들 `hndl`로 지정한 객체 내에서 `'DataName'`이라는 이름의 항목에 `DataValue`를 저장한다.
`value = getappdata(hndl,'DataName')` `struct = getappdata(hndl)`	핸들 `hndl`로 지정한 객체로부터 사용자 정의 데이터를 가져온다. 첫 번째 형식은 `'DataName'`과 관련된 값만을, 두 번째 형식은 모든 값을 각각 가져온다.
`isappdata(hndl,'DataName')`	핸들 `hndl`로 지정한 객체 내에 `'DataName'`이 정의되어 있으면 1을, 그렇지 않으면 0을 반환하는 논리 함수이다.
`rmappdata(hndl,'DataName')`	핸들 `hndl`로 지정한 객체에서 `'DataName'`이라는 이름의 사용자 정의 데이터 항목을 제거한다.

12.7 객체 찾기

새로 만들어지는 각 그래픽 객체는 고유한 핸들을 가지며, 이 핸들은 생성 함수에 의해 반환된다. 이 객체의 속성을 바꾸려고 한다면 나중에 `get`과 `set` 함수에서 쓸 수 있도록 핸들을 저장해 놓는 것이 좋다.

좋은 프로그래밍 습관

여러분이 만든 객체의 속성을 바꾸고자 한다면 나중에 그 속성들을 검사하고 수정할 수 있도록 객체의 핸들을 저장하는 것이 좋다.

그러나 핸들에 접근할 수 없는 경우가 가끔 있다. 어떤 이유로 핸들을 잃어버렸다고 가정할 때, 어떻게 그래픽 객체를 조사하고 변경할 수 있을까?

MATLAB은 객체의 핸들을 찾는 것을 도와주는 4개의 특별한 함수를 제공한다.

- `gcf`: 현재 *figure* 객체의 핸들을 반환한다.
- `gca`: 현재 *figure* 객체 내의 현재 *axes* 객체의 핸들을 반환한다.

- gco: 현재 객체의 핸들을 반환한다.
- findobj: 지정한 속성 값을 갖는 그래픽 객체를 찾는다.

gcf 함수는 현재 그림의 핸들을 반환한다. 그림이 없으면 새로 하나를 만든 후 그 핸들을 반환한다. gca 함수는 현재 그림 내의 현재 축의 핸들을 반환한다. 그림이 없거나 현재 그림에 축이 없으면 gca는 새로운 축 집합을 만든 후 그 핸들을 반환한다. gco 함수는 다음 형식을 취한다.

```
h_obj = gco;
h_obj = gco(h_fig);
```

여기서 h_obj는 객체의 핸들이고 h_fig는 그림의 핸들이다. 이 함수의 첫 번째 형식은 현재 그림 내의 현재 객체의 핸들을 반환하는 반면, 두 번째 형식은 지정한 그림 내의 현재 객체를 반환한다.

현재 객체는 가장 최근에 마우스로 클릭한 객체로 정의된다. 이 객체는 루트를 제외한 아무 객체나 될 수 있다. 어떤 그림의 내부에서 마우스를 클릭하기 전까지는 그 그림의 현재 객체는 없을 것이다. 첫 마우스 클릭 전에 gco는 빈 배열 [ ]을 반환할 것이다. gcf나 gca와는 달리 gco는 객체가 없을 때 새로운 객체를 만들지 않는다.

일단 객체의 핸들을 알면 'Type' 속성을 조사하여 그 객체의 유형을 판별할 수 있다. 'Type' 속성은 'figure', 'line', 'text' 등과 같은 문자열이다.

```
h_obj = gco;
type = get(h_obj,'Type')
```

임의의 MATLAB 객체를 찾는 가장 쉬운 방법은 findobj 함수를 사용하는 것이다. 이 함수의 기본 형식은 다음과 같다.

```
hndls = findobj('PropertyName1',value1,…)
```

이 명령어는 루트 객체에서 시작하여 나무형 계통도를 따라 지정한 속성 이름과 값을 갖는 모든 객체를 탐색한다. 속성 이름과 값의 쌍을 여러 개 지정할 때 findobj 함수는 모든 쌍을 다 만족하는 객체의 핸들만을 반환한다.

예를 들어, Figure 1과 3을 만들었다고 가정하자. 그러면 함수 findobj('Type', 'figure')는 다음 결과를 낳는다.

```
» h_fig = findobj('Type','figure')
h_fig =
   2x1 Figure array:

   Figure    (1)
   Figure    (3)
```

이 형식의 findobj 함수는 매우 유용하지만 전체 객체 계통도를 다 탐색해야 하므로 느릴 수 있다. 객체를 여러 번 사용해야 한다면 findobj를 한 번만 호출하여 핸들을 저장한 후 다시 사용하여야 한다.

탐색할 객체의 수를 한정하면 이 함수의 실행 속도를 높일 수 있다. 이를 위한 함수 형식은 다음과 같다.

```
hndls = findobj(Srchhndls,'PropertyName1',value1,…)
```

여기서는 배열 Srchhndls에 열거된 핸들과 그 자식 객체만을 대상으로 탐색한다. 예를 들어, Figure 1에서 모든 파단선(dashed line)을 찾기 위해 다음 명령어를 사용할 수 있다.

```
hndls = findobj(1,'Type','line','LineStyle','--');
```

좋은 프로그래밍 습관

findobj의 실행 속도를 높이기 위하여 될 수 있으면 탐색 범위를 제한하라.

12.8 마우스로 객체 선택하기

gco 함수는 가장 최근에 마우스로 클릭한 현재 객체의 핸들을 반환한다. 각 객체는 자신의 **선택 영역**(selection region)을 갖고 있어서 이 영역 내를 클릭하면 그 객체를 클릭한 것으로 간주한다. 이는 선이나 점처럼 가는 객체에 대해 마우스 위치를 대충 잡아도 선택할 수 있도록 해주므로 매우 유용하다. 선택 영역의 폭과 형상은 객체에 따라 다르다. 예를 들어, 선의 선택 영역은 선 양 쪽으로 5픽셀이며, 곡면, 조각, 텍스트 객체의 선택 영역은 그 객체를 담을 수 있는 최소 크기의 직사각형이다.

axes 객체의 선택 영역은 축과 제목, 라벨을 둘러싸는 영역이다. 그러나 축 내부에 있는 선이나 그 밖의 객체에 우선권이 있으므로 축 객체를 선택하기 위해서는 선이나 텍스트 등에 가깝지 않은 지점을 클릭하여야만 한다. 그림에서 축 영역의 바깥을 클릭하면 그림 객체 자신이 선택된다.

만약 사용자가 두 선의 교점과 같이 두 개 이상의 객체가 공유하는 점을 클릭하면 어떤 일이 벌어질까? 이에 대한 답은 객체들의 **스택 순서(stacking order)**에 달려 있다. 스택 순서는 MATLAB이 객체를 선택하는 순서이다. 이 순서는 figure 객체의 `'Children'` 속성에 열거된 핸들의 순서로 지정된다. 두 개 이상의 객체들이 공유하는 선택 영역을 클릭하면 `'Children'` 목록에서 가장 높은 위치를 차지하고 있는 객체가 선택될 것이다.

MATLAB에 포함된 `waitforbuttonpress` 함수는 그래픽 객체를 선택할 때 가끔 쓰인다. 이 함수의 형식은 다음과 같다.

```
k = waitforbuttonpress
```

이 함수를 실행하면 키를 누르거나 마우스 버튼을 클릭할 때까지 프로그램 실행을 멈춘다. 이 함수는 마우스 버튼을 클릭하면 0, 키를 누르면 1을 각각 반환한다.

이 함수는 마우스를 클릭할 때까지 프로그램을 잠시 중지하기 위하여 사용한다. 마우스로 특정 객체를 선택한 후 gco 함수를 사용하여 그 객체의 핸들을 가져올 수 있다.

▶ 예제 12.2 — 그래픽 객체의 선택

아래에 보인 프로그램은 그래픽 객체의 속성을 살펴보는 한편, `waitforbuttonpress`와 gco 함수를 사용하여 객체를 선택하는 방법을 설명하기 위한 것이다. 이 프로그램에서는 키를 누르기 전까지 객체를 반복해서 선택할 수 있다.

```
% Script file: select_object.m
%
% Purpose:
%  This program illustrates the use of waitforbuttonpress
%  and gco to select graphics objects. It creates a plot
%  of sin(x) and cos(x) and then allows a user to select
%  any object and examine its properties. The program
%  terminates when a key press occurs.
```

```
%
% Record of revisions:
%   Date        Programmer        Description of change
%   ====        ==========        =====================
% 04/02/14    S. J. Chapman     Original code
%
% Define variables:
% details      -- Object details
% h1           -- handle of sine line
% h2           -- handle of cosine line
% handle       -- handle of current object
% k            -- Result of waitforbuttonpress
% type         -- Object type
% x            -- Independent variable
% y1           -- sin(x)
% y2           -- cos(x)
% yn           -- Yes/No

% Calculate sin(x) and cos(x)
x = -3*pi:pi/10:3*pi;
y1 = sin(x);
y2 = cos(x);

% Plot the functions.
h1 = plot(x,y1);
  set(h1,'LineWidth',2);
hold on;
h2 = plot(x,y2);

set(h2,'LineWidth',2,'LineStyle',':','Color','r');
title('\bfPlot of sin \itx \rm\bf and cos \itx');
xlabel('\bf\itx');
ylabel('\bfsin \itx \rm\bf and cos \itx');
legend('sine','cosine');
hold off;

% Now set up a loop and wait for a mouse click.
k = waitforbuttonpress;

while k == 0
    % Get the handle of the object
```

```
    handle = gco;

    % Get the type of this object.
    type = get(handle,'Type');

    % Display object type
    disp (['Object type = ' type '.']);

    % Do we display the details?
    yn = input('Do you want to display details? (y/n) ','s');

    if yn == 'y'
        details = get(handle);
        disp(details);
    end

    % Check for another mouse click
    k = waitforbuttonpress;

end
```

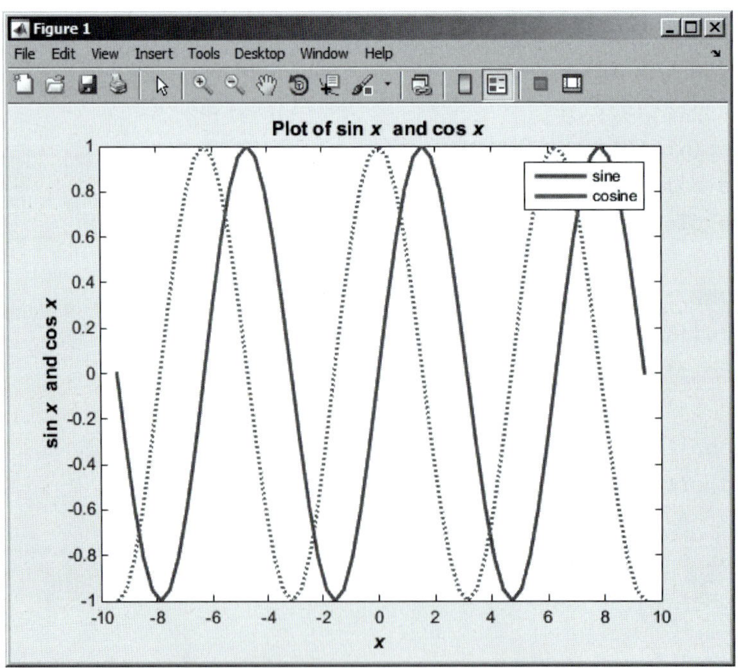

그림 12.5 sin *x*와 cos *x*의 그래프

프로그램을 실행하면 그림 12.5에 보인 도표가 만들어진다. 도표 상의 여러 객체를 클릭하여 각각의 속성을 조사해 보라.

◀

12.9 위치와 단위

MATLAB의 많은 객체들은 컴퓨터 화면 상의 크기와 위치를 지정하는 'position' 속성을 지닌다. 이 속성은 아래에서 설명하듯이 객체 유형에 따라 약간씩 다르다.

12.9.1 figure 객체의 위치

그림 객체의 'position' 속성은 4개의 원소를 갖는 행벡터로서 해당 그림의 크기 및 위치를 지정한다. 이 벡터는 [left bottom width height]의 값을 갖는데, 여기서 left는 그림의 왼쪽 가장자리, bottom은 아래쪽 가장자리, width는 그림의 폭, height는 높이를 각각 나타낸다. 이 위치값들은 객체의 'Units' 속성으로 지정한 단위를 갖는다. 예를 들어, 현재 그림의 위치와 단위는 다음과 같이 알아낼 수 있다.

```
» get(gcf,'Position')
ans =
    176   204   672   504
» get(gcf,'Units')
ans =
pixels
```

이 정보는 현재 그림창의 왼쪽 아래 코너가 화면 왼쪽 아래 코너로부터 오른쪽으로 176 픽셀, 위쪽으로 204 픽셀만큼 떨어져 있고, 그림이 672 픽셀의 폭과 504 픽셀의 높이를 갖고 있음을 알려준다. 이 크기는 경계, 스크롤바, 메뉴, 그림창 제목 영역을 제외한, 실제 도표가 표시되는 영역의 크기를 나타낸다.

그림 객체의 'units' 속성의 기본값은 픽셀이지만, 인치, 센티미터, 포인트, 글자 또는 정규화된 좌표도 될 수 있다. 픽셀은 컴퓨터 화면에 그릴 수 있는 가장 작은 사각형인 화면 픽셀을 나타낸다. 전형적인 컴퓨터 화면은 적어도 폭 640 픽셀, 높이 480 픽셀을 가질 것이며 각 방향으로 1000 픽셀을 넘는 화면도 있다. 픽셀 수는 화면에 따라 다르므로 픽셀로 표시한 객체의 크기도 따라서 변할 수 있다.

정규화된 좌표는 0과 1 사이의 값을 갖는데, 화면의 왼쪽 아래 코너는 좌표 (0, 0), 오른쪽 위 코너는 (1, 1)에 해당한다. 객체의 위치를 정규화된 좌표로 나타내면 그 객체는 화면들의 해상도에 관계없이 동일한 상대 위치에 나타날 것이다. 예를 들어, 다음 문은 어느 컴퓨터에서나 그림창을 하나 만들어 화면 크기에 무관하게 왼쪽 위 사분면에 배치할 것이다.[3]

```
h1 = figure(1)
set(h1,'units','normalized','position',[0 .5 .5 .45])
```

좋은 프로그래밍 습관

그림창을 컴퓨터 화면의 특정 위치에 배치하려면 정규화된 좌표를 사용하여 위치를 지정하는 것이 좋다. 그러면 컴퓨터 화면의 해상도에 무관하게 같은 결과를 쉽게 얻을 수 있다.

12.9.2 axes와 uicontrol 객체의 위치

axes와 uicontrol 객체의 위치도 4개의 원소를 갖는 벡터로 지정하지만, 그 값은 화면 대신 그림창의 왼쪽 아래 코너를 기준으로 삼은 상대적 위치를 나타낸다. 일반적으로, 자식 객체의 'Position' 속성은 부모 객체의 위치를 기준으로 삼는다.

기본적으로 축 객체의 위치는 그림 내에서 정규화된 단위로 지정되는데, 그림의 왼쪽 아래 코너는 좌표 (0, 0), 오른쪽 위 코너는 (1, 1)에 해당한다.

12.9.3 text 객체의 위치

다른 객체와는 달리 text 객체는 두 개 또는 세 개의 원소만을 담은 위치 속성을 갖는다. 이 원소들은 axes 객체 내에서 텍스트 객체의 x, y, 또는 z 값에 해당한다. 이 값들은 축에 표시되는 데이터와 같은 단위를 갖는다.

3 이 그림의 정규화된 높이는 도표 영역의 위에 나오는 창 제목과 메뉴바를 위한 공간을 확보하기 위하여 0.45로 축소하였다.

지정된 점을 기준으로 한 텍스트 객체의 위치는 HorizontalAlignment와 VerticalAlignment 속성을 사용하여 제어할 수 있다. HorizontalAlignment의 값은 Left(기본값), Center 또는 Right이며, VerticalAlignment의 값은 Top, Cap, Middle(기본값), Baseline, 또는 Bottom이다.

텍스트 객체의 크기는 폰트 크기와 표시할 글자 수에 의해 정해지므로 높이나 폭을 지정하는 값을 갖지 않는다.

▶ 예제 12.3 — 그림 내에서 객체 배치하기

앞에서 설명하였듯이 축 객체의 위치는 이를 담은 그림창의 왼쪽 아래 코너를 기준으로 한 상대적 위치로 정의되는 반면, 텍스트 객체의 위치는 축 내에서 표시되는 데이터의 단위로 표현된다.

그림 내에서 그래픽 객체를 배치하는 방법을 예시하기 위하여 하나의 그림에 서로 겹쳐지는 두 개의 축 집합을 만드는 프로그램을 작성해 볼 것이다. 첫 번째 축 집합은 $\sin x$ 대 x의 그래프를 보이고 선 옆에 텍스트 주석을 기입할 것이다. 두 번째 축 집합은 $\cos x$ 대 x의 그래프를 보이고 왼쪽 아래 코너에 텍스트 주석을 달 것이다.

이 그림을 생성하는 프로그램을 아래에 보였다. 이 프로그램에서는 figure 함수를 사용하여 빈 그림창을 만든 후, 두 개의 axes 함수를 사용하여 그림 내에 두 개의 축 집합을 만든다. axes 함수의 위치는 그림 내에서 정규화된 단위로 지정되므로 (0.05, 0.05)에서 시작하는 첫 번째 축 집합은 그림의 왼쪽 아래 부분에 나타나고, (0.45, 0.45)에서 시작하는 두 번째 축 집합은 오른쪽 위 부분에 나타난다. 각 축 집합에는 적절한 함수가 그려진다.

첫 번째 text 객체는 첫 번째 축 집합 내에서 곡선 상의 한 점인 $(-\pi, 0)$ 지점에 부착된다. 'HorizontalAlignment' 속성 값을 'right'로 잡았기 때문에 부착점 $(-\pi, 0)$은 텍스트 문자열의 오른쪽이 된다. 따라서 텍스트는 최종 그림에서 부착점의 왼쪽에 나타난다(이런 결과는 초보 프로그래머에게 혼동을 줄 수 있다!).

두 번째 text 객체는 두 번째 축 집합 내에서 왼쪽 아래 코너에 가까운 (−7.5, −0.9) 지점에 부착된다. 이 문자열은 기본값인 'left'를 사용하여 수평 정렬되므로 부착점 (−7.5, −0.9)는 문자열의 왼쪽이 된다. 따라서 텍스트는 최종 그림에서 부착점의 오른쪽에 나타난다.

```
% Script file: position_object.m
%
```

```
% Purpose:
%   This program illustrates the positioning of graphics
%   objects. It creates a figure, and then places
%   two overlapping sets of axes on the figure. The first
%   set of axes is placed in the lower left-hand corner of
%   the figure, and contains a plot of sin(x). The second
%   set of axes is placed in the upper right hand corner of
%   the figure, and contains a plot of cos(x). Then two
%   text strings are added to the axes, illustrating the
%   positioning of text within axes.
%
% Record of revisions:
%     Date          Programmer          Description of change
%     ====          ==========          =====================
%   04/03/14      S. J. Chapman        Original code
%
% Define variables:
%   h1     -- Handle of sine line
%   h2     -- Handle of cosine line
%   ha1    -- Handle of first axes
%   ha2    -- Handle of second axes
%   x      -- Independent variable
%   y1     -- sin(x)
%   y2     -- cos(x)

% Calculate sin(x) and cos(x)
x = -2*pi:pi/10:2*pi;
y1 = sin(x);
y2 = cos(x);

% Create a new figure
figure;

% Create the first set of axes and plot sin(x).
% Note that the position of the axes is expressed
% in normalized units.
ha1 = axes('Position',[.05 .05 .5 .5]);
h1 = plot(x,y1);
set(h1,'LineWidth',2);
title('\bfPlot of sin \itx');
xlabel('\bf\itx');
ylabel('\bfsin \itx');
```

```
axis([-8 8 -1 1]);

% Create the second set of axes and plot cos(x).
% Note that the position of the axes is expressed
% in normalized units.
ha2 = axes('Position',[.45 .45 .5 .5]);
h2 = plot(x,y2);
set(h2,'LineWidth',2,'Color','r','LineStyle','--');
title('\bfPlot of cos \itx');
xlabel('\bf\itx');
ylabel('\bfsin \itx');
axis([-8 8 -1 1]);

% Create a text string attached to the line on the first
% set of axes.
axes(ha1);
text(-pi,0.0,'sin(x)\rightarrow','HorizontalAlignment','right');

% Create a text string in the lower left-hand corner
% of the second set of axes.
axes(ha2);
text(-7.5,-0.9,'Test string 2');
```

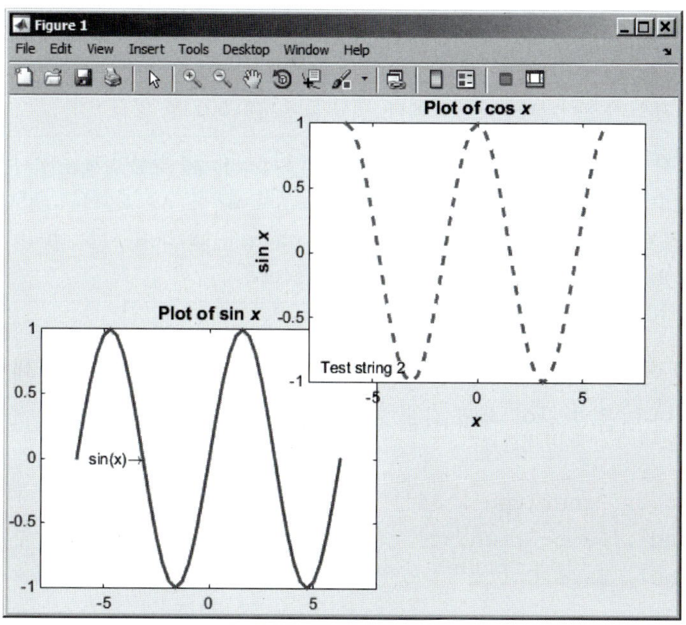

그림 12.6 position_object 프로그램의 출력

이 프로그램을 실행하면 그림 12.6에 보인 도표가 만들어진다. 여러분은 각자의 컴퓨터로 이 프로그램을 새로 실행하여 객체의 크기와 위치를 바꿔가면서 결과를 관찰해 보기 바란다.

12.10 프린터 위치

'Position'과 'Units' 속성은 컴퓨터 화면에서 그림을 나타낼 위치를 지정한다. 그림을 인쇄할 때 용지 위에서의 위치를 지정하는 5개의 다른 속성이 있는데, 이들을 표 12.2에 요약하여 수록하였다.

표 12.2: 인쇄와 관련된 그림 속성

옵션	설명
PaperUnits	용지 측정 단위: [{inches} | centimeters | normalized | points]
PaperOrientation	[{portrait} | landscape]
PaperPosition	PaperUnits 속성에서 지정한 단위로 표시한 [left, bottom, width, height] 형식의 위치 벡터
PaperSize	용지 크기를 나타내는 2원소 벡터. 예를 들어, [8.5 11].
PaperType	용지 종류를 설정한다. 이 속성을 설정하면 PaperSize 속성이 자동적으로 갱신된다. [{usletter} | uslegal | A0 | A1 | A2 | A3 | A4 | A5 | B0 | B1 | B2 | B3 | B4 | B5 | arch-A | arch-B | arch-C | arch-D | arch-E | A | B | C | D | E | tabloid | <custom>]

예를 들어, A4 용지에 가로 방향으로 정규화된 단위의 위치에 인쇄하도록 도표를 설정하려면 다음과 같이 속성 값을 지정한다.

```
set(hndl,'PaperType','A4')
set(hndl,'PaperOrientation','landscape')
set(hndl,'PaperUnits','normalized');
```

12.11 기본 속성과 출하 속성

MATLAB은 객체를 생성할 때마다 기본 속성을 부여한다. 이 속성들이 여러분 맘에 들지 않으면 set 함수를 사용하여 원하는 값으로 바꿀 수 있다. 만약 당신이 만드는 모든 객체에서 특정 속성을 바꾸기를 원한다면 이는 매우 지루한 과정이 될 것이다. 이런 경우, MATLAB은 기본 속성 자체를 변경할 수 있도록 해주므로 이후에 만드는 모든 객체는 원하는 속성 값을 물려받게 될 것이다.

그래픽 객체가 만들어지면 MATLAB은 그 객체의 부모 객체를 조사하여 각 속성에 대한 기본값을 찾는다. 부모 객체가 기본값을 설정해 놓았다면 그 값을 사용한다. 그렇지 않으면 MATLAB은 부모의 부모가 기본값을 설정해 놓았는지를 조사하는 방식으로 루트 객체까지 거슬러 올라간다. MATLAB은 나무형 계통도를 거슬러 올라가면서 처음 만나는 기본값을 사용한다.

만들려는 객체의 기본 속성은 계통도 상에서 그 객체보다 수준이 높은 임의 지점에서 설정할 수 있다. 예를 들어, figure 객체의 기본 색상을 root 객체에서 설정하면 이후 생성되는 모든 그림은 새로운 기본 색상을 지니게 될 것이다. 반면에 axes 객체의 기본 색상은 root 객체 또는 figure 객체에서 설정할 수 있다. root 객체에서 설정하면 이후 모든 그림의 모든 축에 기본 색상이 적용되는 반면, figure 객체에서 설정하면 현재 그림 내에서 새로 만들어지는 축에만 적용된다.

기본값은 'default'에 객체 유형과 속성 이름을 붙여 만든 문자열을 사용하여 설정한다. 따라서 그림의 기본 색상은 'defaultFigureColor' 속성, 축의 기본 색상은 'defaultAxesColor' 속성을 각각 사용하여 설정한다. 기본값을 설정하는 예를 몇 가지 아래에 보였다.

`set(groot,'defaultFigureColor','y')`	모든 새로운 그림의 배경색을 노랑으로 설정한다.
`set(groot,'defaultAxesColor','r')`	모든 새로운 그림에서 모든 새로운 축의 배경색을 빨강으로 설정한다.
`set(gcf,'defaultAxesColor','r')`	현재 그림에서 모든 새로운 축의 배경색을 빨강으로 설정한다.
`set(gca,'defaultLineLineStyle',':')`	현재 축에서 기본 선 모양을 점선으로 설정한다.

기존 객체로 작업한다면 이 객체를 사용한 후에 항상 원래의 조건으로 복원시키는 것이 좋다. 함수에서 어떤 객체의 기본 속성을 바꾸려면 원래 값을 저장해 놓은 후,

함수를 끝내기 전에 저장한 값으로 되돌린다. 예를 들어 일련의 그림을 정규화된 단위를 사용하여 만들려고 한다고 가정하면, 다음과 같이 원래의 단위를 저장한 후 다시 복구할 수 있다.

```
saveunits = get(groot,'defaultFigureUnits');
set(groot,'defaultFigureUnits','normalized');
...
<MATLAB statements>
...
set(groot,'defaultFigureUnits',saveunits);
```

MATLAB을 사용할 때마다 다른 기본값을 사용하도록 설정하려면 root 객체에서 기본값을 설정하여야 한다. 이를 가장 쉽게 하는 방법은 MATLAB을 시작할 때마다 자동으로 실행되는 startup.m 파일에 기본값 설정문을 추가하는 것이다. 예를 들어, 항상 A4 용지를 사용하고 도표에 격자선을 표시하고 싶다면 다음 문들을 startup.m 파일에 삽입한다.

```
set(groot,'defaultFigurePaperType','A4');
set(groot,'defaultFigurePaperUnits','centimeters');
set(groot,'defaultAxesXGrid','on');
set(groot,'defaultAxesYGrid','on');
set(groot,'defaultAxesZGrid','on');
```

핸들 그래픽에서 사용할 수 있는 세 개의 특수 문자열로서 'remove', 'factory' 및 'default'가 있다. 어떤 속성에 기본값을 설정하여 놓았을 때 'remove' 값은 설정된 기본값을 제거한다. 예를 들어, 그림의 기본 색상을 노랑으로 설정하여 놓았다고 가정하자.

```
set(groot,'defaultFigureColor','y');
```

다음 함수를 호출하면 이 기본 설정이 취소되고 이전의 기본값으로 되돌아간다.

```
set(groot,'defaultFigureColor','remove');
```

문자열 'factory'를 지정하면 임시적으로 기본값을 무시하고 MATLAB 출하시의 기본값을 사용한다. 예를 들어, 다음 코드에서는 그림의 기본 색상을 노랑으로 설정하였음에도 불구하고 원래의 기본값으로 그림이 만들어진다.

```
set(groot,'defaultFigureColor','y');
figure('Color','factory')
```

문자열 'default'는 MATLAB으로 하여금 객체 계층도를 거슬러 올라가면서 처음 발견한 기본값을 지정한 속성의 기본값으로 사용하게 만든다. 만일 기본값을 찾아내지 못하면 MATLAB 출하시의 기본값을 사용한다. 다음 코드는 이런 설정 방식을 예시한 것이다.

```
% Set default values
set(groot,'defaultLineColor','k'); % root default = black
set(gcf,'defaultLineColor','g'); % figure default = green

% Create a line on the current axes. This line is green.
hndl = plot(randn(1,10));
set(hndl,'Color','default');
pause(2);

% Now clear the figure's default and set the line color to the new
% default. The line is now black.
set(gcf,'defaultLineColor','remove');
set(hndl,'Color','default');
```

12.12 그래픽 객체 속성

그래픽 객체의 속성에는 수백 가지가 있으므로 여기서 다 자세히 설명할 수는 없다. 그래픽 객체의 속성에 대한 완벽한 목록을 찾을 수 있는 가장 좋은 곳은 MATLAB의 도움말 브라우저이다.

우리는 각 그래픽 객체의 가장 중요한 속성 몇 가지('LineStyle','Color' 등)를 필요할 때마다 언급해 왔다. MATLAB 도움말 브라우저는 각 유형의 객체를 설명하는 곳에서 완벽한 속성의 목록을 제시하고 있다.

12.13 애니메이션과 무비

핸들 그래픽을 사용하여 MATLAB에서 애니메이션을 생성할 수 있다. 이 작업을 위한 방법이 두 가지 있다.

1. 지우고 다시 그리기
2. 무비(movie) 만들기

첫 번째 경우는 사용자가 그림을 그리고 난 후 핸들 그래픽을 이용하여 그 그림에 있는 데이터를 규칙적으로 갱신한다. 데이터가 갱신될 때마다 프로그램은 새로운 데이터에 따라 객체를 다시 그릴 것이다. 두 번째 경우는 사용자가 그림을 그린 후 무비의 한 프레임처럼 그 그림을 복사하여 캡처하는 일련의 작업을 무비가 완성될 때까지 반복한다.

12.13.1 지우고 다시 그리는 방법

'지우고 다시 그리기'로 애니메이션을 만들기 위해 사용자는 먼저 도표를 만든 후, 핸들 그래픽을 이용하여 선 객체를 갱신함으로써 도표에 나타난 데이터를 변경해 나간다. 이러한 작성 방법을 알아보기 위해 다음의 함수를 고려하자.

$$f(x,t) = A(t)\sin x \tag{12.2}$$

여기에서

$$A(t) = \cos t \tag{12.3}$$

주어진 시간 t에 대하여 이 함수는 사인파(sine wave) 그릴 것이다. 이 사인파의 진폭은 시간에 따라 변경되기 때문에 도표는 시간에 따라 다르게 보일 것이다.

애니메이션을 만들 때 중요한 것은 사인파를 그리는 선과 관련된 핸들을 저장한 후 각 시간 단계에서 새로운 y축 데이터로 핸들의 `'YData'` 속성을 갱신하는 것이다. 도표의 x범위는 언제나 같기 때문에 x데이터를 변경할 필요가 없음을 주목하라.

시간에 따라 변동하는 사인파를 생성하는 예제 프로그램을 아래에 나타내었다. 이 프로그램에서 시간 $t = 0$일 때 사인파 도표를 생성하며, 이때 생성된 선 객체에 대한 핸들 `hndl`을 캡처한다. 그런 다음 도표 데이터는 매 시간 단계마다 반복적으로 재계산되며 핸들 그래픽을 사용하여 선이 갱신된다.

반복적인 갱신 과정에 있어서 `drawnow` 명령어를 주목하라. 이 명령어를 실행하면 그 순간 그래픽이 표현되며 새로운 데이터가 선 객체에 로딩될 때마다 디스플레이가 갱신되게 한다.

또한 핸들 그래픽 명령어인 `set(gca, 'YLim', [-1 1])`을 사용하여 y축의 범위를 −1에서 1까지로 설정한 것에 주목하라. y축의 범위를 설정하지 않으면 갱신될 때마다 도표의 축척이 변해서 사용자는 사인파가 더 커지고 있는지 줄어들고 있는지 분간할 수 없을 것이다.

마지막으로 이 프로그램에 주석으로 표시한 pause(0.1) 명령어가 있다는 것을 주목하라. 이 명령어가 실행되면 그림이 갱신될 때마다 0.1초 동안 정지된다. 이 pause 명령어는 컴퓨터 처리 속도가 너무 빨라서 갱신이 너무 빨리 일어날 경우 프로그램에서 사용될 수 있으며, 지연 시간을 조정함으로써 사용자가 갱신 속도를 조절할 수 있게끔 해준다.

```
%  Script file: animate_sine.m
%
%  Purpose:
%    This program illustrates the animation of a plot
%    by updating the data in the plot with time.
%
%  Record of revisions:
%      Date          Programmer         Description of change
%      ====          ==========         =====================
%    05/02/14      S. J. Chapman      Original code
%
% Define variables:
%   h1               -- Handle of line
%   a                -- Amplitude of sine function at an instant
%   x                -- Independent variable
%   y                -- a * cos(t) * sin(x)

% Calculate the times at which to plot the sine function
t = 0:0.1:10;

% Calculate sin(x) for the first time
a = cos(t(1));
x = -3*pi:pi/10:3*pi;
y = a * sin(x);

% Plot the function.
figure(1);
hndl = plot(x,y);
xlabel('\bfx');
ylabel('\bfAmp');
title(['\bfSine Wave Animation at t = ' num2str(t(1),'%5.2f')]);
```

```
  % Set the size of the y axes
   set(gca,'YLim',[-1 1]);

  % Now do the animation
  for ii = 2:length(t)

     % Pause for a moment
     drawnow;
     %pause(0.1);

     % Calculate sin(x) for the new time
     a = cos(t(ii));
     y = a * sin(x);

     % Update the line
     set(hndl, 'YData', y);

     % Update the title
  title(['\bfSine Wave Animation at t = ' num2str(t(ii),'%5.2f')]);

end
```

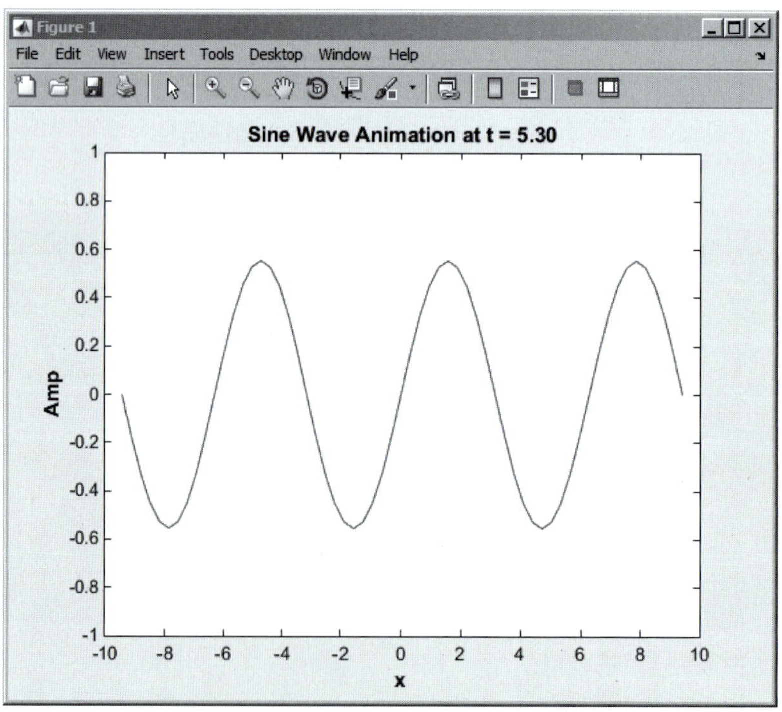

그림 12.7 사인파 애니메이션의 스냅 사진 한 장면

이 프로그램을 실행하면 사인파 진폭이 오르내린다. 이 동영상의 스냅 사진 중 한 장면을 그림 12.7에 나타내었다.

다음 예제에서 보는 바와 같이 3차원 도표의 애니메이션 제작도 가능하다.

▶ 예제 12.4 — 3차원 도표의 애니메이션

다음 함수의 3차원 애니메이션을 만들어라.

$$f(x,y,t) = A(t) \sin x \sin y \tag{12.4}$$

여기에서

$$A(t) = \cos t \tag{12.5}$$

0.1초의 시간 간격으로 0초에서 10초까지의 애니메이션을 제작한다.

풀이

주어진 시간 t에 대하여 이 함수는 x와 y 모두 변하는 2차원 사인파 도표가 된다. 그러나 사인파의 진폭은 시간에 따라 달라지므로 그 도표는 시간에 따라 다르게 보일 것이다.

이 프로그램은 도표 자체가 3차원 곡면 도표(surface plot)라는 점을 제외하면 앞에서 설명한 변동 사인파 예제와 유사할 것이고, y데이터 대신 매 시간 단계마다 갱신되는 z데이터가 필요할 것이다. x, y 배열을 만드는 `meshgrid`를 사용하여 원본의 3차원 `surf` 도표를 생성하며, 격자 위의 모든 점에서 식 (12.4)를 평가하고 `surf` 함수로 도표를 생성한다. 그 다음 식 (12.4)는 매 시간 단계에서 재평가되고, 핸들 그래픽을 사용하여 곡면 객체의 `'ZData'` 속성은 갱신된다.

이 프로그램이 실행되면 곡면 위에서 2차원 사인파의 진폭이 시간에 따라 오르내린다. 동영상 스냅 사진 중 하나를 그림 12.8에 나타내었다.

```
%  Script file: animate_sine_xy.m
%
%  Purpose:
%    This program illustrates the animation of a 3D plot
%    by updating the data in the plot with time.
%
```

```
%  Record of revisions:
%      Date          Programmer          Description of change
%      ====          ==========          =====================
%    06/02/14      S. J. Chapman        Original code
%
% Define variables:
%   h1            -- Handle of line
%   a             -- Amplitude of sine function at an instant
%   array1        -- Meshgrid output for x values
%   array2        -- Meshgrid output for y values
%   x             -- Independent variable
%   y             -- Independent variable
%   z             -- cos(t) * sin(x) * sin(y)

% Calculate the times at which to plot the sine function
t = 0:0.1:10;

% Calculate sin(x)*sin(y) for the first time
a = cos(t(1));
[array1,array2] = meshgrid(-3*pi:pi/10:3*pi,-3*pi:pi/10:3*pi);
z = a .* sin(array1) .* sin(array2);

% Plot the function.
figure(1);
hndl = surf(array1,array2,z);
xlabel('\bfx');
ylabel('\bfy');
zlabel('\bfAmp');
title(['\bfSine Wave Animation at t = ' num2str(t(1),'%5.2f')]);

% Set the size of the z axes
set(gca,'ZLim',[-1 1]);

% Now do the animation
for ii = 2:length(t)

   % Pause for a moment
   drawnow;
   %pause(0.1);

   % Calculate sine(x) for the new time
```

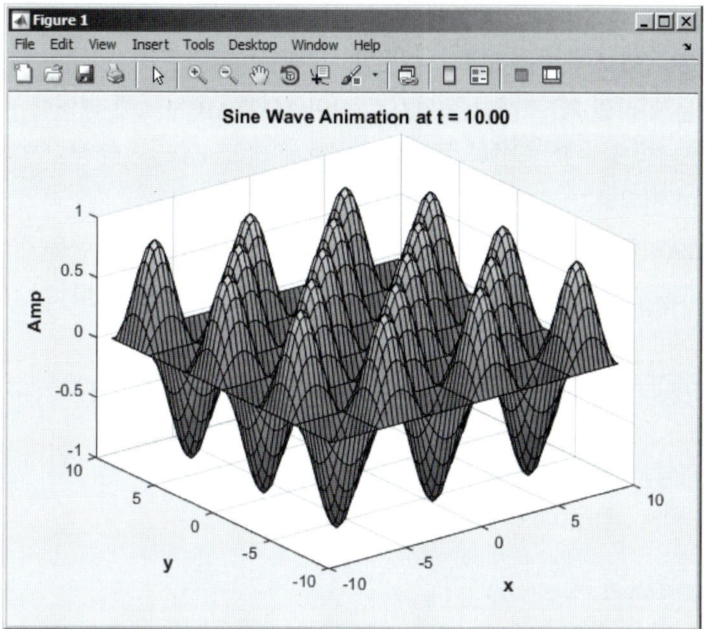

그림 12.8 3차원 사인파 애니메이션의 스냅 사진 중 한 장면(책 중간의 컬러페이지 참조)

```
    a = cos(t(ii));
    z = a .* sin(array1) .* sin(array2);

    % Update the line
    set(hndl, 'ZData', z);

    % Update the title
    title(['\bfSine Wave Animation at t = ' num2str(t(ii),'%5.2f')]);

end
```

12.13.2 무비 만들기

동영상에 대한 두 번째 접근은 MATLAB 무비를 생성하는 것이다. MATLAB 무비는 무비 객체로 캡처한 일련의 그림 이미지의 집합인데, 이를 디스크에 저장할 수 있어 첫 도표를 만들었을 때 했던 계산을 다시 하지 않고 필요할 때마다 재생할 수 있다.

이 경우 계산을 다시 할 필요가 없기 때문에 때로 계산과 도표 그리기를 해야 하는 원본 프로그램보다 더 부드럽고 더 빨리 실행될 수 있다.[4]

무비는 무비의 각 프레임을 원소로 삼아 MATLAB 구조체 배열에 저장한다. 무비의 각 프레임을 도표 데이터가 갱신된 이후에 getframe으로 부르는 특별한 함수를 사용하여 캡처하고 movie 명령어를 사용하여 재생한다.

MATLAB 무비를 생성하는 2차원 사인 도표 그리기 프로그램을 아래에 나타내었다. 무비를 만들고 재생하는 명령문을 굵은 글씨체로 강조하였다.

```
%  Script file: animate_sine_xy_movie.m
%
%  Purpose:
%    This program illustrates the animation of a 3D plot
%    by creating and playing back a movie.
%
%  Record of revisions:
%      Date          Programmer          Description of change
%      ====          ==========          =====================
%    06/02/14      S. J. Chapman       Original code
%
% Define variables:
%   h1            -- Handle of line
%   a             -- Amplitude of sine function at an instant
%   array1        -- Meshgrid output for x values
%   array2        -- Meshgrid output for y values
%   m             -- Index of movie frames
%   movie         -- The movie
%   x             -- Independent variable
%   y             -- Independent variable
%   z             -- cos(t) * sin(x) * sin(y)

% Clear out any old data
clear all;

% Calculate the times at which to plot the sine function
t = 0:0.1:10;

% Calculate sin(x)*sin(y) for the first time
```

4 때로는 '지우고 다시 그리기'가 무비보다 빠르지만, 디스플레이할 데이터를 생성하는 데 소요되는 계산량에 따라 다르다.

```
a = cos(t(1));
[array1,array2] = meshgrid(-3*pi:pi/10:3*pi,-3*pi:pi/10:3*pi);
z = a .* sin(array1) .* sin(array2);

% Plot the function.
figure(1);
hndl = surf(array1,array2,z);
xlabel('\bfx');
ylabel('\bfy');
zlabel('\bfAmp');
title(['\bfSine Wave Animation at t = ' num2str(t(1),'%5.2f')]);

% Set the size of the z axes
set(gca,'ZLim',[-1 1]);

% Capture the first frame of the movie
m = 1
M(m) = getframe;

% Now do the animation
for ii = 2:length(t)

   % Pause for a moment
   drawnow;
   %pause(0.1);

   % Calculate sine(x) for the new time
   a = cos(t(ii));
   z = a .* sin(array1) .* sin(array2);

   % Update the line
   set(hndl, 'ZData', z);

   % Update the title
   title(['\bfSine Wave Animation at t = ' num2str(t(ii),'%5.2f')]);

   % Capture the next frame of the movie
   m = m + 1;
   M(m) = getframe;

end

% Now we have the movie, so play it back twice
movie(M,2);
```

이 프로그램을 실행하면 무비가 세 번 상영되는 것을 볼 수 있을 것이다. 처음 한 번은 무비가 생성되는 동안이고, 다음 두 번은 재생되는 동안이다.

12.14 요약

MATLAB 도표 내의 각 요소는 그래픽 객체이다. 각 객체는 그에 부착된 독특한 핸들로 식별하며, 자신의 표시 방식을 제어하는 많은 속성을 지니고 있다.

MATLAB 객체들은 **부모 객체**와 **자식 객체**라는 일련의 계층 관계로 배열된다. 자식 객체가 만들어지면 부모로부터 많은 속성을 물려받는다.

MATLAB의 최상위 객체는 root로서 전체 컴퓨터 화면을 나타낸다. 이 객체를 groot 함수를 사용하여 액세스한다. root 밑에는 하나 또는 그 이상의 그림창이 올 수 있다. 각 figure 객체는 그래픽 데이터를 표시할 수 있는 별개의 창이며, 고유한 속성을 갖는다.

각 figure 객체는 uimenu, uicontextmenu, uicontrol, uitoolbar, uipanel, uitable, uibuttongroup 및 axes라는 여덟 가지 유형의 객체를 담을 수 있다. 'ui'로 시작하는 일곱 가지 객체는 그래픽 사용자 인터페이스를 만들 때 사용하는 특수한 그래픽 객체로서 다음 장에서 설명한다. axes 객체는 그림 내에서 데이터가 실제 그려지는 영역을 나타낸다. 하나의 그림은 다수의 축 집합을 담을 수 있다.

각 축 집합은 원하는 도표를 만드는 데 필요한 만큼의 line, text, patch 등의 객체를 담을 수 있다.

공용 그래픽 객체 속성은 객체 구문(object.property)이나 get과 set 방법을 이용하여 접근과 변경이 가능하다. 이들 방법 중 객체 구문만 MATLAB R2014b 이후에 출시된 버전에서 작동한다. get과 set 방법은 MATLAB R2014b 이전 버전에서도 작동한다.

현재 그림, 현재 축, 현재 객체의 핸들은 gcf, gca, gco 함수를 사용하여 각각 구할 수 있다. get과 set 함수를 사용하면 임의 객체에 대해 속성을 조사하고 바꿀 수 있다.

MATLAB 그래픽 객체와 관련된 속성은 그야말로 수백 가지가 있는데, 이 속성들에 관한 자세한 내용은 MATLAB 온라인 도움말에서 살펴볼 수 있다.

MATLAB 애니메이션은 핸들 그래픽을 사용하여 그 객체의 내용을 갱신하고 다시 그려 만들거나 무비를 통해 생성할 수 있다.

12.14.1 [좋은 프로그래밍 습관] 요약

MATLAB 그래픽 객체를 다룰 때 다음 지침을 준수하라.

1. 여러분이 만든 객체의 속성을 바꾸고자 한다면 나중에 그 속성을 조사하고 수정할 수 있도록 객체의 핸들을 저장하라.
2. findobj의 실행 속도를 높이기 위하여 될 수 있으면 탐색 범위를 제한한다.
3. 그림창을 컴퓨터 화면의 특정 위치에 배치하려면 정규화된 좌표를 사용하여 위치를 지정하는 것이 좋다. 그러면 컴퓨터 화면의 해상도에 무관하게 같은 결과를 쉽게 얻을 수 있다.

12.14.2 MATLAB 요약

다음은 이 장에서 설명한 모든 MATLAB 명령어와 함수를 요약하여 수록한 것이다.

axes	새로운 축을 만든다/ 축을 현재 객체로 정한다.
figure	새로운 그림을 만든다/ 그림을 현재 객체로 정한다.
findobj	하나 또는 그 이상의 속성 값에 근거하여 객체를 찾는다.
gca	현재 축의 핸들을 가져온다.
gcf	현재 그림의 핸들을 가져온다.
gco	현재 객체의 핸들을 가져온다.
get	객체의 속성을 가져온다.
getappdata	객체에서 사용자 정의 데이터를 가져온다.
groot	root 객체로 핸들을 반환한다.
isappdata	객체가 지정한 이름의 사용자 정의 데이터를 갖는지를 검사한다.
rmappdata	객체에서 사용자 정의 데이터를 제거한다.
set	객체 속성을 설정한다.
setappdata	사용자 정의 데이터를 객체에 저장한다.
waitforbuttonpress	사용자의 마우스 클릭이나 키보드 입력 때까지 프로그램을 잠시 멈춘다.

12.15 연습문제

12.1 '핸들 그래픽'이란 용어는 무엇을 의미하는가?

12.2 MATLAB 도움말 시스템을 이용하여 `figure` 객체의 `Name`과 `NumberTitle` 속성에 대해 익혀라. $-2 \le x \le 2$ 구간에서 함수 $y(x) = e^x$의 그래프를 담은 그림창을 만들어라. 이 속성들을 변경하여 그림 번호를 없애는 대신 'Plot Window' 라는 제목을 붙여라.

12.3 그림의 기본 색상과 선 굵기를 오렌지색과 3.0 포인트로 각각 바꾸는 프로그램을 작성하라. 그 다음에 아래 식으로 정의되는 타원을 $0 \le t \le 2\pi$ 구간에서 그려라.

$$\begin{aligned} x(t) &= 10 \cos t \\ y(t) &= 6\ \sin t \end{aligned} \qquad (12.6)$$

이 그림에 나타나는 선은 어떤 색상과 굵기를 갖는가?

12.4 MATLAB 도움말 시스템을 이용하여 `axes` 객체의 `CurrentPoint` 속성에 대해 익혀라. 이 속성을 사용하여 `axes` 객체를 생성한 후 그 축 내에서 마우스로 연속하여 클릭한 점 사이를 직선으로 연결하는 프로그램을 작성하라. `waitforbuttonpress` 함수를 사용하여 사용자의 마우스 클릭을 기다리고, 매 클릭 후 도표를 갱신하라. 사용자가 키를 누르면 도표를 종료하라.

12.5 `get`과 `set` 함수 대신 MATLAB 객체 구문을 사용하여 속성을 지정하도록 예제 12.1에서 생성한 프로그램을 수정하라.

12.6 MATLAB 도움말 시스템을 이용하여 `figure` 객체의 `CurrentCharacter` 속성에 대해 익혀라. 키보드에서 키를 누를 때 `CurrentCharacter` 속성을 시험할 수 있도록 연습 문제 12.4에서 작성한 프로그램을 수정하라. 누른 키가 'c'나 'C'이면 그림의 선의 색상을 바꾸고, 's'나 'S'이면 선의 스타일을 바꾸며, 'w'나 'W'이면 선 굵기를 바꾸도록 하라. 누른 키가 'x'나 'X'이면 도표를 종료하라(그 밖의 문자들은 모두 무시하라).

12.7 $-2 \le t \le 2$ 구간에서 다음 함수의 그래프를 그리는 MATLAB 프로그램을 작성하라.

$$\begin{aligned} x(t) &= \cos\frac{t}{\pi} \\ x(t) &= 2\sin\frac{t}{2\pi} \end{aligned} \tag{12.7}$$

그래프를 그린 후 프로그램은 사용자의 마우스 클릭을 기다려, 두 곡선 중의 하나가 클릭되면 그 선의 색상을 빨강색, 녹색, 파랑색, 노랑색, 청록색, 자홍색 및 검정색 중 무작위로 선택한 색상으로 변경하여야 한다. `waitforbuttonpress` 함수를 사용하여 마우스 클릭을 기다리고, 매 클릭 후 도표를 갱신하라. `gco` 함수를 사용하여 어떤 객체가 클릭되었는지 알아낸 후, 그 객체의 `Type` 속성을 사용하여 과연 선 위를 클릭하였는지 여부를 판정할 수 있다.

12.8 `plot` 함수는 선을 그린 후 그 선의 핸들을 반환한다. 이 핸들을 사용하면 선의 속성을 가져오거나 설정할 수 있다. 선 속성 중 `XData`와 `YData`는 현재 도시된 x값과 y값을 각각 담고 있다. 다음 함수를 $-1.0 \le t \le 1.0$ 구간에서 도시하고 이 때 나타나는 선의 핸들을 저장하는 프로그램을 작성하라.

$$x(t) = \cos(2\pi t - \theta) \tag{12.8}$$

각 θ는 처음에는 0 라디안이다. 이 각을 $\pi/10$ 라디안 간격으로 2π 라디안까지 바꿔가면서 그래프를 반복하여 그려라. 이를 위해 `for` 루프를 사용하여 입력 인수 $(2\pi t - \theta)$와 x의 새로운 값을 계산하고, MATLAB 객체 구문을 사용하여 `XData`와 `YData` 속성을 갱신하라. MATLAB의 `pause` 명령어를 사용하여 그래프를 갱신할 때마다 0.5초씩 멈추어라.

12.9 마이크로소프트 워드, 마이크로소프트 엑셀, 텍스트 편집기 등과 같은 다른 프로그램으로 데이터 집합을 만들어라. 그 데이터 집합을 윈도우즈나 유닉스의 복사 함수를 사용하여 클립보드에 복사 한 후 MATLAB에 데이터 집합을 불러오기 위해 `uiimport` 함수를 사용하라.

12.10 **파형(Wave Patterns).** 바람이 파동 방향으로 지속적으로 불고 있는 환경 하의 외해(open ocean)에서 연속적인 파면은 평행하게 나타나는 경향이 있다. 어떤 지점에서 그 물의 높이는 다음 방정식으로 나타낼 수 있다.

$$h(x,y,t) = A\cos\left(\frac{2\pi}{T}t - \frac{2\pi}{L}x\right) \tag{12.9}$$

여기서 T는 초 단위의 파도 주기, L은 파도의 피크 간 거리, t는 현재 시간이다. 파도 주기가 4초이며 파도의 피크 간 거리를 12 m로 가정하자. $0 \le t \le 20$초의 시간 동안 $-300\text{ m} \le x \le 300\text{ m}$와 $-300\text{ m} \le y \le 300\text{ m}$의 영역에 대한 이 파형의 애니메이션을 '지우고 다시 그리기'를 이용하여 만들어라.

12.11 파형(Wave Patterns). 문제 12.10의 파형에 대한 무비를 만들고 그 무비를 재생하라.

12.12 회전 자기장의 생성(Generating a Rotating Magnetic Field). 교류 전기 기계의 기본적인 작동원리는 다음과 같다. 삼상 전류가 각각 동일한 크기를 갖고 120°의 위상 차이를 가지며 삼상 권선에서 흐르면 일정한 크기의 회전 자기장을 생성한다. 이 삼상 권선은 기계 표면을 120°의 일정한 각도로 띄운 세 개의 분리된 권선으로 구성된다. 그림 12.9는 세 개의 권선 $a-a'$, $b-b'$, $c-c'$의 각각에서 자기장 **B**가 나오는 모습을 보여준다. 각 권선을 나오는 자속 밀도의 크기와 방향은 다음 식과 같다.

$$\begin{aligned} \mathbf{B}_{aa'}(t) &= B_M \sin \omega t \angle 0^\circ \text{ T} \\ \mathbf{B}_{bb'}(t) &= B_M \sin(\omega t - 120^\circ) \angle 120^\circ \text{ T} \\ \mathbf{B}_{cc'}(t) &= B_M \sin(\omega t - 240^\circ) \angle 240^\circ \text{ T} \end{aligned} \tag{12.10}$$

권선 $a-a'$에서 나온 자기장은 각도가 0°인 오른쪽으로 향한다. 권선 $b-b'$에서

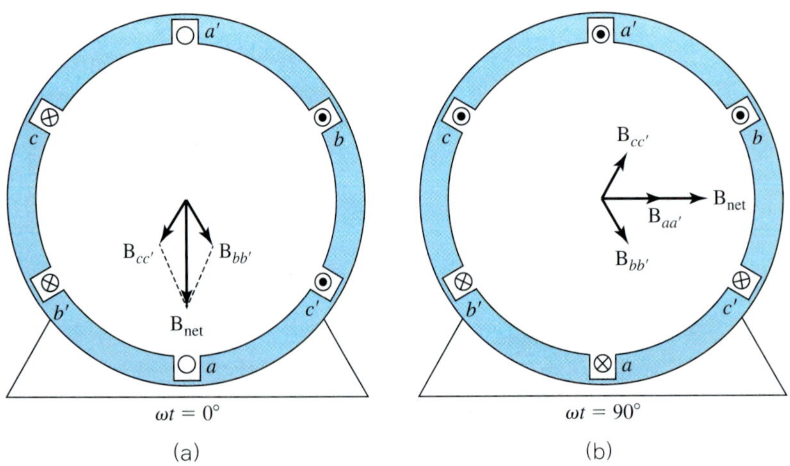

그림 12.9 삼상 교류 모터 내부에서의 총 자기장의 스냅 사진 (a) $\omega t=0^\circ$ (b) $\omega t=90^\circ$

나온 자기장은 120°로, 권선 $c-c'$에서 나온 자기장은 240°로 향한다.
모든 시점에서의 총 자기장은 다음과 같다.

$$\mathbf{B}_{net}(t) = \mathbf{B}_{aa'}(t) + \mathbf{B}_{bb'}(t) + \mathbf{B}_{cc'}(t) \tag{12.11}$$

그림 12.9a에서 보여주고 있듯이 시간 $\omega t = 0°$일 때 자기장들은 합쳐져서 순 자기장(net field)은 아래로 향한다. 그림 12.9b에서 보는 바와 같이 $\omega t = 90°$에서 자기장은 합쳐져서 순 자기장은 오른쪽을 향한다. 순 자기장은 동일한 진폭을 갖지만 다른 각도로 회전해가는 것에 주목하라.
일정한 진폭을 갖는 순 자기장이 시간에 따라 회전하는 것을 보여주는 이 회전 자기장의 애니메이션을 생성하는 프로그램을 작성하라.

12.13 안장형 곡면(Saddle Surface). 안장형 곡면은 한 방향으로 볼 때는 위로 굽어 있지만 그 직각 방향으로 보면 아래로 굽어 있기 때문에 말안장처럼 보이는 곡면이다. 다음 방정식은 안장형 곡면을 정의한다.

$$z = x^2 - y^2 \tag{12.12}$$

이 함수를 도시해서 안장형 곡면임을 밝혀라.

CHAPTER 13

그래픽 사용자 인터페이스

그래픽 사용자 인터페이스(GUI)는 프로그램에 대한 인터페이스를 그림으로 나타낸 것이다. 좋은 GUI는 일관된 외양과 푸시 버튼, 편집 상자, 목록 상자, 슬라이더, 메뉴와 같은 직관적인 컨트롤을 제공하여 프로그램을 쉽게 사용할 수 있도록 해준다. GUI는 이해하기 쉽고 예측 가능한 방식으로 작동하여 사용자가 어떤 행위를 할 때 무슨 일이 일어날 것인지를 알 수 있어야만 한다. 예를 들어, 푸시 버튼을 마우스로 클릭할 때 GUI는 그 버튼의 라벨에 묘사된 동작을 구현하여야 한다.

이 장은 MATLAB GUI의 기본 요소에 대한 소개를 담고 있다. GUI의 구성 요소에 대한 완벽한 설명이나 모든 특징을 담고 있지는 않지만, 여러분의 프로그램을 쉽게 돌리기 위해 기능을 갖춘 GUI를 만드는 데 필요한 기본 사항을 제공한다.

13.1 그래픽 사용자 인터페이스의 작동 방식

그래픽 사용자 인터페이스는 사용자에게 친숙한 작업 환경을 제공한다. GUI는 사용자에게 이미 친숙한 푸시 버튼, 토글 버튼, 목록 상자, 메뉴, 텍스트 상자 등을 담고 있어, 사용자는 일의 처리 방식 대신에 응용 프로그램의 목적에 집중할 수 있다. 그러나 GUI 기반의 프로그램은 언제라도 임의의 GUI 요소에 대한 마우스 클릭이나 키보드 입력에 대비할 수 있어야 하므로 이러한 프로그램의 제작은 프로그래머에게는 더 어려운 일이다. 사용자의 마우스 클릭이나 키보드 입력을 **이벤트**(event)라고 부르며, 이벤트에 응답하는 프로그램을 이벤트 구동 프로그램이라고 한다.

MATLAB 그래픽 사용자 인터페이스를 만드는 데 필요한 세 개의 주요 요소는 다음과 같다.

1. **구성 요소**. MATLAB GUI 상의 각 항목(예를 들어, 푸시 버튼, 라벨, 편집 상자)은 그래픽 구성 요소(component)이다. 구성 요소의 유형으로는 **그래픽 컨트롤**(control: 푸시 버튼, 토글 버튼, 편집 상자, 목록 상자, 슬라이더 등), 정적 요소(텍스트 상자), **메뉴**, **툴바**, **축**이 있다. 그래픽 컨트롤과 텍스트 상자는 `uicontrol` 함수를, 메뉴는 `uimenu`와 `uicontextmenu` 함수를, 툴바는 `uitoolbar` 함수를 각각 사용하여 만든다. 테이블은 `uitable` 함수를 사용하여 만든다. 그래픽 데이터를 표시하는 데 쓰이는 축 집합은 `axes` 함수를 사용하여 만든다.
2. **컨테이너**. GUI 구성 요소들은 **컨테이너**(container)라고 부르는 컴퓨터 화면 상의 창 안에 배열하여야 한다. 가장 흔한 컨테이너는 **그림**(figure)이다. 그림은 컴퓨터 화면 상의 창으로서 꼭대기에 제목 바가 있고 선택적으로 메뉴를 가질 수 있다. 과거에는 데이터를 도시할 때마다 자동적으로 그림이 만들어졌다. 그러나 `figure` 함수를 사용하면 빈 그림을 만들 수 있어 그 안에 GUI 구성 요소나 다른 컨테이너를 임의 조합하여 담을 수 있다.
   다른 유형의 컨테이너로는 `uipanel` 함수로 만드는 **패널**(panel)과 `uibuttongroup` 함수로 만드는 **버튼 그룹**(button group)이 있다. 패널은 구성 요소나 다른 컨테이너를 담을 수 있으나 제목 바나 메뉴를 가질 수 없다. 버튼 그룹은 라디오 버튼이나 토글 버튼의 그룹을 관리하는 특별한 패널로서 항상 그룹 중 한 버튼만이 켜진 상태가 되도록 만든다.
3. **콜백**. 마지막으로, 사용자가 마우스로 버튼을 클릭하거나 키보드에서 정보를 입력할 때 어떤 기능을 수행하는 방법이 있어야 한다. 프로그램이 그 기능을 수행하려면 마우스 클릭이나 키 입력과 같은 이벤트에 반응하여야 한다. 예를 들어, 사용자가 버튼을 클릭하면 그 버튼의 기능을 구현하는 MATLAB 코드가 실행되도록 만들어야 한다. 이벤트에 반응하여 실행되는 코드를 **콜백**(callback)이라고 부른다. GUI에는 각 그래픽 구성 요소의 기능을 구현하는 콜백이 있어야만 한다.

기본적인 GUI 요소를 표 13.1에 요약하였고, 일부 요소의 예를 그림 13.1에 보였다. 이 장에서는 이런 요소들의 사례를 배운 후 이를 사용하여 제대로 작동하는 GUI를 만들어 나갈 것이다.

표 13.1: 기본적인 GUI 구성 요소의 일부

구성 요소	생성 함수	설명
		컨테이너
그림	figure	구성 요소나 다른 컨테이너를 담을 수 있는 컨테이너. 그림은 제목 바나 메뉴를 가질 수 있는 별도의 창이다.
패널	uipanel	구성 요소나 다른 컨테이너를 담을 수 있는 컨테이너. 그림과는 달리 패널은 제목 바나 메뉴를 가질 수 없다. 패널은 그림이나 다른 패널 안에 넣을 수 있다.
버튼 그룹	uibuttongroup	특수한 종류의 패널. 버튼 그룹은 라디오 버튼이나 토글 버튼의 그룹을 자동적으로 관리하여 오직 한 버튼만이 켜진 상태가 되도록 만든다.
		그래픽 컨트롤
푸시 버튼	uicontrol	버튼 누르기를 구현하는 그래픽 구성 요소. 마우스로 클릭할 때 콜백을 실행한다.
토글 버튼	uicontrol	토글 동작을 구현하는 그래픽 구성 요소. 토글 버튼은 '켜짐(on)'이나 '꺼짐(off)' 중의 한 상태를 갖는데, 클릭할 때마다 상태가 바뀌면서 콜백을 실행한다.
라디오 버튼	uicontrol	켰을 때 가운데 점이 있는 작은 원 모양을 띠는 일종의 토글 버튼. 라디오 버튼의 그룹은 상호 배타적인 선택을 구현하는 데 사용한다. 마우스로 클릭할 때마다 콜백을 실행한다.
체크 상자	uicontrol	켰을 때 대조 표시가 있는 작은 정사각형의 모양을 띠는 일종의 토글 버튼. 마우스로 클릭할 때마다 콜백을 실행한다.
편집 상자	uicontrol	텍스트 문자열을 표시하고, 사용자가 정보를 수정할 수 있도록 해주는 그래픽 구성 요소. 사용자가 엔터 키를 누르거나 마우스로 다른 객체를 선택할 때 콜백을 실행한다.
목록 상자	uicontrol	일련의 텍스트 문자열을 표시하는 그래픽 컨트롤. 사용자는 문자열 하나를 클릭 또는 더블 클릭하여 선택할 수 있으며, 이 때 콜백이 실행된다.
팝업 메뉴	uicontrol	마우스 클릭에 반응하여 일련의 텍스트 문자열을 표시하는 그래픽 컨트롤. 팝업 메뉴를 클릭하지 않으면 현재 선택된 문자열만이 보인다.
슬라이더	uicontrol	마우스로 컨트롤을 끌어 값을 부드럽고 연속적으로 조정하기 위한 그래픽 컨트롤. 슬라이더를 끌 때마다 콜백을 실행한다.
테이블	uitable	데이터의 표를 생성.
		정적 요소
텍스트 필드	uicontrol	그림 상의 한 점에 위치한 문자열. 텍스트 필드는 콜백을 실행하지 않는다.

구성 요소	생성 함수	설명
		메뉴, 툴바, 축
메뉴 항목	uimenu	메뉴 상의 항목. 이 위에서 마우스 버튼을 놓으면 콜백이 실행된다.
상황 메뉴	uicontextmenu	마우스 오른쪽 버튼으로 객체를 클릭할 때 그 객체 위에 뜨는 메뉴.
툴바	uitoolbar	그림 상부에 걸쳐 나타낸, 빠르게 접근할 수 있는 버튼을 담은 바.
툴바 푸시 버튼	uipushtool	툴바에 넣을 푸시 버튼을 만드는 구성 요소.
툴바 토글 버튼	uitoggletool	툴바에 넣을 토글 버튼을 만드는 구성 요소.
축	axes	그래픽 데이터를 도시하는 영역. 축은 콜백을 실행하지 않는다.

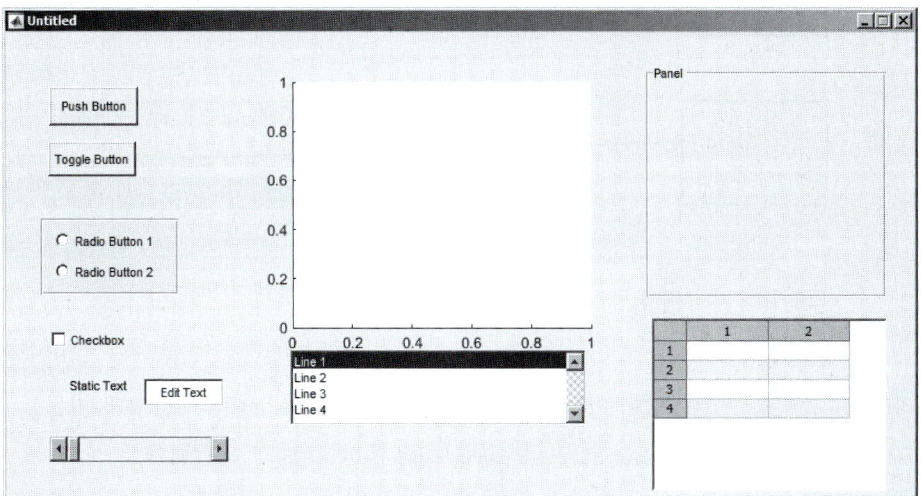

그림 13.1 MATLAB GUI 구성 요소의 예를 보이는 그림창. 왼쪽 위에서부터 열거하면 (1) 푸시 버튼 (2) 켜진 상태의 토글 버튼 (3) 버튼 그룹 내의 두 라디오 버튼 (4) 체크 상자 (5) 라벨과 편집 상자 (6) 슬라이더 (7) 축 집합 (8) 목록 상자 (9) 패널 (10) 테이블

13.2 그래픽 사용자 인터페이스의 생성 및 표시

MATLAB 그래픽 사용자 인터페이스는 GUI 개발 환경(GUI Development Environment)을 줄여 guide라고 부르는 도구를 사용하여 만든다. 프로그래머는 이 도구를 사용하여 GUI의 구성 요소들을 선택하고 정렬하여 GUI의 외형을 설계할 수 있다. 일단 구성 요소들을 적절히 배치한 후에 프로그래머는 요소들의 이름, 색상, 크기, 폰트, 표시할 텍스트 등의 속성을 편집할 수 있다. guide에서 GUI를 저장할 때 작

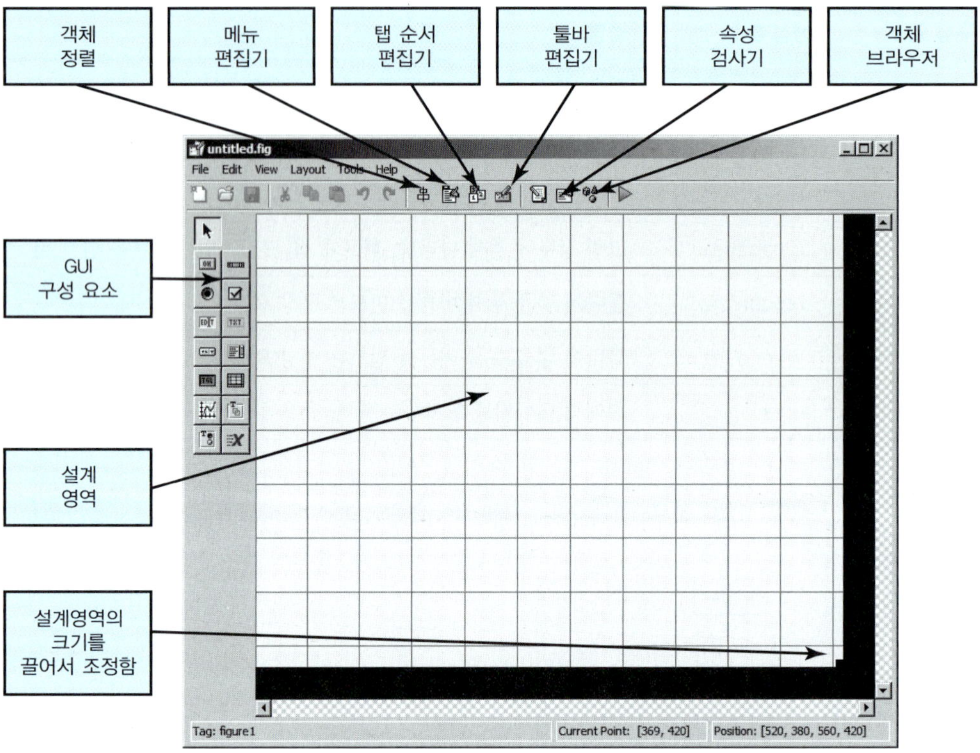

그림 13.2 guide 도구 창

동 프로그램이 만들어지는데, 이 안에는 프로그래머가 GUI의 거동을 구현하기 위해 수정할 수 있는 골격 함수(skeleton functions)가 포함된다.

guide를 실행하면 그림 13.2에 보인 배치 편집기(Layout Editor) 창이 뜬다. 격자선이 쳐진 넓은 회색 영역이 GUI 요소를 담는 배치 영역(layout area)이다. 이 영역의 왼쪽 모서리를 따라 GUI 구성 요소의 팔레트가 나타난다. 팔레트에서 원하는 요소를 클릭한 후 배치 영역으로 끌어다 놓는 방식으로 GUI 요소를 원하는 개수만큼 만들 수 있다. 편집기 창의 위쪽에는 GUI 요소를 배치하고 정렬하며, 속성을 변경하고 메뉴를 추가하는 등의 작업에 사용할 수 있는 일련의 유용한 도구들을 모아 놓은 툴바가 있다.

MATLAB GUI를 만드는 기본 단계는 다음과 같다.

1. GUI에 필요한 요소와 그 기능을 결정한다. 종이 위에 구성 요소의 배치도를 손으로 대략 그린다.
2. guide를 사용하여 구성 요소들을 그림 위에 배치한다. guide에 내장된 도구

를 사용하여 그림의 크기와 구성 요소들의 정렬 및 간격을 조정한다.

3. guide에 내장된 속성 검사기(Property Inspector)를 사용하여 각 구성 요소에 '이름(태그)'을 붙이고, 색상이나 표시할 텍스트 등과 같은 속성을 설정한다.
4. 그림을 파일에 저장한다. 그림을 저장하면 이름이 같지만 확장자가 다른 두 개의 파일이 하드 디스크에 생긴다. fig 파일은 GUI의 배치와 구성 요소를 담는 파일이고, M 파일은 각 요소에 대한 콜백 함수의 골격을 그림과 함께 로드하는 코드를 담는 파일이다.
5. 각 콜백 함수와 관련된 기능을 구현하는 코드를 작성한다.

이런 단계적인 절차의 예로서 하나의 푸시 버튼과 하나의 텍스트 문자열을 담은 간단한 GUI를 만들어 보자. 푸시 버튼을 클릭할 때마다 GUI를 시작한 이후의 클릭 횟수를 나타내는 텍스트 문자열이 갱신되도록 만들자.

단계 1: 이 GUI에는 푸시 버튼과 텍스트 필드가 하나씩만 있어 매우 간단하게 설계할 수 있다. 푸시 버튼의 콜백은 버튼을 누를 때마다 횟수를 하나씩 늘려 텍스트 필드에 표시할 것이다. 그림 13.3은 이 GUI를 개략적으로 나타낸 것이다.

단계 2: GUI 상에 구성 요소들을 배치하기 위해 guide 함수를 사용한다. guide를 실행하면 그림 13.2에 보인 창이 뜬다.

먼저, 최종 GUI의 크기가 될 배치 영역의 크기를 설정하여야 한다. 이를 위해 배치 영역의 오른쪽 아래 코너에 있는 작은 사각형을 끌어 원하는 크기와 형상으로 맞춘다. 그 다음에 팔레트 내의 GUI 구성 요소 목록 중 '푸시 버튼'의 버튼을 클릭한 후 배치 영역 내에서 원하는 형상으로 푸시 버튼을 만든다. 마지막으로, '텍스트' 버튼을 클릭한 후 배치 영역 내에서 원하는 형상으로 텍스트 필드를 만든다. 이 단계를 끝낸 후의 모습이 그림 13.4에 나타나 있다. 이제 원할 경우 정렬 도구를 사용하여 두 요소의 정렬 상태를 조정할 수 있다.

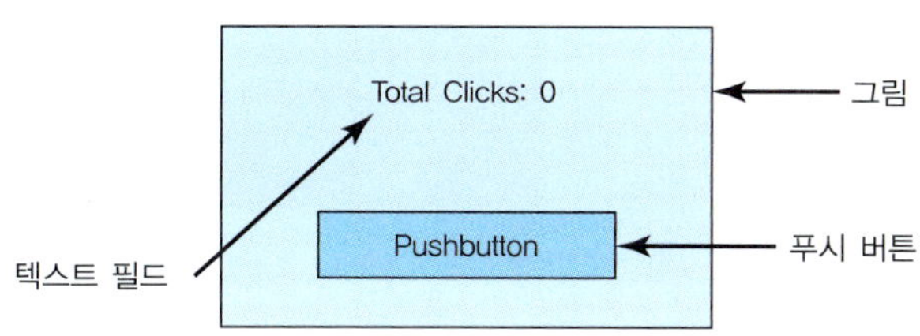

그림 13.3 하나의 푸시 버튼과 하나의 텍스트 필드를 담은 GUI의 개략도

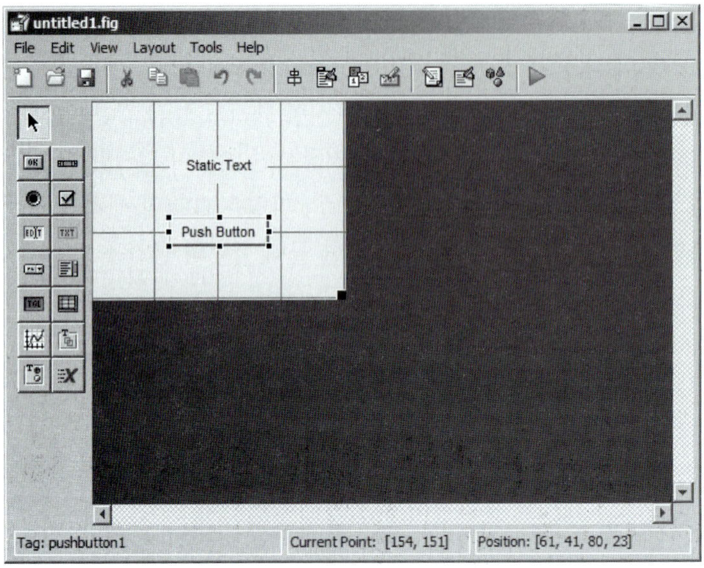

그림 13.4 guide 창 내부의 완성된 GUI 배치도

단계 3: 푸시 버튼의 속성을 설정하기 위해서 배치 영역에 있는 버튼을 클릭한 다음 툴바에서 '속성 검사기'( )를 선택한다. 또는 이 버튼을 오른쪽 마우스 버튼으로 클릭한 후 팝업 메뉴에서 '속성 검사기'를 선택한다. 두 경우 모두 그림 13.5에 보인 속성 검사기 창이 나타날 것이다. 이 창은 푸시 버튼에 적용할 수 있는 모든 속성을 열거하고 그 값을 설정할 수 있도록 해주는 GUI 인터페이스이다. 속성 검사기는 12장

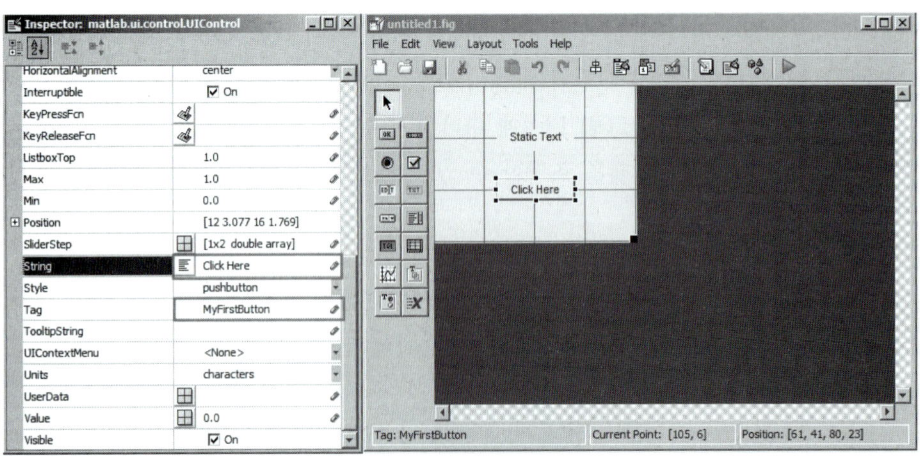

그림 13.5 푸시 버튼의 속성을 보여주고 있는 속성 검사기. `String`은 `'Click Here'`로 설정되었고, `Tag`는 `'MyFirstButton'`으로 설정되었다.

에서 소개한 get 함수 및 set 함수와 동일한 기능을 훨씬 편한 방식으로 수행한다.

푸시 버튼에 대해서 색상, 크기, 폰트, 텍스트 정렬과 같은 많은 속성들을 설정할 수 있지만, 버튼에 표시할 텍스트를 담은 String 속성과 버튼 이름을 나타내는 Tag 속성의 두 가지 속성은 반드시 설정하여야 한다. 여기서는 String 속성은 'Click Here'로, Tag 속성은 MyFirstButton으로 각각 설정한다.

텍스트 필드에서 반드시 설정해야 할 두 가지 속성은 표시할 텍스트를 담는

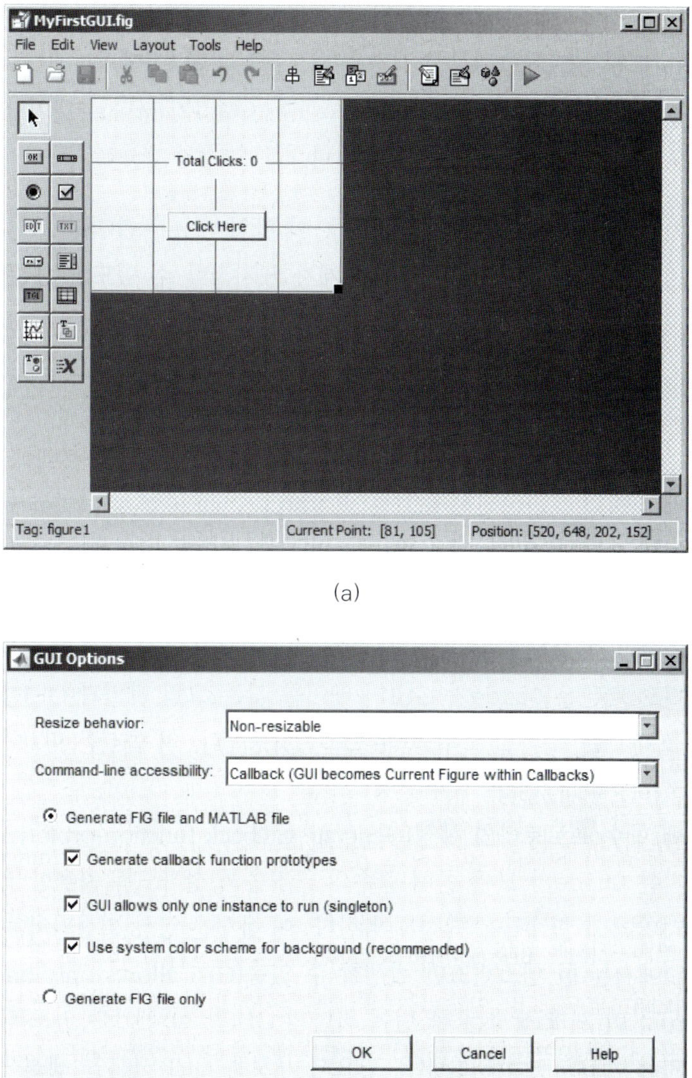

(a)

(b)

그림 13.6 (a) 푸시 버튼과 텍스트 필드의 속성을 설정한 후의 배치 영역 (b) GUI 옵션 설정

String 속성과 텍스트 필드의 이름인 Tag 속성이다. 이 이름은 콜백 함수에서 텍스트 필드를 찾아내고 갱신할 때 사용된다. 여기서 String 속성은 'Total Clicks: 0'으로 설정하고, Tag 속성은 'MyFirstText'로 기본 설정되어 있다. 이 단계가 끝난 후의 배치 영역은 그림 13.6a와 같다.

배치 영역 내의 빈 곳을 클릭한 후 속성 검사기를 사용하면 그림 자체의 속성을 조사하고 설정할 수 있다. 꼭 필요한 것은 아니지만, 그림의 Name 속성을 설정하는 것이 좋다. 이 속성으로 지정한 문자열은 GUI가 실행될 때 제목 바에서 표시될 것이다. 이 프로그램에서는 Name 속성을 'MyFirstGUI'로 설정하였다.

이 때 GUI 옵션을 체크해서 설정하는 것도 좋은 방법이다. 'Tools > GUI Options' 메뉴 항목을 선택하면 그림 13.6b에서 보여주는 GUI가 나타날 것이다. 이 GUI에서 설정할 수 있는 주요 옵션들은 다음과 같다.

1. **크기 조정 동작(Resize behavior)** : 이 팝업 메뉴는 GUI를 고정 크기로 할 것인지 변동 크기로 할 것인지를 설계자가 지정할 수 있도록 해준다. 변동 크기의 경우 모든 GUI 요소는 비례적으로 크기를 확대시키거나 축소시킬 수 있지만, 고정 크기로 크기를 변경하려고 할 경우 GUI는 구성 요소를 재배치하기 위해 콜백 함수를 실행할 수 있다.
2. **명령 줄 액세스(Command-line accessibility)** : 이것은 콜백이 실행될 때 이 GUI가 현재 그림인지의 여부를 지정한다. GUI가 현재 그림이 되는 것이 기본이어서 콜백이 실행되는 동안 gcf 함수는 GUI를 가리킬 것이다. 아마 여러분은 이 옵션을 바꿀 필요가 결코 없을 것이다.
3. **FIG 파일과 MATLAB 파일 생성(Generate FIG file and MATLAB file)** : 이 라디오 버튼은 Guide가 GUI의 배치를 갖는 그림 파일과 GUI를 생성하고 콜백을 다루는 M 파일 모두를 만들도록 지정한다. 이 옵션은 항상 설정되어 있어야 한다.
4. **콜백 함수 프로토타입 생성(Generate callback function prototypes)** : 이 체크 상자는 Guide가 모든 콜백 함수의 골격을 생성하도록 지정한다. 따라서 프로그래머만 그 함수들을 작성해야 한다. 이 옵션은 항상 설정되어야 한다.
5. **GUI에서는 한 인스턴스만 실행할 수 있음(GUI allows only one instance to run)** : 이 체크 상자는 한 번에 하나의 GUI만 실행할 수 있도록 지정한다. 이 상자를 체크하면 MATLAB은 필요시 새로운 GUI 사본을 생성하는 대신 같은 GUI를 매번 재사용할 것이다.
6. **배경에 시스템 색 구성표 사용(Use system color scheme for background)** :

이 체크 상자는 실행중인 운영체제의 색상에 맞추어 Guide가 GUI 배경색을 만들도록 지정한다. 동일한 프로그램을 다른 종류의 컴퓨터(예를 들어 윈도우즈 PC와 맥)에 적용할 경우에도 이 스위치가 켜지면 GUI의 배경색은 자동적으로 조절될 것이다. 이 옵션은 항상 설정되어야 한다.

단계 4: 이제 이 배치도를 `MyFirstGUI`라는 이름으로 저장할 것이다. 'File/Save AS' 메뉴 항목을 선택하여 파일 이름으로 `MyFirstGUI`를 기입한 후 '저장' 버튼을 클릭한다. 그러면 `MyFirstGUI.fig`와 `MyFirstGUI.m`이라는 두 개의 파일이 생긴다. 그림 파일은 지금 만든 실제 GUI를 담는다. M 파일은 그림 파일을 로드하여 GUI를 만드는 코드 외에 GUI의 각 활성 요소(active component)에 대한 콜백 함수의 골격을 담고 있다.

이 시점에서 GUI의 형태는 완성되었지만 우리가 의도한 작업을 수행할 수 있는 상태는 아니다. 그림 13.7에 보인 것처럼 명령창에서 `MyFirstGUI`를 입력하면 이 GUI를 실행시킬 수 있지만, GUI 상의 버튼을 클릭할 때 아무 일도 일어나지 않는다.

`guide`에 의해 자동적으로 만들어진 M 파일이 그림 13.8에 나와 있다. 이 파일은 주함수인 `MyFirstGUI`와 더불어 GUI 활성 요소의 거동을 지정하는 지역 함수를 담고 있다. 이 파일은 모든 GUI 활성 요소에 대한 콜백 함수의 골격을 담고 있다. 이

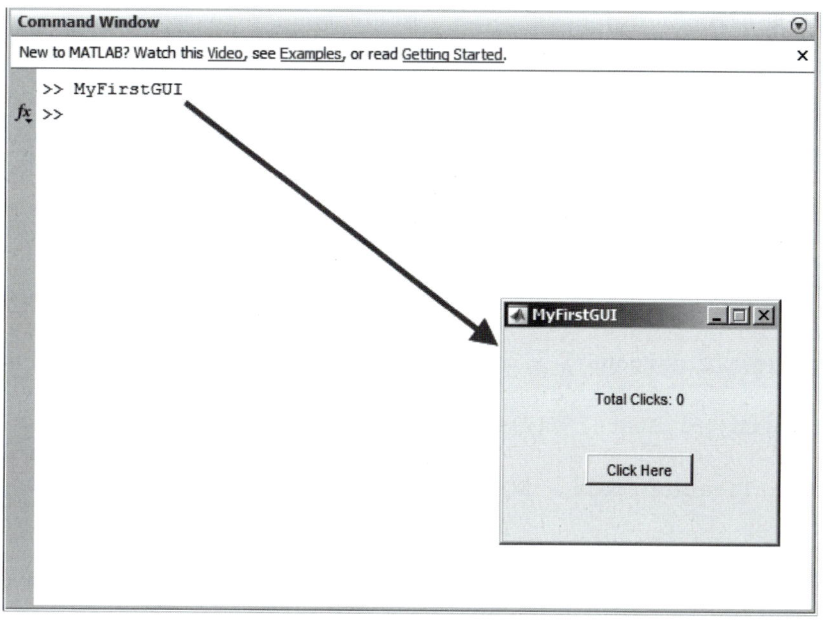

그림 13.7 명령창에서 `MyFirstGUI`를 입력하면 GUI가 뜬다.

```
function varargout = MyFirstGUI(varargin)   ◀── 주 함수
% MYFIRSTGUI MATLAB code for MyFirstGUI.fig
%      MYFIRSTGUI, by itself, creates a new MYFIRSTGUI or raises the existing singleton*.
%
%      H = MYFIRSTGUI returns the handle to a new MYFIRSTGUI or the handle to
%      the existing singleton*.
%
%      MYFIRSTGUI('CALLBACK',hObject,eventData,handles,...) calls the local
%      function named CALLBACK in MYFIRSTGUI.M with the given input arguments.
%
%      MYFIRSTGUI('Property','Value',...) creates a new MYFIRSTGUI or raises the
%      existing singleton*. Starting from the left, property value pairs are
%      applied to the GUI before MyFirstGUI_OpeningFcn gets called. An
%      unrecognized property name or invalid value makes property application
%      stop.  All inputs are passed to MyFirstGUI_OpeningFcn via varargin.
%
%      *See GUI Options on GUIDE's Tools menu. Choose "GUI allows only one
%      instance to run (singleton)".
%
% See also: GUIDE, GUIDATA, GUIHANDLES

% Edit the above text to modify the response to help MyFirstGUI

% Last Modified by GUIDE v2.5 27-Aug-2014 16:04:03

% Begin initialization code - DO NOT EDIT
gui_Singleton = 1;
gui_State = struct('gui_Name',       mfilename, ...
                   'gui_Singleton',  gui_Singleton, ...
                   'gui_OpeningFcn', @MyFirstGUI_OpeningFcn, ...
                   'gui_OutputFcn',  @MyFirstGUI_OutputFcn, ...
                   'gui_LayoutFcn',  [] , ...
                   'gui_Callback',   []);
if nargin && ischar(varargin{1})
    gui_State.gui_Callback = str2func(varargin{1});
end

if nargout
    [varargout{1:nargout}] = gui_mainfcn(gui_State, varargin{:});
else
   gui_mainfcn(gui_State, varargin{:});
end
% End initialization code - DO NOT EDIT

% --- Executes just before MyFirstGUI is made visible.   ◀── 그림 열기 함수
function MyFirstGUI_OpeningFcn(hObject, eventdata, handles, varargin)
% This function has no output args, see OutputFcn.
% hObject    handle to figure
```

```
% eventdata  reserved - to be defined in a future version of MATLAB
% handles     structure with handles and user data (see GUIDATA)
% varargin    command line arguments to MyFirstGUI (see VARARGIN)

% Choose default command line output for MyFirstGUI
handles.output = hObject;

% Update handles structure
guidata(hObject, handles);

% UIWAIT makes MyFirstGUI wait for user response (see UIRESUME)
% uiwait(handles.figure1);

% --- Outputs from this function are returned to the command line.
function varargout = MyFirstGUI_OutputFcn(hObject, eventdata, handles)
% varargout    cell array for returning output args (see VARARGOUT);
% hObject     handle to figure
% eventdata  reserved - to be defined in a future version of MATLAB
% handles     structure with handles and user data (see GUIDATA)

% Get default command line output from handles structure
varargout{1} = handles.output;

% --- Executes on button press in MyFirstButton.
function MyFirstButton_Callback(hObject, eventdata, handles)
% hObject     handle to MyFirstButton (see GCBO)
% eventdata  reserved - to be defined in a future version of MATLAB
% handles     structure with handles and user data (see GUIDATA)
```

데이터 출력 함수

버튼 콜백 함수

그림 13.8 guide에 의해 자동적으로 생성된 MyFirstGUI의 M 파일

경우 유일한 활성 GUI 요소는 푸시 버튼이므로, 사용자가 이 버튼을 클릭할 때 실행되는 MyFirstButton_Callback이라는 콜백 함수가 나타나 있다.

MyFirstGUI 함수를 인수 없이 호출하면 이 함수는 MyFirstGUI.fig 파일에 담긴 GUI를 표시한다. MyFirstGUI 함수를 인수와 함께 호출하면 첫 번째 인수를 지역 함수(하위 함수)의 이름으로 간주하여 다른 인수들과 함께 feval에 넘김으로써 지역 함수를 호출한다.

각 콜백 함수는 하나의 GUI 구성 요소에서 일어나는 이벤트를 처리한다. GUI 요소를 마우스로 클릭하면(또는 편집 필드에서 키보드 입력이 있으면) MATLAB은 그 요소의 콜백 함수를 자동적으로 호출한다. 콜백 함수의 이름은 GUI 구성 요소의 Tag 속성 값에 '_Callback' 문자열을 붙인 것이다. 따라서 MyFirstButton의 콜백 함수의 이름은 MyFirstButton_Callback이 될 것이다.

guide로 생성한 M 파일은 각 활성 GUI 요소에 대한 콜백을 담고 있지만 이 함수들은 아직 아무런 일도 하지 않는다.

단계 5: 이제 푸시 버튼에 대한 콜백 하위 함수의 코드를 작성해 보자. 이 함수는 클릭 발생 횟수를 계산하는 데 사용할 수 있는 persistent 변수를 가질 것이다. 푸시 버튼에 클릭이 발생하면 MATLAB은 MyFirstButton_Callback을 첫 번째 인수로 삼아 MyFirstGUI 함수를 호출할 것이다. 그러면 그림 13.9에 보인 것처럼 MyFirstGUI 함수는 하위 함수 MyFirstButton_Callback을 호출할 것이다. 이 하위 함수는 클릭 횟수를 하나 늘리고, 횟수를 담은 새로운 문자열을 만들어 MyFirstText라는 이름의 텍스트 필드의 String 속성에 저장하여야 한다. 이 단계를 수행하는 함수는 다음과 같다.

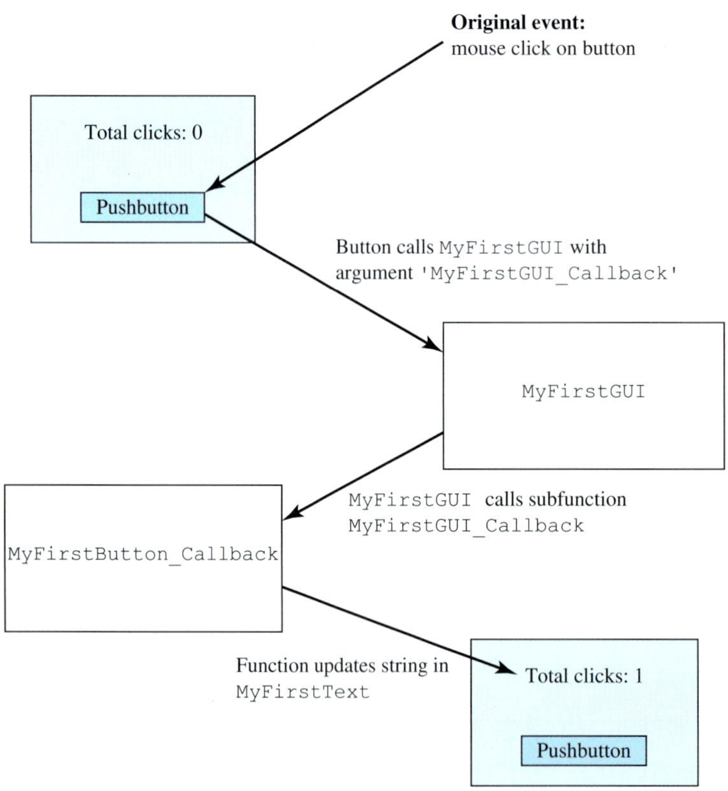

그림 13.9 MyFirstGUI 프로그램에서의 이벤트 처리. 사용자가 버튼을 마우스로 클릭할 때 MATLAB은 함수 MyFirstGUI를 인수 MyFirstButton_Callback과 함께 호출한다. 이어 MyFirstGUI 함수는 하위 함수 MyFirstButton_Callback을 호출한다. 이 하위 함수는 count를 늘린 후 GUI의 텍스트 필드에 새로운 클릭 횟수를 나타내는 문자열을 표시한다.

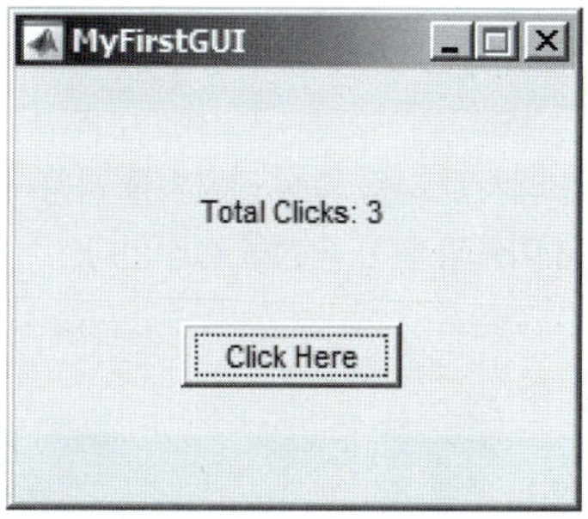

그림 13.10 버튼을 세 번 누른 후의 결과

```
function MyFirstButton_Callback(hObject, eventdata, handles)
% hObject    handle to MyFirstButton (see GCBO)
% eventdata  reserved - to be defined in a future version of MATLAB
% handles    structure with handles and user data (see GUIDATA)

% Declare and initialize variable to store the count
persistent count
if isempty(count)
   count = 0;
end
% Update count
count = count + 1;

% Create new string
str = sprintf('Total Clicks: %d',count);

% Update the text field
set (handles.MyFirstText,'String',str);
```

이 함수는 영구 변수 count를 선언하고 0으로 초기화시킨다. 함수를 호출할 때마다 count의 값을 1씩 늘리고 이 값을 담은 새로운 문자열을 만든다. 그 다음에 MyFirstText 텍스트 필드에 표시할 문자열을 갱신한다.

프로그램은 명령창에서 MyFirstGUI를 입력함으로써 실행할 수 있다. 사용자가 버튼을 클릭하면 MATLAB은 MyFirstButton_Callback을 첫 번째 인수로 삼아 MyFirstGUI 함수를 호출하고, MyFirstGUI 함수는 하위 함수 MyFirstButton_Callback을 호출한다. 이 하위 함수는 count를 하나 늘린 후 텍스트 필드에 표시할 문자열을 갱신한다. 버튼을 세 번 눌렀을 때 나타날 GUI의 모습은 그림 13.10과 같다.

좋은 프로그래밍 습관

guide를 사용하여 새로운 GUI 위에 구성 요소를 배치한 다음 속성 검사기를 사용하여 각 요소에 표시할 텍스트나 색상 또는 필요하다면 콜백 함수의 이름과 같은 속성을 설정한다.

좋은 프로그래밍 습관

guide로 GUI를 만들 때 생기는 M 파일을 직접 편집하여 프로그램의 목적이나 구성 요소를 설명하는 주석문을 달고 콜백의 기능을 구현하는 코드를 작성한다.

13.2.1 GUI 프로그램의 내부 작동 방식

그림 13.8은 guide에서 자동 생성된 MyFirstGUI의 M 파일을 보여주고 있다. 이제 이 M 파일이 어떻게 작동하는지 더 상세히 살펴보자.

먼저, 주 함수의 선언문 자체를 살펴보자. 이 함수는 입력 가인수로 varargin을, 출력 가인수로 varargout을 갖는다. 10장에서 배웠듯이 varargin과 varargout 함수는 임의의 개수의 입력 및 출력 인수를 각각 나타낼 수 있다. 따라서 사용자는 임의의 개수의 입/출력 실인수를 사용하여 함수 MyFirstGUI를 호출할 수 있다.

이 주 함수는 사용자가 'help MyFirstGUI'를 입력할 때 나타날 도움말 메시지 역할을 하는 일련의 주석문으로 시작하는데, 프로그래머는 프로그램의 실제 기능을 반영할 수 있도록 주석문을 편집하여야 한다.

다음, 주 함수는 다음 코드를 사용하여 gui_State라는 구조체를 만든다.

```
gui_Singleton = 1;
gui_State = struct('gui_Name',       mfilename, ...
                   'gui_Singleton',  gui_Singleton, ...
                   'gui_OpeningFcn', @MyFirstGUI_OpeningFcn, ...
                   'gui_OutputFcn',  @MyFirstGUI_OutputFcn, ...
                   'gui_LayoutFcn',  [] , ...
                   'gui_Callback',   []);
if nargin && ischar(varargin{1})
    gui_State.gui_Callback = str2func(varargin{1});
end
```

이 구조체는 약간의 제어 정보 외에 파일에 있는 몇몇 지역 함수에 대한 함수 핸들을 포함한다. 다른 MATLAB GUI 함수들은 이 함수 핸들을 사용하여 M 파일 외부에서 지역 함수를 호출할 수 있다. 주 함수를 호출할 때 첫 번째 인수가 있다면 그 인수는 str2func를 사용하여 콜백 함수 핸들로 변환된다는 점에 주목하여야 한다.

gui_Singleton의 값은 GUI의 사본을 여러 개 동시에 실행할 수 있는지 여부를 지정한다. 이 값이 1이면 GUI를 하나만 실행할 수 있고, 0이면 GUI를 여러 개 동시에 띄울 수 있다. GUI 생성과정의 제 3단계에 기술되어 있듯이 위의 과정은 GUI 옵션 페이지에서 만들어진 선택사항에 기초하여 설정된다.

주 함수는 gui_mainfcn이라는 MATLAB 함수를 호출하여 gui_State 구조체와 모든 입력 인수를 넘긴다. gui_mainfcn 함수는 MATLAB의 표준 함수로서, GUI를 만들거나 콜백에 반응하여 적절한 지역 함수를 호출하는 실질적인 작업을 수행한다.

사용자가 MyFirstGUI 함수를 인수 없이 호출하면 gui_mainfcn 함수는 MyFirstGUI.fig 그림 파일로부터 GUI를 로드한다. 다음, gui_mainfcn 함수는 현재 그림 내의 모든 객체에 대한 핸들을 담는 구조체를 만들고, 그림에 응용 데이터로 구조체를 저장하는 파일 열기 함수인 MyFirstGUI.fig_OpeningFcn을 호출한다.

```
% Update handles structure
guidata(hObject, handles);
```

guihandles 함수는 지정한 그림 내의 모든 객체에 대한 핸들을 담은 구조체를 저장한다. 구조체 내의 원소의 이름은 각 GUI 객체의 Tag 속성과 일치하며, 원소 값은 각 구성 요소의 핸들이다. 예를 들어, MyFirstGUI.m으로 반환되는 핸들 구조체는 다음과 같다.

```
» handles = guihandles(fig)
handles =
          figure1: [1x1 Figure]
      MyFirstText: [1x1 UIControl]
    MyFirstButton: [1x1 UIControl]
```

이 그림에는 그림 자체를 포함하여 텍스트 필드와 푸시 버튼으로 이루어지는 3개의 GUI 요소가 있다. guidata 함수는 12장에서 배운 setappdata 함수를 사용하여 핸들 구조체를 그림 내의 응용 데이터로 저장한다.

gui_OpeningFcn 함수는 GUI를 사용자에게 보여주기 전에 프로그래머가 원하는 작업을 수행할 수 있도록 해준다. 주석 달린 uiwait 문에 주목하라. 프로그래머가 이 줄을 쓰지 않으면, MATLAB은 잠기게 되고 계속 진행하기 전에 GUI로부터 입력을 기다릴 것이다. 배경색을 바꾸는 것과 같은 다른 설정을 여기서 할 수도 있다.

마지막으로 gui_mainfcn 함수는 GUI를 생성하는 M 파일에 핸들 구조체를 반환

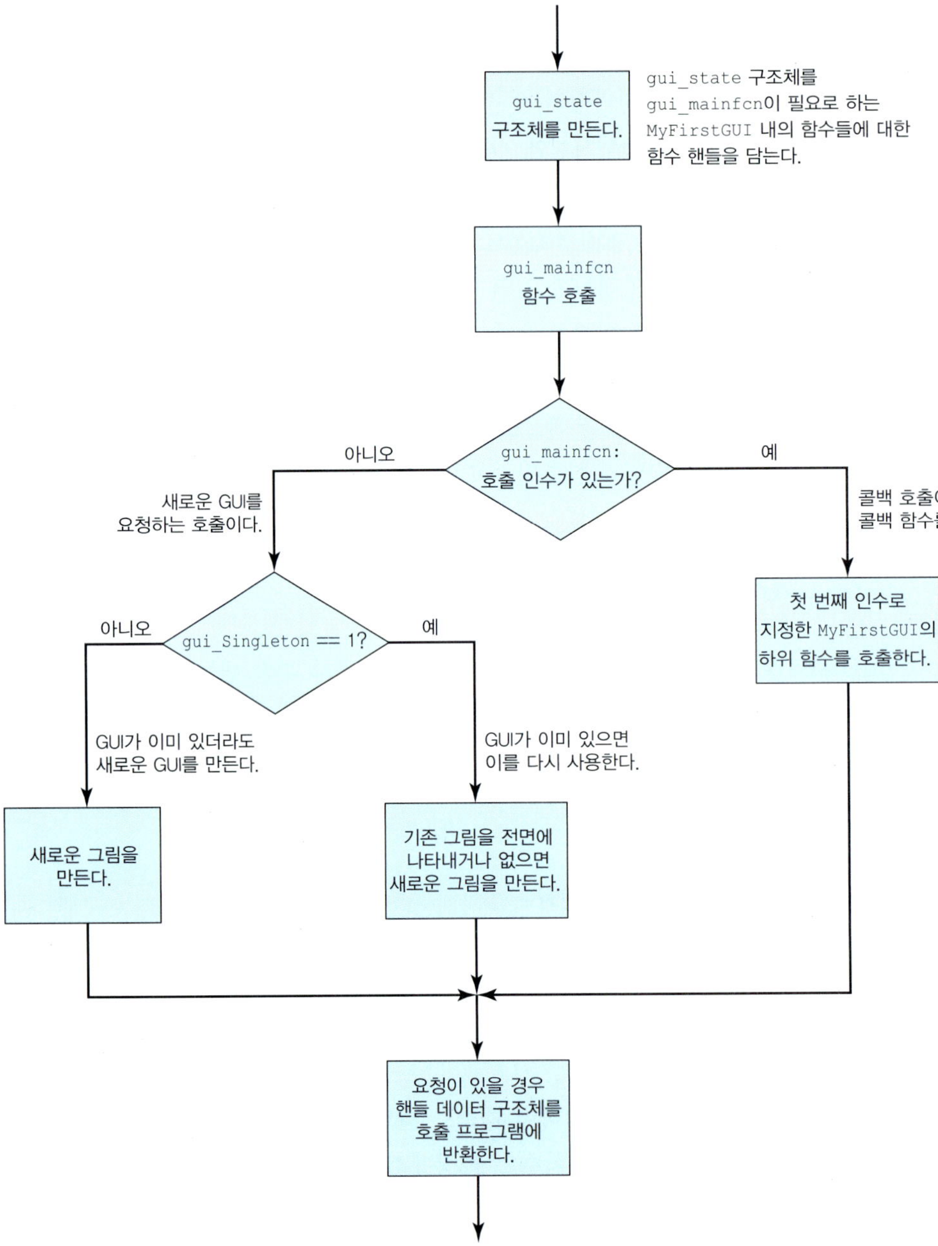

그림 13.11 MyFirstGUI의 작동 방식. 인수 없이 이 함수를 호출하면 새로운 GUI를 만들거나 기존의 GUI를 표시한다. 인수가 있으면 MyFirstGUI는 첫 번째 인수를 콜백 함수의 이름으로 가정하여 그 함수를 호출한다.

하기 위해 출력 함수 MyFirstGUI_OutputFcn를 호출한다. 이 구조체는 GUI로 프로그램에 따라 작업을 처리하기 위해 요구되는 정보를 호출 M 파일에 제공한다.

GUI가 생성된 후에 사용자는 마우스와 키보드를 사용하여 GUI와 대화할 수 있다. 사용자가 활성 GUI 요소를 클릭하면 MATLAB은 그 요소의 콜백 함수를 첫 번째 인수로 삼아 MyFirstGUI를 호출한다. 인수와 함께 MyFirstGUI를 호출하면 gui_mainfcn 함수는 이 함수 핸들을 사용하여 콜백 함수를 호출한다. 이 콜백은 마우스 클릭이나 키보드 입력에 적절히 응답한다.

그림 13.11은 MyFirstGUI가 첫 번째 및 이후에 호출될 때 작동하는 방식을 요약한 것이다.

13.2.2 콜백 하위 함수의 구조

모든 콜백 하위 함수는 다음과 같은 표준 형식을 취한다.

```
function ComponentTag_Callback(hObject, eventdata, handles)
```

여기서 ComponentTag는 콜백을 유발하는 구성 요소의 이름(Tag 속성에 담긴 문자열)이다. 이 하위 함수는 다음과 같은 인수를 갖는다.

- **hObject**: 부모 객체인 그림의 핸들
- **eventdata**: 현재 MATLAB 2014b 버전에서 사용되지 않는 배열
- **handles**: 그림 상의 모든 GUI 요소의 핸들을 담은 구조체

각 콜백 함수는 handles 구조체에 대해 완전한 접근 권한을 갖고 있으므로 각 콜백 함수는 그림 내의 어떤 GUI 요소라도 변경할 수 있다. MyFirstGUI의 푸시 버튼에 대한 콜백 함수에서 이 구조체를 이용함으로써 텍스트 필드에 나타낼 텍스트를 바꿀 수 있었다.

```
% Update the text field
set (handles.MyFirstText,'String',str);
```

13.2.3 그림에 응용 데이터 추가하기

GUI 프로그램이 필요로 하는 각 응용 데이터를 전역 변수나 영구 변수 대신 handles

구조체에 저장할 수 있다. 이렇게 하면 다른 MATLAB 프로그램에서 우발적으로 전역 GUI 데이터를 변경하는 것을 방지할 수 있고, 또한 GUI의 사본이 여럿 있어도 상호 간섭할 수 없게 되므로 안정적으로 GUI를 설계할 수 있다.

지역 데이터를 handles 구조체에 추가하기 위해서는 guide에서 생성된 M 파일을 직접 수정하여야만 한다. 이를 위해 먼저 필요한 지역 데이터를 handles 구조체에 추가한 후 guidata 함수를 호출하여 그림에 저장되어 있는 handles 구조체를 갱신한다. 예를 들어, 마우스 클릭 횟수를 나타내는 count를 handles 구조체에 넣기 위해서는 MyFirstButton_Callback 함수를 다음과 같이 수정한다.

```
function MyFirstButton_Callback(hObject, eventdata, handles)
% hObject handle to MyFirstButton (see GCBO)
% eventdata reserved - to be defined in a future version of MATLAB
% handles structure with handles and user data (see GUIDATA)

% Create the count field if it does not exist
if ~isfield(handles,'count')
   handles.count = 0;
end

% Update count
handles.count = handles.count + 1;

% Save the updated handles structure
guidata(hObject, handles);

% Create new string
str = sprintf('Total Clicks: %d',handles.count);

% Update the text field
set (handles.MyFirstText,'String',str);
```

좋은 프로그래밍 습관

GUI 응용 데이터를 handles 구조체에 저장하여 어떤 콜백 함수라도 이 데이터를 자동으로 사용할 수 있도록 하라.

좋은 프로그래밍 습관

handles 구조체에 있는 GUI 응용 데이터를 바꿀 때에는 그 변경이 일어난 함수를 종료하기 전에 반드시 guidata를 호출하여 전체 구조체를 갱신하라.

13.2.4 몇 가지 유용한 함수들

콜백 함수를 작성할 때 가끔 쓰이는 세 가지 특수 함수로 gcbo, gcbf 및 findobj가 있다. 현재 버전의 MATLAB에서 만든 GUI에서는 handle 구조체에 이 함수들이 제공하는 정보가 이미 포함되어 있기 때문에 이 함수들이 꼭 필요한 것은 아니다. 그러나 이 함수들은 이전 버전의 MATLAB에서 자주 사용되었기 때문에 프로그래머는 이들을 만날 가능성이 높다.

함수 gcbo(get callback object)는 콜백을 일으킨 객체의 핸들을 반환하는 반면 gcbf(get callback figure)는 그 객체가 있는 그림의 핸들을 반환한다. 콜백 함수는 이 함수들을 사용하여 이벤트가 일어난 그림과 객체를 알아내어 수정 작업을 한다.

findobj 함수는 한 부모 객체 밑의 자식 객체를 전부 검색하여 지정된 속성의 특정 값을 갖는 객체들을 찾아내 그 핸들을 반환한다. findobj의 가장 흔한 형식은 다음과 같다.

```
Hndl = findobj(parent,'Property',Value);
```

여기서 parent는 그림과 같은 부모 객체의 핸들, 'Property'는 조사할 속성, 'Value'는 찾을 값을 각각 나타낸다.

예를 들어, 콜백 그림의 도표에 있는 모든 선들의 색을 빨강으로 바꾸려면 다음 문으로 그 선들을 찾아낸 후, 각각의 색상 속성을 변경한다.

```
Hndl = findobj(gcbf, 'Type', 'Line');
for ii = 1:length(Hndl)
    set(Hndl, 'Color','r');
end
```

13.3 객체 속성

모든 GUI 객체는 각자 방대한 속성 목록을 갖고 있어 이들을 사용하면 그 객체를 원하는 대로 변경할 수 있다. 이 속성들은 객체 유형(figure, axes, uicontrol 등)에 따라 조금씩 다르다. 모든 유형의 객체들의 모든 속성은 온라인 도움말 브라우저에 설명되어 있으나 figure와 uicontrol 객체들의 일부 중요한 특성들을 표 13.2와 표 13.3에 요약하였다.

객체의 속성은 속성 검사기나 get, set 함수를 사용하여 수정할 수 있다. GUI 설계 단계에서 속성을 조정할 때에는 속성 검사기를 사용하는 것이 편하지만, 콜백 함수와 같은 프로그램 내에서 동적으로 속성을 바꾸기 위해서는 get과 set 함수를 사용하여야 한다.

표 13.2: figure 객체의 주요 속성

속성	설명
Color	그림의 색상을 지정한다. 속성 값은 'r', 'g', 'b'와 같은 미리 정의된 색상이거나 색의 빨강/녹색/파랑 성분을 0–1 스케일로 표현한 3원소 벡터이다. 예를 들어 자홍색은 [1 0 1]로 나타낸다.
CurrentCharacter	그림에서 마지막으로 누른 키에 해당하는 문자를 담는다.
CurrentPoint	그림에서 마지막으로 클릭한 지점을 그림 왼쪽 아래 코너를 기준으로 Units 속성에 지정된 단위로 측정하여 나타낸 위치이다.
Dockable	그림을 데스크톱에 결합시킬 수 있는지의 여부를 지정한다. 사용 가능한 값은 'on'이나 'off'이다.
MenuBar	기본 메뉴 집합을 그림에 나타낼 것인지의 여부를 지정한다. 기본 메뉴를 나타내려면 'figure', 삭제하려면 'none'을 속성값으로 사용한다.
Name	그림의 제목 바에 나타나는 이름을 담은 문자열.
NumberTitle	그림 번호를 제목 바에 나타낼지 여부를 지정한다. 가능한 값은 'on' 또는 'off'이다.
Position	화면 위의 그림 위치를 Units 속성에 지정된 단위로 지정한다. 그림의 왼쪽 아래 코너의 x, y 좌표와 그림의 폭과 높이를 나타내는 4원소 벡터로 값을 지정한다.
SelectionType	그림에서 가장 최근에 일어난 마우스 클릭의 선택 유형을 나타낸다. 한 번 클릭하면 'normal' 유형, 더블 클릭은 'open' 유형을 각각 반환한다(이 밖의 다른 유형에 대해서는 MATLAB 온라인 도움말을 참조할 것).

속성	설명
Tag	그림의 이름으로서 프로그램 내에서 그림을 찾아내는 데 사용할 수 있다.
Units	그림의 위치를 표현하는 단위. 가능한 값으로는 'inches', 'centimeters', 'normalized', 'points', 'pixels', 'characters'가 있다. 기본값은 'pixels'이다.
Visible	그림을 가시화할 것인지 여부를 지정한다. 가능한 값은 'on' 또는 'off'이다.
WindowStyle	그림이 모달형인지 여부를 지정한다(대화 상자 참조). 가능한 값은 'normal' 또는 'modal'이다.

표 13.3: **uicontrol** 객체의 주요 속성

속성	설명
BackgroundColor	객체의 배경색을 지정한다. 속성 값은 'r', 'g', 'b'와 같은 미리 정의된 색상이거나 색의 빨강/녹색/파랑 성분을 0–1 스케일로 표현한 3원소 벡터이다. 예를 들어 자홍색은 [1 0 1]로 나타낸다.
Callback	마우스나 키보드 입력으로 객체를 활성화시킬 때 호출되는 함수의 이름과 매개 변수를 지정한다.
Enable	객체를 선택할 수 있는지 여부를 지정한다. 선택 불가능으로 지정하면 이 객체는 마우스나 키보드 입력에 반응하지 않을 것이다. 가능한 값은 'on' 또는 'off'이다.
FontAngle	객체에 표시할 텍스트의 폰트각을 담은 문자열. 가능한 값은 'normal', 'italic' 또는 'oblique'이다.
FontName	객체에 표시할 텍스트의 폰트 이름을 담은 문자열.
FontSize	객체에 표시할 텍스트의 폰트 크기를 지정하는 수.
FontUnits	폰트 크기를 재는 단위. 가능한 값으로는 'inches', 'centimeters', 'normalized', 'points', 'pixels'가 있다. 기본값은 'points'이다.
FontWeight	객체에 표시할 텍스트의 폰트 굵기를 담은 문자열. 가능한 값으로는 'light', 'normal', 'demi', 'bold'가 있다. 기본값은 'normal'이다.
ForegroundColor	객체의 전면 색상을 지정한다.

속성	설명
HorizontalAlignment	객체 내에 나타낼 텍스트의 수평 정렬 방식을 지정한다. 가능한 값은 'left', 'center' 또는 'right'이다.
Max	객체의 value 속성의 최대값.
Min	객체의 value 속성의 최소값.
Parent	객체를 담은 그림의 핸들.
Position	화면상의 객체 위치를 Units 속성에 지정된 단위로 지정한다. 객체를 담은 그림을 기준으로 측정한 객체 왼쪽 아래 코너의 x, y 좌표와 객체의 폭과 높이를 나타내는 4원소 벡터로 값을 지정한다.
Tag	객체의 이름으로서 프로그램 내에서 객체를 찾아내는 데 사용할 수 있다.
TooltipString	마우스 포인터를 객체 위로 가져갈 때 나타낼 풍선 도움말 텍스트를 지정한다.
Units	객체의 위치를 표현하는 단위. 가능한 값으로는 'inches', 'centimeters', 'normalized', 'points', 'pixels', 'characters'가 있다. 기본값은 'pixels'이다.
Value	uicontrol의 현재 값. 토글 버튼, 체크 상자, 라디오 버튼의 경우 켜진 상태에서는 max, 꺼진 상태에서는 min을 갖는다. 다른 컨트롤들은 각각 다른 의미를 갖는다.
Visible	객체를 가시화할 것인지 여부를 지정한다. 가능한 값은 'on' 또는 'off'이다.

13.4 그래픽 사용자 인터페이스의 구성 요소

이 절에서는 그래픽 사용자 인터페이스의 구성 요소의 기본 특성을 요약한다. 각 요소의 생성법, 사용법과 더불어 각 요소가 일으킬 수 있는 이벤트의 유형에 대해 설명한다. 여기서 논의할 구성 요소는 다음과 같다.

- 정적 텍스트 필드
- 편집 상자
- 푸시 버튼
- 토글 버튼
- 체크 상자

- 라디오 버튼
- 팝업 메뉴
- 목록 상자
- 슬라이더
- 테이블

13.4.1 정적 텍스트 필드

정적 텍스트 필드(static text field)는 하나 또는 그 이상의 텍스트 문자열을 표시하는 그래픽 객체로서 텍스트의 내용은 `String` 속성으로 지정한다. `String` 속성은 문자열 또는 문자열의 셀 배열을 받아들인다. 입력 값이 문자열인 경우 한 줄에 표시되고, 문자열의 셀 배열인 경우 원소 수와 같은 수의 줄에 차례차례 문자열을 열거한다. 이 객체의 수평 정렬 속성을 설정하기에 따라 표시 영역 내의 텍스트 정렬 상태를 조정할 수 있다. 기본적으로 텍스트는 가운데로 수평 정렬된다. 텍스트 필드는 스타일 속성을 `'text'`로 잡아 `uicontrol` 함수를 호출하여 만들 수 있다. 또는 `guide`의 배치 편집기에 있는 텍스트 도구()를 사용하여 GUI에 텍스트 필드를 추가할 수 있다.

텍스트 필드는 콜백을 유발하지 않지만, 13.2절의 `MyFirstGUI` 프로그램에서 보인 것처럼 다른 구성 요소의 콜백 함수에서 텍스트 필드의 `String` 속성을 바꿈으로써 표시될 텍스트 값을 갱신할 수 있다.

13.4.2 편집 상자

편집 상자(edit box)는 사용자에게 하나 또는 그 이상의 텍스트 문자열을 입력할 수 있도록 허용하는 그래픽 객체이다. 이 상자는 스타일 속성을 `'edit'`로 하여 `uicontrol` 함수를 호출하면 만들 수 있다. 이 객체의 `min` 속성과 `max` 속성을 둘 다 1로 설정하면 편집 상자는 한 줄의 텍스트만을 받아들일 것이다. 사용자가 텍스트를 입력한 후 엔터 키 또는 ESC 키를 누를 때 콜백을 일으킨다.

그림 13.12a는 `'EditBox'`라는 이름의 편집 상자와 `'TextBox'`라는 이름의 텍스트 필드를 하나씩 담은 간단한 GUI를 보여주고 있다. 사용자가 편집 상자에 문자열을 입력한 후 엔터 키나 ESC 키를 누르면 프로그램은 자동적으로 그림 13.12b에 보인 `EditBox_Callback` 함수를 호출한다. 이 함수는 `handles` 구조체를 사용하여 편집 상자를 찾아낸 후 사용자가 입력한 텍스트를 복원한다. 그 다음에 이 함수는

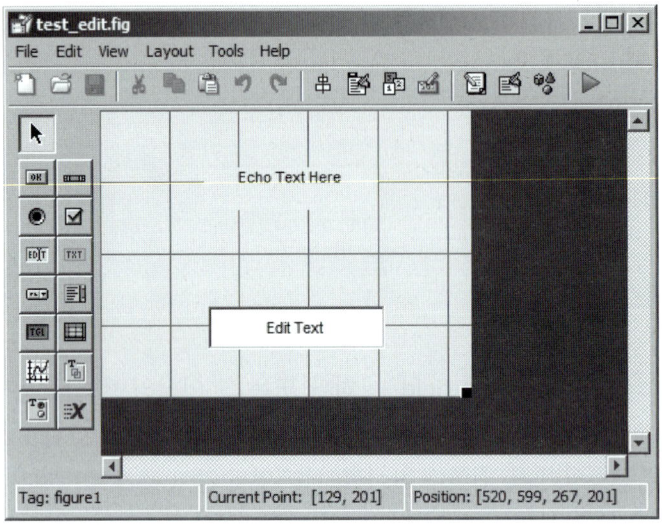

(a)

```
function EditBox_Callback(hObject, eventdata, handles)

% Find the value typed into the edit box
str = get (handles.EditBox,'String');

% Place the value into the text field
set (handles.TextBox,'String',str);
```

(b)

그림 13.12 (a) 한 줄용 편집 상자와 텍스트 필드를 담은 간단한 GUI의 배치도
(b) 이 GUI를 위한 콜백 함수

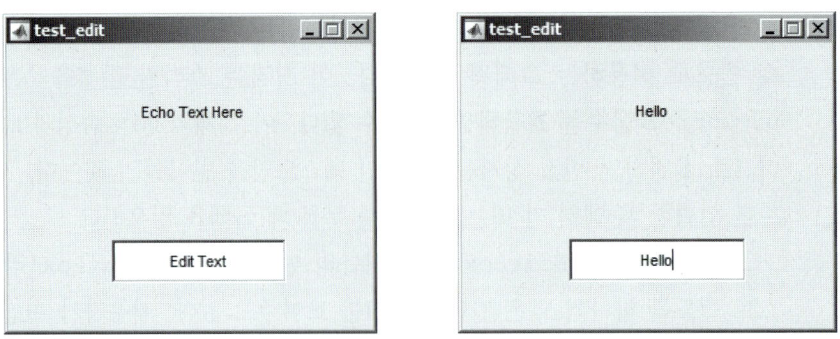

(a) (b)

그림 13.13 (a) `test_edit` 프로그램으로 생성한 GUI (b) 사용자가 편집 상자에 `'Hello'`를 입력하고 엔터키를 눌렀을 때의 GUI

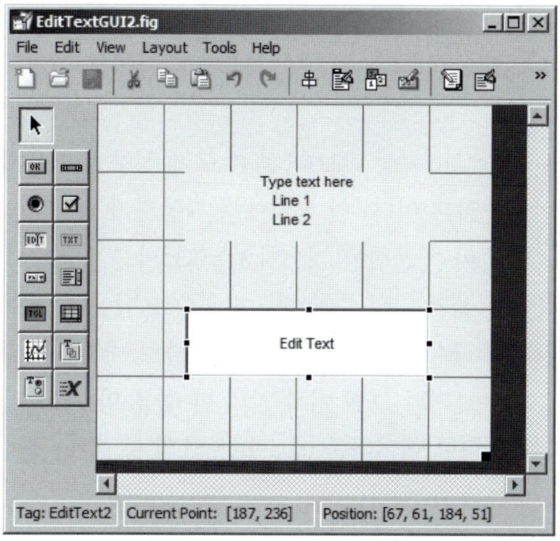

(a)

```
function EditBox2_Callback(hObject, eventdata, handles)

% Find the value typed into the edit box
str = get (handles.EditBox,'String');

% Place the value into the text field
set (handles.TextBox2,'String',str);
```

(b)

그림 13.14 (a) 여러 줄용 편집 상자와 텍스트 필드를 가지는 간단한 GUI의 배치도 (b) 이 GUI를 위한 콜백 함수

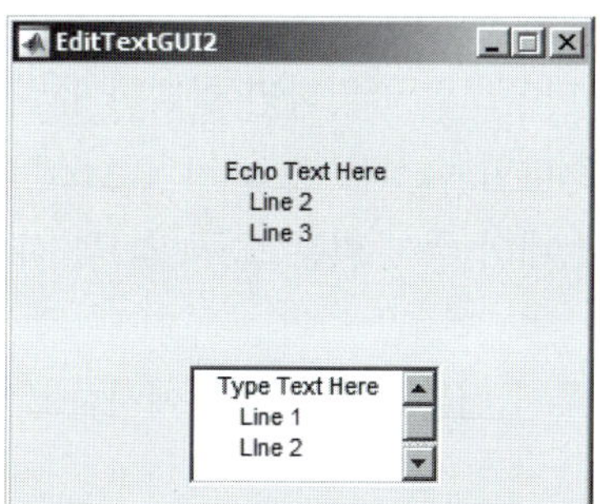

(a)

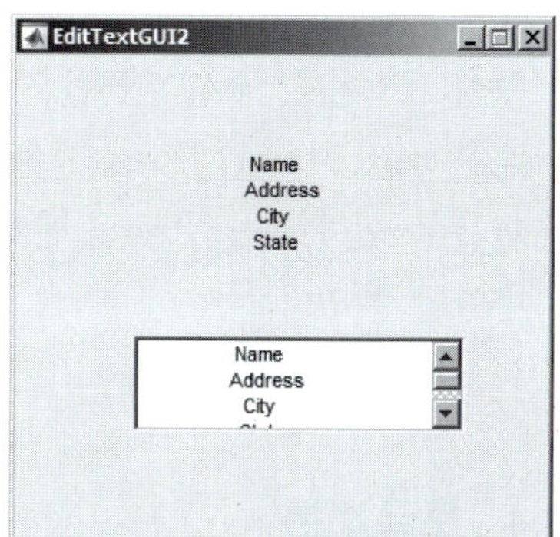

(b)

그림 13.15 (a) `test_edit2` 프로그램으로 만든 GUI (b) 사용자가 편집 상자에 네 줄을 입력한 후 ESC 키를 눌렀을 때의 GUI

텍스트 필드를 찾아내 그 안에 문자열을 표시한다. 그림 13.13은 이 GUI를 막 시작했을 때의 모습과 사용자가 편집 상자에 'Hello'라는 단어를 입력한 후의 모습을 같이 보여주고 있다.

편집 상자의 max 속성을 min 속성 값보다 큰 수로 설정하면 사용자가 원하는 만큼 많은 텍스트 줄을 받아들일 것이다. 이 상자에는 사용자가 데이터의 위아래로 이동할 수 있도록 수직 스크롤바가 포함될 것이다. 스크롤바를 끌거나 위아래 화살표를 사용하면 입력 줄 사이를 옮겨 다닐 수 있다. 여러 줄을 담을 수 있는 편집 상자에서 엔터 키를 누르면 현재의 줄이 끝나고 커서는 다음 줄로 내려가 추가 입력을 대기한다. 사용자가 ESC 키를 누르거나 그림 배경 안의 한 점을 마우스로 클릭하면 콜백이 생성되어 편집 상자에 입력한 데이터는 uicontrol의 String 속성에 저장된 문자열의 셀 배열 형태로 사용할 수 있다.

그림 13.14a는 'EditBox2'라는 이름의 여러 줄용 편집 상자와 'TextBox2'라는 이름의 텍스트 필드를 담은 간단한 GUI를 보여주고 있다. 사용자가 편집 상자에 여러 줄을 입력한 후 ESC 키를 누를 때 프로그램은 자동으로 그림 13.14b에 보인 EditBox2_Callback 함수를 호출한다. 이 함수는 handles 구조체를 사용하여 편집 상자를 찾아낸 후 사용자가 입력한 텍스트를 복원한다. 그 다음에 이 함수는 텍스트 필드를 찾아내 그 안에 문자열들을 표시한다. 그림 13.15는 이 GUI를 막 시작했을 때의 모습과 사용자가 편집 상자에 네 줄을 입력한 후의 모습을 같이 보여주고 있다.

13.4.3 푸시 버튼

푸시 버튼(pushbutton)은 사용자가 특정 동작을 일으키기 위하여 클릭할 수 있는 구성 요소이다. 푸시 버튼을 사용자가 마우스로 클릭하면 콜백이 유발된다. 푸시 버튼은 uicontrol 함수를 호출할 때 스타일 속성을 'pushbutton'으로 지정하여 만들 수 있다. 또 guide의 배치 편집기 내의 푸시 버튼 도구( )를 사용하여 GUI에 추가할 수 있다.

그림 13.10의 MyFirstGUI 함수는 푸시 버튼의 사용법을 예시하고 있다.

13.4.4 토글 버튼

토글 버튼(toggle button)은 누름(on)과 안 누름(off)의 두 상태를 갖는 일종의 버튼이다. 토글 버튼은 사용자가 마우스로 클릭할 때마다 두 상태 사이를 오가며, 그 때

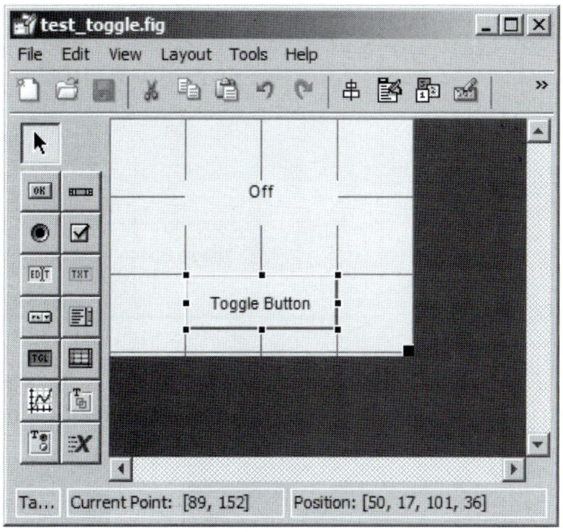

(a)

```
function ToggleButton_Callback(hObject, eventdata, handles)
% hObject handle to ToggleButton (see GCBO)
% eventdata reserved - to be defined in a future version of MATLAB
% handles structure with handles and user data (see GUIDATA)

% Find the state of the toggle button
state = get(handles.ToggleButton,'Value');

% Place the correct value into the text field
if state == 0
   string ='Off';
else
   string ='On';
end
set (handles.TextBox,'String',string);
```

(b)

그림 13.16 (a) 토글 버튼과 텍스트 필드를 담은 간단한 GUI의 배치도
(b) 이 GUI를 위한 콜백 함수

마다 콜백을 생성한다. 토글 버튼의 'Value' 속성은 누른 상태일 때 max(대개 1)로, 안 누른 상태일 때 min(대개 0)으로 설정된다.

토글 버튼은 스타일 속성을 'togglebutton'으로 하여 uicontrol 함수를 호출하여 만들 수 있다. 또는 guide의 배치 편집기에 있는 토글 버튼 도구()를 사용하여 GUI에 토글 버튼을 추가할 수 있다.

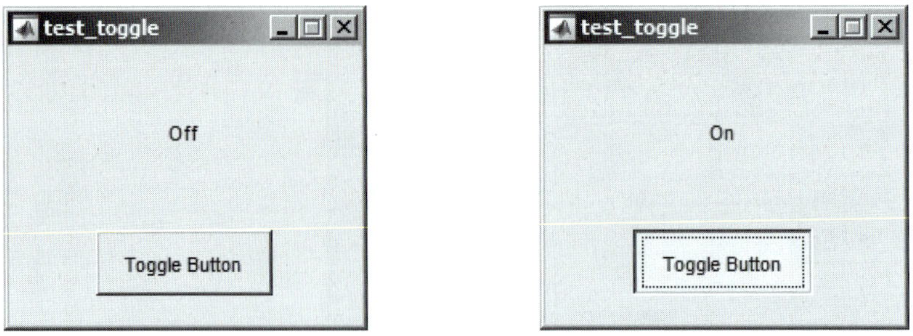

(a) (b)

그림 13.17 (a) `test_togglebutton` 프로그램으로 만든 GUI (b) 토글 버튼을 누른 상태의 GUI

그림 13.16a는 `'ToggleButton'`이라는 이름의 토글 버튼과 `'TextBox'`라는 이름의 텍스트 필드를 담은 간단한 GUI를 보여주고 있다. 사용자가 토글 버튼을 클릭할 때 프로그램은 자동적으로 그림 13.16b에 보인 `ToggleButton_Callback` 함수를 호출한다. 이 함수는 `handles` 구조체를 사용하여 토글 버튼을 찾아낸 후 `'Value'` 속성으로부터 누름 상태를 복원한다. 다음, 이 함수는 텍스트 필드를 찾아내어 그 안에 토글 버튼의 상태를 표시한다. 그림 13.17은 이 GUI를 막 시작했을 때의 모습과 사용자가 처음으로 토글 버튼을 누른 후의 모습을 같이 보여주고 있다.

13.4.5 체크 상자와 라디오 버튼

체크 상자(checkbox)와 라디오 버튼(radio button)은 모양이 다르다는 점을 제외하고는 토글 버튼과 본질적으로 같다. 이들도 토글 버튼처럼 온(on)과 오프(off)의 두 상태를 갖고, 사용자가 마우스로 클릭할 때마다 두 상태 사이를 오가며, 그 때마다 콜백을 생성한다. 체크 상자나 라디오 버튼의 `'Value'` 속성은 온 상태일 때 max(대개 1)로, 오프 상태일 때 `min`(대개 0)으로 설정된다. 체크 상자와 라디오 버튼은 그림 13.1에 예시되어 있다.

체크 상자는 스타일 속성을 `'checkbox'`로 하여 `uicontrol` 함수를 호출하여 만들 수 있고, 라디오 버튼의 경우는 스타일 속성을 `'radiobutton'`으로 하여 만들 수 있다. `guide`의 배치 편집기에 있는 체크 상자 도구(☑)나 라디오 버튼 도구(◉)를 사용하여 GUI에 이 컨트롤들을 추가할 수 있다.

체크 상자는 전통적으로 온/오프 옵션을 표시하는 데 쓰이며, 라디오 버튼의 그룹은 상호 배타적인 옵션 가운데 하나를 선택할 때 쓰인다.

그림 13.18a는 `'CheckBox'`라는 이름의 체크 상자와 `'TextBox'`라는 이름의 텍

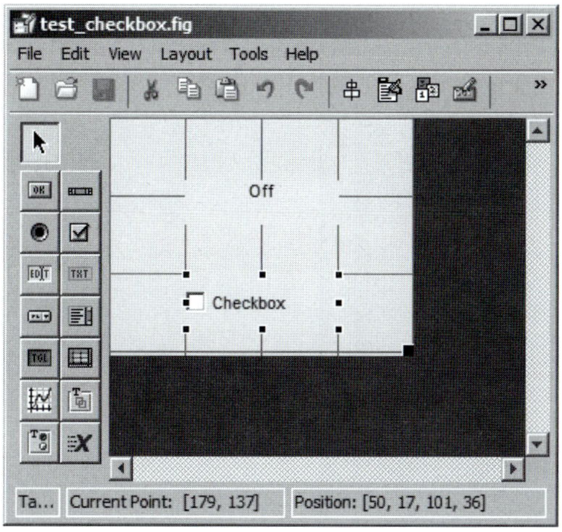

(a)

```
function CheckBox_Callback(hObject, eventdata, handles)

% Find the state of the checkbox
state = get(handles.CheckBox,'Value');

% Place the value into the text field
if state == 0
   set (handles.TextBox,'String','Off');
else
   set (handles.TextBox,'String','On');
end ;
```

(b)

그림 13.18 (a) 체크 상자와 텍스트 필드를 담은 간단한 GUI의 배치도
(b) 이 GUI를 위한 콜백 함수

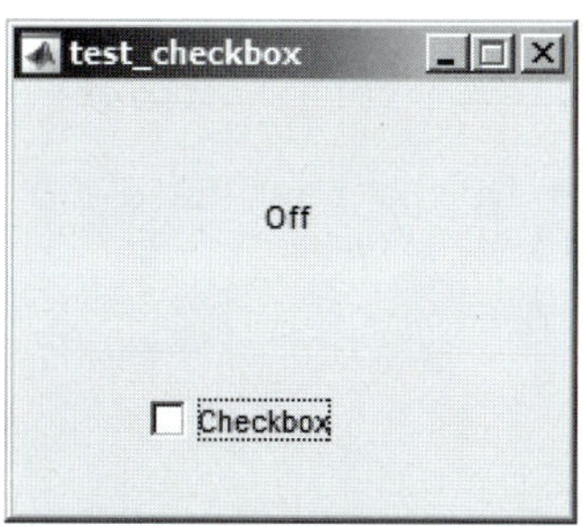

(a)

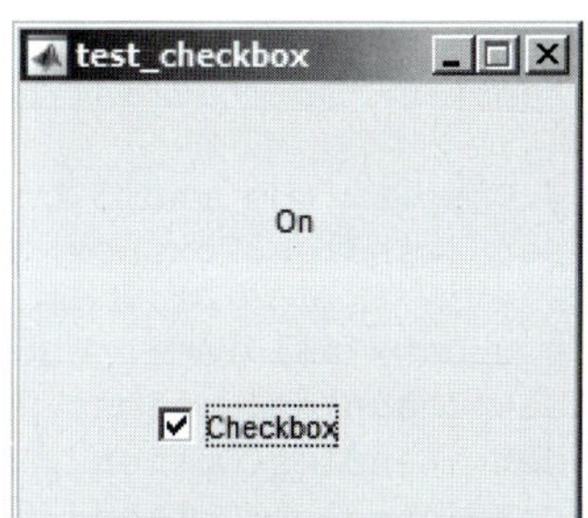

(b)

그림 13.19 (a) test_checkbox 프로그램으로 만든 GUI, 토글 버튼은 오프이다.
(b) 체크 상자가 온 상태일 때의 GUI

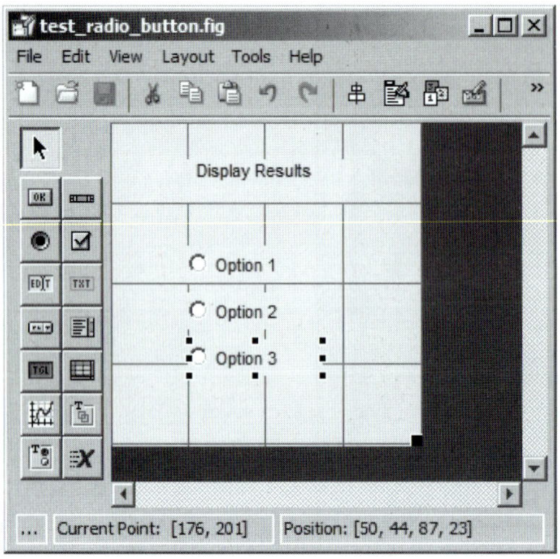

(a)

```
function Option1_Callback(hObject, eventdata, handles)

% Display the radio button clicked in the text field
set (handles.TextBox,'String','Option 1');

% Update all radio buttons
set (handles.Option1,'Value',1);
set (handles.Option2,'Value',0);
set (handles.Option3,'Value',0);

function Option2_Callback(hObject, eventdata, handles)

% Display the radio button clicked in the text field
set (handles.TextBox,'String','Option 2');

% Update all radio buttons
set (handles.Option1,'Value',0);
set (handles.Option2,'Value',1);
set (handles.Option3,'Value',0);

function Option3_Callback(hObject, eventdata, handles)

% Display the radio button clicked in the text field
set (handles.TextBox,'String','Option 3');

% Update all radio buttons
set (handles.Option1,'Value',0);
set (handles.Option2,'Value',0);
set (handles.Option3,'Value',1);
```

(b)

그림 13.20 (a) 세 개의 라디오 버튼과 하나의 텍스트 필드를 담은 간단한 GUI의 배치도 (b) 이 GUI를 위한 콜백 함수. 사용자가 한 버튼을 클릭하면 그 버튼은 온으로 설정되고, 다른 버튼은 모두 오프가 된다.

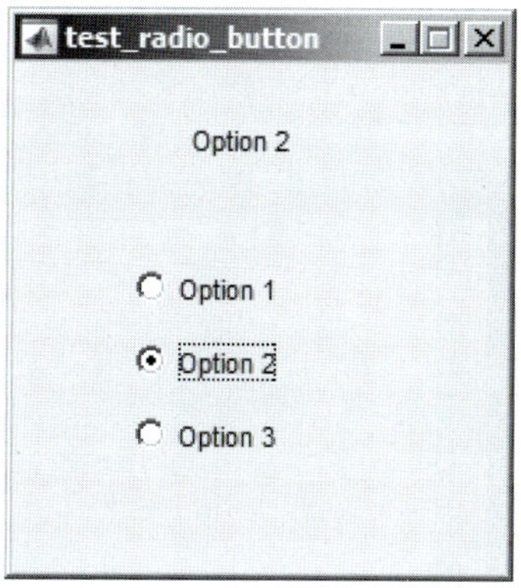

그림 13.21 `test_radio_button` 프로그램으로 만든 GUI에서 두 번째 옵션을 선택한 상태

스트 필드를 담은 간단한 GUI를 보여주고 있다. 사용자가 체크 상자를 클릭할 때 프로그램은 자동으로 그림 13.18b에 보인 `CheckBox_Callback` 함수를 호출한다. 이 함수는 `handles` 구조체를 사용하여 체크 상자를 찾아낸 후 `'Value'` 속성으로부터 상자의 상태를 복원한다. 그 다음에 이 함수는 텍스트 필드를 찾아내 그 안에 체크 상자의 상태를 표시한다. 그림 13.19는 이 GUI를 막 시작했을 때의 모습과 사용자가 처음으로 체크 상자를 클릭한 후의 모습을 같이 보여주고 있다.

그림 13.20a는 라디오 버튼을 사용하여 일군의 상호 배타적인 옵션을 만드는 방법을 예시하고 있다. 이 그림에 있는 GUI는 'Option 1', 'Option 2', 'Option 3'라는 라벨을 단 세 개의 라디오 버튼과 현재 선택된 결과를 나타낼 수 있는 하나의 텍스트 필드를 생성한다.

이 GUI에 해당하는 콜백 함수가 그림 13.20b에 나와 있다. 사용자가 라디오 버튼을 클릭하면 이 콜백 함수가 실행된다. 이 함수는 현재 옵션을 표시하도록 텍스트 박스를 설정하고, 그 라디오 버튼을 켜며, 다른 버튼들은 모두 끈다.

그림 13.21은 Option 2를 선택할 때의 GUI의 모습을 보이고 있다.

13.4.6 팝업 메뉴

팝업 메뉴(popup menu)는 상호 배타적인 옵션 목록에서 하나를 선택할 수 있도록 사용자에게 허용하는 그래픽 객체이다. 선택 가능한 옵션 목록은 문자열의 셀 배열로 지정하며, `'Value'` 속성으로 어떤 문자열이 현재 선택되었는지를 알 수 있다. `guide`의 배치 편집기에 있는 팝업 메뉴 도구()를 사용하여 GUI에 팝업 메뉴를 추가할 수 있다.

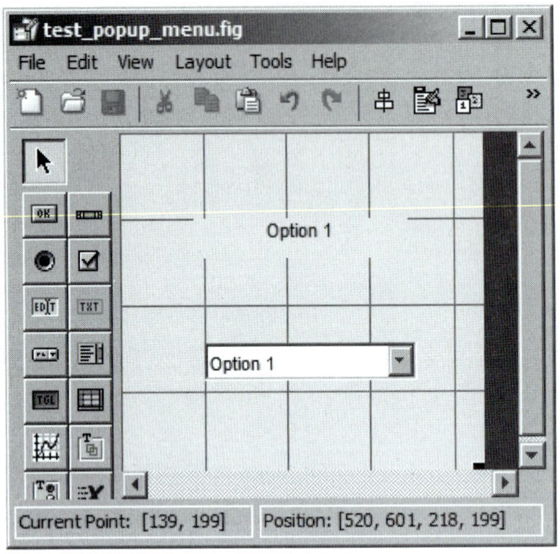

(a)

```
function PopupMenu_Callback(hObject, eventdata, handles)

% Find the value of the popup menu
value = get(handles.PopupMenu,'Value');

% Place the value into the text field
str = ['Option' num2str(value)];
set (handles.TextBox,'String',str);
```

(b)

그림 13.22 (a) 팝업 메뉴와 텍스트 필드를 담은 간단한 GUI의 배치도
(b) 이 GUI를 위한 콜백 함수

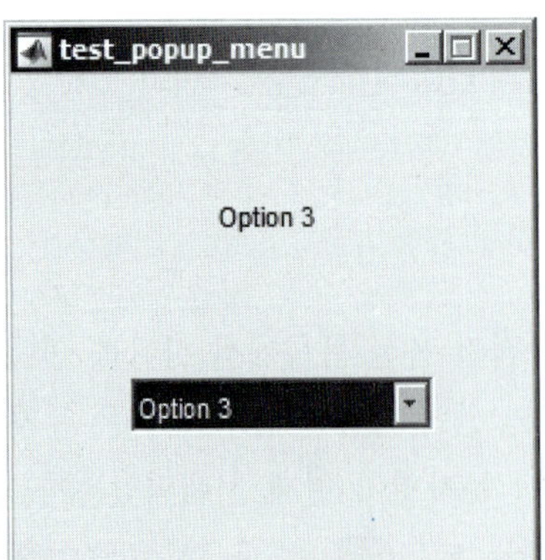

그림 13.23 test_popup_menu 프로그램으로 만든 GUI

그림 13.22a는 팝업 메뉴의 예를 보여 준다. 이 그림에 있는 GUI는 'Option 1', 'Option 2' 등의 라벨이 붙은 5개의 옵션을 갖는 팝업 메뉴를 만든다.

이 GUI에 해당하는 콜백 함수가 그림 13.22b에 나와 있다. 이 콜백 함수는 객체의 'Value' 속성을 검사하여 선택된 옵션을 복원하고, 그 값을 담은 문자열을 만들어 텍스트 필드에 표시한다. 그림 13.23은 세 번째 옵션을 선택할 때의 GUI의 모습을 보이고 있다.

13.4.7 목록 상자

목록 상자(list box)는 많은 줄의 텍스트를 표시하여 사용자가 이 중 하나 또는 여럿을 선택할 수 있도록 허용하는 그래픽 객체이다. 목록 상자에 다 표시할 수 없을 정도로 줄이 많으면 스크롤바가 만들어져 사용자는 목록의 위아래를 다 볼 수 있다. 목록 상자에 담을 텍스트의 줄 수는 문자열의 셀 배열로 지정하는데, 'Value' 속성은 어떤 문자열이 현재 선택되었는지를 나타낸다.

목록 상자는 스타일 속성을 'listbox'로 잡아 uicontrol 함수를 호출하여 만들 수 있다. 또한 guide의 배치 편집기에 있는 목록 상자 도구( )를 사용하여 GUI에 목록 상자를 추가할 수 있다.

목록 상자를 사용하면 가능한 여러 옵션 중 하나를 선택할 수 있다. 일반적인 GUI 사용법에서는 목록 내의 항목을 한 번 클릭하면 그 항목이 선택되지만 어떤 동작이 나타나지는 않는다. 동작을 일으키려면 푸시 버튼과 같은 외부 유발 장치가 필요하다. 그러나 항목을 더블 클릭하면 바로 동작이 일어난다. 클릭과 더블 클릭 이벤트는 클릭이 일어나는 그림의 SelectionType 속성을 사용하여 판별할 수 있다. 한 번 클릭은 이 속성에 문자열 'normal'을 넣으며, 더블 클릭은 'open'을 넣는다.

목록에서 여러 항목을 선택할 수 있도록 목록 상자를 설정할 수도 있다. 이 상자의 max 속성과 min 속성의 값의 차가 1보다 크면 다중 선택이 허용된다. 그렇지 않으면 목록에서 한 항목만을 선택할 수 있다.

그림 13.24a는 단일 선택용 목록 상자의 예를 보여 준다. 이 그림에 있는 GUI는 'Option 1', 'Option 2' 등의 라벨이 붙은 8개의 옵션을 담은 목록 상자를 만든다. 또한 선택을 실행에 옮기는 푸시 버튼과 선택한 옵션을 표시할 텍스트 필드도 만든다. 목록 상자와 푸시 버튼은 콜백을 일으킨다.

이 GUI에 해당하는 콜백 함수가 그림 13.24b에 나와 있다. 목록 상자에서 선택이 이루어지면 ListBox1_Callback 함수가 실행될 것이다. 이 함수는 (gcbf 함수를 사용하여) 콜백을 일으킨 그림을 조사하여 선택 동작이 클릭 또는 더블 클릭 중 어느

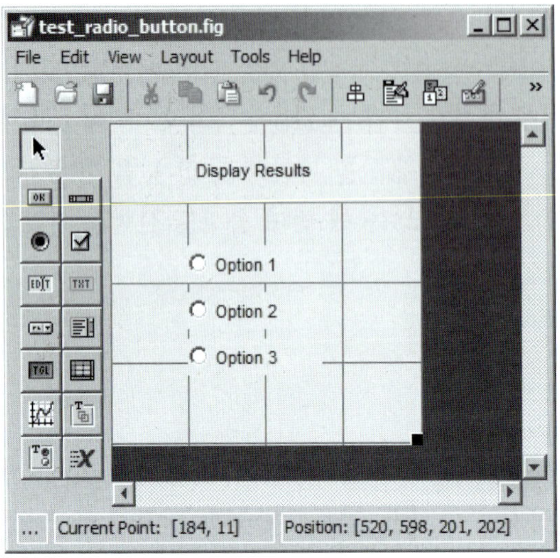

(a)

```
function Button1_Callback(hObject, eventdata, handles)

% Find the value of the popup menu
value = get(handles.Listbox1,'Value');

% Update text label
str = ['Option' num2str(value)];
set (handles.Label1,'String',str);

function Listbox1_Callback(hObject, eventdata, handles)

% If this was a double click, update the label.
selectiontype = get(gcbf,'SelectionType');
if selectiontype(1) =='o'

   % Find the value of the popup menu
   value = get(handles.Listbox1,'Value');

   % Update text label
   str = ['Option' num2str(value)];
   set (handles.Label1,'String',str);
end
```

(b)

그림 13.24 (a) 목록 상자, 푸시 버튼과 텍스트 필드를 담은 간단한 GUI의 배치도
(b) 이 GUI를 위한 콜백 함수

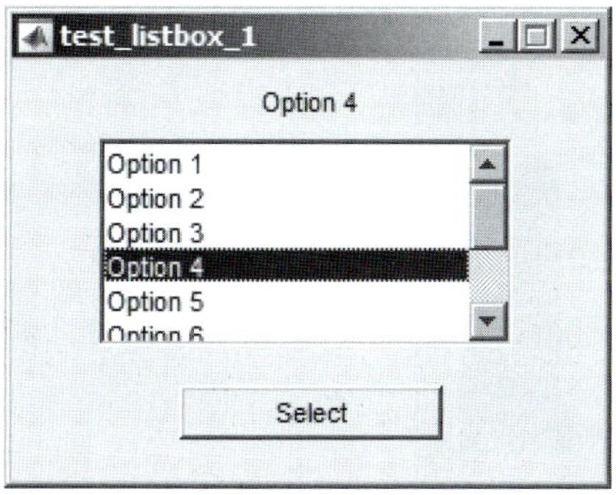

그림 13.25 test_listbox 프로그램으로 만든 GUI

것이었는지를 파악한다. 만일 클릭이었다면 함수는 아무 일도 하지 않는다. 더블 클릭이었다면 목록 상자에서 선택된 값을 가져와 텍스트 필드에 적절한 문자열을 쓴다.

푸시 버튼을 클릭하면 `Button1_Callback`이 실행된다. 이 함수는 목록 상자에서 선택된 값을 가져와 텍스트 필드에 적절한 문자열을 쓴다.

이 장 끝의 연습문제에서 여러분은 목록 상자에서 다중 선택을 허용하도록 이 예제를 약간 수정하게 될 것이다.

13.4.8 슬라이더

슬라이더(slider)는 사용자가 지정된 최소값과 최대값 사이의 연속 구간에서 마우스로 막대를 끌어 값을 선택할 수 있도록 허용하는 그래픽 객체이다. 슬라이더의 `'Value'` 속성은 그 위치에 따라 `min`과 `max` 사이의 값으로 설정된다.

슬라이더는 스타일 속성을 `'slider'`로 잡아 `uicontrol` 함수를 호출하면 만들 수 있다. 또한 `guide`의 배치 편집기에 있는 슬라이더 도구( )를 사용하여 GUI에 추가할 수 있다.

그림 13.26a는 슬라이더와 텍스트 필드를 담은 간단한 GUI의 배치도를 보여 준다. 이 슬라이더의 `'Min'` 속성은 0, `'Max'` 속성은 1로 설정되어 있다. 사용자가 슬라이더를 끌면 그림 13.26b에 보인 `Slider1_Callback` 함수가 자동적으로 실행된다. 이 함수는 `'Value'` 속성으로부터 슬라이더의 값을 가져와 텍스트 필드에 표시한다. 그림 13.27은 슬라이더를 구간 내의 한 지점으로 끌어다 놓았을 때의 GUI의 모습을 보이고 있다.

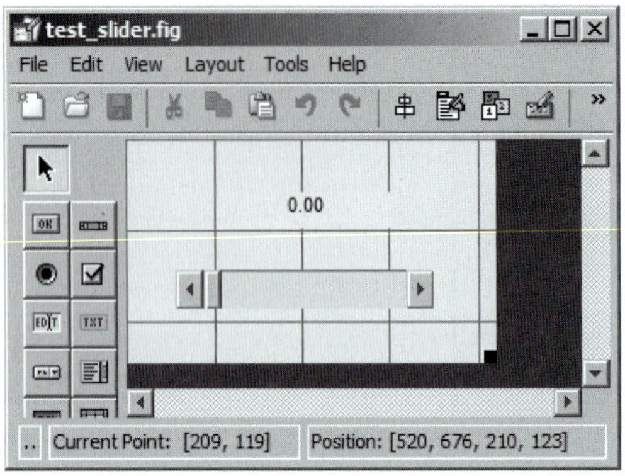

(a)

```
function Slider1_Callback(hObject, eventdata, handles)

% Find the value of the slider
value = get(handles.Slider1,'Value');

% Place the value in the text field
str = sprintf('%.2f',value);
set (handles.Label1,'String',str);
```

(b)

그림 13.26 (a) 슬라이더와 텍스트 필드를 담은 간단한 GUI의 배치도
(b) 이 GUI를 위한 콜백 함수

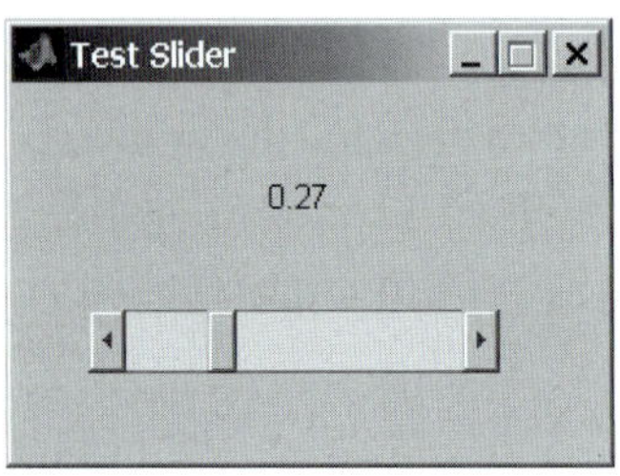

그림 13.27 `test_slider` 프로그램으로 만든 GUI

13.4.9 테이블

테이블은 데이터를 행과 열을 이용하여 2차원적으로 표현한 것이다. 슬라이더는 사용자가 지정된 최소값과 최대값 사이의 연속 구간에서 마우스로 막대를 끌어 값을 선택할 수 있도록 허용하는 그래픽 객체이다. 슬라이더의 'Value' 속성은 그 위치

에 따라 min과 max 사이의 값으로 설정된다.

테이블은 uitable 객체에 의해 생성된다. 테이블은 배치 편집기에 있는 테이블 도구()를 사용하여 GUI에 추가할 수 있다. uitable은 다른 GUI 요소로 사용되는 uicontrol과는 다르며, 올바른 사용을 위해 설정해야 하는 다른 속성을 가지고 있다. uitable에 필요한 주요 속성은 다음과 같다.

1. Data – 테이블에 나타낼 값들을 포함하고 있는 2차원 셀 배열. 테이블에 나타낼 수 있는 데이터 유형은 숫자, 논리, 문자이며 이들을 혼합하여 사용할 수 있다. 테이블의 크기는 일반적으로 테이블에 주어진 데이터 크기와 같도록 지정된다.
2. ColumnName – 테이블의 각 열의 레이블을 포함하고 있는 1차원 셀 배열.
3. ColumnFormat – 각 열('numeric', 'logical' 등)에 나타낼 데이터의 서식을 포함하고 있는 1차원 셀 배열.
4. ColumEditable –각 열의 편집 가능 여부를 나타내는 1차원 논리 배열.
5. RowName – 테이블 각 행의 레이블을 담은 1차원 셀 배열.
6. CellEditCallback – 테이블의 셀에 있는 데이터가 수정될 때 호출되는 함수.
7. CellSelectionCallback – 셀 선택이 수정되면 지정된 함수가 호출되어 현재 선택된 모든 셀의 목록이 제공된다.

그림 13.28a는 테이블과 두 개의 텍스트 필드를 포함하고 있는 간단한 GUI의 배치를 보여준다. 초기 데이터가 셀 배열 {1, 2, 3, 4; 5, 6, 7, 8; 9, 10, 11, 12}이기 때문에 그 테이블의 크기는 3 × 4이다. 1열, 3열, 4열은 편집이 가능하고 2열은 편집이 불가능하다는 것을 명시하기 위해 속성 검사기가 사용되었다. CellEditCallback과 CellSelectionCallback으로 사용할 콜백 함수가 정의되었다.

현재 선택된 셀과 셀 수정시 기존 값과 새로운 값에 대한 정보를 가지고 있는 eventdata 구조체가 각 콜백으로 반환된다. 표본 GUI는 선택된 셀과 수정된 정보를 보여준다. 선택된 셀의 목록을 만들고 셀의 수정된 데이터를 보여주는 콜백 함수를 그림 13.28b에 나타내었다. 그림 13.29는 선택되고 수정된 셀을 갖는 GUI를 보여준다.

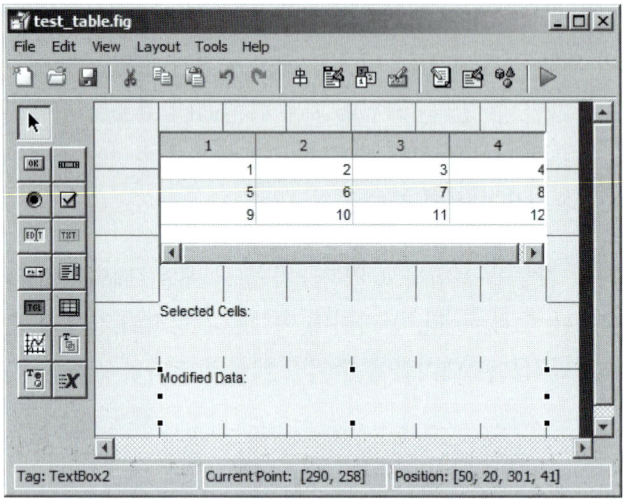

(a)

```
function uitable1_CellSelectionCallback(hObject, eventdata, handles)
% Get the cells selected
rows = eventdata.Indices(:,1);
columns = eventdata.Indices(:,2);

% List the (row,column) pairs selected
string = ['Selected Cells:'];
for ii = 1:length(rows)
   string = [string'(', int2str(rows(ii))',' int2str(columns(ii))')'];
end

% Set the list into the string
set (handles.TextBox1,'String', string);

% Clear the modified cell
set (handles.TextBox2,'String','Modified Cell:');
function uitable1_CellEditCallback(hObject, eventdata, handles)

% Get the cells selected
rows = eventdata.Indices(:,1);
columns = eventdata.Indices(:,2);

% Display the data change
string = ['Modified Cell: (', int2str(rows)',' int2str(columns)')'];
string = [string'; Old data =' num2str(eventdata.PreviousData)];
string = [string'; New data =' num2str(eventdata.NewData)];

% Set the list into the string
set (handles.TextBox2,'String', string);
```

(b)

그림 13.28 (a) 두 개의 텍스트 필드를 갖는 표본 테이블의 배치 (b) 이 GUI를 위한 콜백 함수

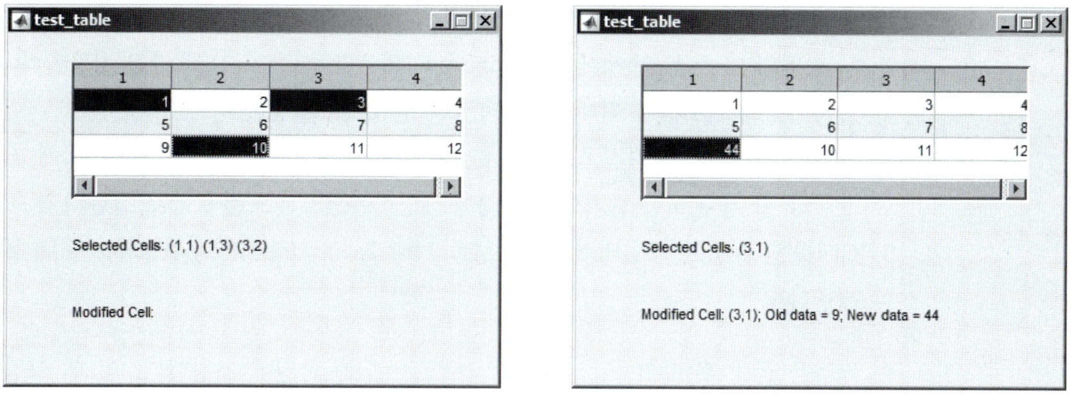

(a) (b)

그림 13.29 (a) 다중 셀이 선택된 `test_table` GUI (b) (3, 1) 셀에 있는 데이터를 수정한 `test_table` GUI

▶ 예제 13.1 — 온도 변환

0~100 ℃ 범위에서 섭씨 온도를 화씨 온도로 또는 그 반대로 변환하는 프로그램을 작성하라. GUI를 사용하여 데이터를 받아들이고 결과를 표시하라. 프로그램은 화씨 온도와 섭씨 온도 각각을 위한 편집 상자와 온도를 연속적으로 조절하기 위한 슬라이더를 포함하여야 한다. 사용자가 하나의 편집 상자에 숫자를 입력하거나 슬라이더를 움직여 온도를 입력할 수 있어야 하며, 모든 GUI 구성 요소는 그 값에 맞춰 작동하여야 한다.

풀이

이 프로그램을 만들려면 화씨 온도와 섭씨 온도 각각을 위한 텍스트 필드 및 편집 상자와 슬라이더가 필요하다. 또한 화씨 온도를 섭씨 온도로 변환하는 함수와 섭씨 온도를 화씨 온도로 변환하는 함수도 필요하다. 마지막으로, 사용자 입력을 지원하기 위한 콜백 함수를 작성할 필요가 있다.

변환할 값의 범위는 32~212 ℉ 또는 0~100 ℃이므로 슬라이더 값을 섭씨 온도로 간주하여 0~100의 범위를 다룰 수 있도록 설정하는 것이 편리하다.

프로그램 작성의 첫 단계로 `guide`를 사용하여 GUI를 설계한다. `guide`에서 필요한 5개의 GUI 요소를 만들어 적절한 곳에 배치한다. 그 다음에 속성 검사기를 사용하여 다음 단계들을 수행한다.

1. 각 GUI 구성 요소에 적당한 이름을 붙이고 해당 `Tag` 속성에 저장한다. 여기서 사

용할 이름은 'Label1', 'Label2', 'Edit1', 'Edit2' 및 'Slider1'이다.

2. 두 라벨의 String 속성에 'Degrees F'와 'Degrees C'를 각각 저장한다.
3. 슬라이더의 최소값과 최대값을 각각 0과 100으로 설정한다.
4. 초기 온도 값을 두 편집 상자의 String 속성과 슬라이더의 Value 속성에 저장한다. 초기 온도는 슬라이더 값 0에 해당하는 32 ℉ 또는 0 ℃로 잡는다.
5. GUI를 담고 있는 그림의 Name 속성을 'Temperature Conversion'으로 설정한다.

이 작업을 끝낸 후 GUI를 temp_conversion.fig 파일에 저장한다. 이 때 그림 파일과 그에 상응하는 M 파일이 함께 만들어 진다. M 파일은 두 편집 상자와 슬라이더에 필요한 3개의 콜백 함수를 담을 것이다. 이 배치 과정에서의 GUI 모습이 그림 13.30에 나와 있다.

다음 단계는 화씨 온도를 섭씨 온도로 변환하는 함수 to_c를 작성하는 것이다. 이 함수는 다음 식을 구현한다.

$$\deg C = \frac{5}{9}(\deg F - 32) \tag{13.1}$$

이 함수의 코드는 다음과 같다.

```
function deg_c = to_c(deg_f)

% Convert degrees Fahrenheit to degrees C.
deg_c = (5/9) * (deg_f - 32);
end % function deg_c
```

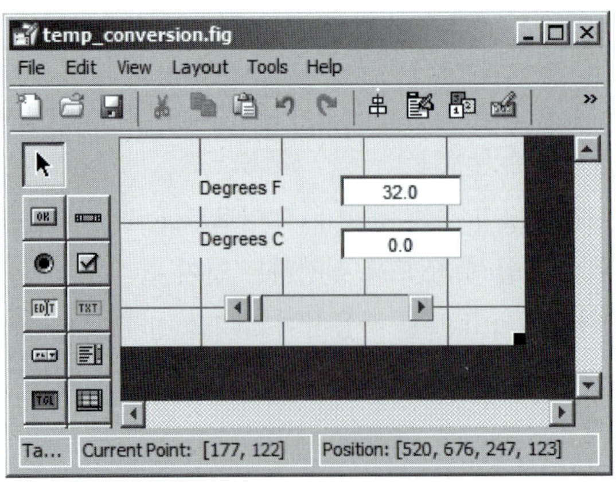

그림 13.30 온도 변환 GUI의 배치도

```
function Edit1_Callback(hObject, eventdata, handles)

% Update all temperature values
deg_f = str2num( get(hObject,'String'));
deg_f = max( [ 32 deg_f] );
deg_f = min( [212 deg_f] );
deg_c = to_c(deg_f);

% Now update the fields
set (handles.Edit1,'String',sprintf('%.1f',deg_f));
set (handles.Edit2,'String',sprintf('%.1f',deg_c));
set (handles.Slider1,'Value',deg_c);

function Edit2_Callback(hObject, eventdata, handles)

% Update all temperature values
deg_c = str2num( get(hObject,'String') );
deg_c = max( [ 0 deg_c] );
deg_c = min( [100 deg_c] );
deg_f = to_f(deg_c);

% Now update the fields
set (handles.Edit1,'String',sprintf('%.1f',deg_f));
set (handles.Edit2,'String',sprintf('%.1f',deg_c));
set (handles.Slider1,'Value',deg_c);

function Slider1_Callback(hObject, eventdata, handles)

% Update all temperature values
deg_c = get(hObject,'Value');
deg_f = to_f(deg_c);

% Now update the fields
set (handles.Edit1,'String',sprintf('%.1f',deg_f));
set (handles.Edit2,'String',sprintf('%.1f',deg_c));
set (handles.Slider1,'Value',deg_c);
```

그림 13.31 온도 변환 GUI를 위한 콜백 함수

to_f 함수는 다음 식에 따라 섭씨 온도를 화씨 온도로 변환한다.

$$\deg F = \frac{9}{5}\deg C + 32 \tag{13.2}$$

이 함수의 코드는 다음과 같다.

```
function deg_f = to_f(deg_c)

% Convert degrees Celsius to degrees Fahrenheit.
deg_f = (9/5) * deg_c + 32;
end % function deg_f
```

마지막으로, 이들을 함께 묶을 콜백 함수들을 작성하여야 한다. 이 함수들은 편집 상자나 슬라이더에 반응하여 세 요소 전부를 갱신하여야 한다(사용자가 데이터를 입력한 편집 상자조차도 값을 일관된 서식으로 표시하거나 범위를 벗어나는 값을 교정할 수 있도록 갱신하여야 할 것이다).

이 과정에서 고려해야 할 복잡한 일 하나는 편집 상자에 입력되는 값은 문자열이지만 우리는 그 값을 수로 취급하기를 바란다는 점이다. 사용자가 편집 상자에 100이라는 값을 쳐 넣었다면 실제로는 100이라는 수치 대신 `'100'`이라는 문자열을 입력한 것이므로, 콜백 함수에서 온도 변환에 앞서 이 문자열을 수로 바꿀 필요가 있다. 이를 위해 문자열을 수치로 바꾸는 `str2num` 함수를 사용한다.

또한 콜백 함수는 사용자의 온도 입력을 적법한 범위(32~212 ℉와 0~100 ℃)로 제한하여야 한다.

이 과정에서 나타날 콜백 함수를 그림 13.31에 보였다.

이제 프로그램이 완성되었다. 이를 실행한 후 편집 상자나 슬라이더를 사용하여 몇 가지 다른 온도를 입력해 보자. 범위를 벗어나는 값도 꼭 넣어보기 바란다. 이 GUI는 제대로 작동하는 것 같은가?

◀

13.5 다른 컨테이너들: 패널과 버튼 그룹

MATLAB GUI는 두 가지 다른 유형의 컨테이너로서 (`uipanel` 함수로 만드는) **패널(panel)**과 (`uibuttongroup` 함수로 만드는) **버튼 그룹(button group)**을 포함하고 있다.

13.5.1 패널

패널은 GUI 구성 요소나 다른 컨테이너를 담을 수 있는 컨테이너이지만 제목 바나 메뉴를 갖지 않는다. 패널은 uicontrol, 테이블, 축, 다른 패널, 버튼 그룹 등과 같은 GUI 요소를 담을 수 있다. 패널 안에 넣는 모든 요소는 패널을 기준으로 위치가 정해진다. GUI 상에서 패널을 옮기면 그 안의 모든 요소들도 같이 옮겨진다. 패널은 관련된 컨트롤들을 묶어 관리하는 아주 좋은 방법이다.

패널은 `uipanel` 함수로 만든다. 또는 `guide`의 배치 편집기 내의 패널 도구( )를 사용하여 GUI에 추가할 수 있다.

각 패널은 제목을 가지며, 대개 파이거나 도드라진 선으로 패널의 경계를 표시한다. 패널 제목은 상변 또는 하변의 왼쪽, 가운데, 오른쪽에 놓을 수 있다. 제목 위치나 경계 모양을 여러 가지로 조합한 패널의 예가 그림 13.32에 나와 있다.

패널을 사용하는 간단한 예로 지정된 두 값 x_{min}과 x_{max} 사이에서 함수 $y = ax^2 + bx + c$의 그래프를 그리는 GUI를 만들어 보자. GUI는 사용자가 a, b, c, x_{min}, x_{max}의 값

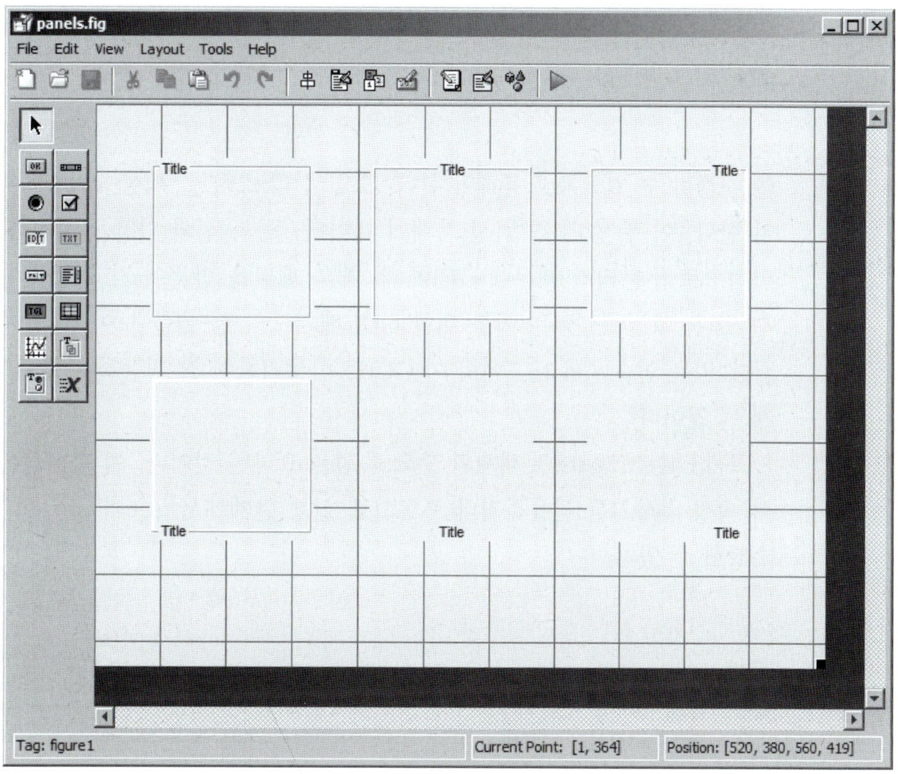

그림 13.32 여러 가지 패널 모양

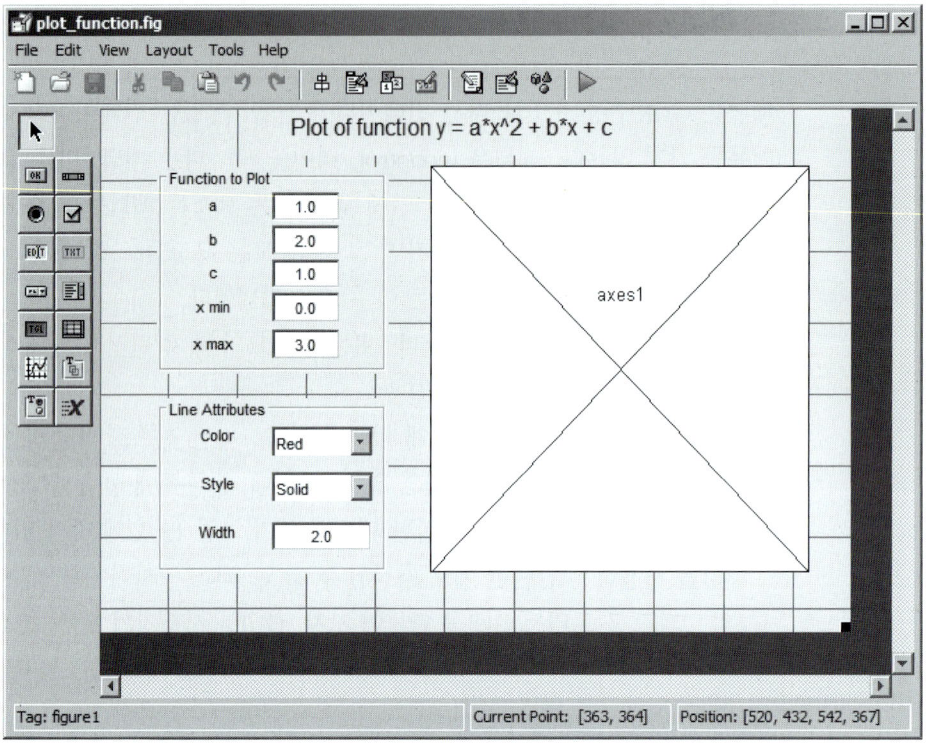

그림 13.33 패널을 사용하여 관련된 특성을 묶은 함수 그리기 GUI의 배치도

을 지정할 수 있도록 허용해야 한다. 또한 선의 스타일, 색상, 굵기를 지정할 수 있어야 한다. 이 두 값의 집합(선 자체의 데이터값들과 선의 외양을 지정하는 값들)은 논리적으로 구분되기 때문에 GUI에 두 개의 패널을 만들어 각 집합을 따로따로 묶을 수 있다. 그림 13.33은 이를 위한 GUI 배치도의 한 예를 보여 준다(여러분은 이 장 끝에 있는 연습문제 13.7에서 이 GUI를 마무리하여 잘 작동하는 프로그램을 작성하게 될 것이다).

표 13.4는 uipanel 객체의 주요 속성을 요약한 것이다. 이 속성들은 설계 단계에서 속성 검사기를 사용하거나 프로그램 실행 단계에서 get과 set 함수를 사용하여 수정할 수 있다.

표 13.4: uipanel과 uibuttongroup의 주요 속성

속성	설명
BackgroundColor	uipanel 객체의 배경색을 지정한다. 속성 값은 'r', 'g', 'b'와 같은 미리 정의된 색상이거나 색의 빨강/녹색/파랑 성분을 0-1 스케일로 표현한 3원소 벡터이다. 예를 들어, 자홍색은 [1 0 1]로 나타낸다.
BorderType	uipanel 경계의 유형. 옵션으로는 'none', 'etchedin', 'etchedout', 'beveledin', 'beveledout', 'line'이 있다. 기본 유형은 'etchedin'이다.
BorderWidth	uipanel 경계의 폭.
FontAngle	제목 텍스트의 폰트각을 담은 문자열. 가능한 값은 'normal', 'italic', 'oblique'이다.
FontName	제목 텍스트의 폰트 이름을 담은 문자열.
FontSize	제목 텍스트의 폰트 크기를 지정하는 수.
FontUnits	폰트 크기를 재는 단위. 가능한 값으로는 'inches', 'centimeters', 'normalized', 'points', 'pixels'가 있다. 기본값은 'points'이다.
FontWeight	객체에 표시할 텍스트의 폰트 굵기를 담은 문자열. 가능한 값으로는 'light', 'normal', 'demi', 'bold'가 있다. 기본값은 'normal'이다.
ForegroundColor	제목 폰트와 경계의 색상을 지정한다.
HighlightColor	3차원 경계에 사용할 두드러진 색상을 지정한다.
Position	패널의 위치를 units 속성에 지정된 단위로 지정한다. 패널을 담은 부모 figure, uipanel, 또는 uibuttongroup을 기준으로 측정한 패널 왼쪽 아래 코너의 x, y 좌표와 패널의 폭과 높이를 나타내는 4원소 벡터로 값을 지정한다.
ShadowColor	3차원 경계의 그림자 색상을 지정한다.
Tag	uipanel 객체의 '이름'으로서 객체를 찾아내는 데 사용할 수 있다.
Title	제목 문자열.
TitlePosition	uipanel에서 제목 문자열의 위치. 가능한 값으로는 'lefttop', 'centertop', 'righttop', 'leftbottom', 'centerbottom', 'rightbottom'이 있다. 기본값은 'lefttop'이다.
Units	uipanel의 위치를 측정하는 단위. 가능한 값으로는 'inches', 'centimeters', 'normalized', 'points', 'pixels', 'characters'가 있다. 기본값은 'normalized'이다.
Visible	uipanel을 가시화할 것인지 여부를 지정한다. 가능한 값은 'on' 또는 'off'이다.

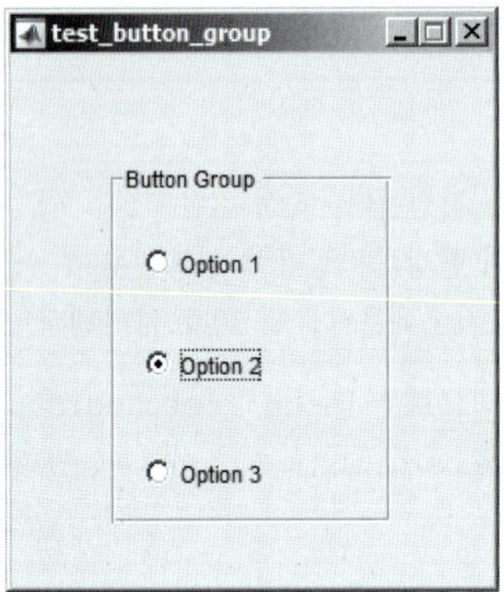

그림 13.34 세 개의 라디오 버튼을 관리하는 버튼 그룹

13.5.2 버튼 그룹

버튼 그룹은 라디오 버튼이나 토글 버튼의 그룹 내에서 항상 하나의 버튼만이 켜진 상태가 되도록 관리하는 특수한 유형의 패널이다. 버튼 그룹은 그룹 내의 한 버튼만이 on 상태가 될 수 있다는 점을 제외하고는 다른 패널과 같다. 한 버튼이 켜질 때 나머지 모든 버튼들은 꺼진다.

버튼 그룹은 `uibuttongroup` 함수로 만든다. 또는 `guide`의 배치 편집기 내의 버튼 그룹 도구(▣)를 사용하여 GUI에 추가할 수 있다.

라디오 버튼이나 토글 버튼을 버튼 그룹으로 관리하면 그 버튼을 선택할 때 실행할 함수의 이름을 `SelectionChangeFcn`이라고 부르는 특별한 속성에 저장하여야 한다. 버튼의 상태가 바뀔 때마다 GUI가 이 콜백을 실행한다. 버튼 그룹은 자신이 관리하는 모든 라디오 버튼이나 토글 버튼의 콜백 속성을 덮어쓰므로 보통의 `Callback` 속성에 함수 이름을 저장하지 말아야 한다.

그림 13.34는 버튼 그룹과 `'Option 1'`, `'Option 2'`, `'Option 3'`라는 라벨이 붙은 세 개의 라디오 버튼을 담은 간단한 GUI를 보이고 있다. 사용자가 그룹 내의 한 버튼을 클릭하면 그 버튼이 켜지고 다른 버튼은 모두 꺼진다.

13.6 대화 상자

대화 상자(dialog box)는 정보를 표시하거나 사용자 입력을 받기 위해 사용하는 특수한 유형의 그림이다. 대화 상자는 오류나 경고를 표시하거나 질문을 던지고 사용자 입력을 받기 위해 사용한다. 또한 파일이나 인쇄기 속성을 선택할 때도 쓰인다.

대화 상자는 **모달형**(modal)과 **비모달형**(non-modal)으로 나뉜다. 모달형은 그 상자를 종료하기 전에는 다른 윈도우에 접근할 수 없는 대화 상자인 반면에, 비모달형은 다른 윈도우에 접근을 허용하는 정상적인 대화 상자이다. 모달형 대화 상자는 대개 긴급히 주목할 필요가 있어 무시할 수 없는 경고나 오류 메시지를 나타내는 데 쓰인다. 대부분의 대화 상자는 기본적으로 비모달형이다.

표 13.5: 주요 대화 상자

속성	설명
`dialog`	일반적인 대화 상자를 만든다.
`errordlg`	오류 메시지를 표시하는 대화 상자. 사용자가 OK 버튼을 클릭해야만 계속할 수 있다.
`helpdlg`	도움말 메시지를 표시하는 대화 상자. 사용자가 OK 버튼을 클릭해야만 계속할 수 있다.
`inputdlg`	입력 데이터를 요구하여 사용자의 입력 값을 받아들이는 대화 상자.
`listdlg`	사용자가 목록에서 하나 또는 그 이상의 항목을 선택하도록 허용하는 대화 상자.
`msgbox`	대화 상자 안에 메시지를 표시한다.
`printdlg`	인쇄기를 선택하는 대화 상자.
`questdlg`	질문을 던지는 대화 상자. `Yes/No`라는 라벨이 붙은 두 개의 버튼, 또는 `Yes/No/Cancel`이라는 라벨을 단 세 개(기본값)의 버튼을 포함한다.
`uigetdir`	파일 열기 대화 상자를 표시하여 사용자의 디렉토리 선택을 허용한다.
`uigetfile`	파일 열기 대화 상자. 사용자가 열 파일을 선택할 수 있지만, 실제 파일을 열지는 않는다.
`uiputfile`	파일 저장 대화 상자. 사용자가 저장할 파일을 선택할 수 있지만, 실제 파일을 저장하지는 않는다.
`uisave`	파일에 작업 공간 변수를 저장한다.
`uisetcolor`	색상 선택 대화 상자.
`uisetfont`	폰트 선택 대화 상자.
`waitbar`	대기 바(wait bar) 대화 상자를 표시하거나 갱신한다.
`warndlg`	경고 메시지를 표시하는 대화 상자. 사용자가 OK 버튼을 클릭해야만 계속할 수 있다.

MATLAB에는 많은 종류의 대화 상자가 있는데, 중요한 대화 상자를 표 13.5에 요약하였다. 여기서는 몇 가지 유형의 대화 상자만을 다룰 것이지만, MATLAB 온라인 도움말에서 다른 대화 상자에 대한 상세한 사항을 볼 수 있다.

13.6.1 오류 및 경고 대화 상자

오류 대화 상자와 경고 대화 상자는 비슷한 호출 인수와 특성을 갖는다. 사실 양자 사이의 차이는 대화 상자에 표시되는 아이콘이 다르다는 점뿐이다. 이 대화 상자를 위한 호출 구문은 다음과 같다.

```
errordlg(error_string,box_title,create_mode);
warndlg(warning_string,box_title,create_mode);
```

error_string 또는 warning_string은 사용자에게 보일 메시지이고, box_title은 대화 상자의 제목이다. create_mode는 'modal' 또는 'non-modal'이라는 문자열로서 대화 상자의 유형을 결정한다.

예를 들어, 다음 문은 사용자가 무시할 수 없는 오류 메시지를 표시하는 모달형 대화 상자를 만든다. 그림 13.35는 이 대화 상자를 보이고 있다.

```
errordlg('Invalid input values!','ErrorDialogBox','modal');
```

13.6.2 입력 대화 상자

입력 대화 상자는 프로그램에서 사용할 값을 하나 또는 그 이상 입력하도록 사용자에게 요구한다. 이 대화 상자는 다음 호출 구문 가운데 하나를 실행하여 만든다.

```
answer = inputdlg(prompt)
answer = inputdlg(prompt,title)
```

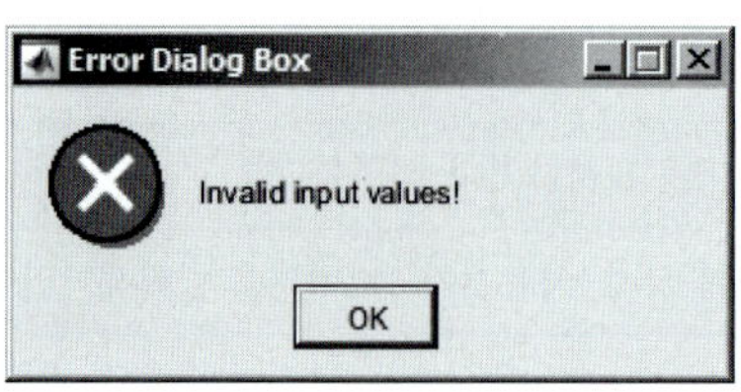

그림 13.35 오류 대화 상자

```
answer = inputdlg(prompt,title,line_no)
answer = inputdlg(prompt,title,line_no,default_answer)
```

여기서 prompt는 문자열의 셀 배열로서, 각 원소는 사용자가 입력해야 할 각 값에 해당하는 요구 문자열이다. title 인수는 대화 상자의 제목을 지정하며, line_no는 각 답에 허용되는 줄 수이다. 마지막으로 default_answer는 사용자가 특정 항목의 값을 입력하지 않을 때 사용할 기본값을 담은 셀 배열로서 prompt와 같은 크기를 가져야 한다.

사용자가 대화 상자의 OK 버튼을 클릭할 때 입력 값은 answer 변수에 담긴 문자열의 셀 배열로 반환된다.

입력 대화 상자의 예로서 그림의 위치 및 크기를 지정하도록 허용하는 대화 상자를 만들어 보자. 이 대화 상자를 만들기 위한 코드는 다음과 같다.

```
prompt{1} = 'Starting x position:';
prompt{2} = 'Starting y position:';
prompt{3} = 'Width:';
prompt{4} = 'Height:';
title = 'Set Figure Position';
default_ans = {'50','50','180','100'};
answer = inputdlg(prompt,title,1,default_ans);
```

그림 13.36은 이 대화 상자를 보이고 있다.

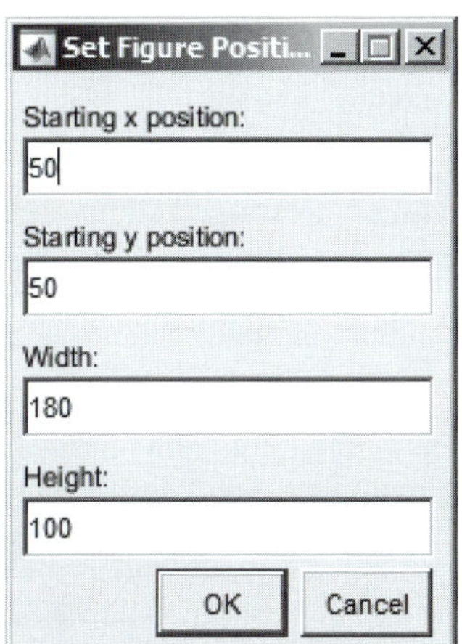

그림 13.36 입력 대화 상자

13.6.3 uigetfile, uisetfile, uigetdir 대화 상자

uigetfile과 uisetfile 대화 상자는 사용자가 열거나 저장할 파일을 대화형으로 선택할 수 있도록 해준다. 이 함수들은 MATLAB이 실행되고 있는 특정 운영체제에서 쓰이는 표준적인 파일 열기 또는 파일 저장 대화 상자를 사용한다. 이 함수들은 파일의 이름과 경로를 담은 문자열을 반환하지만 실제 파일을 열거나 저장하지는 않으므로 그 목적을 위해서는 별도의 코드를 작성해야만 한다.

이 두 가지 대화 상자를 만드는 형식은 각각 다음과 같다.

```
[filename, pathname] = uigetfile(filter_spec,title);
[filename, pathname] = uisetfile(filter_spec,title);
```

filter_spec 인수는 대화 상자에 표시할 파일의 종류를 지정하는 문자열('*.m', '*.mat' 등)이고, title 인수는 대화 상자의 제목을 지정하는 문자열이다. 대화 상자가 실행되면 filename은 선택한 파일의 이름을 담고, pathname은 그 파일의 경로를 담는다. 사용자가 대화 상자를 취소하면 filename과 pathname은 0으로 설정된다.

다음 스크립트 파일은 이 대화 상자를 사용하는 법을 예시하고 있다. 이 코드는 사용자에게 mat 파일을 선택하도록 요구한 후 파일 내의 내용을 읽는다. 윈도우즈 7

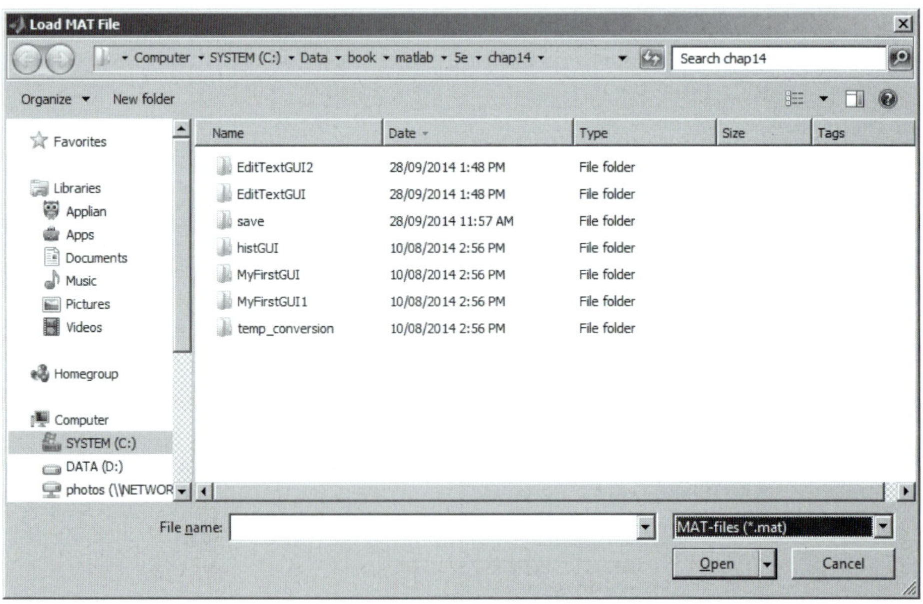

그림 13.37 uigetfile로 만든 파일 열기 대화 상자

시스템에서 이 코드를 실행할 때 생성되는 대화 상자는 그림 13.37과 같은 모습을 띤다(이는 윈도우즈 7 운영체제의 표준 파일 열기 대화 상자로서, 다른 윈도우즈나 리눅스 시스템의 대화 상자와는 약간 다른 모습을 보일 것이다).

```
[filename, pathname] = uigetfile('*.mat','Load MAT File');
if filename ~= 0
    load([pathname filename]);
end
```

uigetdir 대화 상자는 사용자가 디렉토리를 대화식으로 선택하도록 해준다. 이 함수는 MATLAB이 실행되고 있는 특정 운영체제에서 쓰이는 표준적인 디렉토리 선택 대화 상자를 사용한다. 이 함수는 디렉토리의 이름을 반환하지만 실제 무슨 일을 하지는 않으므로, 프로그래머는 그 이름을 사용하는 별도의 코드를 작성해야만 한다.

이 대화 상자를 만드는 형식은 다음과 같다.

```
directoryname = uigetdir(start_path, title);
```

start_path 인수는 초기에 선택할 디렉토리의 경로이다. 이 경로가 적법하지 않으면 기본 디렉토리가 선택된다. title 인수는 대화 상자의 제목을 지정하는 문자열이다. 대화 상자가 실행되면 directoryname은 선택한 디렉토리의 이름을 담는

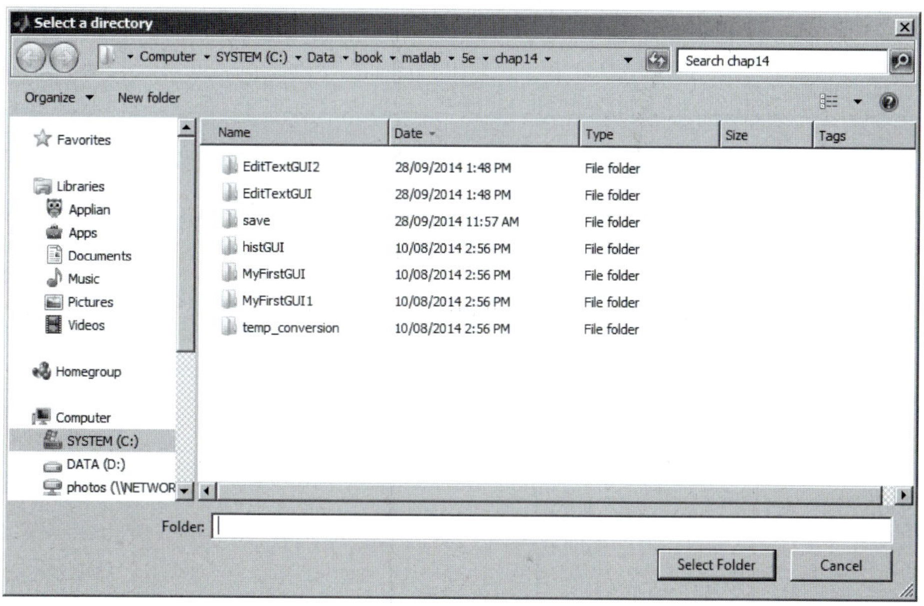

그림 13.38 uigetdir 함수로 만든 디렉토리 선택 대화 상자

다. 사용자가 대화 상자를 취소하면 directoryname은 0으로 설정된다.

다음 스크립트 파일은 이 대화 상자를 사용하는 법을 예시하고 있다. 이 코드는 현재의 MATLAB 작업 디렉토리부터 시작하여 사용자에게 디렉토리를 선택하도록 요구한다. 윈도우즈 7 시스템에서 이 코드를 실행할 때 생성되는 대화 상자는 그림 13.38과 같은 모습을 띤다(이것은 윈도우즈 7에 대한 표준 열기 파일 대화 상자이다. 다른 윈도우즈나 리눅스 시스템에서는 모습이 약간 다를 것이다).

```
dir1 = uigetdir('C: \book\matlab\5e\chap13','Select a directory');
if dir1 ~= 0
   cd(dir1);
end
```

13.6.4 uisetcolor와 uisetfont 대화 상자

uisetcolor와 uisetfont 대화 상자는 MATLAB이 실행되고 있는 특정 운영체제에서 쓰이는 표준적인 대화 상자를 사용하여 사용자가 색상과 글꼴을 대화식으로 선택하도록 해준다. 이 대화 상자들의 모습은 운영체제에 따라 변한다. 이들은 MATLAB GUI 내에서 색상이나 글꼴을 선택하는 표준적인 방법을 제공한다.

이러한 특수한 목적의 대화 상자에 대한 상세한 사항은 MATLAB 온라인 도움말에서 찾아볼 수 있다. 우리는 이 장 끝에 있는 일부 연습문제에서 이들을 사용하게 될 것이다.

좋은 프로그래밍 습관

GUI 기반 프로그램에서 정보를 제공하거나 입력을 요청하려면 대화 상자를 사용하라. 정보가 긴급한 내용이라 무시하지 말아야 한다면 대화 상자를 모달형으로 만들어라.

13.7 메뉴

MATLAB GUI에 **메뉴**도 추가할 수 있다. 메뉴는 GUI에 별도의 구성 요소가 없어도 사용자가 동작을 선택할 수 있도록 해준다. 메뉴는 수많은 여분의 버튼으로 GUI를 어지럽히지 않도록 자주 쓰지 않는 옵션을 따로 묶어 관리하려고 할 때 쓸모가 있다.

MATLAB에는 표준 메뉴와 상황 메뉴라는 두 가지 유형의 메뉴가 있다. **표준 메뉴(standard menu)**는 그림 꼭대기에 있는 메뉴바에서 아래쪽으로 끌어내리는 메뉴이고, **상황 메뉴(context menu)**는 사용자가 그래픽 객체를 마우스 오른쪽 버튼으로 클릭할 때 튀어나오는 메뉴이다. 이 절에서는 두 유형의 메뉴를 만들고 사용하는 방법을 배운다.

표준 메뉴는 uimenu 객체로 만든다. 메뉴의 각 항목은 별개의 uimenu 객체로서 부 메뉴에 항목을 담을 수 있다. 이 uimenu 객체들은 uicontrol 객체와 비슷하여 Parent, Callback, Enable 등의 동일한 속성을 많이 갖는다. 주요 uimenu 속성을 표 13.6에 나타내었다.

표 13.6: uimenu 객체의 주요 속성

속성	설명
Accelerator	메뉴 항목에 상응하는 키보드 입력을 지정하는 단일 문자. 이 문자를 키보드에서 CTRL 키와 함께 누르면 해당 메뉴 항목을 활성화시킬 수 있다.
Callback	메뉴 항목을 활성화시킬 때 호출되는 함수의 이름과 인수를 지정한다. 메뉴 항목이 부 메뉴를 갖고 있으면 부 메뉴를 표시하기 전에 콜백이 실행된다. 부 메뉴가 없으면 마우스 버튼을 놓을 때 콜백이 실행된다.
Checked	이 속성이 'on'이면 메뉴 항목 왼쪽에 체크 표시가 붙는다. 이 속성을 사용하여 두 상태 사이를 오가는 메뉴 항목의 상태를 나타낼 수 있다. 가능한 값은 'on'과 'off'이다.
Enable	이 메뉴 항목을 선택할 수 있는지 여부를 지정한다. 선택 불가능으로 지정하면 이 객체는 마우스나 가속 키에 반응하지 않을 것이다. 가능한 값은 'on' 또는 'off'이다.
ForegroundColor	메뉴 항목의 텍스트 색상을 설정한다.
Label	메뉴에 나타낼 텍스트를 지정한다. 앰퍼샌드(ampersand) 문자(&)를 사용하여 이 메뉴 항목에 대한 키보드 탐색 문자를 지정할 수 있다. 예를 들어, 문자열 '&File'은 텍스트 'File'로 표시되고 F키로 실행할 수 있는 메뉴 항목을 만든다.
Parent	메뉴 항목의 부모 객체의 핸들. 부모 객체는 그림이나 다른 메뉴 항목이 될 수 있다.
Position	메뉴바 위나 메뉴 안에서의 메뉴 항목의 위치를 지정한다. 위치 값 1은 최상위 메뉴에서는 가장 왼쪽을, 부 메뉴에서는 가장 위를 각각 나타낸다.
Separator	이 속성을 'on'으로 설정하면 이 메뉴 항목 위에 분리선이 그려진다. 가능한 값은 'on' 또는 'off'이다.
Tag	메뉴 항목의 '이름'으로서 그 항목을 찾아내는 데 사용할 수 있다.
Visible	이 메뉴 항목을 가시화할 것인지 여부를 지정한다. 가능한 값은 'on' 또는 'off'이다.

각 메뉴 항목은 부모 객체에 딸리는데, 최상위 메뉴의 부모 객체는 그림이고 부 메뉴의 부모 객체는 다른 메뉴 항목이다. 같은 부모를 갖는 uimenu 객체들은 모두 같은 메뉴에 나타나므로 계단 폭포처럼 항목들을 계속 펼치면 부 메뉴들이 나무형 구조를 이루는 것을 볼 수 있다. 그림 13.39a는 전형적인 MATLAB 메뉴의 작동 모습이고, 그림 13.39b는 메뉴를 이루는 객체들 간의 관계를 보이고 있다.

MATLAB 메뉴는 guide 배치 편집기의 툴바에 있는 (아이콘) 아이콘을 클릭하여 선택할 수 있는 메뉴 편집기(Menu Editor)를 이용하여 만든다. 그림 13.39c는 이 메뉴 구조를 생성하는 메뉴 항목을 담은 메뉴 편집기를 보여 준다. 표 13.6의 속성 중 메뉴 편집기에 나타나지 않는 속성은 속성 편집기(propedit)를 띄워 설정할 수 있다.

최상위 상황 메뉴는 uicontextmenu 객체로 만들고, 상황 메뉴 안의 하위 수준

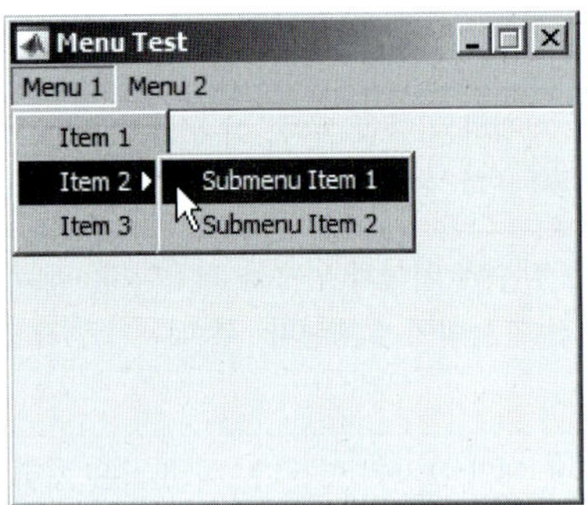

(a)

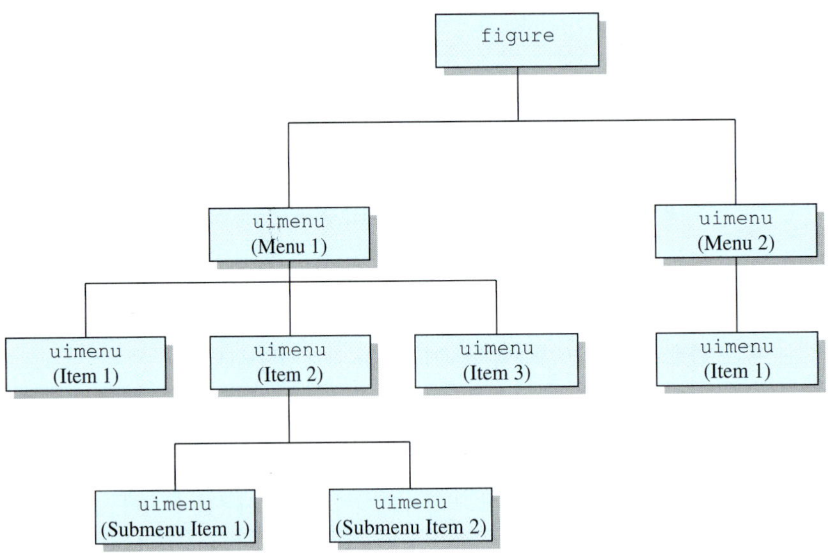

(b)

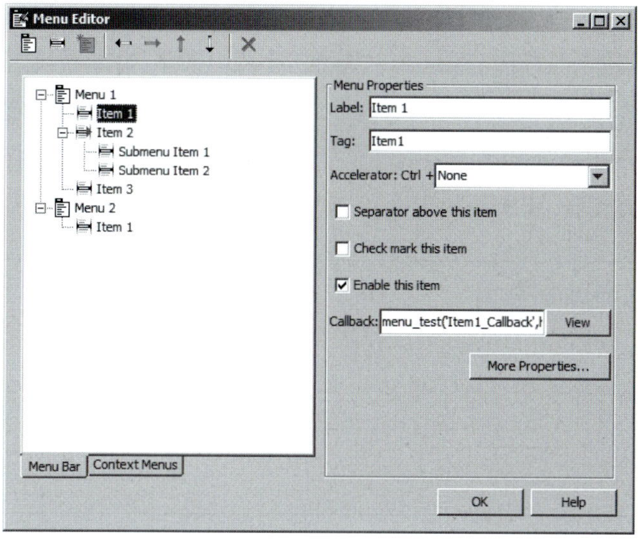

(c)

그림 13.39 (a) 전형적인 메뉴 구조 (b) 메뉴를 구성하는 uimenu 객체 간의 관계 (c) 이 메뉴를 생성한 메뉴 편집기의 구조

항목은 uimenu 객체로 만든다. 상황 메뉴는 임의의 GUI 객체(축, 선, 텍스트, 그림 등)와 연관시킬 수 있다는 점을 제외하고는 표준 메뉴와 기본적으로 동일하다. 표 13.7에 uicontextmenu의 주요 속성을 수록하였다.

표 13.7: **uicontextmenu**의 주요 속성

속성	설명
Callback	상황 메뉴를 활성화시킬 때 호출되는 함수의 이름과 인수를 지정한다. 콜백은 상황 메뉴가 표시되기 전에 실행된다.
Parent	상황 메뉴의 부모 객체의 핸들.
Tag	상황 메뉴의 '이름'으로서 그에 접근할 때 사용할 수 있다.
Visible	상황 메뉴를 가시화할 것인지 여부를 지정한다. 이 속성은 자동적으로 설정되며, 수정하지 않는 것이 정상적이다.

13.7.1 기본 메뉴 없애기

모든 MATLAB 그림에는 표준 메뉴의 집합이 기본적으로 딸려 나온다. 그림에서 이

메뉴를 없애거나 사용자 자신의 메뉴를 만들려면 먼저 기본 메뉴를 꺼야 한다. 기본 메뉴의 표시 여부는 그림의 `MenuBar` 속성으로 제어한다. 이 속성에 사용할 수 있는 값은 `'figure'`와 `'none'`이다. 속성을 `'figure'`로 설정하면 기본 메뉴가 표시되고, `'none'`으로 설정하면 기본 메뉴가 사라진다. GUI를 만들 때 속성 검사기를 사용하면 `MenuBar` 속성을 설정할 수 있다.

13.7.2 자신만의 메뉴 만들기

GUI에 자신의 메뉴를 만드는 작업은 기본적으로 다음 세 단계로 진행된다.

1. 먼저, 메뉴 편집기로 새로운 메뉴 구조를 만든다. 메뉴 편집기를 사용하여 구조를 정의하고, 각 메뉴 항목에 표시할 `Label`과 독자적인 `Tag` 값을 준다. 또한 메뉴 항목 사이에 분리선을 넣을 것인지, 또는 각 항목 옆에 체크 표시를 달 것인지 등을 지정할 수 있다. 이 작업이 끝나면 각 메뉴 항목에 대해 콜백 함수의 골격이 자동으로 만들어진다.
2. 필요하다면 속성 검사기를 이용하여 각 메뉴 항목의 속성을 편집한다. 메뉴 편집기의 'More Options' 버튼을 클릭하면 속성 검사기를 시작할 수 있다. 가장 중요한 속성인 `Label`, `Tag`, `Callback`, `Checked` 및 `Separator`는 메뉴 편집기에서 설정할 수 있으므로 속성 검사기는 대개 필요하지 않다. 그러나 표 13.6에 열거한 다른 속성을 설정해야 한다면 속성 검사기를 사용할 필요가 있을 것이다.
3. 마지막으로, 메뉴 항목이 요구하는 동작을 수행하는 콜백 함수를 작성한다. 콜백 함수의 골격은 자동적으로 생성되지만 각 항목이 제대로 작동하도록 코드를 추가하여야 한다.

이 절의 끝에 있는 예제에서 메뉴를 만드는 과정을 보일 것이다.

이점에 주의하세요

메뉴 편집기에서는 메뉴 항목의 속성 중 `Label`, `Tag`, `Callback`, `Separator`만을 설정할 수 있다. 메뉴 항목에 대해 다른 속성을 설정해야 한다면 속성 검사기를 사용하라.

13.7.3 가속 키와 키보드 탐색 문자

MATLAB 메뉴는 가속 키와 키보드 탐색 문자를 지원한다. **가속 키(accelerator key)**는 메뉴를 열지 않고 메뉴 항목을 실행시킬 수 있는 'CTRL + 키' 조합을 의미한다. 예를 들어 File/Open 메뉴 항목에 가속 키로 'o'를 지정할 수 있다. 이 경우, CTRL키와 o 키를 함께 누르면 File/Open 메뉴 항목의 콜백 함수가 실행될 것이다.

몇 가지 CTRL+키 조합은 시스템 운영체제에서 사용하는 것으로 예약되어 있다. 이 조합은 PC와 리눅스 시스템이 서로 다르다. 자신의 컴퓨터에 적법한 조합을 알아내려면 MATLAB 온라인 도움말을 참조한다.

가속키는 `uimenu` 객체의 `Accelerator` 속성을 설정하여 정의한다.

키보드 탐색 문자(keyboard mnemonics)는 메뉴가 열린 상태에서 메뉴 항목을 실행할 수 있는 하나의 글자이다. 주어진 메뉴 항목에 대한 키보드 탐색 문자에는 밑줄이 쳐진다.[1] 최상위 메뉴의 경우 ALT 키와 탐색 문자를 동시에 누르면 해당 항목이 실행된다. 일단 최상위 메뉴가 열리면 단순히 탐색 문자만을 눌러 메뉴 항목을 실행할 수 있다.

그림 13.40은 키보드 탐색 문자의 사용법을 예시하고 있다. File 메뉴는 ALT + f 키 조합으로 열리며, 이 후에는 단순히 'x'를 누르면 Exit 메뉴를 실행할 수 있다.

키보드 탐색 문자는 `Label` 속성에서 원하는 탐색 문자 앞에 앰퍼샌드(amper-

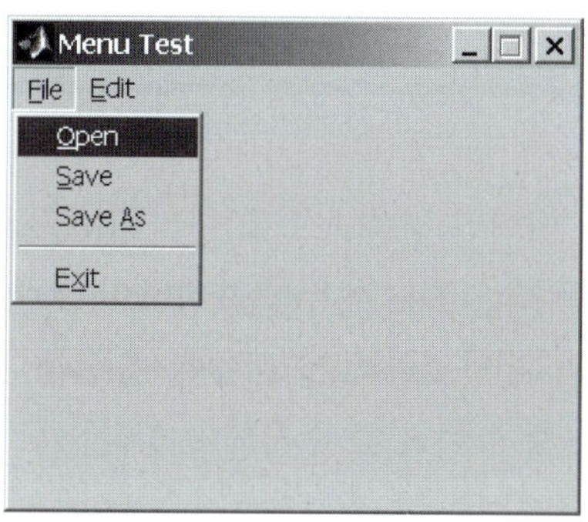

그림 13.40 키보드 탐색 문자의 예. 여기서 메뉴는 ALT+f 키 조합으로 열었고, Exit 옵션은 단지 'x'를 눌러 실행할 수 있다.

1 윈도우즈에서는 ALT 키를 누를 때까지 밑줄이 보이지 않는데, 이런 동작 방식을 변경할 수 있다. 예를 들어 윈도우즈 7에서 항상 밑줄이 보이게 하려면 제어판의 접근성 센터에 있는 '밑줄 키보드 단축 및 접근 키' 옵션을 선택하면 된다.

sand) 문자(&)를 삽입하여 정의한다. 메뉴에서 & 문자는 표시되지 않지만 & 문자 다음 문자에 밑줄이 쳐져 기억하기 쉬워진다. 예를 들어 그림 13.40의 Exit 메뉴 항목의 `Label` 속성은 `'E&xit'`이다.

13.7.4 상황 메뉴 만들기

상황 메뉴는 최상위 메뉴 항목이 `uicontextmenu` 객체라는 점을 제외하곤 보통 메뉴와 같은 방식으로 만든다. `uicontextmenu`의 부모는 그림이지만 상황 메뉴는 임의의 그래픽 객체와 연관을 맺을 수 있고, 그 객체를 오른쪽 마우스 클릭할 때 응답한다. 상황 메뉴는 메뉴 편집기에서 'Context Menus' 탭을 선택하여 만들 수 있다. 일단 상황 메뉴를 만든 다음에는 그 아래에 임의 개수의 메뉴 항목을 만들 수 있다.

상황 메뉴를 특정 객체와 연관시키려면 객체의 `UIContextMenu` 속성 값을 `uicontextmenu`의 핸들로 설정하여야 한다. 이 작업은 주로 속성 검사기를 사용하여 수행하지만 아래에 보인 것처럼 `set` 명령어로도 할 수 있다. `Hcm`이 상황 메뉴의 핸들이라면 다음 문은 상황 메뉴를 `plot` 함수로 만든 선 객체에 연관시킬 것이다.

```
H1 = plot(x,y);
set (H1,'UIContextMenu',Hcm);
```

다음 예제에서는 상황 메뉴를 만들어 그래픽 객체에 연관시킬 것이다.

▶ 예제 13.2 — 데이터 점 그리기

사용자가 지정한 데이터 파일을 열어 데이터 점을 도표로 나타내는 프로그램을 작성하라. 프로그램은 Open과 Exit 항목을 담은 File 메뉴를 포함하여야 한다. 또한 도표의 선에 연관된 상황 메뉴도 포함시켜 선의 스타일을 바꾸는 옵션을 제공하여야 한다. 파일에는 (x, y) 데이터 쌍을 담은 줄이 여러 줄 수록되어 있다.

풀이

이 프로그램은 Open과 Exit 메뉴 항목을 가지는 표준 메뉴와 데이터를 그릴 축 집합을 포함하여야 한다. 또한 여러 가지 선의 모양을 지정하는 상황 메뉴도 포함시켜 선 객체에 연관시켜야 한다. 선 스타일의 옵션으로는 실선, 파단선, 점선, 파단-점선을 포함시킨다.

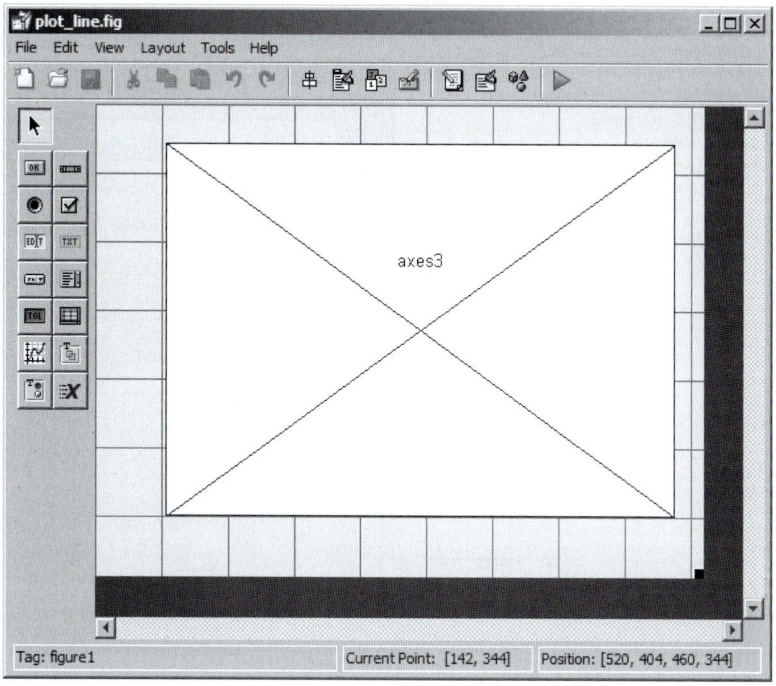
plot_line.fig
File Edit View Layout Tools Help
axes3
Tag: figure1
Current Point: [142, 344]
Position: [520, 404, 460, 344]

(a)

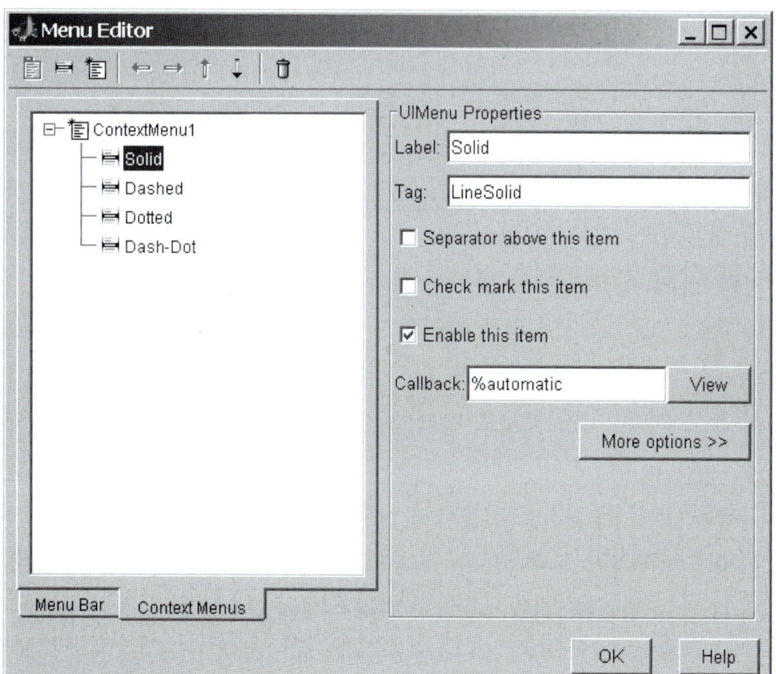
Menu Editor
ContextMenu1
Solid
Dashed
Dotted
Dash-Dot
UIMenu Properties
Label: Solid
Tag: LineSolid
Separator above this item
Check mark this item
Enable this item
Callback: %automatic
View
More options >>
Menu Bar
Context Menus
OK
Help

(b)

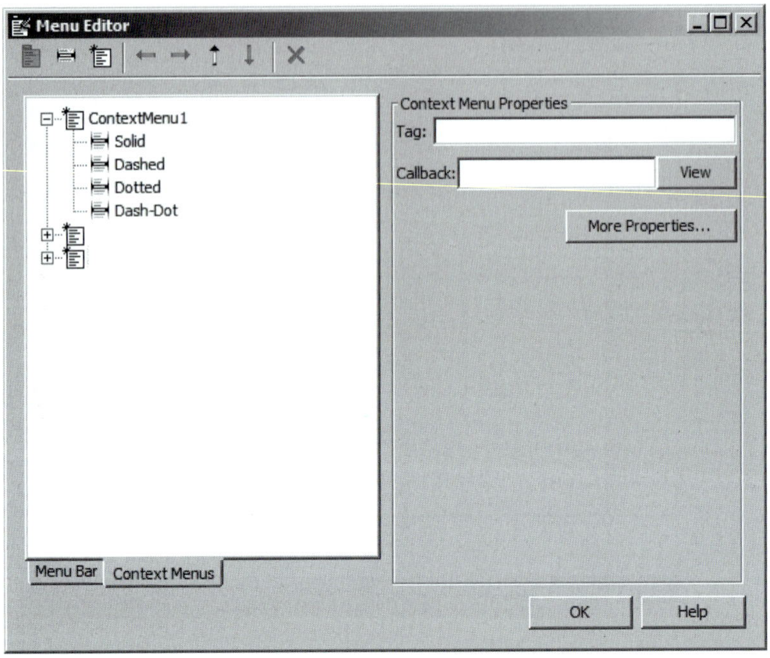

(c)

그림 13.41 (a) plot_line의 배치도 (b) 메뉴 편집기에서 만드는 File 메뉴 (c) 메뉴 편집기에서 만드는 상황 메뉴

이 프로그램을 만드는 작업의 첫 단계는 guide을 사용하여 필요한 GUI를 만드는 것인데, 이 문제에서는 축 집합만을 포함할 것이다(그림 13.41a 참조). 그 다음에 메뉴 편집기를 사용하여 File 메뉴를 만든다. 이 메뉴에는 그림 13.41b에 보인 것처럼 Open과 Exit 메뉴 항목이 들어간다. 메뉴 편집기를 사용하여 각 항목에 대하여 Label과 Tag 속성의 문자열을 지정한다. File 메뉴에 대해 'F', Open에 대해 'O', Exit에 대해 'x'를 각각 키보드 탐색 문자로 정의한다. 그림 13.41b는 Exit 메뉴를 보여 주고 있다. 'x'가 키보드 탐색 문자이고 이 항목 위에 분리선을 채택하고 있음을 볼 수 있다.

다음, 메뉴 편집기를 사용하여 상황 메뉴를 만든다. 이 메뉴는 uicontextmenu 객체로 시작하며 그림 13.41c에 보인 것처럼 4개의 메뉴 항목이 딸려 있다. 여기서도 각 메뉴 항목에 대해 Label과 Tag 속성의 문자열을 설정한다.

이 시점에서 GUI를 plot_line.fig로 저장하면 plot_line.m 파일이 자동적으로 만들어져 메뉴 항목들에 대한 콜백 함수의 골격을 담게 된다.

GUI를 만든 후 Open, Exit 및 선 스타일에 관련된 메뉴 항목들에 대한 6개의 콜

```
function varargout = FileOpen_Callback(h, eventdata, ...
                                        handles, varargin)

% Get the file to open
[filename, pathname] = uigetfile ('*.dat','Load Data');
if filename ~= 0

   % Open the input file
   filename = [pathname filename];
   [fid,msg] = fopen(filename,'rt');

   % Check to see if the open failed.
   if fid < 0

      % There was an error--tell user.
      str = ['File ' filename ' could not be opened.'];
      title = 'File Open Failed';
      errordlg(str,title,'modal');

   else

      % File opened successfully. Read the (x,y) pairs from
      % the input file.  Get first (x,y) pair before the
      % loop starts.
      [in,count] = fscanf(fid,'%g',2);
      ii = 0;

      while ~feof(fid)
         ii = ii + 1;
         x(ii) = in(1);
         y(ii) = in(2);
         % Get next (x,y) pair
         [in,count] = fscanf(fid,'%g',2);
      end

      % Data read in.  Close file.
      fclose(fid);

      % Now plot the data.
      hline = plot(x,y,'LineWidth',3);
      xlabel('x');
      ylabel('y');
      grid on;

      % Associate the context menu with line
      set(hline,'Uicontextmenu',handles.ContextMenu1);

      % Save the line's handle as application data
      handles.hline = hline;
      guidata(gcbf, handles);

   end
end
```

열 파일의 이름을 가져온다.

파일을 연다.

열기에 실패하면 오류 메시지를 띄운다.

데이터를 읽는다.

선을 그린다.

상황 메뉴를 설정한다.

핸들을 응용 데이터로 저장한다.

그림 13.42 File/Open 콜백 함수

```
function varargout = FileExit_Callback(h, eventdata, ...
                                          handles, varargin)
close(gcbf);

function varargout = LineSolid_Callback(h, eventdata, ...
                                          handles, varargin)
set(handles.hline,'LineStyle','-');

function varargout = LineDashed_Callback(h, eventdata, ...
                                          handles, varargin)
set(handles.hline,'LineStyle','--');
function varargout = LineDotted_Callback(h, eventdata, ...
                                          handles, varargin)
set(handles.hline,'LineStyle',':');

function varargout = LineDashDot_Callback(h, eventdata, ...
                                          handles, varargin)
set(handles.hline,'LineStyle','-.');
```

그림 13.43 plot_line의 나머지 콜백 함수들

백 함수를 작성하여야 한다. 가장 어려운 콜백 함수는 File/Open 메뉴 항목에 대해 응답하는 콜백이다. 이 콜백은 (uigetfile 대화 상자를 사용하여) 사용자에게 파일 이름을 입력하도록 요구하고, 파일을 열며, 데이터를 x, y 배열로 읽어 들인 후 파일을 닫는다. 그 다음에 콜백 함수는 선을 그리고, 나중에 선의 스타일을 바꿀 때 사용

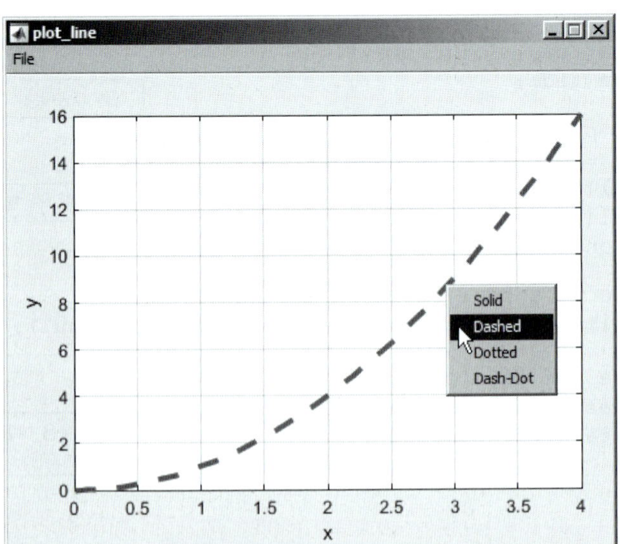

그림 13.44 plot_line 프로그램으로 만든 GUI

하기 위하여 핸들을 응용 데이터로 저장한다. 마지막으로 상황 메뉴를 선에 연관시킨다. 그림 13.42는 이 작업을 수행할 `FileOpen_Callback` 함수를 보여준다. 이 함수에서는 사용자에게 파일 열기 오류를 알리기 위해 대화 상자를 사용하고 있음을 볼 수 있다.

나머지 콜백 함수들은 매우 간단하다. `FileExit_Callback` 함수는 단지 그림을 닫고, 선 모양 함수들은 단순히 선의 스타일 속성을 설정한다. 사용자가 선 위를 마우스 오른쪽 클릭하면 상황 메뉴가 나타날 것이다. 이 메뉴에서 한 항목을 선택하면 그에 해당하는 콜백 함수가 저장된 선의 핸들을 사용하여 속성을 바꿀 것이다. 이 5개의 콜백 함수를 그림 13.43에 나타내었다.

최종 프로그램의 출력이 그림 13.44에 나와 있다. 여러분은 각자의 컴퓨터에서 이 프로그램을 돌려 제대로 작동하고 있는지 확인하기 바란다.

◀

퀴즈 13.1

이 퀴즈는 13.1절에서 13.7절에 걸쳐 소개한 개념을 여러분이 잘 이해하고 있는지를 확인하기 위한 것이다. 만일 퀴즈를 푸는 데 어려움이 있다면 해당 절을 다시 읽고 강사에게 질문하거나 다른 학우와 토의하라. 이 퀴즈의 답은 책의 말미에 수록되어 있다.

1. 이 장에서 논의한 그래픽 구성 요소의 유형을 열거하라. 각 요소의 목적은 무엇인가?
2. 이 장에서 논의한 컨테이너의 유형을 열거하라. 이들 사이의 차이점은 무엇인가?
3. 콜백 함수란 무엇인가? 콜백 함수는 MATLAB GUI에서 어떻게 쓰이는가?
4. GUI 기반 프로그램을 만드는 단계를 설명하라.
5. 핸들 데이터 구조체의 목적을 설명하라.
6. 응용 데이터는 MATLAB GUI에서 어떻게 저장하는가? 왜 GUI에서 응용 데이터를 저장하려 하는가?
7. 어떻게 그래픽 객체를 가시화할 수 있는가? 그래픽 객체가 마우스 클릭이나 키보드 입력에 반응하지 않도록 만드는 방법은 무엇인가?
8. 이 장에서 설명한 GUI 구성 요소 중 마우스 클릭에 반응하는 요소는 무엇인가? 어떤 요소가 키보드 입력에 응답하는가?
9. 대화 상자란 무엇인가? 어떻게 대화 상자를 만들 수 있는가?

10. 모달형과 비모달형 대화 상자의 차이점은 무엇인가?
11. 표준 메뉴와 상황 메뉴의 차이점은 무엇인가? 이 메뉴들을 만들 때 어떤 구성 요소가 쓰이는가?
12. 가속 키란 무엇인가? 키보드 탐색 문자란 무엇인가?

13.8 효율적인 GUI를 만드는 요령

이 절에서는 그래픽 사용자 인터페이스를 만들 때 유용한 몇 가지 요령을 소개한다.

13.8.1 풍선 도움말

MATLAB GUI는 마우스를 `uicontrol` 객체 위에 잠시 올려놓을 때 그 객체 옆에 튀어나오는 작은 도움말 창인 **풍선 도움말(Tool tip)**을 지원한다. 풍선 도움말은 GUI 내의 각 객체의 목적에 대해 사용자에게 빨리 설명하기 위하여 사용한다.

풍선 도움말은 표시하고자 하는 문자열을 객체의 `TooltipString` 속성으로 설정하여 만든다. 여러분은 이 장 끝에 있는 연습문제에서 풍선 도움말을 만들게 될 것이다.

좋은 프로그래밍 습관

풍선 도움말을 만들어 GUI 구성 요소의 기능에 관해 사용자에게 설명하라.

13.8.2 툴바

MATLAB GUI는 툴바도 지원한다. 툴바(tool bar)는 그림 상부에서 메뉴바 바로 밑에 특별한 푸시 버튼이나 토글 버튼들을 가로로 배열해 놓는 것이다. 각 버튼은 아이콘이라고 부르는 작은 그림으로 그 기능을 표현한다. 우리는 이 책에서 만든 대부분의 MATLAB 그림에서 툴바의 예를 많이 보아 왔다. 예를 들어 그림 13.45는 기본 툴바를 표시하고 있는 간단한 도표를 보여 준다.

각 그림은 `ToolBar` 속성을 갖고 있어 이를 통해 기본 툴바를 표시할 것인지 여부를 결정할 수 있다. 이 속성에 쓸 수 있는 값은 `'none'`, `'auto'`, `'figure'`이다.

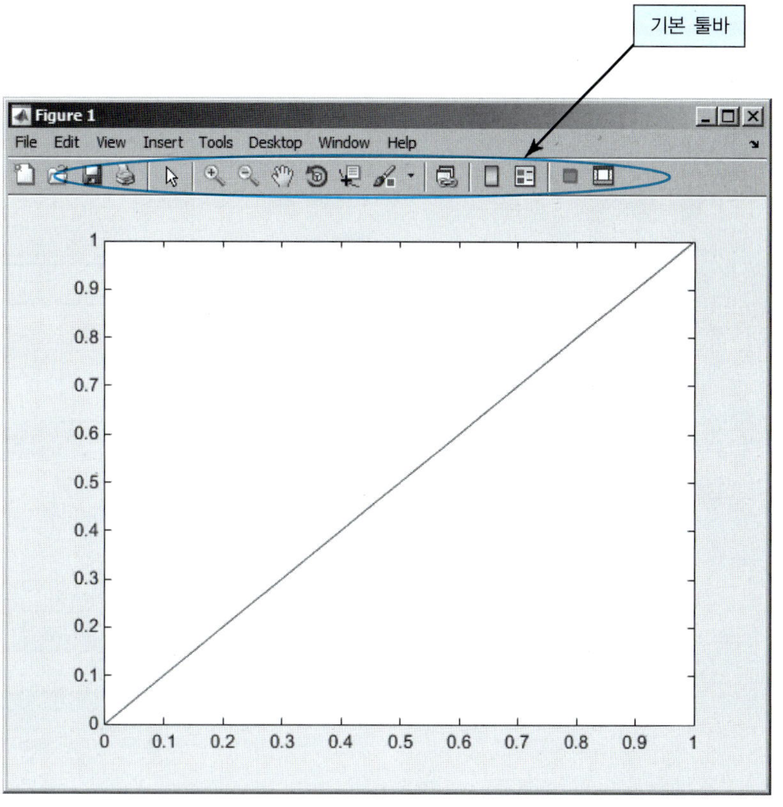

그림 13.45 기본 툴바를 보여주는 MATLAB 그림

'none'이면 기본 툴바가 표시되지 않고, 'figure'이면 표시된다. 'auto'이면 사용자가 새로운 툴바를 정의하지 않는 한 기본 툴바가 표시된다. 속성 값이 'auto'이고 사용자가 자신의 툴바를 정의하는 경우에는 기본 툴바 대신 사용자의 툴바가 표시된다.

프로그래머는 uitoolbar 함수를 사용하여 자신만의 툴바를 만들고, uipushtool과 uitoggletool 함수를 사용하여 푸시 버튼이나 토글 버튼을 툴바에 추가할 수 있다. 사용자 정의 툴바는 기본 툴바에 추가하거나 그를 대체하여 나타낼 수 있다.

툴바는 툴바 편집기()를 클릭하여 만들거나 수정한다.

13.8.3 그 밖의 요령

GUI 기반 프로그램은 이 장에서 소개한 것보다 훨씬 더 복잡하고 정교해질 수 있다. uicontrol 객체들은 우리가 사용해 온 Callback 속성 외에 CreateFcn,

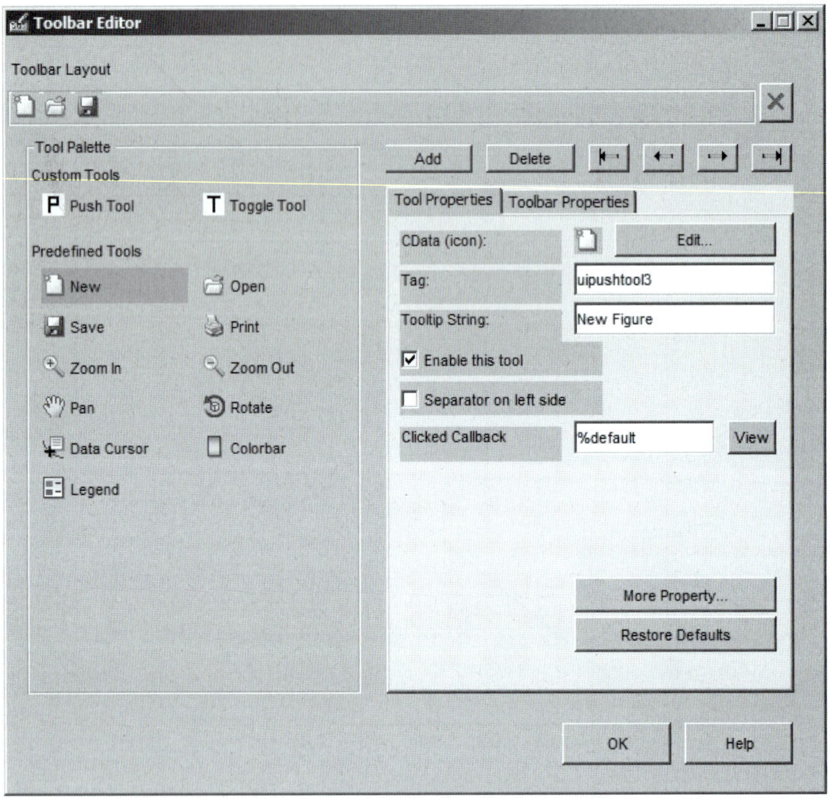

그림 13.46 툴바 편집기는 툴 팔레트에서 툴바 레이아웃으로 아이템들을 끌어 놓음으로써 프로그래머가 툴바에 아이템을 추가할 수 있게 한다.

DeleteFcn, ButtonDownFcn, KeyPressFcn이라는 네 가지 콜백을 지원한다. MATLAB 그림도 WindowButtonDownFcn, WindowButtonMotionFcn, WindowButtonUpFcn이라는 세 가지 중요한 콜백을 지원한다.

CreateFcn 속성은 객체가 생성될 때 자동적으로 호출되는 콜백을 정의한다. 이를 통해 프로그래머는 프로그램 실행중에 자신이 원하는 대로 객체를 만들 수 있다. 이 콜백은 객체가 완전히 정의되기 전에 실행되므로 프로그래머는 객체를 만들기 전에 이 함수를 루트 객체의 기본 속성으로 지정하여야 한다. 예를 들어, 다음 문은 uicontrol 객체를 생성할 때마다 function_name이라는 함수를 실행하게 만든다. 이 함수는 MATLAB이 객체의 속성들을 만든 다음에 호출될 것이므로, 함수 실행 중에 이 속성들을 사용할 수 있다.

```
set(groot,'DefaultUicontrolCreateFcn','function_name')
```

DeleteFcn 속성은 객체를 없앨 때마다 자동적으로 호출되는 콜백을 정의한다. 이 콜백은 객체의 속성이 없어지기 전에 실행되므로 함수 실행중에 이 속성들을 사용할 수 있다. 이 콜백을 통해 프로그래머는 객체 종료 전에 마무리 정리 작업을 수행할 수 있다.

ButtonDownFcn 속성은 `uicontrol` 객체 주위를 5픽셀 이내에서 마우스로 클릭할 때마다 자동적으로 호출되는 콜백을 정의한다. `uicontrol`을 클릭하면 그 객체의 `Callback`에 정의된 함수가 실행된다. 클릭 지점이 객체는 아니지만 그 경계에 5픽셀 이내로 가까울 때 `ButtonDownFcn`이 실행된다. `uicontrol` 객체가 활성화되어 있지 않으면 객체를 클릭할 때에도 `ButtonDownFcn`이 실행된다.

KeyPressFcn 속성은 지정된 객체가 선택되거나 활성화되어 있는 동안 키를 누를 때마다 호출되는 콜백을 정의한다. 이 함수는 객체를 담고 있는 그림의 `CurrentCharacter` 속성을 검사하거나 또는 콜백에 넘겨진 이벤트 데이터 구조체의 내용을 조사하여 어떤 키가 눌러졌는지를 알아낼 수 있다. 이 정보를 이용하여 누른 키에 따라 다른 동작을 수행할 수 있다.

그림 객체 수준의 콜백 함수인 **WindowButtonDownFcn**, **WindowButtonMotionFcn**, **WindowButtonUpFcn**은 마우스 버튼을 누를 때의 초기, 중간 및 최종 위치를 각각 알아낼 수 있기 때문에 프로그래머는 이 함수들을 사용하여 애니메이션이나 끌어 놓기 등의 특성을 구현할 수 있다. 이 함수들은 이 책의 범위를 넘지만 배울 가치가 있다. 상세한 사항은 MATLAB 도움말의 그래픽 사용자 인터페이스 만들기 편에 설명되어 있다.

▶ 예제 13.3 — 히스토그램 GUI 만들기

사용자가 지정한 데이터 파일을 열어 안에 있는 데이터의 히스토그램을 계산하는 프로그램을 작성하라. 이 프로그램은 파일 내 데이터의 평균, 중앙값과 표준 편차를 계산하고, Open과 Exit 항목을 담은 File 메뉴를 포함하여야 한다. 또한 사용자가 히스토그램의 구간 수를 바꿀 수 있도록 허용하여야 한다.

기본 색상이 아닌 색을 선택하여 그림과 텍스트 라벨의 배경색을 설정하고, 메뉴 항목에 대해 키보드 탐색 문자를 사용하며, 적당한 곳에 풍선 도움말을 추가하라.

풀이

이 프로그램은 Open과 Exit 메뉴 항목을 갖는 표준 메뉴와 히스토그램을 그릴 축 집합과 아울러 데이터의 평균, 중앙값, 표준 편차를 표시할 6개의 텍스트 필드를 포함

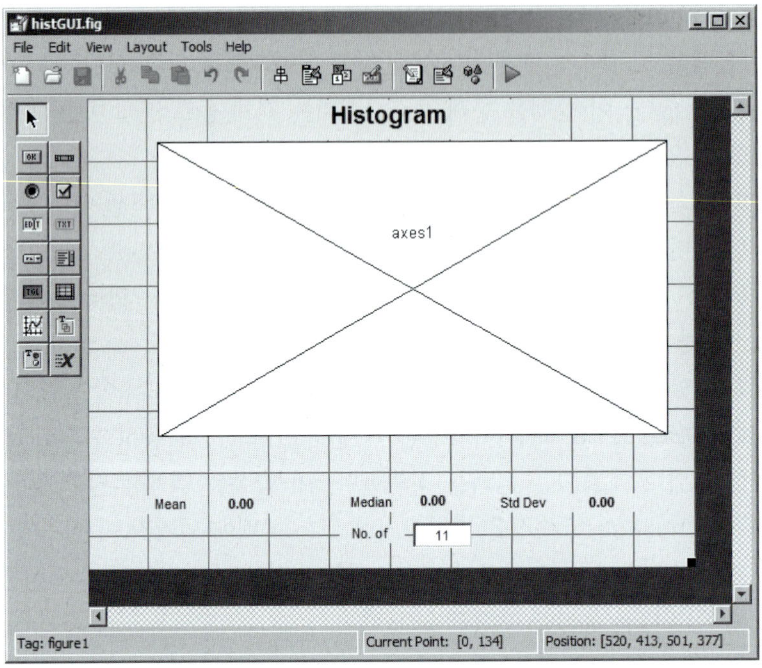

(a)

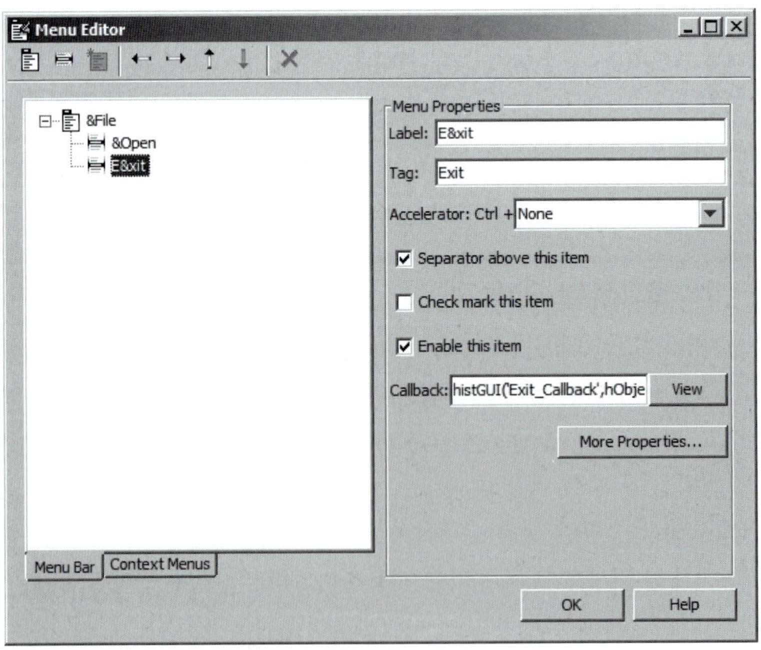

(b)

그림 13.47 (a) `histGUI`의 배치도 (b) 메뉴 편집기의 File 메뉴

하여야 한다. 텍스트 필드 중 3개는 라벨을 담고, 나머지 3개는 평균, 중앙값, 표준 편차의 값을 읽기 전용으로 싣는다. 또한 사용자가 히스토그램에 표시할 구간 수를 선택할 수 있도록 라벨과 편집 상자를 GUI에 담아야 한다.

여기서는 GUI의 배경색으로 연파랑 [0.6 1.0 1.0]을 선택할 것이다. 이를 위해 GUI 배치도를 만들 때 속성 검사기를 사용하여 이 색상 벡터를 그림의 `'Color'` 속성과 각 텍스트 필드의 `'BackgroundColor'` 속성으로 설정하여야 한다.

이 히스토그램을 만드는 첫 번째 단계는 `guide`를 사용하여 그림 13.47a에 보인 것처럼 GUI를 배치하는 것이다. 그 다음에 속성 검사기를 사용하여 7개의 텍스트 필드와 하나의 편집 상자의 속성들을 설정한다. 각 객체에는 콜백 함수에서 찾아낼 수 있도록 서로 다른 태그를 부여해야 한다. 다음, 메뉴 편집기를 사용하여 그림 13.47b 처럼 File 메뉴를 만든다. 마지막으로 이 GUI를 `histGUI`로 저장하여 `histGUI.fig`와 `histGUI.m` 파일을 만든다.

`histGUI.m` 파일이 만들어지면 그림의 배경색을 초기화하고, 처음 사용할 히스토그램 구간 수를 `handles` 구조체에 저장하도록 `histGUI_OpeningFcn` 함수를 수정한다. 이 함수의 수정본은 다음과 같다.

```
% --- Executes just before histGUI is made visible.
function histGUI_OpeningFcn(hObject, eventdata, handles, varargin)
% This function has no output args, see OutputFcn.
% hObject handle to figure
% eventdata reserved - to be defined in a future version of MATLAB
% handles structure with handles and user data (see GUIDATA)
% varargin command line arguments to histGUI (see VARARGIN)

% Choose default command line output for histGUI
handles.output = hObject;

% Set the initial number of bins
handles.nbins = 11;

% Update handles structure
guidata(hObject, handles);
```

다음, File/Open, File/Exit 메뉴 항목과 '구간 수'를 지정할 편집 상자에 대한 콜백 함수를 작성하여야 한다.

File/Open 콜백은 사용자에게 파일 이름을 입력하도록 요구한 후 그 파일로부터 데이터를 읽는다. 다음, 히스토그램을 계산하여 그리고, 통계량을 표시하는 텍스트 필드를 갱신한다. 파일에서 읽은 데이터는 handles 구조체에 저장하여 사용자가 히스토그램의 구간 수를 바꿈에 따라 새로 계산할 필요가 있을 때 사용할 수 있도록 해야 한다. 이 단계들을 수행하는 콜백 함수는 다음과 같다.

```
function Open_Callback(hObject, eventdata, handles)
% hObject handle to Open (see GCBO)
% eventdata reserved - to be defined in a future version of MATLAB
% handles structure with handles and user data (see GUIDATA)

% Get file name
[filename,path] = uigetfile('*.dat','Load Data File');
if filename ~= 0

  % Read data
  x = textread([path filename],'%f');

  % Save in handles structure
  handles.x = x;
  guidata(gcbf, handles);

  % Create histogram
  hist(handles.x,handles.nbins);

  % Set axis labels
  xlabel('\bfValue');
  ylabel('\bfCount');

  % Calculate statistics
  ave = mean(x);
  med = median(x);
  sd = std(x);
  n = length(x);

  % Update fields
  set (handles.MeanData,'String',sprintf('%7.2f',ave));
  set (handles.MedianData,'String',sprintf('%7.2f',med));
  set (handles.StdDevData,'String',sprintf('%7.2f',sd));
  set (handles.TitleString,'String',['Histogram (N = ' int2str(n)
  ')']);

end
```

File/Exit의 콜백은 아주 간단하다. 이 콜백이 하는 일이란 그림을 닫는 것뿐이다.

```
function Exit_Callback(hObject, eventdata, handles)
% hObject handle to Exit (see GCBO)
% eventdata reserved - to be defined in a future version of MATLAB
% handles structure with handles and user data (see GUIDATA)

close(gcbf);
```

NBins 콜백은 입력 수치를 읽어 가장 가까운 정수로 반올림한 다음 편집 상자에 그 값을 표시하고, 히스토그램을 다시 계산하여 나타낸다. 이 때 구간 수도 handles 구조체에 저장하여, 사용자가 새로운 데이터 파일을 로드하여 다시 계산할 때 사용하도록 해야 한다. 이 단계들을 수행하는 콜백 함수는 다음과 같다.

```
function NBins_Callback(hObject, eventdata, handles)
% hObject handle to NBins (see GCBO)
% eventdata reserved - to be defined in a future version of MATLAB
% handles structure with handles and user data (see GUIDATA)

% Get number of bins, round to integer, and update field
nbins = str2num(get(hObject,'String'));
nbins = round(nbins);
```

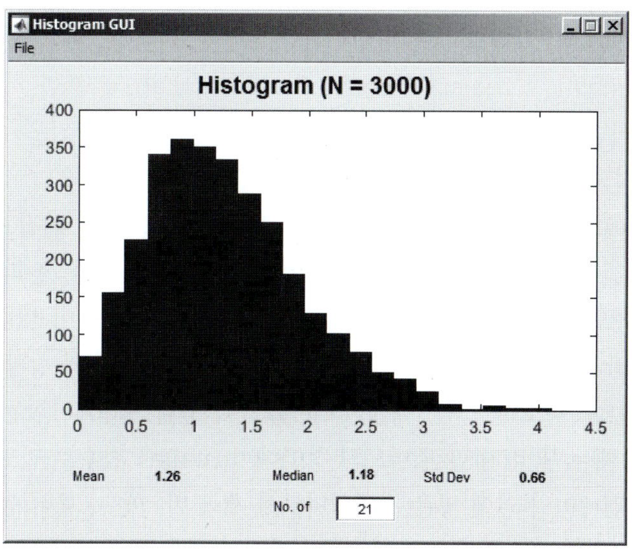

그림 13.48 histGUI 프로그램으로 만든 GUI

```
if nbins < 1
   nbins = 1;
end
set (handles.NBins,'String',int2str(nbins));

% Save in handles structure
handles.nbins = nbins;
guidata(gcbf, handles);

% Re-display data, if available
if handles.nbins > 0 & ~isempty(handles.x)

  % Create histogram
  hist(handles.x,handles.nbins);
end
```

프로그램의 최종 모습은 그림 13.48과 같다. 여러분의 컴퓨터에서 이 프로그램을 돌려 제대로 작동하는지 확인하기 바란다.

13.9 요약

13장에서는 MATLAB 그래픽 사용자 인터페이스를 만드는 방법을 배웠다. GUI는 구성 요소(uicontrol, uimenu, uicontextmenu, uitable, 툴바, 축), 구성 요소를 담는 컨테이너, 마우스 클릭이나 키보드 입력에 반응하여 동작을 수행하는 콜백이라는 세 가지 기본 성분으로 이루어진다.

uicontrol로 만드는 표준 GUI 구성 요소로는 텍스트 필드, 편집 상자, 푸시 버튼, 토글 버튼, 체크 상자, 라디오 버튼, 팝업 메뉴, 목록 상자, 슬라이더가 있다. uitable로 만드는 표준 GUI 구성 요소로는 MATLAB 테이블이 있다. uimenu와 uicontextmenu로 만드는 표준 GUI 구성 요소로는 표준 메뉴와 상황 메뉴가 있다.

MATLAB 컨테이너로는 그림, 패널, 버튼 그룹이 있다. figure 함수로 만드는 그림은 제목 바, 메뉴, 툴바가 딸린 별도의 창이다. uipanel 함수로 만드는 패널은 그림 또는 다른 컨테이너 안에 넣은 컨테이너로서 제목 바, 메뉴, 툴바 등을 갖지 않는다. 패널은 uicontrol 객체와 다른 패널, 버튼 그룹을 담을 수 있으며, 이 항목들은 패널 자체를 기준으로 배치된다. 패널을 옮기면 그 안의 모든 내용이 함께 움직인다. uibuttongroup 함수로 만드는 버튼 그룹은 라디오 버튼이나 토글 버튼들의 그룹에서 언제든지 오직 한 버튼만이 켜진 상태가 되도록 묶어 관리하는 특수한 패널이다.

guide(GUI Development Tool)를 사용하면 어떤 구성 요소나 컨테이너라도 그림에 넣을 수 있다. 일단 GUI의 배치가 끝나면 속성 검사기를 사용하여 객체 속성을 편집한 후, 각 객체에 연관된 동작을 구현하는 콜백 함수를 작성하여야 한다.

대화 상자는 정보를 표시하거나 사용자로부터 입력을 받기 위한 특수한 그림이다. 대화 상자는 오류나 경고 메시지를 표시하거나 질문을 던져 사용자 입력을 얻는 데 쓰인다. 또한 파일이나 인쇄기 속성을 선택하기 위해 사용한다.

대화 상자는 모달형과 비모달형으로 나뉜다. 모달형은 그 상자를 종료하기 전에는 다른 윈도우에 접근할 수 없는 대화 상자인 반면에 비모달형은 다른 윈도우에 접근을 허용하는 정상적인 대화 상자이다. 모달형 대화 상자는 대개 긴급히 주목할 필요가 있어 무시할 수 없는 경고나 오류 메시지를 나타내는 데 쓰인다.

MATLAB GUI에 메뉴도 추가할 수 있다. 메뉴는 GUI에 별도의 구성 요소가 없어도 사용자가 동작을 선택할 수 있도록 해준다. 메뉴는 수많은 여분의 버튼으로 GUI를 어지럽히지 않도록 자주 쓰지 않는 옵션을 따로 묶어 관리하려고 할 때 쓸모가 있다. 메뉴 편집기를 사용하여 메뉴를 만든 후 프로그래머는 각 메뉴 항목과 연관된 동작을 수행하는 콜백 함수를 작성하여야 한다. 메뉴 편집기를 사용하여 각 메뉴 항목에 대해 Label과 Tag 속성만큼은 설정할 필요가 있다.

윈도우 작업의 속도를 높이기 위해 가속 키와 키보드 탐색 문자를 사용할 수 있다.

MATLAB 함수를 유사 코드로 컴파일하면 프로그램의 실행 속도를 높일 수 있다. 또한 자신이 개발한 프로그램을 유사 코드 파일의 형태로 다른 사람들에게 배포함으로써 개발에 쏟은 노력과 비용을 보호할 수 있다. 배포한 유사 코드는 누구든지 자유롭게 돌릴 수 있지만 파일을 분석해서 당신의 아이디어를 훔치기는 쉽지 않을 것이다.

MATLAB의 uicontrol 객체들은 그리 흔하지 않은 유형의 콜백을 지정하는 속성으로서 CreateFcn, DeleteFcn, ButtonDownFcn, KeyPressFcn 속성을 갖고 있다. MATLAB 그림도 WindowButtonDownFcn, WindowButtonMotionFcn, WindowButtonUpFcn을 포함하여 콜백의 유형을 지정하는 여러 가지 속성을 갖는다. 이런 다양한 콜백을 사용하면 MATLAB GUI의 모습이나 사용자 입력에 응답하는 방식을 마음대로 조절할 수 있다.

13.9.1 [좋은 프로그래밍 습관] 요약

MATLAB 그래픽 GUI를 다룰 때 다음 지침을 준수하라.

1. guide를 사용하여 새로운 GUI 위에 구성 요소를 배치한 다음, 속성 검사기를 사용하여 각 요소에 표시할 텍스트나 색상 또는 필요하다면 콜백 함수의 이름과 같은 속성을 설정한다.
2. guide로 GUI를 만들 때 생기는 M 파일을 직접 편집하여, 프로그램의 목적이나 구성 요소를 설명하는 주석문을 달고 콜백의 기능을 구현하는 코드를 작성한다.
3. GUI 응용 데이터를 handles 구조체에 저장하여 어떤 콜백 함수라도 이 데이터를 자동으로 사용할 수 있도록 하라.
4. handles 구조체에 있는 GUI 응용 데이터를 바꿀 때에는 그 변경이 일어난 함수를 종료하기 전에 반드시 guidata를 호출하여 전체 구조체를 갱신하라.
5. GUI 기반 프로그램에서 정보를 제공하거나 입력을 요청하려면 대화 상자를 사용하라. 정보가 긴급한 내용이라 무시하지 말아야 한다면 대화 상자를 모달형으로 만들어라.
6. 풍선 도움말을 만들어 GUI 구성 요소의 기능에 관해 사용자에게 설명하라.

13.9.2 MATLAB 요약

다음은 이 장에서 설명한 모든 MATLAB 명령어와 함수를 요약하여 수록한 것이다. 여기에 더하여 표 13.2, 13.3, 13.4, 13.6, 13.7에 요약한 그래픽 객체의 속성을 참조하기 바란다.

axes	축 집합을 만든다.
dialog	일반적인 대화 상자를 만든다.
errordlg	오류 메시지를 표시한다.
helpdlg	도움말 메시지를 표시한다.
findobj	하나 또는 그 이상의 속성 값이 일치하는 객체를 찾는다.
gcbf	콜백 그림을 가져온다.
gcbo	콜백 객체를 가져온다.

guidata	GUI 응용 데이터를 그림에 저장한다.
guihandles	그림에 저장된 응용 데이터로부터 handles 구조체를 가져온다.
guide	GUI 개발 환경 도구.
inputdlg	사용자로부터 입력을 받기 위한 대화 상자.
printdlg	인쇄 대화 상자.
questdlg	질문을 하기 위한 대화 상자.
uibuttongroup	버튼 그룹 컨테이너를 만든다.
uicontrol	GUI 객체를 만든다.
uicontextmenu	상황 메뉴를 만든다.
uigetdir	디렉토리를 선택하기 위한 대화 상자.
uigetfile	입력 파일을 선택하기 위한 대화 상자
uimenu	표준 메뉴나 메뉴 항목을 만든다.
uipanel	패널을 만든다.
uipushtool	사용자 정의 툴바에 푸시 버튼을 만든다.
uiputfile	출력 파일을 선택하기 위한 대화 상자.
uisetcolor	색상을 선택하기 위한 대화 상자.
uisetfont	글꼴을 선택하기 위한 대화 상자.
uitable	테이블을 만든다.
uitoggletool	사용자 정의 툴바에 토글 버튼을 만든다.
uitoolbar	사용자 정의 툴바를 만든다.
warndlg	경고 메시지를 만든다.

13.10 연습문제

13.1 MATLAB에서 GUI를 만드는 단계를 설명하라.

13.2 MATLAB GUI에는 어떤 유형의 구성 요소를 사용할 수 있는가? 이들을 만드는 함수는 무엇이며, 특정 구성 요소의 유형을 어떻게 선택할 수 있는가?

13.3 MATLAB GUI에는 어떤 유형의 컨테이너를 쓸 수 있는가? 어떤 함수로 이들을 만들 수 있는가?

13.4 콜백 함수는 어떻게 작동하는가? 콜백 함수는 자신이 다뤄야 할 그림과 객체를 어떻게 찾아내는가?

13.5 표준 메뉴를 사용하여 자신의 배경색을 선정할 수 있는 GUI를 만들어라. 메뉴에 가속키와 키보드 탐색 문자를 포함시켜라. 녹색을 기본 배경색으로 갖도록 GUI를 설계하라.

13.6 상황 메뉴를 사용하여 자신의 배경색을 선정할 수 있는 GUI를 만들어라. 노랑을 기본 배경색으로 갖도록 GUI를 설계하라.

13.7 함수 $y(x) = ax^2 + bx + c$를 도표로 나타내는 GUI 프로그램을 작성하라. 이 프로그램은 그래프를 나타낼 축 집합과 a, b, c의 값 및 그림을 그릴 구간의 최소값, 최대값을 입력할 수 있는 GUI 요소를 담은 패널을 포함하여야 한다. 또한 별도의 패널에 선의 스타일, 색상, 굵기를 설정하는 컨트롤을 담아야 한다. 각 GUI 요소에 풍선 도움말을 나타내라.

13.8 연습문제 13.7의 GUI를 수정하여 메뉴를 포함시켜라. 메뉴는 선의 색상과 스타일을 선택하는 두 개의 부 메뉴를 포함하여야 하며, 현재 선택된 메뉴 옵션 옆에 대조 표시를 붙여야 한다. 메뉴에는 Exit 항목도 포함시켜 사용자가 이를 선택할 때 사용자에게 'Are You Sure?'라고 묻는 모달형 대화 상자를 띄우며, 사용자의 선택에 적절히 응답할 수 있어야 한다. 가속키와 키보드 탐색 문자를 메뉴 설계에 포함시켜라(메뉴 항목은 일부 GUI 요소와 중복이 된다. 따라서 메뉴 항목이 선택되면 그에 해당하는 GUI 요소도 갱신하여야 하며, GUI 요소를 선택할 때에도 해당 메뉴를 갱신하여야 한다).

13.9 13.4.7절에서 예시한 목록 상자에서 여러 항목을 선택할 수 있도록 프로그램을 수정하라. Select 버튼을 누를 때마다 선택 목록을 모두 표시할 수 있도록 텍스트 필드를 여러 줄로 확대하여야 한다.

13.10 **난수 분포.** 다른 종류의 난수들의 분포를 표시할 수 있는 GUI를 만들어라. 이 프로그램은 특정 분포를 갖는 1,000,000개의 무작위 값의 배열을 만든 후 `hist` 함수를 사용하여 히스토그램을 작성하여야 한다. 히스토그램에 제목과 축 제목을 적절히 붙여라.

프로그램은 균일 분포, 가우스 분포 및 Rayleigh 분포를 지원하여야 하며, 팝업 메뉴로 특정 분포를 선택할 수 있어야 한다. 또한 사용자가 히스토그램에 나타낼 구간 수를 선택할 수 있도록 편집 상자를 포함시키되, 입력한 구간 수가 양의 정수가 되도록 조치해야 한다.

13.11 예제 13.1의 온도 변환용 GUI를 수정하여 '온도계'를 추가하라. 온도계는 현재의 섭씨 온도에 해당하는 수위를 갖는 빨간 '액체'를 직교축의 집합에 나타내어 표현한다. 온도 범위는 0~100 ℃이어야 한다.

13.12 마우스를 클릭하여 표시 온도를 조절할 수 있도록 연습 문제 13.11의 온도 변환용 GUI를 수정하라(경고: 이 문제는 이 장에서 설명하지 않은 내용을 필요로 한다. MATLAB 온라인 도움말에서 `axes` 객체의 `CurrentPoint` 속성을 참조하라).

13.13 제목과 4개의 푸시 버튼을 묶은 패널을 포함하는 GUI를 만들어라. 푸시 버튼에 'Title Color', 'Figure Color', 'Panel Color', 'Title Font'라는 라벨을 각각 붙여라. Title Color 버튼을 선택하면 `uisetcolor` 대화 상자를 열고, 사용자가 선택한 색상으로 제목 텍스트를 표시하라. Figure Color 버튼을 선택하면 `uisetcolor` 대화 상자를 열어 그림 색상과 제목 텍스트의 배경색을 바꾸어라. Panel Color 버튼을 선택하면 마찬가지 방식으로 패널 배경색을 바꾸어라. Title Font 버튼을 선택하면 `uisetfont` 대화 상자를 열고, 제목 텍스트를 선택한 폰트로 바꾸어라.

13.14 제목과 버튼 그룹을 담은 GUI를 만들어라. 버튼 그룹에는 'Style'이라는 제목을 붙이고, 'Plain', 'Italic', 'Bold', 'Bold Italic'이라는 라벨을 붙인 네 개의 라디오 버튼을 담아야 한다. 현재 선택된 라디오 버튼의 라벨대로 제목 텍스트를 표시할 수 있도록 GUI를 설계하라.

13.15 **최소제곱 맞추기.** 파일로부터 입력 데이터 집합을 읽어 최소제곱 맞추기를 수행하는 GUI를 만들어라. 데이터는 디스크 파일 내에 (x, y) 형태로 한 줄에 한 쌍씩 수록되어 있다. MATLAB의 `polyfit` 함수로 최소제곱 맞추기를 수행한 후, 원래 데이터와 맞춤선을 함께 도표로 나타내라. File과 Edit이라는 두 개의 메뉴를 포함시켜라. File 메뉴는 Open과 Exit 항목을 포함하여야 하며, 사용자가 종료하려고 할 때 'Are You Sure?'라는 확인 질문을 하도록 해야 한다. Edit 메뉴는 사용자가 원하는 대로 선 모양과 색상, 격자선 등을 표시할 수 있

도록 허용하여야 한다.

13.16 Edit/Preferences 메뉴 항목을 포함하도록 앞 문제의 GUI를 수정하여, 종료할 때 나오는 'Are You Sure?' 확인 질문이 안 나오도록 사용자가 설정할 수 있게끔 만들어라.

13.17 초기화 파일을 읽고 쓸 수 있도록 앞 문제의 GUI를 수정하라. 이 파일은 사용자가 이전 실행에서 선택하였던 선 스타일, 선 색상, 그리드 설정 상태(온/오프)와 종료 시 확인 여부 등을 담아야 한다. 이 옵션들은 File/Exit 메뉴 항목을 통해 프로그램을 종료할 때 자동적으로 파일에 출력하여 저장하여야 하며, 프로그램을 다시 실행할 때마다 읽어들여 사용하여야 한다.

APPENDIX

A UTF-8 문자 집합

MATLAB 문자열은 16비트 필드 안에 저장되는 수천 개의 문자를 담고 있는 UTF-8 문자 집합을 사용한다. 이러한 문자들의 처음 128개는 ASCII 문자 집합과 같으며, 아래의 표에 이들을 나타내었다. MATLAB 문자열 비교 연산은 문자의 상대적인 수록 순서에 맞춰 수행된다. 예를 들어, ASCII 문자 집합 내의 문자 'a'는 표에서 97번째 위치에 있고, 'A'는 65번째 위치에 있다. 따라서 97 > 65이므로 관계 연산 `'a' > 'A'`는 1(참)이 될 것이다.

아래에 나타낸 표에서 행 번호는 문자 번호의 처음 두 자리 수, 열 번호는 세 번째 자리 수를 각각 나타낸다. 예를 들어, 문자 'R'은 8행 2열에 있으므로 ASCII 문자 번호는 82이다.

	0	1	2	3	4	5	6	7	8	9
0	nul	soh	stx	etx	eot	enq	ack	bel	bs	ht
1	nl	vt	ff	cr	so	si	dle	dc1	dc2	dc3
2	dc4	nak	syn	etb	can	em	sub	esc	fs	gs
3	rs	us	sp	!	"	#	$	%	&	'
4	(	)	*	+	,	-	.	/	0	1
5	2	3	4	5	6	7	8	9	:	;
6	<	=	>	?	@	A	B	C	D	E
7	F	G	H	I	J	K	L	M	N	O
8	P	Q	R	S	T	U	V	W	X	Y
9	Z	[	\	]	^	_	`	a	b	c
10	d	e	f	g	h	I	j	k	l	m
11	n	o	p	q	r	s	t	u	v	w
12	x	y	z	{	|	}	~	del		

APPENDIX

B

퀴즈 해답

이 부록은 이 책에 나온 모든 퀴즈의 답을 담고 있다.

퀴즈 1.1, 24 쪽

1. MATLAB 명령창은 사용자가 명령어를 입력하는 창이다. 사용자가 명령창의 명령 프롬프트(≫)에서 대화식으로 명령어를 입력하면, 그 명령어는 즉시 실행된다. 명령창은 M 파일을 실행할 때 사용할 수도 있다. 편집/디버그창은 M 파일을 만들고 수정하고 디버깅하는 데 쓰이는 편집기이다. 그림창은 MATLAB의 그래픽 출력을 표시하는 데 쓰인다.

2. 다음의 방법으로 MATLAB에서 도움말을 구할 수 있다.
   - 명령창에 help <command_name>을 입력한다. 이 명령어는 명령어나 함수의 정보를 명령창에 표시한다.
   - 명령창에 lookfor <keyword>를 입력한다. 이 명령어는 첫 번째 주석행에 키워드를 포함하는 모든 명령어와 함수의 목록을 명령창에 표시한다.
   - 명령창에 helpwin이나 helpdesk를 입력하거나, 시작 메뉴에서 'Help'를 선택하거나, 데스크톱의 물음표 아이콘(?)을 클릭하여 도움말 브라우저를 시작한다. 도움말 브라우저는 MATLAB의 모든 특징에 대한 방대한 양의 하이퍼텍스트 기반의 설명과 아울러 HTML과 어도비 PDF 파일 형식의 온라인 매뉴얼을 모두 담고 있다. 이 브라우저는 MATLAB 도움말의 가장 포괄적인 원천이다.

3. 작업 공간은 특정 명령어, M 파일, 함수가 실행될 때 MATLAB에 의해 사용되는 모든 변수와 배열의 모음이다. 명령창에서 실행되는 모든 명령어와 스크립트 파일은 공통의 작업 공간을 공유하므로 변수도 공유하게 된다. 작업 공간의 내용은 whos 명령어로 명령창에 표시하거나 작업 공간 브라우저에서 그래픽으로 조사할 수 있다.

4. 작업 공간의 내용을 삭제하려면 명령창에 clear나 clear variables를 입력한다.

5. 이 계산을 수행하기 위한 명령어는 다음과 같다.

```
» t = 5;
» x0 = 10;
» v0 = 15;
» a = -9.81;
» x = x0 + v0 * t + 1/2 * a * t^2
x =
   -37.6250
```

6. 이 계산을 수행하기 위한 명령어는 다음과 같다.

```
» x = 3;
» y = 4;
» res = x^2 * y^3 / (x - y)^2
res =
   576
```

물음 7과 8은 MATLAB의 특징을 탐구하기 위한 것으로서, 하나의 '정답'이 있는 것은 아니다.

퀴즈 2.1, 40 쪽

1. 배열은 열과 행으로 구성한 데이터값의 모음으로서 하나의 이름으로 부른다. 배열 안의 개별 데이터값은 배열 이름 뒤에 그 값의 위치를 식별하는 첨자들을 괄호 안에 담아 표시하여 접근한다. '벡터'는 대개 하나의 차원만을 갖는 배열을 가리키며, '행렬'은 둘 이상의 차원을 갖는 배열을 가리킨다.

2. (a) 이것은 3 × 4 크기의 배열이다. (b) c(2, 3) = -0.6 (c) 그 값이 0.6인

배열의 원소는 `c(1, 4)`, `c(2, 1)`, `c(3, 2)`이다.

3. (a) 1×3 (b) 3×1 (c) 3×3 (d) 3×2 (e) 3×3 (f) 4×3 (g) 4×1.

4. `w(2, 1)` = 2

5. `x(2, 1)` = $-20i$

6. `y(2, 1)` = 0

7. `v(3)` = 3

퀴즈 2.2, 49 쪽

1. (a) `c(2, :)` = [0.6 1.1 −0.6 3.1]

   (b) `c(:, end)` = $\begin{bmatrix} 0.6 \\ 3.1 \\ 0.0 \end{bmatrix}$

   (c) `c(1:2, 2:end)` = $\begin{bmatrix} -3.2 & 3.4 & 0.6 \\ 1.1 & -0.6 & 3.1 \end{bmatrix}$

   (d) `c(6)` = 0.6

   (e) `c(4, end)` = [−3.2 1.1 0.6 3.4 −0.6 5.5 0.6 3.1 0.0]

   (f) `c(1:2,2:4)` = $\begin{bmatrix} -3.2 & 3.4 & 0.6 \\ 1.1 & -0.6 & 3.1 \end{bmatrix}$

   (g) `c([1 3],2)` = $\begin{bmatrix} -3.2 \\ 0.6 \end{bmatrix}$

   (h) `c([2 2],[3 3])` = $\begin{bmatrix} -0.6 & -0.6 \\ -0.6 & -0.6 \end{bmatrix}$

2. (a) `a` = $\begin{bmatrix} 7 & 8 & 9 \\ 4 & 5 & 6 \\ 1 & 2 & 3 \end{bmatrix}$ (b) `a` = $\begin{bmatrix} 4 & 5 & 6 \\ 4 & 5 & 6 \\ 4 & 5 & 6 \end{bmatrix}$ (c) `a` = $\begin{bmatrix} 4 & 5 & 6 \\ 4 & 5 & 6 \end{bmatrix}$

3. (a) `a` = $\begin{bmatrix} 1 & 0 & 0 \\ 1 & 2 & 3 \\ 0 & 0 & 1 \end{bmatrix}$ (b) `a` = $\begin{bmatrix} 1 & 0 & 4 \\ 0 & 1 & 5 \\ 0 & 0 & 6 \end{bmatrix}$ (c) `a` = $\begin{bmatrix} 1 & 0 & 0 \\ 0 & 1 & 0 \\ 9 & 7 & 8 \end{bmatrix}$

퀴즈 2.3, 58 쪽

1. 필요한 명령어는 `format long e`이다.

2. (a) 이 문들은 사용자로부터 원의 반지름을 입력 받아 원의 면적을 계산하여 나타낸다. (b) 이 문들은 π의 값을 정수로 나타내므로 문자열 `'The value is 3!'`을 표시한다.

3. 첫 번째 문은 12345.67의 값을 지수 서식으로, 두 번째 문은 그 값을 부동 소수점 서식으로, 세 번째 문은 그 값을 일반적인 서식으로, 네 번째 문은 그 값을 12 문자열 너비의 필드에 부동 소수점 서식으로 각각 출력한다. 이들 문의 결과는 다음과 같다.

```
value = 1.234567e+004
value = 12345.670000
value = 12345.7
value = 12345.6700
```

퀴즈 2.4, 66 쪽

1. (a) 이 연산은 적법하지 않다. 배열 곱셈은 같은 모양의 배열 사이나 배열과 스칼라 사이에서만 이루어진다. (b) 적법한 행렬 곱셈으로서, 결과는 $\begin{bmatrix} 4 & 4 \\ 3 & 3 \end{bmatrix}$이다. (c) 적법한 배열 곱셈으로서, 결과는 $\begin{bmatrix} 2 & 1 \\ -2 & 4 \end{bmatrix}$이다. (d) 이 연산은 적법하지 않다. 행렬 곱셈 `b * c`는 1 × 2 배열을 만들지만 `a`는 2 × 2 배열이므로 덧셈이 성립하지 않는다. (e) 이 연산은 적법하지 않다. 배열 곱셈 `b .* c`는 서로 다른 크기의 배열 사이에서 이루어지고 있으므로 적법하지 않다.

2. 연산 `x = A\B`로 $x = \begin{bmatrix} -0.5 \\ 1.0 \\ -0.5 \end{bmatrix}$를 얻는다.

퀴즈 3.1, 131 쪽

1.
```
x = 0:pi/10:2*pi;
x1 = cos(2*x);
```

```
y1 = sin(x);
plot(x1,y1, '-ro', 'LineWidth',2.0,'MarkerSize',6,...
     'MarkerEdgeColor','b','MarkerFaceColor','b')
```

2. 이 문제는 하나의 특정한 해답만을 갖지 않는다. 마커를 변경하는 어떤 행위의 조합도 허용된다.

3. `'\itf\rm(\itx\rm) = sin \theta cos 2\phi'`

4. `'\bfPlot of \Sigma \itx\rm\bf^{2} versus \itx'`

5. 이 문자열은 문자 'τ_m'을 만든다.

6. 이 문자열은 문자 '$\boldsymbol{x_1^2 + x_2^2}$ (units: **m²**)'을 만든다.

7.
```
g = 0.5;
theta = 2*pi*(0.01:0.01:1);
r = 10*cos(3*theta);
polar (theta,r,'r-')
```

결과 도표를 아래에 나타냈다.

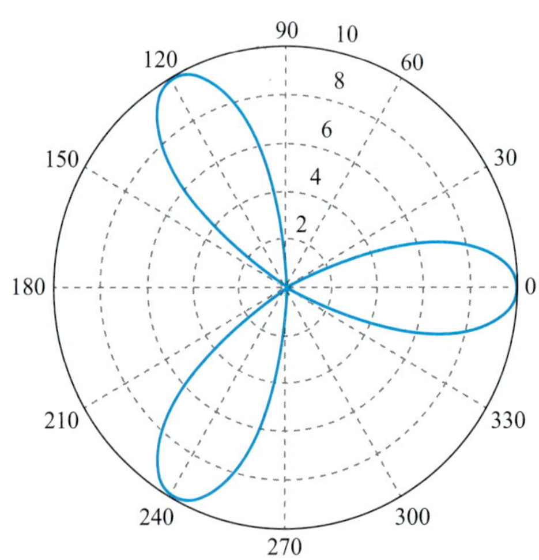

8.
```
figure(1);
x = linspace(0.01,100,501);
y = 1 ./ (2 *  x .^ 2);
```

```
plot(x,y);
figure(2);
x = logspace(0.01,100,101);
y = 1 ./ (2 *  x .^ 2)
loglog(x,y);
```

결과 도표를 아래에 나타냈다. 선형 도표는 x = 0.01에서 갖는 매우 큰 함수값에 지배되어 거의 아무것도 보이지 않는다. 이 함수는 로그-로그 도표에서는 직선이다.

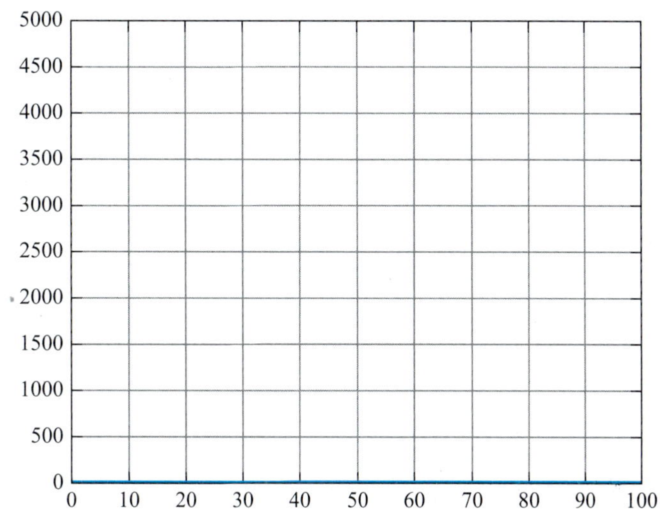

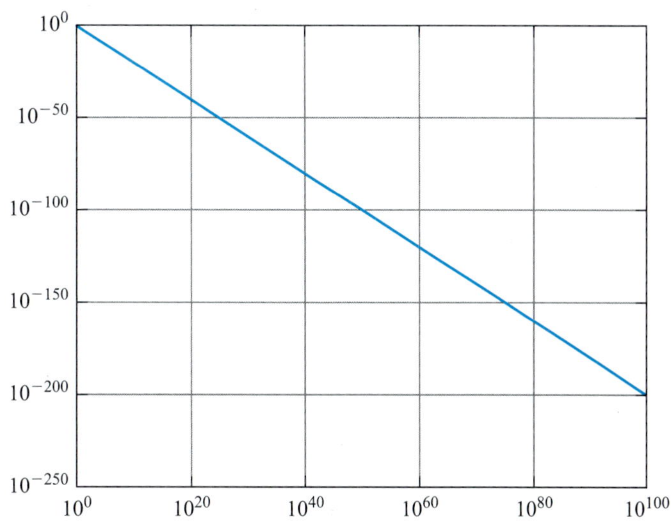

퀴즈 4.1, 161 쪽

<table>
<tr><th>식</th><th>결과</th><th>설명</th></tr>
<tr><td>1. <code>a > b</code></td><td>1
(논리 참)</td><td></td></tr>
<tr><td>2. <code>b > d</code></td><td>0
(논리 거짓)</td><td></td></tr>
<tr><td>3. <code>a > b && c > d</code></td><td>0
(논리 거짓)</td><td></td></tr>
<tr><td>4. <code>a == b</code></td><td>0
(논리 거짓)</td><td></td></tr>
<tr><td>5. <code>a & b > c</code></td><td>0
(논리 거짓)</td><td></td></tr>
<tr><td>6. <code>~~b</code></td><td>1
(논리 참)</td><td></td></tr>
<tr><td>7. <code>~(a > b)</code></td><td>$\begin{bmatrix} 0 & 0 \\ 0 & 1 \end{bmatrix}$
(논리 배열)</td><td></td></tr>
<tr><td>8. <code>a > c && b > c</code></td><td>부적법</td><td><code>&&</code>와 <code>||</code> 연산자는 스칼라 피연산자들 사이에서만 쓸 수 있다.</td></tr>
<tr><td>9. <code>c <= d</code></td><td>부적법</td><td><code><=</code> 연산자는 같은 크기의 배열 사이와 배열과 스칼라 사이에서만 쓸 수 있다.</td></tr>
<tr><td>10. <code>logical(d)</code></td><td>$\begin{bmatrix} 1 & 1 & 1 \\ 0 & 1 & 0 \end{bmatrix}$
(논리 배열)</td><td></td></tr>
<tr><td>11. <code>a * b > c</code></td><td>$\begin{bmatrix} 1 & 0 \\ 0 & 1 \end{bmatrix}$
(논리 배열)</td><td>먼저 식 <code>a * b</code>의 값으로 <code>double</code>형 배열 $\begin{bmatrix} 2 & -4 \\ 0 & 20 \end{bmatrix}$을</td></tr>
</table>

		구한 다음, 논리 연산을 수행하여 최종 답을 얻는다.
12. `a * (b > c)`	$\begin{bmatrix} 2 & 0 \\ 0 & 2 \end{bmatrix}$ (double형 배열)	`b > c` 연산으로 `logical`형 배열 $\begin{bmatrix} 1 & 0 \\ 0 & 1 \end{bmatrix}$을 얻지만, 이 배열에 2를 곱함으로써 다시 `double` 형 배열로 바뀐 결과를 얻는다.
13. `a*b^2 > a*c`	0 (논리 거짓)	
14. `d || b > a`	1 (논리 참)	
15. `(d | b) > a`	0 (논리 거짓)	
16. `isinf(a/b)`	0 (논리 거짓)	
17. `isinf(a/c)`	1 (논리 참)	
18. `a > b && ischar(d)`	1 (논리 참)	
19. `isempty(c)`	0 (논리 거짓)	
20. `(~a) & b`	0 (논리 거짓)	
21. `(~a) + b`	−2 (double형 값)	`~a`는 논리값 0이다. 이 값을 `b`에 더하면 결과는 다시 `double`형 값으로 바뀐다.

퀴즈 4.2, 180 쪽

1.
```
if x >= 0
   sqrt_x = sqrt(x);
else
   disp('ERROR: x < 0');
   sqrt_x = 0;
end
```

2.
```
if abs(denominator) < 1.0E-300
   disp('Divide by 0 error.');
else
   fun = numerator / denominator;
   disp(fun)
end
```

3.
```
if distance <= 100
   cost = 0.50 * distance;
elseif distance <= 300
   cost = 50 + 0.30 * (distance - 100);
else
   cost = 110 + 0.20 * (distance - 300);
end
```

4. 이 문들은 옳지 않다. 이 구조가 작동하기 위해서는 두 번째 `if`문을 `elseif`문으로 바꿔야 할 것이다.

5. 이 문들은 옳다. 이 문들은 메시지 `"Prepare to stop."`을 표시할 것이다.

6. 이 문들은 실행은 되지만, 프로그래머가 의도하는 결과를 주지는 않을 것이다. 만약 temperature가 150이면, `if` 구조가 첫 번째 `true` 조건을 실행하고 나머지를 건너뛰기 때문에, `"Boiling point of water exceeded."`라는 메시지 대신에 `"Human body temperature exceeded."`를 출력한다. 올바른 결과를 얻으려면 검사 순서를 서로 바꿔야 한다.

퀴즈 5.1, 232 쪽

1. 4 번
2. 0 번
3. 1 번
4. 2 번
5. 2 번
6. `ires` = 10
7. `ires` = 55
8. `ires` = 25;
9. `ires` = 49;
10. 루프와 분기를 사용하여

```
for ii = -6*pi:pi/10:6*pi
   if sin(ii) > 0
      res(ii) = sin(ii);
   else
      res(ii) = 0;
   end
end
```

벡터화된 코드를 사용하여

```
arr1 = sin(-6*pi:pi/10:6*pi);
res = zeros(size(arr1));
res(arr1>0) = arr1(arr1>0);
```

퀴즈 6.1, 293 쪽

1. 스크립트 파일은 MATLAB문들을 모아 파일에 담은 것이다. 스크립트 파일은 명령창의 작업 공간을 공유하기 때문에, 스크립트 파일 시작 전에 정의된 어떤 변수도 참조할 수 있고, 스크립트 파일에 의해 생성된 어떤 변수도 실행 종료 후에 작업 공간에 그대로 남아 있다. 스크립트 파일에는 입력 인수가 없고 결과도 반환하지 않으나, 작업 공간에 남아 있는 데이터를 통해 다른 스크립트

파일과 교신할 수 있다. 반면에, MATLAB 함수는 자신만의 독립적인 작업 공간에서 작동한다. MATLAB 함수는 입력 인수 목록을 통해 데이터를 입력 받고, 출력 인수 목록을 통해 호출 프로그램에 결과를 반환한다.

2. `help` 명령어는 함수에서 첫 번째 빈 줄이나 첫 번째 실행 가능한 문까지의 모든 주석행을 표시한다.

3. H1 주석행은 파일의 첫 번째 주석행이다. 이 줄은 `lookfor` 명령어에 의해서 검색되어 표시된다. 이 줄은 항상 함수의 목적을 한 줄로 요약하여 담아야 한다.

4. 값 전달 방식에서는 입력 인수의 원본 대신 복사본이 호출 프로그램에서 함수로 전달된다. 이 방식을 사용하면, 함수가 입력 인수를 자유롭게 변경하더라도 호출 프로그램에 예기치 않은 부작용을 일으키지 않으므로 좋은 프로그램을 설계할 수 있다.

5. MATLAB 함수는 임의의 개수의 인수를 가질 수 있으며, 함수를 호출할 때마다 모든 인수가 다 있어야 할 필요는 없다. `nargin` 함수와 `nargout` 함수는 함수 호출 때 실제로 쓰인 입력 인수와 출력 인수의 개수를 각각 알아내는 데 사용한다.

6. 이 함수 호출은 옳지 않다. `test1` 함수는 반드시 두 개의 입력 인수를 사용하여 호출해야만 한다. 이 경우에는 `test1` 함수에서 변수 y가 정의되지 않을 것이므로 함수는 실행을 멈출 것이다.

7. 이 함수 호출은 옳다. 이 함수는 하나 또는 두 개의 인수를 사용하여 호출할 수 있다.

퀴즈 7.1, 361 쪽

1. 지역 함수는 하나의 파일 안에서 정의되는 이차 함수이다. 지역 함수는 통상적인 함수와 같지만 같은 파일 안에 있는 다른 함수들만 접근할 수 있다.

2. 함수의 인식 범위는 이 함수에 접근할 수 있는 MATLAB 내의 위치로 정의한다.

3. 사유 함수(private function)는 `private`라는 특별한 이름의 하위 폴더 안에 있는 함수이다. 이 함수는 `private` 폴더나 바로 상위의 폴더에 있는 함수만 볼 수 있다. 다시 말해 이 함수의 인식 범위는 `private` 폴더나 그 상위 폴더로

제한된다.

4. 중첩 함수(nested function)는 호스트 함수(host function)라 불리는 다른 함수의 몸체 내에서 완전하게 정의된 함수이다. 이 함수는 자신을 담고 있는 호스트 함수나 이 호스트 함수에 같은 수준으로 포함된 다른 중첩 함수에게만 보인다.

5. MATLAB은 다음과 같은 특정한 순서로 함수를 찾는다.

 - MATLAB은 현재 함수 안에 지정한 이름의 중첩 함수가 있는지를 확인하여, 있으면 그 함수를 실행한다.
 - MATLAB은 현재 파일 안에 지정한 이름의 지역 함수가 있는지를 확인하여, 있으면 그 함수를 실행한다.
 - MATLAB은 지정한 이름의 사유 함수가 있는지를 확인하여, 있으면 그 함수를 실행한다.
 - MATLAB은 지정한 이름의 함수가 현재 디렉토리에 있는지를 확인하여, 있으면 그 함수를 실행한다.
 - MATLAB은 지정한 이름의 함수가 MATLAB 경로에 있는지를 확인한다. 이 이름의 함수를 경로에서 처음 발견하면 검색을 중지하고 그 함수를 실행한다.

6. 함수 핸들은 함수를 참조할 때 쓰는 정보를 담은 MATLAB 데이터형이다. 함수 핸들을 만들 때 MATLAB은 나중에 이 함수를 실행하는 데 필요한 모든 정보를 수합한다. 이렇게 만든 함수 핸들을 사용하면 언제든지 이 함수를 실행할 수 있다.

7. 다음 문과 같은 함수 호출 때 핸들 생성의 원천이 된 함수(cosh)의 이름이 반환된다.

```
» myfun(@cosh)
ans =
cosh
```

퀴즈 8.1, 385 쪽

1. (a) 참(1) (b) 거짓(0) (c) 25

2. `array`가 복소 배열이라면 `plot(array)` 함수는 배열 안에 있는 각 요소의 실수 성분 대 허수 성분의 도표를 그린다.

퀴즈 9.1, 426 쪽

1. 이 문들은 두 문자열을 연결하므로 res 변수는 'This is a test!This line, too.'가 된다.

2. MATLAB에 strcati라는 함수가 없으므로 적법하지 않다.

3. 두 문자열의 길이가 서로 달라 적법하지 않다.

4. 이 명령문은 적법하다. 함수 strvcat는 다른 길이의 입력값들을 덧붙일 수 있다. 최종 결과로 두 문자열이 다른 행에 나타난다.

```
» res = strvcat(str1,str2)
res =
This is another test!
This line, too.
```

5. 이 명령문은 두 문자열의 첫 다섯 글자가 같으므로 참(1)을 반환한다.

6. 이 명령문은 입력 문자열에서 's'의 모든 위치를 반환한다: 4 7 13.

7. 이 명령문은 str1 내의 빈칸이 있는 모든 위치에 문자 'x'를 할당한다. 결과 문자열은 Thisxisxaxtest!xx이다.

8. 이 명령문은 입력 문자열에 있는 12개의 문자에 상응하는 12개의 값을 반환한다. 알파벳과 숫자에 대해서는 1을 반환하고 다른 문자들에 대해서는 0을 반환한다.

```
» str1 = 'aBcD 1234 !?';
» res = isstrprop(str1,'alphanum')
  Columns 1 through 5
     1     1     1     1     0
  Columns 6 through 10
     1     1     1     1     0
  Columns 11 through 12
     0     0
```

9. 이 명령문은 str1의 4번째 열에서부터 7번째 열에 있는 모든 알파벳 문자를 대

문자로 변환한다. 결과는 `ThiS IS a test!`이다.

10. `str1`은 `456` 전후에 3개의 빈칸을 포함하고, `str2`는 `abc` 전후에 3개의 빈칸을 포함한다. 문자열 `str3`은 두 문자열의 연결이며, 따라서 18개의 문자 길이를 갖는다: `   456      abc   `. 문자열 `str4`는 문자열 앞뒤에 붙는 여백 문자를 제거한 두 문자열의 연결이며, 따라서 6개의 문자 길이를 갖는다: `456abc`. 문자열 `str5`는 문자열 뒤에 붙은 여백 문자만을 제거한 문자열의 연결이며, 따라서 12개의 문자 길이를 갖는다: `   456   abc`.

11. `strncmp`는 길이 인수가 필요하기 때문에 이 명령문은 실패한다.

퀴즈 9.2, 431 쪽

1. 이들 두 클래스의 객체를 더하는 것은 가능하지 않기 때문에 이 명령문은 적법하지 않다.

2. 이들 두 클래스의 객체를 곱하는 것은 가능하지 않기 때문에 이 명령문은 적법하지 않다.

3. `single`과 `double` 객체는 행렬 곱셈으로 곱할 수 있기 때문에 이 명령문은 적법하다. 결과는 다음과 같이 단일 배열이다.

$$\begin{bmatrix} 3 & 2 \\ -2 & 3 \end{bmatrix}$$

4. `single`과 `double` 객체는 배열 곱셈으로 곱할 수 있기 때문에 이 명령문은 적법하다. 결과는 다음과 같이 단일 배열이다.

$$\begin{bmatrix} 3 & 0 \\ 0 & 3 \end{bmatrix}$$

퀴즈 10.1, 472 쪽

1. 희박 배열은 배열 내 0이 아닌 원소에만 메모리가 배정되는 특수한 배열이다. 0이 아닌 원소의 첨자와 값에 메모리가 배정된다. 반면에 전체 배열에서는 원소 값이 0인지 아닌지에 상관없이 모든 원소 값에 메모리가 배정된다. `full` 함수를 사용하여 희박 배열을 전체 배열로 변환할 수 있고, `sparse` 함수를 사

용하여 전체 배열을 희박 배열로 바꿀 수 있다.

2. 셀 배열은 '포인터'의 배열로서, 각 원소는 임의 유형의 MATLAB 데이터를 가리킨다. 셀 배열은 각 원소가 서로 다른 유형의 데이터(예를 들어, 수치 배열, 문자열, 다른 셀 배열, 구조체 등)를 가리킬 수 있다는 점에서 보통의 배열과 다르다. 셀 배열은 괄호 () 대신 중괄호 {}를 사용하여 셀 내용을 선택하거나 표시한다.

3. 내용 지표법에서는 셀 첨자를 중괄호 {}로 둘러싸고 셀 내용은 보통의 표기법으로 나타낸다. 이 지표법은 셀에 담긴 데이터 구조의 내용을 정의한다. 셀 지표법에서는 셀 첨자를 보통의 첨자 표기법으로 나타내되 셀에 저장할 데이터를 중괄호 {}로 둘러싼다. 이 지표법은 지정한 데이터를 담은 데이터 구조를 만든 후 이 구조를 셀에 대입한다.

4. 구조체는 각 개별 원소가 이름을 갖는 데이터 유형이다. 구조체 내의 개별 원소는 필드라고 부르며, 각 필드의 데이터 유형은 다를 수 있다. 각 필드는 구조체 이름과 필드 이름을 마침표로 결합함으로써 접근할 수 있다. 보통의 배열과 셀 배열의 원소는 첨자로 접근하는 데 반해 구조체의 원소는 이름으로 접근한다는 점이 다르다.

5. `varargin` 함수는 입력 가인수 목록의 마지막 항목으로 나타내며, 함수를 호출할 때 이 위치 이후에서 지정한 모든 입력 실인수를 개별 셀에 각각 담은 셀 배열을 반환한다. 이 함수를 사용하는 MATLAB 함수는 임의 개수의 입력 실인수를 지원할 수 있다.

6. (a) `a(1,1) = [3x3 double]`. 셀 배열 원소 `a(1,1)`의 내용은 3×3의 double 형 배열로서, 이 데이터의 구조가 표시된다.

(b) `a{1,1} =` $\begin{bmatrix} 1 & 2 & 3 \\ 4 & 5 & 6 \\ 7 & 8 & 9 \end{bmatrix}$

이 명령문은 `a(1,1)` 원소의 데이터 구조의 값을 표시한다.

(c) 데이터 구조를 값으로 곱할 수 없으므로 적법하지 않다.

(d) 데이터 구조의 내용에는 값을 곱할 수 있으므로 이 명령문들은 유효하며,

그 결과는 다음과 같다.

$$\begin{bmatrix} 2 & 4 & 6 \\ 8 & 10 & 12 \\ 14 & 16 & 18 \end{bmatrix}$$

(e) `a{2, 2}` $= \begin{bmatrix} -4 & -3 & -2 \\ -1 & 0 & 1 \\ 2 & 3 & 4 \end{bmatrix}$

(f) `a{2,3}`에 $\begin{bmatrix} -17 \\ 17 \end{bmatrix}$을 대입하는 적법한 명령문이다.

(g) `a{2, 2} (2, 2) = 0`

7. (a) `b(1).a - b(2).a` $= \begin{bmatrix} -3 & 1 & -1 \\ -2 & 0 & -2 \\ -3 & 3 & 5 \end{bmatrix}$

(b) `strncmp(b(1).b, b(2).b, 6) = 1`. 구조체 배열의 두 원소의 처음 6개 문자가 서로 같다.

(c) `mean(b(1).c) = 2`

(d) 구조체 배열의 개별 원소들을 배열 자체로 취급할 수 없으므로 이 명령문은 적법하지 않다.

(e)
```
b = 1x2 struct array with fields:
    a
    b
    c
```

(f) `b(1).('b') = 'Element 1'`

(g)
```
b(1) =
   a:  [3x3 double]
   b:  'Element 1'
   C:  [1 2 3]
```

퀴즈 11.1, 500 쪽

1. textread 함수는 유형이 서로 다를 수도 있는 데이터의 열들로 서식화된 ASCII 파일을 읽도록 고안되었다. 이 함수는 한 파일에 있는 혼합형 데이터를 처리할 수 있기 때문에 다른 응용 프로그램에서 작성된 데이터 표를 불러들일 때 매우 쓸모가 있다.

2. MAT 파일은 디스크 공간을 비교적 효율적으로 사용한다. 이 파일은 모든 변수를 최대 정밀도로 저장하므로 ASCII 서식으로의 변환/재변환에 따르는 정밀도 손실이 없다(MAT 파일을 압축하면 디스크 공간을 더욱 절약할 수 있다). 또한, MAT 파일은 작업 공간 내의 각 변수에 대해 클래스, 이름, 전역 변수 여부 등의 모든 정보를 보존한다. MAT 파일은 MATLAB 고유의 형식을 따르므로 다른 프로그램과 데이터를 공유할 수 없다는 것이 단점이다.

3. 파일을 열 때는 fopen 함수, 닫을 때는 fclose 함수를 각각 사용한다. PC(유닉스나 리눅스 컴퓨터는 해당되지 않음)에서는 텍스트 파일과 2진 파일 간에 차이가 있다. PC에서 파일을 텍스트 모드로 열기 위해서는 fopen 함수의 허용 문자열 마지막에 't'를 붙여야 한다.

4.
```
fid = fopen('myinput.dat','at')
```

5.
```
fid = fopen('input.dat','r');
if fid < 0;
    disp('File input.dat does not exist.');
end
```

6. 이 명령문에서는 파일을 텍스트 파일로 연 후 2진 서식으로 데이터를 읽으려 하기 때문에 적법하지 않다(텍스트 데이터를 읽으려면 나중에 소개할 fscanf 함수를 사용해야 한다).

7. 이 명령문들은 모두 적법하다. 이 코드는 10원소 배열 x를 만들고, 2진 출력 파일 file1을 열어 x를 출력한 후 파일을 닫는다. 다음, 이 파일을 다시 열어 데이터를 [2 Inf] 서식으로 array란 배열로 읽어들인다.

   이 배열은 $\begin{bmatrix} 1 & 3 & 5 & 7 & 9 \\ 2 & 4 & 6 & 8 & 10 \end{bmatrix}$이 된다.

퀴즈 11.2, 517 쪽

1. 서식 입/출력 함수는 서식화된 파일을 생성한다. 서식화된 파일은 인식 가능한 문자, 숫자 등을 ASCII 텍스트로 저장한 파일이다. 이 파일은 어떤 종류의 데이터를 담고 있는지 쉽게 알 수 있고 다른 유형의 프로그램 간에 데이터를 교환하기 쉽다는 장점을 갖는다. 그러나 서식화된 파일은 2진 파일에 비해 읽고 쓰는 데 시간이 더 오래 걸리며 디스크 공간을 더 많이 차지한다. 2진 입/출력 작업은 컴퓨터 메모리의 정보를 아무런 변환 없이 직접 디스크 파일에 복사한다. 변환 과정이 없기 때문에 2진 입/출력 작업이 서식화된 입/출력 작업보다 훨씬 빠르다. 더욱이 2진 데이터는 훨씬 적은 디스크 공간을 차지한다. 그러나 2진 데이터는 사람이 직접 조사하거나 해석할 수 없다.

2. 서식화된 입/출력은 사람이 데이터를 검토하고 수정하거나 다른 프로그램 간에 데이터를 교환할 필요가 있을 때 사용하여야 한다. 그렇지 않으면 2진 입/출력 작업을 수행하여야 한다.

3.
```
fprintf('     Table of Cosines and Sines\n\n');
fprintf(' theta      cos(theta)   sin(theta)\n');
fprintf(' =====      ==========   ==========\n');
for ii = 0:0.1:1
    theta = pi * ii;
    fprintf('%7.4f %11.5f %11.5f\n',theta,cos(theta),sin(theta));
end
```

4. `%s` 지정자는 출력 목록 중 문자열에 대응해야만 하므로 적법하지 않다.

5. 이 명령문들은 기술적으로는 맞지만 바람직하지 않은 결과를 낳는다. 이 코드처럼 하나의 파일에 2진 데이터와 서식화된 데이터를 섞을 수는 있지만, 어떤 목적으로도 이 파일을 사용하기는 매우 어렵다. 2진 데이터와 서식화된 데이터는 별도의 파일에 쓰는 것이 정상이다.

퀴즈 13.1, 651 쪽

1. 13장에서 설명한 그래픽 객체의 유형과 목적을 아래에 열거하였다.

표 B.1: 13장에서 논의한 GUI 구성 요소

구성 요소	생성 함수	설명
		그래픽 컨트롤
푸시 버튼	uicontrol	버튼 누르기를 구현하는 그래픽 구성 요소. 마우스로 클릭할 때 콜백을 실행한다.
토글 버튼	uicontrol	토글 동작을 구현하는 그래픽 구성 요소. 토글 버튼은 '온' 이나 '오프' 중의 한 상태를 가지며, 클릭할 때마다 상태가 바뀌며 콜백을 실행한다.
라디오 버튼	uicontrol	켰을 때 가운데 점이 있는 작은 원 모양을 띠는 일종의 토글 버튼. 라디오 버튼의 그룹은 상호 배타적인 선택을 구현하는 데 사용한다. 마우스로 클릭할 때마다 콜백을 실행한다.
검사 상자	uicontrol	켰을 때 체크 표시를 한 작은 정사각형의 모양을 띠는 일종의 토글 버튼. 마우스로 클릭할 때마다 콜백을 실행한다.
편집 상자	uicontrol	텍스트 문자열을 표시하고 사용자가 정보를 수정할 수 있게 하는 그래픽 구성 요소. 사용자가 엔터키를 누르거나 마우스로 다른 객체를 선택할 때 콜백을 실행한다.
목록 상자	uicontrol	일련의 텍스트 문자열을 표시하는 그래픽 컨트롤. 사용자는 문자열 하나를 클릭 또는 더블 클릭하여 선택할 수 있으며, 이 때 콜백이 실행된다.
팝업 메뉴	uicontrol	마우스 클릭에 반응하여 일련의 텍스트 문자열을 표시하는 그래픽 컨트롤. 팝업 메뉴를 클릭하지 않으면 현재 선택된 문자열만이 보인다.
슬라이더	uicontrol	마우스로 컨트롤을 끌어 값을 부드럽고 연속적으로 조정하기 위한 그래픽 컨트롤. 슬라이더를 끌 때마다 콜백을 실행한다.
표	uitable	데이터의 표를 생성한다.
		정적 요소
프레임	uicontrol	그림 내의 직사각형 상자. 프레임은 컨트롤 집합들을 같이 묶는 데 사용한다. 프레임은 결코 콜백을 실행하지 않는다(이는 별 쓸모가 없는 구성 요소이므로 새로 만드는 GUI에서는 사용하지 말아야 한다).
텍스트 필드	uicontrol	그림 내의 한 점에 위치한 문자열. 텍스트 필드는 콜백을 실행하지 않는다.
		메뉴, 툴바, 축
메뉴 항목	uimenu	메뉴 상의 항목. 이 위에 마우스 버튼을 놓으면 콜백이 실행된다.

구성 요소	생성 함수	설명
상황 메뉴	uicontextmenu	마우스 오른쪽 버튼으로 객체를 클릭할 때 그 객체 위에 뜨는 메뉴.
툴바	uitoolbar	그림 상부에 걸쳐 나타낸, 빠르게 접근할 수 있는 버튼을 담은 바.
툴바 푸시 버튼	uipushtool	툴바에 넣을 푸시 버튼을 생성하는 구성 요소.
툴바 토글 버튼	uitoggletool	툴바에 넣을 토글 버튼을 생성하는 구성 요소.
축	axes	그래픽 데이터를 도시하는 영역. 축은 콜백을 실행하지 않는다.

2. 13장에서 설명한 컨테이너의 유형들과 그 차이점을 아래에 열거하였다.

표 B.2: 13장에서 논의한 GUI 컨테이너

구성 요소	생성 함수	설명
		컨테이너
그림	uicontrol	구성 요소나 다른 컨테이너를 담을 수 있는 컨테이너. 그림은 제목바나 메뉴를 가질 수 있는 별도의 창이다.
패널	uipanel	구성 요소나 다른 컨테이너를 담을 수 있는 컨테이너. 그림과는 달리 패널은 제목바나 메뉴를 가질 수 없다. 패널은 그림이나 다른 패널 안에 넣을 수 있다.
버튼 그룹	uibuttongroup	특수한 종류의 패널. 버튼 그룹은 라디오 버튼이나 토글 버튼의 그룹을 자동적으로 관리하여 오직 한 버튼만이 켜진 상태가 되도록 만든다.

3. 콜백 함수는 특정 그래픽 객체에 동작(마우스 클릭이나 키보드 입력 등)이 발생할 때마다 실행되는 함수이다. 콜백 함수는 uicontrol, uimenu, uicontextmenu, uipushtool, uitoggletool 객체의 'Callback' 속성으로 지정한다. guide에서 새로운 GUI를 만들 때 콜백은 자동적으로 xxx_Callback으로 설정되는데, 여기서 xxx는 해당 GUI 구성 요소의 Tag 속성 값이다.

4. MATLAB GUI를 만드는 기본 단계는 다음과 같다.
   - GUI에 필요한 요소와 기능을 결정한다. 종이 위에 구성 요소의 배치도를 손으로 대략 그린다.
   - guide(GUI Development Environment)라고 부르는 MATLAB 도구를 사용하여 구성 요소들을 그림 위에 배치한다. guide에 내장된 도구를 사용하여

그림의 크기와 구성 요소들의 정렬 및 간격을 조정한다.

- guide에 내장된 속성 검사기를 사용하여 각 구성 요소에 이름('태그')을 붙이고, 색상이나 표시할 텍스트와 같은 속성을 설정한다.
- 그림을 파일에 저장한다. 그림을 저장하면 이름이 같지만 확장자가 다른 두 개의 파일이 하드 디스크에 만들어진다. fig 파일은 GUI의 배치와 구성 요소를 담은 파일이고, M 파일은 각 요소에 대한 콜백 함수의 골격을 그림과 함께 로드하는 코드를 담은 파일이다.
- 각 콜백 함수와 관련된 기능을 구현하는 코드를 작성한다.

5. handles 데이터 구조체는 그림 내의 모든 구성 요소에 대한 핸들을 담고 있는 구조체이다. 구조체 내의 원소의 이름은 각 요소의 이름(Tag 속성 값)과 일치하며, 원소 값은 각 구성 요소의 핸들이다. 이 구조체는 모든 콜백 함수에 넘겨지므로 각 콜백은 그림 내의 모든 구성 요소에 접근할 수 있다.

6. GUI에서 응용 데이터를 저장하려면 먼저 데이터를 handles 구조체에 추가한 후 guidata 함수를 사용하여 구조체를 갱신한다. handles 구조체는 자동적으로 모든 콜백 함수에 넘겨지므로 구조체에 추가된 응용 데이터를 모든 콜백이 사용할 수 있다. 핸들 구조체를 수정하는 함수는 종료 전에 반드시 guidata를 호출하여 구조체를 갱신하여야 한다.

7. 그래픽 객체의 'Visible' 속성을 'off'로 설정하면 그 객체를 안 보이게 만들 수 있다. 객체의 'Enable' 속성을 'off'로 설정하면 마우스 클릭이나 키보드 입력에 반응하지 않는다.

8. 푸시 버튼, 토글 버튼, 라디오 버튼, 체크 상자, 목록 상자, 팝업 메뉴, 슬라이더는 모두 마우스 클릭에 반응하며, 편집 상자는 키보드 입력에 응답한다.

9. 대화 상자는 정보를 표시하거나 사용자 입력을 받기 위해 사용하는 특수한 유형의 그림이다. 대화 상자는 오류나 경고를 표시하거나 질문을 던지고 사용자 입력을 받기 위해 사용한다. 대화 상자는 errordlg, warndlg, inputdlg, uigetfile 등과 같이 표 13.5에 열거한 함수 중 하나를 사용하여 만든다.

10. 모달형 대화 상자는 그 상자를 종료하기 전에는 다른 윈도우에 접근할 수 없는 대화 상자인 반면에, 비모달형은 다른 윈도우에 접근할 수 있는 정상적인 대화 상자이다.

11. 표준 메뉴는 그림 상부를 가로지르는 메뉴바에 묶여 있는 반면, 상황 메뉴는 임의의 GUI 구성 요소에 부착할 수 있다. 표준 메뉴는 메뉴바를 마우스로 그냥 클릭하여 활성화시키는 반면, 상황 메뉴는 연관된 GUI 요소를 오른쪽 클릭하여 활성화시킨다. 표준 메뉴는 `uimenu` 객체로 구성되고, 상황 메뉴는 `uicontextmenu`와 `uimenu` 객체로 이루어진다.

12. 가속키는 메뉴를 열지 않고 메뉴 항목을 실행시킬 수 있는 'CTRL+키' 조합이다. 키보드 탐색 문자는 메뉴가 열린 상태에서 메뉴 항목을 실행할 수 있는 하나의 글자이다.

Index

A

B

C

ㅅ

ㅇ

ㅈ

ㅊ

ㅎ

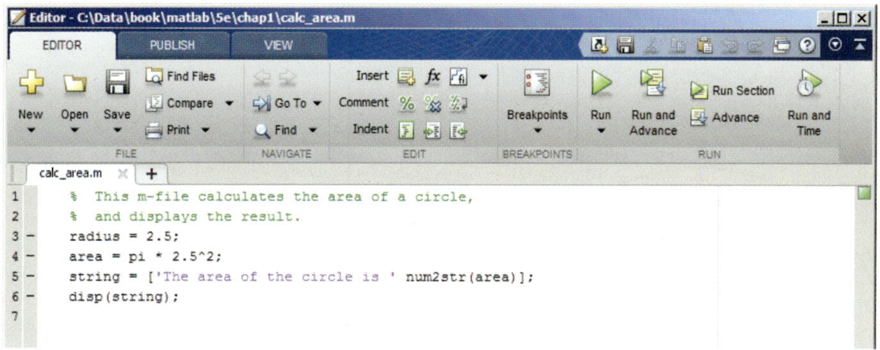

그림 1.5 (d) 독립된 창으로 표시된 MATLAB 편집기

M 파일에서 주석은 녹색, 변수와 숫자는 검정, 완성된 문자열은 자홍색, 불완전한 문자열은 빨강, MATLAB의 주 핵심어는 파랑으로 나타난다.

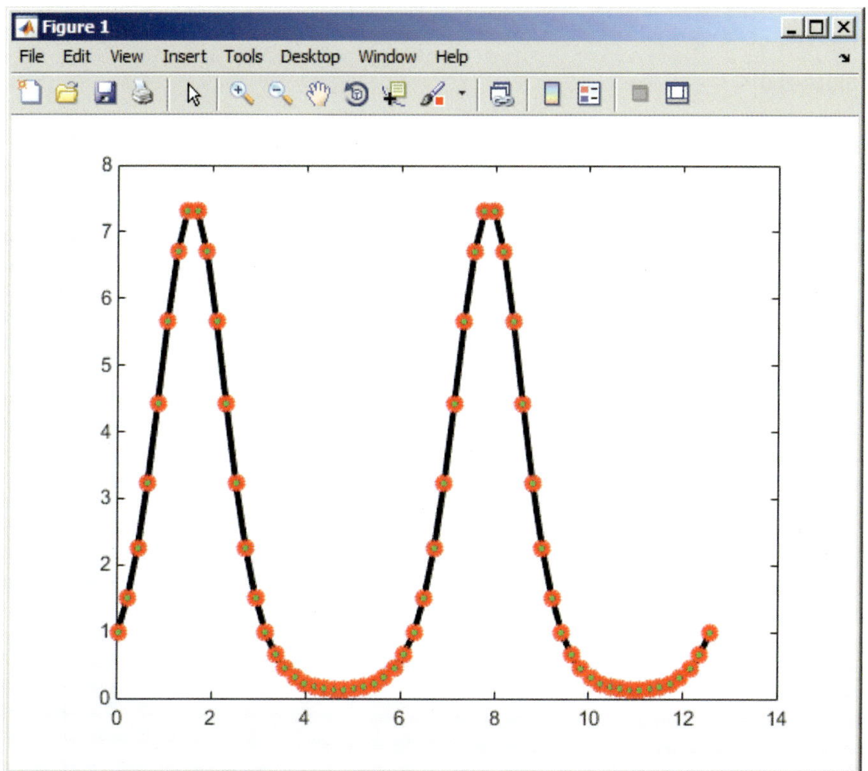

그림 3.8 LineWidth와 Marker 속성을 이용한 도표의 설정

```
plot(x,y,'-ko','LineWidth',3.0,'MarkerSize',6,...'MarkerEdgeColor','r','MarkerFaceColor','g')
```

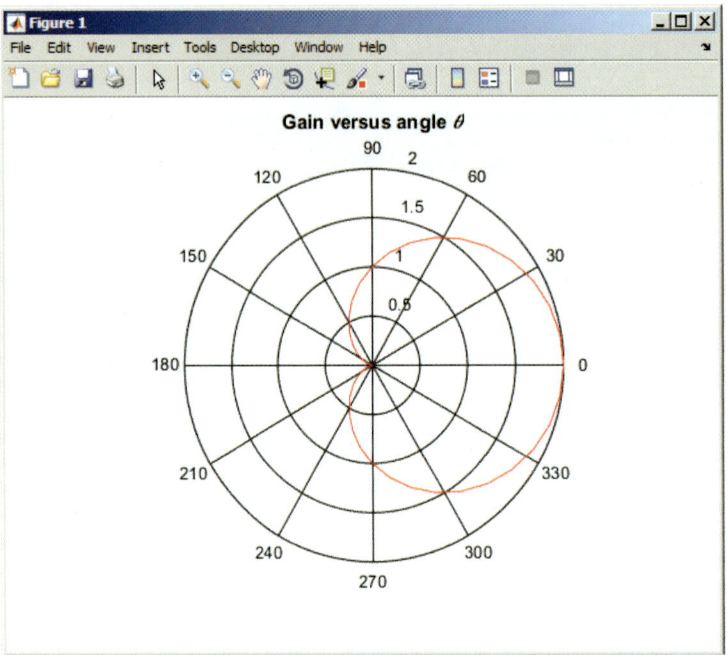

그림 3.10 카디오이드 마이크의 이득

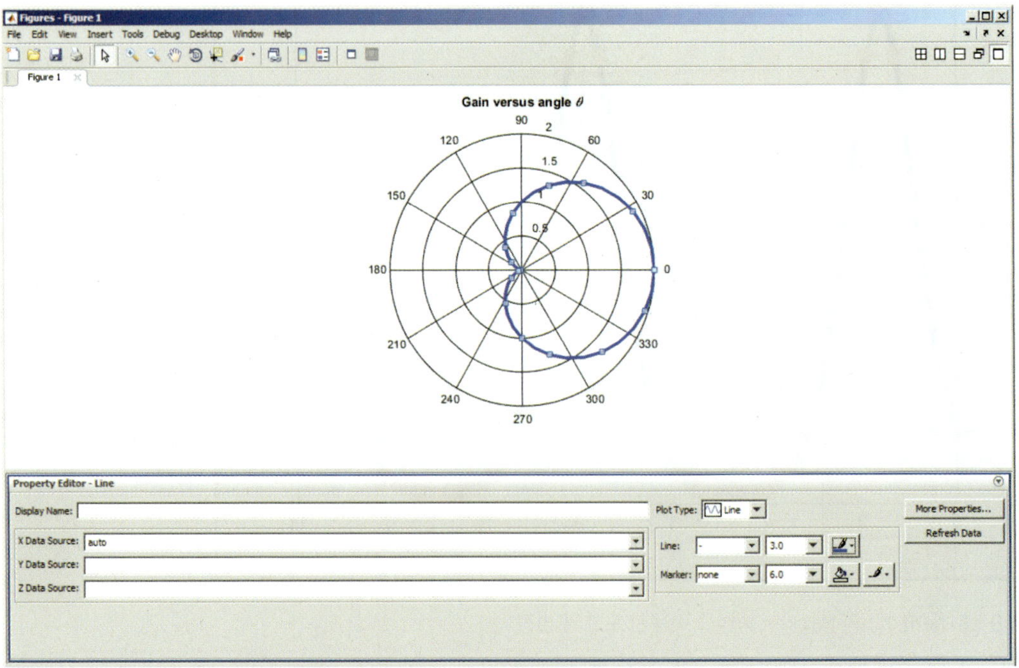

그림 3.12 그림창 툴바에 내장되어 있는 편집 도구를 사용하여 선을 수정

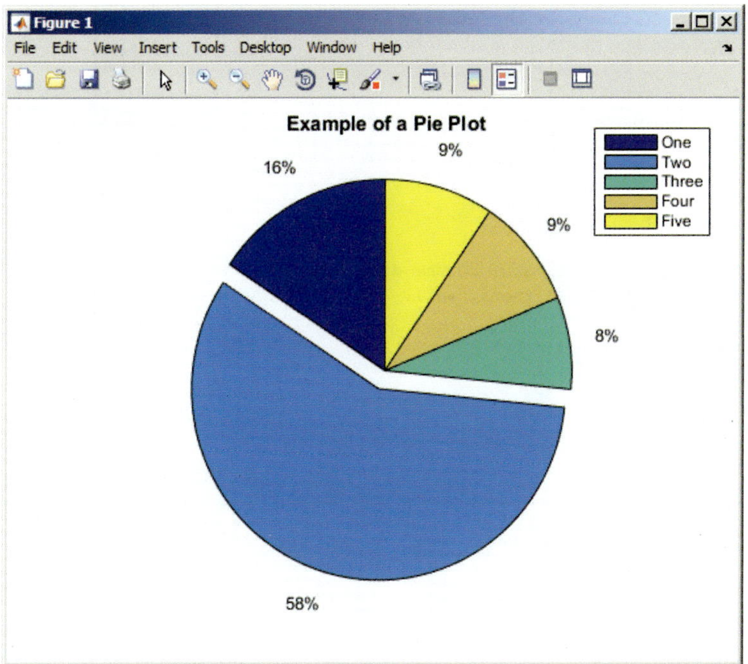

그림 3.15 (e) 파이 도표

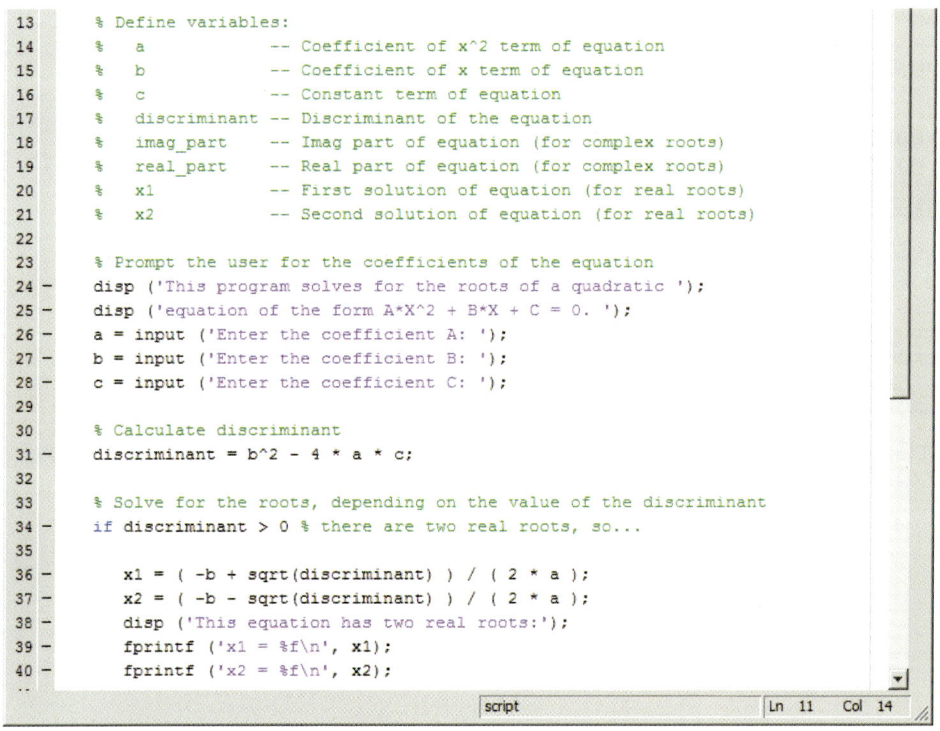

그림 4.5 MATLAB 프로그램이 로드되어 있는 문서창

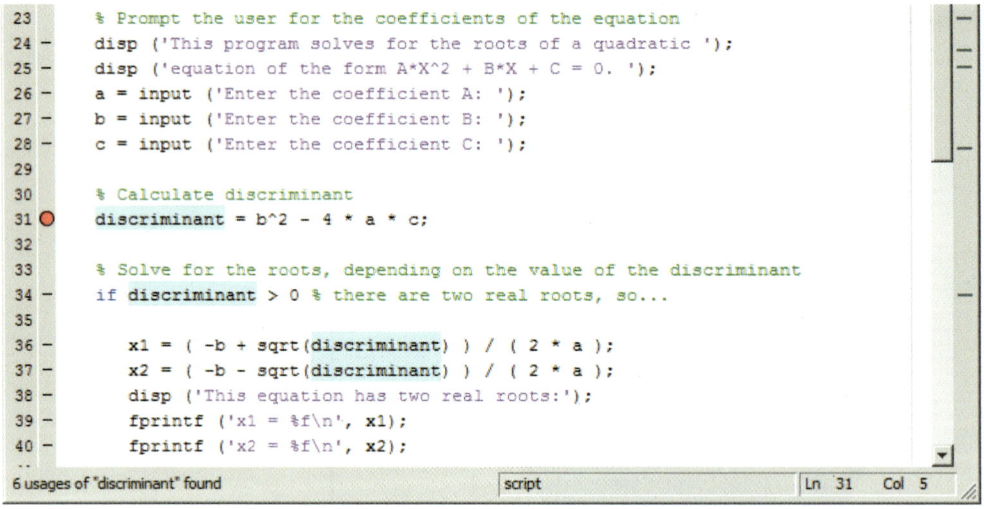

그림 4.6 중단점이 설정된 창. 중단점은 줄의 왼쪽에 빨간 점으로 표시된다.

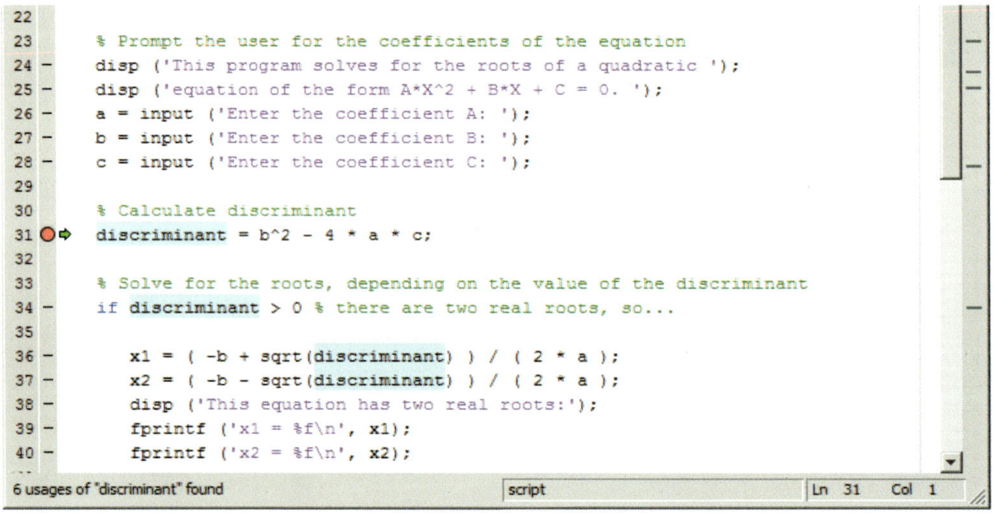

그림 4.7 현재 디버깅 과정에 있는 줄 옆에 녹색 화살표가 나타난다.

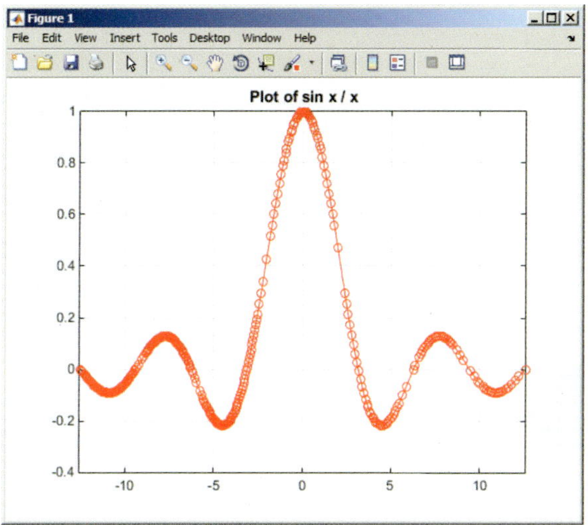

그림 7.8 함수 $f(x) = \sin x/x$를 `fplot`을 이용하여 그린 그래프

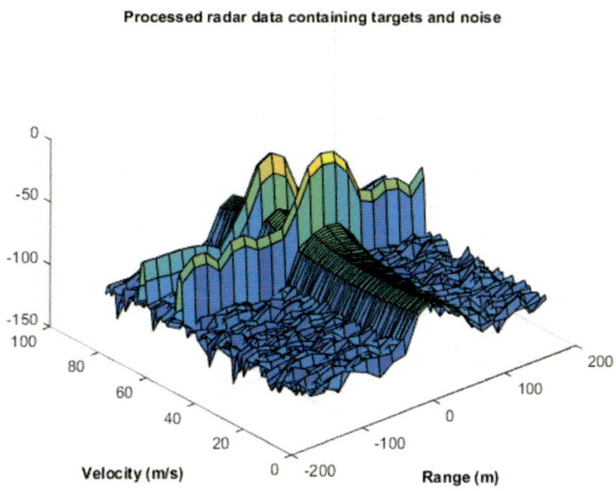

그림 7.10 두 개의 목표물과 배경 잡음을 갖는 레이더 거리-속도 공간

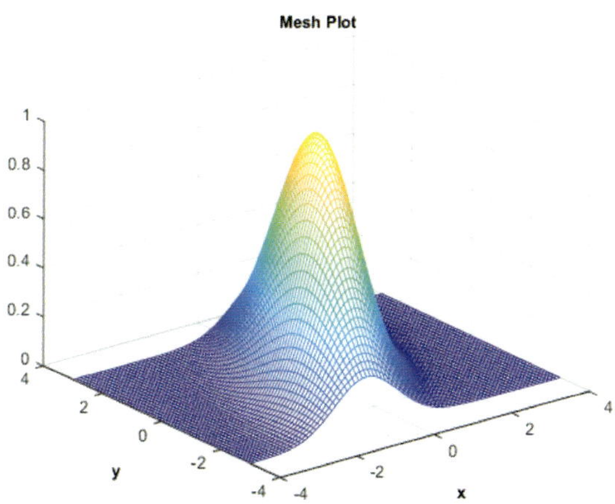

그림 8.9 (a) $z(x,y)=e^{-0.5[x^2+0.5(x-y)^2]}$ 함수의 메쉬 도표

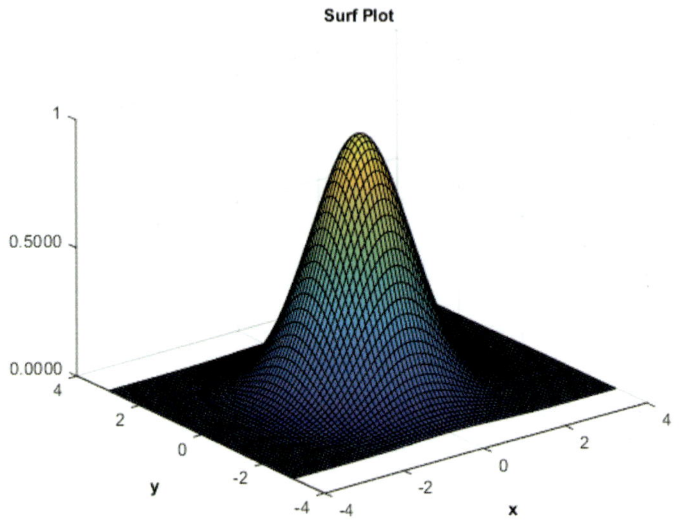

그림 8.9 (b) 같은 함수의 곡면 도표

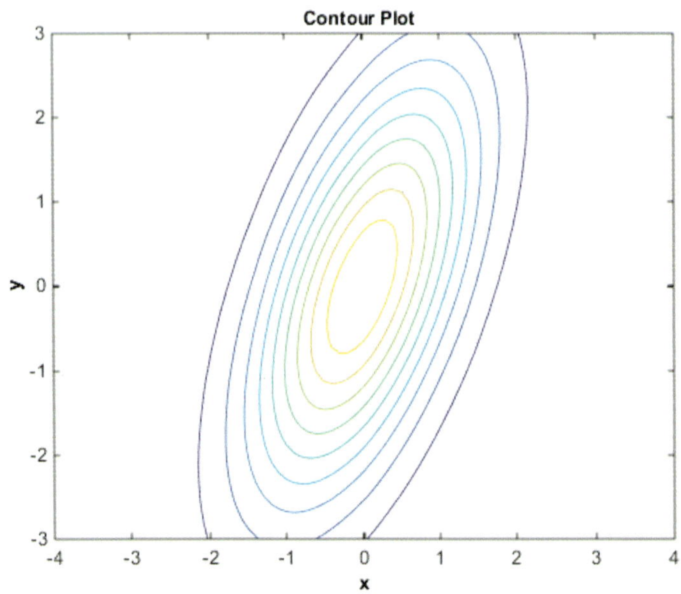

그림 8.9 (c) 같은 함수의 등고선 도표

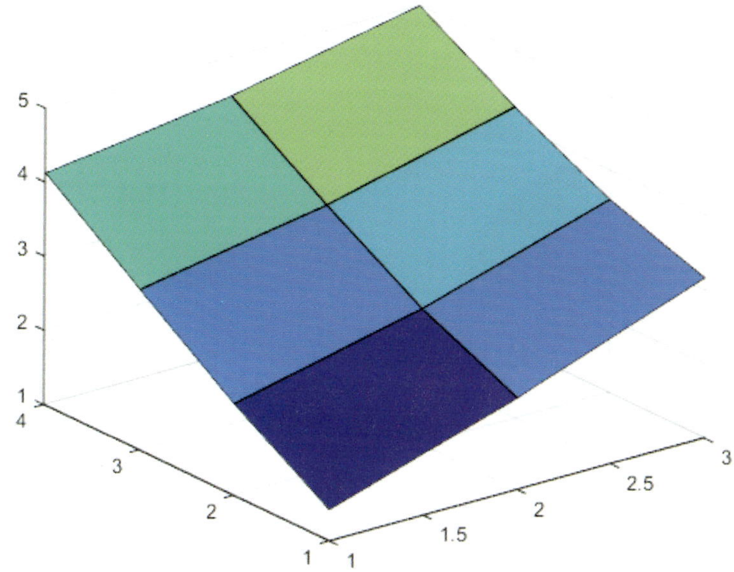

그림 8.10 $x = 0,1,2$와 $y = 0,1,2,3$에서 함수 $z(x,y) = \sqrt{x^2+y^2}$에 대한 곡면 도표

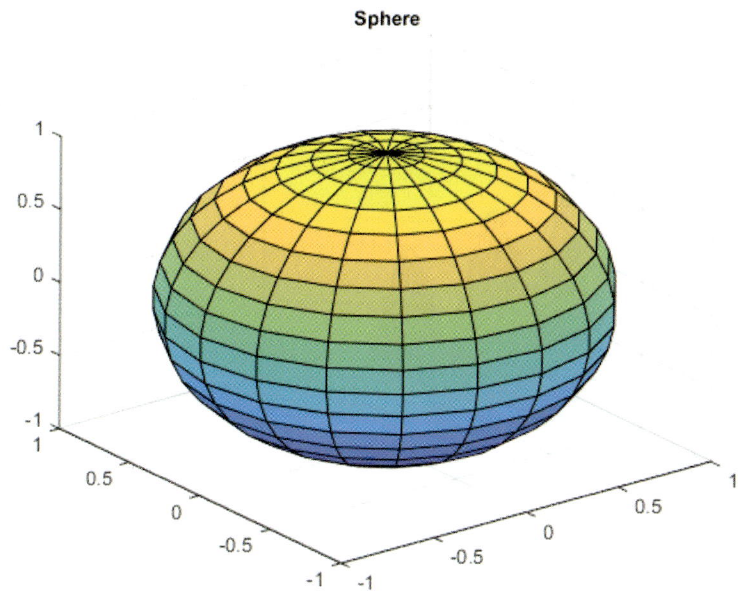

그림 8.11 구의 3차원 도표

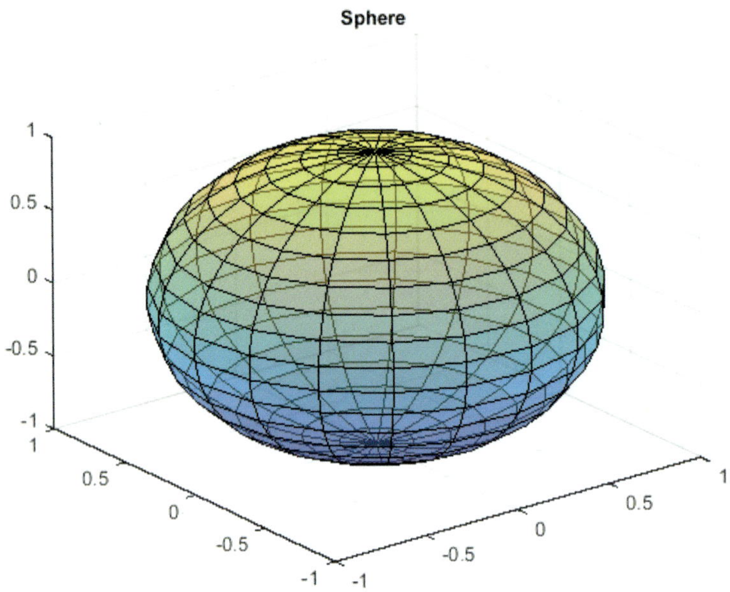

그림 8.12 alpha 값을 0.5로 하여 생성한 반투명 구

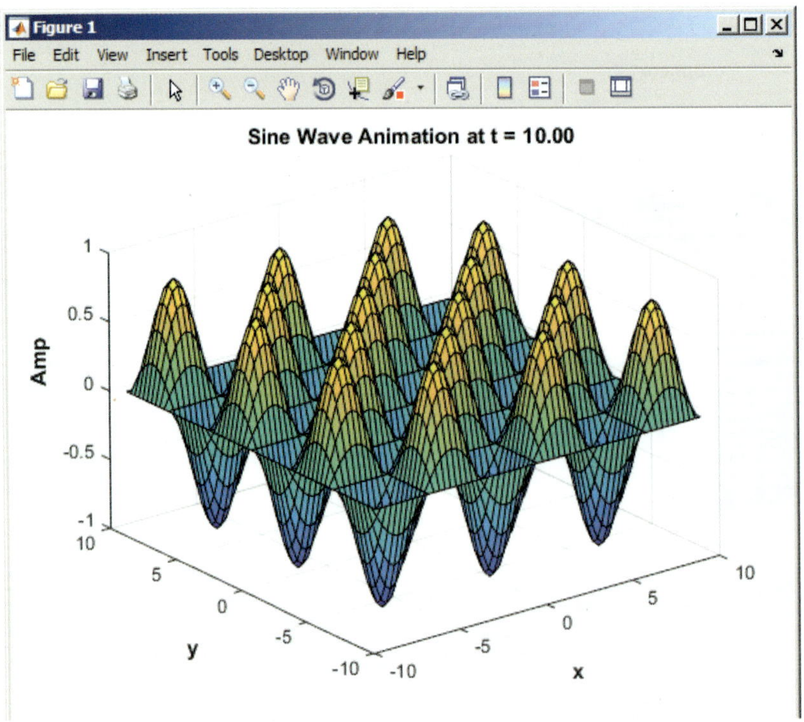

그림 12.8 3차원 사인파 애니메이션의 스냅 사진 중 한 장면